第 22 回 生 命 表

THE 22ND LIFE TABLES

厚生労働省政策統括官（統計・情報政策担当）
DIRECTOR-GENERAL FOR
STATISTICS AND INFORMATION POLICY,
MINISTRY OF HEALTH, LABOUR AND WELFARE

一般財団法人　厚生労働統計協会
HEALTH, LABOUR AND WELFARE STATISTICS ASSOCIATION

ま え が き

完全生命表は、毎年発表する簡易生命表より精密な計算方法によって５年に１度作成しているものであり、生命表の確定版という性格をもっています。

今回の生命表は、平成27年１月１日から同年12月31日までの日本人の死亡状況及び平成27年に行われた国勢調査の日本人確定人口を基礎資料として作成したものであり、第１回生命表（明治24〜31年）から数えて第22回（第７回は欠番）となります。

この報告書には、第22回生命表本表、概要およびその作成方法並びに基礎データに加えて、第１回以降の生命表、昭和20年以降の簡易生命表及び各国の平均余命の表などを掲載したので、併せて広くご活用していただければ幸いです。

平成29年11月

厚生労働省政策統括官（統計・情報政策担当）

酒 光 一 章

担 当 係
人口動態・保健社会統計室計析第一係
電話 03 (5253) 1111
内線 7470

目　　　次

まえがき……………………………………………………………………………… 3

第1章　生命表の概念…………………………………………………………… 7
　　　　Concept of life tables

第2章　第22回生命表の作成方法…………………………………………… 13
　　　　Method for constructing the 22nd life tables

第3章　第22回生命表…………………………………………………………… 21
　　　　The 22nd life tables

第4章　第22回生命表の概要………………………………………………… 29
　　　　Outline of the 22nd life tables

Summary　…………………………………………………………………………… 36

付録
　Appendices
Ⅰ　第1回～第22回生命表…………………………………………………… 45
　　　The life tables from the 1st to the 22nd

Ⅱ　昭和20年～平成27年簡易生命表……………………………………… 129
　　　The abridged life tables from 1945 to 2015

Ⅲ　各国の平均余命……………………………………………………………… 363
　　　Life expectancies of some countries and regions in the world

Ⅳ　作成に用いた統計資料…………………………………………………… 435
　　　Data used to prepare the 22nd life tables

第1章　生命表の概念

Concept of life tables

生命表は、一定期間における、ある人口集団についての死亡秩序を、死亡率、平均余命等の生命関数を用いて表現したものである。

　我が国では、明治 24～31 年の死亡状況に基づいて第 1 回生命表が明治 35 年に作成されて以来、今回は第 22 回目にあたり、平成 26、27 年人口動態統計及び平成 27 年国勢調査結果に基づく日本人人口を基礎資料として作成した。

〔生命表諸関数の定義〕

生存数　　　　l_x　　　　：生命表上で一定の出生者 l_0 人（完全生命表では100 000人）が、下記の死亡率に従って死亡減少していくと考えた場合、x 歳に達するまで生きると期待される者の数を x 歳における生存数といい、これを l_x で表す。

死亡数　　　　$_nd_x$　　　：x 歳における生存数 l_x のうち $x+n$ 歳に達しないで死亡すると期待される者の数を x 歳以上 $x+n$ 歳未満における死亡数といい、これを $_nd_x$ で表す。特に $_1d_x$ を x 歳における死亡数といい、これを d_x で表す。

生存率　　　　$_np_x$　　　：ちょうど x 歳に達した者が $x+n$ 歳に達するまで生存する確率を x 歳以上 $x+n$ 歳未満における生存率といい、これを $_np_x$ で表す。特に $_1p_x$ を x 歳の生存率といい、これを p_x で表す。

死亡率　　　　$_nq_x$　　　：ちょうど x 歳に達した者が $x+n$ 歳に達しないで死亡する確率を x 歳以上 $x+n$ 歳未満における死亡率といい、これを $_nq_x$ で表す。特に $_1q_x$ を x 歳の死亡率といい、これを q_x で表す。

定常人口　$_nL_x$ 及び T_x　：x 歳における生存数 l_x について、これらの者が x 歳から $x+n$ 歳に達するまでの間に生存すると期待される年数の和を x 歳以上 $x+n$ 歳未満における定常人口といい、これを $_nL_x$ で表す。即ち、常に一定の出生があって、これらの者が上記の死亡率に従って死亡すると仮定すると、一定期間経過後、一定の年齢構造をもつ人口集団が得られるが、その集団の x 歳以上 $x+n$ 歳未満の人口に相当する。特に $_1L_x$ を x 歳における定常人口といい、これを L_x で表す。更に x 歳における生存数 l_x について、これらの者が x 歳以後死亡に至るまでの間に生存すると期待される年数の和を x 歳以上の定常人口といい、これを T_x で表す。即ち、上記の人口集団の x 歳以上の人口に相当する。$_nL_x$ 及び T_x は

$$_nL_x = \int_x^{x+n} l_t\, dt \quad , \quad T_x = \int_x^{\infty} l_t\, dt$$

により与えられる。

〔参考〕

上記の仮定の下で、x 歳における生存数 l_x は図のような経過をたどるとしよう。

x 歳における生存数 l_x は漸次減少しながら、n 年後には l_{x+n} となる。図の ABDC の部分の面積は、x ～$x+n$ 歳の間における生存延人員を表しており、${}_nL_x$ に相当する。斜線部分の面積は x 歳以降における生存延人員を表しており、T_x に相当する。

見方を変えて長寿の順に生存者をならべたとすれば、E 点における人は x ～$x+n$ 歳の期間においては EF 年生存し、x 歳以降では EG 年生存することを示している。この生存年数 EF 及び EG を x 歳における生存者について合算すると、x ～$x+n$ 歳の期間における生存延年数及び x 歳における総生存延年数になる。これが、${}_nL_x$ 及び T_x に相当する。

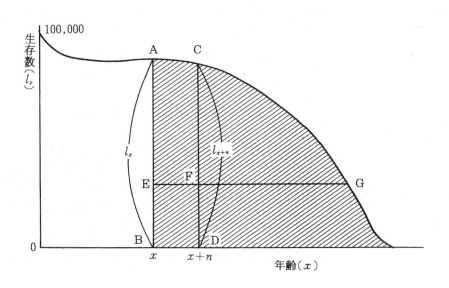

平均余命 　　$\overset{\circ}{e}_x$ 　　　：x 歳における生存数 l_x について、これらの者が x 歳以降に生存すると期待される年数の平均を x 歳における平均余命といい、これを $\overset{\circ}{e}_x$ で表す。x 歳の平均余命は次式により与えられる。

$$\overset{\circ}{e}_x = \frac{T_x}{l_x}$$

平均寿命 　　$\overset{\circ}{e}_0$ 　　　：0 歳における平均余命 $\overset{\circ}{e}_0$ を平均寿命という。

寿命中位数 　　　　　：生命表上で、出生者のうちちょうど半数が生存し、半数が死亡すると期待される年数を寿命中位数という。これは次式を満たす α として与えられる。

$$l_\alpha = \frac{l_0}{2}$$

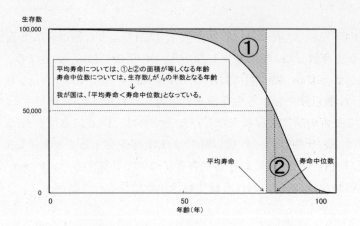

死力 μ_x ：死亡率 q_x は、x 歳から1年だけ経過する間の生存数 l_x の減少率であり、

$$q_x = \frac{l_x - l_{x+1}}{l_x}$$

により定義される。しかし、一般的にいって l_x は時々刻々変化するものであるから、これは x 歳から $x+1$ 歳までの期間の平均の減少率に過ぎない。

しかしながら、生命表の作成においては x 歳における瞬間の死亡率に相当するものが必要となる。それを死力と呼び、μ_x で表す。死力は、x 歳における l_x の減少率であるから、生存数曲線上に x 歳における接線を引き、l_x が x 歳以降その接線に沿って減少していったとした場合の l_x の減少率となる。

生存数曲線の x 歳における接線の傾きは $\left.\dfrac{dl_t}{dt}\right|_{t=x}$（負値）

であるから、1年あたりの減少分は $-\left.\dfrac{dl_t}{dt}\right|_{t=x}$ となる。したがって、q_x の定義式の分子の部分をこれに置き換えることにより μ_x の定義式

$$\mu_x = -\frac{1}{l_x}\left.\frac{dl_t}{dt}\right|_{t=x}$$

を得る。この両辺を 0 から x まで積分すると

$$\int_0^x \mu_t dt = -\ln\frac{l_x}{l_0}$$

となり、

$$l_x = l_0 \exp\left[-\int_0^x \mu_t dt\right]$$

を得る。したがって

$$q_x = 1 - \exp\left[-\int_x^{x+1} \mu_t dt\right]$$

という関係が成り立つ。

死亡率 q_x の概念

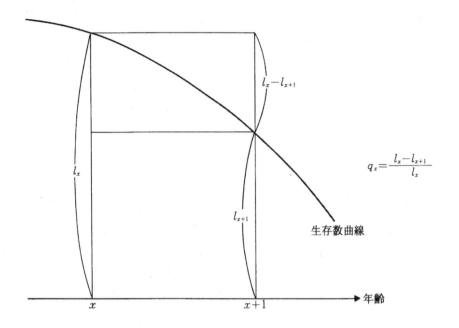

死力 μ_x の概念

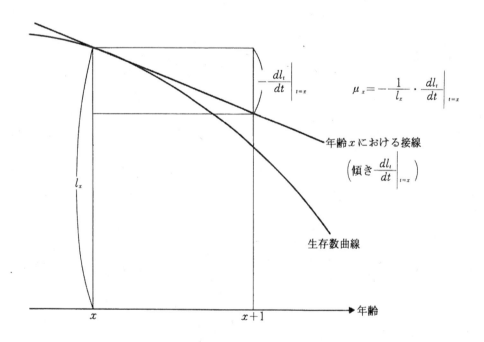

第２章　第22回生命表の作成方法

Method for constructing the 22nd life tables

１．作成に用いた基礎資料

第22回生命表の作成に用いた基礎資料は次のとおりである。

（1）平成27年、性・生年・年齢・月別死亡数：
厚生労働省政策統括官（統計・情報政策担当）

（2）平成27年、性・日（月）齢別乳児死亡数：
厚生労働省政策統括官（統計・情報政策担当）

（3）平成26年及び27年、性・月別出生数：
厚生労働省政策統括官（統計・情報政策担当）

（4）平成27年10月1日現在、性・年齢・出生の月別人口：
総務省統計局

２．基礎資料の補正

死亡数、出生数及び人口につき補正を行った。

（1）2015年（平成27年）死亡数の届出遅れの補正
　基礎資料の死亡数は、2015年に死亡し、同年及び翌年1月迄に届け出られたものであるので、それ以降に遅れて届け出られるものを推定し、これを加えて2015年中の死亡数を補正した。
　補正率 r は、
　　$D(a)$：a 年の死亡数で、翌年1月迄に届け出られたもの
　　$d(a,p)$：a 年の死亡数で、遅れて p 年に届け出られたもの
として、

$$r = 1 + \frac{d(2014,2015)}{D(2014)} + \frac{d(2013,2015)}{D(2013)} + \frac{d(2012,2015)}{D(2012)} + \cdots + \frac{d(2007,2015)}{D(2007)} + \alpha$$

とした。ここで α は9年以上遅れて届け出られるものの率であるが、これについては、2年遅れから8年遅れ迄のデータを用い指数曲線をあてはめた。

	男	女
r	1.0013277927	1.0003772416

（2）2014年、2015年出生数の届出遅れの補正
　死亡数と同様の方法により補正を行った。

	男	女
r	1.0004505680	1.0004792700

（３）2015 年 10 月 1 日現在日本人人口

2015 年 10 月 1 日現在日本人人口については、年齢・国籍不詳を按分した日本人人口を各年齢の出生の月別に按分した。

３．1歳未満の死亡率の計算

平成 27 年 1 年間の乳児死亡について

$D \begin{pmatrix} 0w \\ 1w \end{pmatrix}$ ：日齢 7 日未満の死亡数

$D \begin{pmatrix} 1w \\ 2w \end{pmatrix}$ ：日齢 7 日以上、14 日未満の死亡数

$D \begin{pmatrix} 2w \\ 3w \end{pmatrix}$ ：日齢 14 日以上、21 日未満の死亡数

$D \begin{pmatrix} 3w \\ 4w \end{pmatrix}$ ：日齢 21 日以上、28 日未満の死亡数

$D \begin{pmatrix} 4w \\ 2m \end{pmatrix}$ ：日齢 28 日以上、月齢 2 月未満の死亡数

$D \begin{pmatrix} 2m \\ 3m \end{pmatrix}$ ：月齢 2 月以上、3 月未満の死亡数

$D \begin{pmatrix} 3m \\ 6m \end{pmatrix}$ ：月齢 3 月以上、6 月未満の死亡数

$D \begin{pmatrix} 6m \\ 1y \end{pmatrix}$ ：月齢 6 月以上、1 年未満の死亡数

とし、出生数については、2014 年 12 月 25 日から 2015 年 12 月 24 日までの出生数を $B \begin{pmatrix} '14.12.25 \\ '15.12.24 \end{pmatrix}$、2015 年 1 月 1 日から同年 12 月 31 日までの出生数を $B \begin{pmatrix} '15.1 \\ '15.12 \end{pmatrix}$ とし、以下、1 年間の出生数を同じように表すと、出生により各日齢、月齢に達するまでの生存する確率は

$$_{1w}p_0 = 1 - \frac{D \begin{pmatrix} 0w \\ 1w \end{pmatrix}}{\frac{1}{2}\left\{ B \begin{pmatrix} '14.12.25 \\ '15.12.24 \end{pmatrix} + B \begin{pmatrix} '15.1 \\ '15.12 \end{pmatrix} \right\}}$$

$$_{2w}p_0 = {}_{1w}p_0 - \frac{D \begin{pmatrix} 1w \\ 2w \end{pmatrix}}{\frac{1}{2}\left\{ B \begin{pmatrix} '14.12.18 \\ '15.12.17 \end{pmatrix} + B \begin{pmatrix} '14.12.25 \\ '15.12.24 \end{pmatrix} \right\}}$$

$$_{3w}p_0 = {}_{2w}p_0 - \frac{D \begin{pmatrix} 2w \\ 3w \end{pmatrix}}{\frac{1}{2}\left\{ B \begin{pmatrix} '14.12.11 \\ '15.12.10 \end{pmatrix} + B \begin{pmatrix} '14.12.18 \\ '15.12.17 \end{pmatrix} \right\}}$$

$$_{4w}p_0 = {}_{3w}p_0 - \frac{D \begin{pmatrix} 3w \\ 4w \end{pmatrix}}{\frac{1}{2}\left\{ B \begin{pmatrix} '14.12.4 \\ '15.12.3 \end{pmatrix} + B \begin{pmatrix} '14.12.11 \\ '15.12.10 \end{pmatrix} \right\}}$$

$$\displaystyle {}_{2m}p_0 = {}_{4w}p_0 - \frac{D\binom{4w}{2m}}{\frac{1}{2}\left\{B\binom{'14.11}{'15.10} + B\binom{'14.12.4}{'15.12.3}\right\}}$$

$$\displaystyle {}_{3m}p_0 = {}_{2m}p_0 - \frac{D\binom{2m}{3m}}{\frac{1}{2}\left\{B\binom{'14.10}{'15.9} + B\binom{'14.11}{'15.10}\right\}}$$

$$\displaystyle {}_{6m}p_0 = {}_{3m}p_0 - \frac{D\binom{3m}{6m}}{\frac{1}{2}\left\{B\binom{'14.7}{'15.6} + B\binom{'14.10}{'15.9}\right\}}$$

$$\displaystyle p_0 = {}_{6m}p_0 - \frac{D\binom{6m}{1y}}{\frac{1}{2}\left\{B\binom{'14.1}{'14.12} + B\binom{'14.7}{'15.6}\right\}}$$

により求められる。ただし、

$$B\binom{'14.12.25}{'15.12.24} = B\binom{'15.1}{'15.12} + \frac{7}{31}\{B('14.12) - B('15.12)\}$$

$$B\binom{'14.12.18}{'15.12.17} = B\binom{'15.1}{'15.12} + \frac{14}{31}\{B('14.12) - B('15.12)\}$$

$$B\binom{'14.12.11}{'15.12.10} = B\binom{'15.1}{'15.12} + \frac{21}{31}\{B('14.12) - B('15.12)\}$$

$$B\binom{'14.12.4}{'15.12.3} = B\binom{'15.1}{'15.12} + \frac{28}{31}\{B('14.12) - B('15.12)\}$$

を用いた。ここで、$B('14.12)$ 及び $B('15.12)$ は、それぞれ 2014 年 12 月及び 2015 年 12 月中の出生数を表す。

これより生存率、死亡率を

$$
\begin{aligned}
{}_{1w}p_0 &= {}_{1w}p_0 & {}_{1w}q_0 &= 1 - {}_{1w}p_0 \\
{}_{1w}p_{1w} &= {}_{2w}p_0 / {}_{1w}p_0 & {}_{1w}q_{1w} &= 1 - {}_{1w}p_{1w} \\
{}_{1w}p_{2w} &= {}_{3w}p_0 / {}_{2w}p_0 & {}_{1w}q_{2w} &= 1 - {}_{1w}p_{2w} \\
{}_{1w}p_{3w} &= {}_{4w}p_0 / {}_{3w}p_0 & {}_{1w}q_{3w} &= 1 - {}_{1w}p_{3w} \\
{}_{2m-4w}p_{4w} &= {}_{2m}p_0 / {}_{4w}p_0 & {}_{2m-4w}q_{4w} &= 1 - {}_{2m-4w}p_{4w} \\
{}_{1m}p_{2m} &= {}_{3m}p_0 / {}_{2m}p_0 & {}_{1m}q_{2m} &= 1 - {}_{1m}p_{2m} \\
{}_{3m}p_{3m} &= {}_{6m}p_0 / {}_{3m}p_0 & {}_{3m}q_{3m} &= 1 - {}_{3m}p_{3m} \\
{}_{1y-6m}p_{6m} &= p_0 / {}_{6m}p_0 & {}_{1y-6m}q_{6m} &= 1 - {}_{1y-6m}p_{6m} \\
& & q_0 &= 1 - p_0
\end{aligned}
$$

により求めた。

4．1歳以上の粗死亡率の計算

次の図により説明する。

図のように横軸に時間、縦軸に年齢をとる。線分XYを横切る生命線（各個人の出生点と死亡点とを結んだ線）の数を$N(XY)$で表すと、粗死亡率q'_x（$x = 1, 2, \cdots ,$ 男$107,$ 女108）は、

$$q'_x = 1 - \frac{N(B_1 B_2)}{N(A_1 B_1)} \cdot \frac{N(A_2 B_2)}{N(A_1 A_2)}$$

により求められる。

$N(C_1 C_2)$、$N(C_2 C_3)$は、2015年（平成27年）10月1日現在の日本人の人口であり、国勢調査の結果から得られたものをそれぞれQ_x、P_xで表し、□$A_2 A_1 C_1 C_3$内の死亡点の数をDAO_x、△$C_3 C_2 B_2$内の死亡点の数をDAI_x、△$C_2 A_1 C_1$内の死亡点の数をDBO_x、□$C_2 C_1 B_1 B_2$内の死亡点の数をDBI_xとすると、各線分を通る生命線の数は、

$N(A_1 B_1) = P_{x-1} + Q_x + DBO_x - DAI_{x-1}$

$N(B_1 B_2) = P_{x-1} + Q_x - DAI_{x-1} - DBI_x$

$N(A_1 A_2) = P_x + Q_{x+1} + DAO_x + DBO_{x+1}$

$N(A_2 B_2) = P_x + Q_{x+1} - DAI_x + DBO_{x+1}$

となる。

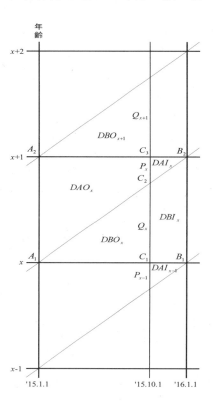

5．死亡率の補整、延長

前項の方法により求めた粗死亡率について、1歳以上は Greville(1979) の3次9項の式による補整を行い、死亡率 q_x を求めた。すなわち、

$q_x = -0.040724 q'_{x-4} - 0.009873 q'_{x-3} + 0.118470 q'_{x-2} + 0.266557 q'_{x-1} + 0.331140 q'_x$
$\quad + 0.266557 q'_{x+1} + 0.118470 q'_{x+2} - 0.009873 q'_{x+3} - 0.040724 q'_{x+4}$

$(x = 1, 2, \cdots ,$ 男$103,$ 女$104)$

ここで$q'_x (x = 0, -1, -2, -3)$は、形式的に次式により外挿される。

$q'_x = 1.352613 q'_{x+1} + 0.114696 q'_{x+2} - 0.287231 q'_{x+3} - 0.180078 q'_{x+4}$

$(x = 0, -1, -2, -3)$

ただし、高齢部分については、死力を Gompertz-Makeham 関数にあてはめることにより、男女とも95歳から、さらに死亡率の補整及び延長を行った。

死力 μ_x を Gompertz-Makeham 関数にあてはめると、

$$\mu_x = \alpha + \beta e^{\gamma x}$$

と表され、このとき死亡率 q_x は

$$q_x = 1 - \exp\left[-\int_x^{x+1} \mu_t dt\right]$$

$$= 1 - \exp\left[-\int_x^{x+1} (\alpha + \beta e^{\gamma t})dt\right]$$

$$= 1 - \exp\left[-\left\{\alpha + \frac{\beta}{\gamma}(e^\gamma - 1)e^{\gamma x}\right\}\right]$$

により算出されることとなる。

そこで、粗死亡率について Greville の３次９項の式による補整を行った後の死亡率を用いて、6 と同様の方法により粗生存数 l'_x 及び粗死力 μ'_x を求め（（2）のただし書きを除く）、この μ'_x に対して

$$\sum_{x=x_0}^{x_1} \left(A + Be^{C(x-x_0)} - \mu'_x\right)^2 \quad (x_0 : \text{男} \, 85, \text{女} \, 90 \text{、} x_1 : \text{男} \, 102, \text{女} \, 103)$$

を最小にするような係数A、B、Cを求めた。この係数A、B、Cを用いて、男女とも 95 歳以上の死亡率 q_x を

$$q_x = 1 - \exp\left[-\left\{A + \frac{B}{C}(e^C - 1)e^{C(x-x_0)}\right\}\right]$$

により求めた。係数の値は以下の通りである。

	男	女
A	-0.3168264702	-0.3393162409
B	0.3949038360	0.4284077289
C	0.0397029946	0.0445903902

6．生命表諸関数値の計算

（1）生存数 l_x、死亡数 $_n d_x$

$$l_0 = 100,000$$

とし、1歳未満では、

$$l_{1w} = l_0 \times {}_{1w}p_0 \qquad {}_{1w}d_0 = l_0 - l_{1w}$$

$$l_{2w} = l_{1w} \times {}_{1w}p_{1w} \qquad {}_{1w}d_{1w} = l_{1w} - l_{2w}$$

$$l_{3w} = l_{2w} \times {}_{1w}p_{2w} \qquad {}_{1w}d_{2w} = l_{2w} - l_{3w}$$

$$l_{4w} = l_{3w} \times {}_{1w}p_{3w} \qquad {}_{1w}d_{3w} = l_{3w} - l_{4w}$$

$$l_{2m} = l_{4w} \times {}_{2m-4w}p_{4w} \qquad {}_{2m-4w}d_{4w} = l_{4w} - l_{2m}$$

$$l_{3m} = l_{2m} \times {}_{1m}p_{2m} \qquad {}_{1m}d_{2m} = l_{2m} - l_{3m}$$

$$l_{6m} = l_{3m} \times {}_{3m}p_{3m} \qquad {}_{3m}d_{3m} = l_{3m} - l_{6m}$$

$$l_1 = l_{6m} \times {}_{1y-6m}p_{6m} \qquad {}_{1y-6m}d_{6m} = l_{6m} - l_1$$

$$d_0 = l_0 - l_1$$

により求め、1歳以上については、

$$p_x = 1 - q_x$$

とし、

$$l_{x+1} = l_x \times p_x \qquad\qquad d_x = l_x - l_{x+1}$$

により、逐次 l_x 及び d_x を求めた。すなわち、

$$l_2 = l_1 \times p_1 \qquad\qquad d_1 = l_1 - l_2$$
$$l_3 = l_2 \times p_2 \qquad\qquad d_2 = l_2 - l_3$$
$$\cdots \qquad\qquad\qquad \cdots$$
$$l_{131} = l_{130} \times p_{130} \qquad d_{130} = l_{130} - l_{131}$$
$$d_{131} = l_{131}$$

（2）死力 μ_x

死力は

$$\mu_x = -\frac{1}{l_x} \cdot \left.\frac{dl_t}{dt}\right|_{t=x}$$

により定義される。

生存数曲線 l_t の $t = x$ における微分係数は、l_t に4次式をあてはめて求めた。4次式は、その点及び前後2点ずつの5点を通るものとした。日齢0日、7日については、日齢14日と同じ式を用いた。

3歳以上の死力 μ_x は、5点

$$(x-2, l_{x-2}),\ (x-1, l_{x-1}),\ (x, l_x),\ (x+1, l_{x+1}),\ (x+2, l_{x+2})$$

を通る4次式

$$g_x(t) = \sum_{i=-2}^{2} l_{x+i} \left(\prod_{\substack{-2 \leqq j \leqq 2 \\ j \neq i}} \frac{t-(x+j)}{i-j} \right) \qquad \text{（Lagrange の補間公式）}$$

の $t = x$ における微分係数を代入した関係式

$$\mu_x = \frac{8(l_{x-1} - l_{x+1}) - (l_{x-2} - l_{x+2})}{12 l_x}$$

$$\left(= \frac{1}{l_x} \left\{ \frac{d_{x-1} + d_x}{2} + \frac{1}{6}\left(\frac{d_{x-1} + d_x}{2} - \frac{d_{x-2} + d_{x+1}}{2} \right) \right\} \right)$$

により求めた。3歳未満についても同様に求められる。

ただし、Gompertz-Makeham 関数をあてはめて補整及び延長した部分（男女とも95歳以上）については、

$$\mu_x = A + B e^{C(x - x_0)}$$

により求めた。

（3）定常人口 $_nL_x$、T_x 及び平均余命 $\overset{\circ}{e}_x$

定常人口 $_nL_x$ は、

$$_nL_x = \int_x^{x+n} l_t dt$$

により定義される。

生存数曲線 l_t の区間 $[x、x+n]$ 上の積分値は、前記の4次式を用いて求めた。3歳以上の L_x は、関係式

$$L_x = \frac{11}{720}l_{x-2} - \frac{37}{360}l_{x-1} + \frac{19}{30}l_x + \frac{173}{360}l_{x+1} - \frac{19}{720}l_{x+2}$$

$$\left(= \frac{l_x + l_{x+1}}{2} - \frac{1}{12}\left(\frac{l_{x+2} - l_x}{2} - \frac{l_{x+1} - l_{x-1}}{2}\right) + \frac{11}{360}\left(3l_x - 4\cdot\frac{l_{x-1} + l_{x+1}}{2} + \frac{l_{x-2} + l_{x+2}}{2}\right)\right)$$

により求めた。3歳未満についても同様に求められる。

また、

$$T_x = \sum_{t=x}^{129} {}_nL_x$$

により求めた。

また、平均余命 $\overset{\circ}{e}_x$ は

$$\overset{\circ}{e}_x = \frac{T_x}{l_x}$$

により求めた。

7．計算桁数について

（1）今回の生命表の計算は16桁の浮動小数点演算を行った。
（2）L_x の計算は 129 歳まで行ったが、発表する生命表の上限年齢は、生存数 l_x が
　　0.5 以上となる年齢にとどめた。
（3）発表した数値は四捨五入した数値である。

第3章　第22回生命表

The 22nd life tables

第22回　生　命　表（平成27年）
THE 22ND LIFE TABLES, 2015

男

年齢	生存数	死亡数	生存率	死亡率	死　力	定常人口		平均余命
x	l_x	$_nd_x$	$_np_x$	$_nq_x$	μ_x	$_nL_x$	T_x	$\overset{\circ}{e}_x$
0週	100000	69	0.99931	0.00069	0.06764	1917	8075244	80.75
1(w)	99931	11	0.99989	0.00011	0.01401	1916	8073327	80.79
2	99920	7	0.99993	0.00007	0.00207	1916	8071411	80.78
3	99913	6	0.99994	0.00006	0.00320	1916	8069494	80.77
4	99906	21	0.99978	0.00022	0.00320	8986	8067578	80.75
2月	99885	14	0.99986	0.00014	0.00188	8323	8058592	80.68
3(m)	99871	38	0.99962	0.00038	0.00152	24963	8050269	80.61
6	99833	34	0.99966	0.00034	0.00131	49905	8025306	80.39
0年	100000	202	0.99798	0.00202	0.06764	99843	8075244	80.75
1(y)	99798	34	0.99966	0.00034	0.00038	99783	7975401	79.92
2	99765	24	0.99976	0.00024	0.00024	99753	7875618	78.94
3	99741	16	0.99984	0.00016	0.00019	99732	7775866	77.96
4	99725	11	0.99988	0.00012	0.00013	99719	7676133	76.97
5	99714	10	0.99990	0.00010	0.00010	99709	7576414	75.98
6	99704	10	0.99990	0.00010	0.00010	99699	7476706	74.99
7	99694	10	0.99990	0.00010	0.00010	99689	7377007	74.00
8	99684	9	0.99991	0.00009	0.00009	99680	7277318	73.00
9	99676	8	0.99992	0.00008	0.00008	99672	7177638	72.01
10	99668	7	0.99993	0.00007	0.00007	99664	7077966	71.02
11	99661	7	0.99993	0.00007	0.00007	99657	6978302	70.02
12	99653	8	0.99992	0.00008	0.00008	99649	6878645	69.03
13	99645	11	0.99989	0.00011	0.00009	99640	6778995	68.03
14	99635	13	0.99987	0.00013	0.00012	99628	6679355	67.04
15	99621	17	0.99983	0.00017	0.00015	99613	6579727	66.05
16	99604	21	0.99979	0.00021	0.00019	99594	6480114	65.06
17	99583	26	0.99974	0.00026	0.00024	99570	6380520	64.07
18	99557	32	0.99968	0.00032	0.00029	99541	6280950	63.09
19	99524	39	0.99961	0.00039	0.00036	99506	6181409	62.11
20	99486	45	0.99955	0.00045	0.00042	99464	6081903	61.13
21	99441	49	0.99951	0.00049	0.00047	99417	5982440	60.16
22	99392	51	0.99949	0.00051	0.00050	99367	5883023	59.19
23	99341	53	0.99946	0.00053	0.00053	99315	5783656	58.22
24	99288	55	0.99945	0.00055	0.00054	99261	5684341	57.25
25	99234	55	0.99945	0.00055	0.00055	99206	5585080	56.28
26	99179	54	0.99945	0.00055	0.00055	99151	5485874	55.31
27	99124	54	0.99946	0.00054	0.00055	99097	5386722	54.34
28	99070	54	0.99945	0.00055	0.00054	99043	5287625	53.37
29	99016	56	0.99944	0.00056	0.00055	98989	5188582	52.40
30	98961	57	0.99942	0.00058	0.00057	98932	5089593	51.43
31	98903	59	0.99940	0.00060	0.00059	98874	4990661	50.46
32	98844	61	0.99938	0.00062	0.00061	98814	4891787	49.49
33	98783	65	0.99934	0.00066	0.00064	98751	4792973	48.52
34	98718	69	0.99930	0.00070	0.00068	98684	4694222	47.55
35	98649	73	0.99926	0.00074	0.00072	98613	4595538	46.58
36	98576	75	0.99924	0.00076	0.00075	98539	4496925	45.62
37	98501	78	0.99920	0.00080	0.00078	98462	4398387	44.65
38	98423	84	0.99915	0.00085	0.00082	98381	4299925	43.69
39	98338	93	0.99905	0.00095	0.00090	98293	4201543	42.73
40	98245	103	0.99895	0.00105	0.00100	98195	4103251	41.77
41	98142	113	0.99885	0.00115	0.00110	98086	4005056	40.81
42	98029	122	0.99876	0.00124	0.00120	97969	3906970	39.86
43	97907	131	0.99866	0.00134	0.00129	97842	3809001	38.90
44	97776	144	0.99853	0.00147	0.00140	97705	3711159	37.96
45	97632	159	0.99837	0.00163	0.00155	97554	3613454	37.01
46	97473	176	0.99819	0.00181	0.00171	97386	3515900	36.07
47	97297	195	0.99800	0.00200	0.00190	97201	3418514	35.13
48	97102	215	0.99778	0.00222	0.00211	96996	3321313	34.20
49	96887	236	0.99757	0.00243	0.00233	96771	3224317	33.28

MALE

年齢	生存数	死亡数	生存率	死亡率	死 力	定常人口		平均余命
x	l_x	$_nd_x$	$_np_x$	$_nq_x$	μ_x	$_nL_x$	T_x	$\overset{\circ}{e}_x$
50	96651	257	0.99734	0.00266	0.00255	96524	3127546	32.36
51	96394	283	0.99707	0.00293	0.00280	96255	3031022	31.44
52	96111	310	0.99677	0.00323	0.00308	95958	2934767	30.54
53	95801	340	0.99645	0.00355	0.00339	95634	2838809	29.63
54	95461	373	0.99609	0.00391	0.00373	95277	2743175	28.74
55	95088	411	0.99568	0.00432	0.00412	94886	2647898	27.85
56	94677	450	0.99525	0.00475	0.00454	94455	2553012	26.97
57	94227	488	0.99482	0.00518	0.00498	93986	2458557	26.09
58	93739	525	0.99440	0.00560	0.00540	93480	2364571	25.23
59	93214	568	0.99391	0.00609	0.00585	92934	2271091	24.36
60	92646	620	0.99331	0.00669	0.00639	92341	2178157	23.51
61	92026	688	0.99252	0.00748	0.00709	91688	2085816	22.67
62	91338	764	0.99163	0.00837	0.00795	90962	1994129	21.83
63	90573	839	0.99074	0.00926	0.00886	90160	1903167	21.01
64	89734	910	0.98986	0.01014	0.00973	89286	1813007	20.20
65	88825	994	0.98881	0.01119	0.01070	88335	1723721	19.41
66	87830	1081	0.98769	0.01231	0.01182	87297	1635386	18.62
67	86749	1166	0.98655	0.01345	0.01295	86173	1548089	17.85
68	85582	1256	0.98532	0.01468	0.01415	84962	1461916	17.08
69	84326	1349	0.98401	0.01599	0.01543	83660	1376954	16.33
70	82978	1450	0.98253	0.01747	0.01684	82262	1293294	15.59
71	81528	1561	0.98085	0.01915	0.01846	80757	1211033	14.85
72	79966	1675	0.97905	0.02095	0.02025	79138	1130276	14.13
73	78291	1776	0.97732	0.02268	0.02205	77411	1051138	13.43
74	76515	1885	0.97537	0.02463	0.02388	75583	973727	12.73
75	74631	2021	0.97293	0.02707	0.02610	73633	898144	12.03
76	72610	2185	0.96991	0.03009	0.02889	71553	824511	11.36
77	70426	2377	0.96624	0.03376	0.03233	69254	752979	10.69
78	68048	2594	0.96188	0.03812	0.03649	66770	683725	10.05
79	65454	2819	0.95693	0.04307	0.04134	64063	616955	9.43
80	62635	3046	0.95138	0.04862	0.04680	61131	552891	8.83
81	59589	3279	0.94498	0.05502	0.05307	57970	491760	8.25
82	56311	3504	0.93778	0.06222	0.06025	54577	433791	7.70
83	52807	3714	0.92968	0.07032	0.06839	50967	379213	7.18
84	49094	3900	0.92055	0.07945	0.07766	47158	328246	6.69
85	45194	4043	0.91053	0.08947	0.08810	43181	281088	6.22
86	41150	4116	0.89998	0.10002	0.09941	39096	237907	5.78
87	37034	4127	0.88856	0.11144	0.11156	34969	198811	5.37
88	32907	4080	0.87601	0.12399	0.12500	30861	163842	4.98
89	28827	3973	0.86217	0.13783	0.14002	26829	132982	4.61
90	24854	3810	0.84671	0.15329	0.15698	22933	106153	4.27
91	21044	3580	0.82990	0.17010	0.17602	19233	83220	3.95
92	17465	3302	0.81095	0.18905	0.19751	15788	63987	3.66
93	14163	2967	0.79047	0.20953	0.22205	12649	48199	3.40
94	11195	2567	0.77068	0.22932	0.24801	9876	35550	3.18
95	8628	2123	0.75399	0.24601	0.27055	7530	25674	2.98
96	6506	1718	0.73592	0.26408	0.29434	5614	18144	2.79
97	4788	1352	0.71757	0.28243	0.31910	4083	12529	2.62
98	3435	1034	0.69896	0.30104	0.34485	2894	8447	2.46
99	2401	768	0.68011	0.31989	0.37165	1997	5553	2.31
100	1633	554	0.66104	0.33896	0.39954	1340	3556	2.18
101	1080	387	0.64176	0.35824	0.42855	874	2215	2.05
102	693	262	0.62229	0.37771	0.45847	553	1341	1.94
103	431	171	0.60267	0.39733	0.49015	339	788	1.83
104	260	108	0.58291	0.41709	0.52284	201	449	1.73
105	151	66	0.56303	0.43697	0.55684	116	247	1.63
106	85	39	0.54307	0.45693	0.59223	64	132	1.55
107	46	22	0.52305	0.47695	0.62905	34	68	1.46
108	24	12	0.50301	0.49699	0.66736	18	34	1.39
109	12	6	0.48296	0.51704	0.70722	9	16	1.32
110	6	3	0.46295	0.53705	0.74869	4	7	1.25
111	3	2	0.44302	0.55698	0.79185	2	3	1.19
112	1	1	0.42318	0.57682	0.83675	1	1	1.13

注：l_x 等の生命表諸関数の定義については、8ページを参照。

第22回　生　命　表（平成27年）
THE 22ND LIFE TABLES, 2015

女

年齢	生存数	死亡数	生存率	死亡率	死　力	定常人口		平均余命
x	l_x	$_nd_x$	$_np_x$	$_nq_x$	μ_x	$_nL_x$	T_x	$\overset{\circ}{e}_x$
0週	100000	63	0.99937	0.00063	0.05782	1917	8698726	86.99
1(w)	99937	12	0.99988	0.00012	0.01422	1916	8696809	87.02
2	99925	5	0.99995	0.00005	0.00209	1916	8694893	87.01
3	99921	6	0.99994	0.00006	0.00232	1916	8692976	87.00
4	99914	19	0.99981	0.00019	0.00344	8987	8691060	86.99
2月	99895	14	0.99986	0.00014	0.00164	8324	8682074	86.91
3(m)	99881	29	0.99971	0.00029	0.00151	24966	8673749	86.84
6	99853	31	0.99969	0.00031	0.00085	49918	8648783	86.62
0年	100000	178	0.99822	0.00178	0.05782	99861	8698726	86.99
1(y)	99822	32	0.99968	0.00032	0.00040	99806	8598865	86.14
2	99790	20	0.99980	0.00020	0.00023	99780	8499059	85.17
3	99770	12	0.99988	0.00012	0.00016	99763	8399279	84.19
4	99758	8	0.99992	0.00008	0.00010	99753	8299516	83.20
5	99749	8	0.99992	0.00008	0.00008	99746	8199762	82.20
6	99742	8	0.99992	0.00008	0.00008	99738	8100017	81.21
7	99734	8	0.99992	0.00008	0.00008	99730	8000279	80.22
8	99726	7	0.99993	0.00007	0.00008	99722	7900550	79.22
9	99718	7	0.99993	0.00007	0.00007	99715	7800828	78.23
10	99712	7	0.99993	0.00007	0.00007	99708	7701113	77.23
11	99705	7	0.99993	0.00007	0.00007	99701	7601405	76.24
12	99698	7	0.99993	0.00007	0.00007	99695	7501703	75.24
13	99691	7	0.99993	0.00007	0.00007	99688	7402008	74.25
14	99684	8	0.99992	0.00008	0.00008	99680	7302321	73.25
15	99676	10	0.99990	0.00010	0.00009	99671	7202641	72.26
16	99666	12	0.99988	0.00012	0.00011	99660	7102970	71.27
17	99654	13	0.99987	0.00013	0.00013	99647	7003311	70.28
18	99641	15	0.99985	0.00015	0.00014	99633	6903663	69.29
19	99626	16	0.99984	0.00016	0.00015	99618	6804030	68.30
20	99610	17	0.99983	0.00017	0.00016	99602	6704411	67.31
21	99593	19	0.99981	0.00019	0.00018	99584	6604809	66.32
22	99575	20	0.99980	0.00020	0.00020	99565	6505225	65.33
23	99554	22	0.99978	0.00022	0.00021	99544	6405661	64.34
24	99533	23	0.99977	0.00023	0.00023	99521	6306117	63.36
25	99510	24	0.99976	0.00024	0.00024	99498	6206596	62.37
26	99486	25	0.99975	0.00025	0.00025	99473	6107098	61.39
27	99461	27	0.99973	0.00027	0.00026	99447	6007625	60.40
28	99434	28	0.99971	0.00029	0.00028	99420	5908177	59.42
29	99405	30	0.99970	0.00030	0.00029	99391	5808758	58.44
30	99375	31	0.99969	0.00031	0.00031	99360	5709367	57.45
31	99345	32	0.99968	0.00032	0.00032	99329	5610007	56.47
32	99313	34	0.99966	0.00034	0.00033	99296	5510678	55.49
33	99279	36	0.99963	0.00037	0.00035	99261	5411383	54.51
34	99243	39	0.99961	0.00039	0.00038	99223	5312122	53.53
35	99204	41	0.99959	0.00041	0.00040	99184	5212898	52.55
36	99163	42	0.99957	0.00043	0.00042	99142	5113715	51.57
37	99121	45	0.99954	0.00046	0.00044	99098	5014573	50.59
38	99075	50	0.99950	0.00050	0.00048	99051	4915474	49.61
39	99025	56	0.99943	0.00057	0.00053	98998	4816424	48.64
40	98969	62	0.99937	0.00063	0.00060	98939	4717426	47.67
41	98907	68	0.99931	0.00069	0.00066	98873	4618487	46.70
42	98839	73	0.99926	0.00074	0.00071	98803	4519614	45.73
43	98766	79	0.99920	0.00080	0.00077	98727	4420811	44.76
44	98687	85	0.99913	0.00087	0.00083	98645	4322084	43.80
45	98602	94	0.99905	0.00095	0.00090	98556	4223438	42.83
46	98509	104	0.99895	0.00105	0.00100	98458	4124882	41.87
47	98405	114	0.99884	0.00116	0.00111	98349	4026425	40.92
48	98291	124	0.99874	0.00126	0.00121	98230	3928076	39.96
49	98167	134	0.99864	0.00136	0.00131	98101	3829846	39.01

FEMALE

年齢	生存数	死亡数	生存率	死亡率	死 力	定常人口		平均余命
x	l_x	$_nd_x$	$_np_x$	$_nq_x$	μ_x	$_nL_x$	T_x	$\overset{\circ}{e}_x$
50	98034	145	0.99852	0.00148	0.00142	97962	3731745	38.07
51	97889	159	0.99838	0.00162	0.00155	97811	3633783	37.12
52	97730	174	0.99822	0.00178	0.00170	97645	3535972	36.18
53	97557	189	0.99807	0.00193	0.00186	97463	3438327	35.24
54	97368	202	0.99792	0.00208	0.00201	97268	3340864	34.31
55	97166	215	0.99779	0.00221	0.00215	97060	3243596	33.38
56	96951	226	0.99767	0.00233	0.00227	96839	3146536	32.45
57	96726	237	0.99755	0.00245	0.00239	96608	3049697	31.53
58	96489	250	0.99741	0.00259	0.00252	96365	2953088	30.61
59	96239	268	0.99721	0.00279	0.00269	96106	2856723	29.68
60	95970	291	0.99696	0.00304	0.00291	95827	2760617	28.77
61	95679	318	0.99667	0.00333	0.00318	95522	2664790	27.85
62	95361	346	0.99638	0.00362	0.00348	95190	2569268	26.94
63	95015	372	0.99609	0.00391	0.00378	94832	2474078	26.04
64	94643	399	0.99578	0.00422	0.00406	94446	2379246	25.14
65	94244	433	0.99540	0.00460	0.00441	94031	2284800	24.24
66	93811	471	0.99498	0.00502	0.00482	93579	2190769	23.35
67	93340	511	0.99453	0.00547	0.00526	93088	2097190	22.47
68	92829	554	0.99403	0.00597	0.00573	92556	2004102	21.59
69	92275	603	0.99346	0.00654	0.00626	91978	1911547	20.72
70	91672	662	0.99278	0.00722	0.00688	91346	1819569	19.85
71	91010	729	0.99200	0.00800	0.00762	90651	1728223	18.99
72	90281	802	0.99112	0.00888	0.00847	89887	1637572	18.14
73	89480	874	0.99023	0.00977	0.00936	89049	1547685	17.30
74	88606	954	0.98923	0.01077	0.01029	88136	1458636	16.46
75	87652	1053	0.98798	0.01202	0.01140	87135	1370500	15.64
76	86599	1180	0.98637	0.01363	0.01284	86020	1283365	14.82
77	85419	1332	0.98441	0.01559	0.01466	84766	1197345	14.02
78	84087	1505	0.98211	0.01789	0.01682	83350	1112579	13.23
79	82582	1699	0.97943	0.02057	0.01936	81750	1029229	12.46
80	80883	1909	0.97639	0.02361	0.02227	79947	947479	11.71
81	78974	2143	0.97286	0.02714	0.02560	77923	867532	10.99
82	76831	2409	0.96864	0.03136	0.02956	75649	789609	10.28
83	74422	2701	0.96370	0.03630	0.03429	73096	713959	9.59
84	71720	3004	0.95812	0.04188	0.03976	70244	640864	8.94
85	68716	3310	0.95184	0.04816	0.04593	67087	570620	8.30
86	65407	3622	0.94462	0.05538	0.05298	63622	503533	7.70
87	61784	3938	0.93627	0.06373	0.06118	59842	439911	7.12
88	57847	4253	0.92648	0.07352	0.07085	55745	380069	6.57
89	53594	4531	0.91546	0.08454	0.08208	51350	324323	6.05
90	49063	4757	0.90305	0.09695	0.09485	46701	272974	5.56
91	44306	4918	0.88900	0.11100	0.10940	41859	226273	5.11
92	39389	5025	0.87243	0.12757	0.12656	36881	184414	4.68
93	34364	5024	0.85381	0.14619	0.14682	31846	147533	4.29
94	29340	4876	0.83380	0.16620	0.16949	26884	115686	3.94
95	24464	4598	0.81204	0.18796	0.19609	22135	88802	3.63
96	19866	4132	0.79202	0.20798	0.22051	17756	66667	3.36
97	15734	3594	0.77161	0.22839	0.24603	13890	48911	3.11
98	12140	3025	0.75083	0.24917	0.27272	10580	35021	2.88
99	9115	2464	0.72970	0.27030	0.30063	7838	24441	2.68
100	6652	1941	0.70825	0.29175	0.32981	5640	16603	2.50
101	4711	1477	0.68649	0.31351	0.36033	3937	10963	2.33
102	3234	1085	0.66446	0.33554	0.39223	2662	7026	2.17
103	2149	769	0.64217	0.35783	0.42559	1741	4364	2.03
104	1380	525	0.61967	0.38033	0.46047	1100	2623	1.90
105	855	345	0.59699	0.40301	0.49694	670	1523	1.78
106	510	217	0.57415	0.42585	0.53507	393	853	1.67
107	293	132	0.55121	0.44879	0.57494	222	460	1.57
108	162	76	0.52821	0.47179	0.61663	120	238	1.48
109	85	42	0.50518	0.49482	0.66022	62	118	1.39
110	43	22	0.48217	0.51783	0.70580	31	56	1.31
111	21	11	0.45924	0.54076	0.75346	15	26	1.23
112	10	5	0.43642	0.56358	0.80329	7	11	1.16
113	4	2	0.41378	0.58622	0.85539	3	5	1.10
114	2	1	0.39136	0.60864	0.90987	1	2	1.04
115	1	0	0.36921	0.63079	0.96683	0	1	0.98

注：l_x 等の生命表諸関数の定義については、8ページを参照。

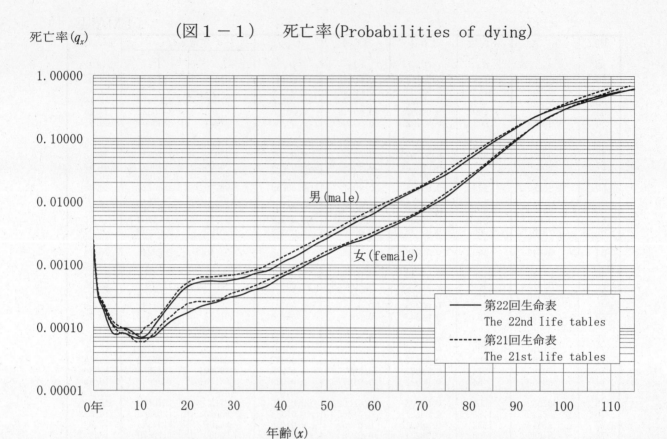

(図1−1) 死亡率(Probabilities of dying)

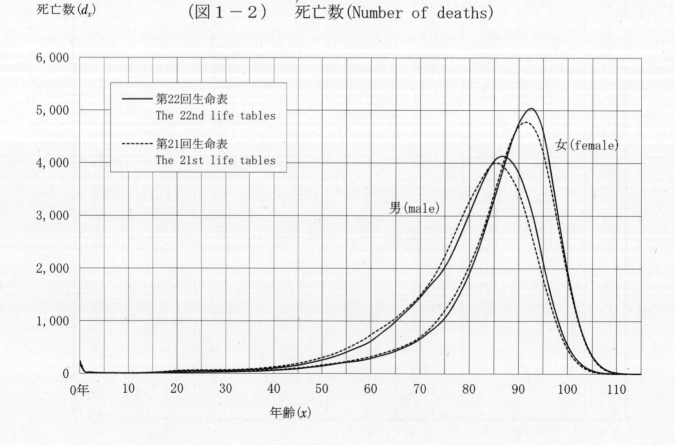

(図1−2) 死亡数(Number of deaths)

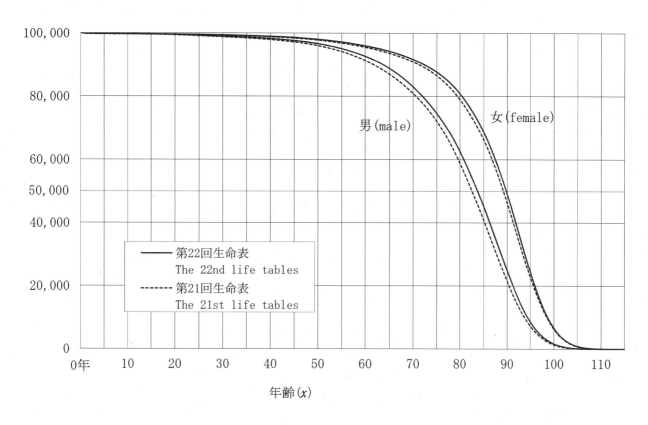

（図１－３） 生存数(Number of survivors)

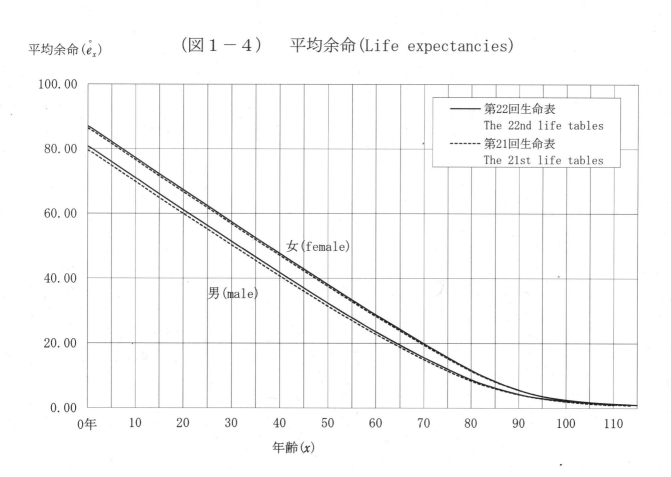

（図１－４） 平均余命(Life expectancies)

第4章　第22回生命表の概要

The concept of the 22nd life tables

1．第22回生命表について

　今回公表する完全生命表は、通算して21回目（第7回は欠番）にあたる平成27年の完全生命表であり、平成27年国勢調査による日本人人口の確定数、人口動態統計の確定数（平成27年死亡数、平成26年及び平成27年出生数）を基に作成している。

（1）主な年齢の平均余命

　平成27年の第22回生命表における0歳の平均余命（平均寿命）は、男80.75年、女86.99年であり、前回の完全生命表と比較して、男は1.20年、女は0.69年上回った。

　平均寿命の年次推移をみると、戦前は50年を下回っていたが、昭和22年の第8回生命表の平均寿命は男50.06年、女53.96年と50年を上回った。その後、男は昭和30年の第10回生命表で60年、昭和50年の第14回生命表で70年、平成27年の第22回生命表で80年を上回り、女は昭和25-27年の第9回生命表で60年、昭和35年の第11回生命表で70年、昭和60年の第16回生命表で80年を上回った。（表1）

表1　主な年齢の平均余命の年次推移（完全生命表）

（単位：年）

	年次		男						女					
	西暦	和暦	0歳	20	40	65	75	90	0歳	20	40	65	75	90
第1回	1891-1898	明治24-31年	42.8	39.8	25.7	10.2	6.2	2.6	44.3	40.8	27.8	11.4	6.7	2.7
2	1899-1903	32-36	43.97	40.35	26.03	10.14	6.00	2.22	44.85	41.06	28.19	11.35	6.61	2.36
3	1909-1913	明治42-大正2	44.25	41.06	26.82	10.58	6.31	2.38	44.73	41.67	29.03	11.94	7.09	2.61
4	1921-1925	10-14	42.06	39.10	25.13	9.31	5.31	1.95	43.20	40.38	28.09	11.10	6.21	2.04
5	1926-1930	大正15-昭和5	44.82	40.18	25.74	9.64	5.61	2.17	46.54	42.12	29.01	11.58	6.59	2.24
6	1935-1936	10年度	46.92	40.41	26.22	9.89	5.72	2.14	49.63	43.22	29.65	11.88	6.62	2.09
8	1947	昭和22年	50.06	40.89	26.88	10.16	6.09	2.56	53.96	44.87	30.39	12.22	7.03	2.45
9	1950-1952	25-27	59.57	46.43	29.65	11.35	6.73	2.70	62.97	49.58	32.77	13.36	7.76	2.72
10	1955	30	63.60	48.47	30.85	11.82	6.97	2.87	67.75	52.25	34.34	14.13	8.28	3.12
11	1960	35	65.32	49.08	31.02	11.62	6.60	2.69	70.19	53.39	34.90	14.10	8.01	2.99
12	1965	40	67.74	50.18	31.73	11.88	6.63	2.56	72.92	54.85	35.91	14.56	8.11	2.96
13	1970	45	69.31	51.26	32.68	12.50	7.14	2.75	74.66	56.11	37.01	15.34	8.70	3.26
14	1975	50	71.73	53.27	34.41	13.72	7.85	3.05	76.89	58.04	38.76	16.56	9.47	3.39
15	1980	55	73.35	54.56	35.52	14.56	8.34	3.17	78.76	59.66	40.23	17.68	10.24	3.55
16	1985	60	74.78	55.74	36.63	15.52	8.93	3.28	80.48	61.20	41.72	18.94	11.19	3.82
17	1990	平成2	75.92	56.77	37.58	16.22	9.50	3.51	81.90	62.54	43.00	20.03	12.06	4.18
18	1995	7	76.38	57.16	37.96	16.48	9.81	3.58	82.85	63.46	43.91	20.94	12.88	4.64
			(76.46)	(57.22)	(38.00)	(16.50)	(9.82)	(3.58)	(82.96)	(63.55)	(43.98)	(20.98)	(12.90)	(4.65)
19	2000	12	77.72	58.33	39.13	17.54	10.75	4.10	84.60	65.08	45.52	22.42	14.19	5.29
20	2005	17	78.56	59.08	39.86	18.13	11.07	4.15	85.52	65.93	46.38	23.19	14.83	5.53
21	2010	22	79.55	59.99	40.73	18.74	11.45	4.19	86.30	66.67	47.08	23.80	15.27	5.53
22	2015	27	80.75	61.13	41.77	19.41	12.03	4.27	86.99	67.31	47.67	24.24	15.64	5.56

注：平成7年の（　）内は阪神・淡路大震災の影響を除去した値である。

（2）生命表上の生存及び死亡状況

ア　死亡率（q_x）

平成27年の第22回生命表の死亡率を平成22年の第21回生命表と比較すると、男女ともほとんどの年齢で低下している。

死亡率の年次推移をみると、昭和50年の第14回生命表から第22回生命表において、男女とも0歳から10歳代及び70歳代の低下が大きくなっている。（図2－1、図2－2）

イ　死亡数（d_x）

10万人の出生者が生命表上の年齢別死亡率に従って死亡していくとした場合の死亡数をみると、平成27年の第22回生命表において、男女とも70歳代から急激に増加し、男では87歳（4,127人）、女では92歳（5,025人）でピークを迎えた後、急激に減少している。生命表における死亡数のピークは、回を追うごとに高齢に移動している。（図2－3、図2－4）

ウ　生存数（l_x）

10万人の出生者が生命表上の年齢別死亡率に従って死亡していくとした場合の生存数をみると、ほとんどの年齢において回を追うごとに増加している。また、寿命中位数（出生者の半数が生存すると期待される年数）は、平成27年の第22回生命表において、男83.76年、女89.79年で、回を追うごとに延びている。（表2、図2－5、図2－6）

表2　寿命中位数の年次推移（完全生命表）

（単位：年）

和暦	男 寿命中位数	女 寿命中位数
昭和22年	59.28	64.45
25-27	67.22	71.31
30	69.79	74.19
35	70.66	75.44
40	72.00	77.04
45	73.10	78.19
50	75.31	80.17
55	76.69	81.75
60	78.06	83.38
平成2	79.13	84.71
7	79.49	85.73
12	80.74	87.41
17	81.56	88.34
22	82.60	89.17
27	83.76	89.79

注：昭和45年以前は、沖縄県を除く値である。

エ　平均余命（$\overset{\circ}{e}_x$）

平成27年の第22回生命表において、0歳における平均余命（平均寿命）は、男80.75年、女86.99年となっている。20歳における平均余命は、男61.13年、女67.31年、65歳における平均余命は、男19.41年、女24.24年となっている。

平均余命の年次推移をみると、各年齢とも回を追うごとに延びている。（表1、図2－7、図2－8）

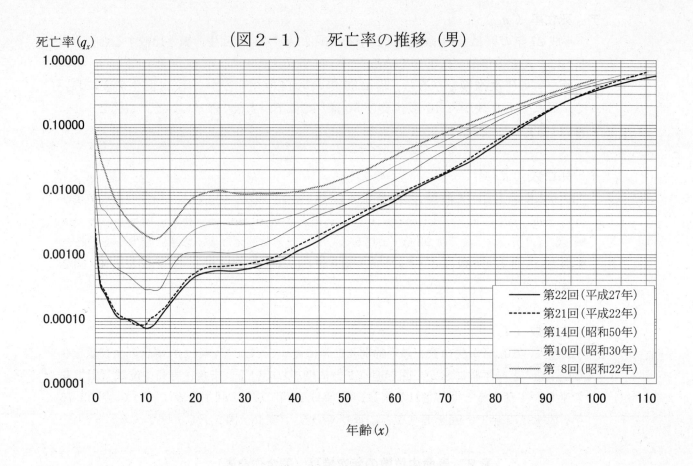

（図2-1） 死亡率の推移（男）

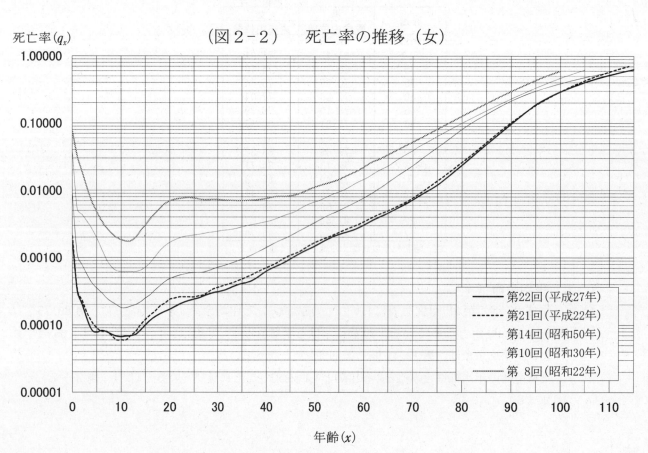

（図2-2） 死亡率の推移（女）

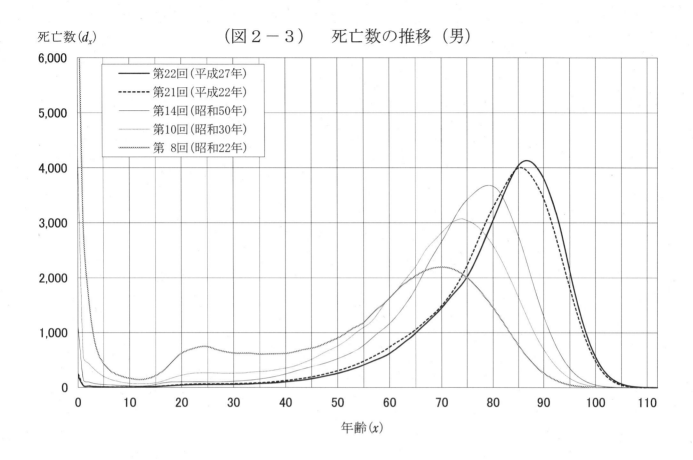

（図2－3） 死亡数の推移（男）

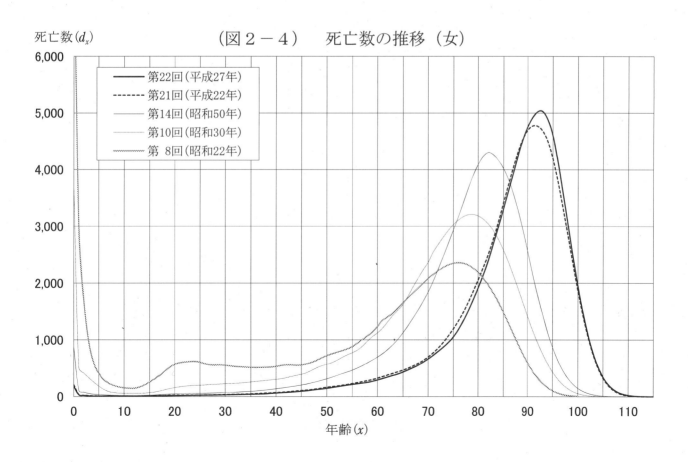

（図2－4） 死亡数の推移（女）

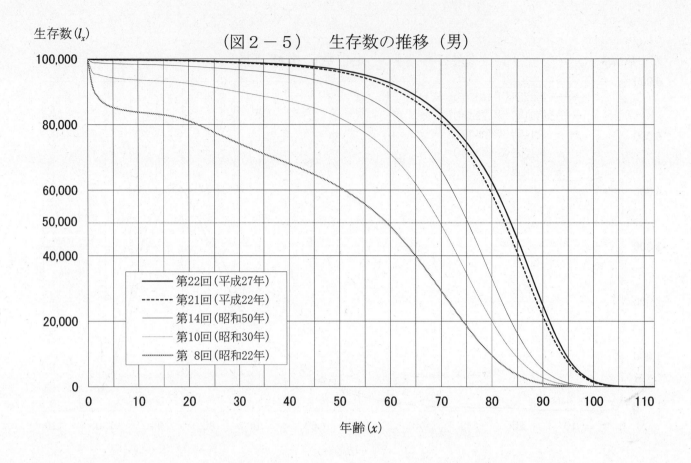

（図2−5）　生存数の推移（男）

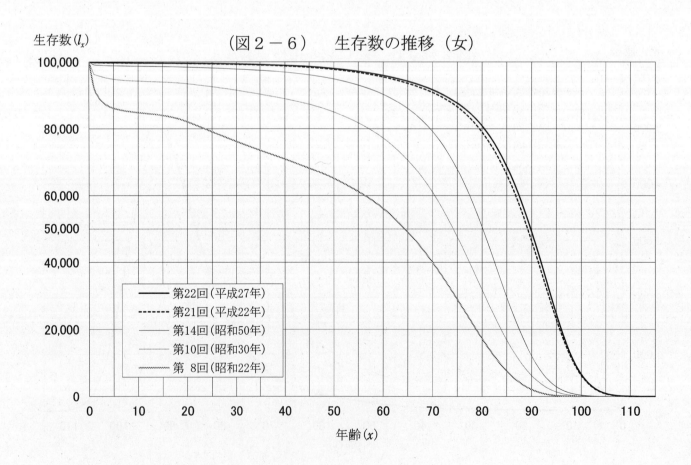

（図2−6）　生存数の推移（女）

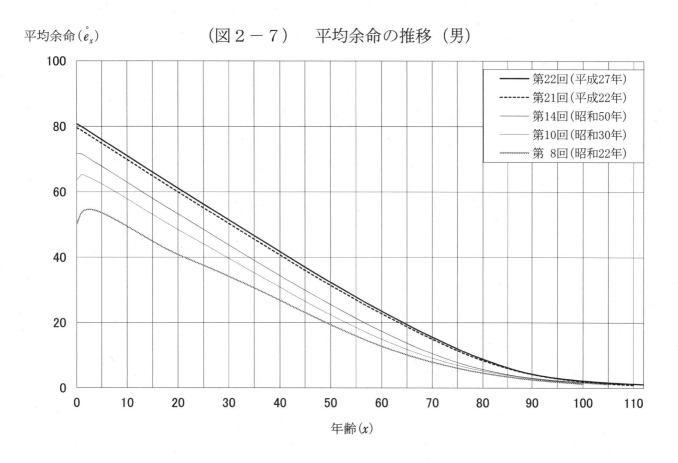

（図2－7） 平均余命の推移（男）

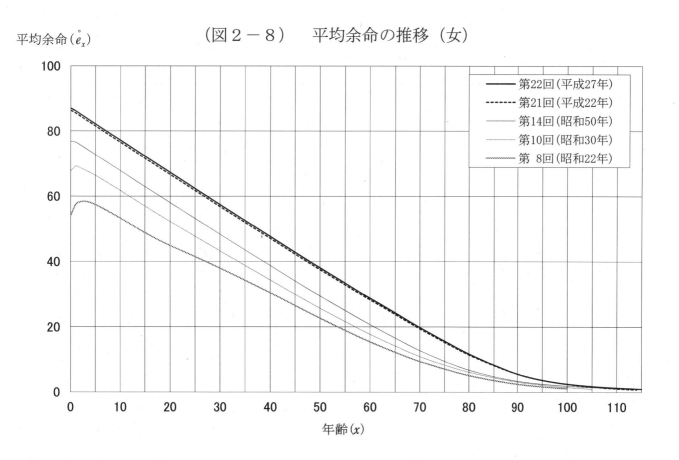

（図2－8） 平均余命の推移（女）

Summary

Introduction

In a life table, we consider a hypothetical cohort and assume that it is subject to the age-specific probabilities of dying realized by an actual population for a particular period. For example, a life table for 2015 assumes a hypothetical cohort subject, throughout its lifetime, to the age-specific probabilities of dying realized by the actual population for 2015.

We here present the Complete Life Tables for Japan 2015. In Japan, the Ministry of Health, Labour and Welfare has prepared two series of life tables —— the Complete and the Abridged Life Tables. The former have been constructed every five years based on the Annual Vital Statistics and the Population Census. The latter have been on the Provisional Annual Vital Statistics and the Population Estimates. The Complete Life Tables for Japan were first prepared for the period 1891-98 and the life tables presented here are the 22nd ones.

After the end of World War Ⅱ, the improvements in Japanese life expectancies were remarkable in ten years. Since 1955, life expectancy has not increased as much as before, but it has been steadily improved and reached 80.75 years for males and 86.99 years for females in 2015.

The trends in life expectancy since the 1st life tables are shown below.

Trends of the life expectancies at selected ages

age	1st 1891-1898	2nd 1899-1903	3rd 1909-1913	4th 1921-1925	5th 1926-1930	6th 1935-1936	8th 1947	9th 1950-1952	10th 1955	11th 1960	12th 1965	13th 1970	14th 1975	15th 1980	16th 1985	17th 1990	18th 1995	19th 2000	20th 2005	21st 2010	22nd 2015
Male																					
0	42.8	43.97	44.25	42.06	44.82	46.92	50.06	59.57	63.60	65.32	67.74	69.31	71.73	73.35	74.78	75.92	76.38	77.72	78.56	79.55	80.75
1	49.2	51.11	51.61	49.14	51.07	51.95	53.74	62.14	65.37	66.56	68.16	69.35	71.53	72.96	74.22	75.30	75.73	76.99	77.79	78.75	79.92
2	50.5	52.04	52.97	50.62	52.35	52.92	54.57	61.86	64.74	65.81	67.31	68.47	70.63	72.03	73.28	74.36	74.78	76.03	76.83	77.78	78.94
3	51.0	52.41	53.23	50.96	52.54	53.02	54.63	61.42	64.04	65.00	66.42	67.55	69.70	71.09	72.33	73.40	73.82	75.06	75.85	76.80	77.96
4	51.0	52.31	53.02	50.81	52.33	52.74	54.23	60.82	63.27	64.15	65.51	66.62	68.75	70.14	71.36	72.43	72.85	74.08	74.87	75.81	76.97
5	50.7	51.90	52.57	50.35	51.85	52.22	53.61	60.10	62.45	63.26	64.57	65.67	67.80	69.17	70.39	71.45	71.87	73.10	73.88	74.82	75.98
10	47.5	48.23	48.82	46.53	47.93	48.25	49.49	55.68	57.89	58.57	59.80	60.85	62.94	64.28	65.47	66.53	66.94	68.15	68.93	69.85	71.02
15	43.4	44.02	44.62	42.31	43.58	43.85	44.93	50.95	53.09	53.74	54.93	55.97	58.03	59.35	60.54	61.58	62.00	63.19	63.97	64.89	66.05
20	39.8	40.35	41.06	39.10	40.18	40.41	40.89	46.43	48.47	49.08	50.18	51.26	53.27	54.56	55.74	56.77	57.16	58.33	59.08	59.99	61.13
25	36.5	37.02	37.84	36.06	37.01	37.35	37.60	42.24	44.09	44.54	45.54	46.58	48.54	49.79	50.97	51.98	52.37	53.52	54.25	55.16	56.28
30	33.0	33.44	34.31	32.59	33.43	33.89	34.23	38.10	39.70	40.07	40.90	41.90	43.78	45.00	46.16	47.16	47.55	48.69	49.43	50.33	51.43
35	29.4	29.73	30.58	28.87	29.61	30.10	30.62	33.87	35.27	35.52	36.28	37.24	39.05	40.22	41.36	42.35	42.74	43.89	44.62	45.51	46.58
40	25.7	26.03	26.82	25.13	25.74	26.22	26.88	29.65	30.85	31.02	31.73	32.68	34.41	35.52	36.63	37.58	37.96	39.13	39.86	40.73	41.77
45	22.2	22.42	23.14	21.49	22.02	22.43	23.12	25.52	26.52	26.61	27.28	28.22	29.92	30.94	32.01	32.92	33.28	34.45	35.18	36.02	37.01
50	18.8	18.97	19.61	18.02	18.49	18.85	19.44	21.54	22.41	22.39	23.00	23.88	25.56	26.57	27.56	28.40	28.75	29.91	30.63	31.42	32.36
55	15.7	15.73	16.30	14.77	15.21	15.55	15.97	17.79	18.54	18.45	18.94	19.76	21.35	22.35	23.36	24.06	24.41	25.58	26.25	26.98	27.85
60	12.8	12.76	13.28	11.87	12.23	12.55	12.83	14.36	14.97	14.84	15.20	15.93	17.38	18.31	19.34	20.01	20.28	21.44	22.09	22.75	23.51
65	10.2	10.14	10.58	9.31	9.64	9.89	10.16	11.35	11.82	11.62	11.88	12.50	13.72	14.56	15.52	16.22	16.48	17.54	18.13	18.74	19.41
70	8.0	7.89	8.26	7.11	7.43	7.62	7.93	8.82	9.13	8.85	8.99	9.56	10.53	11.18	12.00	12.66	12.97	13.97	14.39	14.96	15.59
75	6.2	6.00	6.31	5.31	5.61	5.72	6.09	6.73	6.97	6.60	6.63	7.14	7.85	8.34	8.93	9.50	9.81	10.75	11.07	11.45	12.03
80	4.8	4.44	4.70	3.87	4.15	4.20	4.62	5.04	5.25	4.91	4.81	5.26	5.70	6.08	6.51	6.88	7.13	7.96	8.22	8.42	8.83
85	3.7	3.19	3.40	2.77	3.02	3.03	3.46	3.72	3.90	3.69	3.69	3.82	4.14	4.39	4.64	4.93	5.05	5.76	5.89	6.00	6.22
90	2.6	2.22	2.38	1.95	2.17	2.14	2.56	2.70	2.87	2.69	2.56	2.75	3.05	3.17	3.28	3.51	3.58	4.10	4.15	4.19	4.27
Female																					
0	44.3	44.85	44.73	43.20	46.54	49.63	53.96	62.97	67.75	70.19	72.92	74.66	76.89	78.76	80.48	81.90	82.85	84.60	85.52	86.30	86.99
1	50.1	51.17	51.24	49.42	52.10	54.07	57.40	65.25	69.34	71.17	73.13	74.52	76.56	78.29	79.89	81.25	82.17	83.86	84.73	85.48	86.14
2	51.3	52.06	52.55	50.86	53.37	55.02	58.30	65.01	68.70	70.39	72.26	73.62	75.65	77.35	78.95	80.30	81.21	82.89	83.76	84.51	85.17
3	51.7	52.44	52.83	51.22	53.59	55.13	58.42	64.58	68.00	69.57	71.35	72.69	74.71	76.40	77.98	79.33	80.25	81.92	82.78	83.53	84.19
4	51.8	52.36	52.61	51.12	53.43	54.89	58.06	64.00	67.24	68.69	70.42	71.75	73.75	75.43	77.01	78.35	79.27	80.93	81.80	82.54	83.20
5	51.5	51.97	52.16	50.71	53.00	54.40	57.45	63.28	66.41	67.79	69.47	70.78	72.78	74.46	76.03	77.37	78.29	79.95	80.81	81.55	82.20
10	48.1	48.34	48.51	47.00	49.18	50.47	53.31	58.82	61.78	63.04	64.62	65.91	67.87	69.53	71.08	72.42	73.34	74.98	75.84	76.58	77.23
15	44.2	44.36	44.67	43.12	45.11	46.33	48.81	54.10	56.96	58.17	59.71	60.99	62.94	64.58	66.13	67.46	68.39	70.01	70.87	71.61	72.26
20	40.8	41.06	41.67	40.38	42.12	43.22	44.87	49.58	52.25	53.39	54.85	56.11	58.04	59.66	61.20	62.54	63.46	65.08	65.93	66.67	67.31
25	37.6	38.02	38.83	37.72	39.23	40.23	41.48	45.35	47.73	48.74	50.06	51.30	53.19	54.77	56.30	57.63	58.56	60.16	61.02	61.75	62.37
30	34.4	34.84	35.72	34.69	35.98	36.88	37.95	41.20	43.25	44.10	45.31	46.50	48.35	49.90	51.41	52.73	53.65	55.26	56.12	56.83	57.45
35	31.1	31.54	32.42	31.44	32.53	33.30	34.24	36.99	38.78	39.48	40.58	41.73	43.53	45.04	46.54	47.84	48.77	50.37	51.23	51.94	52.55
40	27.8	28.19	29.03	28.09	29.01	29.65	30.39	32.77	34.34	34.90	35.91	37.01	38.76	40.23	41.72	43.00	43.91	45.52	46.38	47.08	47.67
45	24.4	24.71	25.49	24.58	25.39	25.91	26.52	28.58	29.95	30.39	31.31	32.37	34.06	35.49	36.96	38.22	39.12	40.73	41.57	42.27	42.83
50	20.8	21.11	21.84	20.95	21.67	22.15	22.64	24.47	25.70	26.03	26.85	27.84	29.46	30.84	32.28	33.51	34.43	36.01	36.84	37.52	38.07
55	17.4	17.61	18.31	17.43	18.09	18.54	18.92	20.53	21.61	21.83	22.54	23.47	25.00	26.30	27.71	28.90	29.82	31.40	32.20	32.86	33.38
60	14.2	14.32	14.99	14.12	14.68	15.07	15.39	16.81	17.72	17.83	18.42	19.27	20.68	21.89	23.24	24.39	25.31	26.85	27.66	28.28	28.77
65	11.4	11.35	11.94	11.10	11.58	11.88	12.22	13.38	14.13	14.10	14.55	15.34	16.56	17.68	18.94	20.03	20.94	22.42	23.19	23.80	24.24
70	8.8	8.77	9.28	8.44	8.88	9.04	9.41	10.34	10.95	10.78	11.09	11.75	12.78	13.73	14.89	15.87	16.76	18.19	18.88	19.43	19.85
75	6.7	6.61	7.09	6.21	6.59	6.62	7.03	7.76	8.28	8.01	8.11	8.70	9.47	10.24	11.19	12.06	12.88	14.19	14.83	15.27	15.64
80	5.1	4.85	5.26	4.41	4.73	4.67	5.09	5.64	6.12	5.88	5.80	6.27	6.76	7.33	8.07	8.72	9.47	10.60	11.13	11.46	11.71
85	3.9	3.45	3.77	3.04	3.30	3.17	3.58	3.97	4.42	4.26	4.19	4.46	4.79	5.12	5.60	6.10	6.67	7.61	7.99	8.15	8.30
90	2.7	2.36	2.61	2.04	2.24	2.09	2.45	2.72	3.12	2.99	2.96	3.26	3.39	3.55	3.82	4.18	4.64	5.29	5.53	5.53	5.56

Methods of construction

We show in the following sections the methods of constructing the 22nd Complete Life Tables.

I Primary data

1. Director-General for Statistics and Information Policy, Ministry of Health, Labour and Welfare. "Deaths by sex, month of occurrence and birth year of the deceased (single year of age)", Final Report on the Annual Vital Statistics of Japan 2015.

2. Director-General for Statistics and Information Policy, Ministry of Health, Labour and Welfare. "Infant deaths (under 1 year old) by age and sex", Final Report on the Annual Vital Statistics of Japan 2015.

3. Director-General for Statistics and Information Policy, Ministry of Health, Labour and Welfare. "Live births by sex and month", Final Report on the Annual Vital Statistics of Japan 2014, 2015.

4. Statistics Bureau, Ministry of Internal Affairs and Communications. "Japanese Population, by age, month of birth and sex; October 1, 2015", Population Census in Japan 2015.

II Correction of primary data

1. Delayed registrations

Primary data on deaths and births are based on the registrations collected until January 31 in the following year of their incidents. Therefore, we estimate the number of delayed registrations and correct the primary data on deaths and births. In practice, we correct the primary data by multiplying an adjustment rate r as follows.

Here $D(a)$, $d(a,p)$ and α represent:

$D(a)$: the number of registrations on the incidents occurred in the year a, and were registered until January 31 in the following year of their incidents.

$d(a,p)$: the number of delayed registrations whose incidents occurred in the year a, but were registered in the year $p = a+1, a+2, ..., a+8$.

α : the rate of registrations which were registered more than nine years after the end of the year when the incidents occurred.

Then the adjustment rate r is calculated by the next formula:

$$r = 1 + \frac{d('14,'15)}{D('14)} + \frac{d('13,'15)}{D('13)} + \frac{d('12,'15)}{D('12)} + \cdots + \frac{d('07,'15)}{D('07)} + \alpha,$$

where we calculate α by assuming that $\dfrac{d(a,p)}{D(a)}$ fits an exponential function of a.

2. Age-unidentified data

There are some registrations where ages are not stated. The numbers of such registrations are assigned to each age proportionally to the age distribution of registrations where ages are included.

III Construction of probabilities of dying under age 1

Let $D\begin{pmatrix}\alpha\\\beta\end{pmatrix}$, $B\begin{pmatrix}d.m.y.\\d'.m'.y'.\end{pmatrix}$, $B\begin{pmatrix}m.y.\\m'.y'.\end{pmatrix}$ and $B(m.y.)$ denote respectively,

$D\begin{pmatrix}\alpha\\\beta\end{pmatrix}$: the number of deaths in 2015 during the period from α

to β after live births,

$B\begin{pmatrix}d.m.y.\\d'.m'.y'.\end{pmatrix}$, $B\begin{pmatrix}m.y.\\m'.y'.\end{pmatrix}$: the number of live births for the period from $d.m.y.$ to

$d'.m'.y'.$ and from $m.y.$ to $m'.y'.$, respectively

and $B(m.y.)$: the number of live births in the month m of the year y.

For example, $B\begin{pmatrix}25.\,\text{Dec.'14.}\\24.\,\text{Dec.'15.}\end{pmatrix}$ denotes the number of live births for one year from

Dec. 25, 2014 until Dec. 24, 2015 and $B\begin{pmatrix}\text{Jul.'14.}\\\text{Jun.'15.}\end{pmatrix}$ denotes the number of live births

for one year from Jul. 1, 2014 until Jun. 30, 2015.

Then the probabilities of surviving and the probabilities of dying are calculated as follows:

$$_{1w}p_0 = 1 - \frac{D\begin{pmatrix} 0w \\ 1w \end{pmatrix}}{\dfrac{1}{2}\left(B\begin{pmatrix} 25.\,\text{Dec.'14.} \\ 24.\,\text{Dec.'15.} \end{pmatrix} + B\begin{pmatrix} \text{Jan.'15.} \\ \text{Dec.'15.} \end{pmatrix} \right)},$$

$$_{2w}p_0 = {}_{1w}p_0 - \frac{D\begin{pmatrix} 1w \\ 2w \end{pmatrix}}{\dfrac{1}{2}\left(B\begin{pmatrix} 18.\,\text{Dec.'14.} \\ 17.\,\text{Dec.'15.} \end{pmatrix} + B\begin{pmatrix} 25.\,\text{Dec.'14.} \\ 24.\,\text{Dec.'15.} \end{pmatrix} \right)},$$

$$_{3w}p_0 = {}_{2w}p_0 - \frac{D\begin{pmatrix} 2w \\ 3w \end{pmatrix}}{\dfrac{1}{2}\left(B\begin{pmatrix} 11.\,\text{Dec.'14.} \\ 10.\,\text{Dec.'15.} \end{pmatrix} + B\begin{pmatrix} 18.\,\text{Dec.'14.} \\ 17.\,\text{Dec.'15.} \end{pmatrix} \right)},$$

$$_{4w}p_0 = {}_{3w}p_0 - \frac{D\begin{pmatrix} 3w \\ 4w \end{pmatrix}}{\dfrac{1}{2}\left(B\begin{pmatrix} 4.\,\text{Dec.'14.} \\ 3.\,\text{Dec.'15.} \end{pmatrix} + B\begin{pmatrix} 11.\,\text{Dec.'14.} \\ 10.\,\text{Dec.'15.} \end{pmatrix} \right)},$$

$$_{2m}p_0 = {}_{4w}p_0 - \frac{D\begin{pmatrix} 4w \\ 2m \end{pmatrix}}{\dfrac{1}{2}\left(B\begin{pmatrix} \text{Nov.'14.} \\ \text{Oct.'15.} \end{pmatrix} + B\begin{pmatrix} 4.\,\text{Dec.'14.} \\ 3.\,\text{Dec.'15.} \end{pmatrix} \right)},$$

$$_{3m}p_0 = {}_{2m}p_0 - \frac{D\begin{pmatrix} 2m \\ 3m \end{pmatrix}}{\dfrac{1}{2}\left(B\begin{pmatrix} \text{Oct.'14.} \\ \text{Sep.'15.} \end{pmatrix} + B\begin{pmatrix} \text{Nov.'14.} \\ \text{Oct.'15.} \end{pmatrix} \right)},$$

$$_{6m}p_0 = {}_{3m}p_0 - \frac{D\begin{pmatrix} 3m \\ 6m \end{pmatrix}}{\dfrac{1}{2}\left(B\begin{pmatrix} \text{Jul.'14.} \\ \text{Jun.'15.} \end{pmatrix} + B\begin{pmatrix} \text{Oct.'14.} \\ \text{Sep.'15.} \end{pmatrix} \right)}$$

and $\quad p_0 = {}_{6m}p_0 - \dfrac{D\begin{pmatrix} 6m \\ 1y \end{pmatrix}}{\dfrac{1}{2}\left(B\begin{pmatrix} \text{Jan.'14.} \\ \text{Dec.'14.} \end{pmatrix} + B\begin{pmatrix} \text{Jul.'14.} \\ \text{Jun.'15.} \end{pmatrix} \right)}$,

where

$$B\begin{pmatrix} \text{25. Dec.'14.} \\ \text{24. Dec.'15.} \end{pmatrix} = B\begin{pmatrix} \text{Jan.'15.} \\ \text{Dec.'15.} \end{pmatrix} + \frac{7}{31}\left[B(\text{Dec.'14.}) - B(\text{Dec.'15.}) \right],$$

$$B\begin{pmatrix} \text{18. Dec.'14.} \\ \text{17. Dec.'15.} \end{pmatrix} = B\begin{pmatrix} \text{Jan.'15.} \\ \text{Dec.'15.} \end{pmatrix} + \frac{14}{31}\left[B(\text{Dec.'14.}) - B(\text{Dec.'15.}) \right],$$

$$B\begin{pmatrix} \text{11. Dec.'14.} \\ \text{10. Dec.'15.} \end{pmatrix} = B\begin{pmatrix} \text{Jan.'15.} \\ \text{Dec.'15.} \end{pmatrix} + \frac{21}{31}\left[B(\text{Dec.'14.}) - B(\text{Dec.'15.}) \right]$$

and $\quad B\begin{pmatrix} \text{4. Dec.'14.} \\ \text{3. Dec.'15.} \end{pmatrix} = B\begin{pmatrix} \text{Jan.'15.} \\ \text{Dec.'15.} \end{pmatrix} + \frac{28}{31}\left[B(\text{Dec.'14.}) - B(\text{Dec.'15.}) \right].$

The probabilities of dying are derived from these probabilities of surviving as follows.

$${}_{1w}q_0 = 1 - {}_{1w}p_0\,,$$

$${}_{1w}q_{1w} = 1 - \frac{{}_{2w}p_0}{{}_{1w}p_0}\,,$$

$${}_{1w}q_{2w} = 1 - \frac{{}_{3w}p_0}{{}_{2w}p_0}\,,$$

$${}_{1w}q_{3w} = 1 - \frac{{}_{4w}p_0}{{}_{3w}p_0}\,,$$

$${}_{2m-4w}q_{4w} = 1 - \frac{{}_{2m}p_0}{{}_{4w}p_0}\,,$$

$${}_{1m}q_{2m} = 1 - \frac{{}_{3m}p_0}{{}_{2m}p_0}\,,$$

$${}_{3m}q_{3m} = 1 - \frac{{}_{6m}p_0}{{}_{3m}p_0}\,,$$

$${}_{1y-6m}q_{6m} = 1 - \frac{p_0}{{}_{6m}p_0}$$

and $\quad q_0 = 1 - p_0\,.$

IV Construction of crude probabilities of dying for age 1 and over

The following is the Lexis diagram, where the horizontal axis represents date and the vertical axis represents age. $N(XY)$ denotes the number of life lines across the segment XY in the Lexis diagram. For age 1 and over, we obtain crude probabilities of dying q'_x by the formula

$$q'_x = 1 - \frac{N(B_1 B_2)}{N(A_1 B_1)} \cdot \frac{N(A_2 B_2)}{N(A_1 A_2)} \quad (x=1,2,\ldots,107 \text{ for males} / x=1,2,\ldots,108 \text{ for females}),$$

where the number of life lines across each segment is given as follows.

Let DAO_x, DAI_x, DBO_x and DBI_x denote respectively the number of deaths in $\square A_1A_2C_3C_2$, $\triangle B_2C_2C_3$, $\triangle A_1C_1C_2$ and $\square B_1B_2C_2C_1$. And let P_x and Q_x denote respectively $N(C_3C_2)$ and $N(C_2C_1)$. P_x and Q_x are obtained from the Population Census, 2015. Then the number of life lines across each segment is expressed as follows:

$$N(A_1 B_1) = P_{x-1} + Q_x + DBO_x - DAI_{x-1},$$
$$N(B_1 B_2) = P_{x-1} + Q_x - DAI_{x-1} - DBI_x,$$
$$N(A_1 A_2) = P_x + Q_{x+1} + DAO_x + DBO_{x+1}$$
and, $N(A_2 B_2) = P_x + Q_{x+1} - DAI_x + DBO_{x+1}.$

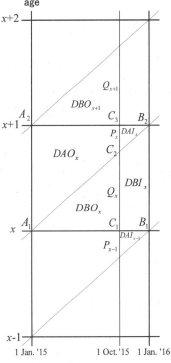

V Smoothing of crude probabilities of dying and estimation of probabilities of dying for advanced ages

We smoothed these crude probabilities of dying q'_x and obtained probabilities of dying q_x by using the Greville's (1979) formula (3 degrees and 9 terms)

$$q_x = -0.040724q'_{x-4} - 0.009873q'_{x-3} + 0.118470q'_{x-2} + 0.266557q'_{x-1} + 0.331140q'_x$$
$$+ 0.266557q'_{x+1} + 0.118470q'_{x+2} - 0.009873q'_{x+3} - 0.040724q'_{x+4}$$

$(x=1,2,\ldots,103$ for males $/ x=1,2,\ldots,104$ for females$)$,

where for $x=0,-1,-2$ and -3, crude probabilities of dying q'_x are formally extrapolated by the next formula

$$q'_x = 1.352613q'_{x+1} + 0.114696q'_{x+2} - 0.287231q'_{x+3} - 0.180078q'_{x+4} .$$

In addition, for advanced ages (over 95 for males and females), we fit the force of mortality μ_x to a Gompertz-Mekeham function as

$$\mu_x = \alpha + \beta e^{\gamma x},$$

where we can estimate and extrapolate the probabilities of dying q_x by

$$q_x = 1 - \exp\left[-\int_x^{x+1} \mu_t dt\right]$$

$$= 1 - \exp\left[-\int_x^{x+1}\left(\alpha + \beta e^{\gamma t}\right)dt\right]$$

$$= 1 - \exp\left[-\left\{\alpha + \frac{\beta}{\gamma}\left(e^\gamma - 1\right)e^{\gamma x}\right\}\right].$$

So we decide the values of three coefficients A, B and C so as to make the following sum of squares least.

$$\sum_{x=x_0}^{x_1}\left(A + Be^{C(x-x_0)} - \mu'_x\right)^2,$$

where $x_0=85$ and $x_1=102$ for males, $x_0=90$ and $x_1=103$ for females, and μ'_x is the crude force of mortality derived from smoothed probabilities of dying above. And we estimated the value of probabilities of dying q_x afresh by the formula

$$q_x = 1 - \exp\left[-\left\{A + \frac{B}{C}\left(e^C - 1\right)e^{C(x-x_0)}\right\}\right]$$

for advanced ages.

Coefficients of $\mu_x = A + Be^{C(x-x_0)}$

	male	female
A	−0.3168264702	−0.3393162409
B	0.3949038360	0.4284077289
C	0.0397029946	0.0445903902

VI Calculation of life functions

Values of l_x and $_n d_x$ are calculated recursively as follows, where radix $l_0 = 100,000$ and $_n p_x + _n q_x = 1$. For age under 1,

$$l_{1w} = l_0 \times _{1w} p_0, \qquad _{1w} d_0 = l_0 - l_{1w},$$
$$l_{2w} = l_{1w} \times _{1w} p_{1w}, \qquad _{1w} d_{1w} = l_{1w} - l_{2w},$$
$$\cdots, \qquad\qquad \cdots,$$
$$l_{6m} = l_{3m} \times _{3m} p_{3m}, \qquad _{3m} d_{3m} = l_{3m} - l_{6m},$$
$$l_1 = l_{6m} \times _{1y-6m} p_{6m}, \qquad _{1y-6m} d_{6m} = l_{6m} - l_1$$

$$\text{and } d_0 = l_0 - l_1$$

For age 1 and over, we used the relations

$$l_{x+1} = l_x \times p_x \quad \text{and} \qquad d_x = l_x - l_{x+1}.$$

That is,

$$l_2 = l_1 \times p_1, \qquad\qquad d_1 = l_1 - l_2,$$

$$\cdots, \qquad\qquad\qquad \cdots,$$

$$l_{131} = l_{130} \times p_{130} \quad \text{and} \qquad d_{130} = l_{130} - l_{131}.$$

The force of mortality μ_x is defined as

$$\mu_x = -\frac{1}{l_t} \frac{dl_t}{dt}\bigg|_{t=x}.$$

We made an estimate of the derivative of l_t function at $t = x$ as the differential of a polynomial of 4th degree passing across successive five points which contains a point (x, l_x) as the third one. By Lagrange interpolation formula, such a polynomial $g_x(t)$ is expressed as

$$g_x(t) = \sum_{i=-2}^{2} l_{x+i} \left(\prod_{\substack{-2 \le j \le 2 \\ j \ne i}} \frac{t - (x+j)}{i - j} \right),$$

for $x \ge 3$. We differentiated this polynomial $g_x(t)$ at $t = x$ and obtained the following estimation formula.

$$\mu_x = \frac{8(l_{x-1} - l_{x+1}) - (l_{x-2} - l_{x+2})}{12 l_x}$$

$$\left(= \frac{1}{l_x} \left\{ \frac{d_{x-1} + d_x}{2} + \frac{1}{6} \left(\frac{d_{x-1} + d_x}{2} - \frac{d_{x-2} + d_{x+1}}{2} \right) \right\} \right),$$

for $x \geqq 3$. We used the same method for $x < 3$ in order to estimate the value of μ_x, where we set a point (x, l_x) as the first one for $x = 0\mathrm{w}$ and the second one for $x = 1\mathrm{w}$.

Stationary population $_nL_x$ is defined as

$$_nL_x = \int_x^{x+n} l_t dt ,$$

where n is an age span. We made an estimate of the integral of l_t function from $t = x$ to $t = x + n$ as the integral of the above polynomial $g_x(t)$ on the same interval of t. We integrated the polynomial $g_x(t)$ from $t = x$ to $t = x + n$ and obtained the following estimation formula.

$$L_x = \frac{11}{720}l_{x-2} - \frac{37}{360}l_{x-1} + \frac{19}{30}l_x + \frac{173}{360}l_{x+1} - \frac{19}{720}l_{x+2}$$

$$\left(= \frac{l_x + l_{x+1}}{2} + \frac{1}{12}\left(\frac{l_x + l_{x+1}}{2} - \frac{l_{x-1} + l_{x+2}}{2} \right) + \frac{11}{360}\left(3l_x - 4 \cdot \frac{l_{x-1} + l_{x+1}}{2} + \frac{l_{x-2} + l_{x+2}}{2} \right) \right),$$

for $x \geqq 3$. We used the same method for $x < 3$ in order to estimate the value of $_nL_x$, where we integrated the polynomial $g_{2\mathrm{w}}(t)$ from $t = 0$ to $t = 1\mathrm{w}$ for $x = 0\mathrm{w}$ and from $t = 1\mathrm{w}$ to $t = 2\mathrm{w}$ for $x = 1\mathrm{w}$.

We calculated the values of stationary population T_x by

$$T_x = \sum_{t=x}^{129} {_nL_t} ,$$

and life expectancy $\overset{\circ}{e}_x$ by

$$\overset{\circ}{e}_x = \frac{T_x}{l_x} .$$

付　録　I
APPENDIX　I

第1回～第22回生命表

The life tables from

the 1st to the 22nd

表　章　記　号　の　規　約

…	計数不明の場合

第 1 回 生 命 表 （明治24年～明治31年）
THE 1ST LIFE TABLES, 1891～1898

男　　　　　　　　　　　　　　　　　　　　　　　　　　　　　　　　　　　MALE

年齢 x	生存数 l_x	死亡数 $_nd_x$	死亡率 $_nq_x$	平均余命 $\overset{\circ}{e}_x$	年齢 x	生存数 l_x	死亡数 $_nd_x$	死亡率 $_nq_x$	平均余命 $\overset{\circ}{e}_x$
0	100000	14895	0.14895	42.8	55	45410	1161	0.02556	15.7
1	85105	3806	0.04472	49.2	56	44249	1212	0.02740	15.1
2	81299	2403	0.02956	50.5	57	43037	1267	0.02943	14.5
3	78896	1587	0.02011	51.0	58	41770	1322	0.03164	13.9
4	77309	1070	0.01384	51.0	59	40448	1375	0.03399	13.3
5	76239	762	0.00999	50.7	60	39073	1426	0.03649	12.8
6	75477	588	0.00779	50.3	61	37647	1472	0.03909	12.2
7	74889	476	0.00635	49.6	62	36175	1514	0.04185	11.7
8	74413	402	0.00540	49.0	63	34661	1552	0.04478	11.2
9	74011	356	0.00481	48.2	64	33109	1588	0.04796	10.7
10	73655	332	0.00451	47.5	65	31521	1620	0.05141	10.2
11	73323	309	0.00422	46.7	66	29901	1652	0.05525	9.7
12	73014	301	0.00412	45.9	67	28249	1680	0.05946	9.3
13	72713	310	0.00427	45.1	68	26569	1702	0.06406	8.8
14	72403	337	0.00465	44.2	69	24867	1718	0.06907	8.4
15	72066	375	0.00521	43.4	70	23149	1723	0.07445	8.0
16	71691	427	0.00595	42.7	71	21426	1719	0.08022	7.6
17	71264	475	0.00667	41.9	72	19707	1702	0.08638	7.2
18	70789	522	0.00738	41.2	73	18005	1673	0.09294	6.9
19	70267	551	0.00784	40.5	74	16332	1632	0.09992	6.5
20	69716	572	0.00821	39.8	75	14700	1579	0.1074	6.2
21	69144	584	0.00844	39.1	76	13121	1514	0.1154	5.9
22	68560	594	0.00866	38.5	77	11607	1438	0.1239	5.6
23	67966	596	0.00877	37.8	78	10169	1350	0.1328	5.3
24	67370	594	0.00881	37.1	79	8819	1254	0.1422	5.0
25	66776	588	0.00880	36.5	80	7565	1149	0.1519	4.8
26	66188	580	0.00876	35.8	81	6416	1036	0.1615	4.5
27	65608	571	0.00871	35.1	82	5380	920	0.1710	4.3
28	65037	564	0.00867	34.4	83	4460	803	0.1801	4.1
29	64473	556	0.00863	33.7	84	3657	689	0.1884	3.9
30	63917	552	0.00863	33.0	85	2968	581	0.1957	3.7
31	63365	549	0.00866	32.3	86	2387	501	0.2100	3.4
32	62816	548	0.00873	31.5	87	1886	425	0.2253	3.2
33	62268	552	0.00886	30.8	88	1461	353	0.2417	3.0
34	61716	557	0.00903	30.1	89	1108	287	0.2593	2.8
35	61159	567	0.00927	29.4	90	821	228	0.2780	2.6
36	60592	579	0.00955	28.6	91	593	177	0.2985	2.4
37	60013	594	0.00990	27.9	92	416	133	0.3203	2.3
38	59419	611	0.01029	27.2	93	283	97	0.3436	2.1
39	58808	630	0.01072	26.5	94	186	69	0.3687	2.0
40	58178	651	0.01119	25.7	95	117	46	0.3956	1.8
41	57527	672	0.01168	25.0	96	71	30	0.4244	1.7
42	56855	694	0.01221	24.3	97	41	19	0.4554	1.5
43	56161	717	0.01277	23.6	98	22	11	0.4886	1.4
44	55444	742	0.01338	22.9	99	11	6	0.5218	1.2
45	54702	769	0.01406	22.2	100	5	3	0.5624	1.1
46	53933	799	0.01481	21.5	101	2	1	0.6034	1.0
47	53134	831	0.01564	20.8	102	1	1	0.6474	0.5
48	52303	866	0.01656	20.2	103	…	…	0.6946	…
49	51437	903	0.01756	19.5	104	…	…	0.7452	…
50	50534	942	0.01864	18.8	105	…	…	0.7996	…
51	49592	981	0.01979	18.2	106	…	…	0.8578	…
52	48611	1023	0.02104	17.5	107	…	…	0.9204	…
53	47588	1066	0.02241	16.9	108	…	…	0.9875	…
54	46522	1112	0.02390	16.3	109			1.0000	

第 1 回　生　命　表 （明治24年〜明治31年）
THE 1ST LIFE TABLES，1891〜1898

女　　　　　　　　　　　　　　　　　　　　　　　　　　　　　　　　FEMALE

年齢 x	生存数 l_x	死亡数 $_nd_x$	死亡率 $_nq_x$	平均余命 $\overset{\circ}{e}_x$	年齢 x	生存数 l_x	死亡数 $_nd_x$	死亡率 $_nq_x$	平均余命 $\overset{\circ}{e}_x$
0	100000	13380	0.13380	44.3	55	46945	926	0.01972	17.4
1	86620	3605	0.04162	50.1	56	46019	971	0.02111	16.8
2	83015	2344	0.02824	51.3	57	45048	1021	0.02267	16.1
3	80671	1570	0.01946	51.7	58	44027	1073	0.02438	15.5
4	79101	1073	0.01356	51.8	59	42954	1128	0.02625	14.8
5	78028	763.	0.00978	51.5	60	41826	1182	0.02826	14.2
6	77265	574	0.00743	51.0	61	40644	1236	0.03042	13.6
7	76691	462	0.00603	50.3	62	39408	1290	0.03274	13.0
8	76229	394	0.00517	49.6	63	38118	1344	0.03525	12.5
9	75835	353	0.00466	48.9	64	36774	1397	0.03799	11.9
10	75482	333	0.00441	48.1	65	35377	1451	0.04101	11.4
11	75149	325	0.00432	47.3	66	33926	1505	0.04437	10.8
12	74824	334	0.00446	46.5	67	32421	1559	0.04809	10.3
13	74490	360	0.00483	45.7	68	30862	1610	0.05218	9.8
14	74130	391	0.00528	45.0	69	29252	1658	0.05668	9.3
15	73739	439	0.00595	44.2	70	27594	1698	0.06154	8.8
16	73300	487	0.00665	43.5	71	25896	1732	0.06687	8.4
17	72813	537	0.00738	42.7	72	24164	1754	0.07260	7.9
18	72276	584	0.00808	42.1	73	22410	1766	0.07880	7.5
19	71692	619	0.00863	41.4	74	20644	1765	0.08550	7.1
20	71073	639	0.00899	40.8	75	18879	1752	0.09280	6.7
21	70434	652	0.00925	40.1	76	17127	1723	0.1006	6.4
22	69782	663	0.00950	39.5	77	15404	1679	0.1090	6.0
23	69119	668	0.00966	38.9	78	13725	1618	0.1179	5.7
24	68451	669	0.00977	38.2	79	12107	1539	0.1271	5.4
25	67782	667	0.00984	37.6	80	10568	1443	0.1365	5.1
26	67115	664	0.00989	37.0	81	9125	1331	0.1459	4.9
27	66451	660	0.00993	36.3	82	7794	1209	0.1551	4.6
28	65791	657	0.00998	35.7	83	6585	1079	0.1639	4.4
29	65134	655	0.01006	35.1	84	5506	948	0.1722	4.1
30	64479	654	0.01015	34.4	85	4558	820	0.1800	3.9
31	63825	655	0.01027	33.8	86	3738	727	0.1945	3.6
32	63170	658	0.01042	33.1	87	3011	633	0.2102	3.4
33	62512	663	0.01060	32.4	88	2378	540	0.2272	3.2
34	61849	669	0.01081	31.8	89	1838	451	0.2456	2.9
35	61180	674	0.01102	31.1	90	1387	368	0.2654	2.7
36	60506	679	0.01123	30.5	91	1019	292	0.2868	2.5
37	59827	684	0.01143	29.8	92	727	225	0.3100	2.3
38	59143	685	0.01159	29.1	93	502	168	0.3351	2.2
39	58458	685	0.01172	28.5	94	334	121	0.3621	2.0
40	57773	681	0.01179	27.8	95	213	83	0.3914	1.8
41	57092	675	0.01183	27.1	96	130	55	0.4230	1.7
42	56417	669	0.01185	26.5	97	75	34	0.4571	1.6
43	55748	662	0.01188	25.8	98	41	20	0.4941	1.4
44	55086	659	0.01196	25.1	99	21	11	0.5340	1.3
45	54427	660	0.01212	24.4	100	10	6	0.5771	1.2
46	53767	666	0.01239	23.7	101	4	2	0.6237	1.3
47	53101	679	0.01278	23.0	102	2	1	0.6741	1.0
48	52422	697	0.01329	22.2	103	1	1	0.7285	0.5
49	51725	719	0.01391	21.5	104	…	…	0.7873	…
50	51006	747	0.01464	20.8	105	…	…	0.8509	…
51	50259	775	0.01543	20.1	106	…	…	0.9196	…
52	49484	810	0.01637	19.4	107	…	…	0.9939	…
53	48674	845	0.01737	18.8	108	…	…	1.0000	…
54	47829	884	0.01848	18.1	109	…	…	…	…

第 2 回　生　命　表 （明治32年〜明治36年）
THE 2ND LIFE TABLES，1899〜1903

男 MALE

年齢 x	生存数 l_x	死亡数 $_nd_x$	死亡率 $_nq_x$	死力 μ_x	平均余命 $\overset{\circ}{e}_x$	年齢 x	生存数 l_x	死亡数 $_nd_x$	死亡率 $_nq_x$	死力 μ_x	平均余命 $\overset{\circ}{e}_x$
0	100000	15686	0.15686	2.27724	43.97	55	47523	1163	0.02448	0.02394	15.73
1	84314	3108	0.03686	0.11145	51.11	56	46360	1216	0.02624	0.02565	15.11
2	81206	2104	0.02591	0.03209	52.04	57	45144	1271	0.02816	0.02754	14.51
3	79102	1345	0.01700	0.02124	52.41	58	43873	1328	0.03027	0.02962	13.91
4	77757	870	0.01119	0.01371	52.31	59	42545	1385	0.03256	0.03188	13.33
5	76887	605	0.00787	0.00925	51.90	60	41160	1443	0.03506	0.03435	12.76
6	76282	446	0.00585	0.00669	51.31	61	39717	1501	0.03778	0.03707	12.21
7	75836	360	0.00475	0.00519	50.60	62	38216	1557	0.04074	0.04002	11.67
8	75476	311	0.00412	0.00439	49.84	63	36659	1612	0.04397	0.04323	11.14
9	75165	274	0.00364	0.00387	49.05	64	35047	1663	0.04746	0.04674	10.63
10	74891	248	0.00331	0.00346	48.23	65	33384	1710	0.05121	0.05055	10.14
11	74643	236	0.00316	0.00321	47.38	66	31674	1749	0.05522	0.05464	9.66
12	74407	236	0.00317	0.00313	46.53	67	29925	1781	0.05952	0.05902	9.19
13	74171	263	0.00354	0.00332	45.68	68	28144	1805	0.06414	0.06376	8.74
14	73908	306	0.00414	0.00383	44.84	69	26339	1820	0.06910	0.06887	8.31
15	73602	350	0.00475	0.00444	44.02	70	24519	1825	0.07445	0.07439	7.89
16	73252	404	0.00551	0.00513	43.23	71	22694	1821	0.08022	0.08041	7.48
17	72848	461	0.00633	0.00594	42.47	72	20873	1803	0.08640	0.08691	7.09
18	72387	516	0.00713	0.00676	41.74	73	19070	1773	0.09296	0.09388	6.71
19	71871	561	0.00781	0.00752	41.03	74	17297	1727	0.09984	0.1013	6.35
20	71310	592	0.00830	0.00812	40.35	75	15570	1674	0.1075	0.1093	6.00
21	70718	608	0.00860	0.00852	39.69	76	13896	1609	0.1158	0.1183	5.66
22	70110	611	0.00872	0.00872	39.03	77	12287	1532	0.1247	0.1280	5.33
23	69499	605	0.00870	0.00877	38.36	78	10755	1444	0.1343	0.1385	5.02
24	68894	590	0.00856	0.00869	37.70	79	9311	1347	0.1447	0.1500	4.72
25	68304	572	0.00838	0.00851	37.02	80	7964	1241	0.1558	0.1626	4.44
26	67732	554	0.00818	0.00831	36.33	81	6723	1128	0.1678	0.1763	4.17
27	67178	537	0.00800	0.00811	35.62	82	5595	1011	0.1807	0.1912	3.90
28	66641	526	0.00789	0.00796	34.90	83	4584	892	0.1946	0.2076	3.66
29	66115	519	0.00785	0.00789	34.18	84	3692	774	0.2096	0.2255	3.42
30	65596	516	0.00787	0.00788	33.44	85	2918	659	0.2258	0.2453	3.19
31	65080	517	0.00795	0.00793	32.71	86	2259	549	0.2432	0.2669	2.98
32	64563	522	0.00808	0.00804	31.96	87	1710	448	0.2619	0.2906	2.77
33	64041	528	0.00825	0.00820	31.22	88	1262	356	0.2821	0.3172	2.58
34	63513	537	0.00845	0.00838	30.48	89	906	275	0.3038	0.3461	2.39
35	62976	547	0.00869	0.00860	29.73	90	631	206	0.3272	0.3778	2.22
36	62429	559	0.00896	0.00885	28.99	91	425	150	0.3524	0.4143	2.05
37	61870	574	0.00927	0.00915	28.24	92	275	104	0.3795	0.4542	1.90
38	61296	589	0.00961	0.00948	27.50	93	171	70	0.4087	0.4990	1.75
39	60707	606	0.00999	0.00984	26.77	94	101	44	0.4402	0.5503	1.62
40	60101	625	0.01040	0.01023	26.03	95	57	27	0.4740	0.6023	1.48
41	59476	647	0.01087	0.01069	25.30	96	30	15	0.5106	0.6722	1.37
42	58829	669	0.01138	0.01118	24.57	97	15	8	0.5498	0.7222	1.23
43	58160	694	0.01194	0.01171	23.85	98	7	4	0.5922	0.7976	1.07
44	57466	723	0.01258	0.01232	23.13	99	3	2	0.6378	0.9167	0.83
45	56743	754	0.01328	0.01301	22.42	100	1	1	0.6869	…	0.50
46	55989	786	0.01404	0.01375	21.72	101	…	…	0.7398	…	…
47	55203	821	0.01487	0.01455	21.02	102	…		0.7967	…	…
48	54382	858	0.01577	0.01543	20.33	103	…	…	0.8581	…	…
49	53524	895	0.01673	0.01637	19.64	104			0.9242	…	…
50	52629	934	0.01775	0.01737	18.97	105	…	…	0.9953	…	
51	51695	975	0.01887	0.01846	18.30	106	…	…	1.0000	…	
52	50720	1020	0.02009	0.01965	17.65						
53	49700	1064	0.02141	0.02095	17.00						
54	48636	1113	0.02288	0.02237	16.36						

第 2 回 生 命 表 （明治32年～明治36年）
THE 2ND LIFE TABLES, 1899～1903

女   FEMALE

年齢 x	生存数 l_x	死亡数 ${}_nd_x$	死亡率 ${}_nq_x$	死力 μ_x	平均余命 $\overset{\circ}{e}_x$	年齢 x	生存数 l_x	死亡数 ${}_nd_x$	死亡率 ${}_nq_x$	死力 μ_x	平均余命 $\overset{\circ}{e}_x$
0	100000	14092	0.14092	2.06371	44.85	55	47898	887	0.01852	0.01810	17.61
1	85908	3091	0.03598	0.10001	51.17	56	47011	929	0.01977	0.01930	16.94
2	82817	2155	0.02602	0.03167	52.06	57	46082	976	0.02118	0.02065	16.27
3	80662	1397	0.01732	0.02154	52.44	58	45106	1027	0.02277	0.02219	15.61
4	79265	926	0.01168	0.01416	52.36	59	44079	1081	0.02453	0.02390	14.96
5	78339	635	0.00810	0.00965	51.97	60	42998	1139	0.02650	0.02580	14.32
6	77704	463	0.00596	0.00685	51.39	61	41859	1201	0.02869	0.02794	13.70
7	77241	372	0.00481	0.00527	50.69	62	40658	1264	0.03110	0.03031	13.09
8	76869	324	0.00422	0.00445	49.94	63	39394	1330	0.03376	0.03292	12.49
9	76545	300	0.00391	0.00404	49.15	64	38064	1396	0.03668	0.03581	11.91
10	76245	287	0.00377	0.00382	48.34	65	36668	1462	0.03987	0.03897	11.35
11	75958	292	0.00385	0.00377	47.52	66	35206	1527	0.04337	0.04246	10.80
12	75666	319	0.00421	0.00399	46.70	67	33679	1589	0.04717	0.04628	10.26
13	75347	362	0.00481	0.00449	45.90	68	32090	1646	0.05130	0.05043	9.75
14	74985	417	0.00556	0.00518	45.12	69	30444	1699	0.05581	0.05497	9.25
15	74568	476	0.00638	0.00598	44.36	70	28745	1745	0.06072	0.05995	8.77
16	74092	536	0.00724	0.00683	43.65	71	27000	1783	0.06605	0.06539	8.30
17	73556	593	0.00806	0.00769	42.96	72	25217	1811	0.07183	0.07133	7.85
18	72963	639	0.00876	0.00847	42.31	73	23406	1828	0.07811	0.07782	7.42
19	72324	672	0.00929	0.00909	41.69	74	21578	1833	0.08494	0.08496	7.01
20	71652	691	0.00964	0.00954	41.06	75	19745	1817	0.09200	0.09258	6.61
21	70961	699	0.00985	0.00994	40.46	76	17928	1787	0.09965	0.1006	6.23
22	70262	698	0.00994	0.00996	39.85	77	16141	1742	0.1079	0.1095	5.86
23	69564	693	0.00996	0.01001	39.25	78	14399	1683	0.1169	0.1191	5.51
24	68871	685	0.00995	0.01001	38.64	79	12716	1610	0.1266	0.1297	5.18
25	68186	676	0.00992	0.00998	38.02	80	11106	1524	0.1372	0.1413	4.85
26	67510	668	0.00990	0.00995	37.40	81	9582	1424	0.1486	0.1541	4.55
27	66842	662	0.00990	0.00995	36.77	82	8158	1313	0.1609	0.1680	4.25
28	66180	655	0.00990	0.00995	36.13	83	6845	1193	0.1743	0.1832	3.97
29	65525	651	0.00993	0.00996	35.49	84	5652	1067	0.1888	0.2001	3.70
30	64874	647	0.00998	0.01000	34.84	85	4585	938	0.2045	0.2187	3.45
31	64227	646	0.01006	0.01006	34.18	86	3647	808	0.2215	0.2370	3.21
32	63581	647	0.01017	0.01016	33.52	87	2839	681	0.2399	0.2825	2.98
33	62934	649	0.01031	0.01029	32.86	88	2158	561	0.2598	0.3142	2.76
34	62285	653	0.01048	0.01045	32.20	89	1597	449	0.2814	0.3099	2.56
35	61632	658	0.01067	0.01063	31.54	90	1148	350	0.3048	0.3462	2.36
36	60974	663	0.01087	0.01084	30.87	91	798	263	0.3301	0.3813	2.18
37	60311	666	0.01105	0.01102	30.21	92	535	191	0.3576	0.4198	2.00
38	59645	669	0.01121	0.01120	29.54	93	344	133	0.3873	0.4641	1.84
39	58976	668	0.01132	0.01134	28.87	94	211	89	0.4195	0.5166	1.68
40	58308	664	0.01138	0.01143	28.19	95	122	55	0.4544	0.5751	1.55
41	57644	657	0.01139	0.01146	27.51	96	67	33	0.4921	0.6331	1.41
42	56987	649	0.01138	0.01146	26.82	97	34	18	0.5330	0.7181	1.29
43	56338	639	0.01135	0.01143	26.13	98	16	9	0.5773	0.7917	1.19
44	55699	634	0.01138	0.01141	25.42	99	7	4	0.6253	0.8452	1.07
45	55065	633	0.01149	0.01149	24.71	100	3	2	0.6773	0.8889	0.83
46	54432	637	0.01171	0.01165	23.99	101	1	1	0.7336	...	0.50
47	53795	648	0.01204	0.01192	23.27	102	...	...	0.7946	...	...
48	53147	665	0.01251	0.01233	22.54	103	...	...	0.8607	...	...
49	52482	688	0.01310	0.01287	21.82	104	...	...	0.9322	...	...
50	51794	715	0.01380	0.01353	21.11	105	...	...	1.0000	...	...
51	51079	745	0.01458	0.01428	20.39						
52	50334	777	0.01544	0.01511	19.69						
53	49557	811	0.01637	0.01601	18.99						
54	48746	848	0.01739	0.01701	18.30						

第 3 回　生　命　表 （明治42年〜大正 2年）
THE 3RD LIFE TABLES, 1909〜 1913

男　　　　　　　　　　　　　　　　　　　　　　　　　　　　　　　MALE

年齢 x	生存数 l_x	死亡数 $_nd_x$	死亡率 $_nq_x$	平均余命 $\overset{\circ}{e}_x$	年齢 x	生存数 l_x	死亡数 $_nd_x$	死亡率 $_nq_x$	平均余命 $\overset{\circ}{e}_x$
0	100000	16050	0.16050	44.25	55	48204	1104	0.02291	16.30
1	83950	3702	0.04410	51.61	56	47100	1157	0.02457	15.67
2	80248	1891	0.02357	52.97	57	45943	1212	0.02638	15.06
3	78357	1154	0.01473	53.23	58	44731	1269	0.02836	14.45
4	77203	793	0.01027	53.02	59	43462	1326	0.03051	13.86
5	76410	543	0.00710	52.57	60	42136	1384	0.03284	13.28
6	75867	409	0.00539	51.94	61	40752	1441	0.03535	12.71
7	75458	339	0.00449	51.22	62	39311	1496	0.03805	12.16
8	75119	294	0.00391	50.45	63	37815	1550	0.04099	11.62
9	74825	261	0.00349	49.64	64	36265	1601	0.04416	11.10
10	74564	239	0.00320	48.82	65	34664	1650	0.04760	10.58
11	74325	227	0.00306	47.97	66	33014	1695	0.05135	10.09
12	74098	231	0.00312	47.12	67	31319	1736	0.05544	9.61
13	73867	264	0.00358	46.26	68	29583	1771	0.05988	9.14
14	73603	314	0.00427	45.43	69	27812	1798	0.06466	8.69
15	73289	366	0.00499	44.62	70	26014	1815	0.06978	8.26
16	72923	429	0.00588	43.84	71	24199	1820	0.07530	7.84
17	72494	494	0.00682	43.10	72	22379	1812	0.08098	7.44
18	72000	554	0.00769	42.39	73	20567	1789	0.08700	7.05
19	71446	600	0.00840	41.72	74	18778	1751	0.09323	6.67
20	70846	628	0.00887	41.06	75	17027	1725	0.10132	6.31
21	70218	638	0.00909	40.43	76	15302	1658	0.10883	5.96
22	69580	634	0.00911	39.79	77	13644	1592	0.11667	5.63
23	68946	620	0.00899	39.15	78	12052	1514	0.12564	5.30
24	68326	600	0.00878	38.50	79	10538	1426	0.13531	4.99
25	67726	578	0.00854	37.84	80	9112	1328	0.14572	4.70
26	67148	557	0.00829	37.16	81	7784	1221	0.15692	4.41
27	66591	537	0.00807	36.47	82	6563	1109	0.16900	4.14
28	66054	523	0.00792	35.76	83	5454	993	0.18200	3.88
29	65531	511	0.00780	35.04	84	4461	874	0.19600	3.63
30	65020	503	0.00773	34.31	85	3587	757	0.21108	3.40
31	64517	497	0.00771	33.58	86	2830	643	0.22732	3.17
32	64020	496	0.00774	32.83	87	2187	535	0.24481	2.96
33	63524	496	0.00781	32.09	88	1652	436	0.26364	2.75
34	63028	500	0.00794	31.34	89	1216	345	0.28393	2.56
35	62528	506	0.00810	30.58	90	871	266	0.30577	2.38
36	62022	514	0.00829	29.83	91	605	199	0.32930	2.20
37	61508	525	0.00854	29.07	92	406	144	0.35463	2.03
38	60983	539	0.00884	28.32	93	262	100	0.38191	1.88
39	60444	555	0.00919	27.57	94	162	67	0.41129	1.73
40	59889	574	0.00959	26.82	95	95	42	0.44293	1.59
41	59315	594	0.01002	26.07	96	53	25	0.47701	1.46
42	58721	617	0.01051	25.33	97	28	14	0.51370	1.32
43	58104	641	0.01104	24.59	98	14	8	0.55322	1.14
44	57463	667	0.01161	23.86	99	6	4	0.59578	1.00
45	56796	695	0.01224	23.14	100	2	1	0.64162	1.00
46	56101	725	0.01292	22.42	101	1	1	0.69098	0.50
47	55376	757	0.01367	21.71	102	…	…	0.74414	…
48	54619	791	0.01449	21.00					
49	53828	829	0.01540	20.30					
50	52999	869	0.01640	19.61					
51	52130	912	0.01750	18.93					
52	51218	957	0.01861	18.26					
53	50261	1004	0.01998	17.60					
54	49257	1053	0.02138	16.94					

第 3 回　生　命　表 （明治42年〜大正 2年）
THE 3RD LIFE TABLES，1909〜1913

女　　　　　　　　　　　　　　　　　　　　　　　　　　　　　FEMALE

年齢 x	生存数 l_x	死亡数 $_nd_x$	死亡率 $_nq_x$	平均余命 $\overset{\circ}{e}_x$	年齢 x	生存数 l_x	死亡数 $_nd_x$	死亡率 $_nq_x$	平均余命 $\overset{\circ}{e}_x$
0	100000	14504	0.14504	44.73	55	47704	835	0.01750	18.31
1	85496	3736	0.04370	51.24	56	46869	874	0.01865	17.63
2	81760	1951	0.02386	52.55	57	45995	915	0.01990	16.96
3	79809	1176	0.01473	52.83	58	45080	960	0.02129	16.29
4	78633	815	0.01037	52.61	59	44120	1007	0.02283	15.63
5	77818	589	0.00757	52.16	60	43113	1059	0.02456	14.99
6	77229	449	0.00581	51.55	61	42054	1113	0.02647	14.35
7	76780	373	0.00486	50.85	62	40941	1171	0.02860	13.73
8	76407	330	0.00432	50.09	63	39770	1232	0.03098	13.12
9	76077	307	0.00403	49.31	64	38538	1295	0.03361	12.52
10	75770	300	0.00396	48.51	65	37243	1361	0.03654	11.94
11	75470	315	0.00418	47.70	66	35882	1427	0.03978	11.37
12	75155	357	0.00475	46.90	67	34455	1493	0.04334	10.82
13	74798	417	0.00558	46.12	68	32962	1558	0.04728	10.29
14	74381	486	0.00653	45.37	69	31404	1621	0.05161	9.78
15	73895	558	0.00755	44.67	70	29783	1685	0.05657	9.28
16	73337	628	0.00856	44.00	71	28098	1730	0.06158	8.81
17	72709	687	0.00945	43.38	72	26368	1763	0.06688	8.35
18	72022	729	0.01012	42.79	73	24605	1782	0.07243	7.92
19	71293	753	0.01056	42.22	74	22823	1786	0.07827	7.50
20	70540	761	0.01079	41.67	75	21037	1777	0.08446	7.09
21	69779	756	0.01084	41.12	76	19260	1754	0.09108	6.70
22	69023	744	0.01078	40.56	77	17506	1720	0.09826	6.32
23	68279	727	0.01065	40.00	78	15786	1675	0.10609	5.95
24	67552	708	0.01048	39.42	79	14111	1618	0.11469	5.60
25	66844	689	0.01031	38.83	80	12493	1550	0.12410	5.26
26	66155	671	0.01014	38.23	81	10943	1473	0.13465	4.93
27	65484	655	0.01001	37.62	82	9470	1381	0.14579	4.62
28	64829	642	0.00991	37.00	83	8089	1277	0.15785	4.33
29	64187	632	0.00984	36.36	84	6812	1164	0.17091	4.04
30	63555	625	0.00983	35.72	85	5648	1045	0.18504	3.77
31	62930	619	0.00984	35.07	86	4603	922	0.20034	3.52
32	62311	616	0.00989	34.41	87	3681	798	0.21691	3.27
33	61695	616	0.00998	33.75	88	2883	677	0.23485	3.04
34	61079	616	0.01009	33.08	89	2206	561	0.25427	2.82
35	60463	617	0.01021	32.42	90	1645	453	0.27530	2.61
36	59846	619	0.01034	31.74	91	1192	355	0.29807	2.41
37	59227	620	0.01046	31.07	92	837	270	0.32273	2.22
38	58607	618	0.01055	30.39	93	567	198	0.34941	2.04
39	57989	616	0.01062	29.71	94	369	140	0.37831	1.87
40	57373	611	0.01065	29.03	95	229	94	0.40960	1.71
41	56762	605	0.01065	28.33	96	135	60	0.44347	1.54
42	56157	597	0.01063	27.63	97	75	36	0.48015	1.41
43	55560	590	0.01062	26.93	98	38	20	0.51986	1.29
44	54970	586	0.01066	26.21	99	18	10	0.56285	1.17
45	54384	585	0.01076	25.49	100	8	5	0.60940	1.00
46	53799	590	0.01097	24.76	101	3	2	0.65979	0.83
47	53209	601	0.01129	24.03	102	1	1	0.71437	0.50
48	52608	617	0.01172	23.30					
49	51991	639	0.01230	22.57					
50	51352	666	0.01296	21.84					
51	50686	695	0.01372	21.12					
52	49991	728	0.01456	20.41					
53	49263	762	0.01546	19.70					
54	48501	797	0.01644	19.00					

第4回　生命表（大正10年～大正14年）

THE 4TH LIFE TABLES, 1921～1925

男

年齢 x	生存数 l_x	死亡数 $_nd_x$	生存率 $_np_x$	死亡率 $_nq_x$	死力 μ_x	平均余命 $\overset{\circ}{e}_x$
0日	100000	2495	0.97505	0.02495	2.18124	42.06
5 (d)	97505	1529	0.98432	0.01568	1.50597	43.12
10	95976	958	0.99002	0.00998	0.94581	43.79
15	95018	1652	0.98261	0.01739	0.65657	44.22
1月	93366	2044	0.97811	0.02189	0.36637	44.96
2 (m)	91322	1355	0.98516	0.01484	0.22332	45.88
3	89967	2507	0.97213	0.02787	0.16342	46.49
6	87460	3664	0.95811	0.04189	0.10437	47.57
0年	100000	16204	0.83796	0.16204	2.18124	42.06
1 (y)	83796	4060	0.95155	0.04845	0.02836	49.14
2	79736	2082	0.97389	0.02611	0.02666	50.62
3	77654	1285	0.98345	0.01655	0.02008	50.96
4	76369	802	0.98950	0.01050	0.01309	50.81
5	75567	532	0.99296	0.00704	0.00844	50.35
6	75035	401	0.99466	0.00534	0.00598	49.70
7	74634	342	0.99542	0.00458	0.00489	48.96
8	74292	291	0.99608	0.00392	0.00424	48.19
9	74001	252	0.99659	0.00341	0.00363	47.37
10	73749	234	0.99683	0.00317	0.00326	46.53
11	73515	226	0.99693	0.00307	0.00310	45.68
12	73289	230	0.99686	0.00314	0.00307	44.82
13	73059	261	0.99643	0.00357	0.00329	43.96
14	72798	329	0.99548	0.00452	0.00397	43.12
15	72469	433	0.99403	0.00597	0.00520	42.31
16	72036	552	0.99234	0.00766	0.00683	41.56
17	71484	658	0.99080	0.00920	0.00852	40.88
18	70826	731	0.98968	0.01032	0.00990	40.25
19	70095	759	0.98917	0.01083	0.01073	39.67
20	69336	749	0.98920	0.01080	0.01093	39.10
21	68587	727	0.98940	0.01060	0.01077	38.52
22	67860	705	0.98961	0.01039	0.01055	37.92
23	67155	685	0.98980	0.01020	0.01035	37.32
24	66470	659	0.99009	0.00991	0.01013	36.70
25	65811	626	0.99049	0.00951	0.00977	36.06
26	65185	594	0.99089	0.00911	0.00935	35.40
27	64591	568	0.99121	0.00879	0.00898	34.72
28	64023	545	0.99149	0.00851	0.00868	34.03
29	63478	528	0.99168	0.00832	0.00843	33.31
30	62950	518	0.99177	0.00823	0.00829	32.59
31	62432	514	0.99177	0.00823	0.00826	31.85
32	61918	509	0.99178	0.00822	0.00825	31.12
33	61409	511	0.99168	0.00832	0.00830	30.37
34	60898	513	0.99158	0.00842	0.00839	29.62
35	60385	526	0.99129	0.00871	0.00859	28.87
36	59859	537	0.99103	0.00897	0.00888	28.12
37	59322	552	0.99069	0.00931	0.00917	27.37
38	58770	566	0.99037	0.00963	0.00951	26.62
39	58204	586	0.98993	0.01007	0.00989	25.87
40	57618	607	0.98947	0.01053	0.01035	25.13
41	57011	626	0.98902	0.01098	0.01081	24.39
42	56385	650	0.98847	0.01153	0.01130	23.66
43	55735	682	0.98776	0.01224	0.01194	22.93
44	55053	714	0.98703	0.01297	0.01268	22.21
45	54339	745	0.98629	0.01371	0.01343	21.49
46	53594	773	0.98558	0.01442	0.01416	20.78
47	52821	807	0.98472	0.01528	0.01493	20.08
48	52014	849	0.98368	0.01632	0.01589	19.38
49	51165	898	0.98245	0.01755	0.01708	18.70

MALE

年齢	生存数	死亡数	生存率	死亡率	死　力	平均余命
x	l_x	$_nd_x$	$_np_x$	$_nq_x$	μ_x	$\overset{\circ}{e}_x$
50	50267	936	0.98138	0.01862	0.01826	18.02
51	49331	975	0.98024	0.01976	0.01936	17.35
52	48356	1016	0.97899	0.02101	0.02055	16.69
53	47340	1074	0.97731	0.02269	0.02209	16.04
54	46266	1127	0.97564	0.02436	0.02378	15.40
55	45139	1186	0.97373	0.02627	0.02559	14.77
56	43953	1254	0.97147	0.02853	0.02773	14.16
57	42699	1325	0.96897	0.03103	0.03020	13.56
58	41374	1395	0.96628	0.03372	0.03288	12.98
59	39979	1462	0.96343	0.03657	0.03578	12.41
60	38517	1508	0.96085	0.03915	0.03860	11.87
61	37009	1553	0.95804	0.04196	0.04137	11.33
62	35456	1593	0.95507	0.04493	0.04434	10.80
63	33863	1647	0.95136	0.04864	0.04781	10.29
64	32216	1700	0.94723	0.05277	0.05198	9.79
65	30516	1741	0.94295	0.05705	0.05646	9.31
66	28775	1764	0.93870	0.06130	0.06097	8.84
67	27011	1781	0.93406	0.06594	0.06561	8.38
68	25230	1808	0.92834	0.07166	0.07111	7.94
69	23422	1831	0.92183	0.07817	0.07778	7.52
70	21591	1831	0.91520	0.08480	0.08500	7.11
71	19760	1802	0.90881	0.09119	0.09207	6.72
72	17958	1769	0.90149	0.09851	0.09950	6.35
73	16189	1724	0.89351	0.10649	0.10801	5.99
74	14465	1666	0.88483	0.11517	0.11734	5.64
75	12799	1593	0.87554	0.12446	0.12750	5.31
76	11206	1507	0.86552	0.13448	0.13850	4.99
77	9699	1409	0.85473	0.14527	0.15051	4.69
78	8290	1301	0.84306	0.15694	0.16365	4.40
79	6989	1183	0.83073	0.16927	0.17787	4.13
80	5806	1061	0.81726	0.18274	0.19336	3.87
81	4745	935	0.80295	0.19705	0.21040	3.62
82	3810	809	0.78766	0.21234	0.22881	3.39
83	3001	686	0.77141	0.22859	0.24883	3.17
84	2315	569	0.75421	0.24579	0.27048	2.96
85	1746	462	0.73540	0.26460	0.29429	2.77
86	1284	365	0.71573	0.28427	0.32061	2.58
87	919	280	0.69532	0.30468	0.34857	2.41
88	639	209	0.67293	0.32707	0.37911	2.24
89	430	151	0.64884	0.35116	0.41395	2.09
90	279	104	0.62724	0.37276	0.44982	1.95
91	175	70	0.60000	0.40000	0.48676	1.81
92	105	45	0.57333	0.42667	0.53357	1.69
93	60	27	0.54651	0.45349	0.57973	1.57
94	33	16	0.51672	0.48328	0.63050	1.46
95	17	9	0.48941	0.51059	0.68755	1.37
96	8	5	0.45913	0.54087	0.74289	1.27
97	4	2	0.42670	0.57330	0.81082	1.18
98	2	1	0.39755	0.60245	0.88410	1.09
99	1	0	0.36574	0.63426	0.95205	0.99
100	0	0	0.33376	0.66624	1.03558	0.83
101	0	…	…	…	1.11942	…

第4回　生　命　表（大正10年～大正14年）
THE 4TH LIFE TABLES, 1921～1925

女

年齢 x	生存数 l_x	死亡数 $_n d_x$	生存率 $_n p_x$	死亡率 $_n q_x$	死　力 μ_x	平均余命 $\overset{\circ}{e}_x$
0日	100000	2143	0.97857	0.02143	1.82464	43.20
5 (d)	97857	1430	0.98539	0.01461	1.33270	44.13
10	96427	848	0.99121	0.00879	0.86228	44.77
15	95579	1360	0.98577	0.01423	0.57156	45.15
1月	94219	1760	0.98132	0.01868	0.30219	45.76
2 (m)	92459	1177	0.98727	0.01273	0.19043	46.55
3	91282	2220	0.97568	0.02432	0.14036	47.07
6	89062	3462	0.96113	0.03887	0.09236	47.99
0年	100000	14400	0.85600	0.14400	1.82464	43.20
1 (y)	85600	4072	0.95243	0.04757	0.02723	49.42
2	81528	2142	0.97373	0.02627	0.02833	50.86
3	79386	1382	0.98259	0.01741	0.02068	51.22
4	78004	894	0.98854	0.01146	0.01409	51.12
5	77110	598	0.99224	0.00776	0.00932	50.71
6	76512	440	0.99425	0.00575	0.00653	50.10
7	76072	373	0.99510	0.00490	0.00524	49.39
8	75699	314	0.99585	0.00415	0.00450	48.63
9	75385	283	0.99625	0.00375	0.00390	47.83
10	75102	280	0.99627	0.00373	0.00370	47.00
11	74822	289	0.99614	0.00386	0.00376	46.18
12	74533	324	0.99565	0.00435	0.00402	45.36
13	74209	417	0.99438	0.00562	0.00490	44.55
14	73792	536	0.99274	0.00726	0.00642	43.80
15	73256	660	0.99099	0.00901	0.00820	43.12
16	72596	745	0.98974	0.01026	0.00975	42.51
17	71851	801	0.98885	0.01115	0.01082	41.94
18	71050	829	0.98833	0.01167	0.01152	41.41
19	70221	842	0.98801	0.01199	0.01194	40.89
20	69379	838	0.98792	0.01208	0.01213	40.38
21	68541	832	0.98786	0.01214	0.01220	39.87
22	67709	816	0.98795	0.01205	0.01219	39.35
23	66893	790	0.98819	0.01181	0.01202	38.83
24	66103	758	0.98853	0.01147	0.01171	38.28
25	65345	730	0.98883	0.01117	0.01138	37.72
26	64615	705	0.98909	0.01091	0.01109	37.14
27	63910	691	0.98919	0.01081	0.01091	36.55
28	63219	675	0.98932	0.01068	0.01081	35.94
29	62544	659	0.98946	0.01054	0.01066	35.32
30	61885	647	0.98955	0.01045	0.01054	34.69
31	61238	639	0.98957	0.01043	0.01049	34.06
32	60599	632	0.98957	0.01043	0.01048	33.41
33	59967	629	0.98951	0.01049	0.01051	32.76
34	59338	628	0.98942	0.01058	0.01058	32.10
35	58710	630	0.98927	0.01073	0.01071	31.44
36	58080	634	0.98908	0.01092	0.01088	30.77
37	57446	636	0.98893	0.01107	0.01106	30.11
38	56810	638	0.98877	0.01123	0.01122	29.44
39	56172	636	0.98868	0.01132	0.01135	28.77
40	55536	630	0.98866	0.01134	0.01141	28.09
41	54906	620	0.98871	0.01129	0.01139	27.41
42	54286	608	0.98880	0.01120	0.01131	26.71
43	53678	597	0.98888	0.01112	0.01121	26.01
44	53081	594	0.98881	0.01119	0.01120	25.30
45	52487	593	0.98870	0.01130	0.01129	24.58
46	51894	601	0.98842	0.01158	0.01149	23.85
47	51293	607	0.98817	0.01183	0.01176	23.13
48	50686	622	0.98773	0.01227	0.01208	22.40
49	50064	653	0.98696	0.01304	0.01271	21.67

FEMALE

年齢	生存数	死亡数	生存率	死亡率	死　力	平均余命
x	l_x	nd_x	np_x	nq_x	μ_x	$\overset{\circ}{e}_x$
50	49411	683	0.98618	0.01382	0.01353	20.95
51	48728	709	0.98545	0.01455	0.01429	20.24
52	48019	733	0.98474	0.01526	0.01502	19.53
53	47286	757	0.98399	0.01601	0.01573	18.82
54	46529	795	0.98291	0.01709	0.01664	18.12
55	45734	841	0.98161	0.01839	0.01787	17.43
56	44893	886	0.98026	0.01974	0.01923	16.74
57	44007	937	0.97871	0.02129	0.02071	16.07
58	43070	985	0.97713	0.02287	0.02232	15.41
59	42085	1030	0.97553	0.02447	0.02393	14.76
60	41055	1084	0.97360	0.02640	0.02573	14.12
61	39971	1136	0.97158	0.02842	0.02774	13.49
62	38835	1203	0.96902	0.03098	0.03008	12.87
63	37632	1272	0.96620	0.03380	0.03289	12.26
64	36360	1337	0.96323	0.03677	0.03591	11.67
65	35023	1393	0.96023	0.03977	0.03900	11.10
66	33630	1447	0.95697	0.04303	0.04222	10.54
67	32183	1505	0.95324	0.04676	0.04582	9.99
68	30678	1575	0.94866	0.05134	0.05019	9.46
69	29103	1638	0.94372	0.05628	0.05525	8.94
70	27465	1691	0.93843	0.06157	0.06068	8.44
71	25774	1728	0.93296	0.06704	0.06639	7.96
72	24046	1760	0.92681	0.07319	0.07257	7.50
73	22286	1784	0.91995	0.08005	0.07959	7.05
74	20502	1796	0.91240	0.08760	0.08742	6.62
75	18706	1793	0.90415	0.09585	0.09607	6.21
76	16913	1773	0.89517	0.10483	0.10558	5.82
77	15140	1738	0.88520	0.11480	0.11614	5.44
78	13402	1683	0.87442	0.12558	0.12787	5.08
79	11719	1610	0.86262	0.13738	0.14075	4.74
80	10109	1519	0.84974	0.15026	0.15505	4.41
81	8590	1411	0.83574	0.16426	0.17086	4.11
82	7179	1288	0.82059	0.17941	0.18827	3.82
83	5891	1155	0.80394	0.19606	0.20762	3.54
84	4736	1013	0.78611	0.21389	0.22910	3.28
85	3723	868	0.76685	0.23315	0.25264	3.04
86	2855	725	0.74606	0.25394	0.27872	2.81
87	2130	589	0.72347	0.27653	0.30782	2.60
88	1541	462	0.70019	0.29981	0.33961	2.40
89	1079	352	0.67377	0.32623	0.37473	2.21
90	727	257	0.64649	0.35351	0.41518	2.04
91	470	179	0.61915	0.38085	0.45745	1.88
92	291	120	0.58763	0.41237	0.50404	1.73
93	171	76	0.55614	0.44386	0.55892	1.60
94	95	45	0.52261	0.47739	0.61663	1.47
95	50	25	0.48893	0.51107	0.68142	1.36
96	24	13	0.45267	0.54733	0.75130	1.25
97	11	6	0.41636	0.58364	0.83182	1.15
98	5	3	0.37991	0.62009	0.91663	1.06
99	2	1	0.34368	0.65632	1.00761	0.98
100	1	0	0.30602	0.69398	1.10447	0.89
101	0	0	0.27158	0.72842	1.21043	0.77
102	0	…	…	…	1.29908	…

第5回 生 命 表 （大正15年〜昭和５年）
THE 5TH LIFE TABLES, 1926〜1930

男

年齢 x	生存数 l_x	死亡数 $_nd_x$	生存率 $_np_x$	死亡率 $_nq_x$	死 力 μ_x	平均余命 $\overset{\circ}{e}_x$
0日	100000	2252	0.97748	0.02252	2.03123	44.82
5 (d)	97748	1191	0.98782	0.01218	1.28565	45.84
10	96557	802	0.99169	0.00831	0.75338	46.39
15	95755	1401	0.98537	0.01463	0.54651	46.76
1月	94354	1712	0.98186	0.01814	0.30654	47.41
2 (m)	92642	1165	0.98742	0.01258	0.18633	48.21
3	91477	2177	0.97620	0.02380	0.13842	48.74
6	89300	3310	0.96293	0.03707	0.08972	49.67
0年	100000	14010	0.85990	0.14010	2.03123	44.82
1 (y)	85990	3708	0.95688	0.04312	0.06570	51.07
2	82282	1841	0.97763	0.02237	0.02393	52.35
3	80441	1207	0.98500	0.01500	0.01746	52.54
4	79234	777	0.99019	0.00981	0.01214	52.33
5	78457	505	0.99356	0.00644	0.00785	51.85
6	77952	378	0.99515	0.00485	0.00545	51.18
7	77574	309	0.99602	0.00398	0.00435	50.42
8	77265	259	0.99665	0.00335	0.00364	49.62
9	77006	220	0.99714	0.00286	0.00308	48.79
10	76786	202	0.99737	0.00263	0.00272	47.93
11	76584	187	0.99756	0.00244	0.00252	47.05
12	76397	192	0.99749	0.00251	0.00243	46.17
13	76205	221	0.99710	0.00290	0.00265	45.28
14	75984	281	0.99630	0.00370	0.00323	44.41
15	75703	380	0.99498	0.00502	0.00431	43.58
16	75323	489	0.99351	0.00649	0.00576	42.79
17	74834	599	0.99200	0.00800	0.00731	42.07
18	74235	676	0.99089	0.00911	0.00867	41.40
19	73559	714	0.99029	0.00971	0.00953	40.78
20	72845	715	0.99018	0.00982	0.00987	40.18
21	72130	701	0.99028	0.00972	0.00984	39.57
22	71429	680	0.99048	0.00952	0.00968	38.95
23	70749	655	0.99074	0.00926	0.00944	38.32
24	70094	628	0.99104	0.00896	0.00916	37.67
25	69466	598	0.99139	0.00861	0.00883	37.01
26	68868	568	0.99175	0.00825	0.00845	36.33
27	68300	548	0.99198	0.00802	0.00816	35.63
28	67752	525	0.99225	0.00775	0.00792	34.91
29	67227	506	0.99247	0.00753	0.00766	34.18
30	66721	493	0.99261	0.00739	0.00748	33.43
31	66228	483	0.99271	0.00729	0.00735	32.68
32	65745	482	0.99267	0.00733	0.00732	31.92
33	65263	487	0.99254	0.00746	0.00742	31.15
34	64776	492	0.99240	0.00760	0.00756	30.38
35	64284	495	0.99230	0.00770	0.00768	29.61
36	63789	496	0.99222	0.00778	0.00776	28.83
37	63293	508	0.99197	0.00803	0.00790	28.05
38	62785	531	0.99154	0.00846	0.00825	27.28
39	62254	561	0.99099	0.00901	0.00876	26.51
40	61693	591	0.99042	0.00958	0.00935	25.74
41	61102	613	0.98997	0.01003	0.00985	24.99
42	60489	642	0.98939	0.01061	0.01036	24.23
43	59847	677	0.98869	0.01131	0.01101	23.49
44	59170	710	0.98800	0.01200	0.01173	22.75
45	58460	742	0.98731	0.01269	0.01241	22.02
46	57718	779	0.98650	0.01350	0.01317	21.30
47	56939	819	0.98562	0.01438	0.01402	20.58
48	56120	864	0.98460	0.01540	0.01499	19.88
49	55256	907	0.98359	0.01641	0.01603	19.18

MALE

年齢	生存数	死亡数	生存率	死亡率	死 力	平均余命
x	l_x	$_n d_x$	$_n p_x$	$_n q_x$	μ_x	$\overset{\circ}{e}_x$
50	54349	951	0.98250	0.01750	0.01708	18.49
51	53398	1002	0.98124	0.01876	0.01827	17.81
52	52396	1056	0.97985	0.02015	0.01963	17.14
53	51340	1113	0.97832	0.02168	0.02111	16.49
54	50227	1176	0.97659	0.02341	0.02280	15.84
55	49051	1224	0.97505	0.02495	0.02447	15.21
56	47827	1286	0.97311	0.02689	0.02621	14.58
57	46541	1353	0.97093	0.02907	0.02834	13.97
58	45188	1421	0.96855	0.03145	0.03070	13.38
59	43767	1484	0.96609	0.03391	0.03319	12.79
60	42283	1552	0.96329	0.03671	0.03589	12.23
61	40731	1620	0.96023	0.03977	0.03891	11.67
62	39111	1703	0.95646	0.04354	0.04249	11.14
63	37408	1769	0.95271	0.04729	0.04647	10.62
64	35639	1825	0.94879	0.05121	0.05051	10.12
65	33814	1855	0.94514	0.05486	0.05448	9.64
66	31959	1885	0.94102	0.05898	0.05854	9.17
67	30074	1903	0.93672	0.06328	0.06301	8.72
68	28171	1923	0.93174	0.06826	0.06790	8.27
69	26248	1942	0.92601	0.07399	0.07365	7.84
70	24306	1953	0.91965	0.08035	0.08020	7.43
71	22353	1951	0.91272	0.08728	0.08752	7.03
72	20402	1910	0.90638	0.09362	0.09479	6.66
73	18492	1868	0.89898	0.10102	0.10222	6.29
74	16624	1811	0.89106	0.10894	0.11079	5.94
75	14813	1741	0.88247	0.11753	0.12006	5.61
76	13072	1655	0.87339	0.12661	0.13007	5.29
77	11417	1558	0.86354	0.13646	0.14088	4.98
78	9859	1449	0.85303	0.14697	0.15269	4.69
79	8410	1330	0.84185	0.15815	0.16538	4.41
80	7080	1205	0.82980	0.17020	0.17916	4.15
81	5875	1075	0.81702	0.18298	0.19413	3.90
82	4800	944	0.80333	0.19667	0.21030	3.66
83	3856	815	0.78864	0.21136	0.22798	3.43
84	3041	689	0.77343	0.22657	0.24696	3.22
85	2352	572	0.75680	0.24320	0.26743	3.02
86	1780	464	0.73933	0.26067	0.29008	2.83
87	1316	367	0.72112	0.27888	0.31421	2.65
88	949	283	0.70179	0.29821	0.34018	2.48
89	666	212	0.68168	0.31832	0.36824	2.32
90	454	155	0.65859	0.34141	0.39978	2.17
91	299	108	0.63880	0.36120	0.43339	2.03
92	191	74	0.61257	0.38743	0.46728	1.89
93	117	48	0.58974	0.41026	0.50990	1.77
94	69	30	0.56377	0.43623	0.54916	1.65
95	39	18	0.53728	0.46272	0.59662	1.55
96	21	10	0.51196	0.48804	0.64490	1.45
97	11	6	0.48037	0.51963	0.69712	1.35
98	5	3	0.45331	0.54669	0.76284	1.26
99	2	1	0.42575	0.57425	0.81817	1.18
100	1	1	0.39516	0.60484	0.88273	1.09
101	0	0	0.36735	0.63265	0.95714	0.99
102	0	0	0.33611	0.66389	...	0.84

第5回　生　命　表（大正15年〜昭和5年）
THE 5TH LIFE TABLES, 1926〜1930

女

年齢 x	生存数 l_x	死亡数 $_nd_x$	生存率 $_np_x$	死亡率 $_nq_x$	死　力 μ_x	平均余命 $\overset{\circ}{e}_x$
0日	100000	1907	0.98093	0.01907	1.68740	46.54
5 (d)	98093	1098	0.98881	0.01119	1.11815	47.43
10	96995	709	0.99269	0.00731	0.67999	47.96
15	96286	1181	0.98773	0.01227	0.47701	48.30
1月	95105	1517	0.98405	0.01595	0.25949	48.85
2 (m)	93588	1018	0.98912	0.01088	0.16252	49.56
3	92570	1930	0.97915	0.02085	0.11982	50.02
6	90640	3054	0.96631	0.03369	0.07924	50.84
0年	100000	12414	0.87586	0.12414	1.68740	46.54
1 (y)	87586	3687	0.95791	0.04210	0.06052	52.10
2	83899	1900	0.97735	0.02265	0.02525	53.37
3	81999	1277	0.98443	0.01557	0.01798	53.59
4	80722	856	0.98940	0.01060	0.01287	53.43
5	79866	566	0.99291	0.00709	0.00862	53.00
6	79300	413	0.99479	0.00521	0.00596	52.37
7	78887	325	0.99588	0.00412	0.00457	51.65
8	78562	271	0.99655	0.00345	0.00374	50.86
9	78291	238	0.99696	0.00304	0.00320	50.03
10	78053	234	0.99700	0.00300	0.00298	49.18
11	77819	241	0.99690	0.00310	0.00302	48.33
12	77578	268	0.99655	0.00345	0.00322	47.48
13	77310	334	0.99568	0.00432	0.00379	46.64
14	76976	453	0.99412	0.00588	0.00507	45.84
15	76523	560	0.99268	0.00732	0.00665	45.11
16	75963	655	0.99138	0.00862	0.00805	44.44
17	75308	715	0.99051	0.00949	0.00916	43.82
18	74593	753	0.98991	0.01009	0.00989	43.24
19	73840	771	0.98956	0.01044	0.01036	42.67
20	73069	774	0.98941	0.01059	0.01060	42.12
21	72295	766	0.98940	0.01060	0.01068	41.56
22	71529	746	0.98957	0.01043	0.01059	41.00
23	70783	721	0.98981	0.01019	0.01037	40.43
24	70062	696	0.99007	0.00993	0.01012	39.84
25	69366	669	0.99036	0.00964	0.00984	39.23
26	68697	647	0.99058	0.00942	0.00957	38.61
27	68050	628	0.99077	0.00923	0.00936	37.97
28	67422	610	0.99095	0.00905	0.00917	37.32
29	66812	597	0.99106	0.00894	0.00902	36.66
30	66215	592	0.99106	0.00894	0.00897	35.98
31	65623	585	0.99109	0.00891	0.00896	35.30
32	65038	584	0.99102	0.00898	0.00898	34.62
33	64454	583	0.99095	0.00905	0.00905	33.93
34	63871	584	0.99086	0.00914	0.00913	33.23
35	63287	586	0.99074	0.00926	0.00924	32.53
36	62701	591	0.99057	0.00943	0.00939	31.83
37	62110	593	0.99045	0.00955	0.00953	31.13
38	61517	599	0.99026	0.00974	0.00968	30.43
39	60918	606	0.99005	0.00995	0.00990	29.72
40	60312	606	0.98995	0.01005	0.01006	29.01
41	59706	601	0.98993	0.01007	0.01012	28.30
42	59105	594	0.98995	0.01005	0.01012	27.59
43	58511	585	0.99000	0.01000	0.01007	26.86
44	57926	581	0.98997	0.01003	0.01005	26.13
45	57345	583	0.98983	0.01017	0.01014	25.39
46	56762	586	0.98968	0.01032	0.01027	24.64
47	56176	605	0.98923	0.01077	0.01057	23.90
48	55571	630	0.98866	0.01134	0.01110	23.15
49	54941	656	0.98806	0.01194	0.01170	22.41

FEMALE

年齢	生存数	死亡数	生存率	死亡率	死　力	平均余命
x	l_x	$_nd_x$	$_np_x$	$_nq_x$	μ_x	$\overset{\circ}{e}_x$
50	54285	685	0.98738	0.01262	0.01235	21.67
51	53600	714	0.98668	0.01332	0.01304	20.94
52	52886	747	0.98588	0.01412	0.01380	20.22
53	52139	784	0.98496	0.01504	0.01468	19.50
54	51355	821	0.98401	0.01599	0.01564	18.79
55	50534	852	0.98314	0.01686	0.01655	18.09
56	49682	889	0.98211	0.01789	0.01750	17.39
57	48793	936	0.98082	0.01918	0.01867	16.70
58	47857	991	0.97929	0.02071	0.02012	16.02
59	46866	1047	0.97766	0.02234	0.02173	15.35
60	45819	1107	0.97584	0.02416	0.02350	14.68
61	44712	1166	0.97392	0.02608	0.02539	14.04
62	43546	1243	0.97146	0.02854	0.02764	13.40
63	42303	1314	0.96894	0.03106	0.03021	12.78
64	40989	1396	0.96594	0.03406	0.03306	12.17
65	39593	1468	0.96292	0.03708	0.03620	11.58
66	38125	1537	0.95969	0.04031	0.03942	11.01
67	36588	1605	0.95613	0.04387	0.04291	10.45
68	34983	1685	0.95183	0.04817	0.04702	9.91
69	33298	1754	0.94732	0.05268	0.05168	9.38
70	31544	1819	0.94233	0.05767	0.05672	8.88
71	29725	1855	0.93759	0.06241	0.06187	8.39
72	27870	1896	0.93197	0.06803	0.06734	7.91
73	25974	1918	0.92616	0.07384	0.07343	7.46
74	24056	1957	0.91865	0.08135	0.08059	7.01
75	22099	1965	0.91108	0.08892	0.08891	6.59
76	20134	1957	0.90280	0.09720	0.09754	6.18
77	18177	1931	0.89377	0.10623	0.10711	5.79
78	16246	1887	0.88385	0.11615	0.11771	5.42
79	14359	1821	0.87318	0.12682	0.12935	5.07
80	12538	1737	0.86146	0.13854	0.14214	4.73
81	10801	1634	0.84872	0.15128	0.15633	4.41
82	9167	1514	0.83484	0.16516	0.17200	4.11
83	7653	1378	0.81994	0.18006	0.18924	3.82
84	6275	1231	0.80382	0.19618	0.20811	3.55
85	5044	1078	0.78628	0.21372	0.22903	3.30
86	3966	922	0.76752	0.23248	0.25212	3.06
87	3044	770	0.74704	0.25296	0.27765	2.83
88	2274	624	0.72559	0.27441	0.30581	2.62
89	1650	491	0.70242	0.29758	0.33641	2.43
90	1159	374	0.67731	0.32269	0.37079	2.24
91	785	274	0.65096	0.34904	0.40902	2.07
92	511	192	0.62427	0.37573	0.44977	1.91
93	319	130	0.59248	0.40752	0.49582	1.76
94	189	82	0.56614	0.43386	0.54749	1.63
95	107	50	0.52991	0.47009	0.59790	1.50
96	57	28	0.49912	0.50088	0.66681	1.39
97	28	15	0.46290	0.53710	0.72862	1.28
98	13	7	0.43053	0.56947	0.80662	1.19
99	6	3	0.39362	0.60638	0.87964	1.09
100	2	1	0.35766	0.64234	0.97312	1.01
101	1	1	0.32242	0.67758	1.06480	0.91
102	0	0	0.28672	0.71328	...	0.79

第 6 回　生　命　表（昭和10年度）

THE 6TH LIFE TABLES，1935.4 ～ 1936.3

男

年齢 x	生存数 l_x	死亡数 $_nd_x$	生存率 $_np_x$	死亡率 $_nq_x$	死　力 μ_x	平均余命 $\overset{\circ}{e}_x$
0日	100000	1961	0.98039	0.01961	1.80815	46.92
5(d)	98039	929	0.99052	0.00948	1.07593	47.85
10	97110	667	0.99313	0.00687	0.59987	48.29
15	96443	1145	0.98813	0.01187	0.45030	48.61
1月	95298	1325	0.98610	0.01390	0.24541	49.15
2(m)	93973	909	0.99033	0.00967	0.14238	49.84
3	93064	1702	0.98171	0.01829	0.10620	50.24
6	91362	2665	0.97083	0.02917	0.06912	50.92
0年	100000	11303	0.88697	0.11303	1.80815	46.92
1(y)	88697	3281	0.96301	0.03699	0.05239	51.95
2	85416	1747	0.97955	0.02045	0.02221	52.92
3	83669	1129	0.98651	0.01349	0.01603	53.02
4	82540	752	0.99089	0.00911	0.01100	52.74
5	81788	530	0.99352	0.00648	0.00761	52.22
6	81258	374	0.99540	0.00460	0.00542	51.55
7	80884	292	0.99639	0.00361	0.00401	50.79
8	80592	242	0.99700	0.00300	0.00326	49.97
9	80350	209	0.99739	0.00261	0.00277	49.12
10	80141	192	0.99760	0.00240	0.00248	48.25
11	79949	181	0.99774	0.00226	0.00231	47.36
12	79768	187	0.99766	0.00234	0.00227	46.47
13	79581	209	0.99737	0.00263	0.00243	45.58
14	79372	272	0.99657	0.00343	0.00294	44.69
15	79100	379	0.99521	0.00479	0.00405	43.85
16	78721	500	0.99365	0.00635	0.00558	43.06
17	78221	612	0.99218	0.00782	0.00716	42.33
18	77609	689	0.99112	0.00888	0.00846	41.66
19	76920	731	0.99050	0.00950	0.00928	41.03
20	76189	759	0.99004	0.00996	0.00982	40.41
21	75430	766	0.98984	0.01016	0.01105	39.82
22	74664	753	0.98991	0.01009	0.01021	39.22
23	73911	730	0.99012	0.00988	0.01006	38.61
24	73181	695	0.99050	0.00950	0.00974	37.99
25	72486	668	0.99078	0.00922	0.00940	37.35
26	71818	635	0.99116	0.00884	0.00907	36.70
27	71183	608	0.99146	0.00854	0.00873	36.02
28	70575	580	0.99178	0.00822	0.00842	35.33
29	69995	554	0.99209	0.00791	0.00809	34.61
30	69441	534	0.99231	0.00769	0.00782	33.89
31	68907	523	0.99241	0.00759	0.00766	33.14
32	68384	515	0.99247	0.00753	0.00758	32.39
33	67869	514	0.99243	0.00757	0.00758	31.64
34	67355	506	0.99249	0.00751	0.00757	30.87
35	66849	508	0.99240	0.00760	0.00758	30.10
36	66341	506	0.99237	0.00763	0.00763	29.33
37	65835	515	0.99218	0.00782	0.00773	28.55
38	65320	530	0.99189	0.00811	0.00799	27.77
39	64790	548	0.99154	0.00846	0.00831	27.00
40	64242	573	0.99109	0.00891	0.00872	26.22
41	63669	593	0.99069	0.00933	0.00916	25.45
42	63076	619	0.99019	0.00981	0.00959	24.69
43	62457	656	0.98950	0.01050	0.01020	23.93
44	61801	688	0.98887	0.01113	0.01088	23.18
45	61113	724	0.98815	0.01185	0.01156	22.43
46	60389	753	0.98753	0.01247	0.01221	21.70
47	59636	804	0.98652	0.01348	0.01301	20.96
48	58832	867	0.98526	0.01474	0.01418	20.24
49	57965	931	0.98394	0.01606	0.01552	19.54

MALE

年齢 x	生 存 数 l_x	死 亡 数 $_nd_x$	生 存 率 $_np_x$	死 亡 率 $_nq_x$	死 力 μ_x	平均余命 $\overset{\circ}{e}_x$
50	57034	984	0.98275	0.01725	0.01682	18.85
51	56050	1025	0.98171	0.01829	0.01793	18.17
52	55025	1070	0.98055	0.01945	0.01900	17.50
53	53955	1135	0.97896	0.02104	0.02042	16.84
54	52820	1189	0.97749	0.02251	0.02202	16.19
55	51631	1238	0.97602	0.02398	0.02348	15.55
56	50393	1305	0.97410	0.02590	0.02518	14.92
57	49088	1383	0.97183	0.02817	0.02736	14.30
58	47705	1460	0.96940	0.03060	0.02981	13.70
59	46245	1533	0.96685	0.03315	0.03240	13.12
60	44712	1589	0.96446	0.03554	0.03495	12.55
61	43123	1641	0.96195	0.03805	0.03750	12.00
62	41482	1670	0.95974	0.04026	0.03982	11.45
63	39812	1768	0.95559	0.04441	0.04312	10.91
64	38044	1826	0.95200	0.04800	0.04733	10.39
65	36218	1880	0.94809	0.05191	0.05119	9.89
66	34338	1926	0.94391	0.05609	0.05546	9.41
67	32412	1965	0.93937	0.06063	0.06006	8.94
68	30447	1996	0.93444	0.06556	0.06510	8.48
69	28451	2017	0.92911	0.07089	0.07059	8.04
70	26434	2027	0.92332	0.07668	0.07657	7.62
71	24407	2023	0.91711	0.08289	0.08306	7.21
72	22384	2007	0.91034	0.08966	0.09012	6.81
73	20377	1975	0.90308	0.09692	0.09784	6.44
74	18402	1927	0.89528	0.10472	0.10615	6.07
75	16475	1866	0.88674	0.11326	0.11527	5.72
76	14609	1787	0.87768	0.12232	0.12521	5.39
77	12822	1694	0.86788	0.13212	0.13592	5.07
78	11128	1588	0.85730	0.14270	0.14766	4.77
79	9540	1469	0.84602	0.15398	0.16041	4.48
80	8071	1341	0.83385	0.16615	0.17425	4.20
81	6730	1206	0.82080	0.17920	0.18936	3.94
82	5524	1067	0.80684	0.19316	0.20580	3.69
83	4457	928	0.79179	0.20821	0.22379	3.46
84	3529	790	0.77614	0.22386	0.24320	3.24
85	2739	660	0.75904	0.24096	0.26421	3.03
86	2079	538	0.74122	0.25878	0.28728	2.83
87	1541	429	0.72161	0.27839	0.31246	2.64
88	1112	331	0.70234	0.29766	0.33963	2.46
89	781	250	0.67990	0.32010	0.36876	2.30
90	531	182	0.65725	0.34275	0.40270	2.14
91	349	127	0.63610	0.36390	0.43601	2.00
92	222	87	0.60811	0.39189	0.47290	1.86
93	135	56	0.58370	0.41630	0.51877	1.74
94	79	35	0.55584	0.44416	0.56134	1.62
95	44	21	0.52968	0.47032	0.61149	1.51
96	23	12	0.50000	0.50000	0.66185	1.41
97	12	6	0.47069	0.52931	0.72213	1.31
98	5	3	0.43956	0.56044	0.78426	1.22
99	2	1	0.41042	0.58958	0.85323	1.14
100	1	1	0.37868	0.62132	0.92098	1.07
101	0	0	0.34853	0.65147	1.00116	1.00
102	0	0	0.31692	0.68308	1.07769	0.93
103	0	0	0.28641	0.71359	1.16432	0.86

第 6 回 生 命 表 （昭和10年度）

THE 6TH LIFE TABLES, 1935.4 ~ 1936.3

女

年齢 x	生存数 l_x	死亡数 $_nd_x$	生存率 $_np_x$	死亡率 $_nq_x$	死 力 μ_x	平均余命 $\overset{\circ}{e}_x$
0 日	100000	1615	0.98385	0.01615	1.45630	49.63
5 (d)	98385	855	0.99131	0.00869	0.91634	50.43
10	97530	589	0.99396	0.00604	0.54041	50.86
15	96941	956	0.99014	0.00986	0.40240	51.16
1 月	95985	1173	0.98778	0.01222	0.20581	51.62
2 (m)	94812	801	0.99155	0.00845	0.12492	52.18
3	94011	1513	0.98391	0.01609	0.09278	52.54
6	92498	2415	0.97389	0.02611	0.06103	53.15
0 年	100000	9917	0.90083	0.09917	1.45630	49.63
1 (y)	90083	3177	0.96473	0.03527	0.04750	54.07
2	86906	1735	0.98004	0.01996	0.02235	55.02
3	85171	1159	0.98639	0.01361	0.01595	55.13
4	84012	783	0.99068	0.00932	0.01122	54.89
5	83229	547	0.99343	0.00657	0.00779	54.40
6	82682	376	0.99545	0.00455	0.00543	53.76
7	82306	289	0.99649	0.00351	0.00392	53.00
8	82017	240	0.99707	0.00293	0.00316	52.18
9	81777	213	0.99740	0.00260	0.00273	51.34
10	81564	207	0.99746	0.00254	0.00254	50.47
11	81357	218	0.99732	0.00268	0.00257	49.60
12	81139	256	0.99684	0.00316	0.00286	48.73
13	80883	328	0.99594	0.00406	0.00354	47.88
14	80555	438	0.99456	0.00544	0.00471	47.07
15	80117	557	0.99305	0.00695	0.00624	46.33
16	79560	642	0.99193	0.00807	0.00761	45.65
17	78918	690	0.99126	0.00874	0.00851	45.02
18	78228	712	0.99090	0.00910	0.00900	44.41
19	77516	724	0.99066	0.00934	0.00927	43.81
20	76792	737	0.99040	0.00960	0.00953	43.22
21	76055	738	0.99030	0.00970	0.00972	42.64
22	75317	728	0.99033	0.00967	0.00975	42.05
23	74589	716	0.99040	0.00960	0.00969	41.45
24	73873	694	0.99061	0.00939	0.00957	40.85
25	73179	663	0.99094	0.00906	0.00929	40.23
26	72516	629	0.99133	0.00867	0.00891	39.60
27	71887	602	0.99163	0.00837	0.00855	38.94
28	71285	583	0.99182	0.00818	0.00829	38.26
29	70702	572	0.99191	0.00809	0.00815	37.57
30	70130	565	0.99194	0.00806	0.00810	36.88
31	69565	558	0.99198	0.00802	0.00806	36.17
32	69007	558	0.99191	0.00809	0.00808	35.46
33	68449	553	0.99192	0.00808	0.00812	34.75
34	67896	550	0.99190	0.00810	0.00811	34.02
35	67346	555	0.99176	0.00824	0.00819	33.30
36	66791	563	0.99157	0.00843	0.00837	32.57
37	66228	569	0.99141	0.00859	0.00855	31.84
38	65659	572	0.99129	0.00871	0.00870	31.12
39	65087	572	0.99121	0.00879	0.00878	30.38
40	64515	581	0.99099	0.00901	0.00894	29.65
41	63934	577	0.99098	0.00902	0.00908	28.91
42	63357	570	0.99100	0.00900	0.00905	28.17
43	62787	569	0.99094	0.00906	0.00906	27.42
44	62218	573	0.99079	0.00921	0.00916	26.67
45	61645	585	0.99051	0.00949	0.00939	25.91
46	61060	593	0.99029	0.00971	0.00963	25.16
47	60467	614	0.98985	0.01015	0.00995	24.40
48	59853	641	0.98930	0.01070	0.01047	23.64
49	59212	675	0.98860	0.01140	0.01110	22.89

FEMALE

年齢	生存数	死亡数	生存率	死亡率	死 力	平均余命
x	l_x	$_nd_x$	$_np_x$	$_nq_x$	μ_x	$\overset{\circ}{e}_x$
50	58537	709	0.98789	0.01211	0.01182	22.15
51	57828	741	0.98719	0.01281	0.01254	21.42
52	57087	774	0.98644	0.01356	0.01326	20.69
53	56313	811	0.98560	0.01440	0.01408	19.97
54	55502	839	0.98488	0.01512	0.01488	19.25
55	54663	869	0.98410	0.01590	0.01560	18.54
56	53794	912	0.98305	0.01695	0.01653	17.83
57	52882	957	0.98190	0.01810	0.01767	17.13
58	51925	1001	0.98072	0.01928	0.01883	16.44
59	50924	1062	0.97915	0.02085	0.02021	15.75
60	49862	1134	0.97726	0.02274	0.02203	15.07
61	48728	1192	0.97554	0.02446	0.02389	14.41
62	47536	1249	0.97373	0.02627	0.02563	13.76
63	46287	1331	0.97124	0.02876	0.02784	13.12
64	44956	1406	0.96872	0.03128	0.03045	12.49
65	43550	1484	0.96592	0.03408	0.03317	11.88
66	42066	1563	0.96284	0.03716	0.03621	11.28
67	40503	1644	0.95941	0.04059	0.03958	10.70
68	38859	1726	0.95558	0.04442	0.04337	10.13
69	37133	1805	0.95139	0.04861	0.04755	9.58
70	35328	1884	0.94667	0.05333	0.05223	9.04
71	33444	1955	0.94154	0.05846	0.05742	8.52
72	31489	2022	0.93579	0.06421	0.06319	8.02
73	29467	2079	0.92945	0.07055	0.06965	7.54
74	27388	2125	0.92241	0.07759	0.07683	7.07
75	25263	2155	0.91470	0.08530	0.08482	6.62
76	23108	2168	0.90618	0.09382	0.09367	6.20
77	20940	2162	0.89675	0.10325	0.10355	5.79
78	18778	2134	0.88636	0.11364	0.11460	5.39
79	16644	2080	0.87503	0.12497	0.12684	5.02
80	14564	2003	0.86247	0.13753	0.14046	4.67
81	12561	1899	0.84882	0.15118	0.15565	4.33
82	10662	1773	0.83371	0.16629	0.17256	4.01
83	8889	1623	0.81741	0.18259	0.19140	3.71
84	7266	1457	0.79948	0.20052	0.21228	3.43
85	5809	1278	0.78000	0.22000	0.23570	3.17
86	4531	1092	0.75899	0.24101	0.26164	2.92
87	3439	907	0.73626	0.26374	0.29042	2.69
88	2532	730	0.71169	0.28831	0.32254	2.47
89	1802	567	0.68535	0.31465	0.35831	2.27
90	1235	424	0.65668	0.34332	0.39838	2.09
91	811	303	0.62639	0.37361	0.44359	1.91
92	508	205	0.59646	0.40354	0.49196	1.76
93	303	133	0.56106	0.43894	0.54522	1.61
94	170	81	0.52588	0.47412	0.61010	1.47
95	89	46	0.48993	0.51007	0.67711	1.35
96	44	24	0.45205	0.54795	0.75152	1.24
97	20	12	0.41414	0.58586	0.83531	1.14
98	8	5	0.37439	0.62561	0.92551	1.05
99	3	2	0.33550	0.66450	1.02785	0.97
100	1	1	0.29709	0.70291	1.13196	0.89
101	0	0	0.25817	0.74183	1.24063	0.83
102	0	0	0.22278	0.77722	1.35073	0.77
103	0	0	0.18693	0.81307	1.42136	0.72

第 8 回 生 命 表 （昭和22年）
THE 8TH LIFE TABLES, 1947

男

年齢 x	生 存 数 l_x	死 亡 数 $_nd_x$	生 存 率 $_np_x$	死 亡 率 $_nq_x$	死 力 μ_x	平均余命 $\overset{\circ}{e}_x$
0 日	100000	1375	0.98625	0.01375	1.26400	50.06
5 (d)	98625	662	0.99329	0.00671	0.75387	50.73
10	97963	476	0.99514	0.00486	0.42401	51.06
15	97487	951	0.99024	0.00986	0.32667	51.30
1 月	96536	1016	0.98947	0.01053	0.20249	51.76
2 (m)	95520	638	0.99332	0.00668	0.10389	52.23
3	94882	1172	0.98765	0.01235	0.07287	52.50
6	93710	2308	0.97538	0.02462	0.04977	52.91
0 年	100000	8598	0.91402	0.08598	1.26400	50.06
1 (y)	91402	3031	0.96684	0.03316	0.04472	53.74
2	88371	1694	0.98083	0.01917	0.02218	54.57
3	86677	956	0.98897	0.01103	0.01434	54.63
4	85721	601	0.99299	0.00701	0.00852	54.23
5	85120	437	0.99487	0.00513	0.00586	53.61
6	84683	324	0.99617	0.00383	0.00440	52.88
7	84359	260	0.99692	0.00308	0.00339	52.09
8	84099	218	0.99741	0.00259	0.00281	51.25
9	83881	187	0.99777	0.00223	0.00240	50.38
10	83694	164	0.99804	0.00196	0.00208	49.49
11	83530	149	0.99822	0.00178	0.00186	48.59
12	83381	142	0.99830	0.00170	0.00172	47.67
13	83239	152	0.99817	0.00183	0.00173	46.75
14	83087	177	0.99787	0.00213	0.00195	45.84
15	82910	216	0.99739	0.00261	0.00234	44.93
16	82694	272	0.99671	0.00329	0.00291	44.05
17	82422	353	0.99572	0.00428	0.00375	43.19
18	82069	452	0.99449	0.00551	0.00489	42.38
19	81617	550	0.99326	0.00674	0.00617	41.61
20	81067	623	0.99231	0.00769	0.00729	40.89
21	80444	670	0.99167	0.00833	0.00808	40.20
22	79774	704	0.99118	0.00882	0.00863	39.53
23	79070	731	0.99076	0.00924	0.00909	38.88
24	78339	748	0.99045	0.00955	0.00947	38.24
25	77591	745	0.99040	0.00960	0.00967	37.60
26	76846	715	0.99070	0.00930	0.00953	36.96
27	76131	682	0.99104	0.00896	0.00917	36.31
28	75449	658	0.99128	0.00872	0.00887	35.63
29	74791	639	0.99146	0.00854	0.00866	34.94
30	74152	626	0.99156	0.00844	0.00851	34.23
31	73526	621	0.99155	0.00845	0.00846	33.52
32	72905	622	0.99147	0.00853	0.00852	32.80
33	72283	623	0.99138	0.00862	0.00863	32.08
34	71660	613	0.99145	0.00855	0.00863	31.36
35	71047	606	0.99147	0.00853	0.00857	30.62
36	70441	608	0.99137	0.00863	0.00861	29.88
37	69833	610	0.99126	0.00874	0.00872	29.14
38	69223	612	0.99116	0.00884	0.00883	28.39
39	68611	614	0.99105	0.00895	0.00893	27.64
40	67997	619	0.99090	0.00910	0.00905	26.88
41	67378	631	0.99063	0.00937	0.00926	26.13
42	66747	653	0.99022	0.00978	0.00960	25.34
43	66094	679	0.98972	0.01028	0.01008	24.61
44	65415	701	0.98929	0.01071	0.01056	23.86
45	64714	717	0.98892	0.01108	0.01096	23.12
46	63997	738	0.98847	0.01153	0.01134	22.37
47	63259	776	0.98773	0.01227	0.01194	21.63
48	62483	819	0.98690	0.01310	0.01276	20.89
49	61664	860	0.98606	0.01394	0.01362	20.16

MALE

年齢 x	生 存 数 l_x	死 亡 数 $_nd_x$	生 存 率 $_np_x$	死 亡 率 $_nq_x$	死　力 μ_x	平均余命 $\overset{\circ}{e}_x$
50	60804	901	0.98518	0.01482	0.01447	19.44
51	59903	952	0.98411	0.01589	0.01543	18.72
52	58951	1019	0.98271	0.01729	0.01670	18.02
53	57932	1082	0.98132	0.01868	0.01817	17.32
54	56850	1126	0.98019	0.01981	0.01943	16.64
55	55724	1183	0.97878	0.02122	0.02065	15.97
56	54541	1276	0.97661	0.02339	0.02248	15.31
57	53265	1374	0.97420	0.02580	0.02489	14.66
58	51891	1457	0.97192	0.02808	0.02732	14.03
59	50434	1531	0.96965	0.03035	0.02960	13.43
60	48903	1626	0.96675	0.03325	0.03222	12.83
61	47277	1733	0.96335	0.03665	0.03553	12.25
62	45544	1825	0.95993	0.04007	0.03912	11.70
63	43719	1901	0.95652	0.04348	0.04265	11.17
64	41818	1972	0.95284	0.04716	0.04633	10.65
65	39846	2036	0.94890	0.05110	0.05033	10.16
66	37810	2090	0.94472	0.05528	0.05460	9.68
67	35720	2135	0.94023	0.05977	0.05919	9.21
68	33585	2167	0.93548	0.06452	0.06411	8.77
69	31418	2188	0.93036	0.06964	0.06938	8.34
70	29230	2194	0.92494	0.07506	0.07504	7.93
71	27036	2187	0.91911	0.08089	0.08111	7.53
72	24849	2163	0.91295	0.08705	0.08763	7.15
73	22686	2125	0.90633	0.09367	0.09463	6.78
74	20561	2069	0.89937	0.10063	0.10212	6.43
75	18492	2000	0.89185	0.10815	0.11016	6.09
76	16492	1914	0.88394	0.11606	0.11882	5.77
77	14578	1815	0.87550	0.12450	0.12805	5.46
78	12763	1703	0.86657	0.13343	0.13796	5.17
79	11060	1582	0.85696	0.14304	0.14865	4.89
80	9478	1451	0.84691	0.15309	0.16013	4.62
81	8027	1315	0.83618	0.16382	0.17239	4.36
82	6712	1175	0.82494	0.17506	0.18553	4.12
83	5537	1036	0.81290	0.18710	0.19961	3.89
84	4501	899	0.80027	0.19973	0.21480	3.67
85	3602	768	0.78679	0.21321	0.23121	3.46
86	2834	639	0.77452	0.22548	0.24744	3.26
87	2195	535	0.75626	0.24374	0.26659	3.07
88	1660	428	0.74217	0.25783	0.28941	2.89
89	1232	337	0.72646	0.27354	0.30837	2.73
90	895	261	0.70838	0.29163	0.33166	2.56
91	634	196	0.69085	0.30915	0.35726	2.41
92	438	144	0.67123	0.32877	0.38375	2.27
93	294	102	0.65306	0.34694	0.41242	2.14
94	192	71	0.63021	0.36979	0.44279	2.01
95	121	47	0.61306	0.38694	0.47679	1.89
96	74	30	0.58911	0.41089	0.50682	1.77
97	44	19	0.56636	0.43364	0.54897	1.65
98	25	11	0.54303	0.45697	0.58882	1.53
99	13	6	0.51934	0.48066	0.63188	1.40
100	7	4	0.49427	0.50573	0.67801	1.23

第 8 回　生　命　表（昭和22年）
THE 8TH LIFE TABLES，1947

女

年齢 x	生存数 l_x	死亡数 $_nd_x$	生存率 $_np_x$	死亡率 $_nq_x$	死　力 μ_x	平均余命 $\overset{\circ}{e}_x$
0 日	100000	1133	0.98867	0.01133	1.02346	53.96
5 (d)	98867	595	0.99398	0.00602	0.63795	54.55
10	98272	432	0.99560	0.00440	0.38145	54.87
15	97840	793	0.99190	0.00810	0.29664	55.10
1 月	97047	897	0.99076	0.00924	0.17004	55.51
2 (m)	96150	577	0.99400	0.00600	0.09198	55.94
3	95573	1074	0.98876	0.01124	0.06557	56.19
6	94499	2163	0.97711	0.02289	0.04557	56.58
0 年	100000	7664	0.92336	0.07664	1.02346	53.96
1 (y)	92336	2996	0.96755	0.03245	0.04205	57.40
2	89340	1693	0.98105	0.01895	0.02258	58.30
3	87647	957	0.98909	0.01091	0.01423	58.42
4	86690	589	0.99321	0.00679	0.00838	58.06
5	86101	412	0.99521	0.00479	0.00557	57.45
6	85689	298	0.99652	0.00348	0.00403	56.73
7	85391	235	0.99725	0.00275	0.00305	55.92
8	85156	194	0.99773	0.00227	0.00248	55.08
9	84962	169	0.99801	0.00199	0.00211	54.20
10	84793	155	0.99817	0.00183	0.00189	53.31
11	84638	147	0.99826	0.00174	0.00177	52.41
12	84491	148	0.99824	0.00176	0.00172	51.50
13	84343	168	0.99800	0.00200	0.00184	50.59
14	84175	206	0.99755	0.00245	0.00219	49.69
15	83969	256	0.99695	0.00305	0.00273	48.81
16	83713	312	0.99628	0.00372	0.00338	47.95
17	83401	372	0.99554	0.00446	0.00408	47.13
18	83029	444	0.99466	0.00534	0.00490	46.34
19	82585	518	0.99373	0.00627	0.00584	45.59
20	82067	570	0.99306	0.00694	0.00668	44.87
21	81497	596	0.99269	0.00731	0.00719	44.18
22	80901	608	0.99249	0.00751	0.00746	43.50
23	80293	617	0.99232	0.00768	0.00764	42.83
24	79676	620	0.99222	0.00778	0.00779	42.16
25	79056	605	0.99235	0.00765	0.00778	41.48
26	78451	578	0.99264	0.00736	0.00754	40.80
27	77873	561	0.99280	0.00720	0.00729	40.10
28	77312	558	0.99279	0.00721	0.00722	39.39
29	76754	559	0.99272	0.00728	0.00728	38.67
30	76195	553	0.99274	0.00726	0.00731	37.95
31	75642	541	0.99285	0.00715	0.00724	37.22
32	75101	531	0.99292	0.00708	0.00713	36.49
33	74570	525	0.99296	0.00704	0.00708	35.74
34	74045	519	0.99300	0.00700	0.00705	34.99
35	73526	515	0.99300	0.00700	0.00703	34.24
36	73011	513	0.99298	0.00702	0.00703	33.48
37	72498	515	0.99290	0.00710	0.00709	32.71
38	71983	517	0.99282	0.00718	0.00717	31.94
39	71466	521	0.99271	0.00729	0.00725	31.17
40	70945	533	0.99249	0.00751	0.00741	30.39
41	70412	550	0.99218	0.00782	0.00769	29.62
42	69862	560	0.99198	0.00802	0.00796	28.85
43	69302	560	0.99193	0.00807	0.00810	28.08
44	68742	553	0.99195	0.00805	0.00809	27.30
45	68189	559	0.99180	0.00820	0.00812	26.52
46	67630	576	0.99148	0.00852	0.00837	25.73
47	67054	602	0.99103	0.00897	0.00876	24.95
48	66452	639	0.99038	0.00962	0.00931	24.17
49	65813	684	0.98961	0.01039	0.01005	23.40

FEMALE

年齢	生存数	死亡数	生存率	死亡率	死 力	平均余命
x	l_x	$_nd_x$	$_np_x$	$_nq_x$	μ_x	$\overset{\circ}{e}_x$
50	65129	724	0.98889	0.01111	0.01083	22.64
51	64405	754	0.98829	0.01171	0.01149	21.89
52	63651	784	0.98769	0.01231	0.01209	21.14
53	62867	811	0.98710	0.01290	0.01269	20.40
54	62056	841	0.98645	0.01355	0.01329	19.66
55	61215	881	0.98561	0.01439	0.01402	18.92
56	60334	944	0.98436	·0.01564	0.01509	18.19
57	59390	1008	0.98303	0.01697	0.01644	17.47
58	58382	1070	0.98166	0.01834	0.01779	16.77
59	57312	1142	0.98007	0.01993	0.01925	16.07
60	56170	1240	0.97793	0.02207	0.02116	15.39
61	54930	1344	0.97553	0.02447	0.02358	14.72
62	53586	1405	0.97326	0.02674	0.02570	14.08
63	52181	1475	0.97173	0.02827	0.02756	13.45
64	50706	1561	0.96921	0.03079	0.02991	12.82
65	49145	1648	0.96647	0.03353	0.03264	12.22
66	47497	1740	0.96337	0.03663	0.03567	11.62
67	45757	1827	0.96007	0.03993	0.03899	11.04
68	43930	1915	0.95641	0.04359	0.04259	10.48
69	42015	2001	0.95237	0.04763	0.04662	9.94
70	40014	2082	0.94797	0.05203	0.05105	9.41
71	37932	2156	0.94316	0.05684	0.05589	8.90
72	35776	2223	0.93786	0.06214	0.06125	8.41
73	33553	2278	0.93211	0.06789	0.06713	7.93
74	31275	2322	0.92576	0.07424	0.07361	7.47
75	28953	2350	0.91883	0.08117	0.08078	7.03
76	26603	2360	0.91129	0.08871	0.08864	6.66
77	24243	2351	0.90302	0.09698	0.09730	6.20
78	21892	2320	0.89403	0.10597	0.10685	5.81
79	19572	2266	0.88422	0.11578	0.11736	5.44
80	17306	2188	0.87357	0.12643	0.12891	5.09
81	15118	2087	0.86195	0.13805	0.14164	4.75
82	13031	1963	0.84936	0.15064	0.15567	4.43
83	11068	1819	0.83565	0.16435	0.17115	4.13
84	9249	1656	0.82095	0.17905	0.18814	3.83
85	7593	1481	0.80495	0.19505	0.20679	3.58
86	6112	1298	0.78763	0.21237	0.22750	3.32
87	4814	1111	0.76921	0.23079	0.25019	3.08
88	3703	929	0.74912	0.25088	0.27516	2.86
89	2774	755	0.72783	0.27217	0.30287	2.65
90	2019	595	0.70530	0.29470	0.33292	2.45
91	1424	455	0.68048	0.31952	0.36640	2.27
92	969	334	0.65531	0.34469	0.40351	2.10
93	635	236	0.62835	0.37165	0.44291	1.94
94	399	160	0.59900	0.40100	0.48768	1.79
95	239	103	0.56904	0.43096	0.53769	1.65
96	136	63	0.53676	0.46324	0.59136	1.52
97	73	36	0.50479	0.49521	0.65116	1.40
98	37	20	0.47154	0.52846	0.71637	1.29
99	17	10	0.43736	0.56264	0.78678	1.18
100	8	5	0.40210	0.59790	0.86443	1.05

第 9 回 生 命 表 （昭和25年～昭和27年）
THE 9TH LIFE TABLES, 1950.10 ～ 1952.9

男

年齢 x	生存数 l_x	死亡数 $_nd_x$	生存率 $_np_x$	死亡率 $_nq_x$	死 力 μ_x	平均余命 $\dot{e}_x$	定常人口 $_nL_x$	T_x
0 日	100000	1615	0.98385	0.01615	1.11429	59.57		
7 (d)	98385	571	0.99420	0.00580	0.57928	60.53		
14	97814	391	0.99600	0.00400	0.25641	60.86		
21	97423	327	0.99664	0.00336	0.17551	61.09		
1 月	97096	669	0.99311	0.00689	0.11923	61.27		
2 (m)	96427	435	0.99549	0.00451	0.06869	61.61		
3	95992	729	0.99241	0.00759	0.04838	61.81		
6	95263	932	0.99022	0.00978	0.02693	62.03		
0 年	100000	5669	0.94331	0.05669	1.11429	59.57	97166	5959389
1 (y)	94331	1088	0.98847	0.01153	0.01702	62.14	93787	5862223
2	93243	830	0.99110	0.00890	0.00639	61.86	92828	5768436
3	92413	608	0.99342	0.00658	0.00771	61.42	92109	5675608
4	91805	423	0.99539	0.00461	0.00554	60.82	91594	5583499
5	91382	283	0.99690	0.00310	0.00377	60.10	91241	5491905
6	91099	204	0.99776	0.00224	0.00258	59.28	90997	5400664
7	90895	163	0.99821	0.00179	0.00197	58.42	90814	5309667
8	90732	137	0.99849	0.00151	0.00164	57.52	90664	5218853
9	90595	114	0.99874	0.00126	0.00138	56.61	90538	5128189
10	90481	99	0.99891	0.00109	0.00116	55.68	90432	5037651
11	90382	91	0.99899	0.00101	0.00104	54.74	90337	4947219
12	90291	87	0.99904	0.00096	0.00098	53.79	90248	4856882
13	90204	88	0.99902	0.00098	0.00096	52.84	90160	4766634
14	90116	94	0.99896	0.00104	0.00100	51.89	90069	4676474
15	90022	111	0.99877	0.00123	0.00112	50.95	89967	4586405
16	89911	139	0.99845	0.00155	0.00137	50.01	89842	4496438
17	89772	174	0.99806	0.00194	0.00173	49.09	89685	4406596
18	89598	214	0.99761	0.00239	0.00216	48.18	89491	4316911
19	89384	252	0.99718	0.00282	0.00262	47.29	89258	4227420
20	89132	280	0.99686	0.00314	0.00300	46.43	88992	4138162
21	88852	301	0.99661	0.00339	0.00327	45.57	88702	4049170
22	88551	325	0.99633	0.00367	0.00353	44.73	88389	3960468
23	88226	349	0.99604	0.00396	0.00383	43.89	88052	3872079
24	87877	361	0.99589	0.00411	0.00406	43.06	87697	3784027
25	87516	367	0.99581	0.00419	0.00417	42.24	87333	3696330
26	87149	371	0.99574	0.00426	0.00424	41.41	86964	3608997
27	86778	370	0.99574	0.00426	0.00427	40.59	86593	3522033
28	86408	374	0.99567	0.00433	0.00430	39.76	86221	3435440
29	86034	381	0.99557	0.00443	0.00440	38.93	85844	3349219
30	85653	374	0.99563	0.00437	0.00443	38.10	85466	3263375
31	85279	362	0.99576	0.00424	0.00431	37.26	85098	3177909
32	84917	361	0.99575	0.00425	0.00424	36.42	84737	3092811
33	84556	366	0.99567	0.00433	0.00429	35.57	84373	3008074
34	84190	370	0.99561	0.00439	0.00437	34.73	84005	2923701
35	83820	376	0.99551	0.00449	0.00444	33.87	83632	2839696
36	83444	392	0.99530	0.00470	0.00460	33.03	83248	2756064
37	83052	404	0.99514	0.00486	0.00480	32.18	82850	2672816
38	82648	414	0.99499	0.00501	0.00494	31.34	82441	2589966
39	82234	432	0.99475	0.00525	0.00513	30.49	82018	2507525
40	81802	459	0.99439	0.00561	0.00544	29.65	81573	2425507
41	81343	481	0.99409	0.00591	0.00578	28.82	81103	2343934
42	80862	502	0.99379	0.00621	0.00607	27.98	80611	2262831
43	80360	530	0.99340	0.00660	0.00640	27.16	80095	2182220
44	79830	567	0.99290	0.00710	0.00687	26.33	79547	2102125
45	79263	594	0.99251	0.00749	0.00733	25.52	78966	2022578
46	78669	628	0.99202	0.00798	0.00774	24.71	78355	1943612
47	78041	681	0.99127	0.00873	0.00837	23.90	77701	1865257
48	77360	731	0.99055	0.00945	0.00914	23.11	76995	1787556
49	76629	770	0.98995	0.01005	0.00980	22.32	76244	1710561

注) 生存数及び定常人口から平均寿命を計算すると、59.59年となるが、59.57年を確定数として扱ってきているため、修正は行っていない。

MALE

年 齢	生存数	死亡数	生存率	死亡率	死　力	平均余命	定　常　人　口	
x	l_x	$_nd_x$	$_np_x$	$_nq_x$	μ_x	$\overset{\circ}{e}_x$	$_nL_x$	T_x
50	75859	814	0.98927	0.01073	0.01043	21.54	75452	1634317
51	75045	866	0.98846	0.01154	0.01117	20.77	74612	1558865
52	74179	932	0.98744	0.01256	0.01210	20.01	73713	1484253
53	73247	1000	0.98635	0.01365	0.01318	19.26	72747	1410540
54	72247	1070	0.98519	0.01481	0.01432	18.52	71712	1337793
55	71177	1146	0.98390	0.01610	0.01555	17.79	70604	1266081
56	70031	1234	0.93238	0.01762	0.01695	17.07	69414	1195477
57	68797	1347	0.98042	0.01958	0.01874	16.37	68124	1126063
58	67450	1452	0.97847	0.02153	0.02081	15.68	66724	1057939
59	65998	1517	0.97701	0.02299	0.02252	15.02	65240	991215
60	64481	1597	0.97523	0.02477	0.02408	14.36	63683	925975
61	62884	1716	0.97271	0.02729	0.02620	13.71	62026	862292
62	61168	1906	0.96884	0.03116	0.02962	13.08	60215	800266
63	59262	2019	0.96593	0.03407	0.03323	12.49	58253	740051
64	57243	2130	0.96279	0.03721	0.03625	11.91	56178	681798
65	55113	2237	0.95941	0.04059	0.03963	11.35	53995	625620
66	52876	2338	0.95578	0.04422	0.04328	10.81	51707	571625
67	50538	2432	0.95188	0.04812	0.04722	10.29	49322	519918
68	48106	2517	0.94768	0.05232	0.05147	9.78	46848	470596
69	45589	2592	0.94314	0.05686	0.05608	9.29	44293	423748
70	42997	2653	0.93830	0.06170	0.06105	8.82	41671	379455
71	40344	2701	0.93305	0.06695	0.06642	8.37	38994	337784
72	37643	2730	0.92748	0.07252	0.07222	7.94	36278	298790
73	34913	2743	0.92143	0.07857	0.07847	7.52	33542	262512
74	32170	2735	0.91498	0.08502	0.08525	7.12	30803	228970
75	29435	2707	0.90803	0.09197	0.09256	6.73	28082	198167
76	26728	2656	0.90063	0.09937	0.10046	6.36	25400	170085
77	24072	2584	0.89266	0.10734	0.10899	6.01	22780	144685
78	21488	2489	0.88417	0.11583	0.11821	5.67	20244	121905
79	18999	2374	0.87505	0.12495	0.12816	5.35	17812	101661
80	16625	2239	0.86532	0.13468	0.13892	5.04	15506	83849
81	14386	2087	0.85493	0.14507	0.15053	4.75	13343	68343
82	12299	1921	0.84381	0.15619	0.16312	4.47	11339	55000
83	10378	1743	0.83205	0.16795	0.17667	4.21	9507	43661
84	8635	1559	0.81946	0.18054	0.19128	3.95	7856	34154
85	7076	1372	0.80611	0.19389	0.20714	3.72	6390	26298
86	5704	1187	0.79190	0.20810	0.22425	3.49	5111	19908
87	4517	1009	0.77662	0.22338	0.24273	3.28	4013	14797
88	3508	838	0.76119	0.23881	0.26267	3.07	3089	10784
89	2670	684	0.74382	0.25618	0.28423	2.88	2328	7695
90	1986	544	0.72608	0.27392	0.30753	2.70	1714	5367
91	1442	422	0.70735	0.29265	0.33272	2.53	1231	3655
92	1020	318	0.68824	0.31176	0.35991	2.37	861	2422
93	702	234	0.66667	0.33333	0.38922	2.22	585	1561
94	468	166	0.64530	0.35470	0.42099	2.08	385	976
95	302	114	0.62252	0.37748	0.45525	1.95	245	591
96	188	75	0.60106	0.39894	0.49222	1.82	151	346
97	113	48	0.57522	0.42478	0.53222	1.70	89	195
98	65	29	0.55385	0.44615	0.57528	1.60	51	106
99	36	17	0.52778	0.47222	0.62176	1.49	28	55
100	19	10	0.49688	0.50312	0.67182	1.40	14	27
101	9	5	0.46953	0.53047	0.72567	1.30	7	13
102	4	2	0.44165	0.55835	0.78344	1.21	3	6
103	2	1	0.41343	0.58657	0.84526	1.10	2	3
104	1	1	0.00000	1.00000	0.90502	0.95	1	1

第 9 回 生 命 表 （昭和25年～昭和27年）
THE 9TH LIFE TABLES, 1950.10 ～ 1952.9

女

年 齢 x	生存数 l_x	死亡数 $_nd_x$	生存率 $_np_x$	死亡率 $_nq_x$	死 力 μ_x	平均余命 $\overset{\circ}{e}_x$	定 常 人 口	
							$_nL_x$	T_x
0 日	100000	1323	0.98677	0.01323	0.90233	62.97		
7 (d)	98677	508	0.99485	0.00515	0.48377	63.79		
14	98169	334	0.99660	0.00340	0.22362	64.10		
21	97835	288	0.99706	0.00294	0.15076	64.30		
1 月	97547	603	0.99382	0.00618	0.10492	64.46		
2 (m)	96944	387	0.99601	0.00399	0.06127	64.78		
3	96557	651	0.99326	0.00674	0.04281	64.96		
6	95906	879	0.99083	0.00917	0.02421	65.15		
0 年	100000	4973	0.95027	0.04973	0.90233	62.97	97514	6297590
1 (y)	95027	1105	0.98837	0.01163	0.01621	65.25	94475	6200076
2	93922	826	0.99121	0.00879	0.00705	65.01	93509	6105601
3	93096	602	0.99353	0.00647	0.00759	64.58	92795	6012092
4	92494	415	0.99551	0.00449	0.00543	64.00	92287	5919297
5	92079	271	0.99706	0.00294	0.00363	63.28	91944	5827010
6	91808	185	0.99798	0.00202	0.00239	62.47	91716	5735066
7	91623	140	0.99847	0.00153	0.00172	61.59	91553	5643350
8	91483	112	0.99878	0.00122	0.00135	60.69	91427	5551797
9	91371	96	0.99895	0.00105	0.00112	59.76	91323	5460370
10	91275	87	0.99905	0.00095	0.00099	58.82	91232	5369047
11	91188	84	0.99908	0.00092	0.00093	57.88	91146	5277815
12	91104	87	0.99905	0.00095	0.00093	56.93	91061	5186669
13	91017	95	0.99896	0.00104	0.00100	55.98	90970	5095608
14	90922	102	0.99888	0.00112	0.00108	55.04	90871	5004638
15	90820	117	0.99871	0.00129	0.00119	54.10	90762	4913767
16	90703	137	0.99849	0.00151	0.00139	53.17	90635	4823005
17	90566	164	0.99819	0.00181	0.00165	52.25	90484	4732370
18	90402	196	0.99783	0.00217	0.00199	51.35	90304	4641886
19	90206	228	0.99747	0.00253	0.00236	50.46	90092	4551582
20	89978	249	0.99723	0.00277	0.00266	49.58	89854	4461490
21	89729	266	0.99704	0.00296	0.00287	48.72	89596	4371636
22	89463	291	0.99675	0.00325	0.00310	47.86	89318	4282040
23	89172	317	0.99645	0.00355	0.00342	47.02	89014	4192722
24	88855	330	0.99629	0.00371	0.00366	46.18	88690	4103708
25	88525	334	0.99623	0.00377	0.00376	45.35	88358	4015018
26	88191	339	0.99616	0.00384	0.00381	44.52	88022	3926660
27	87852	347	0.99605	0.00395	0.00391	43.69	87679	3838638
28	87505	346	0.99605	0.00395	0.00397	42.87	87332	3750959
29	87159	346	0.99603	0.00397	0.00397	42.03	86986	3663627
30	86813	346	0.99601	0.00399	0.00399	41.20	86640	3576641
31	86467	346	0.99600	0.00400	0.00400	40.36	86294	3490001
32	86121	347	0.99597	0.00403	0.00402	39.52	85948	3403707
33	85774	350	0.99592	0.00408	0.00406	38.68	85599	3317759
34	85424	354	0.99586	0.00414	0.00412	37.84	85247	3232160
35	85070	359	0.99578	0.00422	0.00419	36.99	84891	3146913
36	84711	365	0.99569	0.00431	0.00427	36.15	84529	3062022
37	84346	372	0.99559	0.00441	0.00436	35.30	84160	2977495
38	83974	386	0.99540	0.00460	0.00451	34.45	83781	2893335
39	83588	399	0.99523	0.00477	0.00470	33.61	83389	2809554
40	83189	412	0.99505	0.00495	0.00488	32.77	82983	2726165
41	82777	421	0.99491	0.00509	0.00503	31.93	82567	2643182
42	82356	431	0.99477	0.00523	0.00517	31.09	82141	2560615
43	81925	439	0.99464	0.00536	0.00530	30.25	81706	2478474
44	81486	455	0.99442	0.00558	0.00547	29.41	81259	2396768
45	81031	478	0.99410	0.00590	0.00547	28.58	80792	2315509
46	80553	507	0.99371	0.00629	0.00610	27.74	80300	2234717
47	80046	539	0.99327	0.00673	0.00653	26.91	79777	2154417
48	79507	576	0.99276	0.00724	0.00701	26.09	79219	2074640
49	78931	606	0.99232	0.00768	0.00750	25.25	78628	1995421

注）生存数及び定常人口から平均寿命を計算すると、62.98年となるが、62.97年を確定数として扱って
　　きているため、修正は行っていない。

FEMALE

年 齢	生存数	死亡数	生存率	死亡率	死　力	平均余命	定　常　人　口	
x	l_x	d_x	p_x	q_x	μ_x	$\overset{\circ}{e}_x$	L_x	T_x
50	78325	630	0.99196	0.00804	0.00788	24.47	78010	1916793
51	77695	674	0.99133	0.00867	0.00836	23.67	77358	1838783
52	77021	729	0.99054	0.00946	0.00911	22.87	76657	1761425
53	76292	772	0.98988	0.01012	0.00986	22.08	75906	1684768
54	75520	807	0.98931	0.01069	0.01045	21.30	75117	1608862
55	74713	856	0.98854	0.01146	0.01110	20.53	74285	1533745
56	73857	920	0.98754	0.01246	0.01197	19.76	73397	1459460
57	72937	1013	0.98611	0.01389	0.01324	19.00	72431	1386063
58	71924	1086	0.98490	0.01510	0.01465	18.26	71381	1313632
59	70838	1125	0.98412	0.01588	0.01563	17.54	70276	1242251
60	69713	1178	0.98310	0.01690	0.01645	16.81	69124	1171975
61	68535	1273	0.98143	0.01857	0.01784	16.09	67899	1102851
62	67262	1364	0.97972	0.02028	0.01963	15.39	66580	1034952
63	65898	1436	0.97821	0.02179	0.02113	14.69	65180	968372
64	64462	1615	0.97495	0.02505	0.02361	14.01	63655	903192
65	62847	1726	0.97254	0.02746	0.02667	13.36	61984	839537
66	61121	1839	0.96991	0.03009	0.02916	12.72	60202	777553
67	59282	1955	0.96702	0.03298	0.03199	12.10	58305	717351
68	57327	2073	0.96384	0.03616	0.03513	11.50	56291	659046
69	55254	2191	0.96035	0.03965	0.03859	10.91	54159	602755
70	53063	2309	0.95649	0.04351	0.04241	10.34	51909	548596
71	50754	2421	0.95230	0.04770	0.04661	9.79	49544	496687
72	48333	2531	0.94763	0.05237	0.05125	9.25	47068	447143
73	45802	2630	0.94258	0.05742	0.05638	8.73	44487	400075
74	43172	2720	0.93700	0.06300	0.06201	8.24	41812	355588
75	40452	2796	0.90388	0.06912	0.06825	7.76	39054	313776
76	37656	2854	0.92421	0.07579	0.07510	7.30	36229	274722
77	34802	2893	0.91687	0.08313	0.08267	6.85	33356	238493
78	31909	2908	0.90887	0.09113	0.09103	6.43	30455	205137
79	29001	2897	0.90011	0.09989	0.10024	6.02	27553	174682
80	26104	2857	0.89055	0.10945	0.11040	5.64	24676	147129
81	23247	2786	0.88016	0.11984	0.12159	5.27	21854	122453
82	20461	2685	0.86877	0.13123	0.13395	4.92	19119	100599
83	17776	2552	0.85644	0.14356	0.14759	4.58	16500	81480
84	15224	2390	0.84301	0.15699	0.16261	4.27	14029	64980
85	12834	2202	0.82842	0.17158	0.17922	3.97	11733	50951
86	10632	1991	0.81274	0.18726	0.19749	3.69	9637	39218
87	8641	1766	0.79563	0.20437	0.21761	3.42	7758	29581
88	6875	1531	0.77731	0.22269	0.23989	3.17	6110	21823
89	5344	1296	0.75749	0.24251	0.26443	2.94	4696	15713
90	4048	1067	0.73641	0.26359	0.29149	2.72	3515	11017
91	2981	854	0.71352	0.28648	0.32132	2.51	2554	7502
92	2127	661	0.68923	0.31077	0.35425	2.32	1797	4948
93	1466	493	0.66371	0.33629	0.39055	2.15	1220	3151
94	973	354	0.63618	0.36382	0.43066	1.98	796	1931
95	619	243	0.60743	0.39257	0.47480	1.83	498	1135
96	376	159	0.57713	0.42287	0.52353	1.69	297	637
97	217	99	0.54378	0.45622	0.57720	1.56	168	340
98	118	57	0.51695	0.48305	0.63635	1.44	90	172
99	61	32	0.47541	0.52459	0.70139	1.32	45	82
100	29	16	0.44828	0.55172	0.77277	1.22	21	37
101	13	8	0.40806	0.59194	0.85084	1.13	9	16
102	5	3	0.37217	0.62783	0.93571	1.04	4	7
103	2	1	0.33624	0.66376	1.02682	0.96	2	3
104	1	1	0.00000	1.00000	1.12305	0.88	1	1

第 10 回　生　命　表（昭和30年）

THE 10TH LIFE TABLES, 1955

男

年 齢	生存数	死亡数	生存率	死亡率	死 力	平均余命	定 常 人 口	
x	l_x	d_x	p_x	q_x	μ_x	$\overset{\circ}{e}_x$	L_x	T_x
0 日	100000	1426	0.98574	0.01426	1.19814	63.60	1902	6359686
7 (d)	98574	485	0.99508	0.00492	0.41267	64.50	1885	6357784
14	98089	289	0.99705	0.00295	0.16694	64.80	1878	6355899
21	97800	227	0.99768	0.00232	0.11943	64.97	2408	6354021
1 月	97573	454	0.99534	0.00466	0.07168	65.10	8221	6351613
2 (m)	97119	292	0.99699	0.00301	0.03868	65.32	8080	6343392
3	96826	491	0.99493	0.00507	0.02936	65.43	24135	6335312
6	96335	518	0.99462	0.00538	0.01272	65.51	48018	6311177
0 年	100000	4183	0.95817	0.04183	1.19814	63.60	96527	6359686
1 (y)	95817	552	0.99424	0.00576	0.00699	65.37	95506	6263159
2	95266	442	0.99537	0.00463	0.00456	64.74	95036	6167653
3	94824	345	0.99636	0.00364	0.00412	64.04	94644	6072617
4	94479	264	0.99720	0.00280	0.00320	63.27	94341	5977973
5	94215	201	0.99787	0.00213	0.00244	62.45	94110	5883632
6	94014	157	0.99833	0.00167	0.00187	61.58	93932	5789522
7	93857	128	0.99863	0.00137	0.00150	60.68	93790	5695590
8	93728	105	0.99888	0.00112	0.00124	59.77	93674	5601800
9	93623	86	0.99908	0.00092	0.00101	58.83	93578	5508126
10	93537	74	0.99921	0.00079	0.00084	57.89	93499	5414548
11	93463	68	0.99927	0.00073	0.00075	56.93	93429	5321048
12	93395	68	0.99927	0.00073	0.00072	55.97	93361	5227620
13	93327	68	0.99927	0.00073	0.00072	55.01	93293	5134258
14	93259	72	0.99923	0.00077	0.00074	54.05	93224	5040965
15	93187	84	0.99910	0.00090	0.00082	53.09	93146	4947742
16	93103	104	0.99888	0.00112	0.00099	52.14	93053	4854596
17	92999	135	0.99855	0.00145	0.00127	51.20	92934	4761543
18	92864	168	0.99819	0.00181	0.00163	50.27	92783	4668609
19	92696	197	0.99787	0.00213	0.00198	49.36	92600	4575826
20	92499	222	0.99760	0.00240	0.00228	48.47	92390	4483227
21	92277	242	0.99738	0.00262	0.00253	47.58	92157	4390837
22	92034	257	0.99721	0.00279	0.00272	46.71	91907	4298680
23	91778	264	0.99713	0.00287	0.00285	45.84	91646	4206773
24	91514	266	0.99709	0.00291	0.00290	44.97	91381	4115127
25	91248	268	0.99706	0.00294	0.00293	44.09	91114	4023745
26	90980	266	0.99708	0.00292	0.00294	43.23	90847	3932631
27	90714	261	0.99713	0.00287	0.00290	42.35	90583	3841784
28	90454	258	0.99715	0.00285	0.00286	41.47	90325	3751201
29	90196	258	0.99715	0.00286	0.00285	40.59	90067	3660876
30	89938	259	0.99712	0.00289	0.00287	39.70	89809	3570809
31	89679	261	0.99709	0.00291	0.00290	38.82	89549	3481000
32	89418	265	0.99703	0.00297	0.00293	37.93	89286	3391452
33	89153	276	0.99691	0.00309	0.00303	37.04	89016	3302166
34	88877	285	0.99680	0.00320	0.00316	36.15	88735	3213150
35	88592	290	0.99673	0.00327	0.00325	35.27	88448	3124415
36	88303	294	0.99667	0.00333	0.00330	34.38	88157	3035967
37	88009	304	0.99654	0.00346	0.00339	33.50	87858	2947810
38	87705	320	0.99635	0.00365	0.00355	32.61	87546	2859952
39	87385	338	0.99614	0.00386	0.00376	31.73	87217	2772406
40	87047	353	0.99594	0.00406	0.00397	30.85	86872	2685189
41	86694	372	0.99571	0.00429	0.00417	29.97	86510	2598317
42	86322	399	0.99538	0.00462	0.00445	29.10	86125	2511807
43	85923	435	0.99494	0.00506	0.00484	28.23	85709	2425682
44	85489	472	0.99447	0.00553	0.00530	27.37	85256	2339973
45	85016	512	0.99398	0.00602	0.00578	26.52	84764	2254717
46	84504	560	0.99337	0.00663	0.00633	25.68	84229	2169953
47	83944	612	0.99270	0.00730	0.00698	24.85	83642	2085725
48	83332	661	0.99206	0.00794	0.00765	24.03	83005	2002082
49	82671	707	0.99144	0.00856	0.00828	23.21	82321	1919077

MALE

年　齢	生 存 数	死亡数	生 存 率	死 亡 率	死　　力	平均余命	定　常　人　口	
x	l_x	$_nd_x$	$_np_x$	$_nq_x$	μ_x	$\overset{\circ}{e}_x$	$_nL_x$	T_x
50	81963	756	0.99077	0.00923	0.00892	22.41	81589	1836756
51	81207	812	0.99000	0.01000	0.00964	21.61	80806	1755167
52	80395	880	0.98905	0.01095	0.01050	20.83	79961	1674361
53	79514	958	0.98795	0.01205	0.01155	20.05	79042	1594400
54	78557	1033	0.98685	0.01315	0.01268	19.29	78046	1515358
55	77524	1097	0.98585	0.01415	0.01375	18.54	76981	1437312
56	76427	1161	0.98481	0.01519	0.01474	17.80	75853	1360332
57	75267	1251	0.98337	0.01663	0.01595	17.07	74650	1284478
58	74015	1382	0.98133	0.01867	0.01774	16.35	73335	1209828
59	72633	1518	0.97910	0.02090	0.01999	15.65	71884	1136493
60	71115	1634	0.97703	0.02297	0.02220	14.97	70307	1064609
61	69481	1738	0.97498	0.02502	0.02427	14.31	68621	994302
62	67743	1849	0.97271	0.02729	0.02646	13.66	66828	925681
63	65894	1969	0.97012	0.02988	0.02896	13.03	64919	858853
64	63925	2086	0.96736	0.03264	0.03172	12.42	62892	793934
65	61839	2204	0.96437	0.03563	0.03463	11.82	60748	731042
66	59635	2360	0.96043	0.03957	0.03822	11.24	58468	670293
67	57275	2508	0.95622	0.04378	0.04256	10.68	56032	611825
68	54768	2618	0.95219	0.04781	0.04688	10.15	53467	555793
69	52149	2715	0.94794	0.05206	0.05114	9.63	50800	502326
70	49434	2820	0.94296	0.05704	0.05598	9.13	48033	451525
71	46615	2915	0.93746	0.06254	0.06154	8.66	45165	403493
72	43699	3005	0.93124	0.06876	0.06784	8.20	42202	358328
73	40694	3049	0.92507	0.07493	0.07453	7.77	39173	316125
74	37645	3071	0.91840	0.08160	0.08146	7.36	36109	276953
75	34574	3038	0.91214	0.08786	0.08816	6.97	33052	240844
76	31537	2999	0.90490	0.09510	0.09585	6.59	30033	207791
77	28537	2934	0.89719	0.10281	0.10411	6.23	27064	177759
78	25603	2842	0.88899	0.11101	0.11297	5.89	24174	150695
79	22761	2725	0.88028	0.11972	0.12247	5.56	21388	126521
80	20036	2584	0.87104	0.12896	0.13266	5.25	18732	105133
81	17452	2422	0.86123	0.13877	0.14360	4.95	16227	86402
82	15030	2242	0.85083	0.14917	0.15532	4.67	13894	70175
83	12789	2048	0.83982	0.16018	0.16790	4.40	11748	56281
84	10740	1846	0.82816	0.17184	0.18139	4.15	9800	44533
85	8895	1638	0.81584	0.18416	0.19587	3.90	8058	34733
86	7257	1431	0.80283	0.19717	0.21139	3.68	6524	26675
87	5826	1229	0.78910	0.21090	0.22804	3.46	5195	20150
88	4597	1036	0.77463	0.22537	0.24590	3.25	4064	14956
89	3561	857	0.75941	0.24059	0.26506	3.06	3118	10892
90	2704	694	0.74341	0.25659	0.28561	2.87	2345	7774
91	2010	550	0.72664	0.27336	0.30765	2.70	1724	5429
92	1461	425	0.70905	0.29095	0.33129	2.54	1239	3705
93	1036	320	0.69067	0.30933	0.35665	2.38	868	2466
94	715	235	0.67148	0.32852	0.38386	2.23	592	1598
95	480	167	0.65148	0.34852	0.41304	2.10	392	1007
96	313	116	0.63070	0.36930	0.44433	1.97	251	615
97	197	77	0.60914	0.39086	0.47791	1.84	156	364
98	120	50	0.58684	0.41316	0.51392	1.73	93	208
99	71	31	0.56382	0.43618	0.55254	1.62	54	114
100	40	18	0.54013	0.45987	0.59398	1.51	30	60
101	21	10	0.51583	0.48417	0.63842	1.42	16	30
102	11	6	0.49098	0.50902	0.68609	1.33	8	15
103	5	3	0.46565	0.53435	0.73722	1.24	4	7
104	3	1	0.43993	0.56007	0.79207	1.16	2	3
105	1	1	0.41392	0.58608	0.85090	1.08	1	1

第10回　生　命　表 （昭和30年）
THE 10TH LIFE TABLES, 1955

女

年齢	生存数	死亡数	生存率	死亡率	死　力	平均余命	定常人口	
x	l_x	$_nd_x$	$_np_x$	$_nq_x$	μ_x	$\overset{\circ}{e}_x$	$_nL_x$	T_x
0 日	100000	1170	0.98830	0.01170	0.94001	67.75	1905	6774750
7 (d)	98830	455	0.99539	0.00461	0.36475	68.53	1890	6772845
14	98375	265	0.99731	0.00269	0.16250	68.83	1884	6770955
21	98110	205	0.99791	0.00209	0.10775	68.99	2416	6769071
1 月	97906	421	0.99570	0.00430	0.06414	69.11	8250	6766655
2 (m)	97485	271	0.99722	0.00278	0.03623	69.33	8112	6758405
3	97214	438	0.99550	0.00450	0.02700	69.44	24239	6750293
6	96776	465	0.99519	0.00481	0.01083	69.50	48254	6726054
0 年	100000	3689	0.96311	0.03689	0.94001	67.75	96950	6774750
1 (y)	96311	513	0.99468	0.00532	0.00632	69.34	96023	6677800
2	95798	415	0.99566	0.00434	0.00429	68.70	95583	6581777
3	95383	330	0.99655	0.00345	0.00389	68.00	95211	6486194
4	95053	253	0.99733	0.00267	0.00305	67.24	94920	6390983
5	94800	185	0.99805	0.00195	0.00230	66.41	94702	6296063
6	94615	126	0.99866	0.00134	0.00162	65.54	94548	6201361
7	94488	88	0.99907	0.00093	0.00110	64.63	94442	6106813
8	94400	69	0.99927	0.00073	0.00080	63.69	94365	6012371
9	94331	61	0.99936	0.00064	0.00067	62.74	94301	5918007
10	94271	59	0.99938	0.00062	0.00063	61.78	94241	5823706
11	94212	58	0.99938	0.00062	0.00062	60.81	94183	5729465
12	94154	58	0.99938	0.00062	0.00062	59.85	94125	5635282
13	94096	59	0.99938	0.00062	0.00062	58.89	94066	5541157
14	94037	61	0.99935	0.00065	0.00063	57.92	94007	5447091
15	93976	68	0.99928	0.00072	0.00068	56.96	93942	5353084
16	93907	79	0.99916	0.00084	0.00077	56.00	93869	5259142
17	93829	97	0.99897	0.00103	0.00093	55.05	93782	5165273
18	93732	119	0.99873	0.00127	0.00115	54.11	93674	5071491
19	93613	140	0.99851	0.00149	0.00138	53.17	93545	4977817
20	93473	157	0.99832	0.00168	0.00159	52.25	93396	4884272
21	93316	171	0.99817	0.00183	0.00177	51.34	93232	4790876
22	93145	183	0.99804	0.00196	0.00190	50.43	93054	4697644
23	92962	191	0.99794	0.00206	0.00202	49.53	92867	4604590
24	92771	196	0.99789	0.00211	0.00209	48.63	92674	4511723
25	92575	199	0.99784	0.00216	0.00213	47.73	92476	4419049
26	92376	204	0.99779	0.00221	0.00218	46.84	92274	4326573
27	92172	210	0.99772	0.00228	0.00225	45.94	92067	4234299
28	91962	216	0.99765	0.00235	0.00232	45.04	91854	4142232
29	91746	221	0.99760	0.00240	0.00238	44.15	91636	4050377
30	91525	226	0.99754	0.00246	0.00244	43.25	91413	3958742
31	91299	231	0.99747	0.00253	0.00250	42.36	91184	3867329
32	91068	234	0.99743	0.00257	0.00255	41.46	90952	3776145
33	90834	239	0.99737	0.00263	0.00260	40.57	90716	3685193
34	90596	246	0.99728	0.00272	0.00267	39.68	90473	3594478
35	90349	258	0.99715	0.00285	0.00279	38.78	90221	3504004
36	90092	268	0.99702	0.00298	0.00292	37.89	89958	3413783
37	89823	276	0.99692	0.00308	0.00303	37.00	89686	3323825
38	89547	284	0.99683	0.00317	0.00313	36.12	89406	3234139
39	89263	294	0.99670	0.00330	0.00324	35.23	89117	3144733
40	88969	303	0.99659	0.00341	0.00336	34.34	88818	3055616
41	88666	315	0.99645	0.00355	0.00348	33.46	88509	2966798
42	88351	332	0.99624	0.00376	0.00365	32.58	88186	2878289
43	88018	353	0.99599	0.00401	0.00389	31.70	87844	2790103
44	87666	374	0.99573	0.00427	0.00415	30.82	87480	2702259
45	87291	393	0.99550	0.00450	0.00439	29.95	87097	2614779
46	86899	420	0.99517	0.00483	0.00465	29.09	86692	2527682
47	86479	462	0.99466	0.00534	0.00508	28.23	86252	2440990
48	86017	507	0.99411	0.00589	0.00563	27.38	85768	2354738
49	85511	543	0.99365	0.00635	0.00615	26.53	85242	2268971

FEMALE

年齢	生存数	死亡数	生存率	死亡率	死　力	平均余命	定　常　人　口	
x	l_x	$_nd_x$	$_np_x$	$_nq_x$	μ_x	$\overset{\circ}{e}_x$	$_nL_x$	T_x
50	84968	570	0.99329	0.00671	0.00656	25.70	84685	2183728
51	84398	598	0.99291	0.00709	0.00690	24.87	84102	2099043
52	83800	641	0.99235	0.00765	0.00737	24.04	83483	2014941
53	83159	691	0.99169	0.00831	0.00801	23.23	82817	1931458
54	82468	736	0.99108	0.00892	0.00866	22.42	82104	1848641
55	81732	774	0.99053	0.00947	0.00923	21.61	81349	1766537
56	80958	821	0.98986	0.01014	0.00982	20.82	80553	1685188
57	80138	890	0.98889	0.01111	0.01063	20.02	79699	1604635
58	79247	978	0.98766	0.01234	0.01178	19.24	78765	1524936
59	78270	1057	0.98650	0.01350	0.01302	18.48	77747	1446171
60	77213	1123	0.98546	0.01454	0.01411	17.72	76658	1368424
61	76090	1207	0.98414	0.01586	0.01526	16.98	75494	1291766
62	74883	1319	0.98239	0.01761	0.01683	16.24	74233	1216272
63	73564	1432	0.98053	0.01947	0.01872	15.52	72856	1142039
64	72131	1525	0.97885	0.02115	0.02052	14.82	71377	1069183
65	70606	1623	0.97701	0.02299	0.02223	14.13	69805	997806
66	68983	1772	0.97431	0.02569	0.02453	13.45	68110	928001
67	67211	1936	0.97120	0.02880	0.02758	12.79	66256	859891
68	65275	2085	0.96806	0.03194	0.03083	12.16	64245	793635
69	63190	2230	0.96472	0.03528	0.03416	11.54	62087	729390
70	60960	2364	0.96121	0.03879	0.03763	10.95	59791	667303
71	58596	2548	0.95652	0.04348	0.04225	10.37	57336	607512
72	56048	2686	0.95208	0.04792	0.04671	9.82	54717	550176
73	53362	2815	0.94725	0.05275	0.05158	9.28	51965	495460
74	50547	2931	0.94201	0.05799	0.05689	8.77	49091	443495
75	47616	3032	0.93633	0.06367	0.06268	8.28	46108	394404
76	44584	3113	0.93017	0.06983	0.06899	7.81	43033	348296
77	41471	3172	0.92351	0.07649	0.07588	7.36	39889	305263
78	38299	3206	0.91630	0.08370	0.08338	6.93	36698	265374
79	35093	3211	0.90849	0.09151	0.09157	6.52	33487	228677
80	31882	3186	0.90006	0.09994	0.10050	6.12	30285	195190
81	28696	3129	0.89095	0.10905	0.11023	5.75	27125	164905
82	25566	3039	0.88113	0.11887	0.12085	5.39	24038	137780
83	22527	2916	0.87054	0.12946	0.13242	5.05	21058	113742
84	19611	2763	0.85913	0.14087	0.14505	4.73	18216	92684
85	16848	2580	0.84686	0.15314	0.15881	4.42	15542	74469
86	14268	2373	0.83369	0.16631	0.17383	4.13	13064	58927
87	11895	2146	0.81955	0.18045	0.19020	3.86	10803	45863
88	9749	1907	0.80441	0.19559	0.20805	3.60	8775	35060
89	7842	1661	0.78822	0.21178	0.22751	3.35	6991	26285
90	6181	1416	0.77094	0.22906	0.24874	3.12	5453	19294
91	4765	1179	0.75252	0.24748	0.27189	2.90	4157	13840
92	3586	958	0.73293	0.26707	0.29714	2.70	3090	9684
93	2628	757	0.71216	0.28784	0.32467	2.51	2234	6594
94	1872	580	0.69017	0.30983	0.35469	2.33	1568	4360
95	1292	430	0.66697	0.33303	0.38742	2.16	1065	2791
96	862	308	0.64255	0.35745	0.42312	2.00	699	1726
97	554	212	0.61695	0.38305	0.46205	1.86	441	1027
98	342	140	0.59019	0.40981	0.50450	1.72	266	587
99	202	88	0.56233	0.43767	0.55079	1.59	154	320
100	113	53	0.53344	0.46656	0.60127	1.47	84	167
101	60	30	0.50363	0.49637	0.65632	1.36	44	82
102	30	16	0.47302	0.52698	0.71635	1.25	22	38
103	14	8	0.44176	0.55824	0.78182	1.16	10	17
104	6	4	0.41001	0.58999	0.85320	1.06	4	7
105	3	2	0.37799	0.62201	0.93105	0.98	2	3

第11回　生命表（昭和35年）
THE 11TH LIFE TABLES, 1960

男

年 齢 x	生 存 数 l_x	死亡数 d_x	生 存 率 p_x	死 亡 率 q_x	死　力 μ_x	平均余命 $\overset{\circ}{e}_x$	定 常 人 口 L_x	T_x
0 日	100000	1178	0.98822	0.01178	1.00266	65.32	1904	6531846
7 (d)	98822	370	0.99626	0.00374	0.32991	66.08	1891	6529942
14	98452	194	0.99803	0.00197	0.11656	66.31	1886	6528051
21	98258	129	0.99869	0.00131	0.07795	66.42	1883	6526165
28	98129	367	0.99626	0.00374	0.05633	66.49	8809	6524282
2 月	97762	238	0.99757	0.00243	0.02992	66.65	8137	6515473
3 (m)	97524	418	0.99571	0.00429	0.02469	66.73	24322	6507336
6	97106	439	0.99549	0.00451	0.01125	66.76	48432	6483014
0 年	100000	3333	0.96667	0.03333	1.00266	65.32	97264	6531846
1 (y)	96667	360	0.99628	0.00372	0.00559	66.56	96463	6434582
2	96307	278	0.99711	0.00289	0.00258	65.81	96168	6338119
3	96029	216	0.99775	0.00225	0.00254	65.00	95917	6241951
4	95813	170	0.99823	0.00177	0.00199	64.15	95725	6146034
5	95643	136	0.99858	0.00142	0.00158	63.26	95573	6050309
6	95507	112	0.99883	0.00117	0.00129	62.35	95449	5954736
7	95395	93	0.99902	0.00098	0.00107	61.42	95347	5859287
8	95302	79	0.99917	0.00083	0.00089	60.48	95262	5763940
9	95223	69	0.99928	0.00072	0.00077	59.53	95188	5668678
10	95154	61	0.99936	0.00064	0.00068	58.57	95123	5573490
11	95093	55	0.99942	0.00058	0.00061	57.61	95065	5478367
12	95038	52	0.99945	0.00055	0.00056	56.64	95012	5383302
13	94986	54	0.99943	0.00057	0.00055	55.67	94959	5288290
14	94932	63	0.99934	0.00066	0.00060	54.71	94902	5193331
15	94869	79	0.99917	0.00083	0.00074	53.74	94831	5098429
16	94790	100	0.99894	0.00106	0.00094	52.79	94742	5003598
17	94690	126	0.99867	0.00133	0.00119	51.84	94629	4908856
18	94564	148	0.99843	0.00157	0.00145	50.91	94492	4814227
19	94416	167	0.99823	0.00177	0.00168	49.99	94334	4719735
20	94249	181	0.99808	0.00192	0.00185	49.08	94160	4625401
21	94068	194	0.99794	0.00206	0.00200	48.17	93972	4531241
22	93874	205	0.99782	0.00218	0.00213	47.27	93772	4437269
23	93669	213	0.99773	0.00227	0.00224	46.37	93563	4343497
24	93456	217	0.99768	0.00232	0.00231	45.48	93348	4249934
25	93239	217	0.99767	0.00233	0.00233	44.58	93130	4156586
26	93022	216	0.99768	0.00232	0.00233	43.68	92914	4063456
27	92806	214	0.99769	0.00231	0.00232	42.78	92699	3970542
28	92592	211	0.99772	0.00228	0.00230	41.88	92486	3877843
29	92381	209	0.99774	0.00226	0.00227	40.98	92276	3785357
30	92172	208	0.99774	0.00226	0.00226	40.07	92068	3693081
31	91964	210	0.99772	0.00228	0.00227	39.16	91859	3601013
32	91754	217	0.99764	0.00236	0.00232	38.25	91646	3509154
33	91537	227	0.99752	0.00248	0.00242	37.33	91424	3417508
34	91310	238	0.99739	0.00261	0.00255	36.43	91192	3326084
35	91072	248	0.99728	0.00272	0.00267	35.52	90949	3234892
36	90824	257	0.99717	0.00283	0.00278	34.62	90696	3143943
37	90567	268	0.99704	0.00296	0.00289	33.71	90434	3053247
38	90299	285	0.99684	0.00316	0.00305	32.81	90158	2962813
39	90014	305	0.99661	0.00339	0.00327	31.91	89863	2872655
40	89709	325	0.99638	0.00362	0.00351	31.02	89548	2782792
41	89384	344	0.99615	0.00385	0.00374	30.13	89214	2693244
42	89040	363	0.99592	0.00408	0.00396	29.25	88860	2604030
43	88677	388	0.99562	0.00438	0.00422	28.36	88485	2515170
44	88289	421	0.99523	0.00477	0.00457	27.49	88081	2426685
45	87868	458	0.99479	0.00521	0.00500	26.61	87642	2338604
46	87410	498	0.99430	0.00570	0.00546	25.75	87165	2250962
47	86912	546	0.99372	0.00628	0.00599	24.90	86643	2163797
48	86366	600	0.99305	0.00695	0.00662	24.05	86071	2077154
49	85766	658	0.99233	0.00767	0.00733	23.22	85442	1991083

MALE

年齢	生存数	死亡数	生存率	死亡率	死 力	平均余命	定 常 人 口	
x	l_x	$_nd_x$	$_np_x$	$_nq_x$	μ_x	$\overset{\circ}{e}_x$	$_nL_x$	T_x
50	85108	721	0.99153	0.00847	0.00809	22.39	84753	1905641
51	84387	788	0.99066	0.00934	0.00893	21.58	83999	1820888
52	83599	859	0.98972	0.01028	0.00984	20.78	83176	1736889
53	82740	936	0.98869	0.01131	0.01084	19.99	82279	1653713
54	81804	1018	0.98755	0.01245	0.01193	19.21	81302	1571434
55	80786	1110	0.98626	0.01374	0.01316	18.45	80239	1490132
56	79676	1206	0.98486	0.01514	0.01452	17.70	79081	1409893
57	78470	1313	0.98327	0.01673	0.01604	16.96	77823	1330812
58	77157	1421	0.98158	0.01842	0.01772	16.24	76456	1252989
59	75736	1529	0.97981	0.02019	0.01948	15.53	74980	1176533
60	74207	1636	0.97796	0.02204	0.02132	14.84	73398	1101553
61	72571	1747	0.97593	0.02407	0.02328	14.17	71707	1028155
62	70824	1876	0.97351	0.02649	0.02555	13.50	69897	956448
63	68948	2012	0.97082	0.02918	0.02818	12.86	67954	886551
64	66936	2155	0.96781	0.03219	0.03111	12.23	65871	818597
65	64781	2304	0.96443	0.03557	0.03442	11.62	63641	752726
66	62477	2443	0.96090	0.03910	0.03802	11.03	61266	689085
67	60034	2567	0.95724	0.04276	0.04174	10.46	58761	627819
68	57467	2698	0.95306	0.04694	0.04580	9.90	56129	569058
69	54769	2827	0.94838	0.05162	0.05044	9.37	53366	512929
70	51942	2959	0.94304	0.05696	0.05571	8.85	50473	459563
71	48983	3081	0.93710	0.06290	0.06169	8.35	47452	409090
72	45902	3191	0.93049	0.06951	0.06840	7.88	44315	361638
73	42711	3270	0.92344	0.07656	0.07576	7.43	41081	317323
74	39441	3317	0.91591	0.08409	0.08365	7.00	37785	276242
75	36124	3329	0.90784	0.09216	0.09215	6.60	34459	238457
76	32795	3306	0.89920	0.10080	0.10137	6.22	31138	203998
77	29489	3235	0.89030	0.10970	0.11110	5.86	27865	172860
78	26254	3145	0.88021	0.11979	0.12171	5.52	24672	144995
79	23109	3010	0.86974	0.13026	0.13349	5.21	21591	120323
80	20099	2831	0.85916	0.14084	0.14557	4.91	18668	98732
81	17268	2632	0.84756	0.15244	0.15848	4.64	15934	80064
82	14636	2392	0.83660	0.16340	0.17197	4.38	13419	64130
83	12244	2134	0.82567	0.17433	0.18495	4.14	11155	50711
84	10110	1875	0.81452	0.18548	0.19823	3.91	9151	39556
85	8235	1623	0.80288	0.19712	0.21220	3.69	7403	30405
86	6612	1386	0.79042	0.20958	0.22715	3.48	5900	23002
87	5226	1165	0.77702	0.22298	0.24349	3.27	4626	17102
88	4061	965	0.76256	0.23744	0.26138	3.07	3563	12477
89	3096	783	0.74685	0.25315	0.28112	2.88	2690	8914
90	2313	625	0.72977	0.27023	0.30305	2.69	1988	6224
91	1688	488	0.71113	0.28887	0.32746	2.51	1433	4236
92	1200	371	0.69091	0.30909	0.35479	2.33	1006	2802
93	829	274	0.66881	0.33119	0.38537	2.17	685	1797
94	555	197	0.64481	0.35519	0.41982	2.00	450	1112
95	358	137	0.61869	0.38131	0.45864	1.85	285	661
96	221	90	0.59035	0.40965	0.50263	1.70	173	376
97	131	58	0.55960	0.44040	0.55263	1.56	100	204
98	73	35	0.52640	0.47360	0.60967	1.43	54	104
99	38	19	0.49085	0.50915	0.67487	1.30	28	50
100	19	10	0.45313	0.54687	0.74920	1.18	13	22
101	9	5	0.41355	0.58645	0.83371	1.07	6	9
102	4	3	0.37251	0.62749	0.92928	0.96	2	3
103	1	1	0.33055	0.66945	1.03627	0.87	1	1

第11回 生命表 (昭和35年)
THE 11TH LIFE TABLES, 1960

女

年齢	生存数	死亡数	生存率	死亡率	死 力	平均余命	定 常 人 口	
x	l_x	$_nd_x$	$_np_x$	$_nq_x$	μ_x	$\overset{\circ}{e}_x$	$_nL_x$	T_x
0日	100000	920	0.99080	0.00920	0.77106	70.19	1907	7019410
7(d)	99080	306	0.99691	0.00309	0.26467	70.83	1897	7017503
14	98774	163	0.99835	0.00165	0.09903	71.03	1893	7015606
21	98611	112	0.99887	0.00113	0.06634	71.13	1890	7013713
28	98499	320	0.99674	0.00326	0.04958	71.19	8844	7011823
2月	98179	195	0.99801	0.00199	0.02546	71.33	8173	7002979
3(m)	97984	355	0.99638	0.00362	0.01971	71.39	24447	6994806
6	97629	368	0.99624	0.00376	0.00980	71.40	48712	6970359
0年	100000	2739	0.97261	0.02739	0.77106	70.19	97763	7019410
1(y)	97261	314	0.99677	0.00323	0.00464	71.17	97085	6921647
2	96947	237	0.99756	0.00244	0.00226	70.39	96827	6824562
3	96710	179	0.99815	0.00185	0.00212	69.57	96616	6727735
4	96531	137	0.99858	0.00142	0.00161	68.69	96460	6631119
5	96394	108	0.99888	0.00112	0.00125	67.79	96338	6534659
6	96286	87	0.99910	0.00090	0.00100	66.87	96241	6438321
7	96199	68	0.99929	0.00071	0.00080	65.93	96164	6342080
8	96131	55	0.99943	0.00057	0.00063	64.97	96103	6245916
9	96076	47	0.99951	0.00049	0.00052	64.01	96052	6149813
10	96029	44	0.99954	0.00046	0.00047	63.04	96007	6053761
11	95985	42	0.99956	0.00044	0.00045	62.07	95964	5957754
12	95943	40	0.99958	0.00042	0.00043	61.10	95923	5861790
13	95903	39	0.99959	0.00041	0.00041	60.12	95884	5765867
14	95864	41	0.99957	0.00043	0.00041	59.15	95844	5669983
15	95823	47	0.99951	0.00049	0.00045	58.17	95800	5574139
16	95776	58	0.99939	0.00061	0.00054	57.20	95748	5478339
17	95718	75	0.99922	0.00078	0.00069	56.23	95682	5382591
18	95643	91	0.99905	0.00095	0.00087	55.28	95599	5286909
19	95552	104	0.99891	0.00109	0.00102	54.33	95501	5191310
20	95448	115	0.99879	0.00121	0.00115	53.39	95391	5095809
21	95333	125	0.99869	0.00131	0.00126	52.45	95271	5000418
22	95208	132	0.99861	0.00139	0.00135	51.52	95143	4905147
23	95076	138	0.99855	0.00145	0.00142	50.59	95007	4810004
24	94938	141	0.99852	0.00148	0.00147	49.66	94868	4714997
25	94797	143	0.99849	0.00151	0.00150	48.74	94726	4620129
26	94654	146	0.99846	0.00154	0.00153	47.81	94581	4525403
27	94508	148	0.99843	0.00157	0.00156	46.88	94434	4430822
28	94360	150	0.99841	0.00159	0.00158	45.96	94285	4336388
29	94210	152	0.99839	0.00161	0.00160	45.03	94134	4242103
30	94058	155	0.99835	0.00165	0.00163	44.10	93981	4147969
31	93903	162	0.99828	0.00172	0.00168	43.17	93823	4053988
32	93741	169	0.99820	0.00180	0.00176	42.25	93657	3960165
33	93572	177	0.99811	0.00189	0.00185	41.32	93484	3866508
34	93395	183	0.99804	0.00196	0.00193	40.40	93304	3773024
35	93212	190	0.99796	0.00204	0.00200	39.48	93118	3679720
36	93022	198	0.99787	0.00213	0.00208	38.56	92924	3586602
37	92824	210	0.99774	0.00226	0.00219	37.64	92720	3493678
38	92614	224	0.99758	0.00242	0.00234	36.72	92503	3400958
39	92390	238	0.99742	0.00258	0.00250	35.81	92272	3308455
40	92152	250	0.99729	0.00271	0.00265	34.90	92028	3216183
41	91902	258	0.99719	0.00281	0.00276	33.99	91774	3124155
42	91644	269	0.99706	0.00294	0.00287	33.09	91511	3032381
43	91375	288	0.99685	0.00315	0.00303	32.18	91233	2940870
44	91087	314	0.99655	0.00345	0.00329	31.28	90932	2849637
45	90773	344	0.99621	0.00379	0.00362	30.39	90604	2758705
46	90429	375	0.99585	0.00415	0.00397	29.50	90244	2668101
47	90054	406	0.99549	0.00451	0.00434	28.63	89854	2577857
48	89648	438	0.99511	0.00489	0.00471	27.75	89432	2488003
49	89210	469	0.99474	0.00526	0.00508	26.89	88978	2398571

FEMALE

年齢	生存数	死亡数	生存率	死亡率	死　力	平均余命	定　常　人　口	
x	l_x	$_nd_x$	$_np_x$	$_nq_x$	μ_x	$\overset{\circ}{e}_x$	$_nL_x$	T_x
50	88741	503	0.99433	0.00567	0.00547	26.03	88493	2309593
51	88238	544	0.99383	0.00617	0.00592	25.17	87970	2221100
52	87694	590	0.99327	0.00673	0.00646	24.32	87403	2133130
53	87104	639	0.99266	0.00734	0.00706	23.49	86788	2045727
54	86465	681	0.99212	0.00788	0.00764	22.66	86128	1958939
55	85784	722	0.99158	0.00842	0.00817	21.83	85427	1872811
56	85062	773	0.99091	0.00909	0.00876	21.01	84680	1787384
57	84289	840	0.99003	0.00997	0.00954	20.20	83875	1702704
58	83449	917	0.98901	0.01099	0.01051	19.40	82997	1618829
59	82532	999	0.98790	0.01210	0.01161	18.61	82039	1535832
60	81533	1074	0.98683	0.01317	0.01271	17.83	81002	1453793
61	80459	1155	0.98565	0.01435	0.01383	17.06	79889	1372791
62	79304	1248	0.98426	0.01574	0.01512	16.30	78689	1292902
63	78056	1360	0.98258	0.01742	0.01667	15.56	77386	1214213
64	76696	1484	0.98065	0.01935	0.01851	14.82	75965	1136827
65	75212	1622	0.97844	0.02156	0.02063	14.10	74413	1060862
66	73590	1766	0.97600	0.02400	0.02301	13.40	72719	986449
67	71824	1909	0.97342	0.02658	0.02557	12.72	70882	913730
68	69915	2062	0.97051	0.02949	0.02837	12.06	68897	842848
69	67853	2229	0.96715	0.03285	0.03157	11.41	66753	773951
70	65624	2422	0.96309	0.03691	0.03538	10.78	64430	707198
71	63202	2637	0.95828	0.04172	0.04000	10.17	61902	642768
72	60565	2848	0.95297	0.04703	0.04531	9.59	59158	580866
73	57717	3041	0.94731	0.05269	0.05108	9.04	56211	521708
74	54676	3205	0.94138	0.05862	0.05720	8.51	53086	465497
75	51471	3346	0.93499	0.06501	0.06368	8.01	49810	412411
76	48125	3481	0.92767	0.07233	0.07100	7.53	46395	362601
77	44644	3584	0.91973	0.08027	0.07926	7.08	42859	316206
78	41060	3647	0.91118	0.08882	0.08828	6.66	39239	273347
79	37413	3641	0.90268	0.09732	0.09766	6.26	35590	234108
80	33772	3585	0.89386	0.10614	0.10714	5.88	31974	198518
81	30187	3513	0.88361	0.11639	0.11779	5.52	28422	166544
82	26674	3375	0.87346	0.12654	0.12944	5.18	24973	138122
83	23299	3198	0.86274	0.13726	0.14131	4.86	21684	113149
84	20101	2989	0.85128	0.14872	0.15415	4.55	18588	91465
85	17112	2752	0.83915	0.16085	0.16797	4.26	15715	72877
86	14360	2498	0.82605	0.17395	0.18297	3.98	13089	57162
87	11862	2231	0.81191	0.18809	0.19947	3.72	10724	44073
88	9631	1959	0.79663	0.20337	0.21755	3.46	8629	33349
89	7672	1687	0.78008	0.21992	0.23751	3.22	6806	24720
90	5985	1423	0.76217	0.23783	0.25958	2.99	5252	17913
91	4562	1174	0.74278	0.25722	0.28402	2.78	3955	12662
92	3388	942	0.72190	0.27810	0.31113	2.57	2899	8707
93	2446	736	0.69929	0.30071	0.34121	2.37	2062	5808
94	1710	555	0.67497	0.32503	0.37478	2.19	1419	3746
95	1155	406	0.64877	0.35123	0.41222	2.02	940	2327
96	749	284	0.62061	0.37939	0.45407	1.85	598	1387
97	465	191	0.59037	0.40963	0.50110	1.70	363	789
98	274	121	0.55804	0.44196	0.55412	1.55	209	426
99	153	73	0.52371	0.47629	0.61387	1.42	113	217
100	80	41	0.48753	0.51247	0.68107	1.29	58	103
101	39	21	0.44973	0.55027	0.75664	1.17	27	46
102	18	11	0.41061	0.58939	0.84126	1.06	12	19
103	7	4	0.37058	0.62942	0.93545	0.96	5	7
104	3	2	0.33010	0.66990	1.03921	0.87	2	2
105	1	1	0.28974	0.71026	1.15125	0.78	1	1

第12回　生　命　表（昭和40年）
THE 12TH LIFE TABLES, 1965

男

年　齢 x	生存数 l_x	死亡数 $_nd_x$	生存率 $_np_x$	死亡率 $_nq_x$	死　力 μ_x	平均余命 $\overset{\circ}{e}_x$	定　常　人　口 $_nL_x$	T_x
0 日	100000	936	0.99064	0.00936	0.68067	67.74	1908	6773508
7 (d)	99064	198	0.99800	0.00200	0.29860	68.36	1897	6771601
14	98865	105	0.99894	0.00106	0.07986	68.47	1895	6769703
21	98761	70	0.99929	0.00071	0.04603	68.53	1893	6767808
28	98691	190	0.99807	0.00193	0.03417	68.56	8868	6765915
2 月	98501	104	0.99894	0.00106	0.01691	68.60	8204	6757047
3 (m)	98397	210	0.99786	0.00214	0.01165	68.59	24571	6748843
6	98186	258	0.99738	0.00262	0.00746	68.48	49022	6724273
0 年	100000	2071	0.97929	0.02071	0.68067	67.74	98258	6773508
1 (y)	97929	212	0.99783	0.00217	0.00423	68.16	97803	6675251
2	97716	160	0.99836	0.00164	0.00191	67.31	97632	6577447
3	97556	125	0.99872	0.00128	0.00144	66.42	97491	6479815
4	97431	102	0.99895	0.00105	0.00115	65.51	97379	6382324
5	97329	88	0.99909	0.00091	0.00097	64.57	97284	6284945
6	97241	78	0.99919	0.00081	0.00085	63.63	97201	6187661
7	97163	69	0.99929	0.00071	0.00076	62.68	97127	6090460
8	97094	59	0.99939	0.00061	0.00066	61.73	97064	5993332
9	97035	51	0.99947	0.00053	0.00057	60.76	97009	5896269
10	96984	45	0.99953	0.00047	0.00049	59.80	96961	5799260
11	96938	42	0.99956	0.00044	0.00045	58.82	96917	5702300
12	96896	43	0.99956	0.00044	0.00043	57.85	96875	5605382
13	96853	46	0.99953	0.00047	0.00045	56.87	96831	5508508
14	96807	54	0.99945	0.00055	0.00051	55.90	96781	5411677
15	96754	66	0.99932	0.00068	0.00061	54.93	96722	5314895
16	96688	81	0.99916	0.00084	0.00076	53.97	96648	5218174
17	96607	95	0.99902	0.00098	0.00091	53.01	96560	5121525
18	96512	107	0.99889	0.00111	0.00104	52.07	96460	5024965
19	96405	118	0.99878	0.00122	0.00117	51.12	96347	4928505
20	96288	128	0.99867	0.00133	0.00128	50.18	96224	4832158
21	96160	138	0.99857	0.00143	0.00139	49.25	96091	4735933
22	96022	146	0.99848	0.00152	0.00148	48.32	95949	4639842
23	95876	151	0.99843	0.00157	0.00155	47.39	95800	4543893
24	95725	153	0.99840	0.00160	0.00159	46.47	95648	4448093
25	95572	153	0.99840	0.00160	0.00160	45.54	95495	4352444
26	95419	153	0.99840	0.00160	0.00160	44.61	95343	4256949
27	95266	154	0.99839	0.00161	0.00160	43.68	95190	4161606
28	95113	158	0.99834	0.00166	0.00163	42.75	95034	4066417
29	94955	165	0.99826	0.00174	0.00170	41.82	94873	3971382
30	94790	172	0.99818	0.00182	0.00178	40.90	94705	3876509
31	94618	180	0.99810	0.00190	0.00186	39.97	94529	3781805
32	94438	189	0.99800	0.00200	0.00195	39.04	94344	3687276
33	94249	199	0.99788	0.00212	0.00206	38.12	94150	3592931
34	94050	211	0.99776	0.00224	0.00218	37.20	93945	3498781
35	93839	221	0.99765	0.00235	0.00230	36.28	93729	3404836
36	93618	232	0.99753	0.00247	0.00241	35.37	93503	3311107
37	93387	245	0.99738	0.00262	0.00255	34.45	93265	3217603
38	93142	263	0.99718	0.00282	0.00272	33.54	93012	3124338
39	92879	281	0.99698	0.00302	0.00293	32.64	92740	3031326
40	92598	297	0.99679	0.00321	0.00312	31.73	92451	2938586
41	92301	314	0.99659	0.00341	0.00331	30.84	92146	2846135
42	91987	337	0.99634	0.00366	0.00353	29.94	91821	2753989
43	91650	365	0.99602	0.00398	0.00382	29.05	91470	2662168
44	91285	396	0.99566	0.00434	0.00416	28.16	91090	2570698
45	90890	429	0.99528	0.00472	0.00453	27.28	90678	2479608
46	90460	468	0.99482	0.00518	0.00495	26.41	90230	2388930
47	89992	513	0.99430	0.00570	0.00544	25.54	89740	2298700
48	89479	561	0.99373	0.00627	0.00600	24.69	89203	2208960
49	88918	608	0.99317	0.00683	0.00658	23.84	88618	2119758

MALE

年　齢	生存数	死亡数	生存率	死亡率	死　　力	平均余命	定　常　人　口	
x	l_x	$_n d_x$	$_n p_x$	$_n q_x$	μ_x	$\overset{\circ}{e}_x$	$_n L_x$	T_x
50	88310	653	0.99261	0.00739	0.00713	23.00	87988	2031140
51	87657	704	0.99197	0.00803	0.00772	22.17	87310	1943152
52	86953	767	0.99118	0.00882	0.00843	21.34	86576	1855842
53	86186	844	0.99020	0.00980	0.00933	20.53	85771	1769267
54	85342	926	0.98915	0.01085	0.01036	19.73	84886	1683496
55	84416	1012	0.98801	0.01199	0.01147	18.94	83917	1598610
56	83403	1107	0.98673	0.01327	0.01269	18.16	82858	1514693
57	82296	1208	0.98532	0.01468	0.01405	17.40	81701	1431835
58	81088	1320	0.98373	0.01627	0.01556	16.65	80438	1350134
59	79769	1442	0.98192	0.01808	0.01730	15.92	79058	1269696
60	78327	1564	0.98003	0.01997	0.01918	15.20	77555	1190638
61	76763	1692	0.97796	0.02204	0.02118	14.50	75928	1113082
62	75071	1840	0.97549	0.02451	0.02349	13.82	74163	1037154
63	73230	1999	0.97270	0.02730	0.02621	13.15	72244	962991
64	71231	2151	0.96980	0.03020	0.02916	12.51	70167	890747
65	69080	2283	0.96695	0.03305	0.03212	11.88	67949	820580
66	66797	2412	0.96390	0.03610	0.03514	11.27	65602	752631
67	64385	2547	0.96044	0.03956	0.03846	10.67	63124	687029
68	61839	2711	0.95617	0.04383	0.04245	10.09	60498	623905
69	59128	2889	0.95115	0.04885	0.04734	9.53	57698	563407
70	56239	3057	0.94564	0.05436	0.05292	8.99	54724	505708
71	53182	3194	0.93993	0.06007	0.05887	8.48	51595	450985
72	49988	3301	0.93397	0.06603	0.06506	7.99	48345	399389
73	46687	3382	0.92755	0.07245	0.07165	7.52	45002	351044
74	43305	3445	0.92045	0.07955	0.07888	7.07	41587	306042
75	39860	3500	0.91218	0.08782	0.08721	6.63	38113	264455
76	36359	3521	0.90315	0.09685	0.09676	6.23	34598	226342
77	32838	3492	0.89367	0.10633	0.10701	5.84	31088	191743
78	29346	3422	0.88339	0.11661	0.11802	5.47	27628	160655
79	25924	3314	0.87217	0.12783	0.13019	5.13	24256	133028
80	22610	3161	0.86021	0.13979	0.14349	4.81	21016	108771
81	19450	2967	0.84745	0.15255	0.15790	4.51	17948	87756
82	16483	2727	0.83456	0.16544	0.17312	4.24	15098	69808
83	13756	2456	0.82147	0.17853	0.18864	3.98	12504	54710
84	11300	2173	0.80770	0.19230	0.20487	3.74	10190	42206
85	9127	1894	0.79253	0.20747	0.22282	3.51	8157	32016
86	7233	1607	0.77786	0.22214	0.24199	3.30	6406	23860
87	5627	1326	0.76441	0.23559	0.25990	3.10	4942	17454
88	4301	1085	0.74766	0.25234	0.27904	2.91	3739	12512
89	3216	867	0.73033	0.26967	0.30232	2.73	2765	8772
90	2349	676	0.71225	0.28775	0.32653	2.56	1996	6007
91	1673	513	0.69342	0.30658	0.35246	2.40	1404	4012
92	1160	378	0.67383	0.32617	0.38017	2.25	961	2608
93	782	271	0.65350	0.34650	0.40980	2.11	638	1647
94	511	188	0.63244	0.36756	0.44147	1.98	411	1009
95	323	126	0.61067	0.38933	0.47531	1.85	256	598
96	197	81	0.58823	0.41177	0.51147	1.73	154	342
97	116	50	0.56515	0.43485	0.55009	1.62	89	189
98	66	30	0.54147	0.45853	0.59132	1.52	49	100
99	36	17	0.51725	0.48275	0.63529	1.43	26	51
100	18	9	0.49256	0.50744	0.68214	1.34	13	25
101	9	5	0.46746	0.53254	0.73198	1.25	6	11
102	4	2	0.44203	0.55797	0.78488	1.17	3	5
103	2	1	0.41638	0.58362	0.84085	1.10	1	2
104	1	0	0.39060	0.60940	0.89981	1.03	1	1

第12回　生　命　表（昭和40年）
THE 12TH LIFE TABLES, 1965

女

年齢	生存数	死亡数	生存率	死亡率	死　力	平均余命	定　常　人　口	
x	l_x	$_nd_x$	$_np_x$	$_nq_x$	μ_x	$\overset{\circ}{e}_x$	$_nL_x$	T_x
0日	100000	688	0.99312	0.00688	0.49147	72.92	1910	7292146
7(d)	99312	178	0.99820	0.00180	0.22741	73.41	1902	7290235
14	99134	85	0.99914	0.00086	0.06934	73.52	1900	7288333
21	99048	50	0.99949	0.00051	0.03566	73.56	1899	7286432
28	98998	145	0.99854	0.00146	0.02466	73.58	8898	7284533
2月	98853	91	0.99907	0.00093	0.01360	73.60	8234	7275635
3(m)	98762	176	0.99822	0.00178	0.01011	73.59	24666	7267402
6	98586	218	0.99779	0.00221	0.00623	73.47	49233	7242735
0年	100000	1632	0.98368	0.01632	0.49147	72.92	98643	7292146
1(y)	98368	177	0.99820	0.00180	0.00356	73.13	98263	7193502
2	98190	127	0.99871	0.00129	0.00155	72.26	98123	7095240
3	98063	93	0.99905	0.00095	0.00110	71.35	98015	6997116
4	97970	72	0.99927	0.00073	0.00082	70.42	97933	6899102
5	97899	59	0.99939	0.00061	0.00066	69.47	97868	6801169
6	97839	51	0.99948	0.00052	0.00056	68.51	97813	6703301
7	97789	42	0.99957	0.00043	0.00047	67.55	97767	6605487
8	97746	35	0.99964	0.00036	0.00040	66.58	97728	6507720
9	97711	30	0.99969	0.00031	0.00033	65.60	97696	6409992
10	97681	27	0.99972	0.00028	0.00029	64.62	97667	6312297
11	97654	27	0.99973	0.00027	0.00027	63.64	97641	6214630
12	97627	28	0.99972	0.00028	0.00028	62.66	97613	6116989
13	97599	30	0.99970	0.00030	0.00029	61.67	97585	6019376
14	97570	32	0.99967	0.00033	0.00032	60.69	97554	5921791
15	97538	35	0.99964	0.00036	0.00034	59.71	97520	5824237
16	97503	39	0.99960	0.00040	0.00038	58.73	97483	5726717
17	97463	44	0.99954	0.00046	0.00043	57.76	97441	5629233
18	97419	50	0.99948	0.00052	0.00049	56.78	97394	5531792
19	97368	57	0.99941	0.00059	0.00055	55.81	97340	5434398
20	97311	65	0.99933	0.00067	0.00063	54.85	97279	5337058
21	97246	73	0.99925	0.00075	0.00071	53.88	97210	5239778
22	97174	79	0.99918	0.00082	0.00078	52.92	97134	5142568
23	97094	85	0.99912	0.00088	0.00085	51.96	97052	5045434
24	97009	90	0.99907	0.00093	0.00091	51.01	96964	4948382
25	96919	94	0.99903	0.00097	0.00095	50.06	96872	4851418
26	96824	99	0.99897	0.00103	0.00100	49.10	96775	4754546
27	96725	103	0.99894	0.00106	0.00105	48.15	96674	4657771
28	96622	105	0.99892	0.00108	0.00107	47.21	96570	4561098
29	96517	107	0.99889	0.00111	0.00110	46.26	96464	4464528
30	96410	110	0.99885	0.00115	0.00113	45.31	96356	4368064
31	96300	116	0.99880	0.00120	0.00117	44.36	96243	4271708
32	96184	122	0.99873	0.00127	0.00123	43.41	96124	4175465
33	96062	130	0.99864	0.00136	0.00131	42.47	95998	4079342
34	95932	138	0.99856	0.00144	0.00140	41.52	95863	3983344
35	95794	144	0.99849	0.00151	0.00147	40.58	95722	3887481
36	95649	153	0.99840	0.00160	0.00155	39.64	95574	3791758
37	95497	161	0.99831	0.00169	0.00164	38.70	95417	3696184
38	95335	171	0.99821	0.00179	0.00174	37.77	95251	3600768
39	95164	181	0.99809	0.00191	0.00185	36.84	95074	3505517
40	94983	193	0.99797	0.00203	0.00197	35.91	94887	3410443
41	94790	206	0.99782	0.00218	0.00210	34.98	94688	3315555
42	94584	223	0.99764	0.00236	0.00226	34.05	94474	3220867
43	94360	244	0.99742	0.00258	0.00247	33.13	94240	3126394
44	94117	267	0.99716	0.00284	0.00271	32.22	93985	3032153
45	93849	292	0.99689	0.00311	0.00297	31.31	93706	2938169
46	93558	320	0.99658	0.00342	0.00326	30.40	93400	2844463
47	93238	349	0.99626	0.00374	0.00358	29.51	93066	2751063
48	92889	380	0.99591	0.00409	0.00392	28.61	92701	2657997
49	92509	409	0.99558	0.00442	0.00427	27.73	92307	2565296

FEMALE

年 齢	生 存 数	死 亡 数	生 存 率	死 亡 率	死　力	平均余命	定　常　人　口	
x	l_x	$_nd_x$	$_np_x$	$_nq_x$	μ_x	$\mathring{e}_x$	$_nL_x$	T_x
50	92100	436	0.99527	0.00473	0.00459	26.85	91884	2472989
51	91664	466	0.99492	0.00508	0.00491	25.98	91434	2381105
52	91198	503	0.99448	0.00552	0.00530	25.11	90950	2289671
53	90695	548	0.99396	0.00604	0.00579	24.24	90425	2198721
54	90147	594	0.99341	0.00659	0.00633	23.39	89854	2108297
55	89553	642	0.99283	0.00717	0.00689	22.54	89236	2018443
56	88911	696	0.99217	0.00783	0.00751	21.70	88568	1929207
57	88215	755	0.99144	0.00856	0.00821	20.87	87843	1840639
58	87460	819	0.99063	0.00937	0.00899	20.04	87056	1752796
59	86641	886	0.98978	0.01022	0.00983	19.23	86204	1665740
60	85755	959	0.98882	0.01118	0.01073	18.42	85282	1579537
61	84797	1046	0.98766	0.01234	0.01179	17.62	84282	1494254
62	83751	1149	0.98628	0.01372	0.01308	16.84	83185	1409973
63	82602	1259	0.98476	0.01524	0.01456	16.06	81982	1326788
64	81343	1382	0.98301	0.01699	0.01621	15.30	80662	1244806
65	79961	1516	0.98104	0.01896	0.01810	14.56	79214	1164143
66	78445	1663	0.97880	0.02120	0.02024	13.83	77626	1084929
67	76782	1820	0.97630	0.02370	0.02266	13.12	75886	1007303
68	74962	1982	0.97357	0.02643	0.02535	12.43	73985	931417
69	72981	2142	0.97065	0.02935	0.02823	11.75	71924	857432
70	70839	2316	0.96730	0.03270	0.03141	11.09	69697	785509
71	68523	2524	0.96316	0.03684	0.03526	10.45	67279	715812
72	65999	2745	0.95841	0.04159	0.03991	9.83	64644	648533
73	63254	2954	0.95330	0.04670	0.04506	9.23	61794	583888
74	60300	3159	0.94761	0.05239	0.05067	8.66	58739	522094
75	57141	3382	0.94082	0.05918	0.05722	8.11	55469	463356
76	53759	3598	0.93307	0.06693	0.06497	7.59	51978	407887
77	50161	3790	0.92444	0.07556	0.07376	7.10	48281	355909
78	46371	3938	0.91509	0.08491	0.08352	6.63	44412	307629
79	42434	4020	0.90527	0.09473	0.09399	6.20	40428	263217
80	38414	4049	0.89459	0.10541	0.10522	5.80	36390	222788
81	34365	4039	0.88245	0.11755	0.11800	5.42	32341	186398
82	30325	3940	0.87007	0.12993	0.13210	5.08	28343	154057
83	26385	3739	0.85829	0.14171	0.14610	4.76	24495	125715
84	22646	3456	0.84740	0.15260	0.15925	4.47	20893	101220
85	19190	3146	0.83605	0.16395	0.17211	4.19	17591	80327
86	16044	2840	0.82297	0.17703	0.18649	3.91	14599	62736
87	13204	2545	0.80722	0.19278	0.20394	3.65	11906	48137
88	10658	2242	0.78968	0.21032	0.22486	3.40	9511	36230
89	8417	1910	0.77301	0.22699	0.24682	3.17	7434	26720
90	6506	1591	0.75547	0.24453	0.26867	2.96	5685	19286
91	4915	1292	0.73704	0.26296	0.29248	2.77	4245	13601
92	3623	1023	0.71772	0.28228	0.31810	2.58	3090	9356
93	2600	787	0.69750	0.30250	0.34565	2.41	2189	6266
94	1814	587	0.67637	0.32363	0.37530	2.25	1505	4077
95	1227	424	0.65437	0.34563	0.40720	2.10	1003	2572
96	803	296	0.63149	0.36851	0.44151	1.96	645	1570
97	507	199	0.60777	0.39223	0.47840	1.82	401	924
98	308	128	0.58324	0.41676	0.51807	1.70	239	524
99	180	79	0.55796	0.44204	0.56071	1.58	137	285
100	100	47	0.53198	0.46802	0.60650	1.48	75	148
101	53	26	0.50539	0.49461	0.65564	1.38	39	73
102	27	14	0.47825	0.52175	0.70830	1.28	19	35
103	13	7	0.45069	0.54931	0.76460	1.19	9	15
104	6	3	0.42280	0.57720	0.82464	1.11	4	6
105	2	1	0.39473	0.60527	0.88836	1.04	2	3
106	1	1	0.36660	0.63340	0.95554	0.96	1	1

第13回　生　命　表（昭和45年）
THE 13TH LIFE TABLES, 1970

男

年齢	生存数	死亡数	生存率	死亡率	死　力	平均余命	定　常　人　口	
x	l_x	$_nd_x$	$_np_x$	$_nq_x$	μ_x	$\overset{\circ}{e}_x$	$_nL_x$	T_x
0 日	100000	769	0.99231	0.00769	0.73281	69.31	1909	6931037
7	99231	129	0.99870	0.00130	0.16414	69.83	1901	6929129
14	99102	55	0.99945	0.00055	0.02078	69.90	1900	6927227
21	99047	40	0.99959	0.00041	0.02107	69.92	1899	6925327
28	99007	105	0.99894	0.00106	0.01830	69.93	8901	6923428
2 月	98902	64	0.99936	0.00064	0.00770	69.91	8239	6914527
3	98839	143	0.99855	0.00145	0.00653	69.87	24691	6906288
6	98696	177	0.99821	0.00179	0.00469	69.73	49299	6881597
0 年	100000	1481	0.98519	0.01481	0.73281	69.31	98739	6931037
1	98519	165	0.99833	0.00167	0.00254	69.35	98425	6832298
2	98354	123	0.99875	0.00125	0.00121	68.47	98291	6733873
3	98231	97	0.99901	0.00099	0.00110	67.55	98181	6635581
4	98134	81	0.99918	0.00082	0.00089	66.62	98092	6537401
5	98053	72	0.99927	0.00073	0.00077	65.67	98017	6439308
6	97981	65	0.99934	0.00066	0.00070	64.72	97948	6341292
7	97917	55	0.99944	0.00056	0.00061	63.76	97888	6243343
8	97862	46	0.99953	0.00047	0.00052	62.80	97838	6145455
9	97815	40	0.99959	0.00041	0.00044	61.83	97795	6047617
10	97775	37	0.99962	0.00038	0.00039	60.85	97757	5949822
11	97738	38	0.99961	0.00039	0.00038	59.87	97719	5852066
12	97700	39	0.99960	0.00040	0.00039	58.90	97681	5754346
13	97662	41	0.99958	0.00042	0.00040	57.92	97641	5656665
14	97620	50	0.99949	0.00051	0.00045	56.95	97597	5559024
15	97571	67	0.99931	0.00069	0.00059	55.97	97539	5461427
16	97503	90	0.99907	0.00093	0.00081	55.01	97460	5363889
17	97413	111	0.99886	0.00114	0.00104	54.06	97359	5266429
18	97302	123	0.99873	0.00127	0.00122	53.12	97241	5169070
19	97178	127	0.99869	0.00131	0.00130	52.19	97115	5071830
20	97051	129	0.99868	0.00132	0.00132	51.26	96987	4974715
21	96923	129	0.99867	0.00133	0.00133	50.33	96858	4877728
22	96794	128	0.99868	0.00132	0.00133	49.39	96730	4780870
23	96666	126	0.99870	0.00130	0.00131	48.46	96603	4684140
24	96541	126	0.99870	0.00130	0.00130	47.52	96478	4587537
25	96415	129	0.99866	0.00134	0.00132	46.58	96350	4491059
26	96285	134	0.99861	0.00139	0.00137	45.64	96219	4394708
27	96151	140	0.99855	0.00145	0.00142	44.71	96082	4298489
28	96012	143	0.99851	0.00149	0.00147	43.77	95941	4202408
29	95869	145	0.99849	0.00151	0.00150	42.83	95797	4106467
30	95724	147	0.99846	0.00154	0.00152	41.90	95651	4010670
31	95577	152	0.99841	0.00159	0.00156	40.96	95502	3915019
32	95426	160	0.99833	0.00167	0.00162	40.03	95347	3819517
33	95266	171	0.99820	0.00180	0.00173	39.09	95181	3724171
34	95094	187	0.99803	0.00197	0.00188	38.16	95002	3628989
35	94907	204	0.99786	0.00214	0.00206	37.24	94807	3533987
36	94704	220	0.99768	0.00232	0.00223	36.32	94595	3439180
37	94484	237	0.99749	0.00251	0.00242	35.40	94367	3344585
38	94247	255	0.99729	0.00271	0.00261	34.49	94121	3250218
39	93992	274	0.99708	0.00292	0.00282	33.58	93856	3156097
40	93717	292	0.99688	0.00312	0.00302	32.68	93573	3062241
41	93425	310	0.99668	0.00332	0.00322	31.78	93272	2968668
42	93115	329	0.99646	0.00354	0.00343	30.88	92952	2875396
43	92786	352	0.99621	0.00379	0.00367	29.99	92612	2782444
44	92434	377	0.99593	0.00407	0.00394	29.10	92248	2689832
45	92058	403	0.99562	0.00438	0.00423	28.22	91858	2597584
46	91655	431	0.99530	0.00470	0.00454	27.34	91442	2505725
47	91224	462	0.99494	0.00506	0.00488	26.47	90996	2414284
48	90762	501	0.99448	0.00552	0.00529	25.60	90515	2323288
49	90261	548	0.99393	0.00607	0.00580	24.74	89991	2232773

MALE

年齢	生存数	死亡数	生存率	死亡率	死　力	平均余命	定　常　人　口	
x	l_x	d_x	p_x	q_x	μ_x	$\overset{\circ}{e}_x$	L_x	T_x
50	89713	597	0.99334	0.00666	0.00638	23.88	89419	2142782
51	89116	649	0.99272	0.00728	0.00699	23.04	88796	2053363
52	88467	702	0.99206	0.00794	0.00763	22.21	88121	1964567
53	87765	763	0.99130	0.00870	0.00833	21.38	87389	1876447
54	87002	835	0.99040	0.00960	0.00916	20.56	86591	1789058
55	86167	919	0.98933	0.01067	0.01016	19.76	85714	1702467
56	85247	1011	0.98814	0.01186	0.01131	18.97	84750	1616753
57	84237	1105	0.98689	0.01311	0.01255	18.19	83692	1532003
58	83132	1202	0.98555	0.01445	0.01386	17.42	82539	1448311
59	81930	1305	0.98407	0.01593	0.01527	16.67	81287	1365772
60	80626	1425	0.98233	0.01767	0.01690	15.93	79924	1284484
61	79201	1560	0.98030	0.01970	0.01882	15.21	78432	1204561
62	77640	1704	0.97805	0.02195	0.02100	14.50	76801	1126128
63	75936	1855	0.97557	0.02443	0.02342	13.82	75022	1049328
64	74081	2009	0.97289	0.02711	0.02607	13.15	73090	974306
65	72073	2164	0.96997	0.03003	0.02894	12.50	71004	901216
66	69908	2324	0.96675	0.03325	0.03209	11.88	68760	830212
67	67584	2489	0.96317	0.03683	0.03561	11.27	66353	761453
68	65095	2649	0.95930	0.04070	0.03948	10.68	63784	695100
69	62446	2806	0.95506	0.04494	0.04370	10.11	61055	631316
70	59639	2956	0.95043	0.04957	0.04833	9.56	58173	570261
71	56683	3096	0.94538	0.05462	0.05340	9.03	55147	512087
72	53587	3236	0.93962	0.06038	0.05910	8.53	51980	456940
73	50351	3360	0.93327	0.06673	0.06556	8.04	48681	404960
74	46992	3457	0.92642	0.07358	0.07263	7.58	45270	356279
75	43534	3529	0.91894	0.08106	0.08037	7.14	41774	311009
76	40005	3560	0.91101	0.08899	0.08880	6.73	38226	269235
77	36445	3533	0.90305	0.09695	0.09757	6.34	34674	231009
78	32912	3455	0.89503	0.10497	0.10638	5.97	31176	196336
79	29457	3345	0.88646	0.11354	0.11550	5.61	27775	165159
80	26112	3234	0.87615	0.12385	0.12606	5.26	24485	137384
81	22878	3096	0.86467	0.13533	0.13861	4.93	21317	112899
82	19782	2913	0.85275	0.14725	0.15223	4.63	18309	91582
83	16869	2694	0.84030	0.15970	0.16652	4.34	15502	73273
84	14175	2444	0.82757	0.17243	0.18154	4.08	12931	57771
85	11731	2175	0.81458	0.18542	0.19700	3.82	10621	44840
86	9556	1909	0.80020	0.19980	0.21364	3.58	8579	34219
87	7646	1649	0.78440	0.21560	0.23252	3.35	6801	25640
88	5998	1394	0.76759	0.23241	0.25366	3.14	5279	18839
89	4604	1132	0.75417	0.24583	0.27454	2.95	4019	13559
90	3472	925	0.73356	0.26644	0.29761	2.75	2992	9541
91	2547	726	0.71497	0.28503	0.32238	2.57	2169	6549
92	1821	554	0.69554	0.30446	0.34896	2.41	1531	4380
93	1267	411	0.67527	0.32473	0.37750	2.25	1050	2850
94	855	296	0.65417	0.34583	0.40814	2.10	699	1799
95	560	206	0.63225	0.36775	0.44102	1.97	450	1100
96	354	138	0.60954	0.39046	0.47632	1.84	280	650
97	216	89	0.58607	0.41393	0.51422	1.72	168	370
98	126	55	0.56188	0.43812	0.55489	1.61	96	203
99	71	33	0.53702	0.46298	0.59856	1.50	53	106
100	38	19	0.51156	0.48844	0.64543	1.40	28	53
101	20	10	0.48557	0.51443	0.69575	1.31	14	26
102	9	5	0.45914	0.54086	0.74976	1.22	7	12
103	4	2	0.43236	0.56764	0.80774	1.14	3	5
104	2	1	0.40535	0.59465	0.86998	1.06	1	2
105	1	0	0.37824	0.62176	0.93680	0.99	0	1

第 13 回 生 命 表（昭和45年）

THE 13TH LIFE TABLES, 1970

女

年 齢	生存数	死亡数	生存率	死亡率	死 力	平均余命	定 常 人 口	
x	l_x	$_nd_x$	$_np_x$	$_nq_x$	μ_x	$\overset{\circ}{e}_x$	$_nL_x$	T_x
0 日	100000	548	0.99452	0.00548	0.51958	74.66	1911	7465637
7 (d)	99452	101	0.99898	0.00102	0.11937	75.05	1906	7463726
14	99351	52	0.99948	0.00052	0.02162	75.11	1905	7461820
21	99299	29	0.99971	0.00029	0.01927	75.13	1904	7459915
28	99270	86	0.99914	0.00086	0.01133	75.13	8926	7458011
2 月	99184	55	0.99944	0.00056	0.00702	75.10	8263	7449085
3 (m)	99129	127	0.99872	0.00128	0.00577	75.06	24766	7440822
6	99002	151	0.99848	0.00152	0.00417	74.91	49459	7416057
0 年	100000	1149	0.98851	0.01149	0.51958	74.66	99039	7465637
1 (y)	98851	135	0.99863	0.00137	0.00210	74.52	98774	7366597
2	98716	96	0.99903	0.00097	0.00095	73.62	98667	7267823
3	98620	70	0.99929	0.00071	0.00082	72.69	98584	7169156
4	98551	54	0.99945	0.00055	0.00061	71.75	98523	7070572
5	98497	45	0.99954	0.00046	0.00049	70.78	98474	6972050
6	98452	39	0.99960	0.00040	0.00043	69.82	98432	6873576
7	98412	34	0.99966	0.00034	0.00037	68.84	98395	6775144
8	98379	29	0.99970	0.00030	0.00032	67.87	98364	6676749
9	98350	26	0.99973	0.00027	0.00028	66.89	98336	6578385
10	98323	24	0.99975	0.00025	0.00025	65.91	98311	6480049
11	98299	24	0.99976	0.00024	0.00024	64.92	98287	6381738
12	98275	24	0.99976	0.00024	0.00024	63.94	98263	6283451
13	98251	25	0.99975	0.00025	0.00025	62.95	98239	6185187
14	98227	27	0.99972	0.00028	0.00026	61.97	98213	6086948
15	98199	31	0.99968	0.00032	0.00030	60.99	98184	5988735
16	98168	36	0.99963	0.00037	0.00034	60.00	98151	5890551
17	98132	42	0.99957	0.00043	0.00040	59.03	98111	5792400
18	98090	49	0.99950	0.00050	0.00046	58.05	98066	5694289
19	98041	55	0.99944	0.00056	0.00053	57.08	98014	5596223
20	97986	60	0.99939	0.00061	0.00059	56.11	97957	5498209
21	97926	65	0.99934	0.00066	0.00064	55.15	97894	5400252
22	97862	68	0.99931	0.00069	0.00068	54.18	97828	5302358
23	97794	70	0.99928	0.00072	0.00070	53.22	97759	5204530
24	97724	73	0.99925	0.00075	0.00073	52.26	97688	5106771
25	97651	76	0.99922	0.00078	0.00076	51.30	97613	5009083
26	97575	79	0.99919	0.00081	0.00079	50.34	97536	4911470
27	97496	82	0.99916	0.00084	0.00083	49.38	97455	4813934
28	97414	84	0.99913	0.00087	0.00086	48.42	97372	4716479
29	97329	86	0.99912	0.00088	0.00087	47.46	97287	4619107
30	97244	88	0.99909	0.00091	0.00089	46.50	97200	4521821
31	97155	93	0.99904	0.00096	0.00093	45.54	97109	4424621
32	97062	99	0.99898	0.00102	0.00099	44.58	97013	4327512
33	96963	106	0.99890	0.00110	0.00106	43.63	96910	4230499
34	96856	114	0.99882	0.00118	0.00114	42.68	96800	4133588
35	96742	121	0.99875	0.00125	0.00121	41.73	96683	4036789
36	96622	128	0.99867	0.00133	0.00129	40.78	96558	3940106
37	96493	137	0.99858	0.00142	0.00137	39.83	96426	3843548
38	96357	146	0.99848	0.00152	0.00147	38.89	96284	3747122
39	96210	158	0.99836	0.00164	0.00158	37.95	96133	3650838
40	96053	170	0.99823	0.00177	0.00170	37.01	95969	3554705
41	95882	185	0.99807	0.00193	0.00185	36.07	95791	3458737
42	95697	201	0.99790	0.00210	0.00202	35.14	95598	3362946
43	95496	216	0.99774	0.00226	0.00219	34.21	95389	3267348
44	95280	231	0.99758	0.00242	0.00235	33.29	95166	3171958
45	95049	247	0.99740	0.00260	0.00251	32.37	94927	3076792
46	94802	266	0.99719	0.00281	0.00270	31.45	94671	2981865
47	94536	293	0.99690	0.00310	0.00295	30.54	94392	2887195
48	94243	325	0.99655	0.00345	0.00327	29.63	94084	2792803
49	93918	357	0.99620	0.00380	0.00363	28.73	93742	2698719

THE 13TH LIFE TABLES, 1970

FEMALE

年 齢	生存数	死亡数	生存率	死亡率	死　力	平均余命	定　常　人　口	
x	l_x	$_nd_x$	$_np_x$	$_nq_x$	μ_x	$\overset{\circ}{e}_x$	$_nL_x$	T_x
50	93561	386	0.99588	0.00412	0.00398	27.84	93371	2604977
51	93175	413	0.99557	0.00443	0.00428	26.96	92972	2511606
52	92763	444	0.99521	0.00479	0.00461	26.07	92544	2418634
53	92319	485	0.99475	0.00525	0.00502	25.20	92080	2326091
54	91834	531	0.99422	0.00578	0.00552	24.33	91572	2234011
55	91303	579	0.99366	0.00634	0.00608	23.47	91017	2142439
56	90724	626	0.99310	0.00690	0.00664	22.61	90415	2051421
57	90098	669	0.99257	0.00743	0.00718	21.77	89767	1961007
58	89429	720	0.99195	0.00805	0.00775	20.92	89074	1871239
59	88709	788	0.99112	0.00888	0.00847	20.09	88321	1782166
60	87921	877	0.99002	0.00998	0.00944	19.27	87490	1693845
61	87044	977	0.98878	0.01122	0.01064	18.45	86564	1606355
62	86067	1076	0.98750	0.01250	0.01193	17.66	85537	1519791
63	84991	1168	0.98625	0.01375	0.01321	16.88	84414	1434254
64	83823	1256	0.98501	0.01499	0.01445	16.10	83202	1349840
65	82566	1364	0.98348	0.01652	0.01582	15.34	81894	1266637
66	81202	1497	0.98156	0.01844	0.01758	14.59	80465	1184743
67	79705	1644	0.97937	0.02063	0.01968	13.85	78895	1104277
68	78061	1800	0.97694	0.02306	0.02204	13.14	77174	1025382
69	76260	1976	0.97409	0.02591	0.02471	12.43	75288	948208
70	74285	2171	0.97078	0.02922	0.02786	11.75	73217	872920
71	72114	2390	0.96686	0.03314	0.03158	11.09	70938	799704
72	69724	2625	0.96235	0.03765	0.03594	10.45	68431	728766
73	67099	2859	0.95738	0.04262	0.04090	9.84	65688	660335
74	64240	3071	0.95220	0.04780	0.04619	9.26	62722	594647
75	61169	3279	0.94640	0.05360	0.05189	8.70	59548	531925
76	57890	3493	0.93966	0.06034	0.05852	8.16	56161	472378
77	54397	3679	0.93237	0.06763	0.06606	7.65	52571	416216
78	50719	3805	0.92498	0.07502	0.07395	7.17	48825	363645
79	46914	3886	0.91717	0.08283	0.08206	6.71	44977	314821
80	43028	3958	0.90800	0.09200	0.09123	6.27	41054	269844
81	39070	4001	0.89758	0.10242	0.10205	5.86	37070	228790
82	35068	3990	0.88623	0.11377	0.11420	5.47	33070	191719
83	31078	3924	0.87374	0.12626	0.12763	5.10	29109	158649
84	27155	3794	0.86027	0.13973	0.14256	4.77	25243	129541
85	23360	3584	0.84657	0.15343	0.15845	4.46	21548	104298
86	19776	3309	0.83269	0.16731	0.17474	4.18	18097	82750
87	16467	2987	0.81864	0.18136	0.19153	3.93	14946	64653
88	13481	2635	0.80456	0.19544	0.20869	3.69	12134	49708
89	10846	2280	0.78980	0.21020	0.22650	3.46	9677	37574
90	8566	1932	0.77450	0.22550	0.24561	3.26	7572	27897
91	6635	1600	0.75878	0.24122	0.26563	3.06	5808	20325
92	5034	1296	0.74265	0.25735	0.28662	2.88	4362	14517
93	3739	1024	0.72611	0.27389	0.30861	2.72	3206	10155
94	2715	789	0.70917	0.29083	0.33167	2.56	2302	6950
95	1925	593	0.69185	0.30815	0.35583	2.41	1614	4648
96	1332	434	0.67414	0.32586	0.38115	2.28	1103	3034
97	898	309	0.65607	0.34393	0.40769	2.15	734	1931
98	589	213	0.63765	0.36235	0.43551	2.03	476	1196
99	376	143	0.61889	0.38111	0.46466	1.92	299	721
100	232	93	0.59983	0.40017	0.49522	1.81	182	422
101	139	58	0.58048	0.41952	0.52724	1.72	108	239
102	81	36	0.56087	0.43913	0.56081	1.62	62	131
103	45	21	0.54103	0.45897	0.59599	1.54	34	70
104	25	12	0.52099	0.47901	0.63285	1.45	18	36
105	13	6	0.50078	0.49922	0.67150	1.38	9	18
106	6	3	0.48044	0.51956	0.71200	1.31	5	8
107	3	2	0.46001	0.53999	0.75444	1.24	2	4
108	1	1	0.43953	0.56047	0.79893	1.17	1	2
109	1	0	0.41904	0.58096	0.84555	1.11	0	1

第14回　生　命　表（昭和50年）
THE 14TH LIFE TABLES, 1975

男

年齢 x	生存数 l_x	死亡数 $_nd_x$	生存率 $_np_x$	死亡率 $_nq_x$	死　力 μ_x	平均余命 $\mathring{e}_x$	定　常　人　口 $_nL_x$	T_x
0日	100000	613	0.99387	0.00613	0.59799	71.73	1910	7172640
7(d)	99387	89	0.99910	0.00090	0.12271	72.15	1905	7170729
14	99298	44	0.99956	0.00044	0.03214	72.20	1904	7168824
21	99254	25	0.99974	0.00026	0.01627	72.21	1903	7166920
28	99228	76	0.99923	0.00077	0.01015	72.21	8922	7165017
2月	99153	42	0.99957	0.00043	0.00595	72.17	8261	7156095
3(m)	99110	103	0.99896	0.00104	0.00420	72.12	24764	7147834
6	99008	117	0.99881	0.00119	0.00347	71.94	49471	7123070
0年	100000	1110	0.98890	0.01110	0.59799	71.73	99041	7172640
1(y)	98890	138	0.99860	0.00140	0.00167	71.53	98816	7073599
2	98752	100	0.99899	0.00101	0.00109	70.63	98700	6974782
3	98653	75	0.99924	0.00076	0.00086	69.70	98613	6876082
4	98577	61	0.99938	0.00062	0.00068	68.75	98546	6777469
5	98516	55	0.99945	0.00055	0.00058	67.80	98488	6678923
6	98461	50	0.99950	0.00050	0.00053	66.83	98436	6580434
7	98412	43	0.99956	0.00044	0.00047	65.87	98390	6481998
8	98368	37	0.99963	0.00037	0.00041	64.89	98350	6383609
9	98332	31	0.99968	0.00032	0.00034	63.92	98316	6285259
10	98301	28	0.99972	0.00028	0.00030	62.94	98286	6186943
11	98273	27	0.99972	0.00028	0.00028	61.96	98259	6088657
12	98246	26	0.99973	0.00027	0.00027	60.97	98232	5990398
13	98219	29	0.99971	0.00029	0.00027	59.99	98205	5892165
14	98190	38	0.99961	0.00039	0.00033	59.01	98172	5793960
15	98152	55	0.99944	0.00056	0.00047	58.03	98126	5695788
16	98097	74	0.99925	0.00075	0.00066	57.06	98062	5597662
17	98023	90	0.99908	0.00092	0.00085	56.11	97979	5499600
18	97933	100	0.99898	0.00102	0.00098	55.16	97883	5401621
19	97833	102	0.99895	0.00105	0.00104	54.21	97782	5303737
20	97731	103	0.99895	0.00105	0.00105	53.27	97679	5205955
21	97628	104	0.99894	0.00106	0.00106	52.32	97576	5108276
22	97524	104	0.99893	0.00107	0.00106	51.38	97472	5010700
23	97420	104	0.99893	0.00107	0.00107	50.43	97368	4913227
24	97317	103	0.99894	0.00106	0.00106	49.49	97265	4815859
25	97214	102	0.99895	0.00105	0.00105	48.54	97163	4718594
26	97112	101	0.99896	0.00104	0.00104	47.59	97061	4621431
27	97011	101	0.99896	0.00104	0.00104	46.64	96960	4524370
28	96910	103	0.99894	0.00106	0.00105	45.69	96859	4427410
29	96807	107	0.99890	0.00110	0.00108	44.73	96754	4330551
30	96700	112	0.99884	0.00116	0.00113	43.78	96645	4233797
31	96588	118	0.99878	0.00122	0.00119	42.83	96530	4137153
32	96470	126	0.99869	0.00131	0.00126	41.88	96408	4040623
33	96344	134	0.99861	0.00139	0.00135	40.94	96278	3944216
34	96210	142	0.99853	0.00147	0.00143	40.00	96140	3847938
35	96069	153	0.99841	0.00159	0.00153	39.05	95994	3751797
36	95916	167	0.99826	0.00174	0.00166	38.11	95834	3655804
37	95749	184	0.99808	0.00192	0.00183	37.18	95659	3559970
38	95565	203	0.99788	0.00212	0.00202	36.25	95466	3464311
39	95363	224	0.99766	0.00234	0.00223	35.33	95253	3368845
40	95139	247	0.99741	0.00259	0.00247	34.41	95018	3273593
41	94892	272	0.99713	0.00287	0.00273	33.50	94759	3178575
42	94620	301	0.99682	0.00318	0.00303	32.59	94472	3083816
43	94319	329	0.99651	0.00349	0.00334	31.69	94157	2989344
44	93990	355	0.99622	0.00378	0.00365	30.80	93814	2895187
45	93635	379	0.99596	0.00404	0.00392	29.92	93447	2801372
46	93256	402	0.99569	0.00431	0.00418	29.04	93057	2707925
47	92855	427	0.99540	0.00460	0.00446	28.16	92643	2614867
48	92427	454	0.99509	0.00491	0.00476	27.29	92202	2522224
49	91973	486	0.99471	0.00529	0.00510	26.42	91733	2430022

MALE

年 齢	生存数	死亡数	生存率	死亡率	死　力	平均余命	定 常 人 口	
x	l_x	$_nd_x$	$_np_x$	$_nq_x$	μ_x	$\overset{\circ}{e}_x$	$_nL_x$	T_x
50	91487	524	0.99427	0.00573	0.00551	25.56	91228	2338289
51	90963	562	0.99382	0.00618	0.00597	24.70	90685	2247061
52	90401	603	0.99333	0.00667	0.00644	23.85	90103	2156376
53	89797	649	0.99277	0.00723	0.00696	23.01	89477	2066273
54	89148	704	0.99210	0.00790	0.00757	22.17	88801	1976796
55	88444	771	0.99128	0.00872	0.00832	21.35	88064	1887996
56	87672	851	0.99029	0.00971	0.00924	20.53	87254	1799931
57	86821	933	0.98926	0.01074	0.01027	19.73	86362	1712678
58	85889	1008	0.98826	0.01174	0.01131	18.94	85391	1626316
59	84880	1082	0.98725	0.01275	0.01231	18.15	84346	1540926
60	83798	1167	0.98607	0.01393	0.01339	17.38	83222	1456580
61	82631	1268	0.98466	0.01534	0.01470	16.62	82006	1373358
62	81363	1384	0.98299	0.01701	0.01627	15.87	80681	1291352
63	79979	1511	0.98111	0.01889	0.01808	15.14	79234	1210671
64	78468	1646	0.97902	0.02098	0.02008	14.42	77657	1131437
65	76822	1806	0.97649	0.02351	0.02242	13.72	75933	1053780
66	75016	1987	0.97351	0.02649	0.02525	13.04	74038	977846
67	73029	2173	0.97025	0.02975	0.02849	12.38	71957	903809
68	70856	2345	0.96690	0.03310	0.03191	11.74	69697	831851
69	68511	2504	0.96345	0.03655	0.03542	11.12	67272	762154
70	66007	2656	0.95976	0.04024	0.03908	10.53	64692	694882
71	63351	2821	0.95547	0.04453	0.04319	9.95	61955	630190
72	60530	3001	0.95042	0.04958	0.04809	9.39	59044	568235
73	57529	3168	0.94493	0.05507	0.05367	8.85	55958	509191
74	54361	3313	0.93906	0.06094	0.05970	8.34	52715	453232
75	51048	3420	0.93300	0.06700	0.06604	7.85	49346	400517
76	47628	3508	0.92635	0.07365	0.07277	7.37	45881	351171
77	44120	3590	0.91863	0.08137	0.08049	6.92	42331	305290
78	40530	3652	0.90990	0.09010	0.08945	6.49	38708	262959
79	36878	3681	0.90020	0.09980	0.09958	6.08	35039	224251
80	33198	3665	0.88961	0.11039	0.11089	5.70	31362	189212
81	29533	3592	0.87839	0.12161	0.12323	5.34	27728	157850
82	25941	3443	0.86728	0.13272	0.13600	5.02	24205	130122
83	22498	3241	0.85593	0.14407	0.14886	4.71	20859	105917
84	19257	3008	0.84382	0.15618	0.16247	4.42	17733	85058
85	16250	2755	0.83043	0.16957	0.17754	4.14	14850	67325
86	13494	2481	0.81616	0.18384	0.19428	3.89	12230	52475
87	11013	2186	0.80149	0.19851	0.21209	3.65	9895	40245
88	8827	1884	0.78655	0.21345	0.23060	3.44	7860	30350
89	6943	1586	0.77159	0.22841	0.24973	3.24	6125	22490
90	5357	1298	0.75775	0.24225	0.26862	3.05	4686	16365
91	4059	1052	0.74095	0.25905	0.28917	2.88	3514	11679
92	3008	828	0.72487	0.27513	0.31063	2.71	2577	8165
93	2180	636	0.70846	0.29154	0.33304	2.56	1848	5588
94	1545	476	0.69171	0.30829	0.35646	2.42	1295	3741
95	1068	348	0.67463	0.32537	0.38091	2.29	885	2446
96	721	247	0.65725	0.34275	0.40645	2.17	590	1561
97	474	171	0.63958	0.36042	0.43312	2.05	383	971
98	303	115	0.62162	0.37838	0.46098	1.94	242	588
99	188	75	0.60340	0.39660	0.49008	1.84	148	346
100	114	47	0.58495	0.41505	0.52047	1.74	88	198
101	66	29	0.56627	0.43373	0.55222	1.65	51	110
102	38	17	0.54741	0.45259	0.58538	1.57	28	59
103	21	10	0.52837	0.47163	0.62001	1.49	15	31
104	11	5	0.50919	0.49081	0.65618	1.41	8	15
105	6	3	0.48991	0.51009	0.69396	1.34	4	7
106	3	1	0.47054	0.52946	0.73342	1.27	2	3
107	1	1	0.45113	0.54887	0.77463	1.21	1	2
108	1	0	0.43171	0.56829	0.81768	1.15	0	1

第14回　生　命　表（昭和50年）
THE 14TH LIFE TABLES, 1975

女

年齢 x	生存数 l_x	死亡数 $_nd_x$	生存率 $_np_x$	死亡率 $_nq_x$	死力 μ_x	平均余命 $\overset{\circ}{e}_x$	定常人口 $_nL_x$	T_x
0日	100000	459	0.99541	0.00459	0.44971	76.89	1912	7688947
7(d)	99541	65	0.99934	0.00066	0.09070	77.22	1908	7687035
14	99476	34	0.99966	0.00034	0.02394	77.26	1907	7685126
21	99442	21	0.99979	0.00021	0.01309	77.26	1907	7683219
28	99421	66	0.99934	0.00066	0.00897	77.26	8940	7681312
2月	99355	40	0.99959	0.00041	0.00545	77.22	8278	7672372
3(m)	99314	83	0.99917	0.00083	0.00410	77.17	24817	7664094
6	99231	102	0.99897	0.00103	0.00254	76.98	49588	7639277
0年	100000	871	0.99129	0.00871	0.44971	76.89	99258	7688947
1(y)	99129	110	0.99889	0.00111	0.00150	76.56	99068	7589689
2	99019	77	0.99922	0.00078	0.00083	75.65	98979	7490620
3	98942	55	0.99944	0.00056	0.00065	74.71	98913	7391641
4	98887	42	0.99958	0.00042	0.00048	73.75	98865	7292728
5	98846	34	0.99965	0.00035	0.00038	72.78	98828	7193863
6	98811	29	0.99970	0.00030	0.00032	71.80	98796	7095035
7	98782	25	0.99975	0.00025	0.00027	70.83	98769	6996238
8	98757	22	0.99978	0.00022	0.00023	69.84	98746	6897469
9	98735	19	0.99980	0.00020	0.00021	68.86	98725	6798723
10	98716	18	0.99982	0.00018	0.00019	67.87	98707	6699998
11	98698	18	0.99982	0.00018	0.00018	66.88	98689	6601291
12	98680	18	0.99981	0.00019	0.00018	65.90	98671	6502603
13	98661	20	0.99980	0.00020	0.00019	64.91	98652	6403932
14	98642	22	0.99978	0.00022	0.00021	63.92	98631	6305280
15	98620	25	0.99975	0.00025	0.00024	62.94	98607	6206649
16	98595	28	0.99972	0.00028	0.00027	61.95	98581	6108042
17	98567	32	0.99967	0.00033	0.00030	60.97	98551	6009461
18	98535	37	0.99962	0.00038	0.00035	59.99	98517	5910910
19	98497	43	0.99956	0.00044	0.00041	59.01	98476	5812393
20	98454	48	0.99951	0.00049	0.00046	58.04	98431	5713917
21	98407	51	0.99948	0.00052	0.00050	57.06	98381	5615486
22	98356	54	0.99945	0.00055	0.00053	56.09	98329	5517105
23	98302	56	0.99943	0.00057	0.00056	55.12	98274	5418776
24	98246	58	0.99941	0.00059	0.00058	54.16	98217	5320502
25	98188	59	0.99940	0.00060	0.00060	53.19	98158	5222285
26	98128	59	0.99940	0.00060	0.00060	52.22	98099	5124127
27	98069	60	0.99939	0.00061	0.00060	51.25	98040	5026028
28	98009	63	0.99936	0.00064	0.00063	50.28	97978	4927989
29	97946	67	0.99932	0.00068	0.00066	49.31	97913	4830011
30	97879	71	0.99928	0.00072	0.00070	48.35	97844	4732098
31	97808	74	0.99925	0.00075	0.00074	47.38	97772	4634254
32	97735	77	0.99921	0.00079	0.00077	46.42	97696	4536482
33	97657	82	0.99916	0.00084	0.00081	45.45	97617	4438785
34	97576	87	0.99911	0.00089	0.00086	44.49	97533	4341169
35	97489	93	0.99905	0.00095	0.00092	43.53	97443	4243636
36	97396	99	0.99898	0.00102	0.00098	42.57	97347	4146193
37	97297	107	0.99890	0.00110	0.00106	41.61	97244	4048846
38	97190	116	0.99880	0.00120	0.00115	40.66	97133	3951601
39	97074	126	0.99870	0.00130	0.00125	39.71	97011	3854469
40	96947	137	0.99859	0.00141	0.00135	38.76	96880	3757457
41	96811	149	0.99846	0.00154	0.00147	37.81	96737	3660577
42	96662	162	0.99832	0.00168	0.00161	36.87	96582	3563840
43	96500	175	0.99819	0.00181	0.00174	35.93	96414	3467258
44	96325	187	0.99806	0.00194	0.00188	34.99	96233	3370844
45	96138	202	0.99790	0.00210	0.00202	34.06	96038	3274612
46	95936	220	0.99770	0.00230	0.00220	33.13	95827	3178573
47	95716	242	0.99747	0.00253	0.00241	32.21	95597	3082746
48	95474	264	0.99723	0.00277	0.00265	31.29	95343	2987149
49	95209	287	0.99698	0.00302	0.00289	30.37	95068	2891806

FEMALE

年 齢	生存数	死亡数	生 存 率	死 亡 率	死　力	平均余命	定 常 人 口	
x	l_x	$_nd_x$	$_np_x$	$_nq_x$	μ_x	$\overset{\circ}{e}_x$	$_nL_x$	T_x
50	94922	313	0.99670	0.00330	0.00315	29.46	94768	2796738
51	94609	342	0.99638	0.00362	0.00346	28.56	94441	2701970
52	94267	373	0.99604	0.00396	0.00380	27.66	94083	2607530
53	93894	404	0.99570	0.00430	0.00414	26.77	93694	2513447
54	93490	434	0.99536	0.00464	0.00448	25.88	93276	2419753
55	93056	465	0.99500	0.00500	0.00482	25.00	92826	2326477
56	92591	504	0.99456	0.00544	0.00522	24.12	92342	2233650
57	92087	547	0.99406	0.00594	0.00570	23.25	91817	2141308
58	91540	594	0.99352	0.00648	0.00622	22.39	91247	2049491
59	90946	644	0.99292	0.00708	0.00680	21.53	90629	1958244
60	90303	697	0.99228	0.00772	0.00741	20.68	89959	1867615
61	89606	759	0.99153	0.00847	0.00811	19.84	89232	1777656
62	88847	832	0.99064	0.00936	0.00893	19.00	88437	1688424
63	88015	916	0.98959	0.01041	0.00990	18.18	87564	1599987
64	87099	1012	0.98838	0.01162	0.01104	17.36	86602	1512422
65	86087	1128	0.98690	0.01310	0.01240	16.56	85533	1425821
66	84959	1255	0.98523	0.01477	0.01401	15.78	84342	1340288
67	83704	1387	0.98343	0.01657	0.01577	15.00	83021	1255946
68	82317	1523	0.98150	0.01850	0.01766	14.25	81567	1172924
69	80794	1672	0.97931	0.02069	0.01974	13.51	79971	1091357
70	79122	1840	0.97674	0.02326	0.02215	12.78	78217	1011386
71	77281	2034	0.97367	0.02633	0.02501	12.07	76282	933169
72	75247	2257	0.97000	0.03000	0.02849	11.39	74137	856888
73	72990	2480	0.96603	0.03397	0.03245	10.72	71768	782751
74	70510	2707	0.96161	0.03839	0.03677	10.08	69175	710982
75	67803	2936	0.95669	0.04331	0.04160	9.47	66354	641807
76	64867	3172	0.95111	0.04889	0.04706	8.87	63301	575453
77	61695	3416	0.94463	0.05537	0.05337	8.30	60008	512152
78	58279	3671	0.93702	0.06298	0.06082	7.76	56464	452144
79	54608	3903	0.92853	0.07147	0.06944	7.25	52674	395680
80	50705	4093	0.91927	0.08073	0.07899	6.76	48673	343005
81	46612	4241	0.90901	0.09099	0.08964	6.31	44500	294333
82	42370	4304	0.89843	0.10157	0.10122	5.90	40219	249832
83	38067	4259	0.88812	0.11188	0.11283	5.51	35930	209613
84	33808	4154	0.87711	0.12289	0.12466	5.14	31720	173683
85	29653	4018	0.86450	0.13550	0.13804	4.79	27631	141962
86	25635	3828	0.85066	0.14934	0.15340	4.46	23703	114331
87	21807	3580	0.83584	0.16416	0.17028	4.16	19994	90629
88	18227	3280	0.82004	0.17996	0.18857	3.88	16561	70635
89	14947	2946	0.80291	0.19709	0.20871	3.62	13444	54074
90	12001	2568	0.78603	0.21397	0.23013	3.39	10685	40630
91	9433	2174	0.76951	0.23049	0.25137	3.17	8313	29946
92	7259	1794	0.75282	0.24718	0.27273	2.98	6332	21632
93	5465	1454	0.73388	0.26612	0.29599	2.80	4709	15301
94	4010	1131	0.71793	0.28207	0.31938	2.64	3420	10591
95	2879	862	0.70053	0.29947	0.34352	2.49	2428	7171
96	2017	639	0.68301	0.31699	0.36845	2.35	1681	4743
97	1378	461	0.66538	0.33462	0.39418	2.22	1134	3062
98	917	323	0.64766	0.35234	0.42075	2.10	745	1928
99	594	220	0.62986	0.37014	0.44817	1.99	476	1183
100	374	145	0.61200	0.38800	0.47648	1.89	296	707
101	229	93	0.59409	0.40591	0.50571	1.79	179	411
102	136	58	0.57615	0.42385	0.53589	1.70	105	232
103	78	35	0.55820	0.44180	0.56704	1.62	60	127
104	44	20	0.54026	0.45974	0.59920	1.54	33	67
105	24	11	0.52233	0.47767	0.63240	1.47	17	35
106	12	6	0.50446	0.49554	0.66668	1.40	9	17
107	6	3	0.48664	0.51336	0.70206	1.33	4	8
108	3	2	0.46891	0.53109	0.73859	1.27	2	4
109	1	1	0.45128	0.54872	0.77630	1.22	1	2
110	1	0	0.43378	0.56622	0.81523	1.16	0	1

第15回　生　命　表（昭和55年）

THE 15TH LIFE TABLES, 1980

男

年　齢 x	生存数 l_x	死亡数 $_nd_x$	生存率 $_np_x$	死亡率 $_nq_x$	死　力 μ_x	平均余命 $\mathring{e}_x$	定　常　人　口 $_nL_x$	T_x
0 日	100000	444	0.99556	0.00444	0.43533	73.35	1912	7334858
7 (d)	99556	62	0.99938	0.00062	0.08760	73.66	1908	7332946
14	99494	30	0.99970	0.00030	0.02194	73.68	1908	7331037
21	99463	20	0.99980	0.00020	0.01171	73.69	1907	7329130
28	99443	59	0.99940	0.00060	0.00852	73.68	8942	7327222
2 月	99384	36	0.99964	0.00036	0.00477	73.64	8280	7318280
3 (m)	99348	87	0.99913	0.00087	0.00373	73.58	24826	7309999
6	99261	87	0.99912	0.00088	0.00284	73.39	49605	7285174
0 年	100000	826	0.99174	0.00826	0.43533	73.35	99290	7334858
1 (y)	99174	104	0.99895	0.00105	0.00112	72.96	99120	7235568
2	99070	80	0.99920	0.00080	0.00084	72.03	99029	7136448
3	98991	61	0.99938	0.00062	0.00070	71.09	98959	7037419
4	98930	49	0.99950	0.00050	0.00055	70.14	98904	6938460
5	98881	42	0.99957	0.00043	0.00046	69.17	98859	6839556
6	98838	38	0.99961	0.00039	0.00041	68.20	98819	6740697
7	98800	34	0.99966	0.00034	0.00036	67.23	98783	6641878
8	98766	29	0.99971	0.00029	0.00032	66.25	98752	6543095
9	98738	24	0.99976	0.00024	0.00027	65.27	98725	6444343
10	98714	21	0.99979	0.00021	0.00023	64.28	98703	6345618
11	98693	20	0.99980	0.00020	0.00020	63.30	98683	6246915
12	98673	20	0.99980	0.00020	0.00020	62.31	98663	6148233
13	98653	23	0.99977	0.00023	0.00021	61.32	98642	6049570
14	98630	32	0.99968	0.00032	0.00027	60.34	98615	5950928
15	98598	46	0.99954	0.00046	0.00039	59.35	98577	5852313
16	98553	62	0.99937	0.00063	0.00054	58.38	98523	5753736
17	98491	75	0.99923	0.00077	0.00070	57.42	98454	5655212
18	98416	84	0.99915	0.00085	0.00082	56.46	98374	5556758
19	98332	87	0.99912	0.00088	0.00088	55.51	98288	5458384
20	98245	87	0.99911	0.00089	0.00089	54.56	98201	5360096
21	98158	87	0.99912	0.00088	0.00089	53.61	98114	5261894
22	98071	85	0.99913	0.00087	0.00088	52.65	98028	5163780
23	97985	84	0.99915	0.00085	0.00086	51.70	97944	5065753
24	97902	83	0.99915	0.00085	0.00085	50.74	97860	4967809
25	97819	83	0.99915	0.00085	0.00085	49.79	97778	4869949
26	97736	85	0.99914	0.00086	0.00086	48.83	97694	4772171
27	97651	87	0.99911	0.00089	0.00088	47.87	97608	4674477
28	97565	89	0.99909	0.00091	0.00090	46.91	97521	4576869
29	97476	90	0.99907	0.00093	0.00092	45.95	97431	4479349
30	97386	93	0.99904	0.00096	0.00094	45.00	97339	4381917
31	97292	97	0.99900	0.00100	0.00098	44.04	97244	4284578
32	97195	102	0.99895	0.00105	0.00102	43.08	97145	4187334
33	97094	109	0.99888	0.00112	0.00108	42.13	97040	4090189
34	96985	117	0.99879	0.00121	0.00116	41.17	96927	3993149
35	96868	128	0.99868	0.00132	0.00126	40.22	96805	3896221
36	96740	141	0.99855	0.00145	0.00139	39.27	96671	3799416
37	96600	154	0.99841	0.00159	0.00152	38.33	96524	3702745
38	96446	166	0.99828	0.00172	0.00166	37.39	96364	3606221
39	96280	180	0.99813	0.00187	0.00179	36.45	96191	3509857
40	96100	197	0.99795	0.00205	0.00195	35.52	96003	3413666
41	95904	216	0.99775	0.00225	0.00215	34.59	95797	3317662
42	95688	238	0.99751	0.00249	0.00237	33.67	95571	3221865
43	95449	264	0.99723	0.00277	0.00262	32.75	95320	3126294
44	95185	296	0.99689	0.00311	0.00293	31.84	95040	3030975
45	94889	335	0.99647	0.00353	0.00332	30.94	94725	2935935
46	94554	377	0.99601	0.00399	0.00376	30.05	94369	2841210
47	94177	418	0.99556	0.00444	0.00423	29.17	93971	2746841
48	93759	454	0.99516	0.00484	0.00466	28.29	93535	2652870
49	93305	483	0.99482	0.00518	0.00503	27.43	93066	2559335

MALE

年 齢	生存数	死亡数	生存率	死亡率	死 力	平均余命	定 常 人 口	
x	l_x	$_nd_x$	$_np_x$	$_nq_x$	μ_x	$\overset{\circ}{e}_x$	$_nL_x$	T_x
50	92822	511	0.99449	0.00551	0.00535	26.57	92569	2466269
51	92311	544	0.99411	0.00589	0.00570	25.71	92042	2373700
52	91768	583	0.99365	0.00635	0.00613	24.86	91480	2281657
53	91185	626	0.99314	0.00686	0.00662	24.02	90876	2190178
54	90559	669	0.99261	0.00739	0.00715	23.18	90228	2099302
55	89890	715	0.99204	0.00796	0.00770	22.35	89536	2009073
56	89175	765	0.99142	0.00858	0.00828	21.53	88797	1919537
57	88410	826	0.99066	0.00934	0.00897	20.71	88003	1830740
58	87584	901	0.98971	0.01029	0.00984	19.90	87140	1742737
59	86683	984	0.98865	0.01135	0.01087	19.10	86198	1655597
60	85699	1067	0.98755	0.01245	0.01196	18.31	85172	1569400
61	84632	1153	0.98638	0.01362	0.01310	17.54	84063	1484227
62	83479	1251	0.98502	0.01498	0.01437	16.77	82863	1400164
63	82229	1360	0.98346	0.01654	0.01586	16.02	81558	1317301
64	80868	1476	0.98175	0.01825	0.01752	15.28	80140	1235744
65	79392	1600	0.97985	0.02015	0.01935	14.56	78603	1155603
66	77792	1736	0.97769	0.02231	0.02141	13.84	76937	1077000
67	76057	1891	0.97514	0.02486	0.02380	13.15	75125	1000063
68	74166	2065	0.97215	0.02785	0.02664	12.47	73148	924938
69	72101	2249	0.96880	0.03120	0.02989	11.81	70992	851790
70	69852	2446	0.96499	0.03501	0.03359	11.18	68645	780798
71	67406	2640	0.96084	0.03916	0.03772	10.57	66102	712153
72	64766	2835	0.95623	0.04377	0.04228	9.98	63364	646050
73	61931	3015	0.95131	0.04869	0.04728	9.41	60438	582686
74	58916	3177	0.94608	0.05392	0.05259	8.86	57340	522248
75	55739	3334	0.94019	0.05981	0.05842	8.34	54085	464908
76	52405	3484	0.93352	0.06648	0.06508	7.84	50675	410823
77	48921	3621	0.92598	0.07402	0.07271	7.36	47120	360148
78	45300	3719	0.91791	0.08209	0.08116	6.91	43447	313028
79	41581	3778	0.90915	0.09085	0.09031	6.48	39695	269581
80	37803	3794	0.89964	0.10036	0.10039	6.08	35905	229885
81	34009	3741	0.88999	0.11001	0.11108	5.70	32132	193981
82	30268	3636	0.87987	0.12013	0.12213	5.35	28439	161849
83	26632	3490	0.86896	0.13104	0.13404	5.01	24873	133410
84	23142	3303	0.85727	0.14273	0.14700	4.69	21470	108537
85	19839	3068	0.84536	0.15464	0.15929	4.39	18289	87066
86	16771	2844	0.83041	0.16959	0.17680	4.10	15328	68778
87	13927	2574	0.81519	0.18481	0.19497	3.84	12616	53450
88	11353	2274	0.79969	0.20031	0.21381	3.60	10190	40834
89	9079	1962	0.78393	0.21607	0.23336	3.38	8072	30643
90	7117	1652	0.76790	0.23210	0.25364	3.17	6266	22571
91	5465	1357	0.75163	0.24837	0.27467	2.98	4763	16305
92	4108	1088	0.73511	0.26489	0.29649	2.81	3543	11542
93	3020	850	0.71836	0.28164	0.31912	2.65	2576	8000
94	2169	648	0.70138	0.29862	0.34260	2.50	1830	5424
95	1521	480	0.68420	0.31580	0.36695	2.36	1269	3594
96	1041	347	0.66682	0.33318	0.39221	2.23	858	2325
97	694	243	0.64926	0.35074	0.41841	2.11	565	1467
98	451	166	0.63153	0.36847	0.44559	2.00	362	902
99	285	110	0.61366	0.38634	0.47378	1.90	226	540
100	175	71	0.59565	0.40435	0.50303	1.80	137	314
101	104	44	0.57753	0.42247	0.53336	1.71	80	178
102	60	26	0.55931	0.44069	0.56483	1.62	46	98
103	34	15	0.54102	0.45898	0.59747	1.54	25	52
104	18	9	0.52268	0.47732	0.63133	1.47	13	27
105	10	5	0.50432	0.49568	0.66644	1.40	7	13
106	5	2	0.48595	0.51405	0.70287	1.33	3	6
107	2	1	0.46760	0.53240	0.74066	1.27	2	3
108	1	1	0.44930	0.55070	0.77986	1.21	1	1

第15回 生命表（昭和55年）
THE 15TH LIFE TABLES, 1980

女

年齢	生存数	死亡数	生存率	死亡率	死 力	平均余命	定常人口	
x	l_x	$_nd_x$	$_np_x$	$_nq_x$	μ_x	$\overset{\circ}{e}_x$	$_nL_x$	T_x
0 日	100000	332	0.99668	0 00332	0.32118	78.76	1914	7876491
7 (d)	99668	52	0.99948	0.00052	0.06786	79.01	1911	7874578
14	99616	26	0.99974	0.00026	0.01840	79.03	1910	7872667
21	99591	17	0.99983	0.00017	0.01010	79.03	1910	7870757
28	99573	52	0.99948	0.00052	0.00758	79.03	8954	7868847
2 月	99521	29	0.99971	0.00029	0.00406	78.98	8292	7859892
3 (m)	99492	66	0.99933	0.00067	0.00288	78.92	24864	7851600
6	99426	84	0.99915	0.00085	0.00218	78.72	49690	7826736
0 年	100000	658	0.99342	0.00658	0.32118	78.76	99446	7876491
1 (y)	99342	88	0.99911	0.00089	0.00124	78.29	99293	7777046
2	99254	61	0.99938	0.00062	0.00065	77.35	99222	7677753
3	99192	42	0.99957	0.00043	0.00051	76.40	99170	7578531
4	99150	31	0.99968	0.00032	0.00036	75.43	99134	7479361
5	99119	26	0.99973	0.00027	0.00028	74.46	99105	7380227
6	99092	24	0.99976	0.00024	0.00025	73.48	99080	7281122
7	99069	20	0.99980	0.00020	0.00022	72.50	99059	7182041
8	99049	18	0.99982	0.00018	0.00019	71.51	99040	7082983
9	99031	15	0.99985	0.00015	0.00017	70.52	99023	6983943
10	99016	14	0.99986	0.00014	0.00015	69.53	99009	6884920
11	99002	13	0.99987	0.00013	0.00013	68.54	98995	6785911
12	98989	13	0.99987	0.00013	0.00013	67.55	98983	6686916
13	98976	13	0.99987	0.00013	0.00013	66.56	98970	6587933
14	98963	16	0.99984	0.00016	0.00014	65.57	98955	6488963
15	98947	19	0.99980	0.00020	0.00017	64.58	98938	6390008
16	98928	24	0.99976	0.00024	0.00022	63.59	98916	6291070
17	98904	28	0.99972	0.00028	0.00026	62.61	98891	6192154
18	98876	31	0.99969	0.00031	0.00030	61.63	98861	6093263
19	98846	33	0.99966	0.00034	0.00032	60.64	98829	5994402
20	98812	35	0.99965	0.00035	0.00035	59.66	98795	5895573
21	98778	36	0.99964	0.00036	0.00036	58.69	98760	5796778
22	98742	36	0.99963	0.00037	0.00037	57.71	98723	5698018
23	98705	37	0.99963	0.00037	0.00037	56.73	98687	5599295
24	98668	39	0.99961	0.00039	0.00038	55.75	98649	5500608
25	98630	42	0.99957	0.00043	0.00041	54.77	98609	5401959
26	98587	46	0.99954	0.00046	0.00045	53.79	98565	5303350
27	98542	48	0.99951	0.00049	0.00048	52.82	98518	5204785
28	98494	50	0.99950	0.00050	0.00050	51.84	98469	5106267
29	98444	51	0.99948	0.00052	0.00051	50.87	98419	5007798
30	98393	53	0.99946	0.00054	0.00053	49.90	98367	4909379
31	98340	56	0.99943	0.00057	0.00056	48.92	98312	4811012
32	98284	61	0.99938	0.00062	0.00059	47.95	98254	4712700
33	98223	65	0.99933	0.00067	0.00064	46.98	98191	4614446
34	98158	70	0.99928	0.00072	0.00069	46.01	98123	4516255
35	98087	75	0.99923	0.00077	0.00074	45.04	98050	4418133
36	98012	81	0.99918	0.00082	0.00080	44.08	97972	4320082
37	97931	87	0.99911	0.00089	0.00086	43.11	97888	4222110
38	97844	95	0.99903	0.00097	0.00093	42.15	97797	4124222
39	97750	102	0.99896	0.00104	0.00101	41.19	97699	4026425
40	97648	110	0.99888	0.00112	0.00108	40.23	97593	3928725
41	97538	119	0.99878	0.00122	0.00117	39.28	97479	3831132
42	97419	129	0.99867	0.00133	0.00127	38.33	97356	3733653
43	97290	142	0.99854	0.00146	0.00139	37.38	97220	3636297
44	97148	155	0.99840	0.00160	0.00153	36.43	97072	3539077
45	96993	170	0.99825	0.00175	0.00167	35.49	96910	3442005
46	96823	186	0.99808	0.00192	0.00183	34.55	96732	3345095
47	96637	203	0.99789	0.00211	0.00201	33.61	96537	3248363
48	96434	223	0.99768	0.00232	0.00221	32.68	96324	3151826
49	96211	246	0.99745	0.00255	0.00243	31.76	96090	3055502

FEMALE

年 齢	生存数	死亡数	生 存 率	死 亡 率	死　力	平均余命	定　常　人　口	
x	l_x	$_nd_x$	$_np_x$	$_nq_x$	μ_x	$\overset{\circ}{e}_x$	$_nL_x$	T_x
50	95965	268	0.99721	0.00279	0.00268	30.84	95833	2959412
51	95697	291	0.99696	0.00304	0.00292	29.92	95553	2863579
52	95406	311	0.99674	0.00326	0.00316	29.01	95252	2768026
53	95095	331	0.99652	0.00348	0.00337	28.11	94931	2672775
54	94763	356	0.99624	0.00376	0.00362	27.20	94588	2577844
55	94407	387	0.99590	0.00410	0.00393	26.30	94216	2483256
56	94020	421	0.99552	0.00448	0.00430	25.41	93812	2389040
57	93598	455	0.99513	0.00487	0.00468	24.52	93374	2295228
58	93143	493	0.99471	0.00529	0.00508	23.64	92900	2201855
59	92650	539	0.99418	0.00582	0.00556	22.76	92385	2108955
60	92111	593	0.99356	0.00644	0.00613	21.89	91819	2016570
61	91517	655	0.99284	0.00716	0.00681	21.03	91195	1924751
62	90862	717	0.99211	0.00789	0.00755	20.18	90509	1833556
63	90145	784	0.99130	0.00870	0.00832	19.34	89759	1743047
64	89361	859	0.99038	0.00962	0.00918	18.50	88938	1653288
65	88502	941	0.98937	0.01063	0.01015	17.68	88038	1564351
66	87561	1034	0.98820	0.01180	0.01125	16.86	87052	1476312
67	86527	1142	0.98680	0.01320	0.01254	16.06	85966	1389260
68	85385	1272	0.98510	0.01490	0.01410	15.26	84760	1303294
69	84113	1423	0.98308	0.01692	0.01597	14.49	83415	1218534
70	82690	1599	0.98066	0.01934	0.01823	13.73	81906	1135119
71	81091	1795	0.97787	0.02213	0.02090	12.99	80210	1053213
72	79296	1997	0.97481	0.02519	0.02390	12.27	78314	973003
73	77298	2203	0.97150	0.02850	0.02716	11.57	76214	894689
74	75095	2413	0.96787	0.03213	0.03071	10.90	73907	818475
75	72683	2636	0.96373	0.03627	0.03470	10.24	71384	744568
76	70046	2875	0.95895	0.04105	0.03929	9.61	68630	673185
77	67171	3139	0.95327	0.04673	0.04474	9.00	65624	604555
78	64032	3400	0.94690	0.05310	0.05107	8.42	62354	538931
79	60632	3662	0.93960	0.06040	0.05828	7.86	58822	476577
80	56970	3897	0.93159	0.06841	0.06643	7.33	55039	417756
81	53073	4101	0.92273	0.07727	0.07547	6.83	51037	362716
82	48972	4260	0.91302	0.08698	0.08553	6.36	46853	311679
83	44712	4364	0.90239	0.09761	0.09667	5.92	42536	264826
84	40348	4399	0.89098	0.10902	0.10887	5.51	38149	222290
85	35949	4370	0.87845	0.12155	0.12228	5.12	33759	184141
86	31579	4264	0.86499	0.13501	0.13714	4.76	29435	150383
87	27316	4067	0.85112	0.14888	0.15299	4.43	25262	120948
88	23249	3793	0.83686	0.16314	0.16943	4.12	21328	95686
89	19456	3483	0.82100	0.17900	0.18721	3.82	17690	74358
90	15973	3151	0.80272	0.19728	0.20943	3.55	14365	56668
91	12822	2751	0.78545	0.21455	0.23034	3.30	11413	42303
92	10071	2345	0.76718	0.23282	0.25296	3.07	8865	30890
93	7726	1948	0.74789	0.25211	0.27743	2.85	6720	22025
94	5778	1574	0.72757	0.27243	0.30391	2.65	4962	15305
95	4204	1235	0.70622	0.29378	0.33255	2.46	3560	10343
96	2969	939	0.68381	0.31619	0.36353	2.28	2477	6783
97	2030	690	0.66038	0.33962	0.39705	2.12	1667	4306
98	1341	488	0.63593	0.36407	0.43331	1.97	1082	2639
99	853	332	0.61050	0.38950	0.47253	1.83	675	1557
100	521	216	0.58414	0.41586	0.51497	1.69	404	882
101	304	135	0.55689	0.44311	0.56088	1.57	231	478
102	169	80	0.52885	0.47115	0.61054	1.46	126	247
103	90	45	0.50010	0.49990	0.66427	1.35	65	121
104	45	24	0.47076	0.52924	0.72239	1.25	32	56
105	21	12	0.44095	0.55905	0.78527	1.16	14	24
106	9	5	0.41082	0.58918	0.85329	1.08	6	10
107	4	2	0.38054	0.61946	0.92687	1.00	2	4
108	1	1	0.35030	0.64970	1.00648	0.92	1	1
109	1	0	0.32027	0.67973	1.09260	0.85	0	0

第 16 回　生　命　表（昭和60年）
THE 16TH LIFE TABLES, 1985

男

年齢 x	生存数 l_x	死亡数 $_nd_x$	生存率 $_np_x$	死亡率 $_nq_x$	死　力 μ_x	平均余命 $\overset{\circ}{e}_x$	定　常　人　口 $_nL_x$	定　常　人　口 T_x
0 日	100000	281	0.99719	0.00281	0.27148	74.78	1914	7478153
7 (d)	99719	45	0.99955	0.00045	0.05779	74.97	1912	7476239
14	99674	24	0.99976	0.00024	0.01620	74.99	1911	7474327
21	99650	18	0.99982	0.00018	0.00990	74.99	1911	7472416
28	99632	45	0.99955	0.00045	0.00831	74.98	8960	7470505
2 月	99587	28	0.99972	0.00028	0.00318	74.92	8298	7461545
3 (m)	99560	71	0.99928	0.00072	0.00289	74.86	24881	7453247
6	99488	74	0.99926	0.00074	0.00244	74.67	49723	7428366
0 年	100000	585	0.99415	0.00585	0.27148	74.78	99510	7478153
1 (y)	99415	85	0.99914	0.00086	0.00096	74.22	99370	7378644
2	99329	62	0.99938	0.00062	0.00067	73.28	99297	7279274
3	99268	44	0.99956	0.00044	0.00052	72.33	99244	7179977
4	99223	34	0.99966	0.00034	0.00038	71.36	99206	7080732
5	99190	30	0.99970	0.00030	0.00031	70.39	99174	6981527
6	99160	28	0.99972	0.00028	0.00029	69.41	99146	6882352
7	99132	26	0.99974	0.00026	0.00027	68.43	99119	6783206
8	99106	23	0.99976	0.00024	0.00025	67.44	99094	6684088
9	99082	20	0.99980	0.00020	0.00022	66.46	99072	6584994
10	99062	18	0.99982	0.00018	0.00019	65.47	99053	6485922
11	99044	17	0.99982	0.00018	0.00018	64.49	99035	6386869
12	99027	17	0.99983	0.00017	0.00017	63.50	99018	6287833
13	99010	20	0.99980	0.00020	0.00018	62.51	99000	6188815
14	98990	28	0.99972	0.00028	0.00023	61.52	98977	6089815
15	98963	42	0.99958	0.00042	0.00034	60.54	98943	5990837
16	98921	60	0.99940	0.00060	0.00051	59.56	98892	5891894
17	98861	76	0.99923	0.00077	0.00069	58.60	98824	5793002
18	98785	87	0.99912	0.00088	0.00084	57.64	98742	5694178
19	98698	90	0.99909	0.00091	0.00091	56.69	98653	5595436
20	98607	88	0.99910	0.00090	0.00091	55.74	98563	5496784
21	98519	85	0.99914	0.00086	0.00088	54.79	98476	5398221
22	98434	81	0.99918	0.00082	0.00084	53.84	98394	5299744
23	98354	78	0.99921	0.00079	0.00080	52.88	98314	5201351
24	98276	77	0.99922	0.00078	0.00079	51.93	98237	5103036
25	98199	77	0.99921	0.00079	0.00078	50.97	98160	5004799
26	98121	78	0.99920	0.00080	0.00079	50.01	98082	4906639
27	98043	80	0.99919	0.00081	0.00081	49.05	98003	4808557
28	97963	80	0.99919	0.00081	0.00082	48.08	97923	4710554
29	97883	79	0.99920	0.00080	0.00081	47.12	97844	4612630
30	97805	79	0.99920	0.00080	0.00080	46.16	97765	4514786
31	97726	81	0.99917	0.00083	0.00081	45.20	97686	4417021
32	97645	88	0.99910	0.00090	0.00086	44.24	97601	4319335
33	97557	97	0.99901	0.00099	0.00094	43.27	97509	4221734
34	97460	105	0.99892	0.00108	0.00104	42.32	97408	4124225
35	97355	114	0.99883	0.00117	0.00113	41.36	97298	4026817
36	97241	123	0.99874	0.00126	0.00122	40.41	97180	3929518
37	97118	133	0.99863	0.00137	0.00132	39.46	97052	3832338
38	96984	146	0.99849	0.00151	0.00144	38.51	96912	3735286
39	96838	161	0.99834	0.00166	0.00158	37.57	96759	3638374
40	96677	177	0.99817	0.00183	0.00175	36.63	96590	3541615
41	96500	195	0.99798	0.00202	0.00193	35.70	96404	3445025
42	96305	214	0.99778	0.00222	0.00212	34.77	96200	3348622
43	96091	233	0.99758	0.00242	0.00232	33.85	95976	3252422
44	95858	255	0.99734	0.00266	0.00254	32.93	95733	3156446
45	95604	282	0.99705	0.00295	0.00280	32.01	95465	3060713
46	95321	314	0.99671	0.00329	0.00312	31.11	95167	2965248
47	95008	348	0.99634	0.00366	0.00348	30.21	94837	2870080
48	94659	386	0.99592	0.00408	0.00387	29.32	94470	2775244
49	94274	429	0.99544	0.00456	0.00431	28.44	94063	2680774

MALE

年齢 x	生存数 l_x	死亡数 $_nd_x$	生存率 $_np_x$	死亡率 $_nq_x$	死力 μ_x	平均余命 $\overset{\circ}{e}_x$	定常人口 $_nL_x$	T_x
50	93844	478	0.99490	0.00510	0.00483	27.56	93609	2586711
51	93366	532	0.99430	0.00570	0.00541	26.70	93104	2493102
52	92833	584	0.99371	0.00629	0.00602	25.85	92546	2399998
53	92249	633	0.99314	0.00686	0.00660	25.01	91937	2307453
54	91617	681	0.99257	0.00743	0.00717	24.18	91280	2215516
55	90936	726	0.99202	0.00798	0.00774	23.36	90577	2124236
56	90210	770	0.99146	0.00854	0.00829	22.54	89828	2033659
57	89440	814	0.99090	0.00910	0.00885	21.73	89037	1943831
58	88626	865	0.99024	0.00976	0.00945	20.93	88198	1854794
59	87761	925	0.98946	0.01054	0.01018	20.13	87304	1766596
60	86836	993	0.98856	0.01144	0.01104	19.34	86345	1679292
61	85843	1062	0.98763	0.01237	0.01197	18.56	85318	1592946
62	84781	1134	0.98663	0.01337	0.01293	17.78	84221	1507629
63	83647	1217	0.98545	0.01455	0.01403	17.02	83046	1423408
64	82430	1312	0.98408	0.01592	0.01532	16.26	81782	1340362
65	81118	1413	0.98258	0.01742	0.01678	15.52	80421	1258579
66	79705	1533	0.98077	0.01923	0.01844	14.78	78949	1178159
67	78172	1672	0.97861	0.02139	0.02047	14.06	77348	1099209
68	76500	1820	0.97621	0.02379	0.02281	13.36	75603	1021861
69	74680	1964	0.97370	0.02630	0.02533	12.67	73710	946258
70	72716	2114	0.97092	0.02908	0.02802	12.00	71672	872548
71	70602	2282	0.96768	0.03232	0.03109	11.34	69476	800876
72	68320	2475	0.96377	0.03623	0.03476	10.70	67099	731400
73	65844	2689	0.95916	0.04084	0.03919	10.09	64518	664301
74	63155	2908	0.95395	0.04605	0.04430	9.50	61719	599784
75	60247	3135	0.94796	0.05204	0.05016	8.93	58698	538064
76	57111	3350	0.94134	0.05866	0.05684	8.39	55453	479367
77	53761	3533	0.93429	0.06571	0.06415	7.89	52008	423913
78	50229	3659	0.92716	0.07284	0.07176	7.40	48408	371906
79	46570	3735	0.91980	0.08020	0.07953	6.95	44707	323498
80	42835	3775	0.91188	0.08812	0.08776	6.51	40950	278791
81	39061	3795	0.90283	0.09717	0.09698	6.09	37164	237841
82	35265	3799	0.89228	0.10772	0.10785	5.69	33364	200677
83	31466	3744	0.88102	0.11898	0.12019	5.32	29587	167313
84	27722	3621	0.86938	0.13062	0.13319	4.97	25900	137726
85	24101	3454	0.85669	0.14331	0.14744	4.64	22357	111826
86	20647	3227	0.84370	0.15630	0.16211	4.33	19013	89469
87	17420	2964	0.82984	0.17016	0.17801	4.04	15915	70455
88	14456	2673	0.81507	0.18493	0.19526	3.77	13094	54540
89	11783	2364	0.79936	0.20064	0.21395	3.52	10574	41446
90	9419	2047	0.78266	0.21734	0.23422	3.28	8369	30872
91	7372	1733	0.76494	0.23506	0.25620	3.05	6479	22503
92	5639	1431	0.74619	0.25381	0.28003	2.84	4899	16024
93	4208	1151	0.72638	0.27362	0.30586	2.64	3610	11125
94	3056	900	0.70549	0.29451	0.33388	2.46	2587	7515
95	2156	682	0.68353	0.31647	0.36425	2.29	1798	4928
96	1474	500	0.66048	0.33952	0.39718	2.12	1210	3130
97	973	354	0.63637	0.36363	0.43288	1.97	786	1920
98	619	241	0.61122	0.38878	0.47160	1.83	491	1134
99	379	157	0.58507	0.41493	0.51357	1.70	294	643
100	222	98	0.55799	0.44201	0.55908	1.58	169	349
101	124	58	0.53004	0.46996	0.60842	1.46	92	181
102	66	33	0.50131	0.49869	0.66192	1.36	48	89
103	33	17	0.47192	0.52808	0.71993	1.26	23	41
104	15	9	0.44200	0.55800	0.78282	1.16	11	18
105	7	4	0.41169	0.58831	0.85101	1.08	5	7
106	3	2	0.38118	0.61882	0.92494	1.00	2	3
107	1	1	0.35065	0.64935	1.00511	0.92	1	1

第 16 回 生 命 表 （昭和60年）
THE 16TH LIFE TABLES, 1985

女

年齢 x	生存数 l_x	死亡数 $_n d_x$	生存率 $_n p_x$	死亡率 $_n q_x$	死 力 μ_x	平均余命 $\overset{\circ}{e}_x$	定 常 人 口	
							$_n L_x$	T_x
0 日	100000	240	0.99760	0.00240	0.22937	80.48	1915	8048204
7 (d)	99760	40	0.99960	0.00040	0.05022	80.66	1913	8046289
14	99721	19	0.99980	0.00020	0.01342	80.67	1912	8044377
21	99701	18	0.99982	0.00018	0.00853	80.67	1912	8042464
28	99684	44	0.99956	0.00044	0.00855	80.66	8965	8040552
2 月	99640	28	0.99972	0.00028	0.00319	80.61	8302	8031588
3 (m)	99612	56	0.99944	0.00056	0.00288	80.55	24895	8023286
6	99556	64	0.99936	0.00064	0.00165	80.34	49760	7998390
0 年	100000	508	0.99492	0.00508	0.22937	80.48	99574	8048204
1 (y)	99492	69	0.99930	0.00070	0.00089	79.89	99454	7948630
2	99423	47	0.99953	0.00047	0.00052	78.95	99398	7849176
3	99376	31	0.99969	0.00031	0.00038	77.98	99359	7749778
4	99344	22	0.99978	0.00022	0.00026	77.01	99333	7650419
5	99322	19	0.99981	0.00019	0.00020	76.03	99313	7551086
6	99304	17	0.99983	0.00017	0.00018	75.04	99295	7451773
7	99287	15	0.99985	0.00015	0.00016	74.05	99279	7352478
8	99272	13	0.99987	0.00013	0.00014	73.06	99266	7253198
9	99259	12	0.99988	0.00012	0.00012	72.07	99253	7153933
10	99248	11	0.99988	0.00012	0.00012	71.08	99242	7054679
11	99236	12	0.99988	0.00012	0.00012	70.09	99230	6955438
12	99224	12	0.99988	0.00012	0.00012	69.10	99218	6856207
13	99212	14	0.99986	0.00014	0.00013	68.11	99206	6756989
14	99199	16	0.99984	0.00016	0.00015	67.12	99191	6657783
15	99183	18	0.99982	0.00018	0.00017	66.13	99174	6558592
16	99165	21	0.99979	0.00021	0.00020	65.14	99155	6459418
17	99144	25	0.99975	0.00025	0.00023	64.15	99132	6360263
18	99119	28	0.99972	0.00028	0.00026	63.17	99106	6261131
19	99092	29	0.99970	0.00030	0.00029	62.19	99077	6162026
20	99062	30	0.99969	0.00031	0.00030	61.20	99047	6062948
21	99032	31	0.99969	0.00031	0.00031	60.22	99017	5963901
22	99001	31	0.99968	0.00032	0.00031	59.24	98986	5864885
23	98970	33	0.99967	0.00033	0.00032	58.26	98954	5765899
24	98937	35	0.99965	0.00035	0.00034	57.28	98920	5666945
25	98903	36	0.99963	0.00037	0.00036	56.30	98885	5568025
26	98867	38	0.99962	0.00038	0.00037	55.32	98848	5469140
27	98829	40	0.99960	0.00040	0.00039	54.34	98809	5370292
28	98789	42	0.99957	0.00043	0.00042	53.36	98768	5271483
29	98746	45	0.99954	0.00046	0.00044	52.38	98724	5172715
30	98701	47	0.99952	0.00048	0.00047	51.41	98678	5073991
31	98654	50	0.99949	0.00051	0.00049	50.43	98629	4975313
32	98604	53	0.99946	0.00054	0.00052	49.46	98578	4876684
33	98551	57	0.99942	0.00058	0.00056	48.48	98523	4778106
34	98494	61	0.99938	0.00062	0.00059	47.51	98464	4679583
35	98434	66	0.99933	0.00067	0.00064	46.54	98401	4581119
36	98368	71	0.99928	0.00072	0.00069	45.57	98333	4482717
37	98297	78	0.99921	0.00079	0.00076	44.60	98258	4384385
38	98219	85	0.99914	0.00086	0.00083	43.64	98177	4286126
39	98134	92	0.99906	0.00094	0.00090	42.68	98089	4187949
40	98043	100	0.99898	0.00102	0.00098	41.72	97994	4089860
41	97943	110	0.99888	0.00112	0.00107	40.76	97889	3991866
42	97833	120	0.99877	0.00123	0.00117	39.80	97774	3893977
43	97713	131	0.99866	0.00134	0.00128	38.85	97649	3796203
44	97583	141	0.99856	0.00144	0.00139	37.90	97513	3698554
45	97442	152	0.99844	0.00156	0.00150	36.96	97367	3601041
46	97290	164	0.99832	0.00168	0.00162	36.01	97209	3503674
47	97126	178	0.99817	0.00183	0.00175	35.07	97038	3406466
48	96948	195	0.99799	0.00201	0.00192	34.14	96852	3309427
49	96753	216	0.99777	0.00223	0.00212	33.20	96647	3212575

FEMALE

年齢	生存数	死亡数	生存率	死亡率	死 力	平均余命	定 常 人 口	
x	l_x	$_n d_x$	$_n p_x$	$_n q_x$	μ_x	$\overset{\circ}{e}_x$	$_n L_x$	T_x
50	96537	237	0.99754	0.00246	0.00234	32.28	96421	3115928
51	96300	259	0.99731	0.00269	0.00258	31.36	96173	3019508
52	96041	279	0.99710	0.00290	0.00280	30.44	95904	2923335
53	95763	297	0.99690	0.00310	0.00301	29.53	95616	2827432
54	95465	315	0.99670	0.00330	0.00321	28.62	95309	2731816
55	95150	335	0.99648	0.00352	0.00341	27.71	94985	2636507
56	94815	360	0.99621	0.00379	0.00365	26.81	94638	2541522
57	94456	390	0.99587	0.00413	0.00396	25.91	94264	2446885
58	94066	425	0.99549	0.00451	0.00432	25.01	93857	2352621
59	93641	462	0.99506	0.00494	0.00473	24.12	93414	2258764
60	93179	505	0.99458	0.00542	0.00518	23.24	92930	2165351
61	92674	554	0.99403	0.00597	0.00570	22.36	92401	2072421
62	92120	611	0.99337	0.00663	0.00630	21.49	91820	1980019
63	91510	676	0.99262	0.00738	0.00702	20.63	91177	1888199
64	90834	746	0.99179	0.00821	0.00782	19.78	90467	1797022
65	90088	820	0.99090	0.00910	0.00868	18.94	89685	1706555
66	89269	898	0.98995	0.01005	0.00961	18.11	88827	1616870
67	88371	982	0.98889	0.01111	0.01061	17.29	87888	1528043
68	87389	1081	0.98763	0.01237	0.01178	16.48	86857	1440155
69	86308	1194	0.98617	0.01383	0.01316	15.68	85721	1353297
70	85114	1317	0.98453	0.01547	0.01473	14.89	84466	1267577
71	83797	1453	0.98266	0.01734	0.01649	14.12	83083	1183110
72	82344	1611	0.98044	0.01956	0.01856	13.36	81553	1100028
73	80733	1796	0.97775	0.02225	0.02105	12.62	79851	1018475
74	78937	2002	0.97464	0.02536	0.02399	11.89	77955	938624
75	76935	2248	0.97079	0.02921	0.02754	11.19	75833	860669
76	74687	2526	0.96618	0.03382	0.03192	10.51	73448	784836
77	72162	2805	0.96112	0.03888	0.03695	9.86	70782	711388
78	69356	3073	0.95570	0.04430	0.04242	9.24	67841	640605
79	66284	3320	0.94991	0.05009	0.04827	8.64	64643	572764
80	62963	3553	0.94357	0.05643	0.05460	8.07	61206	508121
81	59410	3786	0.93627	0.06373	0.06178	7.52	57536	446914
82	55624	4011	0.92790	0.07210	0.07014	7.00	53637	389378
83	51614	4203	0.91856	0.08144	0.07969	6.50	49527	335742
84	47410	4355	0.90814	0.09186	0.09044	6.04	45243	286215
85	43055	4444	0.89679	0.10321	0.10240	5.60	40838	240972
86	38611	4480	0.88398	0.11602	0.11577	5.18	36373	200134
87	34132	4466	0.86917	0.13083	0.13142	4.80	31894	163761
88	29666	4346	0.85351	0.14649	0.14915	4.44	27478	131867
89	25320	4103	0.83797	0.16203	0.16750	4.12	23246	104389
90	21218	3770	0.82230	0.17770	0.18674	3.82	19300	81143
91	17447	3376	0.80653	0.19347	0.20493	3.54	15726	61842
92	14072	2968	0.78905	0.21095	0.22552	3.28	12553	46116
93	11103	2557	0.76974	0.23026	0.24880	3.02	9791	33563
94	8547	2150	0.74847	0.25153	0.27514	2.78	7439	23772
95	6397	1758	0.72512	0.27488	0.30492	2.55	5486	16333
96	4639	1394	0.69958	0.30042	0.33862	2.34	3913	10847
97	3245	1065	0.67177	0.32823	0.37673	2.14	2687	6934
98	2180	781	0.64165	0.35835	0.41983	1.95	1768	4247
99	1399	547	0.60921	0.39079	0.46859	1.77	1108	2480
100	852	363	0.57448	0.42552	0.52373	1.61	658	1372
101	490	226	0.53759	0.46241	0.58611	1.46	367	714
102	263	132	0.49870	0.50130	0.65667	1.32	191	347
103	131	71	0.45809	0.54191	0.73647	1.19	92	156
104	60	35	0.41614	0.58386	0.82674	1.07	40	65
105	25	16	0.37329	0.62671	0.92884	0.97	16	24
106	9	6	0.33012	0.66988	1.04433	0.87	6	8
107	3	2	0.28728	0.71272	1.17495	0.78	2	2
108	1	1	0.24548	0.75452	1.32270	0.70	0	1

第17回　生　命　表（平成2年）
THE 17TH LIFE TABLES, 1990

男

年　齢	生　存　数	死　亡　数	生　存　率	死　亡　率	死　力	平均余命	定　常　人　口	
x	l_x	$_nd_x$	$_np_x$	$_nq_x$	μ_x	$\overset{\circ}{e}_x$	$_nL_x$	T_x
0 日	100000	211	0.99789	0.00211	0.20909	75.92	1915	7592078
7 (d)	99789	32	0.99968	0.00032	0.04092	76.06	1913	7590162
14	99757	24	0.99976	0.00024	0.00715	76.07	1913	7588249
21	99733	15	0.99985	0.00015	0.01020	76.07	1913	7586336
28	99718	51	0.99949	0.00051	0.00628	76.06	8968	7584423
2 月	99667	29	0.99971	0.00029	0.00430	76.01	8304	7575456
3 (m)	99638	66	0.99934	0.00066	0.00291	75.95	24901	7567151
6	99573	68	0.99932	0.00068	0.00208	75.75	49767	7542251
0 年	100000	495	0.99505	0.00495	0.20909	75.92	99594	7592078
1 (y)	99505	78	0.99922	0.00078	0.00088	75.30	99464	7492484
2	99427	57	0.99943	0.00057	0.00061	74.36	99397	7393020
3	99370	42	0.99958	0.00042	0.00049	73.40	99348	7293623
4	99328	33	0.99967	0.00033	0.00037	72.43	99311	7194275
5	99295	28	0.99971	0.00029	0.00030	71.45	99281	7094964
6	99267	25	0.99975	0.00025	0.00027	70.47	99254	6995683
7	99242	22	0.99978	0.00022	0.00024	69.49	99230	6896429
8	99220	18	0.99982	0.00018	0.00020	68.51	99211	6797199
9	99202	15	0.99985	0.00015	0.00017	67.52	99194	6697988
10	99187	14	0.99986	0.00014	0.00014	66.53	99180	6598795
11	99173	14	0.99985	0.00015	0.00014	65.54	99165	6499615
12	99158	15	0.99984	0.00016	0.00015	64.55	99151	6400450
13	99143	17	0.99982	0.00018	0.00016	63.56	99134	6301299
14	99125	23	0.99977	0.00023	0.00020	62.57	99115	6202165
15	99102	34	0.99966	0.00034	0.00028	61.58	99087	6103050
16	99068	49	0.99950	0.00050	0.00041	60.60	99045	6003964
17	99019	65	0.99934	0.00066	0.00058	59.63	98988	5904918
18	98954	77	0.99922	0.00078	0.00073	58.67	98916	5805930
19	98877	83	0.99916	0.00084	0.00082	57.72	98836	5707014
20	98794	82	0.99917	0.00083	0.00084	56.77	98753	5608178
21	98712	80	0.99919	0.00081	0.00082	55.81	98672	5509426
22	98632	77	0.99922	0.00078	0.00080	54.86	98593	5410754
23	98555	75	0.99924	0.00076	0.00077	53.90	98517	5312161
24	98479	74	0.99925	0.00075	0.00076	52.94	98442	5213644
25	98406	72	0.99927	0.00073	0.00074	51.98	98370	5115202
26	98334	70	0.99929	0.00071	0.00072	51.02	98299	5016832
27	98264	69	0.99929	0.00071	0.00071	50.05	98229	4918533
28	98195	71	0.99927	0.00073	0.00071	49.09	98159	4820304
29	98123	74	0.99925	0.00075	0.00074	48.12	98087	4722145
30	98050	76	0.99922	0.00078	0.00076	47.16	98012	4624058
31	97974	78	0.99920	0.00080	0.00079	46.20	97935	4526046
32	97895	81	0.99917	0.00083	0.00081	45.23	97855	4428112
33	97814	85	0.99913	0.00087	0.00084	44.27	97772	4330257
34	97730	90	0.99908	0.00092	0.00089	43.31	97685	4232484
35	97639	97	0.99901	0.00099	0.00096	42.35	97592	4134799
36	97543	105	0.99893	0.00107	0.00103	41.39	97491	4037208
37	97438	114	0.99883	0.00117	0.00112	40.43	97382	3939717
38	97324	125	0.99871	0.00129	0.00123	39.48	97262	3842335
39	97199	136	0.99860	0.00140	0.00134	38.53	97132	3745072
40	97063	151	0.99845	0.00155	0.00148	37.58	96988	3647940
41	96912	166	0.99828	0.00172	0.00164	36.64	96830	3550952
42	96745	182	0.99812	0.00188	0.00180	35.70	96656	3454122
43	96564	199	0.99794	0.00206	0.00197	34.77	96466	3357467
44	96365	219	0.99772	0.00228	0.00216	33.84	96257	3261001
45	96145	244	0.99746	0.00254	0.00240	32.92	96026	3164744
46	95901	272	0.99716	0.00284	0.00269	32.00	95768	3068718
47	95629	302	0.99685	0.00315	0.00300	31.09	95481	2972951
48	95328	328	0.99656	0.00344	0.00331	30.19	95166	2877470
49	95000	353	0.99628	0.00372	0.00358	29.29	94825	2782304

MALE

年　齢	生　存　数	死　亡　数	生　存　率	死　亡　率	死　　力	平均余命	定　常　人　口	
x	l_x	$_nd_x$	$_np_x$	$_nq_x$	μ_x	$\overset{\circ}{e}_x$	$_nL_x$	T_x
50	94646	383	0.99595	0.00405	0.00388	28.40	94457	2687479
51	94263	420	0.99554	0.00446	0.00425	27.51	94056	2593022
52	93842	464	0.99505	0.00495	0.00470	26.63	93614	2498966
53	93378	520	0.99443	0.00557	0.00525	25.76	93123	2405352
54	92858	585	0.99370	0.00630	0.00593	24.90	92572	2312229
55	92274	655	0.99290	0.00710	0.00671	24.06	91952	2219657
56	91619	725	0.99209	0.00791	0.00753	23.22	91262	2127705
57	90894	793	0.99127	0.00873	0.00836	22.40	90503	2036443
58	90101	860	0.99046	0.00954	0.00917	21.60	89676	1945940
59	89241	928	0.98960	0.01040	0.01002	20.80	88782	1856264
60	88312	1000	0.98868	0.01132	0.01091	20.01	87818	1767481
61	87312	1072	0.98772	0.01228	0.01187	19.24	86782	1679663
62	86240	1141	0.98677	0.01323	0.01283	18.47	85676	1592881
63	85100	1212	0.98576	0.01424	0.01381	17.71	84500	1507205
64	83888	1288	0.98464	0.01536	0.01489	16.96	83250	1422705
65	82599	1374	0.98336	0.01664	0.01610	16.22	81920	1339455
66	81225	1466	0.98195	0.01805	0.01747	15.48	80500	1257535
67	79759	1570	0.98032	0.01968	0.01900	14.76	78983	1177035
68	78189	1689	0.97840	0.02160	0.02081	14.04	77355	1098052
69	76500	1822	0.97618	0.02382	0.02292	13.34	75600	1020697
70	74678	1972	0.97359	0.02641	0.02536	12.66	73705	945097
71	72706	2142	0.97054	0.02946	0.02826	11.99	71649	871392
72	70563	2323	0.96708	0.03292	0.03162	11.33	69417	799743
73	68240	2511	0.96321	0.03679	0.03542	10.70	67001	730325
74	65730	2692	0.95905	0.04095	0.03959	10.09	64398	663325
75	63038	2863	0.95458	0.04542	0.04406	9.50	61621	598926
76	60175	3042	0.94945	0.05055	0.04904	8.93	58669	537305
77	57133	3234	0.94339	0.05661	0.05490	8.38	55532	478636
78	53898	3432	0.93633	0.06367	0.06186	7.85	52198	423104
79	50467	3607	0.92852	0.07148	0.06980	7.35	48677	370906
80	46859	3767	0.91961	0.08039	0.07880	6.88	44988	322228
81	43093	3877	0.91003	0.08997	0.08891	6.43	41161	277241
82	39216	3920	0.90003	0.09997	0.09971	6.02	37256	236080
83	35295	3894	0.88968	0.11032	0.11102	5.63	33343	198824
84	31402	3801	0.87894	0.12106	0.12285	5.27	29491	165480
85	27600	3654	0.86760	0.13240	0.13536	4.93	25759	135990
86	23946	3465	0.85528	0.14472	0.14892	4.60	22196	110231
87	20480	3246	0.84153	0.15847	0.16414	4.30	18837	88035
88	17235	2983	0.82691	0.17309	0.18109	4.01	15720	69197
89	14252	2682	0.81184	0.18816	0.19913	3.75	12884	53478
90	11570	2351	0.79677	0.20323	0.21728	3.51	10367	40594
91	9219	2024	0.78043	0.21957	0.23732	3.28	8179	30227
92	7195	1703	0.76335	0.23665	0.25873	3.06	6317	22047
93	5492	1398	0.74551	0.25449	0.28161	2.86	4769	15730
94	4094	1118	0.72690	0.27310	0.30605	2.68	3513	10961
95	2976	870	0.70753	0.29247	0.33217	2.50	2522	7448
96	2106	658	0.68741	0.31259	0.36008	2.34	1760	4926
97	1447	483	0.66653	0.33347	0.38991	2.19	1193	3166
98	965	343	0.64493	0.35507	0.42178	2.04	783	1973
99	622	235	0.62262	0.37738	0.45583	1.91	497	1190
100	387	155	0.59963	0.40037	0.49221	1.79	304	693
101	232	98	0.57601	0.42399	0.53109	1.67	179	388
102	134	60	0.55179	0.44821	0.57264	1.56	101	209
103	74	35	0.52704	0.47296	0.61703	1.46	55	108
104	39	19	0.50181	0.49819	0.66446	1.37	28	53
105	20	10	0.47619	0.52381	0.71515	1.28	14	25
106	9	5	0.45026	0.54974	0.76931	1.20	6	11
107	4	2	0.42411	0.57589	0.82718	1.12	3	5
108	2	1	0.39785	0.60215	0.88902	1.05	1	2
109	1	0	0.37158	0.62842	0.95509	0.98	0	1

第17回　生　命　表（平成2年）
THE 17TH LIFE TABLES, 1990

女

年齢 x	生存数 l_x	死亡数 $_nd_x$	生存率 $_np_x$	死亡率 $_nq_x$	死力 μ_x	平均余命 $\overset{\circ}{e}_x$	定常人口	
							$_nL_x$	T_x
0 日	100000	170	0.99830	0.00170	0.16450	81.90	1916	8190367
7 (d)	99830	30	0.99970	0.00030	0.03551	82.02	1914	8188451
14	99800	20	0.99979	0.00021	0.00727	82.03	1914	8186537
21	99779	16	0.99984	0.00016	0.00923	82.03	1913	8184624
28	99763	40	0.99960	0.00040	0.00751	82.02	8972	8182710
2 月	99723	27	0.99973	0.00027	0.00289	81.96	8309	8173738
3 (m)	99696	58	0.99941	0.00059	0.00284	81.90	24916	8165429
6	99638	55	0.99945	0.00055	0.00179	81.70	49803	8140513
0 年	100000	417	0.99583	0.00417	0.16450	81.90	99658	8190367
1 (y)	99583	64	0.99936	0.00064	0.00066	81.25	99550	8090710
2	99519	42	0.99958	0.00042	0.00048	80.30	99497	7991160
3	99477	27	0.99973	0.00027	0.00034	79.33	99463	7891663
4	99450	19	0.99981	0.00019	0.00022	78.35	99440	7792201
5	99431	16	0.99984	0.00016	0.00017	77.37	99423	7692761
6	99415	15	0.99984	0.00016	0.00016	76.38	99407	7593338
7	99399	14	0.99986	0.00014	0.00015	75.39	99392	7493931
8	99385	13	0.99987	0.00013	0.00014	74.40	99378	7394539
9	99372	12	0.99988	0.00012	0.00012	73.41	99366	7295161
10	99360	11	0.99989	0.00011	0.00011	72.42	99355	7195795
11	99350	10	0.99990	0.00010	0.00010	71.43	99344	7096440
12	99339	10	0.99990	0.00010	0.00010	70.44	99334	6997095
13	99329	11	0.99989	0.00011	0.00011	69.44	99323	6897761
14	99317	14	0.99986	0.00014	0.00012	68.45	99311	6798438
15	99304	16	0.99983	0.00017	0.00015	67.46	99296	6699127
16	99288	20	0.99980	0.00020	0.00018	66.47	99278	6599831
17	99267	24	0.99976	0.00024	0.00022	65.49	99256	6500553
18	99244	27	0.99973	0.00027	0.00026	64.50	99230	6401297
19	99217	29	0.99971	0.00029	0.00028	63.52	99202	6302067
20	99188	30	0.99970	0.00030	0.00030	62.54	99173	6202865
21	99158	31	0.99969	0.00031	0.00030	61.56	99143	6103692
22	99127	32	0.99968	0.00032	0.00031	60.57	99112	6004549
23	99096	32	0.99967	0.00033	0.00032	59.59	99080	5905438
24	99063	33	0.99967	0.00033	0.00033	58.61	99047	5806358
25	99031	32	0.99967	0.00033	0.00033	57.63	99014	5707311
26	98998	32	0.99968	0.00032	0.00032	56.65	98982	5608297
27	98966	33	0.99966	0.00034	0.00033	55.67	98950	5509314
28	98933	36	0.99964	0.00036	0.00035	54.69	98915	5410364
29	98897	39	0.99961	0.00039	0.00038	53.71	98878	5311449
30	98858	41	0.99958	0.00042	0.00041	52.73	98838	5212571
31	98817	43	0.99956	0.00044	0.00043	51.75	98795	5113733
32	98774	45	0.99955	0.00045	0.00045	50.77	98751	5014938
33	98729	48	0.99951	0.00049	0.00047	49.79	98705	4916186
34	98681	52	0.99947	0.00053	0.00051	48.82	98655	4817481
35	98628	57	0.99942	0.00058	0.00056	47.84	98600	4718826
36	98571	62	0.99937	0.00063	0.00061	46.87	98540	4620226
37	98509	67	0.99932	0.00068	0.00066	45.90	98476	4521686
38	98442	72	0.99927	0.00073	0.00070	44.93	98407	4423210
39	98370	78	0.99921	0.00079	0.00076	43.96	98332	4324804
40	98292	87	0.99911	0.00089	0.00084	43.00	98250	4226472
41	98205	97	0.99901	0.00099	0.00094	42.04	98158	4128222
42	98108	107	0.99891	0.00109	0.00104	41.08	98055	4030064
43	98001	115	0.99883	0.00117	0.00113	40.12	97945	3932009
44	97887	122	0.99875	0.00125	0.00121	39.17	97826	3834064
45	97765	131	0.99866	0.00134	0.00129	38.22	97700	3736238
46	97634	143	0.99853	0.00147	0.00140	37.27	97563	3638538
47	97491	159	0.99837	0.00163	0.00154	36.32	97413	3540975
48	97332	175	0.99820	0.00180	0.00171	35.38	97246	3443562
49	97157	193	0.99802	0.00198	0.00189	34.44	97062	3346316

FEMALE

年　齢	生　存　数	死　亡　数	生　存　率	死　亡　率	死　力	平均余命	定　常　人　口	
x	l_x	$_nd_x$	$_np_x$	$_nq_x$	μ_x	$\overset{\circ}{e}_x$	$_nL_x$	T_x
50	96964	210	0.99783	0.00217	0.00208	33.51	96860	3249255
51	96754	226	0.99766	0.00234	0.00226	32.58	96642	3152394
52	96528	240	0.99752	0.00248	0.00241	31.66	96409	3055752
53	96288	255	0.99736	0.00264	0.00256	30.73	96162	2959344
54	96033	274	0.99715	0.00285	0.00274	29.81	95898	2863181
55	95760	296	0.99691	0.00309	0.00297	28.90	95613	2767283
56	95463	323	0.99662	0.00338	0.00324	27.99	95304	2671670
57	95141	351	0.99631	0.00369	0.00354	27.08	94967	2576366
58	94789	382	0.99597	0.00403	0.00386	26.18	94601	2481398
59	94407	416	0.99559	0.00441	0.00422	25.28	94202	2386797
60	93991	452	0.99519	0.00481	0.00462	24.39	93768	2292595
61	93539	489	0.99478	0.00522	0.00503	23.51	93297	2198828
62	93050	527	0.99433	0.00567	0.00545	22.63	92790	2105530
63	92522	572	0.99381	0.00619	0.00593	21.75	92240	2012741
64	91950	626	0.99319	0.00681	0.00650	20.89	91642	1920501
65	91324	687	0.99248	0.00752	0.00717	20.03	90986	1828859
66	90638	756	0.99166	0.00834	0.00794	19.17	90266	1737872
67	89882	836	0.99070	0.00930	0.00883	18.33	89471	1647606
68	89046	930	0.98956	0.01044	0.00989	17.50	88589	1558135
69	88116	1036	0.98824	0.01176	0.01113	16.68	87607	1469545
70	87080	1153	0.98676	0.01324	0.01255	15.87	86514	1381938
71	85927	1285	0.98505	0.01495	0.01416	15.08	85296	1295424
72	84642	1434	0.98306	0.01694	0.01603	14.30	83938	1210128
73	83208	1595	0.98083	0.01917	0.01818	13.53	82424	1126191
74	81613	1764	0.97839	0.02161	0.02056	12.79	80745	1043767
75	79849	1944	0.97565	0.02435	0.02318	12.06	78893	963022
76	77905	2148	0.97243	0.02757	0.02620	11.35	76849	884129
77	75757	2383	0.96855	0.03145	0.02983	10.66	74587	807280
78	73374	2653	0.96384	0.03616	0.03426	9.99	72071	732693
79	70721	2939	0.95844	0.04156	0.03950	9.34	69276	660622
80	67782	3244	0.95215	0.04785	0.04558	8.72	66186	591346
81	64538	3551	0.94498	0.05502	0.05266	8.14	62788	525161
82	60987	3844	0.93698	0.06302	0.06069	7.58	59088	462373
83	57143	4101	0.92824	0.07176	0.06964	7.06	55113	403284
84	53043	4307	0.91881	0.08119	0.07943	6.56	50904	348172
85	48736	4447	0.90875	0.09125	0.09000	6.10	46522	297268
86	44289	4539	0.89751	0.10249	0.10165	5.66	42025	250746
87	39750	4570	0.88502	0.11498	0.11488	5.25	37464	208721
88	35179	4523	0.87144	0.12856	0.12962	4.87	32911	171257
89	30657	4392	0.85673	0.14327	0.14587	4.51	28446	138346
90	26265	4170	0.84124	0.15876	0.16353	4.18	24158	109900
91	22095	3870	0.82483	0.17517	0.18249	3.88	20132	85742
92	18225	3503	0.80778	0.19222	0.20278	3.60	16441	65610
93	14721	3098	0.78956	0.21044	0.22455	3.34	13138	49169
94	11623	2670	0.77028	0.22972	0.24834	3.10	10252	36032
95	8953	2234	0.75053	0.24947	0.27370	2.88	7801	25780
96	6720	1814	0.72998	0.27002	0.30055	2.68	5779	17979
97	4905	1429	0.70865	0.29135	0.32924	2.49	4160	12200
98	3476	1090	0.68654	0.31346	0.35989	2.31	2905	8040
99	2386	803	0.66369	0.33631	0.39264	2,15	1964	5135
100	1584	570	0.64010	0.35990	0.42764	2.00	1282	3171
101	1014	389	0.61583	0.38417	0.46503	1.86	806	1890
102	624	255	0.59091	0.40909	0.50499	1.74	487	1084
103	369	160	0.56539	0.43461	0.54768	1.62	282	596
104	209	96	0.53935	0.46065	0.59330	1.51	156	314
105	113	55	0.51284	0.48716	0.64204	1.40	82	158
106	58	30	0.48595	0.51405	0.69412	1.31	41	75
107	28	15	0.45878	0.54122	0.74977	1.22	20	34
108	13	7	0.43143	0.56857	0.80924	1.14	9	15
109	6	3	0.40400	0.59600	0.87277	1.06	4	6
110	2	1	0.37661	0.62339	0.94066	0.99	1	2
111	1	1	0.34940	0.65060	1.01321	0.92	1	1

第18回　生　命　表（平成7年）
THE 18TH LIFE TABLES, 1995

男

年齢 x	生存数 l_x	死亡数 $_nd_x$	生存率 $_np_x$	死亡率 $_nq_x$	死　力 μ_x	平均余命 $\overset{\circ}{e}_x$	定常人口	
							$_nL_x$	T_x
0 週	100000	168	0.99832	0.00168	0.15784	76.38	1916	7637964
1 (w)	99832	35	0.99965	0.00035	0.03778	76.49	1914	7636048
2	99797	21	0.99979	0.00021	0.00882	76.50	1914	7634134
3	99776	17	0.99983	0.00017	0.00922	76.49	1913	7632220
4	99759	49	0.99951	0.00049	0.00804	76.49	8971	7630307
2 月	99710	29	0.99971	0.00029	0.00382	76.43	8308	7621335
3 (m)	99681	68	0.99932	0.00068	0.00295	76.37	24911	7613027
6	99613	69	0.99931	0.00069	0.00221	76.18	49786	7588116
0 年	100000	456	0.99544	0.00456	0.15784	76.38	99634	7637964
1 (y)	99544	68	0.99931	0.00069	0.00085	75.73	99507	7538330
2	99476	50	0.99949	0.00051	0.00051	74.78	99450	7438822
3	99425	37	0.99963	0.00037	0.00043	73.82	99406	7339372
4	99388	29	0.99971	0.00029	0.00032	72.85	99373	7239966
5	99359	25	0.99975	0.00025	0.00027	71.87	99346	7140593
6	99334	24	0.99976	0.00024	0.00024	70.88	99322	7041246
7	99310	22	0.99978	0.00022	0.00023	69.90	99299	6941924
8	99289	20	0.99980	0.00020	0.00021	68.92	99278	6842625
9	99268	18	0.99981	0.00019	0.00019	67.93	99259	6743347
10	99250	17	0.99982	0.00018	0.00018	66.94	99241	6644087
11	99233	17	0.99983	0.00017	0.00017	65.95	99224	6544846
12	99216	17	0.99983	0.00017	0.00017	64.97	99207	6445622
13	99199	19	0.99981	0.00019	0.00018	63.98	99189	6346415
14	99179	24	0.99975	0.00025	0.00021	62.99	99168	6247226
15	99155	33	0.99967	0.00033	0.00028	62.00	99140	6148058
16	99122	43	0.99956	0.00044	0.00038	61.02	99102	6048919
17	99079	55	0.99945	0.00055	0.00049	60.05	99053	5949817
18	99024	64	0.99935	0.00065	0.00060	59.08	98993	5850764
19	98960	71	0.99928	0.00072	0.00069	58.12	98925	5751771
20	98889	74	0.99925	0.00075	0.00074	57.16	98852	5652847
21	98815	74	0.99925	0.00075	0.00075	56.21	98778	5553995
22	98741	73	0.99926	0.00074	0.00074	55.25	98704	5455217
23	98668	72	0.99927	0.00073	0.00073	54.29	98632	5356513
24	98596	71	0.99928	0.00072	0.00073	53.33	98561	5257881
25	98525	70	0.99929	0.00071	0.00072	52.37	98490	5159320
26	98455	70	0.99929	0.00071	0.00071	51.40	98420	5060830
27	98384	71	0.99928	0.00072	0.00072	50.44	98349	4962411
28	98313	73	0.99925	0.00075	0.00073	49.48	98277	4864062
29	98240	76	0.99923	0.00077	0.00076	48.51	98202	4765785
30	98164	77	0.99921	0.00079	0.00078	47.55	98126	4667583
31	98087	78	0.99921	0.00079	0.00079	46.59	98048	4569458
32	98009	79	0.99919	0.00081	0.00080	45.62	97970	4471410
33	97930	83	0.99915	0.00085	0.00082	44.66	97889	4373440
34	97847	89	0.99909	0.00091	0.00087	43.70	97803	4275551
35	97758	96	0.99902	0.00098	0.00094	42.74	97711	4177747
36	97663	103	0.99894	0.00106	0.00102	41.78	97612	4080036
37	97559	110	0.99887	0.00113	0.00109	40.82	97505	3982425
38	97449	118	0.99879	0.00121	0.00117	39.87	97391	3884920
39	97331	128	0.99869	0.00131	0.00126	38.91	97268	3787529
40	97203	140	0.99856	0.00144	0.00137	37.96	97134	3690261
41	97063	154	0.99841	0.00159	0.00151	37.02	96988	3593127
42	96909	171	0.99824	0.00176	0.00167	36.08	96825	3496139
43	96738	190	0.99804	0.00196	0.00186	35.14	96645	3399314
44	96548	211	0.99782	0.00218	0.00207	34.21	96445	3302669
45	96338	238	0.99753	0.00247	0.00232	33.28	96221	3206224
46	96099	267	0.99722	0.00278	0.00263	32.36	95968	3110003
47	95833	292	0.99695	0.00305	0.00292	31.45	95689	3014034
48	95540	319	0.99666	0.00334	0.00320	30.55	95383	2918346
49	95221	349	0.99634	0.00366	0.00350	29.65	95050	2822962

MALE

年齢	生存数	死亡数	生存率	死亡率	死　力	平均余命	定常人口	
x	l_x	$_nd_x$	$_np_x$	$_nq_x$	μ_x	$\overset{\circ}{e}_x$	$_nL_x$	T_x
50	94873	385	0.99594	0.00406	0.00386	28.75	94683	2727913
51	94487	425	0.99550	0.00450	0.00428	27.87	94278	2633229
52	94063	466	0.99505	0.00495	0.00474	26.99	93833	2538951
53	93597	503	0.99462	0.00538	0.00518	26.12	93348	2445118
54	93093	542	0.99418	0.00582	0.00561	25.26	92826	2351770
55	92552	587	0.99366	0.00634	0.00608	24.41	92263	2258944
56	91965	640	0.99304	0.00696	0.00666	23.56	91650	2166681
57	91325	701	0.99232	0.00768	0.00733	22.72	90980	2075032
58	90623	774	0.99146	0.00854	0.00812	21.89	90243	1984052
59	89850	857	0.99046	0.00954	0.00906	21.08	89429	1893809
60	88993	949	0.98934	0.01066	0.01013	20.28	88526	1804380
61	88044	1046	0.98812	0.01188	0.01133	19.49	87529	1715854
62	86998	1141	0.98689	0.01311	0.01257	18.72	86436	1628325
63	85857	1234	0.98563	0.01437	0.01383	17.96	85248	1541890
64	84623	1328	0.98430	0.01570	0.01514	17.21	83967	1456641
65	83295	1419	0.98296	0.01704	0.01650	16.48	82593	1372675
66	81875	1509	0.98157	0.01843	0.01788	15.76	81129	1290082
67	80367	1604	0.98004	0.01996	0.01934	15.04	79573	1208953
68	78763	1713	0.97825	0.02175	0.02102	14.34	77916	1129380
69	77050	1839	0.97613	0.02387	0.02302	13.65	76141	1051464
70	75211	1974	0.97376	0.02624	0.02534	12.97	74235	975323
71	73237	2111	0.97117	0.02883	0.02787	12.30	72193	901088
72	71126	2261	0.96821	0.03179	0.03070	11.65	70008	828895
73	68865	2425	0.96478	0.03522	0.03400	11.02	67666	758886
74	66439	2599	0.96089	0.03911	0.03780	10.40	65154	691220
75	63841	2773	0.95657	0.04343	0.04206	9.81	62469	626066
76	61068	2950	0.95169	0.04831	0.04685	9.23	59608	563597
77	58118	3129	0.94616	0.05384	0.05231	8.67	56568	503989
78	54989	3301	0.93997	0.06003	0.05850	8.14	53352	447421
79	51688	3458	0.93310	0.06690	0.06543	7.62	49972	394069
80	48230	3595	0.92547	0.07453	0.07318	7.13	46444	344097
81	44636	3711	0.91687	0.08313	0.08194	6.67	42789	297653
82	40925	3792	0.90735	0.09265	0.09183	6.23	39034	254865
83	37133	3823	0.89705	0.10295	0.10279	5.81	35222	215830
84	33310	3790	0.88621	0.11379	0.11452	5.42	31411	180609
85	29520	3724	0.87385	0.12615	0.12751	5.05	27651	149198
86	25796	3608	0.86015	0.13985	0.14251	4.71	23980	121547
87	22188	3417	0.84599	0.15401	0.15885	4.40	20461	97568
88	18771	3153	0.83205	0.16795	0.17551	4.11	17171	77107
89	15619	2846	0.81779	0.18221	0.19228	3.84	14172	59936
90	12773	2550	0.80039	0.19961	0.21279	3.58	11470	45764
91	10223	2206	0.78426	0.21574	0.23267	3.35	9092	34294
92	8018	1863	0.76768	0.23232	0.25353	3.14	7058	25203
93	6155	1535	0.75066	0.24934	0.27542	2.95	5361	18145
94	4620	1233	0.73320	0.26680	0.29838	2.77	3980	12783
95	3388	964	0.71532	0.28468	0.32249	2.60	2885	8803
96	2423	734	0.69702	0.30298	0.34778	2.44	2039	5919
97	1689	543	0.67832	0.32168	0.37432	2.30	1403	3880
98	1146	390	0.65924	0.34076	0.40217	2.16	939	2477
99	755	272	0.63979	0.36021	0.43140	2.04	611	1538
100	483	184	0.62000	0.38000	0.46207	1.92	385	927
101	300	120	0.59989	0.40011	0.49425	1.81	235	542
102	180	76	0.57949	0.42051	0.52803	1.71	139	307
103	104	46	0.55883	0.44117	0.56347	1.61	79	168
104	58	27	0.53794	0.46206	0.60066	1.52	44	88
105	31	15	0.51685	0.48315	0.63969	1.44	23	45
106	16	8	0.49562	0.50438	0.68064	1.36	12	22
107	8	4	0.47427	0.52573	0.72361	1.28	6	10
108	4	2	0.45285	0.54715	0.76871	1.21	3	5
109	2	1	0.43142	0.56858	0.81604	1.15	1	2
110	1	0	0.41002	0.58998	0.86570	1.09	0	1

第18回　生　命　表（平成7年）
THE 18TH LIFE TABLES, 1995

女

年齢	生存数	死亡数	生存率	死亡率	死　力	平均余命	定常人口	
x	l_x	$_nd_x$	$_np_x$	$_nq_x$	μ_x	$\overset{\circ}{e}_x$	$_nL_x$	T_x
0 週	100000	139	0.99861	0.00139	0.13446	82.85	1916	8284782
1 (w)	99861	26	0.99974	0.00026	0.02927	82.94	1915	8282866
2	99835	19	0.99981	0.00019	0.00686	82.95	1914	8280951
3	99816	14	0.99986	0.00014	0.00845	82.94	1914	8279037
4	99802	41	0.99959	0.00041	0.00654	82.94	8976	8277123
2 月	99761	27	0.99973	0.00027	0.00332	82.88	8312	8268147
3 (m)	99734	58	0.99941	0.00059	0.00287	82.82	24926	8259835
6	99675	59	0.99941	0.00059	0.00178	82.62	49821	8234909
0 年	100000	383	0.99617	0.00383	0.13446	82.85	99694	8284782
1 (y)	99617	59	0.99941	0.00059	0.00072	82.17	99585	8185089
2	99558	41	0.99959	0.00041	0.00043	81.21	99536	8085504
3	99517	28	0.99972	0.00028	0.00034	80.25	99502	7985967
4	99489	21	0.99979	0.00021	0.00024	79.27	99478	7886466
5	99467	18	0.99982	0.00018	0.00019	78.29	99458	7786988
6	99449	17	0.99983	0.00017	0.00018	77.30	99440	7687530
7	99432	15	0.99985	0.00015	0.00016	76.31	99425	7588089
8	99417	13	0.99987	0.00013	0.00014	75.33	99411	7488665
9	99404	12	0.99988	0.00012	0.00013	74.34	99398	7389254
10	99392	12	0.99988	0.00012	0.00012	73.34	99386	7289856
11	99381	12	0.99988	0.00012	0.00012	72.35	99375	7190470
12	99369	12	0.99988	0.00012	0.00012	71.36	99362	7091095
13	99356	13	0.99987	0.00013	0.00013	70.37	99350	6991733
14	99343	15	0.99985	0.00015	0.00014	69.38	99336	6892383
15	99328	18	0.99982	0.00018	0.00016	68.39	99319	6793048
16	99310	20	0.99980	0.00020	0.00019	67.40	99300	6693728
17	99290	22	0.99977	0.00023	0.00022	66.42	99279	6594428
18	99267	24	0.99976	0.00024	0.00024	65.43	99255	6495149
19	99243	27	0.99973	0.00027	0.00026	64.45	99230	6395894
20	99216	29	0.99971	0.00029	0.00028	63.46	99202	6296664
21	99187	31	0.99969	0.00031	0.00030	62.48	99172	6197462
22	99157	31	0.99969	0.00031	0.00031	61.50	99141	6098290
23	99126	30	0.99970	0.00030	0.00030	60.52	99111	5999149
24	99096	29	0.99971	0.00029	0.00029	59.54	99082	5900037
25	99068	29	0.99970	0.00030	0.00029	58.56	99053	5800955
26	99038	31	0.99969	0.00031	0.00030	57.57	99023	5701903
27	99007	33	0.99966	0.00034	0.00032	56.59	98991	5602880
28	98974	35	0.99964	0.00036	0.00035	55.61	98956	5503889
29	98939	37	0.99962	0.00038	0.00037	54.63	98920	5404933
30	98901	39	0.99960	0.00040	0.00039	53.65	98882	5306013
31	98862	43	0.99957	0.00043	0.00041	52.67	98841	5207131
32	98819	46	0.99953	0.00047	0.00045	51.69	98797	5108290
33	98773	50	0.99950	0.00050	0.00049	50.72	98748	5009493
34	98723	52	0.99948	0.00052	0.00052	49.74	98698	4910745
35	98672	53	0.99946	0.00054	0.00053	48.77	98645	4812047
36	98618	56	0.99943	0.00057	0.00055	47.79	98591	4713402
37	98562	61	0.99938	0.00062	0.00059	46.82	98532	4614811
38	98501	68	0.99931	0.00069	0.00065	45.85	98468	4516279
39	98434	75	0.99924	0.00076	0.00072	44.88	98397	4417811
40	98359	81	0.99917	0.00083	0.00079	43.91	98319	4319414
41	98277	88	0.99910	0.00090	0.00086	42.95	98234	4221096
42	98189	97	0.99901	0.00099	0.00094	41.99	98141	4122862
43	98092	108	0.99890	0.00110	0.00105	41.03	98039	4024721
44	97983	120	0.99877	0.00123	0.00116	40.07	97924	3926682
45	97863	134	0.99863	0.00137	0.00130	39.12	97797	3828758
46	97729	149	0.99848	0.00152	0.00145	38.18	97655	3730961
47	97580	163	0.99833	0.00167	0.00160	37.23	97499	3633305
48	97417	176	0.99819	0.00181	0.00174	36.30	97330	3535806
49	97240	190	0.99805	0.00195	0.00188	35.36	97146	3438476

FEMALE

年齢	生存数	死亡数	生存率	死亡率	死　力	平均余命	定常人口	
x	l_x	$_nd_x$	$_np_x$	$_nq_x$	μ_x	$\overset{\circ}{e}_x$	$_nL_x$	T_x
50	97050	205	0.99789	0.00211	0.00203	34.43	96949	3341330
51	96846	220	0.99773	0.00227	0.00219	33.50	96737	3244381
52	96626	237	0.99755	0.00245	0.00236	32.58	96509	3147643
53	96389	253	0.99737	0.00263	0.00254	31.65	96264	3051135
54	96136	271	0.99718	0.00282	0.00273	30.74	96002	2954871
55	95864	290	0.99698	0.00302	0.00292	29.82	95721	2858869
56	95575	310	0.99676	0.00324	0.00313	28.91	95422	2763148
57	95265	330	0.99653	0.00347	0.00335	28.00	95102	2667727
58	94935	356	0.99625	0.00375	0.00360	27.10	94759	2572625
59	94579	391	0.99587	0.00413	0.00394	26.20	94386	2477865
60	94188	431	0.99543	0.00457	0.00436	25.31	93976	2383479
61	93757	472	0.99496	0.00504	0.00482	24.42	93524	2289503
62	93285	513	0.99451	0.00549	0.00528	23.54	93032	2195979
63	92772	555	0.99402	0.00598	0.00575	22.67	92498	2102947
64	92217	602	0.99347	0.00653	0.00626	21.80	91920	2010449
65	91615	655	0.99285	0.00715	0.00685	20.94	91292	1918529
66	90960	712	0.99217	0.00783	0.00751	20.09	90609	1827237
67	90248	773	0.99143	0.00857	0.00821	19.24	89867	1736628
68	89475	846	0.99054	0.00946	0.00903	18.40	89058	1646761
69	88628	934	0.98946	0.01054	0.01002	17.58	88169	1557702
70	87694	1037	0.98818	0.01182	0.01121	16.76	87185	1469533
71	86658	1151	0.98672	0.01328	0.01260	15.95	86092	1382348
72	85507	1282	0.98501	0.01499	0.01419	15.16	84877	1296256
73	84225	1430	0.98302	0.01698	0.01606	14.38	83523	1211378
74	82795	1596	0.98072	0.01928	0.01825	13.62	82011	1127855
75	81199	1774	0.97815	0.02185	0.02073	12.88	80327	1045844
76	79424	1967	0.97524	0.02476	0.02352	12.16	78458	965517
77	77457	2177	0.97190	0.02810	0.02671	11.45	76387	887060
78	75281	2405	0.96805	0.03195	0.03040	10.77	74098	810673
79	72875	2647	0.96368	0.03632	0.03463	10.11	71573	736575
80	70229	2901	0.95870	0.04130	0.03947	9.47	68800	665002
81	67328	3165	0.95299	0.04701	0.04502	8.86	65768	596202
82	64163	3437	0.94644	0.05356	0.05144	8.27	62467	530434
83	60727	3704	0.93900	0.06100	0.05882	7.71	58896	467967
84	57022	3956	0.93063	0.06937	0.06720	7.17	55065	409071
85	53066	4199	0.92086	0.07914	0.07690	6.67	50986	354006
86	48867	4412	0.90971	0.09029	0.08832	6.20	46675	303019
87	44455	4537	0.89794	0.10206	0.10102	5.77	42192	256344
88	39918	4556	0.88587	0.11413	0.11430	5.36	37638	214152
89	35362	4487	0.87310	0.12690	0.12823	4.99	33110	176514
90	30875	4351	0.85909	0.14091	0.14349	4.64	28685	143404
91	26524	4148	0.84362	0.15638	0.16065	4.33	24430	114719
92	22376	3870	0.82706	0.17294	0.17974	4.04	20415	90289
93	18507	3509	0.81037	0.18963	0.20006	3.78	16718	69874
94	14997	3077	0.79482	0.20518	0.22011	3.54	13421	53156
95	11920	2629	0.77946	0.22054	0.23898	3.33	10569	39735
96	9291	2197	0.76354	0.23646	0.25940	3.14	8157	29166
97	7094	1790	0.74762	0.25238	0.28025	2.96	6167	21008
98	5304	1423	0.73170	0.26830	0.30155	2.80	4563	14842
99	3881	1103	0.71580	0.28420	0.32329	2.65	3305	10278
100	2778	834	0.69991	0.30009	0.34550	2.51	2341	6974
101	1944	614	0.68406	0.31594	0.36818	2.38	1621	4633
102	1330	441	0.66823	0.33177	0.39134	2.26	1097	3012
103	889	309	0.65245	0.34755	0.41498	2.16	725	1915
104	580	211	0.63672	0.36328	0.43913	2.05	468	1191
105	369	140	0.62105	0.37895	0.46380	1.96	294	723
106	229	90	0.60544	0.39456	0.48898	1.87	181	429
107	139	57	0.58991	0.41009	0.51470	1.79	108	248
108	82	35	0.57446	0.42554	0.54097	1.71	63	140
109	47	21	0.55909	0.44091	0.56779	1.64	36	77
110	26	12	0.54383	0.45617	0.59518	1.57	20	41
111	14	7	0.52867	0.47133	0.62315	1.50	11	22
112	8	4	0.51363	0.48637	0.65172	1.44	6	11
113	4	2	0.49871	0.50129	0.68089	1.39	3	5
114	2	1	0.48392	0.51608	0.71068	1.33	1	3
115	1	0	0.46927	0.53073	0.74110	1.28	1	1

第18回　生命表参考表（平成7年）
（阪神・淡路大震災の影響を除去した場合の生命表）

THE ADDITIONAL LIFE TABLES, 1995
(The life tables where the influence of the Great Hanshin-Awaji Earthquake is excluded)

男

年齢	生存数	死亡数	生存率	死亡率	死　力	平均余命	定常人口	
x	l_x	$_nd_x$	$_np_x$	$_nq_x$	μ_x	$\overset{\circ}{e}_x$	$_nL_x$	T_x
0 週	100000	168	0.99832	0.00168	0.15784	76.46	1916	7645651
1 (w)	99832	35	0.99965	0.00035	0.03778	76.57	1914	7643735
2	99797	21	0.99979	0.00021	0.00882	76.57	1914	7641821
3	99776	17	0.99983	0.00017	0.00922	76.57	1913	7639907
4	99759	49	0.99951	0.00049	0.00803	76.56	8971	7637994
2 月	99710	29	0.99971	0.00029	0.00379	76.51	8308	7629023
3 (m)	99681	68	0.99932	0.00068	0.00293	76.45	24911	7620715
6	99614	67	0.99933	0.00067	0.00219	76.25	49787	7595803
0 年	100000	453	0.99547	0.00453	0.15784	76.46	99635	7645651
1 (y)	99547	66	0.99934	0.00066	0.00080	75.80	99511	7546016
2	99481	48	0.99951	0.00049	0.00049	74.85	99456	7446505
3	99433	35	0.99965	0.00035	0.00041	73.89	99414	7347048
4	99397	27	0.99973	0.00027	0.00031	72.92	99383	7247634
5	99370	23	0.99976	0.00024	0.00025	71.94	99358	7148251
6	99347	22	0.99978	0.00022	0.00023	70.95	99336	7048893
7	99325	20	0.99980	0.00020	0.00021	69.97	99315	6949557
8	99305	18	0.99981	0.00019	0.00019	68.98	99296	6850242
9	99287	17	0.99983	0.00017	0.00018	67.99	99278	6750946
10	99270	16	0.99984	0.00016	0.00016	67.01	99262	6651668
11	99254	15	0.99985	0.00015	0.00015	66.02	99246	6552407
12	99239	15	0.99985	0.00015	0.00015	65.03	99231	6453160
13	99224	18	0.99982	0.00018	0.00016	64.04	99215	6353929
14	99206	23	0.99977	0.00023	0.00020	63.05	99195	6254714
15	99183	31	0.99968	0.00032	0.00027	62.06	99168	6155518
16	99152	42	0.99957	0.00043	0.00037	61.08	99131	6056350
17	99109	53	0.99946	0.00054	0.00048	60.11	99084	5957219
18	99056	63	0.99937	0.00063	0.00059	59.14	99025	5858135
19	98993	69	0.99931	0.00069	0.00067	58.18	98959	5759110
20	98925	71	0.99928	0.00072	0.00071	57.22	98889	5660151
21	98853	71	0.99928	0.00072	0.00072	56.26	98818	5561261
22	98782	70	0.99929	0.00071	0.00071	55.30	98747	5462444
23	98713	69	0.99930	0.00070	0.00070	54.34	98678	5363696
24	98643	69	0.99930	0.00070	0.00070	53.37	98609	5265018
25	98574	69	0.99930	0.00070	0.00070	52.41	98540	5166409
26	98506	68	0.99931	0.00069	0.00069	51.45	98472	5067869
27	98437	70	0.99929	0.00071	0.00070	50.48	98403	4969397
28	98368	72	0.99927	0.00073	0.00072	49.52	98332	4870995
29	98296	74	0.99925	0.00075	0.00074	48.55	98259	4772662
30	98222	76	0.99923	0.00077	0.00076	47.59	98185	4674403
31	98147	76	0.99922	0.00078	0.00077	46.63	98109	4576218
32	98071	78	0.99921	0.00079	0.00078	45.66	98032	4478110
33	97993	82	0.99917	0.00083	0.00081	44.70	97952	4380078
34	97911	87	0.99911	0.00089	0.00086	43.73	97868	4282126
35	97824	95	0.99903	0.00097	0.00093	42.77	97777	4184258
36	97729	101	0.99896	0.00104	0.00100	41.81	97679	4086481
37	97628	109	0.99889	0.00111	0.00108	40.86	97574	3988802
38	97519	117	0.99880	0.00120	0.00116	39.90	97461	3891228
39	97402	127	0.99870	0.00130	0.00125	38.95	97339	3793767
40	97275	139	0.99857	0.00143	0.00136	38.00	97207	3696428
41	97136	153	0.99843	0.00157	0.00150	37.05	97061	3599222
42	96984	169	0.99825	0.00175	0.00166	36.11	96900	3502160
43	96814	188	0.99806	0.00194	0.00184	35.17	96722	3405260
44	96626	209	0.99784	0.00216	0.00204	34.24	96524	3308538
45	96418	236	0.99755	0.00245	0.00230	33.31	96302	3212014
46	96182	265	0.99725	0.00275	0.00260	32.39	96051	3115712
47	95917	291	0.99697	0.00303	0.00290	31.48	95774	3019661
48	95626	317	0.99668	0.00332	0.00318	30.58	95470	2923887
49	95309	347	0.99636	0.00364	0.00348	29.68	95138	2828418

108

MALE

年齢	生存数	死亡数	生存率	死亡率	死　力	平均余命	定常人口	
x	l_x	$_nd_x$	$_np_x$	$_nq_x$	μ_x	$\overset{\circ}{e}_x$	$_nL_x$	T_x
50	94962	383	0.99597	0.00403	0.00383	28.78	94774	2733280
51	94579	422	0.99553	0.00447	0.00425	27.90	94371	2638506
52	94157	463	0.99508	0.00492	0.00470	27.02	93929	2544135
53	93694	500	0.99466	0.00534	0.00514	26.15	93447	2450206
54	93194	538	0.99423	0.00577	0.00556	25.29	92928	2356759
55	92656	583	0.99371	0.00629	0.00603	24.43	92368	2263831
56	92073	637	0.99309	0.00691	0.00661	23.58	91760	2171463
57	91436	698	0.99237	0.00763	0.00728	22.74	91093	2079703
58	90738	770	0.99151	0.00849	0.00807	21.92	90360	1988610
59	89968	854	0.99051	0.00949	0.00901	21.10	89548	1898251
60	89114	945	0.98939	0.01061	0.01008	20.30	88649	1808702
61	88169	1042	0.98818	0.01182	0.01127	19.51	87656	1720053
62	87126	1137	0.98695	0.01305	0.01251	18.74	86566	1632397
63	85989	1231	0.98569	0.01431	0.01377	17.98	85382	1545831
64	84759	1325	0.98437	0.01563	0.01508	17.23	84104	1460449
65	83434	1417	0.98302	0.01698	0.01644	16.50	82733	1376346
66	82017	1506	0.98163	0.01837	0.01782	15.77	81271	1293613
67	80511	1602	0.98011	0.01989	0.01928	15.06	79718	1212342
68	78909	1711	0.97832	0.02168	0.02096	14.35	78063	1132623
69	77198	1837	0.97621	0.02379	0.02295	13.66	76291	1054560
70	75362	1971	0.97384	0.02616	0.02525	12.98	74387	978269
71	73390	2109	0.97127	0.02873	0.02778	12.32	72348	903882
72	71282	2259	0.96831	0.03169	0.03060	11.67	70165	831534
73	69023	2424	0.96488	0.03512	0.03389	11.03	67825	761368
74	66599	2598	0.96099	0.03901	0.03769	10.41	65314	693543
75	64001	2773	0.95667	0.04333	0.04196	9.82	62629	628229
76	61227	2952	0.95179	0.04821	0.04674	9.24	59767	565600
77	58276	3132	0.94626	0.05374	0.05221	8.68	56725	505834
78	55144	3304	0.94008	0.05992	0.05839	8.14	53505	449109
79	51839	3462	0.93322	0.06678	0.06532	7.63	50121	395604
80	48378	3599	0.92561	0.07439	0.07304	7.14	46589	345482
81	44779	3715	0.91704	0.08296	0.08177	6.67	42930	298893
82	41064	3797	0.90753	0.09247	0.09164	6.23	39170	255963
83	37267	3830	0.89723	0.10277	0.10258	5.82	35352	216793
84	33437	3799	0.88638	0.11362	0.11432	5.43	31534	181441
85	29638	3734	0.87402	0.12598	0.12732	5.06	27764	149907
86	25904	3618	0.86034	0.13966	0.14230	4.72	24083	122143
87	22286	3428	0.84619	0.15381	0.15863	4.40	20553	98061
88	18858	3164	0.83225	0.16775	0.17528	4.11	17252	77507
89	15695	2857	0.81797	0.18203	0.19206	3.84	14243	60255
90	12838	2561	0.80053	0.19947	0.21261	3.58	11529	46012
91	10277	2216	0.78438	0.21562	0.23251	3.36	9140	34483
92	8061	1872	0.76778	0.23222	0.25339	3.14	7097	25343
93	6189	1543	0.75073	0.24927	0.27530	2.95	5391	18246
94	4646	1239	0.73324	0.26676	0.29830	2.77	4003	12855
95	3407	970	0.71533	0.28467	0.32244	2.60	2901	8852
96	2437	738	0.69700	0.30300	0.34778	2.44	2050	5951
97	1699	547	0.67826	0.32174	0.37437	2.30	1411	3901
98	1152	393	0.65914	0.34086	0.40229	2.16	944	2490
99	759	274	0.63965	0.36035	0.43158	2.03	614	1545
100	486	185	0.61982	0.38018	0.46232	1.92	387	931
101	301	121	0.59966	0.40034	0.49459	1.81	236	544
102	181	76	0.57921	0.42079	0.52846	1.70	140	308
103	105	46	0.55849	0.44151	0.56401	1.61	80	168
104	58	27	0.53755	0.46245	0.60132	1.52	44	89
105	31	15	0.51641	0.48359	0.64047	1.43	23	45
106	16	8	0.49512	0.50488	0.68157	1.35	12	22
107	8	4	0.47371	0.52629	0.72470	1.28	6	10
108	4	2	0.45224	0.54776	0.76998	1.21	3	5
109	2	1	0.43075	0.56925	0.81749	1.15	1	2
110	1	0	0.40929	0.59071	0.86736	1.08	0	1

109

第18回　生　命　表　参　考　表（平成7年）
（阪神・淡路大震災の影響を除去した場合の生命表）
THE ADDITIONAL LIFE TABLES, 1995
女　(The life tables where the influence of the Great Hanshin-Awaji Earthquake is excluded)

年齢	生存数	死亡数	生存率	死亡率	死 力	平均余命	定常人口	
x	l_x	$_nd_x$	$_np_x$	$_nq_x$	μ_x	$\overset{\circ}{e}_x$	$_nL_x$	T_x
0 週	100000	139	0.99861	0.00139	0.13448	82.96	1916	8296449
1 (w)	99861	26	0.99974	0.00026	0.02926	83.06	1915	8294533
2	99835	19	0.99981	0.00019	0.00687	83.06	1914	8292618
3	99816	14	0.99986	0.00014	0.00842	83.06	1914	8290703
4	99802	41	0.99959	0.00041	0.00643	83.05	8976	8288789
2 月	99761	27	0.99973	0.00027	0.00330	83.00	8312	8279814
3 (m)	99734	58	0.99942	0.00058	0.00286	82.94	24926	8271501
6	99676	58	0.99942	0.00058	0.00178	82.73	49821	8246576
0 年	100000	382	0.99618	0.00382	0.13448	82.96	99694	8296449
1 (y)	99618	57	0.99943	0.00057	0.00070	82.28	99587	8196754
2	99562	39	0.99960	0.00040	0.00041	81.33	99541	8097167
3	99522	27	0.99973	0.00027	0.00032	80.36	99508	7997626
4	99495	20	0.99980	0.00020	0.00022	79.38	99485	7898118
5	99476	17	0.99983	0.00017	0.00018	78.40	99468	7798632
6	99459	15	0.99985	0.00015	0.00016	77.41	99452	7699165
7	99444	13	0.99987	0.00013	0.00014	76.42	99438	7599713
8	99431	11	0.99989	0.00011	0.00012	75.43	99425	7500276
9	99420	10	0.99990	0.00010	0.00011	74.44	99415	7400850
10	99410	9	0.99991	0.00009	0.00010	73.45	99405	7301435
11	99400	10	0.99990	0.00010	0.00009	72.45	99396	7202030
12	99391	10	0.99990	0.00010	0.00010	71.46	99386	7102635
13	99381	11	0.99989	0.00011	0.00011	70.47	99375	7003249
14	99369	13	0.99987	0.00013	0.00012	69.48	99363	6903874
15	99356	16	0.99984	0.00016	0.00014	68.49	99349	6804511
16	99341	18	0.99982	0.00018	0.00017	67.50	99332	6705162
17	99323	20	0.99980	0.00020	0.00019	66.51	99313	6605830
18	99302	22	0.99978	0.00022	0.00021	65.52	99292	6506517
19	99280	24	0.99976	0.00024	0.00023	64.54	99268	6407226
20	99256	26	0.99973	0.00027	0.00026	63.55	99243	6307957
21	99230	28	0.99972	0.00028	0.00028	62.57	99216	6208714
22	99202	28	0.99972	0.00028	0.00028	61.59	99188	6109498
23	99174	27	0.99973	0.00027	0.00027	60.60	99161	6010310
24	99148	26	0.99974	0.00026	0.00026	59.62	99135	5911150
25	99122	27	0.99973	0.00027	0.00026	58.64	99108	5812015
26	99095	29	0.99971	0.00029	0.00028	57.65	99081	5712907
27	99066	31	0.99968	0.00032	0.00030	56.67	99051	5613826
28	99035	34	0.99966	0.00034	0.00033	55.69	99018	5514775
29	99001	36	0.99964	0.00036	0.00035	54.70	98984	5415757
30	98966	38	0.99962	0.00038	0.00037	53.72	98947	5316774
31	98928	41	0.99959	0.00041	0.00040	52.74	98908	5217826
32	98887	44	0.99955	0.00045	0.00043	51.77	98865	5118919
33	98843	48	0.99951	0.00049	0.00047	50.79	98819	5020053
34	98795	50	0.99949	0.00051	0.00050	49.81	98770	4921234
35	98745	51	0.99948	0.00052	0.00051	48.84	98719	4822464
36	98693	54	0.99945	0.00055	0.00053	47.86	98666	4723745
37	98639	60	0.99940	0.00060	0.00057	46.89	98610	4625079
38	98579	67	0.99932	0.00068	0.00064	45.92	98547	4526469
39	98513	74	0.99925	0.00075	0.00071	44.95	98476	4427923
40	98439	80	0.99918	0.00082	0.00078	43.98	98399	4329446
41	98358	87	0.99912	0.00088	0.00085	43.02	98316	4231047
42	98272	95	0.99903	0.00097	0.00092	42.05	98225	4132731
43	98176	106	0.99892	0.00108	0.00102	41.09	98124	4034507
44	98071	118	0.99880	0.00120	0.00114	40.14	98013	3936382
45	97953	132	0.99866	0.00134	0.00127	39.19	97888	3838369
46	97821	146	0.99850	0.00150	0.00142	38.24	97749	3740481
47	97675	160	0.99836	0.00164	0.00157	37.29	97596	3642732
48	97514	173	0.99822	0.00178	0.00171	36.35	97429	3545137
49	97341	187	0.99808	0.00192	0.00185	35.42	97249	3447708

FEMALE

年齢	生存数	死亡数	生存率	死亡率	死　力	平均余命	定常人口	
x	l_x	$_nd_x$	$_np_x$	$_nq_x$	μ_x	$\overset{\circ}{e}_x$	$_nL_x$	T_x
50	97154	201	0.99793	0.00207	0.00200	34.49	97055	3350459
51	96953	216	0.99777	0.00223	0.00215	33.56	96846	3253404
52	96737	232	0.99760	0.00240	0.00232	32.63	96622	3156558
53	96505	249	0.99742	0.00258	0.00249	31.71	96382	3059936
54	96256	266	0.99723	0.00277	0.00267	30.79	96124	2963555
55	95990	285	0.99703	0.00297	0.00287	29.87	95849	2867430
56	95705	305	0.99681	0.00319	0.00308	28.96	95554	2771581
57	95400	325	0.99659	0.00341	0.00330	28.05	95239	2676027
58	95075	351	0.99631	0.00369	0.00355	27.14	94902	2580788
59	94723	386	0.99593	0.00407	0.00388	26.24	94534	2485886
60	94338	426	0.99549	0.00451	0.00429	25.35	94128	2391353
61	93912	467	0.99503	0.00497	0.00475	24.46	93682	2297224
62	93445	507	0.99458	0.00542	0.00521	23.58	93195	2203542
63	92938	549	0.99409	0.00591	0.00567	22.71	92668	2110347
64	92390	596	0.99355	0.00645	0.00619	21.84	92096	2017679
65	91794	648	0.99294	0.00706	0.00677	20.98	91474	1925583
66	91146	705	0.99227	0.00773	0.00741	20.12	90798	1834109
67	90441	765	0.99154	0.00846	0.00811	19.28	90064	1743311
68	89676	838	0.99065	0.00935	0.00891	18.44	89263	1653247
69	88837	926	0.98958	0.01042	0.00990	17.61	88383	1563984
70	87912	1029	0.98829	0.01171	0.01109	16.79	87406	1475602
71	86883	1144	0.98684	0.01316	0.01248	15.98	86321	1388195
72	85739	1274	0.98514	0.01486	0.01407	15.18	85113	1301875
73	84465	1422	0.98316	0.01684	0.01593	14.41	83767	1216761
74	83043	1588	0.98088	0.01912	0.01809	13.64	82263	1132994
75	81455	1766	0.97831	0.02169	0.02056	12.90	80587	1050731
76	79689	1960	0.97540	0.02460	0.02335	12.17	78725	970144
77	77728	2172	0.97206	0.02794	0.02654	11.47	76661	891419
78	75557	2402	0.96821	0.03179	0.03023	10.78	74376	814758
79	73155	2645	0.96385	0.03615	0.03447	10.12	71853	740382
80	70510	2900	0.95887	0.04113	0.03929	9.48	69082	668529
81	67610	3166	0.95318	0.04682	0.04484	8.87	66049	599447
82	64444	3438	0.94665	0.05335	0.05123	8.28	62748	533398
83	61006	3708	0.93921	0.06079	0.05860	7.71	59173	470650
84	57297	3963	0.93084	0.06916	0.06697	7.18	55337	411477
85	53335	4210	0.92107	0.07893	0.07667	6.68	51250	356140
86	49125	4426	0.90990	0.09010	0.08810	6.21	46927	304890
87	44699	4554	0.89812	0.10188	0.10081	5.77	42428	257963
88	40145	4575	0.88604	0.11396	0.11411	5.37	37855	215535
89	35570	4508	0.87327	0.12673	0.12804	5.00	33307	177680
90	31062	4372	0.85926	0.14074	0.14330	4.65	28862	144373
91	26690	4169	0.84378	0.15622	0.16045	4.33	24586	115511
92	22521	3891	0.82722	0.17278	0.17954	4.04	20549	90925
93	18630	3530	0.81052	0.18948	0.19987	3.78	16831	70377
94	15100	3096	0.79497	0.20503	0.21992	3.55	13514	53545
95	12004	2646	0.77960	0.22040	0.23879	3.33	10644	40031
96	9358	2212	0.76367	0.23633	0.25922	3.14	8217	29387
97	7147	1803	0.74774	0.25226	0.28009	2.96	6213	21170
98	5344	1433	0.73180	0.26820	0.30140	2.80	4598	14957
99	3911	1111	0.71588	0.28412	0.32317	2.65	3330	10359
100	2800	840	0.69998	0.30002	0.34540	2.51	2359	7029
101	1960	619	0.68409	0.31591	0.36810	2.38	1634	4670
102	1341	445	0.66825	0.33175	0.39130	2.26	1105	3036
103	896	311	0.65244	0.34756	0.41498	2.15	731	1930
104	584	212	0.63668	0.36332	0.43918	2.05	471	1200
105	372	141	0.62098	0.37902	0.46389	1.96	297	729
106	231	91	0.60534	0.39466	0.48913	1.87	182	432
107	140	57	0.58977	0.41023	0.51491	1.79	109	250
108	82	35	0.57428	0.42572	0.54124	1.71	63	141
109	47	21	0.55888	0.44112	0.56813	1.64	36	78
110	26	12	0.54358	0.45642	0.59560	1.57	20	42
111	14	7	0.52839	0.47161	0.62365	1.50	11	22
112	8	4	0.51331	0.48669	0.65230	1.44	6	11
113	4	2	0.49835	0.50165	0.68157	1.39	3	5
114	2	1	0.48352	0.51648	0.71146	1.33	1	3
115	1	0	0.46882	0.53118	0.74199	1.28	1	1

111

第19回　生　命　表（平成12年）

THE 19TH LIFE TABLES, 2000

男

年齢	生存数	死亡数	生存率	死亡率	死　力	定常人口		平均余命
x	l_x	$_nd_x$	$_np_x$	$_nq_x$	μ_x	$_nL_x$	T_x	$\overset{\circ}{e}_x$
0週	100000	137	0.99863	0.00137	0.13271	1916	7772430	77.72
1 (w)	99863	24	0.99976	0.00024	0.02833	1915	7770514	77.81
2	99839	16	0.99984	0.00016	0.00560	1915	7768599	77.81
3	99823	11	0.99989	0.00011	0.00680	1914	7766685	77.80
4	99812	39	0.99961	0.00039	0.00499	8977	7764770	77.79
2月	99773	18	0.99982	0.00018	0.00317	8314	7755794	77.73
3 (m)	99755	50	0.99950	0.00050	0.00167	24933	7747480	77.67
6	99705	50	0.99950	0.00050	0.00175	49838	7722548	77.45
0年	100000	345	0.99655	0.00345	0.13271	99720	7772430	77.72
1 (y)	99655	51	0.99949	0.00051	0.00062	99627	7672710	76.99
2	99603	38	0.99962	0.00038	0.00039	99584	7573083	76.03
3	99566	27	0.99973	0.00027	0.00032	99551	7473499	75.06
4	99538	21	0.99979	0.00021	0.00024	99527	7373948	74.08
5	99517	18	0.99982	0.00018	0.00019	99508	7274420	73.10
6	99500	16	0.99984	0.00016	0.00017	99491	7174912	72.11
7	99484	14	0.99986	0.00014	0.00015	99476	7075420	71.12
8	99469	12	0.99988	0.00012	0.00013	99463	6975944	70.13
9	99457	11	0.99989	0.00011	0.00012	99451	6876481	69.14
10	99446	10	0.99990	0.00010	0.00010	99441	6777030	68.15
11	99436	11	0.99989	0.00011	0.00010	99430	6677589	67.15
12	99425	13	0.99987	0.00013	0.00012	99419	6578158	66.16
13	99412	16	0.99984	0.00016	0.00014	99404	6478740	65.17
14	99396	21	0.99979	0.00021	0.00018	99386	6379335	64.18
15	99375	27	0.99973	0.00027	0.00024	99362	6279949	63.19
16	99348	36	0.99964	0.00036	0.00031	99331	6180587	62.21
17	99312	45	0.99954	0.00046	0.00041	99290	6081256	61.23
18	99267	54	0.99946	0.00054	0.00050	99241	5981966	60.26
19	99213	60	0.99940	0.00060	0.00058	99184	5882725	59.29
20	99153	63	0.99937	0.00063	0.00062	99122	5783542	58.33
21	99091	65	0.99935	0.00065	0.00064	99059	5684419	57.37
22	99026	66	0.99933	0.00067	0.00066	98993	5585361	56.40
23	98960	68	0.99931	0.00069	0.00068	98926	5486368	55.44
24	98892	68	0.99931	0.00069	0.00069	98857	5387442	54.48
25	98823	67	0.99932	0.00068	0.00069	98789	5288585	53.52
26	98756	65	0.99934	0.00066	0.00067	98723	5189795	52.55
27	98691	64	0.99935	0.00065	0.00065	98659	5091072	51.59
28	98626	66	0.99933	0.00067	0.00066	98594	4992413	50.62
29	98560	70	0.99929	0.00071	0.00069	98525	4893820	49.65
30	98490	76	0.99923	0.00077	0.00074	98452	4795294	48.69
31	98414	81	0.99918	0.00082	0.00080	98374	4696842	47.73
32	98333	86	0.99912	0.00088	0.00085	98290	4598468	46.76
33	98247	90	0.99908	0.00092	0.00090	98202	4500178	45.80
34	98156	93	0.99905	0.00095	0.00094	98110	4401976	44.85
35	98063	97	0.99901	0.00099	0.00097	98015	4303866	43.89
36	97966	103	0.99895	0.00105	0.00102	97915	4205851	42.93
37	97863	112	0.99886	0.00114	0.00109	97808	4107935	41.98
38	97751	122	0.99875	0.00125	0.00119	97691	4010127	41.02
39	97630	133	0.99864	0.00136	0.00130	97564	3912436	40.07
40	97497	144	0.99853	0.00147	0.00142	97426	3814872	39.13
41	97353	155	0.99841	0.00159	0.00153	97277	3717446	38.19
42	97199	168	0.99827	0.00173	0.00166	97116	3620170	37.25
43	97030	185	0.99810	0.00190	0.00181	96939	3523054	36.31
44	96846	203	0.99790	0.00210	0.00200	96745	3426115	35.38
45	96642	224	0.99768	0.00232	0.00221	96532	3329369	34.45
46	96418	249	0.99742	0.00258	0.00245	96296	3232837	33.53
47	96169	276	0.99713	0.00287	0.00272	96034	3136542	32.61
48	95893	305	0.99682	0.00318	0.00303	95743	3040508	31.71
49	95588	336	0.99648	0.00352	0.00335	95423	2944765	30.81

MALE

年齢	生存数	死亡数	生存率	死亡率	死　力	定常人口		平均余命
x	l_x	$_nd_x$	$_np_x$	$_nq_x$	μ_x	$_nL_x$	T_x	$\overset{\circ}{e}_x$
50	95252	373	0.99608	0.00392	0.00372	95069	2849342	29.91
51	94879	413	0.99565	0.00435	0.00414	94676	2754273	29.03
52	94466	453	0.99520	0.00480	0.00458	94243	2659597	28.15
53	94013	496	0.99473	0.00527	0.00504	93769	2565354	27.29
54	93517	538	0.99425	0.00575	0.00553	93252	2471586	26.43
55	92979	581	0.99375	0.00625	0.00602	92692	2378334	25.58
56	92398	627	0.99322	0.00678	0.00653	92088	2285642	24.74
57	91771	676	0.99263	0.00737	0.00709	91437	2193553	23.90
58	91095	724	0.99205	0.00795	0.00768	90737	2102116	23.08
59	90371	772	0.99146	0.00854	0.00827	89990	2011379	22.26
60	89600	827	0.99077	0.00923	0.00890	89191	1921389	21.44
61	88773	894	0.98993	0.01007	0.00967	88332	1832198	20.64
62	87879	972	0.98894	0.01106	0.01059	87400	1743866	19.84
63	86907	1065	0.98774	0.01226	0.01170	86382	1656466	19.06
64	85842	1167	0.98641	0.01359	0.01299	85267	1570084	18.29
65	84675	1269	0.98502	0.01498	0.01438	84049	1484817	17.54
66	83406	1373	0.98354	0.01646	0.01583	82728	1400768	16.79
67	82033	1483	0.98192	0.01808	0.01740	81301	1318040	16.07
68	80550	1601	0.98012	0.01988	0.01914	79759	1236739	15.35
69	78948	1722	0.97819	0.02181	0.02104	78098	1156980	14.65
70	77227	1841	0.97616	0.02384	0.02306	76316	1078883	13.97
71	75386	1964	0.97395	0.02605	0.02522	74414	1002566	13.30
72	73422	2092	0.97150	0.02850	0.02761	72387	928152	12.64
73	71330	2230	0.96874	0.03126	0.03027	70227	855765	12.00
74	69100	2375	0.96563	0.03437	0.03330	67925	785539	11.37
75	66725	2525	0.96216	0.03784	0.03671	65475	717614	10.75
76	64200	2672	0.95838	0.04162	0.04046	62877	652138	10.16
77	61528	2834	0.95394	0.04606	0.04471	60125	589262	9.58
78	58694	3009	0.94873	0.05127	0.04974	57205	529136	9.02
79	55685	3191	0.94269	0.05731	0.05569	54104	471931	8.47
80	52494	3360	0.93599	0.06401	0.06245	50827	417827	7.96
81	49134	3516	0.92844	0.07156	0.07006	47387	367000	7.47
82	45618	3632	0.92038	0.07962	0.07851	43809	319613	7.01
83	41985	3700	0.91187	0.08813	0.08753	40139	275804	6.57
84	38285	3713	0.90301	0.09699	0.09704	36427	235665	6.16
85	34572	3678	0.89360	0.10640	0.10710	32728	199238	5.76
86	30894	3608	0.88322	0.11678	0.11813	29082	166509	5.39
87	27286	3494	0.87194	0.12806	0.13039	25528	137427	5.04
88	23792	3341	0.85958	0.14042	0.14393	22107	111900	4.70
89	20451	3145	0.84622	0.15378	0.15883	18864	89793	4.39
90	17306	2944	0.82987	0.17013	0.17796	15811	70929	4.10
91	14362	2652	0.81535	0.18465	0.19515	13010	55118	3.84
92	11710	2338	0.80032	0.19968	0.21328	10514	42108	3.60
93	9372	2017	0.78477	0.21523	0.23238	8336	31594	3.37
94	7355	1701	0.76871	0.23129	0.25252	6478	23258	3.16
95	5653	1401	0.75213	0.24787	0.27375	4929	16779	2.97
96	4252	1127	0.73504	0.26496	0.29614	3667	11851	2.79
97	3126	883	0.71745	0.28255	0.31973	2665	8183	2.62
98	2242	674	0.69935	0.30065	0.34460	1889	5518	2.46
99	1568	501	0.68077	0.31923	0.37082	1305	3629	2.31
100	1068	361	0.66172	0.33828	0.39847	877	2324	2.18
101	706	253	0.64222	0.35778	0.42760	572	1447	2.05
102	454	171	0.62228	0.37772	0.45832	362	875	1.93
103	282	112	0.60192	0.39808	0.49071	222	513	1.82
104	170	71	0.58119	0.41881	0.52484	132	291	1.71
105	99	43	0.56011	0.43989	0.56083	75	159	1.61
106	55	26	0.53871	0.46129	0.59876	41	84	1.52
107	30	14	0.51703	0.48297	0.63876	22	43	1.43
108	15	8	0.49513	0.50487	0.68091	11	21	1.35
109	8	4	0.47304	0.52696	0.72536	5	10	1.28
110	4	2	0.45082	0.54918	0.77221	2	4	1.20
111	2	1	0.42853	0.57147	0.82160	1	2	1.14
112	1	0	0.40622	0.59378	0.87366	0	1	1.07

第19回　生　命　表（平成12年）
THE 19TH LIFE TABLES, 2000

女

年齢 x	生存数 l_x	死亡数 $_nd_x$	生存率 $_np_x$	死亡率 $_nq_x$	死　力 μ_x	定常人口		平均余命 $\overset{\circ}{e}_x$
						$_nL_x$	T_x	
0週	100000	117	0.99883	0.00117	0.11126	1916	8460422	84.60
1(w)	99883	23	0.99977	0.00023	0.02566	1915	8458506	84.68
2	99860	14	0.99986	0.00014	0.00562	1915	8456590	84.68
3	99846	11	0.99989	0.00011	0.00615	1915	8454675	84.68
4	99835	33	0.99967	0.00033	0.00516	8979	8452761	84.67
2月	99802	19	0.99981	0.00019	0.00255	8316	8443782	84.61
3(m)	99783	36	0.99964	0.00036	0.00180	24941	8435466	84.54
6	99747	46	0.99954	0.00046	0.00107	49861	8410525	84.32
0年	100000	298	0.99702	0.00298	0.11126	99759	8460422	84.60
1(y)	99702	43	0.99956	0.00044	0.00066	99677	8360664	83.86
2	99658	30	0.99970	0.00030	0.00031	99643	8260987	82.89
3	99628	20	0.99980	0.00020	0.00024	99618	8161344	81.92
4	99609	14	0.99986	0.00014	0.00017	99601	8061726	80.93
5	99594	12	0.99988	0.00012	0.00013	99588	7962125	79.95
6	99582	11	0.99989	0.00011	0.00011	99577	7862537	78.96
7	99571	10	0.99990	0.00010	0.00010	99566	7762960	77.96
8	99561	9	0.99991	0.00009	0.00009	99557	7663394	76.97
9	99552	8	0.99992	0.00008	0.00009	99548	7563837	75.98
10	99544	8	0.99992	0.00008	0.00008	99540	7464288	74.98
11	99537	8	0.99992	0.00008	0.00008	99533	7364748	73.99
12	99529	7	0.99992	0.00008	0.00008	99525	7265215	73.00
13	99522	8	0.99992	0.00008	0.00008	99518	7165690	72.00
14	99513	10	0.99990	0.00010	0.00009	99509	7066172	71.01
15	99504	12	0.99988	0.00012	0.00011	99498	6966664	70.01
16	99492	16	0.99984	0.00016	0.00014	99484	6867166	69.02
17	99476	19	0.99981	0.00019	0.00017	99467	6767682	68.03
18	99457	21	0.99978	0.00022	0.00020	99447	6668215	67.05
19	99436	23	0.99977	0.00023	0.00023	99424	6568768	66.06
20	99413	25	0.99975	0.00025	0.00024	99400	6469344	65.08
21	99388	26	0.99973	0.00027	0.00026	99375	6369943	64.09
22	99361	28	0.99972	0.00028	0.00028	99347	6270568	63.11
23	99333	30	0.99970	0.00030	0.00029	99319	6171221	62.13
24	99304	30	0.99970	0.00030	0.00030	99289	6071903	61.14
25	99273	31	0.99969	0.00031	0.00031	99258	5972614	60.16
26	99243	31	0.99969	0.00031	0.00031	99227	5873356	59.18
27	99212	32	0.99968	0.00032	0.00032	99196	5774128	58.20
28	99180	34	0.99966	0.00034	0.00033	99163	5674932	57.22
29	99146	36	0.99964	0.00036	0.00035	99128	5575769	56.24
30	99110	38	0.99962	0.00038	0.00037	99091	5476642	55.26
31	99071	40	0.99959	0.00041	0.00039	99052	5377551	54.28
32	99031	43	0.99956	0.00044	0.00042	99010	5278500	53.30
33	98988	46	0.99953	0.00047	0.00045	98965	5179490	52.32
34	98942	49	0.99950	0.00050	0.00048	98917	5080525	51.35
35	98892	53	0.99946	0.00054	0.00052	98866	4981607	50.37
36	98839	57	0.99942	0.00058	0.00056	98811	4882741	49.40
37	98782	61	0.99938	0.00062	0.00060	98752	4783930	48.43
38	98721	66	0.99933	0.00067	0.00064	98689	4685178	47.46
39	98656	71	0.99928	0.00072	0.00069	98621	4586489	46.49
40	98585	77	0.99922	0.00078	0.00075	98547	4487868	45.52
41	98508	83	0.99915	0.00085	0.00081	98467	4389321	44.56
42	98425	92	0.99906	0.00094	0.00089	98379	4290854	43.60
43	98332	102	0.99896	0.00104	0.00099	98282	4192475	42.64
44	98230	111	0.99887	0.00113	0.00109	98175	4094193	41.68
45	98119	120	0.99878	0.00122	0.00118	98060	3996018	40.73
46	97999	129	0.99869	0.00131	0.00127	97935	3897958	39.78
47	97870	140	0.99857	0.00143	0.00137	97801	3800023	38.83
48	97730	155	0.99842	0.00158	0.00150	97654	3702222	37.88
49	97575	171	0.99825	0.00175	0.00166	97491	3604568	36.94

FEMALE

年齢	生存数	死亡数	生存率	死亡率	死 力	定常人口		平均余命
x	l_x	$_nd_x$	$_np_x$	$_nq_x$	μ_x	$_nL_x$	T_x	$\overset{\circ}{e}_x$
50	97404	190	0.99804	0.00196	0.00185	97311	3507077	36.01
51	97214	209	0.99785	0.00215	0.00206	97111	3409766	35.07
52	97004	226	0.99767	0.00233	0.00225	96893	3312656	34.15
53	96778	243	0.99749	0.00251	0.00243	96658	3215763	33.23
54	96535	257	0.99734	0.00266	0.00259	96408	3119106	32.31
55	96278	269	0.99721	0.00279	0.00273	96145	3022698	31.40
56	96010	282	0.99706	0.00294	0.00286	95870	2926553	30.48
57	95727	300	0.99687	0.00313	0.00304	95579	2830683	29.57
58	95427	319	0.99666	0.00334	0.00324	95270	2735104	28.66
59	95109	338	0.99644	0.00356	0.00345	94942	2639834	27.76
60	94771	363	0.99617	0.00383	0.00369	94591	2544893	26.85
61	94407	393	0.99584	0.00416	0.00399	94214	2450302	25.95
62	94014	431	0.99542	0.00458	0.00437	93803	2356088	25.06
63	93584	475	0.99493	0.00507	0.00483	93350	2262285	24.17
64	93109	523	0.99438	0.00562	0.00535	92851	2168935	23.29
65	92586	572	0.99382	0.00618	0.00591	92304	2076084	22.42
66	92013	625	0.99320	0.00680	0.00650	91705	1983780	21.56
67	91388	683	0.99252	0.00748	0.00715	91051	1892074	20.70
68	90705	748	0.99175	0.00825	0.00788	90336	1801023	19.86
69	89957	816	0.99093	0.00907	0.00869	89554	1710687	19.02
70	89140	890	0.99001	0.00999	0.00956	88702	1621132	18.19
71	88250	976	0.98894	0.01106	0.01056	87769	1532431	17.36
72	87274	1072	0.98772	0.01228	0.01171	86746	1444661	16.55
73	86202	1182	0.98629	0.01371	0.01305	85620	1357915	15.75
74	85020	1308	0.98461	0.01539	0.01461	84377	1272295	14.96
75	83711	1457	0.98260	0.01740	0.01648	82996	1187918	14.19
76	82254	1623	0.98026	0.01974	0.01866	81458	1104922	13.43
77	80631	1814	0.97751	0.02249	0.02126	79741	1023464	12.69
78	78817	2028	0.97427	0.02573	0.02432	77822	943723	11.97
79	76790	2261	0.97056	0.02944	0.02789	75679	865901	11.28
80	74529	2508	0.96635	0.03365	0.03197	73296	790221	10.60
81	72021	2763	0.96163	0.03837	0.03659	70661	716925	9.95
82	69258	3017	0.95644	0.04356	0.04173	67770	646265	9.33
83	66241	3268	0.95066	0.04934	0.04745	64628	578494	8.73
84	62973	3514	0.94419	0.05581	0.05387	61236	513866	8.16
85	59459	3756	0.93684	0.06316	0.06116	57601	452630	7.61
86	55703	3986	0.92845	0.07155	0.06956	53728	395030	7.09
87	51717	4181	0.91915	0.08085	0.07909	49641	341302	6.60
88	47536	4334	0.90883	0.09117	0.08974	45379	291661	6.14
89	43202	4429	0.89748	0.10252	0.10161	40994	246281	5.70
90	38773	4478	0.88450	0.11550	0.11513	36535	205288	5.29
91	34295	4451	0.87021	0.12979	0.13063	32053	168752	4.92
92	29844	4319	0.85528	0.14472	0.14754	27668	136689	4.58
93	25525	4075	0.84034	0.15966	0.16506	23463	109021	4.27
94	21449	3753	0.82502	0.17498	0.18301	19543	85558	3.99
95	17696	3373	0.80938	0.19062	0.20180	15976	66015	3.73
96	14323	2958	0.79345	0.20655	0.22130	12808	50039	3.49
97	11364	2532	0.77722	0.22278	0.24156	10063	37230	3.28
98	8833	2114	0.76071	0.23929	0.26263	7742	27167	3.08
99	6719	1721	0.74391	0.25609	0.28453	5827	19425	2.89
100	4998	1365	0.72684	0.27316	0.30729	4288	13598	2.72
101	3633	1055	0.70952	0.29048	0.33095	3082	9310	2.56
102	2578	794	0.69195	0.30805	0.35554	2161	6228	2.42
103	1784	581	0.67415	0.32585	0.38111	1477	4067	2.28
104	1202	413	0.65613	0.34387	0.40768	983	2590	2.15
105	789	286	0.63790	0.36210	0.43530	637	1607	2.04
106	503	191	0.61950	0.38050	0.46402	401	970	1.93
107	312	124	0.60093	0.39907	0.49386	245	569	1.82
108	187	78	0.58222	0.41778	0.52488	145	324	1.73
109	109	48	0.56339	0.43661	0.55713	83	179	1.64
110	61	28	0.54446	0.45554	0.59065	46	96	1.56
111	33	16	0.52546	0.47454	0.62549	25	49	1.48
112	18	9	0.50641	0.49359	0.66171	13	25	1.40
113	9	5	0.48734	0.51266	0.69935	6	12	1.33
114	4	2	0.46828	0.53172	0.73849	3	6	1.27
115	2	1	0.44925	0.55075	0.77916	1	2	1.21
116	1	1	0.43030	0.56970	0.82144	1	1	1.15

第20回　生　命　表（平成17年）
THE 20TH LIFE TABLES, 2005

男

年齢	生存数	死亡数	生存率	死亡率	死　力	定常人口		平均余命
x	l_x	$_nd_x$	$_np_x$	$_nq_x$	μ_x	$_nL_x$	T_x	$\overset{\circ}{e}_x$
0週	100000	112	0.99888	0.00112	0.11019	1916	7855882	78.56
1 (w)	99888	17	0.99983	0.00017	0.02178	1915	7853965	78.63
2	99872	13	0.99987	0.00013	0.00370	1915	7852050	78.62
3	99859	10	0.99990	0.00010	0.00577	1915	7850135	78.61
4	99849	28	0.99972	0.00028	0.00457	8980	7848220	78.60
2月	99821	22	0.99978	0.00022	0.00241	8318	7839239	78.53
3 (m)	99799	50	0.99950	0.00050	0.00239	24943	7830922	78.47
6	99749	48	0.99952	0.00048	0.00158	49860	7805979	78.26
0年	100000	298	0.99702	0.00298	0.11019	99764	7855882	78.56
1 (y)	99702	45	0.99955	0.00045	0.00055	99680	7756118	77.79
2	99657	32	0.99968	0.00032	0.00032	99641	7656438	76.83
3	99625	22	0.99978	0.00022	0.00026	99614	7556797	75.85
4	99604	16	0.99984	0.00016	0.00018	99596	7457183	74.87
5	99588	14	0.99986	0.00014	0.00015	99581	7357587	73.88
6	99574	14	0.99986	0.00014	0.00014	99567	7258006	72.89
7	99559	14	0.99986	0.00014	0.00014	99552	7158440	71.90
8	99545	13	0.99987	0.00013	0.00014	99539	7058887	70.91
9	99533	11	0.99989	0.00011	0.00012	99527	6959348	69.92
10	99522	9	0.99991	0.00009	0.00010	99517	6859822	68.93
11	99513	9	0.99991	0.00009	0.00009	99508	6760304	67.93
12	99504	10	0.99990	0.00010	0.00009	99499	6660796	66.94
13	99494	14	0.99986	0.00014	0.00012	99487	6561297	65.95
14	99480	18	0.99982	0.00018	0.00016	99472	6461810	64.96
15	99462	23	0.99977	0.00023	0.00020	99451	6362339	63.97
16	99440	28	0.99972	0.00028	0.00025	99426	6262887	62.98
17	99412	35	0.99965	0.00035	0.00031	99395	6163461	62.00
18	99377	42	0.99957	0.00043	0.00039	99357	6064066	61.02
19	99335	49	0.99950	0.00050	0.00046	99311	5964709	60.05
20	99285	55	0.99944	0.00056	0.00053	99258	5865399	59.08
21	99230	60	0.99940	0.00060	0.00058	99200	5766140	58.11
22	99170	63	0.99937	0.00063	0.00062	99139	5666940	57.14
23	99107	65	0.99934	0.00066	0.00065	99075	5567801	56.18
24	99042	66	0.99933	0.00067	0.00066	99009	5468726	55.22
25	98976	66	0.99933	0.00067	0.00067	98943	5369717	54.25
26	98910	66	0.99933	0.00067	0.00067	98877	5270774	53.29
27	98844	67	0.99932	0.00068	0.00067	98810	5171897	52.32
28	98777	69	0.99930	0.00070	0.00069	98742	5073086	51.36
29	98707	72	0.99928	0.00072	0.00071	98672	4974344	50.39
30	98636	73	0.99926	0.00074	0.00073	98599	4875673	49.43
31	98562	75	0.99924	0.00076	0.00075	98525	4777074	48.47
32	98487	78	0.99921	0.00079	0.00077	98449	4678549	47.50
33	98409	84	0.99915	0.00085	0.00082	98368	4580100	46.54
34	98325	90	0.99908	0.00092	0.00089	98281	4481732	45.58
35	98235	97	0.99902	0.00098	0.00095	98187	4383451	44.62
36	98138	103	0.99895	0.00105	0.00102	98087	4285264	43.67
37	98035	111	0.99887	0.00113	0.00109	97980	4187177	42.71
38	97924	119	0.99878	0.00122	0.00117	97865	4089197	41.76
39	97805	129	0.99868	0.00132	0.00127	97741	3991331	40.81
40	97676	140	0.99857	0.00143	0.00138	97607	3893590	39.86
41	97536	150	0.99846	0.00154	0.00148	97462	3795983	38.92
42	97386	163	0.99832	0.00168	0.00161	97305	3698521	37.98
43	97222	180	0.99815	0.00185	0.00176	97134	3601216	37.04
44	97042	199	0.99795	0.00205	0.00195	96945	3504082	36.11
45	96844	220	0.99773	0.00227	0.00216	96735	3407137	35.18
46	96624	242	0.99749	0.00251	0.00239	96504	3310402	34.26
47	96381	264	0.99726	0.00274	0.00263	96251	3213898	33.35
48	96117	286	0.99703	0.00297	0.00286	95976	3117647	32.44
49	95831	312	0.99675	0.00325	0.00311	95678	3021670	31.53

MALE

年齢	生存数	死亡数	生存率	死亡率	死　力	定常人口		平均余命
x	l_x	$_nd_x$	$_np_x$	$_nq_x$	μ_x	$_nL_x$	T_x	$\overset{\circ}{e}_x$
50	95520	341	0.99643	0.00357	0.00341	95352	2925993	30.63
51	95179	375	0.99607	0.00393	0.00375	94995	2830641	29.74
52	94805	412	0.99565	0.00435	0.00414	94602	2735646	28.86
53	94393	451	0.99522	0.00478	0.00457	94170	2641044	27.98
54	93941	492	0.99476	0.00524	0.00501	93699	2546874	27.11
55	93449	541	0.99421	0.00579	0.00552	93183	2453175	26.25
56	92908	594	0.99361	0.00639	0.00611	92615	2359992	25.40
57	92314	643	0.99303	0.00697	0.00670	91996	2267377	24.56
58	91670	693	0.99244	0.00756	0.00729	91328	2175381	23.73
59	90977	744	0.99182	0.00818	0.00790	90609	2084053	22.91
60	90233	797	0.99117	0.00883	0.00853	89839	1993443	22.09
61	89436	855	0.99044	0.00956	0.00923	89014	1903604	21.28
62	88582	916	0.98966	0.01034	0.01000	88128	1814590	20.48
63	87665	972	0.98891	0.01109	0.01077	87184	1726462	19.69
64	86693	1029	0.98813	0.01187	0.01153	86184	1639278	18.91
65	85664	1094	0.98723	0.01277	0.01237	85123	1553094	18.13
66	84571	1172	0.98614	0.01386	0.01336	83992	1467971	17.36
67	83399	1272	0.98475	0.01525	0.01460	82772	1383979	16.59
68	82127	1396	0.98301	0.01699	0.01620	81440	1301206	15.84
69	80732	1536	0.98097	0.01903	0.01814	79975	1219766	15.11
70	79195	1681	0.97877	0.02123	0.02030	78367	1139790	14.39
71	77514	1830	0.97639	0.02361	0.02265	76611	1061424	13.69
72	75684	1979	0.97385	0.02615	0.02516	74707	984812	13.01
73	73705	2134	0.97105	0.02895	0.02789	72651	910106	12.35
74	71571	2296	0.96792	0.03208	0.03093	70437	837455	11.70
75	69275	2463	0.96445	0.03555	0.03434	68058	767018	11.07
76	66812	2632	0.96061	0.03939	0.03812	65511	698960	10.46
77	64181	2804	0.95632	0.04368	0.04233	62793	633450	9.87
78	61377	2981	0.95144	0.04856	0.04712	59901	570656	9.30
79	58396	3155	0.94598	0.05402	0.05256	56833	510755	8.75
80	55242	3313	0.94002	0.05998	0.05860	53598	453922	8.22
81	51929	3447	0.93361	0.06639	0.06516	50215	400324	7.71
82	48481	3569	0.92639	0.07361	0.07241	46706	350109	7.22
83	44913	3672	0.91824	0.08176	0.08070	43084	303402	6.76
84	41241	3745	0.90919	0.09081	0.09007	39372	260318	6.31
85	37495	3775	0.89932	0.10068	0.10047	35609	220946	5.89
86	33720	3765	0.88836	0.11164	0.11202	31835	185337	5.50
87	29956	3703	0.87639	0.12361	0.12495	28097	153502	5.12
88	26253	3581	0.86358	0.13642	0.13916	24449	125405	4.78
89	22672	3386	0.85064	0.14936	0.15401	20961	100956	4.45
90	19285	3173	0.83547	0.16453	0.17097	17679	79995	4.15
91	16112	2896	0.82029	0.17971	0.18873	14640	62316	3.87
92	13217	2585	0.80440	0.19560	0.20767	11897	47676	3.61
93	10632	2256	0.78780	0.21220	0.22787	9476	35779	3.37
94	8375	1922	0.77047	0.22953	0.24940	7387	26303	3.14
95	6453	1598	0.75242	0.24758	0.27236	5628	18917	2.93
96	4855	1293	0.73363	0.26637	0.29684	4184	13289	2.74
97	3562	1018	0.71412	0.28588	0.32294	3031	9104	2.56
98	2544	779	0.69389	0.30611	0.35077	2136	6073	2.39
99	1765	577	0.67294	0.32706	0.38044	1461	3937	2.23
100	1188	414	0.65131	0.34869	0.41208	969	2476	2.08
101	774	287	0.62901	0.37099	0.44582	621	1507	1.95
102	487	192	0.60607	0.39393	0.48179	384	886	1.82
103	295	123	0.58253	0.41747	0.52014	229	502	1.70
104	172	76	0.55844	0.44156	0.56104	131	274	1.59
105	96	45	0.53385	0.46615	0.60464	72	143	1.49
106	51	25	0.50882	0.49118	0.65114	37	71	1.39
107	26	13	0.48343	0.51657	0.70071	19	34	1.30
108	13	7	0.45774	0.54226	0.75357	9	15	1.22
109	6	3	0.43186	0.56814	0.80992	4	7	1.14
110	2	1	0.40587	0.59413	0.87002	2	3	1.07
111	1	1	0.37989	0.62011	0.93409	1	1	1.00

第20回　生　命　表（平成17年）
THE 20TH LIFE TABLES, 2005

女

年齢	生存数	死亡数	生存率	死亡率	死　力	定常人口		平均余命
x	l_x	$_n d_x$	$_n p_x$	$_n q_x$	μ_x	$_n L_x$	T_x	$\overset{\circ}{e}_x$
0週	100000	93	0.99907	0.00093	0.08512	1917	8551573	85.52
1 (w)	99907	21	0.99979	0.00021	0.02219	1916	8549656	85.58
2	99886	11	0.99989	0.00011	0.00530	1916	8547741	85.58
3	99875	8	0.99992	0.00008	0.00422	1915	8545825	85.57
4	99867	25	0.99975	0.00025	0.00336	8982	8543910	85.55
2月	99843	15	0.99985	0.00015	0.00207	8320	8534927	85.48
3 (m)	99828	39	0.99961	0.00039	0.00157	24952	8526608	85.41
6	99789	41	0.99959	0.00041	0.00131	49882	8501656	85.20
0年	100000	252	0.99748	0.00252	0.08512	99800	8551573	85.52
1 (y)	99748	34	0.99966	0.00034	0.00051	99730	8451773	84.73
2	99714	25	0.99975	0.00025	0.00023	99702	8352043	83.76
3	99689	18	0.99982	0.00018	0.00021	99680	8252341	82.78
4	99671	13	0.99987	0.00013	0.00015	99664	8152662	81.80
5	99658	11	0.99989	0.00011	0.00011	99653	8052997	80.81
6	99648	9	0.99991	0.00009	0.00010	99643	7953345	79.81
7	99638	9	0.99991	0.00009	0.00009	99634	7853702	78.82
8	99630	8	0.99992	0.00008	0.00008	99626	7754068	77.83
9	99622	7	0.99993	0.00007	0.00008	99618	7654442	76.84
10	99614	7	0.99993	0.00007	0.00007	99611	7554824	75.84
11	99608	6	0.99994	0.00006	0.00006	99605	7455213	74.85
12	99602	7	0.99993	0.00007	0.00006	99598	7355608	73.85
13	99595	8	0.99992	0.00008	0.00008	99591	7256010	72.86
14	99586	10	0.99990	0.00010	0.00009	99582	7156419	71.86
15	99576	12	0.99988	0.00012	0.00011	99571	7056838	70.87
16	99565	14	0.99986	0.00014	0.00013	99558	6957267	69.88
17	99550	17	0.99983	0.00017	0.00016	99542	6857710	68.89
18	99533	21	0.99979	0.00021	0.00019	99523	6758168	67.90
19	99512	24	0.99976	0.00024	0.00022	99501	6658645	66.91
20	99489	26	0.99974	0.00026	0.00025	99476	6559144	65.93
21	99462	28	0.99971	0.00029	0.00027	99448	6459668	64.95
22	99434	31	0.99969	0.00031	0.00030	99419	6360220	63.96
23	99403	33	0.99967	0.00033	0.00032	99387	6260801	62.98
24	99371	33	0.99967	0.00033	0.00033	99354	6161414	62.00
25	99338	32	0.99968	0.00032	0.00033	99322	6062060	61.02
26	99306	30	0.99969	0.00031	0.00031	99291	5962738	60.04
27	99275	31	0.99969	0.00031	0.00031	99260	5863448	59.06
28	99245	32	0.99968	0.00032	0.00031	99229	5764188	58.08
29	99213	34	0.99965	0.00035	0.00034	99196	5664959	57.10
30	99178	37	0.99963	0.00037	0.00036	99160	5565763	56.12
31	99141	39	0.99960	0.00040	0.00038	99122	5466603	55.14
32	99102	42	0.99958	0.00042	0.00041	99081	5367481	54.16
33	99060	45	0.99954	0.00046	0.00044	99037	5268400	53.18
34	99015	49	0.99951	0.00049	0.00047	98990	5169363	52.21
35	98966	52	0.99947	0.00053	0.00051	98940	5070372	51.23
36	98914	56	0.99943	0.00057	0.00055	98886	4971432	50.26
37	98857	60	0.99940	0.00060	0.00059	98828	4872546	49.29
38	98798	64	0.99935	0.00065	0.00063	98766	4773718	48.32
39	98734	69	0.99930	0.00070	0.00067	98699	4674952	47.35
40	98665	74	0.99925	0.00075	0.00072	98628	4576253	46.38
41	98591	79	0.99919	0.00081	0.00078	98551	4477625	45.42
42	98511	86	0.99913	0.00087	0.00084	98469	4379074	44.45
43	98426	93	0.99906	0.00094	0.00090	98380	4280605	43.49
44	98333	101	0.99897	0.00103	0.00098	98283	4182225	42.53
45	98232	111	0.99887	0.00113	0.00108	98177	4083942	41.57
46	98121	122	0.99876	0.00124	0.00118	98061	3985764	40.62
47	97999	132	0.99865	0.00135	0.00129	97934	3887703	39.67
48	97867	144	0.99853	0.00147	0.00141	97796	3789769	38.72
49	97723	157	0.99839	0.00161	0.00154	97646	3691973	37.78

FEMALE

年齢	生存数	死亡数	生存率	死亡率	死　力	定常人口		平均余命
x	l_x	$_nd_x$	$_np_x$	$_nq_x$	μ_x	$_nL_x$	T_x	$\overset{\circ}{e}_x$
50	97566	172	0.99824	0.00176	0.00169	97481	3594327	36.84
51	97394	187	0.99808	0.00192	0.00184	97302	3496846	35.90
52	97207	203	0.99791	0.00209	0.00201	97107	3399544	34.97
53	97004	219	0.99774	0.00226	0.00218	96895	3302437	34.04
54	96784	236	0.99757	0.00243	0.00235	96668	3205541	33.12
55	96549	256	0.99735	0.00265	0.00254	96423	3108874	32.20
56	96293	277	0.99713	0.00287	0.00277	96156	3012451	31.28
57	96016	294	0.99694	0.00306	0.00298	95871	2916295	30.37
58	95722	310	0.99676	0.00324	0.00315	95569	2820424	29.46
59	95412	327	0.99657	0.00343	0.00333	95251	2724855	28.56
60	95086	347	0.99636	0.00364	0.00353	94914	2629605	27.66
61	94739	371	0.99609	0.00391	0.00378	94556	2534691	26.75
62	94368	401	0.99575	0.00425	0.00408	94171	2440135	25.86
63	93968	430	0.99542	0.00458	0.00442	93755	2345964	24.97
64	93538	461	0.99508	0.00492	0.00475	93310	2252209	24.08
65	93077	499	0.99464	0.00536	0.00514	92831	2158898	23.19
66	92579	545	0.99411	0.00589	0.00563	92310	2066067	22.32
67	92033	596	0.99352	0.00648	0.00619	91740	1973757	21.45
68	91437	655	0.99284	0.00716	0.00683	91115	1882017	20.58
69	90782	724	0.99203	0.00797	0.00758	90426	1790902	19.73
70	90058	802	0.99110	0.00890	0.00845	89664	1700476	18.88
71	89256	892	0.99001	0.00999	0.00947	88818	1610811	18.05
72	88364	993	0.98876	0.01124	0.01065	87877	1521993	17.22
73	87371	1101	0.98740	0.01260	0.01198	86830	1434117	16.41
74	86270	1215	0.98591	0.01409	0.01341	85672	1347287	15.62
75	85054	1338	0.98426	0.01574	0.01499	84396	1261615	14.83
76	83716	1472	0.98241	0.01759	0.01676	82991	1177219	14.06
77	82244	1620	0.98030	0.01970	0.01877	81447	1094228	13.30
78	80623	1791	0.97779	0.02221	0.02110	79743	1012781	12.56
79	78833	1993	0.97472	0.02528	0.02393	77854	933038	11.84
80	76839	2227	0.97102	0.02898	0.02740	75746	855184	11.13
81	74612	2486	0.96668	0.03332	0.03152	73392	779437	10.45
82	72126	2773	0.96156	0.03844	0.03643	70764	706045	9.79
83	69354	3059	0.95590	0.04410	0.04206	67848	635281	9.16
84	66295	3330	0.94977	0.05023	0.04822	64652	567434	8.56
85	62965	3586	0.94304	0.05696	0.05495	61193	502782	7.99
86	59378	3840	0.93532	0.06468	0.06256	57479	441589	7.44
87	55538	4084	0.92647	0.07353	0.07139	53516	384110	6.92
88	51454	4301	0.91641	0.08359	0.08164	49320	330594	6.43
89	47153	4447	0.90569	0.09431	0.09303	44939	281274	5.97
90	42706	4511	0.89437	0.10563	0.10517	40453	236336	5.53
91	38195	4507	0.88200	0.11800	0.11833	35939	195883	5.13
92	33688	4447	0.86800	0.13200	0.13321	31457	159944	4.75
93	29241	4312	0.85253	0.14747	0.15024	27071	128487	4.39
94	24929	4089	0.83597	0.16403	0.16922	22861	101417	4.07
95	20840	3740	0.82053	0.17947	0.18740	18938	78555	3.77
96	17100	3375	0.80264	0.19736	0.20851	15381	59617	3.49
97	13725	2970	0.78359	0.21641	0.23151	12205	44236	3.22
98	10755	2545	0.76333	0.23667	0.25659	9446	32031	2.98
99	8210	2119	0.74185	0.25815	0.28393	7115	22585	2.75
100	6090	1711	0.71912	0.28088	0.31372	5202	15470	2.54
101	4380	1335	0.69513	0.30487	0.34620	3682	10268	2.34
102	3044	1005	0.66990	0.33010	0.38161	2516	6585	2.16
103	2039	727	0.64344	0.35656	0.42020	1655	4069	2.00
104	1312	504	0.61578	0.38422	0.46227	1044	2414	1.84
105	808	334	0.58698	0.41302	0.50812	629	1370	1.70
106	474	210	0.55713	0.44287	0.55811	361	741	1.56
107	264	125	0.52631	0.47369	0.61260	196	380	1.44
108	139	70	0.49466	0.50534	0.67199	100	184	1.33
109	69	37	0.46232	0.53768	0.73673	48	84	1.22
110	32	18	0.42947	0.57053	0.80730	22	36	1.12
111	14	8	0.39631	0.60369	0.88423	9	14	1.04
112	5	3	0.36308	0.63692	0.96808	3	5	0.96
113	2	1	0.33003	0.66997	1.05948	1	2	0.88
114	1	0	0.29741	0.70259	1.15912	0	1	0.82

第21回　生　命　表（平成22年）
THE 21ST LIFE TABLES, 2010

男

年齢	生存数	死亡数	生存率	死亡率	死　力	定常人口		平均余命
x	l_x	$_nd_x$	$_np_x$	$_nq_x$	μ_x	$_nL_x$	T_x	$\overset{\circ}{e}_x$
0週	100000	92	0.99908	0.00092	0.09375	1917	7955005	79.55
1 (w)	99908	11	0.99989	0.00011	0.01644	1916	7953089	79.60
2	99897	9	0.99991	0.00009	0.00170	1916	7951173	79.59
3	99888	7	0.99993	0.00007	0.00426	1916	7949257	79.58
4	99881	28	0.99972	0.00028	0.00347	8983	7947342	79.57
2月	99853	19	0.99981	0.00019	0.00263	8320	7938358	79.50
3 (m)	99834	37	0.99962	0.00038	0.00197	24953	7930038	79.43
6	99796	43	0.99957	0.00043	0.00110	49887	7905085	79.21
0年	100000	246	0.99754	0.00246	0.09375	99808	7955005	79.55
1 (y)	99754	37	0.99963	0.00037	0.00057	99733	7855198	78.75
2	99716	26	0.99974	0.00026	0.00026	99704	7755464	77.78
3	99690	18	0.99982	0.00018	0.00022	99681	7655761	76.80
4	99672	13	0.99987	0.00013	0.00015	99665	7556080	75.81
5	99659	11	0.99989	0.00011	0.00012	99653	7456415	74.82
6	99647	10	0.99990	0.00010	0.00011	99642	7356762	73.83
7	99637	9	0.99991	0.00009	0.00010	99632	7257120	72.84
8	99628	8	0.99992	0.00008	0.00009	99623	7157488	71.84
9	99619	8	0.99992	0.00008	0.00008	99615	7057865	70.85
10	99612	8	0.99992	0.00008	0.00008	99608	6958249	69.85
11	99603	10	0.99990	0.00010	0.00009	99599	6858642	68.86
12	99594	11	0.99989	0.00011	0.00010	99588	6759043	67.87
13	99583	13	0.99987	0.00013	0.00012	99577	6659454	66.87
14	99570	15	0.99985	0.00015	0.00014	99563	6559878	65.88
15	99555	19	0.99981	0.00019	0.00017	99546	6460315	64.89
16	99536	24	0.99976	0.00024	0.00021	99525	6360769	63.90
17	99512	30	0.99970	0.00030	0.00027	99498	6261244	62.92
18	99482	37	0.99962	0.00038	0.00034	99464	6161746	61.94
19	99445	44	0.99955	0.00045	0.00041	99423	6062282	60.96
20	99401	51	0.99949	0.00051	0.00048	99376	5962859	59.99
21	99350	57	0.99943	0.00057	0.00055	99322	5863483	59.02
22	99293	61	0.99939	0.00061	0.00060	99262	5764162	58.05
23	99232	63	0.99936	0.00064	0.00063	99200	5664899	57.09
24	99169	64	0.99936	0.00064	0.00064	99137	5565699	56.12
25	99105	64	0.99936	0.00064	0.00064	99073	5466562	55.16
26	99041	64	0.99935	0.00065	0.00065	99009	5367489	54.19
27	98977	66	0.99934	0.00066	0.00066	98944	5268480	53.23
28	98911	67	0.99933	0.00067	0.00067	98878	5169536	52.26
29	98845	68	0.99932	0.00068	0.00068	98811	5070658	51.30
30	98777	68	0.99931	0.00069	0.00069	98743	4971847	50.33
31	98709	70	0.99929	0.00071	0.00070	98674	4873104	49.37
32	98638	73	0.99926	0.00074	0.00073	98602	4774431	48.40
33	98565	76	0.99923	0.00077	0.00076	98527	4675829	47.44
34	98489	80	0.99919	0.00081	0.00079	98449	4577302	46.48
35	98409	84	0.99915	0.00085	0.00083	98367	4478853	45.51
36	98325	89	0.99910	0.00090	0.00088	98281	4380486	44.55
37	98236	96	0.99902	0.00098	0.00094	98188	4282205	43.59
38	98139	106	0.99892	0.00108	0.00103	98087	4184017	42.63
39	98034	115	0.99882	0.00118	0.00113	97977	4085929	41.68
40	97918	126	0.99872	0.00128	0.00123	97857	3987952	40.73
41	97793	137	0.99860	0.00140	0.00134	97725	3890096	39.78
42	97656	149	0.99848	0.00152	0.00146	97583	3792370	38.83
43	97508	162	0.99834	0.00166	0.00159	97428	3694788	37.89
44	97346	176	0.99819	0.00181	0.00173	97259	3597360	36.95
45	97170	192	0.99802	0.00198	0.00189	97075	3500100	36.02
46	96978	210	0.99784	0.00216	0.00207	96875	3403025	35.09
47	96768	231	0.99762	0.00238	0.00227	96655	3306151	34.17
48	96538	254	0.99737	0.00263	0.00250	96413	3209496	33.25
49	96284	278	0.99711	0.00289	0.00276	96147	3113083	32.33

MALE

年齢	生存数	死亡数	生存率	死亡率	死 力	定常人口		平均余命
x	l_x	$_nd_x$	$_np_x$	$_nq_x$	μ_x	$_nL_x$	T_x	$\overset{\circ}{e}_x$
50	96006	304	0.99683	0.00317	0.00303	95856	3016936	31.42
51	95702	332	0.99653	0.00347	0.00332	95538	2921080	30.52
52	95370	363	0.99619	0.00381	0.00364	95191	2825542	29.63
53	95006	398	0.99581	0.00419	0.00400	94810	2730351	28.74
54	94608	436	0.99539	0.00461	0.00440	94393	2635541	27.86
55	94172	478	0.99493	0.00507	0.00485	93936	2541148	26.98
56	93694	523	0.99442	0.00558	0.00534	93436	2447212	26.12
57	93171	570	0.99388	0.00612	0.00586	92890	2353776	25.26
58	92601	620	0.99331	0.00669	0.00642	92295	2260886	24.42
59	91981	673	0.99268	0.00732	0.00701	91649	2168591	23.58
60	91308	739	0.99190	0.00810	0.00773	90944	2076941	22.75
61	90568	804	0.99112	0.00888	0.00853	90172	1985997	21.93
62	89764	862	0.99039	0.00961	0.00929	89338	1895826	21.12
63	88902	922	0.98963	0.01037	0.01003	88446	1806488	20.32
64	87980	986	0.98879	0.01121	0.01083	87492	1718042	19.53
65	86994	1056	0.98786	0.01214	0.01172	86472	1630549	18.74
66	85938	1134	0.98681	0.01319	0.01273	85378	1544077	17.97
67	84804	1216	0.98566	0.01434	0.01385	84203	1458699	17.20
68	83588	1298	0.98447	0.01553	0.01503	82946	1374496	16.44
69	82290	1386	0.98315	0.01685	0.01629	81605	1291551	15.70
70	80904	1490	0.98158	0.01842	0.01775	80168	1209946	14.96
71	79413	1607	0.97977	0.02023	0.01947	78620	1129778	14.23
72	77807	1732	0.97773	0.02227	0.02143	76952	1051158	13.51
73	76074	1876	0.97534	0.02466	0.02367	75149	974206	12.81
74	74199	2043	0.97247	0.02753	0.02636	73192	899057	12.12
75	72156	2228	0.96913	0.03087	0.02955	71058	825865	11.45
76	69928	2432	0.96522	0.03478	0.03328	68730	754807	10.79
77	67496	2645	0.96081	0.03919	0.03759	66192	686077	10.16
78	64851	2866	0.95580	0.04420	0.04249	63436	619885	9.56
79	61985	3083	0.95026	0.04974	0.04802	60461	556449	8.98
80	58902	3279	0.94432	0.05568	0.05407	57278	495988	8.42
81	55622	3453	0.93792	0.06208	0.06056	53910	438711	7.89
82	52169	3619	0.93063	0.06937	0.06780	50374	384801	7.38
83	48550	3783	0.92207	0.07793	0.07629	46672	334427	6.89
84	44767	3918	0.91248	0.08752	0.08618	42817	287756	6.43
85	40849	3997	0.90215	0.09785	0.09717	38854	244938	6.00
86	36852	3990	0.89173	0.10827	0.10871	34853	206085	5.59
87	32862	3919	0.88074	0.11926	0.12062	30894	171231	5.21
88	28943	3802	0.86865	0.13135	0.13362	27031	140337	4.85
89	25141	3646	0.85497	0.14503	0.14839	23303	113307	4.51
90	21495	3448	0.83959	0.16041	0.16615	19752	90003	4.19
91	18047	3171	0.82431	0.17569	0.18378	16436	70252	3.89
92	14876	2855	0.80805	0.19195	0.20290	13421	53816	3.62
93	12021	2515	0.79078	0.20922	0.22364	10734	40395	3.36
94	9506	2163	0.77245	0.22755	0.24614	8395	29661	3.12
95	7343	1813	0.75305	0.24695	0.27056	6407	21266	2.90
96	5529	1479	0.73256	0.26744	0.29704	4763	14859	2.69
97	4051	1171	0.71095	0.28905	0.32578	3441	10096	2.49
98	2880	898	0.68823	0.31177	0.35695	2410	6655	2.31
99	1982	665	0.66440	0.33560	0.39077	1632	4245	2.14
100	1317	475	0.63949	0.36051	0.42746	1065	2613	1.98
101	842	325	0.61351	0.38649	0.46726	669	1548	1.84
102	517	214	0.58652	0.41348	0.51044	402	879	1.70
103	303	134	0.55858	0.44142	0.55729	231	478	1.58
104	169	80	0.52977	0.47023	0.60811	126	247	1.46
105	90	45	0.50020	0.49980	0.66325	65	121	1.35
106	45	24	0.46998	0.53002	0.72307	32	56	1.25
107	21	12	0.43925	0.56075	0.78796	14	24	1.16
108	9	5	0.40818	0.59182	0.85837	6	10	1.07
109	4	2	0.37696	0.62304	0.93474	2	4	0.99
110	1	1	0.34578	0.65422	1.01761	1	1	0.92

第21回　生　命　表（平成22年）
THE 21ST LIFE TABLES, 2010

女

年齢	生存数	死亡数	生存率	死亡率	死　力	定常人口		平均余命
x	l_x	$_nd_x$	$_np_x$	$_nq_x$	μ_x	$_nL_x$	T_x	$\overset{\circ}{e}_x$
0週	100000	71	0.99929	0.00071	0.06939	1917	8630132	86.30
1 (w)	99929	12	0.99988	0.00012	0.01435	1916	8628215	86.34
2	99917	8	0.99992	0.00008	0.00275	1916	8626299	86.33
3	99909	7	0.99993	0.00007	0.00385	1916	8624383	86.32
4	99902	23	0.99977	0.00023	0.00317	8986	8622467	86.31
2月	99879	14	0.99986	0.00014	0.00195	8323	8613481	86.24
3 (m)	99866	38	0.99962	0.00038	0.00142	24962	8605158	86.17
6	99828	38	0.99962	0.00038	0.00134	49902	8580196	85.95
0年	100000	210	0.99790	0.00210	0.06939	99837	8630132	86.30
1 (y)	99790	33	0.99967	0.00033	0.00045	99773	8530295	85.48
2	99757	23	0.99977	0.00023	0.00023	99745	8430522	84.51
3	99734	15	0.99985	0.00015	0.00019	99726	8330776	83.53
4	99718	11	0.99989	0.00011	0.00013	99713	8231051	82.54
5	99707	9	0.99991	0.00009	0.00010	99703	8131338	81.55
6	99698	8	0.99992	0.00008	0.00009	99694	8031636	80.56
7	99690	7	0.99992	0.00008	0.00008	99686	7931942	79.57
8	99682	7	0.99993	0.00007	0.00007	99679	7832256	78.57
9	99676	6	0.99994	0.00006	0.00006	99673	7732577	77.58
10	99669	6	0.99994	0.00006	0.00006	99666	7632904	76.58
11	99663	6	0.99994	0.00006	0.00006	99660	7533238	75.59
12	99657	7	0.99993	0.00007	0.00006	99654	7433578	74.59
13	99650	8	0.99992	0.00008	0.00007	99647	7333924	73.60
14	99643	10	0.99990	0.00010	0.00009	99638	7234277	72.60
15	99633	12	0.99988	0.00012	0.00011	99627	7134639	71.61
16	99621	14	0.99986	0.00014	0.00013	99615	7035012	70.62
17	99608	16	0.99984	0.00016	0.00015	99600	6935397	69.63
18	99592	18	0.99981	0.00019	0.00017	99583	6835798	68.64
19	99573	21	0.99979	0.00021	0.00020	99563	6736215	67.65
20	99552	24	0.99976	0.00024	0.00023	99540	6636652	66.67
21	99528	25	0.99975	0.00025	0.00025	99516	6537112	65.68
22	99503	26	0.99974	0.00026	0.00026	99490	6437596	64.70
23	99477	26	0.99974	0.00026	0.00026	99464	6338106	63.71
24	99451	26	0.99974	0.00026	0.00026	99438	6238642	62.73
25	99425	26	0.99974	0.00026	0.00026	99413	6139204	61.75
26	99400	27	0.99973	0.00027	0.00026	99386	6039791	60.76
27	99373	28	0.99972	0.00028	0.00028	99359	5940405	59.78
28	99345	31	0.99969	0.00031	0.00030	99329	5841046	58.80
29	99314	33	0.99966	0.00034	0.00032	99297	5741717	57.81
30	99281	36	0.99964	0.00036	0.00035	99263	5642419	56.83
31	99245	38	0.99962	0.00038	0.00037	99226	5543156	55.85
32	99207	40	0.99960	0.00040	0.00039	99188	5443930	54.87
33	99168	42	0.99958	0.00042	0.00041	99147	5344743	53.90
34	99126	44	0.99955	0.00045	0.00044	99104	5245596	52.92
35	99081	48	0.99952	0.00048	0.00046	99058	5146492	51.94
36	99034	51	0.99948	0.00052	0.00050	99008	5047435	50.97
37	98983	55	0.99944	0.00056	0.00054	98955	4948426	49.99
38	98927	61	0.99939	0.00061	0.00059	98897	4849471	49.02
39	98866	65	0.99934	0.00066	0.00064	98834	4750574	48.05
40	98801	70	0.99929	0.00071	0.00068	98766	4651740	47.08
41	98731	75	0.99924	0.00076	0.00073	98694	4552974	46.11
42	98656	81	0.99918	0.00082	0.00079	98616	4454279	45.15
43	98575	90	0.99909	0.00091	0.00087	98531	4355663	44.19
44	98485	98	0.99900	0.00100	0.00095	98437	4257132	43.23
45	98387	106	0.99892	0.00108	0.00104	98335	4158695	42.27
46	98281	113	0.99885	0.00115	0.00111	98225	4060360	41.31
47	98168	122	0.99876	0.00124	0.00119	98108	3962135	40.36
48	98046	135	0.99862	0.00138	0.00131	97980	3864027	39.41
49	97911	149	0.99847	0.00153	0.00145	97838	3766047	38.46

FEMALE

年齢	生存数	死亡数	生存率	死亡率	死　力	定常人口		平均余命
x	l_x	$_nd_x$	$_np_x$	$_nq_x$	μ_x	$_nL_x$	T_x	$\overset{\circ}{e}_x$
50	97762	163	0.99833	0.00167	0.00160	97681	3668210	37.52
51	97599	175	0.99821	0.00179	0.00173	97512	3570528	36.58
52	97424	186	0.99809	0.00191	0.00185	97331	3473016	35.65
53	97237	199	0.99796	0.00204	0.00198	97139	3375685	34.72
54	97039	213	0.99781	0.00219	0.00212	96934	3278546	33.79
55	96826	229	0.99764	0.00236	0.00228	96713	3181612	32.86
56	96597	246	0.99746	0.00254	0.00246	96476	3084899	31.94
57	96351	263	0.99727	0.00273	0.00264	96221	2988423	31.02
58	96089	281	0.99708	0.00292	0.00283	95950	2892202	30.10
59	95808	300	0.99687	0.00313	0.00302	95660	2796252	29.19
60	95508	325	0.99660	0.00340	0.00326	95348	2700592	28.28
61	95184	352	0.99630	0.00370	0.00355	95010	2605244	27.37
62	94831	380	0.99599	0.00401	0.00386	94644	2510234	26.47
63	94451	409	0.99566	0.00434	0.00418	94249	2415590	25.58
64	94041	437	0.99535	0.00465	0.00450	93825	2321342	24.68
65	93604	466	0.99502	0.00498	0.00482	93374	2227516	23.80
66	93138	501	0.99463	0.00537	0.00518	92891	2134143	22.91
67	92637	541	0.99416	0.00584	0.00561	92371	2041252	22.03
68	92097	584	0.99366	0.00634	0.00610	91809	1948881	21.16
69	91513	634	0.99308	0.00692	0.00663	91201	1857072	20.29
70	90879	697	0.99233	0.00767	0.00730	90537	1765872	19.43
71	90183	772	0.99144	0.00856	0.00812	89804	1675335	18.58
72	89411	859	0.99039	0.00961	0.00910	88989	1585531	17.73
73	88552	959	0.98917	0.01083	0.01025	88081	1496542	16.90
74	87592	1072	0.98776	0.01224	0.01157	87066	1408461	16.08
75	86520	1195	0.98619	0.01381	0.01308	85934	1321395	15.27
76	85326	1330	0.98442	0.01558	0.01476	84673	1235461	14.48
77	83996	1481	0.98237	0.01763	0.01669	83269	1150788	13.70
78	82515	1655	0.97994	0.02006	0.01896	81703	1067519	12.94
79	80861	1847	0.97716	0.02284	0.02162	79954	985816	12.19
80	79014	2054	0.97400	0.02600	0.02465	78005	905862	11.46
81	76960	2275	0.97044	0.02956	0.02809	75842	827857	10.76
82	74685	2517	0.96629	0.03371	0.03203	73447	752015	10.07
83	72167	2791	0.96133	0.03867	0.03671	70796	678568	9.40
84	69376	3093	0.95542	0.04458	0.04234	67856	607772	8.76
85	66284	3417	0.94845	0.05155	0.04909	64602	539916	8.15
86	62867	3733	0.94063	0.05937	0.05688	61027	475314	7.56
87	59134	4043	0.93163	0.06837	0.06580	57138	414287	7.01
88	55091	4321	0.92157	0.07843	0.07604	52952	357149	6.48
89	50771	4543	0.91051	0.08949	0.08750	48515	304197	5.99
90	46228	4697	0.89840	0.10160	0.10021	43889	255682	5.53
91	41531	4772	0.88510	0.11490	0.11432	39148	211793	5.10
92	36759	4766	0.87036	0.12964	0.13009	34372	172646	4.70
93	31993	4680	0.85372	0.14628	0.14808	29642	138273	4.32
94	27313	4495	0.83542	0.16458	0.16863	25046	108631	3.98
95	22818	4191	0.81633	0.18367	0.19138	20693	83585	3.66
96	18627	3787	0.79670	0.20330	0.21479	16697	62892	3.38
97	14840	3324	0.77602	0.22398	0.24009	13138	46195	3.11
98	11516	2830	0.75427	0.24573	0.26743	10060	33057	2.87
99	8686	2333	0.73146	0.26854	0.29696	7479	22998	2.65
100	6354	1858	0.70758	0.29242	0.32888	5387	15519	2.44
101	4496	1427	0.68266	0.31734	0.36337	3749	10132	2.25
102	3069	1054	0.65672	0.34328	0.40063	2514	6383	2.08
103	2016	746	0.62979	0.37021	0.44089	1620	3869	1.92
104	1269	505	0.60194	0.39806	0.48440	999	2250	1.77
105	764	326	0.57322	0.42678	0.53141	588	1250	1.64
106	438	200	0.54373	0.45627	0.58221	329	662	1.51
107	238	116	0.51357	0.48643	0.63710	175	332	1.40
108	122	63	0.48285	0.51715	0.69641	87	158	1.29
109	59	32	0.45173	0.54827	0.76050	41	70	1.19
110	27	15	0.42035	0.57965	0.82975	18	29	1.10
111	11	7	0.38888	0.61112	0.90457	7	11	1.02
112	4	3	0.35753	0.64247	0.98543	3	4	0.94
113	2	1	0.32648	0.67352	1.07279	1	1	0.88
114	1	0	0.29596	0.70404	1.16719	0	0	0.81

第22回　生命表（平成27年）
THE 22ND LIFE TABLES, 2015

男

年齢	生存数	死亡数	生存率	死亡率	死　力	定常人口		平均余命
x	l_x	$_nd_x$	$_np_x$	$_nq_x$	μ_x	$_nL_x$	T_x	$\overset{\circ}{e}_x$
0週	100000	69	0.99931	0.00069	0.06764	1917	8075244	80.75
1 (w)	99931	11	0.99989	0.00011	0.01401	1916	8073327	80.79
2	99920	7	0.99993	0.00007	0.00207	1916	8071411	80.78
3	99913	6	0.99994	0.00006	0.00320	1916	8069494	80.77
4	99906	21	0.99978	0.00022	0.00320	8986	8067578	80.75
2月	99885	14	0.99986	0.00014	0.00188	8323	8058592	80.68
3 (m)	99871	38	0.99962	0.00038	0.00152	24963	8050269	80.61
6	99833	34	0.99966	0.00034	0.00131	49905	8025306	80.39
0年	100000	202	0.99798	0.00202	0.06764	99843	8075244	80.75
1 (y)	99798	34	0.99966	0.00034	0.00038	99783	7975401	79.92
2	99765	24	0.99976	0.00024	0.00024	99753	7875618	78.94
3	99741	16	0.99984	0.00016	0.00019	99732	7775866	77.96
4	99725	11	0.99988	0.00012	0.00013	99719	7676133	76.97
5	99714	10	0.99990	0.00010	0.00010	99709	7576414	75.98
6	99704	10	0.99990	0.00010	0.00010	99699	7476706	74.99
7	99694	10	0.99990	0.00010	0.00010	99689	7377007	74.00
8	99684	9	0.99991	0.00009	0.00009	99680	7277318	73.00
9	99676	8	0.99992	0.00008	0.00008	99672	7177638	72.01
10	99668	7	0.99993	0.00007	0.00007	99664	7077966	71.02
11	99661	7	0.99993	0.00007	0.00007	99657	6978302	70.02
12	99653	8	0.99992	0.00008	0.00008	99649	6878645	69.03
13	99645	11	0.99989	0.00011	0.00009	99640	6778995	68.03
14	99635	13	0.99987	0.00013	0.00012	99628	6679355	67.04
15	99621	17	0.99983	0.00017	0.00015	99613	6579727	66.05
16	99604	21	0.99979	0.00021	0.00019	99594	6480114	65.06
17	99583	26	0.99974	0.00026	0.00024	99570	6380520	64.07
18	99557	32	0.99968	0.00032	0.00029	99541	6280950	63.09
19	99524	39	0.99961	0.00039	0.00036	99506	6181409	62.11
20	99486	45	0.99955	0.00045	0.00042	99464	6081903	61.13
21	99441	49	0.99951	0.00049	0.00047	99417	5982440	60.16
22	99392	51	0.99949	0.00051	0.00050	99367	5883023	59.19
23	99341	53	0.99946	0.00054	0.00053	99315	5783656	58.22
24	99288	55	0.99945	0.00055	0.00054	99261	5684341	57.25
25	99234	55	0.99945	0.00055	0.00055	99206	5585080	56.28
26	99179	54	0.99945	0.00055	0.00055	99151	5485874	55.31
27	99124	54	0.99946	0.00054	0.00055	99097	5386722	54.34
28	99070	54	0.99945	0.00055	0.00054	99043	5287625	53.37
29	99016	56	0.99944	0.00056	0.00055	98989	5188582	52.40
30	98961	57	0.99942	0.00058	0.00057	98932	5089593	51.43
31	98903	59	0.99940	0.00060	0.00059	98874	4990661	50.46
32	98844	61	0.99938	0.00062	0.00061	98814	4891787	49.49
33	98783	65	0.99934	0.00066	0.00064	98751	4792973	48.52
34	98718	69	0.99930	0.00070	0.00068	98684	4694222	47.55
35	98649	73	0.99926	0.00074	0.00072	98613	4595538	46.58
36	98576	75	0.99924	0.00076	0.00075	98539	4496925	45.62
37	98501	78	0.99920	0.00080	0.00078	98462	4398387	44.65
38	98423	84	0.99915	0.00085	0.00082	98381	4299925	43.69
39	98338	93	0.99905	0.00095	0.00090	98293	4201543	42.73
40	98245	103	0.99895	0.00105	0.00100	98195	4103251	41.77
41	98142	113	0.99885	0.00115	0.00110	98086	4005056	40.81
42	98029	122	0.99876	0.00124	0.00120	97969	3906970	39.86
43	97907	131	0.99866	0.00134	0.00129	97842	3809001	38.90
44	97776	144	0.99853	0.00147	0.00140	97705	3711159	37.96
45	97632	159	0.99837	0.00163	0.00155	97554	3613454	37.01
46	97473	176	0.99819	0.00181	0.00171	97386	3515900	36.07
47	97297	195	0.99800	0.00200	0.00190	97201	3418514	35.13
48	97102	215	0.99778	0.00222	0.00211	96996	3321313	34.20
49	96887	236	0.99757	0.00243	0.00233	96771	3224317	33.28

MALE

年齢	生存数	死亡数	生存率	死亡率	死 力	定常人口		平均余命
x	l_x	$_nd_x$	$_np_x$	$_nq_x$	μ_x	$_nL_x$	T_x	$\overset{\circ}{e}_x$
50	96651	257	0.99734	0.00266	0.00255	96524	3127546	32.36
51	96394	283	0.99707	0.00293	0.00280	96255	3031022	31.44
52	96111	310	0.99677	0.00323	0.00308	95958	2934767	30.54
53	95801	340	0.99645	0.00355	0.00339	95634	2838809	29.63
54	95461	373	0.99609	0.00391	0.00373	95277	2743175	28.74
55	95088	411	0.99568	0.00432	0.00412	94886	2647898	27.85
56	94677	450	0.99525	0.00475	0.00454	94455	2553012	26.97
57	94227	488	0.99482	0.00518	0.00498	93986	2458557	26.09
58	93739	525	0.99440	0.00560	0.00540	93480	2364571	25.23
59	93214	568	0.99391	0.00609	0.00585	92934	2271091	24.36
60	92646	620	0.99331	0.00669	0.00639	92341	2178157	23.51
61	92026	688	0.99252	0.00748	0.00709	91688	2085816	22.67
62	91338	764	0.99163	0.00837	0.00795	90962	1994129	21.83
63	90573	839	0.99074	0.00926	0.00886	90160	1903167	21.01
64	89734	910	0.98986	0.01014	0.00973	89286	1813007	20.20
65	88825	994	0.98881	0.01119	0.01070	88335	1723721	19.41
66	87830	1081	0.98769	0.01231	0.01182	87297	1635386	18.62
67	86749	1166	0.98655	0.01345	0.01295	86173	1548089	17.85
68	85582	1256	0.98532	0.01468	0.01415	84962	1461916	17.08
69	84326	1349	0.98401	0.01599	0.01543	83660	1376954	16.33
70	82978	1450	0.98253	0.01747	0.01684	82262	1293294	15.59
71	81528	1561	0.98085	0.01915	0.01846	80757	1211033	14.85
72	79966	1675	0.97905	0.02095	0.02025	79138	1130276	14.13
73	78291	1776	0.97732	0.02268	0.02205	77411	1051138	13.43
74	76515	1885	0.97537	0.02463	0.02388	75583	973727	12.73
75	74631	2021	0.97293	0.02707	0.02610	73633	898144	12.03
76	72610	2185	0.96991	0.03009	0.02889	71533	824511	11.36
77	70426	2377	0.96624	0.03376	0.03233	69254	752979	10.69
78	68048	2594	0.96188	0.03812	0.03649	66770	683725	10.05
79	65454	2819	0.95693	0.04307	0.04134	64063	616955	9.43
80	62635	3046	0.95138	0.04862	0.04680	61131	552891	8.83
81	59589	3279	0.94498	0.05502	0.05307	57970	491760	8.25
82	56311	3504	0.93778	0.06222	0.06025	54577	433791	7.70
83	52807	3714	0.92968	0.07032	0.06839	50967	379213	7.18
84	49094	3900	0.92055	0.07945	0.07766	47158	328246	6.69
85	45194	4043	0.91053	0.08947	0.08810	43181	281088	6.22
86	41150	4116	0.89998	0.10002	0.09941	39096	237907	5.78
87	37034	4127	0.88856	0.11144	0.11156	34969	198811	5.37
88	32907	4080	0.87601	0.12399	0.12500	30861	163842	4.98
89	28827	3973	0.86217	0.13783	0.14002	26829	132982	4.61
90	24854	3810	0.84671	0.15329	0.15698	22933	106153	4.27
91	21044	3580	0.82990	0.17010	0.17602	19233	83220	3.95
92	17465	3302	0.81095	0.18905	0.19751	15788	63987	3.66
93	14163	2967	0.79047	0.20953	0.22205	12649	48199	3.40
94	11195	2567	0.77068	0.22932	0.24801	9876	35550	3.18
95	8628	2123	0.75399	0.24601	0.27055	7530	25674	2.98
96	6506	1718	0.73592	0.26408	0.29434	5614	18144	2.79
97	4788	1352	0.71757	0.28243	0.31910	4083	12529	2.62
98	3435	1034	0.69896	0.30104	0.34485	2894	8447	2.46
99	2401	768	0.68011	0.31989	0.37165	1997	5553	2.31
100	1633	554	0.66104	0.33896	0.39954	1340	3556	2.18
101	1080	387	0.64176	0.35824	0.42855	874	2215	2.05
102	693	262	0.62229	0.37771	0.45874	553	1341	1.94
103	431	171	0.60267	0.39733	0.49015	339	788	1.83
104	260	108	0.58291	0.41709	0.52284	201	449	1.73
105	151	66	0.56303	0.43697	0.55684	116	247	1.63
106	85	39	0.54307	0.45693	0.59223	64	132	1.55
107	46	22	0.52305	0.47695	0.62905	34	68	1.46
108	24	12	0.50301	0.49699	0.66736	18	34	1.39
109	12	6	0.48296	0.51704	0.70722	9	16	1.32
110	6	3	0.46295	0.53705	0.74869	4	7	1.25
111	3	2	0.44302	0.55698	0.79185	2	3	1.19
112	1	1	0.42318	0.57682	0.83675	1	1	1.13

第22回　生　命　表（平成27年）
THE 22ND LIFE TABLES, 2015

女

年齢	生存数	死亡数	生存率	死亡率	死　力	定常人口		平均余命
x	l_x	$_nd_x$	$_np_x$	$_nq_x$	μ_x	$_nL_x$	T_x	$\overset{\circ}{e}_x$
0週	100000	63	0.99937	0.00063	0.05782	1917	8698726	86.99
1(w)	99937	12	0.99988	0.00012	0.01422	1916	8696809	87.02
2	99925	5	0.99995	0.00005	0.00209	1916	8694893	87.01
3	99921	6	0.99994	0.00006	0.00232	1916	8692976	87.00
4	99914	19	0.99981	0.00019	0.00344	8987	8691060	86.99
2月	99895	14	0.99986	0.00014	0.00164	8324	8682074	86.91
3(m)	99881	29	0.99971	0.00029	0.00151	24966	8673749	86.84
6	99853	31	0.99969	0.00031	0.00085	49918	8648783	86.62
0年	100000	178	0.99822	0.00178	0.05782	99861	8698726	86.99
1(y)	99822	32	0.99968	0.00032	0.00040	99806	8598865	86.14
2	99790	20	0.99980	0.00020	0.00023	99780	8499059	85.17
3	99770	12	0.99988	0.00012	0.00016	99763	8399279	84.19
4	99758	8	0.99992	0.00008	0.00010	99753	8299516	83.20
5	99749	8	0.99992	0.00008	0.00008	99746	8199762	82.20
6	99742	8	0.99992	0.00008	0.00008	99738	8100017	81.21
7	99734	8	0.99992	0.00008	0.00008	99730	8000279	80.22
8	99726	7	0.99993	0.00007	0.00008	99722	7900550	79.22
9	99718	7	0.99993	0.00007	0.00007	99715	7800828	78.23
10	99712	7	0.99993	0.00007	0.00007	99708	7701113	77.23
11	99705	7	0.99993	0.00007	0.00007	99701	7601405	76.24
12	99698	7	0.99993	0.00007	0.00007	99695	7501703	75.24
13	99691	7	0.99993	0.00007	0.00007	99688	7402008	74.25
14	99684	8	0.99992	0.00008	0.00008	99680	7302321	73.25
15	99676	10	0.99990	0.00010	0.00009	99671	7202641	72.26
16	99666	12	0.99988	0.00012	0.00011	99660	7102970	71.27
17	99654	13	0.99987	0.00013	0.00013	99647	7003311	70.28
18	99641	15	0.99985	0.00015	0.00014	99633	6903663	69.29
19	99626	16	0.99984	0.00016	0.00015	99618	6804030	68.30
20	99610	17	0.99983	0.00017	0.00016	99602	6704411	67.31
21	99593	19	0.99981	0.00019	0.00018	99584	6604809	66.32
22	99575	20	0.99980	0.00020	0.00020	99565	6505225	65.33
23	99554	22	0.99978	0.00022	0.00021	99544	6405661	64.34
24	99533	23	0.99977	0.00023	0.00023	99521	6306117	63.36
25	99510	24	0.99976	0.00024	0.00024	99498	6206596	62.37
26	99486	25	0.99975	0.00025	0.00025	99473	6107098	61.39
27	99461	27	0.99973	0.00027	0.00026	99447	6007625	60.40
28	99434	28	0.99971	0.00029	0.00028	99420	5908177	59.42
29	99405	30	0.99970	0.00030	0.00029	99391	5808758	58.44
30	99375	31	0.99969	0.00031	0.00031	99360	5709367	57.45
31	99345	32	0.99968	0.00032	0.00032	99329	5610007	56.47
32	99313	34	0.99966	0.00034	0.00033	99296	5510678	55.49
33	99279	36	0.99963	0.00037	0.00035	99261	5411383	54.51
34	99243	39	0.99961	0.00039	0.00038	99223	5312122	53.53
35	99204	41	0.99959	0.00041	0.00040	99184	5212898	52.55
36	99163	42	0.99957	0.00043	0.00042	99142	5113715	51.57
37	99121	45	0.99954	0.00046	0.00044	99098	5014573	50.59
38	99075	50	0.99950	0.00050	0.00048	99051	4915474	49.61
39	99025	56	0.99943	0.00057	0.00053	98998	4816424	48.64
40	98969	62	0.99937	0.00063	0.00060	98939	4717426	47.67
41	98907	68	0.99931	0.00069	0.00066	98873	4618487	46.70
42	98839	73	0.99926	0.00074	0.00071	98803	4519614	45.73
43	98766	79	0.99920	0.00080	0.00077	98727	4420811	44.76
44	98687	85	0.99913	0.00087	0.00083	98645	4322084	43.80
45	98602	94	0.99905	0.00095	0.00090	98556	4223438	42.83
46	98509	104	0.99895	0.00105	0.00100	98458	4124882	41.87
47	98405	114	0.99884	0.00116	0.00111	98349	4026425	40.92
48	98291	124	0.99874	0.00126	0.00121	98230	3928076	39.96
49	98167	134	0.99864	0.00136	0.00131	98101	3829846	39.01

FEMALE

年齢	生存数	死亡数	生存率	死亡率	死　力	定常人口		平均余命
x	l_x	$_n d_x$	$_n p_x$	$_n q_x$	μ_x	$_n L_x$	T_x	$\overset{\circ}{e}_x$
50	98034	145	0.99852	0.00148	0.00142	97962	3731745	38.07
51	97889	159	0.99838	0.00162	0.00155	97811	3633783	37.12
52	97730	174	0.99822	0.00178	0.00170	97645	3535972	36.18
53	97557	189	0.99807	0.00193	0.00186	97463	3438327	35.24
54	97368	202	0.99792	0.00208	0.00201	97268	3340864	34.31
55	97166	215	0.99779	0.00221	0.00215	97060	3243596	33.38
56	96951	226	0.99767	0.00233	0.00227	96839	3146536	32.45
57	96726	237	0.99755	0.00245	0.00239	96608	3049697	31.53
58	96489	250	0.99741	0.00259	0.00252	96365	2953088	30.61
59	96239	268	0.99721	0.00279	0.00269	96106	2856723	29.68
60	95970	291	0.99696	0.00304	0.00291	95827	2760617	28.77
61	95679	318	0.99667	0.00333	0.00318	95522	2664790	27.85
62	95361	346	0.99638	0.00362	0.00348	95190	2569268	26.94
63	95015	372	0.99609	0.00391	0.00378	94832	2474078	26.04
64	94643	399	0.99578	0.00422	0.00406	94446	2379246	25.14
65	94244	433	0.99540	0.00460	0.00441	94031	2284800	24.24
66	93811	471	0.99498	0.00502	0.00482	93579	2190769	23.35
67	93340	511	0.99453	0.00547	0.00526	93088	2097190	22.47
68	92829	554	0.99403	0.00597	0.00573	92556	2004102	21.59
69	92275	603	0.99346	0.00654	0.00626	91978	1911547	20.72
70	91672	662	0.99278	0.00722	0.00688	91346	1819569	19.85
71	91010	729	0.99200	0.00800	0.00762	90651	1728223	18.99
72	90281	802	0.99112	0.00888	0.00847	89887	1637572	18.14
73	89480	874	0.99023	0.00977	0.00936	89049	1547685	17.30
74	88606	954	0.98923	0.01077	0.01029	88136	1458636	16.46
75	87652	1053	0.98798	0.01202	0.01140	87135	1370500	15.64
76	86599	1180	0.98637	0.01363	0.01284	86020	1283365	14.82
77	85419	1332	0.98441	0.01559	0.01466	84766	1197345	14.02
78	84087	1505	0.98211	0.01789	0.01682	83350	1112579	13.23
79	82582	1699	0.97943	0.02057	0.01936	81750	1029229	12.46
80	80883	1909	0.97639	0.02361	0.02227	79947	947479	11.71
81	78974	2143	0.97286	0.02714	0.02560	77923	867532	10.99
82	76831	2409	0.96864	0.03136	0.02956	75649	789609	10.28
83	74422	2701	0.96370	0.03630	0.03429	73096	713959	9.59
84	71720	3004	0.95812	0.04188	0.03976	70244	640864	8.94
85	68716	3310	0.95184	0.04816	0.04593	67087	570620	8.30
86	65407	3622	0.94462	0.05538	0.05298	63622	503533	7.70
87	61784	3938	0.93627	0.06373	0.06118	59842	439911	7.12
88	57847	4253	0.92648	0.07352	0.07085	55745	380069	6.57
89	53594	4531	0.91546	0.08454	0.08208	51350	324323	6.05
90	49063	4757	0.90305	0.09695	0.09485	46701	272974	5.56
91	44306	4918	0.88900	0.11100	0.10940	41859	226273	5.11
92	39389	5025	0.87243	0.12757	0.12656	36881	184414	4.68
93	34364	5024	0.85381	0.14619	0.14682	31846	147533	4.29
94	29340	4876	0.83380	0.16620	0.16949	26884	115686	3.94
95	24464	4598	0.81204	0.18796	0.19609	22135	88802	3.63
96	19866	4132	0.79202	0.20798	0.22051	17756	66667	3.36
97	15734	3594	0.77161	0.22839	0.24603	13890	48911	3.11
98	12140	3025	0.75083	0.24917	0.27272	10580	35021	2.88
99	9115	2464	0.72970	0.27030	0.30063	7838	24441	2.68
100	6652	1941	0.70825	0.29175	0.32981	5640	16603	2.50
101	4711	1477	0.68649	0.31351	0.36033	3937	10963	2.33
102	3234	1085	0.66446	0.33554	0.39223	2662	7026	2.17
103	2149	769	0.64217	0.35783	0.42559	1741	4364	2.03
104	1380	525	0.61967	0.38033	0.46047	1100	2623	1.90
105	855	345	0.59699	0.40301	0.49694	670	1523	1.78
106	510	217	0.57415	0.42585	0.53507	393	853	1.67
107	293	132	0.55121	0.44879	0.57494	222	460	1.57
108	162	76	0.52821	0.47179	0.61663	120	238	1.48
109	85	42	0.50518	0.49482	0.66022	62	118	1.39
110	43	22	0.48217	0.51783	0.70580	31	56	1.31
111	21	11	0.45924	0.54076	0.75346	15	26	1.23
112	10	5	0.43642	0.56358	0.80329	7	11	1.16
113	4	2	0.41378	0.58622	0.85539	3	5	1.10
114	2	1	0.39136	0.60864	0.90987	1	2	1.04
115	1	0	0.36921	0.63079	0.96683	0	1	0.98

付　録　Ⅱ
APPENDIX　Ⅱ

昭和20年～平成27年簡易生命表

The abridged life tables

from 1945 to 2015

注１：昭和46年以前は沖縄を除いている。
注２：昭和20年及び21年の簡易生命表は、人口及び死亡数の統計がきわめて不備であったことから、いくつかの資料を利用して推計された人口及び死亡数を用いて、参考として作成されたものである。

Note1: Figures include data for residents of Okinawa beginning in 1972
Note2: The abridged life tables for 1945 and 1946 are prepared for references ,using estimated population and deaths from available data.

昭和20年簡易生命表 (1945)

年齢階級 $x \sim x+(n-1)$	死亡率 $_nq_x$	生存数 l_x	死亡数 $_nd_x$	定常人口 $_nL_x$	T_x	平均余命 $\overset{\circ}{e}_x$
男 （MALE）						
0	0.1987	100000	19870	83277	2391102	23.9
1	0.0566	80130	4535	77787	2307825	28.8
2	0.0295	75595	2230	74582	2230038	29.5
3	0.0228	73365	1673	72424	2155456	29.4
4	0.0142	71692	1018	71189	2083032	29.1
5- 9	0.0608	70674	4297	352213	2011843	28.5
10-14	0.0507	66377	3365	329902	1659630	25.0
15-19	0.1159	63012	7303	300535	1329728	21.1
20-24	0.2809	55709	15649	239281	1029193	18.5
25-29	0.2551	40060	10219	172327	789912	19.7
30-34	0.1962	29841	5855	133371	617585	20.7
35-39	0.1663	23986	3989	109288	484214	20.2
40-44	0.1344	19997	2688	93010	374926	18.7
45-49	0.1460	17309	2527	80222	281916	16.3
50-54	0.1807	14782	2671	67280	201694	13.6
55-59	0.2360	12111	2858	53521	134414	11.1
60-64	0.3260	9253	3016	38667	80893	8.7
65-69	0.4273	6237	2665	24249	42226	6.8
70-74	0.5627	3572	2010	12657	17977	5.0
75-	1.0000	1562	1562	5320	5320	3.4
女 （FEMALE）						
0	0.1569	100000	15690	87409	3748572	37.5
1	0.0428	84310	3608	82563	3661163	43.4
2	0.0222	80702	1792	80000	3578600	44.3
3	0.0172	78910	1357	78439	3498600	44.3
4	0.0106	77553	822	76822	3420161	44.1
5- 9	0.0450	76731	3453	375326	3343339	43.6
10-14	0.0393	73278	2880	360000	2968013	40.5
15-19	0.0729	70398	5132	339868	2608013	37.0
20-24	0.0801	65266	5228	313054	2268145	34.8
25-29	0.0722	60038	4335	289000	1955091	32.6
30-34	0.0695	55703	3871	268819	1660091	29.9
35-39	0.0760	51832	3939	249304	1397272	27.0
40-44	0.0792	47893	3793	229879	1147968	24.0
45-49	0.0939	44100	4141	210203	918089	20.8
50-54	0.1151	39959	4599	188484	707886	17.7
55-59	0.1484	35360	5247	163969	519402	14.7
60-64	0.2043	30113	6152	135507	355433	11.8
65-69	0.2820	23961	6757	103003	219926	9.2
70-74	0.4113	17204	7076	68900	116923	6.8
75-	1.0000	10128	10128	48023	48023	4.7

昭 和 21 年 簡 易 生 命 表 （1946）

年齢階級 $x \sim x+(n-1)$	死亡率 $_nq_x$	生存数 l_x	死亡数 $_nd_x$	定常人口 $_nL_x$	定常人口 T_x	平均余命 $\overset{\circ}{e}_x$
男 （MALE）						
0	0.1247	100000	12470	90297	4261185	42.6
1	0.0299	87530	2617	86086	4170888	47.7
2	0.0195	84913	1656	84061	4084802	48.1
3	0.0130	83257	1082	82595	4000741	48.1
4	0.0085	82175	698	82118	3918146	47.7
5- 9	0.0222	81477	1809	402000	3836028	47.1
10-14	0.0129	79668	1028	395385	3434028	43.1
15-19	0.0321	78640	2524	388308	3038643	38.6
20-24	0.0691	76116	5260	367832	2650335	34.8
25-29	0.0727	70856	5151	341126	2282503	32.2
30-34	0.0657	65705	4317	317426	1941377	29.5
35-39	0.0648	61388	3978	296866	1623951	26.5
40-44	0.0690	57410	3961	276993	1327085	23.1
45-49	0.0908	53449	4853	255421	1050092	19.6
50-54	0.1201	48596	5836	228863	794671	16.4
55-59	0.1698	42760	7261	196243	565808	13.2
60-64	0.2447	35499	8687	156241	369565	10.4
65-69	0.3480	26812	9331	110557	213324	8.0
70-74	0.4896	17481	8559	65838	102767	5.9
75-	1.0000	8922	8922	36929	36929	4.1
女 （FEMALE）						
0	0.0965	100000	9650	92699	5105028	51.1
1	0.0244	90350	2205	89271	5012329	55.5
2	0.0161	88145	1419	87593	4923058	55.9
3	0.0107	86726	928	85926	4835465	55.8
4	0.0071	85798	609	85775	4749539	55.4
5- 9	0.0183	85189	1559	421351	4663764	54.7
10-14	0.0124	83630	1037	414800	4242413	50.7
15-19	0.0272	82593	2247	408545	3827613	46.3
20-24	0.0426	80346	3423	393448	3419068	42.6
25-29	0.0431	76923	3315	376705	3025620	39.3
30-34	0.0411	73608	3025	360119	2648914	36.0
35-39	0.0435	70583	3070	344944	2288796	32.4
40-44	0.0459	67513	3099	329681	1943852	28.8
45-49	0.0564	64414	3633	313190	1614171	25.1
50-54	0.0747	60781	4540	292903	1300981	21.4
55-59	0.0963	56241	5416	268119	1008078	17.9
60-64	0.1430	50825	7268	236743	739959	14.6
65-69	0.2135	43557	9299	195357	503216	11.6
70-74	0.3255	34258	11151	144443	307859	9.0
75-	1.0000	23107	23107	163416	163416	7.1

昭 和 23 年 簡 易 生 命 表 （1948）

年齢階級 $x \sim x+(n-1)$	死亡率 $_nq_x$	生存数 l_x	死亡数 $_nd_x$	定 常 人 口		平均余命 $\overset{\circ}{e}_x$
				$_nL_x$	T_x	
男 （MALE）						
0	0.0650	100000	6500	95152	5556732	55.6
1	0.0182	93500	1702	92500	5461580	58.4
2	0.0098	91798	900	91837	5369080	58.5
3	0.0075	90898	682	90933	5277243	58.1
4	0.0052	90216	469	90192	5186310	57.5
5- 9	0.0129	89747	1158	445385	5096118	56.8
10-14	0.0075	88589	664	442667	4650733	52.5
15-19	0.0174	87925	1530	437143	4208066	47.9
20-24	0.0349	86395	3015	424648	3770923	43.6
25-29	0.0383	83380	3193	409359	3346275	40.1
30-34	0.0363	80187	2911	393378	2936916	36.6
35-39	0.0368	77276	2844	379200	2543538	32.9
40-44	0.0416	74432	3096	364235	2164338	29.1
45-49	0.0517	71336	3688	347925	1800103	25.2
50-54	0.0724	67648	4898	326533	1452178	21.5
55-59	0.1058	62750	6639	297713	1125645	17.9
60-64	0.1555	56111	8725	259673	827932	14.8
65-69	0.2258	47386	10700	210630	568259	12.0
70-74	0.3104	36686	11387	155560	357629	9.7
75-	1.0000	25299	25299	202069	202069	8.0
女 （FEMALE）						
0	0.0564	100000	5640	95847	5935191	59.4
1	0.0176	94360	1661	93315	5839344	61.9
2	0.0099	92699	918	92727	5746029	62.0
3	0.0072	91781	661	91806	5653302	61.6
4	0.0050	91120	456	91200	5561496	61.0
5- 9	0.0109	90664	988	449091	5470296	60.3
10-14	0.0080	89676	717	448125	5021205	56.0
15-19	0.0179	88959	1592	442222	4573080	51.4
20-24	0.0330	87367	2883	430299	4130858	47.3
25-29	0.0329	84484	2780	414925	3700559	43.8
30-34	0.0305	81704	2492	401935	3285634	40.2
35-39	0.0315	79212	2495	389844	2883699	36.4
40-44	0.0344	76717	2639	377000	2493855	32.5
45-49	0.0402	74078	2978	363171	2116855	28.6
50-54	0.0546	71100	3882	346607	1753684	24.7
55-59	0.0752	67218	5055	324038	1407077	20.9
60-64	0.1091	62163	6782	294870	1083039	17.4
65-69	0.1631	55381	9033	255169	788169	14.2
70-74	0.2413	46348	11184	205588	533000	11.5
75-	1.0000	35164	35164	327412	327412	9.3

昭 和 24 年 簡 易 生 命 表 （1949）

年齢階級 $x \sim x+(n-1)$	死亡率 $_nq_x$	生存数 l_x	死亡数 $_nd_x$	定常人口 $_nL_x$	定常人口 T_x	平均余命 $\overset{\circ}{e}_x$
男 （MALE）						
0	0.0663	100000	6630	95078	5621543	56.2
1	0.0184	93370	1718	92277	5526465	59.2
2	0.0111	91652	1017	91100	5434188	59.3
3	0.0074	90635	671	90276	5343088	59.0
4	0.0050	89964	450	89720	5252812	58.4
5- 9	0.0119	89514	1065	443750	5163092	57.7
10-14	0.0065	88449	575	442308	4719342	53.4
15-19	0.0144	87874	1265	436207	4277034	48.7
20-24	0.0310	86609	2685	426190	3840827	44.3
25-29	0.0339	83924	2845	412319	3414637	40.7
30-34	0.0315	81079	2554	399063	3002318	37.0
35-39	0.0334	78525	2623	385735	2603255	33.2
40-44	0.0387	75902	2937	371772	2217520	29.2
45-49	0.0498	72965	3634	356275	1845748	25.3
50-54	0.0682	69331	4728	335319	1489473	21.5
55-59	0.1018	64603	6577	307336	1154154	17.9
60-64	0.1521	58026	8826	269085	846818	14.6
65-69	0.2254	49200	11090	218738	577733	11.7
70-74	0.3160	38110	12043	161218	358995	9.4
75-	1.0000	26067	26067	197777	197777	7.6
女 （FEMALE）						
0	0.0589	100000	5890	95696	5980202	59.8
1	0.0184	94110	1732	93040	5884506	62.5
2	0.0108	92378	998	91833	5791466	62.7
3	0.0070	91380	640	91037	5699633	62.4
4	0.0048	90740	436	90504	5608596	61.8
5- 9	0.0109	90304	984	447273	5518092	61.1
10-14	0.0070	89320	625	446429	5070819	56.8
15-19	0.0154	88695	1366	440645	4624390	52.1
20-24	0.0281	87329	2454	430526	4183745	47.9
25-29	0.0300	84875	2546	417377	3753219	44.2
30-34	0.0281	82329	2313	405789	3335842	40.5
35-39	0.0286	80016	2288	394483	2930053	36.6
40-44	0.0320	77728	2487	382615	2535570	32.6
45-49	0.0383	75241	2882	369487	2152955	28.6
50-54	0.0517	72359	3741	352925	1783468	24.6
55-59	0.0710	68618	4872	331429	1430543	20.8
60-64	0.1068	63746	6808	302578	1099114	17.2
65-69	0.1605	56938	9139	262615	796536	14.0
70-74	0.2431	47799	11620	212044	533921	11.2
75-	1.0000	36179	36179	321877	321877	8.9

昭 和 25 年 簡 易 生 命 表（1950）

年齢階級 $x \sim x+(n-1)$	死亡率 $_nq_x$	生存数 l_x	死亡数 $_nd_x$	定 常 人 口 $_nL_x$	定 常 人 口 T_x	平均余命 $\overset{\circ}{e}_x$
男（MALE）						
0	0.0590	100000	5900	96248	5796936	58.0
1	0.0143	94100	1346	93472	5700688	60.6
2	0.0100	92754	928	91881	5607216	60.5
3	0.0067	91826	615	91791	5515335	60.1
4	0.0048	91211	438	91250	5423544	59.5
5- 9	0.0109	90773	989	449545	5332294	58.7
10-14	0.0060	89784	539	449167	4882749	54.4
15-19	0.0124	89245	1107	442800	4433582	49.7
20-24	0.0237	88138	2089	435208	3990782	45.3
25-29	0.0281	86049	2418	424211	3555574	41.3
30-34	0.0266	83631	2225	412037	3131363	37.4
35-39	0.0300	81406	2442	400328	2719326	33.4
40-44	0.0349	78964	2756	388169	2318998	29.4
45-49	0.0460	76208	3506	372979	1930829	25.3
50-54	0.0645	72702	4689	352556	1557850	21.4
55-59	0.0987	68013	6713	324300	1205294	17.7
60-64	0.1552	61300	9514	284000	880994	14.4
65-69	0.2364	51786	12242	228822	596994	11.5
70-74	0.3256	39544	12876	166142	368172	9.3
75-	1.0000	26668	26668	202030	202030	7.6
女（FEMALE）						
0	0.0526	100000	5260	96869	6147498	61.5
1	0.0146	94740	1383	94032	6050629	63.9
2	0.0099	93357	924	93333	5956597	63.8
3	0.0066	92433	610	92424	5863264	63.4
4	0.0048	91823	441	91875	5770840	62.8
5- 9	0.0099	91382	905	452500	5678965	62.1
10-14	0.0060	90477	543	452500	5226465	57.8
15-19	0.0124	89934	1115	446000	4773965	53.1
20-24	0.0218	88819	1936	440000	4327965	48.7
25-29	0.0247	86883	2146	429200	3887965	44.7
30-34	0.0242	84737	2051	418571	3458765	40.8
35-39	0.0261	82686	2158	407170	3040194	36.8
40-44	0.0291	80528	2343	397119	2633024	32.7
45-49	0.0363	78185	2838	383514	2235905	28.6
50-54	0.0493	75347	3715	367822	1852391	24.6
55-59	0.0697	71632	4993	346736	1484569	20.7
60-64	0.1104	66639	7357	315751	1137833	17.1
65-69	0.1681	59282	9965	272269	822082	13.9
70-74	0.2499	49317	12324	217739	549813	11.1
75-	1.0000	36993	36993	332074	332074	9.0

昭 和 26 年 簡 易 生 命 表 (1951)

年齢階級 $x \sim x+(n-1)$	死亡率 ${}_n q_x$	生存数 l_x	死亡数 ${}_n d_x$	定 常 人 口		平均余命 $\overset{\circ}{e}_x$
				${}_n L_x$	T_x	

男 （MALE）

年齢階級	${}_n q_x$	l_x	${}_n d_x$	${}_n L_x$	T_x	$\overset{\circ}{e}_x$
0	0.0576	100000	5760	96321	6080303	60.8
1	0.0131	94240	1235	93561	5983982	63.5
2	0.0092	93005	856	92577	5890421	63.3
3	0.0071	92149	654	91822	5797844	62.9
4	0.0048	91495	439	91275	5706022	62.4
5- 9	0.0090	91056	820	455556	5614747	61.7
10-14	0.0050	90236	451	451000	5159191	57.2
15-19	0.0100	89785	898	449000	4708191	52.4
20-24	0.0188	88887	1671	439737	4259191	47.9
25-29	0.0227	87216	1980	430435	3819454	43.8
30-34	0.0213	85236	1816	422326	3389019	39.8
35-39	0.0242	83420	2019	412041	2966693	35.6
40-44	0.0315	81401	2564	400625	2554652	31.4
45-49	0.0426	78837	3358	385977	2154027	27.3
50-54	0.0625	75479	4717	365659	1768050	23.4
55-59	0.0953	70762	6744	337200	1402391	19.8
60-	1.0000	64018	64018	1065191	1065191	16.6

女 （FEMALE）

年齢階級	${}_n q_x$	l_x	${}_n d_x$	${}_n L_x$	T_x	$\overset{\circ}{e}_x$
0	0.0509	100000	5090	96768	6486297	64.9
1	0.0129	94910	1224	94296	6389529	67.3
2	0.0091	93686	853	93259	6295233	67.2
3	0.0069	92833	641	92512	6201974	66.8
4	0.0047	92192	433	91759	6109462	66.3
5- 9	0.0085	91759	780	458824	6017703	65.6
10-14	0.0050	90979	455	455000	5558879	61.1
15-19	0.0095	90524	860	452632	5103879	56.4
20-24	0.0163	89664	1462	443030	4651247	51.9
25-29	0.0203	88202	1791	436829	4208217	47.7
30-34	0.0208	86411	1797	427857	3771388	43.6
35-39	0.0222	84614	1878	417333	3343531	39.5
40-44	0.0271	82736	2242	407636	2926198	35.4
45-49	0.0339	80494	2729	395507	2518562	31.3
50-54	0.0464	77765	3608	379789	2123055	27.3
55-59	0.0682	74157	5058	361286	1743266	23.5
60-	1.0000	69099	69099	1381980	1381980	20.0

昭 和 27 年 簡 易 生 命 表 （1952）

年齢階級 x~x+(n-1)	死亡率 $_nq_x$	生存数 l_x	死亡数 $_nd_x$	定常人口 $_nL_x$	定常人口 T_x	平均余命 $\overset{\circ}{e}_x$
男 （MALE）						
0	0.0505	100000	5050	96264	6187766	61.9
1	0.0090	94950	855	94341	6091502	64.2
2	0.0074	94095	696	93734	5997161	63.7
3	0.0057	93399	532	93119	5903427	63.2
4	0.0039	92867	362	92686	5810308	62.6
5- 9	0.0090	92505	833	462778	5717622	61.8
10-14	0.0047	91672	431	458511	5254844	57.3
15-19	0.0085	91241	776	453801	4796333	52.6
20-24	0.0151	90465	1366	447869	4342532	48.0
25-29	0.0175	89099	1559	440395	3894663	43.7
30-34	0.0185	87540	1619	432888	3454268	39.5
35-39	0.0207	85921	1779	425598	3021380	35.2
40-44	0.0282	84142	2373	414860	2595782	30.9
45-49	0.0398	81769	3254	401233	2180922	26.7
50-54	0.0586	78515	4601	381826	1779689	22.7
55-59	0.0899	73914	6645	353834	1397863	18.9
60-64	0.1336	67269	8987	315223	1044029	15.5
65-69	0.2102	58282	12251	261662	728806	12.5
70-74	0.2994	46031	13782	196689	467144	10.1
75-	1.0000	32249	32249	270455	270455	8.4
女 （FEMALE）						
0	0.0442	100000	4420	96443	6554315	65.5
1	0.0090	95580	860	94995	6457872	67.6
2	0.0075	94720	710	94351	6362877	67.2
3	0.0055	94010	517	93738	6268526	66.7
4	0.0040	93493	374	93306	6174788	66.0
5- 9	0.0077	93119	717	465584	6081482	65.3
10-14	0.0043	92402	397	461628	5615898	60.8
15-19	0.0075	92005	690	456954	5154270	56.0
20-24	0.0132	91315	1205	454717	4697316	51.4
25-29	0.0158	90110	1424	446395	4242599	47.1
30-34	0.0175	88686	1552	439660	3796204	42.8
35-39	0.0196	87134	1708	432405	3356544	38.5
40-44	0.0234	85426	1999	421730	2924139	34.2
45-49	0.0308	83427	2570	411200	2502409	30.0
50-54	0.0442	80857	3574	396231	2091209	25.9
55-59	0.0639	77283	4938	374659	1694978	21.9
60-64	0.0929	72345	6721	345908	1320319	18.3
65-69	0.1507	65624	9890	304401	974411	14.8
70-74	0.2292	55734	12774	248957	670010	12.0
75-	1.0000	42960	42960	421053	421053	9.8

昭 和 28 年 簡 易 生 命 表 (1953)

年齢階級 $x \sim x+(n-1)$	死亡率 $_nq_x$	生存数 l_x	死亡数 $_nd_x$	定常人口 $_nL_x$	定常人口 T_x	平均余命 $\overset{\circ}{e}_x$
男 （MALE）						
0	0.0511	100000	5110	95943	6194221	61.9
1	0.0087	94890	826	94291	6098278	64.3
2	0.0066	94064	621	93740	6003987	63.8
3	0.0053	93443	495	93184	5910247	63.2
4	0.0037	92948	344	92776	5817063	62.6
5- 9	0.0085	92604	787	459590	5724287	61.8
10-14	0.0042	91817	386	458107	5264697	57.3
15-19	0.0079	91431	722	455544	4806590	52.6
20-24	0.0145	90709	1315	450405	4351046	48.0
25-29	0.0160	89394	1430	443429	3900641	43.6
30-34	0.0168	87964	1478	436171	3457212	39.3
35-39	0.0191	86486	1652	428445	3021041	34.9
40-44	0.0256	84834	2172	419045	2592596	30.6
45-49	0.0377	82662	3116	406027	2173551	26.3
50-54	0.0579	79546	4606	386966	1767524	22.2
55-59	0.0897	74940	6722	358870	1380558	18.4
60-64	0.1361	68218	9284	319081	1021688	15.0
65-69	0.2119	58934	12488	264568	702607	11.9
70-74	0.3154	46446	14649	196641	438039	9.4
75-	1.0000	31797	31797	241398	241398	7.6
女 （FEMALE）						
0	0.0449	100000	4490	96470	6565504	65.7
1	0.0087	95510	831	94933	6469034	67.7
2	0.0066	94679	625	94352	6374101	67.3
3	0.0051	94054	480	93802	6279749	66.8
4	0.0036	93574	337	93406	6185947	66.1
5- 9	0.0074	93237	690	463122	6092541	65.3
10-14	0.0037	92547	342	461863	5629419	60.8
15-19	0.0066	92205	609	459655	5167556	56.0
20-24	0.0117	91596	1072	455437	4707901	51.4
25-29	0.0140	90524	1267	449519	4252464	47.0
30-34	0.0156	89257	1392	442863	3802945	42.6
35-39	0.0176	87865	1546	435560	3360082	38.2
40-44	0.0217	86319	1873	427116	2924522	33.9
45-49	0.0299	84446	2525	416254	2497406	29.6
50-54	0.0426	81921	3490	401375	2081152	25.4
55-59	0.0625	78431	4902	380611	1679777	21.4
60-64	0.0939	73529	6904	351468	1299166	17.7
65-69	0.1516	66625	10100	309282	947698	14.2
70-74	0.2416	56525	13656	250215	638416	11.3
75-	1.0000	42869	42869	388201	388201	9.1

昭 和 29 年 簡 易 生 命 表 (1954)

年齢階級 $x \sim x+(n-1)$	死亡率 $_nq_x$	生存数 l_x	死亡数 $_nd_x$	定 常 人 口		平均余命 $\overset{\circ}{e}_x$
				$_nL_x$	T_x	

男 （MALE）

年齢階級 $x \sim x+(n-1)$	死亡率 $_nq_x$	生存数 l_x	死亡数 $_nd_x$	$_nL_x$	T_x	平均余命 $\overset{\circ}{e}_x$
0	0.0462	100000	4620	97671	6340659	63.41
1	0.0070	95380	668	94876	6242988	65.45
2	0.0056	94712	530	94438	6148112	64.91
3	0.0047	94182	443	93953	6053674	64.28
4	0.0035	93739	328	93575	5959721	63.58
5- 9	0.0068	93411	635	464169	5866146	62.80
10-14	0.0038	92776	353	463029	5401977	58.23
15-19	0.0085	92423	786	460349	4938948	53.44
20-24	0.0143	91637	1310	455034	4478599	48.87
25-29	0.0153	90327	1382	448186	4023565	44.54
30-34	0.0149	88945	1325	441496	3575379	40.20
35-39	0.0203	87620	1779	433821	3133883	35.77
40-44	0.0248	85841	2129	424126	2700062	31.45
45-49	0.0352	83712	2947	411714	2275936	27.19
50-54	0.0573	80765	4628	392991	1864222	23.08
55-59	0.0851	76137	6479	365361	1471231	19.32
60-64	0.1266	69658	8819	322178	1105870	15.88
65-69	0.1803	60839	10969	278005	783692	12.88
70-74	0.2954	49870	14732	217555	505687	10.14
75-	1.0000	35138	35138	288132	288132	8.20

女 （FEMALE）

年齢階級 $x \sim x+(n-1)$	死亡率 $_nq_x$	生存数 l_x	死亡数 $_nd_x$	$_nL_x$	T_x	平均余命 $\overset{\circ}{e}_x$
0	0.0405	100000	4050	97960	6768645	67.69
1	0.0069	95950	662	95472	6670685	69.52
2	0.0054	95288	515	95022	6575213	69.00
3	0.0046	94773	436	94547	6480191	68.38
4	0.0034	94337	321	94177	6385644	67.69
5- 9	0.0059	94016	555	467509	6291467	66.92
10-14	0.0032	93461	299	466569	5823958	62.31
15-19	0.0065	93162	606	464441	5357389	57.51
20-24	0.0108	92556	1000	460392	4892948	52.86
25-29	0.0125	91556	1144	454720	4432556	48.41
30-34	0.0139	90412	1257	448994	3977836	44.00
35-39	0.0169	89155	1507	442097	3528842	39.58
40-44	0.0192	87648	1683	434163	3086745	35.22
45-49	0.0248	85965	2132	424707	2652582	30.86
50-54	0.0322	83833	2699	412919	2227875	26.58
55-59	0.0559	81134	4535	395118	1814956	22.37
60-64	0.0844	76599	6465	367767	1419838	18.54
65-69	0.1286	70134	9019	329542	1052071	15.00
70-74	0.2172	61115	13274	280478	722529	11.82
75-	1.0000	47841	47841	442051	442051	9.24

昭 和 30 年 簡 易 生 命 表 （1955）

年齢階級 $x\sim x+(n-1)$	死亡率 $_nq_x$	生存数 l_x	死亡数 $_nd_x$	定常人口 $_nL_x$	定常人口 T_x	平均余命 $\overset{\circ}{e}_x$
\multicolumn{7}{c}{男（MALE）}
0	0.0417	100000	4170	97910	6388444	63.88
1	0.0058	95830	556	95397	6290534	65.64
2	0.0046	95274	438	95046	6195137	65.02
3	0.0036	94836	341	94658	6100091	64.32
4	0.0028	94495	265	94363	6005433	63.55
5- 9	0.0074	94230	697	468351	5911070	62.73
10-14	0.0038	93533	355	466774	5442719	58.19
15-19	0.0073	93178	680	464372	4975945	53.40
20-24	0.0133	92498	1230	459543	4511573	48.77
25-29	0.0142	91268	1296	453125	4052030	44.40
30-34	0.0150	89972	1350	446536	3598905	40.00
35-39	0.0174	88622	1542	439397	3152369	35.57
40-44	0.0233	87080	2029	430635	2712972	31.15
45-49	0.0355	85051	3019	418211	2282337	26.83
50-54	0.0542	82032	4446	399748	1864126	22.72
55-59	0.0824	77586	6393	372929	1464378	18.87
60-64	0.1286	71193	9155	334290	1091449	15.33
65-69	0.1969	62038	12215	280861	757159	12.20
70-74	0.3002	49823	14957	206442	476298	9.56
75-	1.0000	34866	34866	269856	269856	7.74
\multicolumn{7}{c}{女（FEMALE）}
0	0.0366	100000	3660	98149	6841026	68.41
1	0.0056	96340	540	95934	6742877	69.99
2	0.0042	95800	402	95590	6646943	69.38
3	0.0034	95398	324	95230	6551353	68.67
4	0.0027	95074	257	94946	6456123	67.91
5- 9	0.0057	94817	540	471716	6361177	67.09
10-14	0.0031	94277	292	470648	5889461	62.47
15-19	0.0054	93985	508	468781	5418813	57.66
20-24	0.0096	93477	897	465272	4950032	52.95
25-29	0.0122	92580	1129	460135	4484760	48.44
30-34	0.0128	91451	1171	454376	4024625	44.01
35-39	0.0151	90280	1363	448097	3570249	39.55
40-44	0.0188	88917	1672	440597	3122152	35.11
45-49	0.0262	87245	2286	430834	2681555	30.74
50-54	0.0380	84959	3228	417189	2250721	26.49
55-59	0.0552	81731	4512	398057	1833532	22.43
60-64	0.0842	77219	6502	370938	1435475	18.59
65-69	0.1383	70717	9780	330545	1064537	15.05
70-74	0.2178	60937	13272	279398	733992	12.05
75-	1.0000	47665	47665	454594	454594	9.54

昭和 31 年 簡 易 生 命 表（1956）

年齢階級 $x \sim x+(n-1)$	死亡率 $_nq_x$	生存数 l_x	死亡数 $_nd_x$	定常人口		平均余命 $\overset{\circ}{e}_x$
				$_nL_x$	T_x	

男 （MALE）

年齢階級 $x \sim x+(n-1)$	死亡率 $_nq_x$	生存数 l_x	死亡数 $_nd_x$	$_nL_x$	T_x	平均余命 $\overset{\circ}{e}_x$
0	0.0408	100000	4082	97959	6359347	63.59
1	0.0054	95918	515	95661	6261388	65.28
2	0.0043	95403	406	95200	6165727	64.63
3	0.0033	94997	316	94839	6070527	63.90
4	0.0026	94681	244	94559	5975688	63.11
5- 9	0.0066	94437	619	470384	5881129	62.28
10-14	0.0034	93818	319	468287	5410745	57.67
15-19	0.0070	93499	652	466137	4942458	52.86
20-24	0.0129	92847	1198	461342	4476321	48.21
25-29	0.0134	91649	1226	455189	4014979	43.81
30-34	0.0141	90423	1271	449011	3559790	39.37
35-39	0.0171	89152	1524	442067	3110779	34.89
40-44	0.0229	87628	2010	433379	2668712	30.45
45-49	0.0352	85618	3015	421004	2235333	26.11
50-54	0.0551	82603	4550	402396	1814329	21.96
55-59	0.0863	78053	6734	374506	1411933	18.09
60-64	0.1321	71319	9424	334125	1037427	14.55
65-69	0.2021	61895	12511	279469	703302	11.36
70-74	0.3075	49384	15183	209727	423833	8.58
75-79	0.4532	34201	15498	131641	214106	6.26
80-84	0.6313	18703	11807	61733	82465	4.41
85-	1.0000	6896	6896	20732	20732	3.01

女 （FEMALE）

年齢階級 $x \sim x+(n-1)$	死亡率 $_nq_x$	生存数 l_x	死亡数 $_nd_x$	$_nL_x$	T_x	平均余命 $\overset{\circ}{e}_x$
0	0.0372	100000	3722	98139	6753900	67.54
1	0.0051	96278	486	96035	6655761	69.13
2	0.0040	95792	385	95600	6559726	68.48
3	0.0035	95407	329	95243	6464126	67.75
4	0.0024	95078	229	94964	6368883	66.99
5- 9	0.0053	94849	503	472722	6273919	66.15
10-14	0.0027	94346	257	471091	5801197	61.49
15-19	0.0050	94089	468	469425	5330106	56.65
20-24	0.0092	93621	857	466058	4860681	51.92
25-29	0.0104	92764	965	461443	4394623	47.37
30-34	0.0121	91799	1113	456285	3933180	42.84
35-39	0.0141	90686	1281	450308	3476895	38.34
40-44	0.0180	89405	1612	443178	3026587	33.85
45-49	0.0259	87793	2275	433609	2583409	29.43
50-54	0.0380	85518	3247	419825	2149800	25.14
55-59	0.0563	82271	4630	400463	1729975	21.02
60-64	0.0891	77641	6917	371952	1329512	17.12
65-69	0.1420	70724	10041	329943	957560	13.54
70-74	0.2266	60683	13749	270510	627617	10.34
75-79	0.3535	46934	16589	193851	357107	7.61
80-84	0.5255	30345	15947	110577	163256	5.38
85-	1.0000	14398	14398	52679	52679	3.66

昭 和 32 年 簡 易 生 命 表 （1957）

年齢階級 $x \sim x+(n-1)$	死亡率 $_nq_x$	生存数 l_x	死亡数 $_nd_x$	定常人口 $_nL_x$	T_x	平均余命 $\overset{\circ}{e}_x$
男 （MALE）						
0	0.0423	100000	4233	97873	6323642	63.24
1	0.0054	95767	516	95348	6225769	65.01
2	0.0040	95251	379	95052	6130421	64.36
3	0.0031	94872	290	94721	6035369	63.62
4	0.0024	94582	227	94464	5940648	62.81
5- 9	0.0062	94355	589	471200	5846184	61.96
10-14	0.0035	93766	326	467853	5374984	57.32
15-19	0.0071	93440	659	465724	4907131	52.52
20-24	0.0124	92781	1154	461047	4441407	47.87
25-29	0.0130	91627	1190	455067	3980360	43.44
30-34	0.0140	90437	1265	449059	3525293	38.98
35-39	0.0168	89172	1495	442177	3076234	34.50
40-44	0.0226	87677	1981	433859	2634057	30.04
45-49	0.0359	85696	3072	421284	2200198	25.67
50-54	0.0563	82624	4648	402424	1778914	21.53
55-59	0.0901	77976	7029	373486	1376490	17.65
60-64	0.1399	70947	9925	331275	1003004	14.14
65-69	0.2155	61022	13150	273844	671729	11.01
70-74	0.3387	47872	16214	199287	397885	8.31
75-79	0.4768	31658	15095	119802	198598	6.27
80-	1.0000	16563	16563	78796	78796	4.76
女 （FEMALE）						
0	0.0311	100000	3105	98446	6760281	67.60
1	0.0051	96895	494	96533	6661835	68.75
2	0.0036	96401	351	96217	6565302	68.10
3	0.0029	96050	281	95904	6469085	67.35
4	0.0022	95769	213	95659	6373181	66.55
5- 9	0.0050	95556	480	475719	6277522	65.69
10-14	0.0029	95076	278	473837	5801803	61.02
15-19	0.0051	94798	483	473066	5327966	56.20
20-24	0.0090	94315	845	469444	4854900	51.48
25-29	0.0104	93470	967	464680	4385456	46.92
30-34	0.0121	92503	1116	460016	3920776	42.39
35-39	0.0143	91387	1310	453444	3460760	37.87
40-44	0.0181	90077	1634	446448	3007316	33.39
45-49	0.0259	88443	2290	436940	2560868	28.96
50-54	0.0379	86153	3269	423117	2123928	24.65
55-59	0.0564	82884	4676	403451	1700811	20.52
60-64	0.0881	78208	6893	375027	1297360	16.59
65-69	0.1431	71315	10205	332844	922333	12.93
70-74	0.2426	61110	14825	270184	589489	9.65
75-79	0.3733	46285	17278	191914	319305	6.90
80-	1.0000	29007	29007	127391	127391	4.39

昭和 33 年 簡 易 生 命 表 （1958）

年齢階級 $x \sim x+(n-1)$	死亡率 $_nq_x$	生存数 l_x	死亡数 $_nd_x$	定常人口 $_nL_x$	定常人口 T_x	平均余命 $\overset{\circ}{e}_x$
\multicolumn{7}{c}{男 （MALE）}
0	0.0378	100000	3784	98108	6497762	64.98
1	0.0045	96216	431	96001	6399654	66.51
2	0.0033	95785	314	95628	6303653	65.81
3	0.0025	95471	237	95353	6208025	65.03
4	0.0021	95234	204	95132	6112672	64.19
5- 9	0.0056	95030	536	472840	6017540	63.32
10-14	0.0033	94494	315	471695	5544700	58.68
15-19	0.0063	94179	593	469572	5073005	53.87
20-24	0.0115	93586	1076	465355	4603433	49.19
25-29	0.0124	92510	1146	459708	4138078	44.73
30-34	0.0130	91364	1187	453911	3678370	40.26
35-39	0.0158	90177	1426	447463	3224459	35.76
40-44	0.0211	88751	1873	439377	2776996	31.29
45-49	0.0332	86878	2887	427693	2337619	26.91
50-54	0.0520	83991	4367	409797	1909926	22.74
55-59	0.0820	79624	6529	382819	1500129	18.84
60-64	0.1268	73095	9268	343524	1117310	15.29
65-69	0.1939	63827	12379	289445	773786	12.12
70-74	0.2975	51448	15304	219566	484341	9.41
75-79	0.4203	36144	15193	142011	264775	7.33
80-84	0.5638	20951	11812	73964	122764	5.86
85-	1.0000	9139	9139	48800	48800	5.34
\multicolumn{7}{c}{女 （FEMALE）}
0	0.0333	100000	3325	98338	6961493	69.61
1	0.0042	96675	405	96473	6863155	70.99
2	0.0030	96270	292	96124	6766682	70.29
3	0.0025	95978	238	95859	6670558	69.50
4	0.0018	95740	174	95653	6574699	68.67
5- 9	0.0042	95566	403	475947	6479046	67.80
10-14	0.0024	95163	229	475248	6003099	63.08
15-19	0.0045	94934	427	473717	5527851	58.23
20-24	0.0082	94507	774	470690	5054134	53.48
25-29	0.0092	93733	859	466554	4583444	48.90
30-34	0.0102	92874	949	462058	4116890	44.33
35-39	0.0125	91625	1148	456860	3654832	39.76
40-44	0.0160	90777	1453	450457	3197972	35.23
45-49	0.0238	89324	2128	441637	2747515	30.76
50-54	0.0352	87196	3069	428771	2305878	26.44
55-59	0.0517	84127	4350	410433	1877107	22.31
60-64	0.0790	79777	6299	384172	1466674	18.38
65-69	0.1267	73478	9313	345684	1082502	14.71
70-74	0.2161	64165	13865	287661	736818	11.48
75-79	0.3279	50300	16491	210736	449157	8.93
80-84	0.4759	33809	16088	129081	238421	7.05
85-	1.0000	17721	17721	109341	109340	6.17

昭 和 34 年 簡 易 生 命 表 （1959）

年齢階級 $x \sim x+(n-1)$	死 亡 率 $_nq_x$	生 存 数 l_x	死 亡 数 $_nd_x$	定 常 人 口 $_nL_x$	T_x	平均余命 $\overset{\circ}{e}_x$
男 （MALE）						
0	0.03646	100000	3646	98177	6520653	65.21
1	0.00458	96354	441	96134	6422476	66.66
2	0.00319	95913	306	95760	6326342	65.96
3	0.00243	95607	232	95491	6230582	65.17
4	0.00201	95375	192	95279	6135091	64.33
0- 4	0.04817	100000	4817	480841	6520653	65.21
5- 9	0.00560	95183	533	473644	6039812	63.45
10-14	0.00330	94650	312	472479	5566168	58.81
15-19	0.00613	94338	578	470387	5093689	53.99
20-24	0.01061	93760	994	466420	4623302	49.31
25-29	0.01167	92766	1083	461157	4156882	44.81
30-34	0.01262	91683	1157	455582	3695725	40.31
35-39	0.01513	90526	1370	449344	3240143	35.79
40-44	0.02049	89156	1826	441501	2790799	31.30
45-49	0.03138	87330	2741	430296	2349298	26.90
50-54	0.04988	84589	4219	413188	1919002	22.69
55-59	0.08129	80370	6533	386525	1505814	18.74
60-64	0.12264	73837	9055	347760	1119289	15.16
65-69	0.19068	64782	12353	294334	771529	11.91
70-74	0.29234	52429	15327	224528	477195	9.10
75-79	0.42355	37102	15715	145642	252667	6.81
80-84	0.58630	21387	12539	74157	107025	5.00
85-	1.00000	8848	8848	32868	32868	3.71
女 （FEMALE）						
0	0.03031	100000	3031	98485	6988479	69.88
1	0.00390	96969	378	96780	6889994	71.05
2	0.00266	96591	257	96463	6793214	70.33
3	0.00212	96334	204	96232	6696751	69.52
4	0.00167	96130	161	96050	6600619	68.66
0- 4	0.04031	100000	4031	484010	6988479	69.88
5- 9	0.00424	95969	407	478037	6504469	67.78
10-14	0.00246	95562	235	477222	6026432	63.06
15-19	0.00421	95327	402	475722	5549210	58.21
20-24	0.00713	94925	676	473018	5073488	53.45
25-29	0.00848	94249	799	469300	4600470	48.81
30-34	0.00993	93450	928	464995	4131170	44.21
35-39	0.01202	92522	1112	459939	3666175	39.62
40-44	0.01589	91410	1452	453607	3206236	35.08
45-49	0.02233	89958	2009	445086	2752629	30.60
50-54	0.03389	87949	2980	432772	2307543	26.24
55-59	0.05057	84969	4297	414765	1874771	22.06
60-64	0.07637	80672	6161	389010	1460006	18.10
65-69	0.12549	74511	9350	350728	1070996	14.37
70-74	0.20858	65161	13591	293399	720268	11.05
75-79	0.32758	51570	16894	216338	426869	8.28
80-84	0.49200	34676	17061	130878	210531	6.07
85-	1.00000	17615	17615	79653	79653	4.52

昭 和 35 年 簡 易 生 命 表 （1960）

年齢階級 $x \sim x+(n-1)$	死亡率 $_nq_x$	生存数 l_x	死亡数 $_nd_x$	定常人口 $_nL_x$	定常人口 T_x	平均余命 $\overset{\circ}{e}_x$
男 （MALE）						
0	0.03363	100000	3363	98319	6536718	65.37
1	0.00379	96637	366	96454	6438399	66.62
2	0.00280	96271	269	96137	6341945	65.88
3	0.00222	96002	213	95896	6245808	65.06
4	0.00180	95789	173	95703	6149912	64.20
0- 4	0.04384	100000	4384	482509	6536718	65.37
5- 9	0.00508	95616	486	476011	6054209	63.32
10-14	0.00298	95130	283	474968	5578198	58.64
15-19	0.00642	94847	609	472855	5103230	53.80
20-24	0.01027	94238	968	468863	4630375	49.13
25-29	0.01129	93270	1053	463745	4161512	44.62
30-34	0.01190	92217	1098	458406	3697767	40.10
35-39	0.01503	91119	1369	452328	3239361	35.55
40-44	0.02052	89750	1842	444431	2787033	31.05
45-49	0.03116	87908	2740	433203	2342602	26.65
50-54	0.05052	85168	4303	415884	1909399	22.42
55-59	0.08144	80865	6585	388925	1493515	18.47
60-64	0.12660	74280	9404	349177	1104590	14.87
65-69	0.19671	64876	12762	293804	755413	11.64
70-74	0.30287	52114	15784	221822	461609	8.86
75-79	0.44534	36330	16179	140416	239787	6.60
80-84	0.59590	20151	12008	69061	99371	4.93
85-	1.00000	8143	8143	30310	30310	3.72
女 （FEMALE）						
0	0.02762	100000	2762	98619	7026406	70.26
1	0.00342	97238	333	97072	6927787	71.25
2	0.00233	96905	226	96792	6830715	70.49
3	0.00177	96679	171	96594	6733923	69.65
4	0.00147	96508	142	96437	6637329	68.77
0- 4	0.03634	100000	3634	485514	7026406	70.26
5- 9	0.00379	96366	366	480201	6540892	67.88
10-14	0.00216	96000	208	479482	6060691	63.13
15-19	0.00393	95792	376	478110	5581209	58.26
20-24	0.00673	95416	642	475549	5103099	53.48
25-29	0.00769	94774	729	472089	4627550	48.83
30-34	0.00896	94045	842	468187	4155461	44.19
35-39	0.01129	93203	1052	463495	3687274	39.56
40-44	0.01487	92151	1370	457534	3223779	34.98
45-49	0.02237	90781	2031	449153	2766245	30.47
50-54	0.03301	88750	2930	436888	2317092	26.11
55-59	0.04956	85820	4253	419172	1880204	21.91
60-64	0.07739	81567	6313	393144	1461032	17.91
65-69	0.12615	75254	9493	354159	1067888	14.19
70-74	0.21436	65761	14097	295295	713729	10.85
75-79	0.34469	51664	17808	214365	418434	8.10
80-84	0.49644	33856	16807	127104	204069	6.03
85-	1.00000	17049	17049	76965	76965	4.51

昭 和 36 年 簡 易 生 命 表 (1961)

年齢階級 $x \sim x+(n-1)$	死亡率 $_nq_x$	生存数 l_x	死亡数 $_nd_x$	定常人口 $_nL_x$	定常人口 T_x	平均余命 $\overset{\circ}{e}_x$
男 （MALE）						
0	0.03174	100000	3174	98413	6602915	66.03
1	0.00332	96826	321	96666	6504502	67.18
2	0.00232	96505	224	96393	6407836	66.40
3	0.00198	96281	191	96186	6311443	65.55
4	0.00161	96090	154	96013	6215257	64.68
0- 4	0.04064	100000	4064	483671	6602915	66.03
5- 9	0.00474	95936	455	477755	6119244	63.78
10-14	0.00295	95481	282	476732	5641489	59.08
15-19	0.00640	95199	609	474612	5164757	54.25
20-24	0.01006	94590	952	470651	4690145	49.58
25-29	0.01066	93638	998	465716	4219494	45.06
30-34	0.01135	92640	1052	460634	3753778	40.52
35-39	0.01423	91588	1303	454832	3293144	35.96
40-44	0.01957	90285	1767	447295	2838312	31.44
45-49	0.03029	88518	2682	436368	2391017	27.01
50-54	0.04760	85836	4086	419759	1954649	22.77
55-59	0.07943	81750	6493	393554	1534890	18.78
60-64	0.12042	75257	9062	354892	1141336	15.17
65-69	0.18955	66195	12548	300942	786444	11.88
70-74	0.28855	53647	15480	230316	485502	9.05
75-79	0.42698	38167	16296	149605	255186	6.69
80-84	0.60017	21871	13126	74967	105581	4.83
85-	1.00000	8745	8745	30614	30614	3.50
女 （FEMALE）						
0	0.02544	100000	2544	98728	7079421	70.79
1	0.00282	97456	274	97319	6980693	71.63
2	0.00203	97182	198	97083	6883374	70.83
3	0.00153	96984	148	96910	6786291	69.97
4	0.00132	96836	129	96772	6689381	69.08
0- 4	0.03293	100000	3293	486812	7079421	70.79
5- 9	0.00322	96707	312	482109	6592609	68.17
10-14	0.00197	96395	190	481509	6110500	63.39
15-19	0.00368	96205	353	480222	5628991	58.51
20-24	0.00596	95852	571	477899	5148769	53.72
25-29	0.00707	95281	674	474770	4670870	49.02
30-34	0.00855	94607	809	471076	4196100	44.35
35-39	0.01043	93798	978	466650	3725024	39.71
40-44	0.01416	92820	1315	461001	3258374	35.10
45-49	0.02060	91505	1884	453135	2797373	30.57
50-54	0.03180	89621	2850	441455	2344238	26.16
55-59	0.04798	86771	4164	424112	1902783	21.93
60-64	0.07324	82607	6050	398982	1478671	17.90
65-69	0.12162	76557	9311	361126	1079689	14.10
70-74	0.20551	67246	13820	303527	718563	10.69
75-79	0.34025	53426	18178	222709	415036	7.77
80-84	0.53151	35248	18735	129056	192327	5.46
85-	1.00000	16513	16513	63271	63271	3.83

昭和 37 年 簡 易 生 命 表 (1962)
男 （MALE）

年　　　齢	死亡率	生存数	死亡数	定　常　人　口		平均余命
x	$_nq_x$	l_x	$_nd_x$	$_nL_x$	T_x	$\overset{\circ}{e}_x$
0　月	0.01721	100000	1721	8262	6622736	66.23
1　(m)	0.00290	98279	285	8178	6614475	67.30
2	0.00188	97994	184	8159	6606297	67.42
3	0.00358	97810	350	24409	6598138	67.46
6	0.00384	97460	374	48637	6573730	67.45
0　年	0.02914	100000	2914	97643	6622736	66.23
1　(y)	0.00324	97086	315	96929	6525093	67.21
2	0.00196	96771	190	96676	6428165	66.43
3	0.00161	96581	155	96504	6331489	65.56
4	0.00144	96426	139	96357	6234985	64.66
5	0.00117	96287	113	96231	6138629	63.75
6	0.00094	96174	90	96129	6042398	62.83
7	0.00077	96084	74	96047	5946269	61.89
8	0.00064	96010	61	95980	5850222	60.93
9	0.00055	95949	53	95923	5754243	59.97
10	0.00048	95896	46	95873	5658320	59.00
11	0.00048	95850	46	95827	5562447	58.03
12	0.00052	95804	50	95779	5466620	57.06
13	0.00059	95754	56	95726	5370841	56.09
14	0.00069	95698	66	95665	5275115	55.12
15	0.00080	95632	77	95594	5179450	54.16
16	0.00094	95555	90	95510	5083857	53.20
17	0.00109	95465	104	95413	4988347	52.25
18	0.00124	95361	118	95302	4892934	51.31
19	0.00140	95243	133	95177	4797632	50.37
20	0.00164	95110	156	95032	4702455	49.44
21	0.00175	94954	166	94871	4607423	48.52
22	0.00183	94788	173	94702	4512552	47.61
23	0.00189	94615	179	94526	4417851	46.69
24	0.00194	94436	183	94345	4323325	45.78
25	0.00197	94253	186	94160	4228981	44.87
26	0.00200	94067	188	93973	4134821	43.96
27	0.00203	93879	191	93784	4040848	43.04
28	0.00204	93688	191	93593	3947064	42.13
29	0.00207	93497	194	93400	3853472	41.21
30	0.00208	93303	194	93206	3760072	40.30
31	0.00213	93109	198	93010	3666866	39.38
32	0.00219	92911	203	92810	3573856	38.47
33	0.00228	92708	211	92603	3481046	37.55
34	0.00238	92497	220	92387	3388444	36.63
35	0.00251	92277	232	92161	3296057	35.72
36	0.00265	92045	244	91923	3203896	34.81
37	0.00280	91801	257	91673	3111973	33.90
38	0.00297	91544	272	91408	3020300	32.99
39	0.00317	91272	289	91128	2928892	32.09
40	0.00343	90983	312	90827	2837765	31.19
41	0.00367	90671	333	90505	2746938	30.30
42	0.00395	90338	357	90160	2656433	29.41
43	0.00426	89981	383	89790	2566274	28.52
44	0.00461	89598	413	89392	2476484	27.64

年　　齢	死亡率	生存数	死亡数	定　常　人　口		平均余命
x	$_nq_x$	l_x	$_nd_x$	$_nL_x$	T_x	$\overset{\circ}{e}_x$
45	0.00503	89185	449	88961	2387093	26.77
46	0.00548	88736	486	88493	2298132	25.90
47	0.00599	88250	529	87986	2209639	25.04
48	0.00657	87721	576	87433	2121654	24.19
49	0.00722	87145	629	86831	2034221	23.34
50	0.00794	86516	687	86173	1947390	22.51
51	0.00876	85829	752	85453	1861218	21.69
52	0.00969	85077	824	84665	1775765	20.87
53	0.01072	84253	903	83802	1691100	20.07
54	0.01186	83350	989	82856	1607298	19.28
55	0.01334	82361	1099	81812	1524443	18.51
56	0.01462	81262	1188	80668	1442631	17.75
57	0.01600	80074	1281	79434	1361963	17.01
58	0.01750	78793	1379	78104	1282530	16.28
59	0.01918	77414	1485	76672	1204426	15.56
60	0.02094	75929	1590	75134	1127755	14.85
61	0.02308	74339	1716	73481	1052621	14.16
62	0.02547	72623	1850	71698	979140	13.48
63	0.02815	70773	1992	69777	907442	12.82
64	0.03113	68781	2141	67711	837665	12.18
65	0.03498	66640	2331	65475	769954	11.55
66	0.03836	64309	2467	63076	704480	10.95
67	0.04203	61842	2599	60543	641404	10.37
68	0.04607	59243	2729	57879	580862	9.80
69	0.05055	56514	2857	55086	522983	9.25
70	0.05574	53657	2991	52162	467898	8.72
71	0.06124	50666	3103	49115	415736	8.21
72	0.06737	47563	3204	45961	366622	7.71
73	0.07423	44359	3293	42713	320661	7.23
74	0.08189	41066	3363	39385	277948	6.77
75	0.09070	37703	3420	35993	238564	6.33
76	0.10012	34283	3432	32567	202571	5.91
77	0.11048	30851	3408	29147	170004	5.51
78	0.12189	27443	3345	25771	140857	5.13
79	0.13441	24098	3239	22479	115086	4.78
80	0.14815	20859	3090	19314	92608	4.44
81	0.16319	17769	2900	16319	73294	4.12
82	0.17962	14869	2671	13534	56975	3.83
83	0.19754	12198	2410	10993	43441	3.56
84	0.21703	9788	2124	8726	32448	3.32
85-	1.00000	7664	7664	23722	23722	3.10

昭和 37 年 簡 易 生 命 表 (1962)

女 （FEMALE）

年　　齢	死 亡 率	生 存 数	死 亡 数	定　常　人　口		平均余命
x	nq_x	l_x	nd_x	nL_x	T_x	$\overset{\circ}{e}_x$
0　月	0.01379	100000	1379	8276	7115791	71.16
1　(m)	0.00241	98621	238	8209	7107515	72.07
2	0.00169	98383	166	8192	7099307	72.16
3、	0.00293	98217	288	24518	7091115	72.20
6	0.00318	97929	311	48887	7066597	72.16
0　年	0.02382	100000	2382	98081	7115791	71.16
1　(y)	0.00271	97618	265	97486	7017710	71.89
2	0.00170	97353	166	97270	6920225	71.08
3	0.00131	97187	127	97124	6822955	70.20
4	0.00108	97060	105	97008	6725831	69.30
5	0.00085	96955	82	96914	6628824	68.37
6	0.00068	96873	66	96840	6531910	67.43
7	0.00054	96807	52	96781	6435070	66.47
8	0.00045	96755	44	96733	6338289	65.51
9	0.00039	96711	38	96692	6241556	64.54
10	0.00039	96673	38	96654	6144864	63.56
11	0.00037	96635	36	96617	6048210	62.59
12	0.00037	96599	36	96581	5951593	61.61
13	0.00038	96563	37	96545	5855012	60.63
14	0.00041	96526	40	96506	5758467	59.66
15	0.00043	96486	41	96466	5661961	58.68
16	0.00050	96445	48	96421	5565496	57.71
17	0.00059	96397	57	96369	5469075	56.73
18	0.00068	96340	66	96307	5372706	55.77
19	0.00079	96274	76	96236	5276399	54.81
20	0.00095	96198	91	96153	5180163	53.85
21	0.00103	96107	99	96058	5084011	52.90
22	0.00110	96008	106	95955	4987953	51.95
23	0.00115	95902	110	95847	4891998	51.01
24	0.00121	95792	116	95734	4796151	50.07
25	0.00124	95676	119	95617	4700417	49.13
26	0.00129	95557	123	95496	4604801	48.19
27	0.00134	95434	128	95370	4509305	47.25
28	0.00138	95306	132	95240	4413935	46.31
29	0.00143	95174	136	95106	4318695	45.38
30	0.00149	95038	142	94967	4223589	44.44
31	0.00154	94896	146	94823	4128622	43.51
32	0.00159	94750	151	94675	4033799	42.57
33	0.00165	94599	156	94521	3939125	41.64
34	0.00172	94443	162	94362	3844604	40.71
35	0.00180	94281	170	94196	3750242	39.78
36	0.00189	94111	178	94022	3656046	38.85
37	0.00198	93933	186	93840	3562024	37.92
38	0.00210	93747	197	93649	3468184	37.00
39	0.00222	93550	208	93446	3374535	36.07
40	0.00238	93342	222	93231	3281089	35.15
41	0.00254	93120	237	93002	3187858	34.23
42	0.00272	92883	253	92757	3094857	33.32
43	0.00292	92630	270	92495	3002100	32.41
44	0.00316	92360	292	92214	2909605	31.50

年　　齢	死 亡 率	生 存 数	死 亡 数	定　常　人　口		平均余命
x	$_nq_x$	l_x	$_nd_x$	$_nL_x$	T_x	$\overset{\circ}{e}_x$
45	0.00338	92068	311	91913	2817391	30.60
46	0.00369	91757	339	91588	2725479	29.70
47	0.00404	91418	369	91234	2633891	28.81
48	0.00443	91049	403	90848	2542658	27.93
49	0.00485	90646	440	90426	2451810	27.05
50	0.00542	90206	489	89962	2361384	26.18
51	0.00587	89717	527	89454	2271423	25.32
52	0.00635	89190	566	88907	2181969	24.46
53	0.00687	88624	609	88320	2093062	23.62
54	0.00743	88015	654	87688	2004743	22.78
55	0.00817	87361	714	87004	1917055	21.94
56	0.00880	86647	762	86266	1830051	21.12
57	0.00949	85885	815	85478	1743785	20.30
58	0.01027	85070	874	84633	1658307	19.49
59	0.01117	84196	940	83726	1573674	18.69
60	0.01228	83256	1022	82745	1489948	17.90
61	0.01344	82234	1105	81682	1407203	17.11
62	0.01477	81129	1198	80530	1325522	16.34
63	0.01632	79931	1304	79279	1244992	15.58
64	0.01810	78627	1423	77916	1165713	14.83
65	0.02052	77204	1584	76412	1087797	14.09
66	0.02272	75620	1718	74761	1011385	13.37
67	0.02521	73902	1863	72971	936624	12.67
68	0.02806	72039	2021	71029	863654	11.99
69	0.03135	70018	2195	68921	792625	11.32
70	0.03561	67823	2415	66616	723705	10.67
71	0.03977	65408	2601	64108	657089	10.05
72	0.04453	62807	2797	61409	592982	9.44
73	0.04998	60010	2999	58511	531573	8.86
74	0.05625	57011	3207	55408	473063	8.30
75	0.06379	53804	3432	52088	417655	7.76
76	0.07189	50372	3621	48562	365567	7.26
77	0.08101	46751	3787	44858	317006	6.78
78	0.09126	42964	3921	41004	272148	6.33
79	0.10277	39043	4012	37037	231145	5.92
80	0.11568	35031	4052	33005	194108	5.54
81	0.13011	30979	4031	28964	161103	5.20
82	0.14623	26948	3941	24978	132139	4.90
83	0.16418	23007	3777	21119	107162	4.66
84	0.18411	19230	3540	17460	86043	4.47
85-	1.00000	15690	15690	68583	68583	4.37

昭和 38 年 簡 易 生 命 表 (1963)

男 (MALE)

年 齢 x	死 亡 率 $_nq_x$	生 存 数 l_x	死 亡 数 $_nd_x$	定 常 人 口		平均余命 $\overset{\circ}{e}_x$
				$_nL_x$	T_x	
0 月	0.01563	100000	1563	8268	6720707	67.21
1 (m)	0.00247	98437	243	8193	6712439	68.19
2	0.00155	98194	152	8177	6704246	68.28
3	0.00283	98042	277	24476	6696070	68.30
6	0.00332	97765	325	48801	6671594	68.24
0 年	0.02560	100000	2560	97915	6720707	67.21
1 (y)	0.00271	97440	264	97308	6622793	67.97
2	0.00181	97176	176	97088	6525485	67.15
3	0.00150	97000	145	96928	6428397	66.27
4	0.00127	96855	123	96794	6331469	65.37
5	0.00108	96732	104	96680	6234676	64.45
6	0.00091	96628	88	96584	6137996	63.52
7	0.00076	96540	73	96504	6041412	62.58
8	0.00065	96467	63	96436	5944908	61.63
9	0.00056	96404	54	96377	5848473	60.67
10	0.00045	96350	43	96329	5752096	59.70
11	0.00045	96307	43	96286	5655767	58.73
12	0.00048	96264	46	96241	5559482	57.75
13	0.00053	96218	51	96193	5463241	56.78
14	0.00062	96167	60	96137	5367048	55.81
15	0.00073	96107	70	96072	5270911	54.84
16	0.00085	96037	82	95996	5174839	53.88
17	0.00098	95955	94	95908	5078843	52.93
18	0.00112	95861	107	95808	4982935	51.98
19	0.00127	95754	122	95693	4887128	51.04
20	0.00148	95632	142	95561	4791435	50.10
21	0.00158	95490	151	95415	4695874	49.18
22	0.00166	95339	158	95260	4600459	48.25
23	0.00172	95181	164	95099	4505199	47.33
24	0.00177	95017	168	94933	4410100	46.41
25	0.00181	94849	172	94763	4315167	45.50
26	0.00184	94677	174	94590	4220404	44.58
27	0.00188	94503	178	94414	4125814	43.66
28	0.00192	94325	181	94235	4031400	42.74
29	0.00196	94144	185	94052	3937166	41.82
30	0.00199	93959	187	93866	3843114	40.90
31	0.00206	93772	193	93676	3749249	39.98
32	0.00214	93579	200	93479	3655573	39.06
33	0.00223	93379	208	93275	3562094	38.15
34	0.00234	93171	218	93062	3468819	37.23
35	0.00250	92953	232	92837	3375757	36.32
36	0.00263	92721	244	92599	3282920	35.41
37	0.00277	92477	256	92349	3190321	34.50
38	0.00293	92221	270	92086	3097972	33.59
39	0.00312	91951	287	91808	3005886	32.69
40	0.00332	91664	304	91512	2914079	31.79
41	0.00356	91360	325	91198	2822567	30.89
42	0.00384	91035	350	90860	2731369	30.00
43	0.00415	90685	376	90497	2640509	29.12
44	0.00450	90309	406	90106	2550012	28.24

年　　齢	死亡率	生存数	死亡数	定　常　人　口		平均余命
x	$_nq_x$	l_x	$_nd_x$	$_nL_x$	T_x	$\overset{\circ}{e}_x$
45	0.00497	89903	447	89680	2459906	27.36
46	0.00538	89456	481	89216	2370227	26.50
47	0.00584	88975	520	88715	2281011	25.64
48	0.00635	88455	562	88174	2192296	24.78
49	0.00692	87893	608	87589	2104122	23.94
50	0.00751	87285	656	86957	2016533	23.10
51	0.00828	86629	717	86271	1929576	22.27
52	0.00915	85912	786	85519	1843306	21.46
53	0.01013	85126	862	84695	1757787	20.65
54	0.01123	84264	946	83791	1673092	19.86
55	0.01258	83318	1048	82794	1589301	19.08
56	0.01385	82270	1139	81701	1506507	18.31
57	0.01524	81131	1236	80513	1424806	17.56
58	0.01675	79895	1338	79226	1344293	16.83
59	0.01842	78557	1447	77834	1265067	16.10
60	0.02039	77110	1572	76324	1187234	15.40
61	0.02235	75538	1688	74694	1110910	14.71
62	0.02449	73850	1809	72946	1036216	14.03
63	0.02687	72041	1936	71073	963270	13.37
64	0.02950	70105	2068	69071	892197	12.73
65	0.03251	68037	2212	66931	823126	12.10
66	0.03571	65825	2351	64650	756195	11.49
67	0.03925	63474	2491	62229	691546	10.89
68	0.04318	60983	2633	59667	629317	10.32
69	0.04753	58350	2773	56964	569651	9.76
70	0.05272	55577	2930	54112	512687	9.22
71	0.05786	52647	3046	51124	458575	8.71
72	0.06350	49601	3150	48026	407451	8.21
73	0.06971	46451	3238	44832	359425	7.74
74	0.07656	43213	3308	41559	314593	7.28
75	0.08426	39905	3362	38224	273034	6.84
76	0.09259	36543	3384	34851	234810	6.43
77	0.10171	33159	3373	31473	199959	6.03
78	0.11170	29786	3327	28123	168487	5.66
79	0.12263	26459	3245	24837	140364	5.30
80	0.13457	23214	3124	21652	115528	4.98
81	0.14761	20090	2965	18608	93876	4.67
82	0.16180	17125	2771	15740	75268	4.40
83	0.17725	14354	2544	13082	59529	4.15
84	0.19401	11810	2291	10665	46447	3.93
85-	1.00000	9519	9519	35782	35782	3.76

昭和38年簡易生命表 (1963)
女 (FEMALE)

年　　齢	死亡率	生存数	死亡数	定常人口		平均余命
x	q_x	l_x	d_x	L_x	T_x	$\overset{\circ}{e}_x$
0 月	0.01236	100000	1236	8282	7233883	72.34
1 (m)	0.00197	98764	195	8222	7225601	73.16
2	0.00132	98569	130	8209	7217379	73.22
3	0.00258	98439	254	24578	7209170	73.23
6	0.00271	98185	266	49026	7184592	73.17
0 年	0.02081	100000	2081	98317	7233883	72.34
1 (y)	0.00229	97919	224	97807	7135566	72.87
2	0.00139	97695	136	97627	7037759	72.04
3	0.00109	97559	106	97506	6940132	71.14
4	0.00092	97453	90	97408	6842626	70.21
5	0.00074	97363	72	97327	6745218	69.28
6	0.00059	97291	57	97263	6647891	68.33
7	0.00048	97234	47	97211	6550629	67.37
8	0.00039	97187	38	97168	6453418	66.40
9	0.00033	97149	32	97133	6356250	65.43
10	0.00031	97117	30	97102	6259117	64.45
11	0.00029	97087	28	97073	6162015	63.47
12	0.00029	97059	28	97045	6064942	62.49
13	0.00031	97031	30	97016	5967897	61.51
14	0.00035	97001	34	96984	5870881	60.52
15	0.00038	96967	37	96949	5773897	59.54
16	0.00045	96930	44	96908	5676949	58.57
17	0.00053	96886	51	96861	5580041	57.59
18	0.00061	96835	59	96806	5483180	56.62
19	0.00070	96776	68	96742	5386375	55.66
20	0.00083	96708	80	96668	5289633	54.70
21	0.00090	96628	87	96585	5192965	53.74
22	0.00096	96541	93	96495	5096380	52.79
23	0.00102	96448	98	96399	4999886	51.84
24	0.00107	96350	103	96299	4903487	50.89
25	0.00111	96247	107	96194	4807188	49.95
26	0.00115	96140	111	96085	4710995	49.00
27	0.00119	96029	114	95972	4614910	48.06
28	0.00122	95915	117	95857	4518938	47.11
29	0.00126	95798	121	95738	4423082	46.17
30	0.00129	95677	123	95616	4327344	45.23
31	0.00134	95554	128	95490	4231729	44.29
32	0.00141	95426	135	95359	4136239	43.34
33	0.00148	95291	141	95221	4040880	42.41
34	0.00156	95150	148	95076	3945660	41.47
35	0.00167	95002	159	94923	3850584	40.53
36	0.00176	94843	167	94760	3755661	39.60
37	0.00186	94676	176	94588	3660902	38.67
38	0.00197	94500	186	94407	3566314	37.74
39	0.00209	94314	197	94216	3471907	36.81
40	0.00221	94117	208	94013	3377691	35.89
41	0.00237	93909	223	93798	3283678	34.97
42	0.00256	93686	240	93566	3189881	34.05
43	0.00278	93446	260	93316	3096315	33.13
44	0.00302	93186	281	93046	3002999	32.23

年　　齢	死亡率	生存数	死亡数	定　常　人　口		平均余命
x	$_nq_x$	l_x	$_nd_x$	$_nL_x$	T_x	$\overset{\circ}{e}_x$
45	0.00332	92905	308	92751	2909953	31.32
46	0.00359	92597	332	92431	2817202	30.42
47	0.00388	92265	358	92086	2724771	29.53
48	0.00420	91907	386	91714	2632685	28.65
49	0.00455	91521	416	91313	2540971	27.76
50	0.00494	91105	450	90880	2449658	26.89
51	0.00536	90655	486	90412	2358778	26.02
52	0.00582	90169	525	89907	2268366	25.16
53	0.00633	89644	567	89361	2178460	24.30
54	0.00689	89077	614	88770	2089099	23.45
55	0.00770	88463	681	88123	2000329	22.61
56	0.00830	87782	729	87418	1912207	21.78
57	0.00895	87053	779	86664	1824789	20.96
58	0.00967	86274	834	85857	1738126	20.15
59	0.01049	85440	896	84992	1652269	19.34
60	0.01140	84544	964	84062	1567277	18.54
61	0.01251	83580	1046	83057	1483215	17.75
62	0.01381	82534	1140	81964	1400158	16.96
63	0.01532	81394	1247	80771	1318194	16.20
64	0.01705	80147	1367	79464	1237423	15.44
65	0.01935	78780	1524	78018	1157960	14.70
66	0.02146	77256	1658	76427	1079942	13.98
67	0.02383	75598	1802	74697	1003515	13.27
68	0.02650	73796	1956	72818	928818	12.59
69	0.02955	71840	2123	70779	856000	11.92
70	0.03338	69717	2327	68554	785221	11.26
71	0.03717	67390	2505	66138	716668	10.63
72	0.04145	64885	2689	63541	650530	10.03
73	0.04631	62196	2880	60756	586990	9.44
74	0.05184	59316	3075	57779	526234	8.87
75	0.05836	56241	3282	54600	468455	8.33
76	0.06539	52959	3463	51228	413855	7.81
77	0.07327	49496	3627	47683	362628	7.33
78	0.08207	45869	3764	43987	314945	6.87
79	0.09190	42105	3869	40171	270958	6.44
80	0.10287	38236	3933	36270	230788	6.04
81	0.11507	34303	3947	32330	194518	5.67
82	0.12865	30356	3905	28404	162189	5.34
83	0.14371	26451	3801	24551	133785	5.06
84	0.16039	22650	3633	20834	109235	4.82
85-	1.00000	19017	19017	88401	88401	4.65

昭 和 39 年 簡 易 生 命 表 （1964）
男 （MALE）

年 齢	死 亡 率	生 存 数	死 亡 数	定 常 人 口		平均余命
x	$_nq_x$	l_x	$_nd_x$	$_nL_x$	T_x	$\overset{\circ}{e}_x$
0 月	0.01416	100000	1416	8274	6767248	67.67
1 (m)	0.00201	98584	199	8207	6758974	68.56
2	0.00128	98385	126	8194	6750767	68.62
3	0.00250	98259	246	24534	6742573	68.62
6	0.00300	98013	294	48933	6718039	68.54
0 年	0.02281	100000	2281	98142	6767248	67.67
1 (y)	0.00250	97719	244	97597	6669106	68.25
2	0.00162	97475	158	97396	6571509	67.42
3	0.00132	97317	128	97253	6474113	66.53
4	0.00110	97189	107	97136	6376860	65.61
5	0.00100	97082	97	97034	6279724	64.68
6	0.00088	96985	85	96943	6182690	63.75
7	0.00076	96900	74	96863	6085747	62.80
8	0.00065	96826	63	96795	5988884	61.85
9	0.00055	96763	53	96737	5892089	60.89
10	0.00049	96710	47	96687	5795352	59.93
11	0.00046	96663	44	96641	5698665	58.95
12	0.00046	96619	44	96597	5602024	57.98
13	0.00050	96575	48	96551	5505427	57.01
14	0.00058	96527	56	96499	5408876	56.03
15	0.00074	96471	71	96436	5312377	55.07
16	0.00087	96400	84	96358	5215941	54.11
17	0.00100	96316	96	96268	5119583	53.15
18	0.00112	96220	108	96166	5023315	52.21
19	0.00125	96112	120	96052	4927149	51.26
20	0.00139	95992	133	95926	4831097	50.33
21	0.00150	95859	144	95787	4735171	49.40
22	0.00159	95715	152	95639	4639384	48.47
23	0.00166	95563	159	95484	4543745	47.55
24	0.00172	95404	164	95322	4448261	46.63
25	0.00174	95240	166	95157	4352939	45.70
26	0.00177	95074	168	94990	4257782	44.78
27	0.00180	94906	171	94821	4162792	43.86
28	0.00184	94735	174	94648	4067971	42.94
29	0.00187	94561	177	94473	3973323	42.02
30	0.00190	94384	179	94295	3878850	41.10
31	0.00196	94205	185	94113	3784555	40.17
32	0.00204	94020	192	93924	3690442	39.25
33	0.00213	93828	200	93728	3596518	38.33
34	0.00224	93628	210	93523	3502790	37.41
35	0.00240	93418	224	93306	3409267	36.49
36	0.00255	93194	238	93075	3315961	35.58
37	0.00271	92956	252	92830	3222886	34.67
38	0.00289	92704	268	92570	3130056	33.76
39	0.00308	92436	285	92294	3037486	32.86
40	0.00328	92151	302	92000	2945192	31.96
41	0.00352	91849	323	91688	2853192	31.06
42	0.00378	91526	346	91353	2761504	30.17
43	0.00407	91180	371	90995	2670151	29.28
44	0.00440	90809	400	90609	2579156	28.40

年　　齢	死亡率	生存数	死亡数	定　常　人　口		平均余命
x	$_nq_x$	l_x	$_nd_x$	$_nL_x$	T_x	$\overset{\circ}{e}_x$
45	0.00478	90409	432	90193	2488547	27.53
46	0.00520	89977	468	89743	2398354	26.66
47	0.00565	89509	506	89256	2308611	25.79
48	0.00617	89003	549	88729	2219355	24.94
49	0.00674	88454	596	88156	2130626	24.09
50	0.00734	87858	645	87536	2042470	23.25
51	0.00809	87213	706	86860	1954934	22.42
52	0.00893	86507	773	86121	1868074	21.59
53	0.00989	85734	848	85310	1781953	20.78
54	0.01097	84886	931	84421	1696643	19.99
55	0.01226	83955	1029	83441	1612222	19.20
56	0.01355	82926	1124	82364	1528781	18.44
57	0.01496	81802	1224	81190	1446417	17.68
58	0.01648	80578	1328	79914	1365227	16.94
59	0.01813	79250	1437	78532	1285313	16.22
60	0.01993	77813	1551	77038	1206781	15.51
61	0.02189	76262	1669	75428	1129743	14.81
62	0.02403	74593	1792	73697	1054315	14.13
63	0.02640	72801	1922	71840	980618	13.47
64	0.02900	70879	2055	69852	908778	12.82
65	0.03179	68824	2188	67730	838926	12.19
66	0.03501	66636	2333	65470	771196	11.57
67	0.03860	64303	2482	63062	705726	10.98
68	0.04260	61821	2634	60504	642664	10.40
69	0.04702	59187	2783	57796	582160	9.84
70	0.05215	56404	2941	54934	524364	9.30
71	0.05745	53463	3071	51928	469430	8.78
72	0.06319	50392	3184	48800	417502	8.29
73	0.06943	47208	3278	45569	368702	7.81
74	0.07621	43930	3348	42256	323133	7.36
75	0.08347	40582	3387	38889	280877	6.92
76	0.09159	37195	3407	35492	241988	6.51
77	0.10049	33788	3395	32091	206496	6.11
78	0.11023	30393	3350	28718	174405	5.74
79	0.12087	27043	3269	25409	145687	5.39
80	0.13249	23774	3150	22199	120278	5.06
81	0.14515	20624	2994	19127	98079	4.76
82	0.15893	17630	2802	16229	78952	4.48
83	0.17391	14828	2579	13539	62723	4.23
84	0.19015	12249	2329	11085	49184	4.02
85-	1.00000	9920	9920	38099	38099	3.84

昭和 39 年 簡 易 生 命 表 (1964)

女 (FEMALE)

年　　齢	死 亡 率	生 存 数	死 亡 数	定 常 人 口		平均余命
x	q_x	l_x	d_x	L_x	T_x	$\overset{\circ}{e}_x$
0 月	0.01103	100000	1103	8287	7286660	72.87
1 (m)	0.00161	98897	159	8235	7278373	73.60
2	0.00108	98738	107	8224	7270138	73.63
3	0.00215	98631	212	24631	7261914	73.63
6	0.00248	98419	244	49149	7237283	73.54
0 年	0.01825	100000	1825	98526	7286660	72.87
1 (y)	0.00209	98175	205	98073	7188134	73.22
2	0.00135	97970	132	97904	7090061	72.37
3	0.00098	97838	96	97790	6992157	71.47
4	0.00081	97742	79	97703	6894367	70.54
5	0.00067	97663	65	97631	6796664	69.59
6	0.00056	97598	55	97571	6699033	68.64
7	0.00047	97543	46	97520	6601462	67.68
8	0.00040	97497	39	97478	6503942	66.71
9	0.00036	97458	35	97441	6406464	65.74
10	0.00033	97423	32	97407	6309023	64.76
11	0.00031	97391	30	97376	6211616	63.78
12	0.00031	97361	30	97346	6114240	62.80
13	0.00032	97331	31	97316	6016894	61.82
14	0.00034	97300	33	97284	5919578	60.84
15	0.00035	97267	34	97250	5822294	59.86
16	0.00040	97233	39	97214	5725044	58.88
17	0.00045	97194	44	97172	5627830	57.90
18	0.00052	97150	51	97125	5530658	56.93
19	0.00060	97099	58	97070	5433533	55.96
20	0.00072	97041	70	97006	5336463	54.99
21	0.00080	96971	78	96932	5239457	54.03
22	0.00087	96893	84	96851	5142525	53.07
23	0.00094	96809	91	96764	5045674	52.12
24	0.00099	96718	96	96670	4948910	51.17
25	0.00103	96622	100	96572	4852240	50.22
26	0.00107	96522	103	96471	4755668	49.27
27	0.00111	96419	107	96366	4659197	48.32
28	0.00115	96312	111	96257	4562831	47.38
29	0.00119	96201	114	96144	4466574	46.43
30	0.00122	96087	117	96029	4370430	45.48
31	0.00127	95970	122	95909	4274401	44.54
32	0.00133	95848	127	95785	4178492	43.59
33	0.00139	95721	133	95655	4082707	42.65
34	0.00147	95588	141	95518	3987052	41.71
35	0.00158	95447	151	95372	3891534	40.77
36	0.00168	95296	160	95216	3796162	39.84
37	0.00178	95136	169	95052	3700946	38.90
38	0.00190	94967	180	94877	3605894	37.97
39	0.00202	94787	191	94692	3511017	37.04
40	0.00214	94596	202	94495	3416325	36.11
41	0.00230	94394	217	94286	3321830	35.19
42	0.00248	94177	234	94060	3227544	34.27
43	0.00269	93943	253	93817	3133484	33.36
44	0.00292	93690	274	93553	3039667	32.44

年　　齢	死亡率	生存数	死亡数	定常人口		平均余命
x	$_nq_x$	l_x	$_nd_x$	$_nL_x$	T_x	$\overset{\circ}{e}_x$
45	0.00321	93416	300	93266	2946114	31.54
46	0.00349	93116	325	92954	2852848	30.64
47	0.00379	92791	352	92615	2759894	29.74
48	0.00411	92439	380	92249	2667279	28.85
49	0.00445	92059	410	91854	2575030	27.97
50	0.00483	91649	443	91428	2483176	27.09
51	0.00523	91206	477	90968	2391748	26.22
52	0.00565	90729	513	90473	2300780	25.36
53	0.00612	90216	552	89940	2210307	24.50
54	0.00663	89664	594	89367	2120367	23.65
55	0.00722	89070	643	88749	2031000	22.80
56	0.00784	88427	693	88081	1942251	21.96
57	0.00852	87734	747	87361	1854170	21.13
58	0.00927	86987	806	86584	1766809	20.31
59	0.01013	86181	873	85745	1680225	19.50
60	0.01108	85308	945	84836	1594480	18.69
61	0.01218	84363	1028	83849	1509644	17.89
62	0.01344	83335	1120	82775	1425795	17.11
63	0.01488	82215	1223	81604	1343020	16.34
64	0.01654	80992	1340	80322	1261416	15.57
65	0.01844	79652	1469	78918	1181094	14.83
66	0.02060	78183	1611	77378	1102176	14.10
67	0.02305	76572	1765	75690	1024798	13.38
68	0.02584	74807	1933	73841	949108	12.69
69	0.02899	72874	2113	71818	875267	12.01
70	0.03271	70761	2315	69604	803449	11.35
71	0.03666	68446	2509	67192	733845	10.72
72	0.04106	65937	2707	64584	666653	10.11
73	0.04596	63230	2906	61777	602069	9.52
74	0.05144	60324	3103	58773	540292	8.96
75	0.05754	57221	3292	55575	481519	8.42
76	0.06440	53929	3473	52193	425944	7.90
77	0.07207	50456	3636	48638	373751	7.41
78	0.08064	46820	3776	44932	325113	6.94
79	0.09019	43044	3882	41103	280181	6.51
80	0.10084	39162	3949	37188	239078	6.10
81	0.11269	35213	3968	33229	201890	5.73
82	0.12584	31245	3932	29279	168661	5.40
83	0.14044	27313	3836	25395	139382	5.10
84	0.15658	23477	3676	21639	113987	4.86
85-	1.00000	19801	19801	92348	92348	4.66

昭 和 40 年 簡 易 生 命 表 （1965）

男 （MALE）

年　　　齢	死 亡 率	生 存 数	死 亡 数	定　常　人　口		平均余命
x	$_nq_x$	l_x	$_nd_x$	$_nL_x$	T_x	$\overset{\circ}{e}_x$
0　月	0.01329	100000	1329	8278	6772569	67.73
1　(m)	0.00180	98671	178	8215	6764291	68.55
2	0.00106	98493	104	8203	6756076	68.59
3	0.00215	98389	212	24571	6747873	68.58
6	0.00264	98177	259	49024	6723302	68.48
0　年	0.02082	100000	2082	98291	6772569	67.73
1　(y)	0.00228	97918	223	97807	6674278	68.16
2	0.00158	97695	154	97618	6576471	67.32
3	0.00121	97541	118	97482	6478853	66.42
4	0.00113	97423	110	97368	6381371	65.50
5	0.00097	97313	94	97266	6284003	64.58
6	0.00082	97219	80	97179	6186737	63.64
7	0.00069	97139	67	97106	6089558	62.69
8	0.00058	97072	56	97044	5992452	61.73
9	0.00050	97016	49	96992	5895408	60.77
10	0.00045	96967	44	96945	5798416	59.80
11	0.00043	96923	42	96902	5701471	58.82
12	0.00045	96881	44	96859	5604569	57.85
13	0.00049	96837	47	96814	5507710	56.88
14	0.00056	96790	54	96763	5410896	55.90
15	0.00069	96736	67	96703	5314133	54.93
16	0.00080	96669	77	96631	5217430	53.97
17	0.00092	96592	89	96548	5120799	53.01
18	0.00103	96503	99	96454	5024251	52.06
19	0.00115	96404	111	96349	4927797	51.12
20	0.00128	96293	123	96232	4831448	50.17
21	0.00138	96170	133	96104	4735216	49.24
22	0.00146	96037	140	95967	4639112	48.31
23	0.00152	95897	146	95824	4543145	47.38
24	0.00157	95751	150	95676	4447321	46.45
25	0.00156	95601	149	95527	4351645	45.52
26	0.00160	95452	153	95376	4256118	44.59
27	0.00165	95299	157	95221	4160742	43.66
28	0.00170	95142	162	95061	4065521	42.73
29	0.00177	94980	168	94896	3970460	41.80
30	0.00187	94812	177	94724	3875564	40.88
31	0.00196	94635	185	94543	3780840	39.95
32	0.00205	94450	194	94353	3686297	39.03
33	0.00215	94256	203	94155	3591944	38.11
34	0.00225	94053	212	93947	3497789	37.19
35	0.00238	93841	223	93730	3403842	36.27
36	0.00251	93618	235	93501	3310112	35.36
37	0.00265	93383	247	93260	3216611	34.45
38	0.00280	93136	261	93006	3123351	33.54
39	0.00298	92875	277	92737	3030345	32.63
40	0.00315	92598	292	92452	2937608	31.72
41	0.00338	92306	312	92150	2845156	30.82
42	0.00365	91994	336	91826	2753006	29.93
43	0.00397	91658	364	91476	2661180	29.03
44	0.00433	91294	395	91097	2569704	28.15

年　　齢	死亡率	生存数	死亡数	定　常　人　口		平均余命
x	$_nq_x$	l_x	$_nd_x$	$_nL_x$	T_x	$\overset{\circ}{e}_x$
45	0.00479	90899	435	90682	2478607	27.27
46	0.00522	90464	472	90228	2387925	26.40
47	0.00570	89992	513	89736	2297697	25.53
48	0.00622	89479	557	89201	2207961	24.68
49	0.00678	88922	603	88621	2118760	23.83
50	0.00736	88319	650	87994	2030139	22.99
51	0.00807	87669	707	87316	1942145	22.15
52	0.00887	86962	771	86577	1854829	21.33
53	0.00978	86191	843	85770	1768252	20.52
54	0.01081	85348	923	84887	1682482	19.71
55	0.01197	84425	1011	83920	1597595	18.92
56	0.01327	83414	1107	82861	1513675	18.15
57	0.01471	82307	1211	81702	1430814	17.38
58	0.01631	81096	1323	80435	1349112	16.64
59	0.01809	79773	1443	79052	1268677	15.90
60	0.02016	78330	1579	77541	1189625	15.19
61	0.02228	76751	1710	75896	1112084	14.49
62	0.02459	75041	1845	74119	1036188	13.81
63	0.02710	73196	1984	72204	962069	13.14
64	0.02984	71212	2125	70150	889865	12.50
65	0.03275	69087	2263	67956	819715	11.86
66	0.03610	66824	2412	65618	751759	11.25
67	0.03984	64412	2566	63129	686141	10.65
68	0.04400	61846	2721	60486	623012	10.07
69	0.04861	59125	2874	57688	562526	9.51
70	0.05393	56251	3034	54734	504838	8.97
71	0.05951	53217	3167	51634	450104	8.46
72	0.06560	50050	3283	48409	398470	7.96
73	0.07225	46767	3379	45078	350061	7.49
74	0.07953	43388	3451	41663	304983	7.03
75	0.08743	39937	3492	38191	263320	6.59
76	0.09623	36445	3507	34692	225129	6.18
77	0.10589	32938	3488	31194	190437	5.78
78	0.11649	29450	3431	27735	159243	5.41
79	0.12810	26019	3333	24353	131508	5.05
80	0.14081	22686	3194	21089	107155	4.72
81	0.15469	19492	3015	17985	86066	4.42
82	0.16983	16477	2798	15078	68081	4.13
83	0.18631	13679	2549	12405	53003	3.87
84	0.20422	11130	2273	9994	40598	3.65
85-	1.00000	8857	8857	30604	30604	3.46

昭 和 40 年 簡 易 生 命 表 （1965）
女 （FEMALE）

年　　齢	死亡率	生存数	死亡数	定　常　人　口		平均余命
x	$_nq_x$	l_x	$_nd_x$	$_nL_x$	T_x	$\overset{\circ}{e}_x$
0 月	0.01020	100000	1020	8291	7294576	72.95
1 (m)	0.00135	98980	134	8243	7286285	73.61
2	0.00093	98846	92	8233	7278042	73.63
3	0.00180	98754	177	24666	7269809	73.62
6	0.00223	98577	220	49234	7245143	73.50
0 年	0.01643	100000	1643	98667	7294576	72.95
1 (y)	0.00195	98357	192	98261	7195909	73.16
2	0.00119	98165	117	98107	7097648	72.30
3	0.00096	98048	94	98001	6999541	71.39
4	0.00076	97954	74	97917	6901540	70.46
5	0.00062	97880	61	97850	6803623	69.51
6	0.00051	97819	50	97794	6705773	68.55
7	0.00043	97769	42	97748	6607979	67.59
8	0.00036	97727	35	97710	6510231	66.62
9	0.00032	97692	31	97677	6412521	65.64
10	0.00030	97661	29	97647	6314844	64.66
11	0.00029	97632	28	97618	6217197	63.68
12	0.00029	97604	28	97590	6119579	62.70
13	0.00030	97576	29	97562	6021989	61.72
14	0.00033	97547	32	97531	5924427	60.73
15	0.00034	97515	33	97499	5826896	59.75
16	0.00038	97482	37	97464	5729397	58.77
17	0.00044	97445	43	97424	5631933	57.80
18	0.00050	97402	49	97378	5534509	56.82
19	0.00057	97353	55	97326	5437131	55.85
20	0.00066	97298	64	97266	5339805	54.88
21	0.00074	97234	72	97198	5242539	53.92
22	0.00081	97162	79	97123	5145341	52.96
23	0.00087	97083	84	97041	5048218	52.00
24	0.00093	96999	90	96954	4951177	51.04
25	0.00098	96909	95	96862	4854223	50.09
26	0.00103	96814	100	96764	4757361	49.14
27	0.00107	96714	103	96663	4660597	48.19
28	0.00111	96611	107	96558	4563934	47.24
29	0.00115	96504	111	96449	4467376	46.29
30	0.00117	96393	113	96337	4370927	45.34
31	0.00121	96280	116	96222	4274590	44.40
32	0.00126	96164	121	96104	4178368	43.45
33	0.00133	96043	128	95979	4082264	42.50
34	0.00140	95915	134	95848	3986285	41.56
35	0.00151	95781	145	95709	3890437	40.62
36	0.00161	95636	154	95559	3794728	39.68
37	0.00170	95482	162	95401	3699169	38.74
38	0.00181	95320	173	95234	3603768	37.81
39	0.00192	95147	183	95056	3508534	36.87
40	0.00201	94964	191	94869	3413478	35.94
41	0.00217	94773	206	94670	3318609	35.02
42	0.00235	94567	222	94456	3223939	34.09
43	0.00256	94345	242	94224	3129483	33.17
44	0.00280	94103	263	93972	3035259	32.25

年　　齢	死亡率	生存数	死亡数	定常人口		平均余命
x	$_nq_x$	l_x	$_nd_x$	$_nL_x$	T_x	$\overset{\circ}{e}_x$
45	0.00312	93840	293	93694	2941287	31.34
46	0.00341	93547	319	93388	2847593	30.44
47	0.00371	93228	346	93055	2754205	29.54
48	0.00403	92882	374	92695	2661150	28.65
49	0.00437	92508	404	92306	2568455	27.76
50	0.00472	92104	435	91887	2476149	26.88
51	0.00511	91669	468	91435	2384262	26.01
52	0.00553	91201	504	90949	2292827	25.14
53	0.00600	90697	544	90425	2201878	24.28
54	0.00653	90153	589	89859	2111453	23.42
55	0.00713	89564	639	89245	2021594	22.57
56	0.00777	88925	691	88580	1932349	21.73
57	0.00849	88234	749	87860	1843769	20.90
58	0.00929	87485	813	87079	1755909	20.07
59	0.01019	86672	883	86231	1668830	19.25
60	0.01121	85789	962	85308	1582599	18.45
61	0.01237	84827	1049	84303	1497291	17.65
62	0.01367	83778	1145	83206	1412988	16.87
63	0.01515	82633	1252	82007	1329782	16.09
64	0.01684	81381	1370	80696	1247775	15.33
65	0.01885	80011	1508	79257	1167079	14.59
66	0.02099	78503	1648	77679	1087822	13.86
67	0.02339	76855	1798	75956	1010143	13.14
68	0.02609	75057	1958	74078	934187	12.45
69	0.02915	73099	2131	72034	860109	11.77
70	0.03263	70968	2316	69810	788075	11.10
71	0.03657	68652	2511	67397	718265	10.46
72	0.04104	66141	2714	64784	650868	9.84
73	0.04611	63427	2925	61965	586084	9.24
74	0.05188	60502	3139	58933	524119	8.66
75	0.05857	57363	3360	55683	465186	8.11
76	0.06594	54003	3561	52223	409503	7.58
77	0.07422	50442	3744	48570	357280	7.08
78	0.08353	46698	3901	44748	308710	6.61
79	0.09397	42797	4022	40786	263962	6.17
80	0.10566	38775	4097	36727	223176	5.76
81	0.11874	34678	4118	32619	186449	5.38
82	0.13334	30560	4075	28523	153830	5.03
83	0.14960	26485	3962	24504	125307	4.73
84	0.16767	22523	3776	20635	100803	4.48
85-	1.00000	18747	18747	80168	80168	4.28

昭和 41 年 簡 易 生 命 表 （1966）
男 （MALE）

年　　齢		死 亡 率	生 存 数	死 亡 数	定 常 人 口		平均余命
x		$_nq_x$	l_x	$_nd_x$	$_nL_x$	T_x	$\mathring{e}_x$
0	月	0.01352	100000	1352	8277	6834777	68.35
1	(m)	0.00167	98648	165	8214	6826500	69.20
2		0.00099	98483	97	8203	6818286	69.23
3		0.00206	98386	203	24571	6810083	69.22
6		0.00239	98183	235	49033	6785512	69.11
0	年	0.02052	100000	2052	98298	6834777	68.35
1	(y)	0.00212	97948	208	97844	6736479	68.78
2		0.00142	97740	139	97671	6638635	67.92
3		0.00114	97601	111	97546	6540964	67.02
4		0.00101	97490	98	97441	6443418	66.09
5		0.00092	97392	90	97347	6345977	65.16
6		0.00082	97302	80	97262	6248630	64.22
7		0.00070	97222	68	97188	6151368	63.27
8		0.00059	97154	57	97126	6054180	62.32
9		0.00051	97097	50	97072	5957054	61.35
10		0.00044	97047	43	97026	5859982	60.38
11		0.00042	97004	41	96984	5762956	59.41
12		0.00042	96963	41	96943	5665972	58.43
13		0.00047	96922	46	96899	5569029	57.46
14		0.00056	96876	54	96849	5472130	56.49
15		0.00074	96822	72	96786	5375281	55.52
16		0.00086	96750	83	96709	5278495	54.56
17		0.00099	96667	96	96619	5181786	53.60
18		0.00110	96571	106	96518	5085167	52.66
19		0.00122	96465	118	96406	4988649	51.71
20		0.00132	96347	127	96284	4892243	50.78
21		0.00141	96220	136	96152	4795959	49.84
22		0.00148	96084	142	96013	4699807	48.91
23		0.00153	95942	147	95869	4603794	47.99
24		0.00158	95795	151	95720	4507925	47.06
25		0.00158	95644	151	95569	4412205	46.13
26		0.00161	95493	154	95416	4316636	45.20
27		0.00164	95339	156	95261	4221220	44.28
28		0.00167	95183	159	95104	4125959	43.35
29		0.00171	95024	162	94943	4030855	42.42
30		0.00175	94862	166	94779	3935912	41.49
31		0.00182	94696	172	94610	3841133	40.56
32		0.00191	94524	181	94434	3746523	39.64
33		0.00202	94343	191	94248	3652089	38.71
34		0.00215	94152	202	94051	3557841	37.79
35		0.00236	93950	222	93839	3463790	36.87
36		0.00252	93728	236	93610	3369951	35.95
37		0.00267	93492	250	93367	3276341	35.04
38		0.00284	93242	265	93110	3182974	34.14
39		0.00300	92977	279	92838	3089864	33.23
40		0.00314	92698	291	92553	2997026	32.33
41		0.00334	92407	309	92253	2904473	31.43
42		0.00358	92098	330	91933	2812220	30.54
43		0.00385	91768	353	91592	2720287	29.64
44		0.00417	91415	381	91225	2628695	28.76

年　　齢	死亡率	生存数	死亡数	定　常　人　口		平均余命
x	$_nq_x$	l_x	$_nd_x$	$_nL_x$	T_x	$\mathring{e}_x$
45	0.00457	91034	416	90826	2537470	27.87
46	0.00497	90618	450	90393	2446644	27.00
47	0.00541	90168	488	89924	2356251	26.13
48	0.00589	89680	528	89416	2266327	25.27
49	0.00643	89152	573	88866	2176911	24.42
50	0.00700	88579	620	88269	2088045	23.57
51	0.00768	87959	676	87621	1999776	22.74
52	0.00846	87283	738	86914	1912155	21.91
53	0.00934	86545	808	86141	1825241	21.09
54	0.01033	85737	886	85294	1739100	20.28
55	0.01144	84851	971	84366	1653806	19.49
56	0.01269	83880	1064	83348	1569440	18.71
57	0.01410	82816	1168	82232	1486092	17.94
58	0.01566	81648	1279	81009	1403860	17.19
59	0.01738	80369	1397	79671	1322851	16.46
60	0.01945	78972	1536	78204	1243180	15.74
61	0.02147	77436	1663	76605	1164976	15.04
62	0.02363	75773	1791	74878	1088371	14.36
63	0.02595	73982	1920	73022	1013493	13.70
64	0.02845	72062	2050	71037	940471	13.05
65	0.03097	70012	2168	68928	869434	12.42
66	0.03403	67844	2309	66690	800506	11.80
67	0.03746	65535	2455	64308	733816	11.20
68	0.04129	63080	2605	61778	669508	10.61
69	0.04556	60475	2755	59098	607730	10.05
70	0.05056	57720	2918	56261	548632	9.51
71	0.05567	54802	3051	53277	492371	8.98
72	0.06122	51751	3168	50167	439094	8.48
73	0.06723	48583	3266	46950	388927	8.01
74	0.07376	45317	3343	43646	341977	7.55
75	0.08073	41974	3389	40280	298331	7.11
76	0.08855	38585	3417	36877	258051	6.69
77	0.09711	35168	3415	33461	221174	6.29
78	0.10647	31753	3381	30063	187713	5.91
79	0.11669	28372	3311	26717	157650	5.56
80	0.12784	25061	3204	23459	130933	5.22
81	0.14000	21857	3060	20327	107474	4.92
82	0.15323	18797	2880	17357	87147	4.64
83	0.16761	15917	2668	14583	69790	4.38
84	0.18320	13249	2427	12036	55207	4.17
85-	1.00000	10822	10822	43171	43171	3.99

昭和41年簡易生命表 (1966)
女 (FEMALE)

年　　齢	死亡率	生存数	死亡数	定常人口		平均余命
x	$_nq_x$	l_x	$_nd_x$	$_nL_x$	T_x	$\overset{\circ}{e}_x$
0 月	0.01054	100000	1054	8289	7361148	73.61
1 (m)	0.00123	98946	121	8240	7352859	74.31
2	0.00080	98825	80	8232	7344619	74.32
3	0.00175	98745	172	24665	7336387	74.30
6	0.00197	98573	195	49238	7311722	74.18
0 年	0.01622	100000	1622	98664	7361148	73.61
1 (y)	0.00185	98378	182	98287	7262484	73.82
2	0.00110	98196	108	98142	7164197	72.96
3	0.00083	98088	81	98048	7066055	72.04
4	0.00072	98007	71	97972	6968007	71.10
5	0.00059	97936	58	97907	6870035	70.15
6	0.00049	97878	48	97854	6772128	69.19
7	0.00041	97830	40	97810	6674274	68.22
8	0.00036	97790	35	97773	6576464	67.25
9	0.00032	97755	31	97740	6478691	66.27
10	0.00030	97724	29	97710	6380951	65.30
11	0.00030	97695	29	97681	6283241	64.31
12	0.00030	97666	29	97652	6185560	63.33
13	0.00032	97637	31	97622	6087908	62.35
14	0.00034	97606	33	97590	5990286	61.37
15	0.00036	97573	35	97556	5892696	60.39
16	0.00040	97538	39	97519	5795140	59.41
17	0.00046	97499	45	97477	5697621	58.44
18	0.00052	97454	51	97429	5600144	57.46
19	0.00059	97403	57	97375	5502715	56.49
20	0.00070	97346	68	97312	5405340	55.53
21	0.00076	97278	74	97241	5308028	54.57
22	0.00082	97204	80	97164	5210787	53.61
23	0.00086	97124	84	97082	5113623	52.65
24	0.00090	97040	87	96997	5016541	51.70
25	0.00089	96953	86	96910	4919544	50.74
26	0.00092	96867	89	96823	4822634	49.79
27	0.00095	96778	92	96732	4725811	48.83
28	0.00099	96686	96	96638	4629079	47.88
29	0.00104	96590	100	96540	4532441	46.92
30	0.00111	96490	107	96437	4435901	45.97
31	0.00116	96383	112	96327	4339464	45.02
32	0.00122	96271	117	96213	4243137	44.07
33	0.00128	96154	123	96093	4146924	43.13
34	0.00135	96031	130	95966	4050831	42.18
35	0.00141	95901	135	95834	3954865	41.24
36	0.00149	95766	143	95695	3859031	40.30
37	0.00158	95623	151	95548	3763336	39.36
38	0.00169	95472	161	95392	3667788	38.42
39	0.00181	95311	173	95225	3572396	37.48
40	0.00195	95138	186	95045	3477171	36.55
41	0.00210	94952	199	94853	3382126	35.62
42	0.00227	94753	215	94646	3287273	34.69
43	0.00246	94538	233	94422	3192627	33.77
44	0.00267	94305	252	94179	3098205	32.85

年　　齢	死亡率	生存数	死亡数	定　常　人　口		平均余命
x	$_nq_x$	l_x	$_nd_x$	$_nL_x$	T_x	$\overset{\circ}{e}_x$
45	0.00290	94053	273	93917	3004026	31.94
46	0.00316	93780	296	93632	2910109	31.03
47	0.00344	93484	322	93323	2816477	30.13
48	0.00375	93162	349	92988	2723154	29.23
49	0.00409	92813	380	92623	2630166	28.34
50	0.00449	92433	415	92226	2537543	27.45
51	0.00489	92018	450	91793	2445317	26.57
52	0.00531	91568	486	91325	2353524	25.70
53	0.00577	91082	526	90819	2262199	24.84
54	0.00627	90556	568	90272	2171380	23.98
55	0.00682	89988	614	89681	2081108	23.13
56	0.00743	89374	664	89042	1991427	22.28
57	0.00812	88710	720	88350	1902385	21.44
58	0.00888	87990	781	87600	1814035	20.62
59	0.00975	87209	850	86784	1726435	19.80
60	0.01077	86359	930	85894	1639651	18.99
61	0.01187	85429	1014	84922	1553757	18.19
62	0.01310	84415	1106	83862	1468835	17.40
63	0.01450	83309	1208	82705	1384973	16.62
64	0.01608	82101	1320	81441	1302268	15.86
65	0.01788	80781	1444	80059	1220827	15.11
66	0.01990	79337	1579	78548	1140768	14.38
67	0.02220	77758	1726	76895	1062220	13.66
68	0.02480	76032	1886	75089	985325	12.96
69	0.02775	74146	2058	73117	910236	12.28
70	0.03119	72088	2248	70964	837119	11.61
71	0.03492	69840	2439	68621	766155	10.97
72	0.03909	67401	2635	66084	697534	10.35
73	0.04377	64766	2835	63349	631450	9.75
74	0.04902	61931	3036	60413	568101	9.17
75	0.05495	58895	3236	57277	507688	8.62
76	0.06156	55659	3426	53946	450411	8.09
77	0.06895	52233	3601	50433	396465	7.59
78	0.07722	48632	3755	46755	346032	7.12
79	0.08645	44877	3880	42937	299277	6.67
80	0.09674	40997	3966	39014	256340	6.25
81	0.10821	37031	4007	35028	217326	5.87
82	0.12096	33024	3995	31027	182298	5.52
83	0.13512	29029	3922	27068	151271	5.21
84	0.15080	25107	3786	23214	124203	4.95
85-	1.00000	21321	21321	100989	100989	4.74

昭 和 42 年 簡 易 生 命 表 （1967）
男 （MALE）

年　　齢	死 亡 率	生 存 数	死 亡 数	定 常 人 口		平均余命
x	nq_x	l_x	nd_x	nL_x	T_x	$\overset{\circ}{e}_x$
0　月	0.01142	100000	1142	8286	6891141	68.91
1　(m)	0.00137	98858	135	8233	6882855	69.62
2	0.00085	98723	84	8223	6874622	69.64
3	0.00176	98639	174	24638	6866399	69.61
6	0.00205	98465	202	49182	6841761	69.48
0　年	0.01737	100000	1737	98562	6891141	68.91
1　(y)	0.00199	98263	196	98165	6792579	69.13
2	0.00131	98067	128	98003	6694414	68.26
3	0.00105	97939	103	97888	6596411	67.35
4	0.00089	97836	87	97793	6498523	66.42
5	0.00080	97749	78	97710	6400730	65.48
6	0.00070	97671	68	97637	6303020	64.53
7	0.00061	97603	60	97573	6205383	63.58
8	0.00053	97543	52	97517	6107810	62.62
9	0.00046	97491	45	97469	6010293	61.65
10	0.00043	97446	42	97425	5912824	60.68
11	0.00042	97404	41	97384	5815399	59.70
12	0.00044	97363	43	97342	5718015	58.73
13	0.00049	97320	48	97296	5620673	57.75
14	0.00056	97272	54	97245	5523377	56.78
15	0.00071	97218	69	97184	5426132	55.81
16	0.00082	97149	80	97109	5328948	54.85
17	0.00093	97069	90	97024	5231839	53.90
18	0.00105	96979	102	96928	5134815	52.95
19	0.00115	96877	111	96822	5037887	52.00
20	0.00127	96766	123	96705	4941065	51.06
21	0.00136	96643	131	96578	4844360	50.13
22	0.00143	96512	138	96443	4747782	49.19
23	0.00148	96374	143	96303	4651339	48.26
24	0.00152	96231	146	96158	4555036	47.33
25	0.00153	96085	147	96012	4458878	46.41
26	0.00155	95938	149	95864	4362866	45.48
27	0.00158	95789	151	95714	4267002	44.55
28	0.00161	95638	154	95561	4171288	43.62
29	0.00164	95484	157	95406	4075727	42.68
30	0.00168	95327	160	95247	3980321	41.75
31	0.00174	95167	166	95084	3885074	40.82
32	0.00182	95001	173	94915	3789990	39.89
33	0.00193	94828	183	94737	3695075	38.97
34	0.00205	94645	194	94548	3600338	38.04
35	0.00224	94451	212	94345	3505790	37.12
36	0.00239	94239	225	94127	3411445	36.20
37	0.00255	94014	240	93894	3317318	35.29
38	0.00271	93774	254	93647	3223424	34.37
39	0.00289	93520	270	93385	3129777	33.47
40	0.00305	93250	284	93108	3036392	32.56
41	0.00326	92966	303	92815	2943284	31.66
42	0.00349	92663	323	92502	2850469	30.76
43	0.00375	92340	346	92167	2757967	29.87
44	0.00405	91994	373	91808	2665800	28.98

年　　齢	死 亡 率	生 存 数	死 亡 数	定　常　人　口		平均余命
x	$_nq_x$	l_x	$_nd_x$	$_nL_x$	T_x	$\overset{\circ}{e}_x$
45	0.00441	91621	404	91419	2573992	28.09
46	0.00478	91217	436	90999	2482573	27.22
47	0.00519	90781	471	90546	2391574	26.34
48	0.00565	90310	510	90055	2301028	25.48
49	0.00616	89800	553	89524	2210973	24.62
50	0.00669	89247	597	88949	2121449	23.77
51	0.00735	88650	652	88324	2032500	22.93
52	0.00812	87998	715	87641	1944176	22.09
53	0.00899	87283	785	86891	1856535	21.27
54	0.00999	86498	864	86066	1769644	20.46
55	0.01118	85634	957	85156	1683578	19.66
56	0.01239	84677	1049	84153	1598422	18.88
57	0.01372	83628	1147	83055	1514269	18.11
58	0.01517	82481	1251	81856	1431214	17.35
59	0.01676	81230	1361	80550	1349358	16.61
60	0.01847	79869	1475	79132	1268808	15.89
61	0.02039	78394	1598	77595	1189676	15.18
62	0.02250	76796	1728	75932	1112081	14.48
63	0.02484	75068	1865	74136	1036149	13.80
64	0.02741	73203	2006	72200	962013	13.14
65	0.03032	71197	2159	70118	889813	12.50
66	0.03343	69038	2308	67884	819695	11.87
67	0.03685	66730	2459	65501	751811	11.27
68	0.04060	64271	2609	62967	686310	10.68
69	0.04472	61662	2758	60283	623343	10.11
70	0.04930	58904	2904	57452	563060	9.56
71	0.05426	56000	3039	54481	505608	9.03
72	0.05971	52961	3162	51380	451127	8.52
73	0.06569	49799	3271	48164	399747	8.03
74	0.07227	46528	3363	44847	351583	7.56
75	0.07952	43165	3432	41449	306736	7.11
76	0.08748	39733	3476	37995	265287	6.68
77	0.09623	36257	3489	34513	227292	6.27
78	0.10582	32768	3468	31034	192779	5.88
79	0.11632	29300	3408	27596	161745	5.52
80	0.12782	25892	3310	24237	134149	5.18
81	0.14039	22582	3170	20997	109912	4.87
82	0.15410	19412	2991	17917	88915	4.58
83	0.16903	16421	2776	15033	70998	4.32
84	0.18528	13645	2528	12381	55965	4.10
85-	1.00000	11117	11117	43584	43584	3.92

昭和42年簡易生命表 (1967)

女 (FEMALE)

年　　齢	死亡率	生存数	死亡数	定　常　人　口		平均余命
x	$_nq_x$	l_x	$_nd_x$	$_nL_x$	T_x	$\overset{\circ}{e}_x$
0 月	0.00872	100000	872	8297	7414542	74.15
1 (m)	0.00099	99128	98	8257	7406245	74.71
2	0.00065	99030	64	8250	7397988	74.70
3	0.00156	98966	154	24722	7389738	74.67
6	0.00176	98812	174	49363	7365016	74.54
0 年	0.01362	100000	1362	98889	7414542	74.15
1 (y)	0.00180	98638	178	98549	7315653	74.17
2	0.00099	98460	97	98412	7217104	73.30
3	0.00071	98363	70	98328	7118692	72.37
4	0.00065	98293	64	98261	7020364	71.42
5	0.00052	98229	51	98204	6922103	70.47
6	0.00043	98178	42	98157	6823899	69.51
7	0.00036	98136	35	98119	6725742	68.53
8	0.00031	98101	30	98086	6627623	67.56
9	0.00028	98071	27	98058	6529537	66.58
10	0.00027	98044	26	98031	6431479	65.60
11	0.00027	98018	26	98005	6333448	64.62
12	0.00028	97992	27	97979	6235443	63.63
13	0.00030	97965	29	97951	6137464	62.65
14	0.00033	97936	32	97920	6039513	61.67
15	0.00035	97904	34	97887	5941593	60.69
16	0.00039	97870	38	97851	5843706	59.71
17	0.00044	97832	43	97811	5745855	58.73
18	0.00049	97789	48	97765	5648044	57.76
19	0.00055	97741	54	97714	5550279	56.79
20	0.00062	97687	61	97657	5452565	55.82
21	0.00068	97626	66	97593	5354908	54.85
22	0.00073	97560	71	97525	5257315	53.89
23	0.00078	97489	76	97451	5159790	52.93
24	0.00083	97413	81	97373	5062339	51.97
25	0.00087	97332	85	97290	4964966	51.01
26	0.00091	97247	88	97203	4867676	50.05
27	0.00095	97159	92	97113	4770473	49.10
28	0.00098	97067	95	97020	4673360	48.15
29	0.00101	96972	98	96923	4576340	47.19
30	0.00103	96874	100	96824	4479417	46.24
31	0.00107	96774	104	96722	4382593	45.29
32	0.00112	96670	108	96616	4285871	44.34
33	0.00118	96562	114	96505	4189255	43.38
34	0.00126	96448	122	96387	4092750	42.43
35	0.00136	96326	131	96261	3996363	41.49
36	0.00145	96195	139	96126	3900102	40.54
37	0.00154	96056	148	95982	3803976	39.60
38	0.00165	95908	158	95829	3707994	38.66
39	0.00176	95750	169	95666	3612165	37.72
40	0.00186	95581	178	95492	3516499	36.79
41	0.00200	95403	191	95308	3421007	35.86
42	0.00216	95212	206	95109	3325699	34.93
43	0.00234	95006	222	94895	3230590	34.00
44	0.00254	94784	241	94664	3135695	33.08

年　　齢	死亡率	生存数	死亡数	定　常　人　口		平均余命
x	$_nq_x$	l_x	$_nd_x$	$_nL_x$	T_x	$\overset{\circ}{e}_x$
45	0.00280	94543	265	94411	3041031	32.17
46	0.00305	94278	288	94134	2946620	31.25
47	0.00331	93990	311	93835	2852486	30.35
48	0.00360	93679	337	93511	2758651	29.45
49	0.00392	93342	366	93159	2665140	28.55
50	0.00426	92976	396	92778	2571981	27.66
51	0.00463	92580	429	92366	2479203	26.78
52	0.00504	92151	464	91919	2386837	25.90
53	0.00549	91687	503	91436	2294918	25.03
54	0.00599	91184	546	90911	2203482	24.17
55	0.00656	90638	595	90341	2112571	23.31
56	0.00718	90043	647	89720	2022230	22.46
57	0.00787	89396	704	89044	1932510	21.62
58	0.00864	88692	766	88309	1843466	20.79
59	0.00950	87926	835	87509	1755157	19.96
60	0.01053	87091	917	86633	1667648	19.15
61	0.01160	86174	1000	85674	1581015	18.35
62	0.01278	85174	1089	84630	1495341	17.56
63	0.01411	84085	1186	83492	1410711	16.78
64	0.01561	82899	1294	82252	1327219	16.01
65	0.01726	81605	1409	80901	1244967	15.26
66	0.01921	80196	1541	79426	1164066	14.52
67	0.02143	78655	1686	77812	1084640	13.79
68	0.02398	76969	1846	76046	1006828	13.08
69	0.02688	75123	2019	74114	930782	12.39
70	0.03033	73104	2217	71996	856668	11.72
71	0.03401	70887	2411	69682	784672	11.07
72	0.03813	68476	2611	67171	714990	10.44
73	0.04274	65865	2815	64458	647819	9.84
74	0.04790	63050	3020	61540	583361	9.25
75	0.05369	60030	3223	58419	521821	8.69
76	0.06019	56807	3419	55098	463402	8.16
77	0.06747	53388	3602	51587	408304	7.65
78	0.07561	49786	3764	47904	356717	7.17
79	0.08471	46022	3899	44073	308813	6.71
80	0.09486	42123	3996	40125	264740	6.28
81	0.10618	38127	4048	36103	224615	5.89
82	0.11878	34079	4048	32055	188512	5.53
83	0.13277	30031	3987	28038	156457	5.21
84	0.14829	26044	3862	24113	128419	4.93
85-	1.00000	22182	22182	104306	104306	4.70

昭和43年簡易生命表 (1968)
男 (MALE)

年　　齢	死亡率	生存数	死亡数	定　常　人　口		平均余命
x	nq_x	l_x	nd_x	nL_x	T_x	$\mathring{e}_x$
0 月	0.01122	100000	1121	8287	6905250	69.05
1 (m)	0.00131	98878	129	8234	6896963	69.75
2	0.00079	98749	78	8226	6888729	69.76
3	0.00177	98670	175	24646	6880503	69.73
6	0.00226	98495	222	49192	6855857	69.61
0 年	0.01727	100000	1726	98585	6905250	69.05
1 (y)	0.00194	98273	190	98178	6806665	69.26
2	0.00126	98082	123	98021	6708487	68.40
3	0.00107	97959	104	97908	6610466	67.48
4	0.00084	97855	82	97814	6512558	66.55
5	0.00079	97772	77	97734	6414744	65.61
6	0.00070	97695	68	97661	6317010	64.66
7	0.00061	97627	59	97597	6219349	63.71
8	0.00052	97567	50	97542	6121752	62.74
9	0.00044	97517	42	97496	6024210	61.78
10	0.00039	97474	37	97455	5926714	60.80
11	0.00037	97436	35	97418	5829259	59.83
12	0.00038	97400	37	97382	5731841	58.85
13	0.00043	97363	41	97343	5634459	57.87
14	0.00051	97321	50	97297	5537116	56.89
15	0.00070	97271	68	97238	5439819	55.92
16	0.00082	97203	79	97164	5342581	54.96
17	0.00093	97123	90	97078	5245417	54.01
18	0.00104	97033	101	96982	5148339	53.06
19	0.00114	96931	110	96877	5051357	52.11
20	0.00121	96821	117	96763	4954480	51.17
21	0.00129	96704	124	96642	4857717	50.23
22	0.00135	96579	129	96515	4761075	49.30
23	0.00139	96449	134	96383	4664560	48.36
24	0.00143	96315	137	96246	4568177	47.43
25	0.00145	96177	139	96108	4471931	46.50
26	0.00148	96037	141	95967	4375823	45.56
27	0.00150	95895	144	95824	4279856	44.63
28	0.00153	95751	146	95678	4184032	43.70
29	0.00156	95605	149	95531	4088354	42.76
30	0.00158	95455	150	95381	3992823	41.83
31	0.00164	95305	155	95227	3897442	40.89
32	0.00172	95149	163	95068	3802215	39.96
33	0.00183	94985	173	94899	3707147	39.03
34	0.00196	94812	185	94719	3612248	38.10
35	0.00217	94626	205	94524	3517529	37.17
36	0.00233	94420	219	94311	3423005	36.25
37	0.00249	94201	234	94084	3328694	35.34
38	0.00266	93966	249	93842	3234610	34.42
39	0.00283	93717	264	93585	3140768	33.51
40	0.00297	93452	277	93313	3047183	32.61
41	0.00318	93174	296	93026	2953870	31.70
42	0.00341	92878	316	92720	2860844	30.80
43	0.00368	92561	340	92391	2768124	29.91
44	0.00398	92220	367	92037	2675733	29.01

年　　齢	死亡率	生存数	死亡数	定　常　人　口		平均余命
x	$_nq_x$	l_x	$_nd_x$	$_nL_x$	T_x	$\overset{\circ}{e}_x$
45	0.00437	91853	401	91653	2583696	28.13
46	0.00475	91451	434	91235	2492043	27.25
47	0.00515	91017	469	90783	2400808	26.38
48	0.00560	90548	507	90295	2310025	25.51
49	0.00610	90041	549	89766	2219730	24.65
50	0.00659	89491	589	89197	2129964	23.80
51	0.00724	88902	643	88580	2040767	22.96
52	0.00800	88258	706	87905	1952187	22.12
53	0.00888	87551	777	87163	1864282	21.29
54	0.00987	86774	856	86346	1777119	20.48
55	0.01111	85917	954	85440	1690773	19.68
56	0.01232	84962	1047	84439	1605333	18.89
57	0.01363	83915	1144	83344	1520894	18.12
58	0.01505	82771	1245	82149	1437550	17.37
59	0.01659	81526	1352	80850	1355401	16.63
60	0.01823	80173	1461	79443	1274551	15.90
61	0.02008	78711	1580	77921	1195108	15.18
62	0.02213	77130	1706	76278	1117187	14.48
63	0.02439	75424	1839	74504	1040909	13.80
64	0.02690	73584	1979	72595	966405	13.13
65	0.02968	71604	2125	70542	893810	12.48
66	0.03278	69479	2277	68341	823268	11.85
67	0.03622	67202	2433	65986	754927	11.23
68	0.04004	64768	2593	63472	688941	10.64
69	0.04426	62175	2752	60799	625469	10.06
70	0.04910	59423	2917	57965	564670	9.50
71	0.05420	56505	3062	54975	506705	8.97
72	0.05976	53443	3193	51846	451730	8.45
73	0.06585	50249	3309	48595	399884	7.96
74	0.07252	46940	3404	45238	351289	7.48
75	0.07977	43535	3472	41799	306051	7.03
76	0.08784	40063	3518	38304	264252	6.60
77	0.09670	36544	3533	34777	225948	6.18
78	0.10643	33010	3513	31254	191171	5.79
79	0.11711	29496	3454	27770	159917	5.42
80	0.12880	26042	3354	24366	132147	5.07
81	0.14158	22688	3212	21082	107781	4.75
82	0.15554	19476	3029	17962	86699	4.45
83	0.17076	16446	2808	15043	68737	4.18
84	0.18733	13638	2554	12361	53694	3.94
85-	1.00000	11083	11083	41333	41333	3.73

昭 和 43 年 簡 易 生 命 表 （1968）

女 （FEMALE）

年　　齢	死 亡 率	生 存 数	死 亡 数	定　常　人　口		平均余命
x	$_nq_x$	l_x	$_nd_x$	$_nL_x$	T_x	$\mathring{e}_x$
0 月	0.00832	100000	832	8299	7429648	74.30
1 (m)	0.00100	99167	99	8260	7421349	74.84
2	0.00065	99068	64	8253	7413089	74.83
3	0.00148	99004	146	24733	7404836	74.79
6	0.00178	98857	176	49385	7380103	74.65
0 年	0.01319	100000	1319	98930	7429648	74.30
1 (y)	0.00162	98680	160	98601	7330718	74.29
2	0.00105	98520	103	98469	7232117	73.41
3	0.00068	98417	67	98384	7133648	72.48
4	0.00061	98350	59	98320	7035264	71.53
5	0.00052	98290	51	98264	6936944	70.58
6	0.00045	98238	44	98217	6838680	69.61
7	0.00039	98194	38	98176	6740463	68.64
8	0.00034	98156	33	98140	6642287	67.67
9	0.00030	98123	29	98109	6544147	66.69
10	0.00028	98093	27	98080	6446038	65.71
11	0.00027	98066	26	98053	6347958	64.73
12	0.00027	98039	26	98027	6249905	63.75
13	0.00028	98013	27	97999	6151878	62.77
14	0.00031	97985	30	97970	6053879	61.78
15	0.00035	97955	33	97938	5955909	60.80
16	0.00039	97921	37	97902	5857971	59.82
17	0.00043	97883	42	97862	5760069	58.85
18	0.00048	97841	46	97818	5662207	57.87
19	0.00053	97794	51	97768	5564389	56.90
20	0.00059	97742	57	97714	5466621	55.93
21	0.00064	97685	62	97654	5368907	54.96
22	0.00069	97622	67	97589	5271253	54.00
23	0.00074	97554	72	97519	5173664	53.03
24	0.00078	97482	76	97445	5076145	52.07
25	0.00082	97406	80	97366	4978700	51.11
26	0.00086	97326	84	97284	4881334	50.15
27	0.00090	97242	87	97198	4784050	49.20
28	0.00094	97154	91	97109	4686852	48.24
29	0.00097	97063	94	97016	4589743	47.29
30	0.00100	96968	97	96920	4492727	46.33
31	0.00104	96871	101	96821	4395807	45.38
32	0.00109	96770	105	96718	4298986	44.42
33	0.00115	96664	110	96610	4202268	43.47
34	0.00121	96554	116	96496	4105658	42.52
35	0.00128	96437	123	96375	4009162	41.57
36	0.00137	96313	131	96248	3912787	40.63
37	0.00146	96181	140	96111	3816539	39.68
38	0.00157	96040	151	95965	3720428	38.74
39	0.00170	95889	162	95808	3624463	37.80
40	0.00184	95727	176	95639	3528655	36.86
41	0.00199	95550	190	95456	3433016	35.93
42	0.00215	95360	204	95258	3337560	35.00
43	0.00232	95155	220	95046	3242302	34.07
44	0.00251	94935	237	94816	3147256	33.15

年　　齢	死亡率	生存数	死亡数	定　常　人　口		平均余命
x	$_nq_x$	l_x	$_nd_x$	$_nL_x$	T_x	$\overset{\circ}{e}_x$
45	0.00270	94697	255	94570	3052440	32.23
46	0.00293	94442	276	94304	2957870	31.32
47	0.00319	94165	300	94016	2863566	30.41
48	0.00348	93865	326	93702	2769550	29.51
49	0.00380	93539	355	93361	2675848	28.61
50	0.00420	93183	391	92988	2582487	27.71
51	0.00459	92791	425	92579	2489499	26.83
52	0.00500	92366	461	92136	2396920	25.95
53	0.00545	91904	500	91654	2304784	25.08
54	0.00593	91404	542	91133	2213130	24.21
55	0.00646	90861	587	90568	2121997	23.35
56	0.00705	90274	636	89956	2031429	22.50
57	0.00771	89637	691	89292	1941473	21.66
58	0.00845	88946	751	88570	1852181	20.82
59	0.00928	88194	818	87785	1763611	20.00
60	0.01026	87375	896	86928	1675826	19.18
61	0.01130	86479	977	85991	1588898	18.37
62	0.01247	85501	1066	84969	1502907	17.58
63	0.01378	84435	1163	83854	1417938	16.79
64	0.01527	83271	1271	82636	1334084	16.02
65	0.01699	82000	1393	81304	1251448	15.26
66	0.01889	80607	1522	79846	1170144	14.52
67	0.02104	79084	1664	78253	1090298	13.79
68	0.02349	77420	1818	76511	1012045	13.07
69	0.02628	75601	1986	74609	935534	12.37
70	0.02951	73615	2172	72529	860925	11.69
71	0.03312	71442	2365	70260	788396	11.04
72	0.03721	69076	2570	67792	718136	10.40
73	0.04185	66506	2783	65115	650344	9.78
74	0.04712	63723	3002	62222	585229	9.18
75	0.05322	60720	3231	59105	523007	8.61
76	0.05996	57489	3446	55766	463902	8.07
77	0.06754	54042	3650	52217	408136	7.55
78	0.07607	50392	3833	48475	355919	7.06
79	0.08565	46558	3987	44565	307444	6.60
80	0.09639	42570	4103	40519	262879	6.18
81	0.10842	38467	4170	36382	222360	5.78
82	0.12187	34296	4179	32207	185908	5.42
83	0.13688	30116	4122	28056	153771	5.11
84	0.15358	25994	3992	23998	125715	4.84
85-	1.00000	22002	22002	101717	101717	4.62

昭 和 44 年 簡 易 生 命 表 （1969）
男 （MALE）

年　　齢	死 亡 率	生 存 数	死 亡 数	定 常 人 口		平均余命
x	q_x	l_x	d_x	L_x	T_x	$\overset{\circ}{e}_x$
0 月	0.01033	100000	1033	8290	6918384	69.18
1 (m)	0.00125	98966	123	8242	6910094	69.82
2	0.00075	98843	74	8234	6901852	69.83
3	0.00163	98769	160	24672	6893618	69.80
6	0.00206	98608	202	49254	6868946	69.66
0 年	0.01594	100000	1594	98692	6918384	69.18
1 (y)	0.00187	98405	184	98314	6819692	69.30
2	0.00113	98221	110	98166	6721378	68.43
3	0.00103	98111	101	98061	6623212	67.51
4	0.00088	98010	86	97967	6525151	66.58
5	0.00084	97923	81	97883	6427184	65.63
6	0.00075	97841	73	97805	6329301	64.69
7	0.00064	97768	62	97737	6231496	63.74
8	0.00054	97705	52	97679	6133759	62.78
9	0.00045	97652	44	97631	6036080	61.81
10	0.00039	97608	38	97590	5938449	60.84
11	0.00037	97570	36	97552	5840859	59.86
12	0.00039	97534	37	97516	5743307	58.88
13	0.00045	97496	43	97475	5645791	57.91
14	0.00055	97453	53	97426	5548316	56.93
15	0.00079	97399	76	97361	5450890	55.96
16	0.00092	97322	89	97278	5353529	55.01
17	0.00104	97233	101	97183	5256251	54.06
18	0.00114	97131	111	97076	5159068	53.11
19	0.00123	97020	119	96961	5061992	52.17
20	0.00127	96901	122	96840	4965031	51.24
21	0.00132	96778	127	96715	4868191	50.30
22	0.00136	96651	131	96586	4771476	49.37
23	0.00139	96520	134	96453	4674890	48.43
24	0.00142	96385	136	96317	4578437	47.50
25	0.00142	96249	136	96181	4482120	46.57
26	0.00145	96112	139	96043	4385939	45.63
27	0.00148	95973	142	95902	4289896	44.70
28	0.00153	95830	146	95757	4193994	43.76
29	0.00158	95684	151	95608	4098237	42.83
30	0.00166	95532	158	95453	4002629	41.90
31	0.00174	95374	165	95291	3907176	40.97
32	0.00184	95208	175	95121	3811885	40.04
33	0.00195	95033	185	94941	3716764	39.11
34	0.00208	94847	197	94749	3621823	38.19
35	0.00225	94650	212	94544	3527074	37.26
36	0.00240	94437	226	94324	3432530	36.35
37	0.00256	94210	240	94091	3338206	35.43
38	0.00272	93970	255	93842	3244115	34.52
39	0.00289	93714	271	93579	3150273	33.62
40	0.00306	93443	286	93300	3056694	32.71
41	0.00327	93157	304	93005	2963394	31.81
42	0.00349	92852	324	92691	2870389	30.91
43	0.00374	92528	346	92355	2777698	30.02
44	0.00403	92182	371	91997	2685343	29.13

年　　齢	死亡率	生存数	死亡数	定　常　人　口		平均余命
x	nq_x	l_x	nd_x	nL_x	T_x	$\overset{\circ}{e}_x$
45	0.00436	91811	400	91611	2593346	28.25
46	0.00471	91410	430	91195	2501735	27.37
47	0.00510	90979	463	90748	2410540	26.50
48	0.00552	90516	500	90266	2319792	25.63
49	0.00600	90016	540	89746	2229526	24.77
50	0.00651	89475	582	89184	2139780	23.91
51	0.00713	88893	633	88576	2050596	23.07
52	0.00785	88259	692	87913	1962020	22.23
53	0.00867	87566	759	87187	1874107	21.40
54	0.00961	86806	834	86390	1786920	20.58
55	0.01074	85972	923	85511	1700530	19.78
56	0.01190	85049	1011	84544	1615019	18.99
57	0.01316	84037	1105	83485	1530475	18.21
58	0.01455	82931	1206	82328	1446990	17.45
59	0.01608	81725	1314	81068	1364662	16.70
60	0.01771	80410	1423	79699	1283594	15.96
61	0.01960	78987	1548	78213	1203895	15.24
62	0.02172	77439	1681	76598	1125682	14.54
63	0.02408	75757	1824	74845	1049084	13.85
64	0.02671	73933	1974	72946	974239	13.18
65	0.02972	71958	2138	70889	901293	12.53
66	0.03292	69819	2298	68671	830404	11.89
67	0.03642	67521	2459	66292	761733	11.28
68	0.04026	65062	2619	63753	695441	10.69
69	0.04445	62443	2775	61055	631688	10.12
70	0.04913	59667	2931	58202	570633	9.56
71	0.05414	56736	3071	55200	512431	9.03
72	0.05961	53664	3198	52065	457231	8.52
73	0.06559	50465	3309	48811	405166	8.03
74	0.07213	47155	3401	45455	356355	7.56
75	0.07926	43754	3467	42020	310900	7.11
76	0.08716	40286	3511	38531	268880	6.67
77	0.09583	36775	3524	35013	230349	6.26
78	0.10533	33251	3502	31500	195336	5.87
79	0.11574	29748	3443	28027	163836	5.51
80	0.12713	26305	3344	24633	135809	5.16
81	0.13958	22961	3204	21359	111176	4.84
82	0.15315	19756	3025	18244	89817	4.55
83	0.16794	16730	2809	15326	71573	4.28
84	0.18401	13920	2561	12640	56247	4.04
85-	1.00000	11359	11359	43607	43607	3.84

昭 和 44 年 簡 易 生 命 表 （1969）
女 （FEMALE）

年　　齢	死亡率	生存数	死亡数	定　常　人　口		平均余命
x	$_nq_x$	l_x	$_nd_x$	$_nL_x$	T_x	$\overset{\circ}{e}_x$
0 　月	0.00771	100000	771	8301	7467463	74.67
1 　(m)	0.00093	99228	92	8265	7459162	75.17
2	0.00061	99135	60	8259	7450897	75.16
3	0.00147	99075	145	24751	7442638	75.12
6	0.00173	98929	171	49422	7417887	74.98
0 　年	0.01242	100000	1241	98998	7467463	74.67
1 　(y)	0.00156	98758	154	98681	7368465	74.61
2	0.00092	98604	90	98559	7269784	73.73
3	0.00071	98513	70	98478	7171225	72.79
4	0.00060	98443	59	98413	7072747	71.85
5	0.00050	98383	49	98359	6974334	70.89
6	0.00042	98334	41	98313	6875975	69.92
7	0.00036	98292	35	98275	6777662	68.95
8	0.00032	98256	31	98241	6679387	67.98
9	0.00029	98225	28	98212	6581146	67.00
10	0.00027	98197	26	98185	6482934	66.02
11	0.00026	98171	25	98158	6384749	65.04
12	0.00027	98145	26	98132	6286591	64.05
13	0.00029	98119	28	98105	6188459	63.07
14	0.00031	98090	30	98075	6090354	62.09
15	0.00035	98059	34	98043	5992279	61.11
16	0.00039	98025	38	98007	5894236	60.13
17	0.00044	97987	42	97966	5796229	59.15
18	0.00049	97945	47	97921	5698263	58.18
19	0.00054	97897	52	97871	5600342	57.21
20	0.00061	97844	59	97815	5502471	56.24
21	0.00066	97785	64	97753	5404656	55.27
22	0.00070	97720	68	97686	5306903	54.31
23	0.00074	97652	72	97616	5209217	53.34
24	0.00078	97579	75	97542	5111601	52.38
25	0.00079	97503	76	97465	5014059	51.42
26	0.00082	97426	80	97387	4916594	50.46
27	0.00086	97346	83	97305	4819207	49.51
28	0.00090	97262	87	97219	4721902	48.55
29	0.00095	97175	92	97129	4624683	47.59
30	0.00101	97083	98	97034	4527554	46.64
31	0.00107	96984	103	96933	4430520	45.68
32	0.00113	96881	108	96827	4333587	44.73
33	0.00118	96772	114	96715	4236760	43.78
34	0.00125	96657	120	96597	4140045	42.83
35	0.00131	96537	126	96474	4043448	41.88
36	0.00138	96410	133	96344	3946974	40.94
37	0.00146	96277	140	96207	3850630	40.00
38	0.00155	96136	148	96062	3754423	39.05
39	0.00165	95987	158	95909	3658361	38.11
40	0.00174	95829	166	95746	3562452	37.17
41	0.00187	95662	179	95573	3466706	36.24
42	0.00203	95483	194	95387	3371133	35.31
43	0.00222	95289	211	95184	3275746	34.38
44	0.00243	95078	230	94963	3180562	33.45

年　　齢	死亡率	生存数	死亡数	定　常　人　口		平均余命
x	$_nq_x$	l_x	$_nd_x$	$_nL_x$	T_x	$\overset{\circ}{e}_x$
45	0.00270	94847	255	94720	3085599	32.53
46	0.00295	94592	278	94453	2990879	31.62
47	0.00322	94313	303	94161	2896426	30.71
48	0.00351	94009	329	93845	2802265	29.81
49	0.00381	93679	357	93501	2708420	28.91
50	0.00415	93322	386	93129	2614919	28.02
51	0.00450	92935	417	92727	2521790	27.13
52	0.00488	92517	451	92292	2429063	26.26
53	0.00529	92066	487	91823	2336771	25.38
54	0.00574	91579	526	91316	2244948	24.51
55	0.00626	91053	570	90768	2153632	23.65
56	0.00682	90483	616	90175	2062864	22.80
57	0.00743	89866	667	89533	1972689	21.95
58	0.00812	89198	724	88836	1883156	21.11
59	0.00890	88473	787	88080	1794320	20.28
60	0.00980	87686	859	87257	1706240	19.46
61	0.01080	86827	937	86358	1618983	18.65
62	0.01195	85889	1026	85376	1532625	17.84
63	0.01325	84863	1124	84301	1447249	17.05
64	0.01475	83738	1234	83121	1362948	16.28
65	0.01644	82503	1356	81825	1279827	15.51
66	0.01839	81146	1492	80401	1198002	14.76
67	0.02060	79654	1640	78834	1117601	14.03
68	0.02311	78013	1803	77112	1038767	13.32
69	0.02596	76210	1978	75221	961655	12.62
70	0.02933	74232	2177	73144	886434	11.94
71	0.03289	72054	2370	70870	813290	11.29
72	0.03685	69684	2568	68401	742420	10.65
73	0.04126	67116	2769	65732	674019	10.04
74	0.04618	64347	2971	62862	608287	9.45
75	0.05164	61376	3169	59791	545425	8.89
76	0.05780	58206	3364	56524	485634	8.34
77	0.06469	54841	3547	53068	429110	7.82
78	0.07239	51294	3713	49437	376042	7.33
79	0.08098	47580	3852	45655	326605	6.86
80	0.09055	43728	3959	41748	280950	6.42
81	0.10121	39768	4024	37756	239202	6.01
82	0.11306	35743	4041	33723	201446	5.64
83	0.12621	31702	4001	29702	167723	5.29
84	0.14078	27701	3899	25752	138021	4.98
85-	1.00000	23801	23801	112269	112269	4.72

昭 和 45 年 簡 易 生 命 表 （1970）

男 （MALE）

年　　齢	死亡率	生存数	死亡数	定 常 人 口		平均余命
x	$_nq_x$	l_x	$_nd_x$	$_nL_x$	T_x	$\overset{\circ}{e}_x$
0　月	0.00996	100000	995	8292	6932991	69.33
1　(m)	0.00105	99004	104	8246	6924699	69.94
2	0.00064	98899	63	8239	6916453	69.93
3	0.00145	98836	142	24691	6908214	69.90
6	0.00179	98693	177	49303	6883523	69.75
0　年	0.01483	100000	1483	98771	6932991	69.33
1　(y)	0.00184	98516	180	98426	6834220	69.37
2	0.00117	98335	114	98278	6735794	68.50
3	0.00089	98220	87	98177	6637516	67.58
4	0.00093	98133	90	98088	6539339	66.64
5	0.00082	98042	79	98002	6441251	65.70
6	0.00069	97962	67	97929	6343249	64.75
7	0.00057	97894	55	97867	6245320	63.80
8	0.00046	97839	45	97816	6147453	62.83
9	0.00038	97793	37	97775	6049637	61.86
10	0.00034	97756	33	97739	5951862	60.88
11	0.00034	97722	32	97706	5854123	59.91
12	0.00038	97689	36	97671	5756417	58.93
13	0.00046	97653	44	97631	5658746	57.95
14	0.00057	97608	55	97581	5561115	56.97
15	0.00083	97552	80	97512	5463534	56.01
16	0.00096	97471	94	97425	5366022	55.05
17	0.00108	97377	105	97325	5268597	54.10
18	0.00117	97272	113	97216	5171272	53.16
19	0.00124	97158	120	97099	5074056	52.22
20	0.00122	97038	118	96979	4976957	51.29
21	0.00125	96920	121	96860	4879978	50.35
22	0.00128	96799	123	96737	4783118	49.41
23	0.00131	96675	126	96612	4686381	48.48
24	0.00134	96548	129	96484	4589769	47.54
25	0.00139	96419	134	96352	4493285	46.60
26	0.00142	96285	137	96216	4396933	45.67
27	0.00146	96147	140	96078	4300717	44.73
28	0.00150	96007	143	95936	4204639	43.79
29	0.00154	95864	147	95790	4108703	42.86
30	0.00156	95716	149	95642	4012913	41.92
31	0.00163	95567	155	95490	3917271	40.99
32	0.00172	95411	164	95329	3821781	40.06
33	0.00184	95247	175	95159	3726452	39.12
34	0.00198	95071	188	94977	3631293	38.20
35	0.00219	94883	207	94779	3536316	37.27
36	0.00236	94675	223	94564	3441537	36.35
37	0.00253	94451	239	94332	3346973	35.44
38	0.00271	94212	255	94085	3252641	34.52
39	0.00289	93957	271	93822	3158556	33.62
40	0.00307	93685	287	93542	3064734	32.71
41	0.00328	93397	305	93245	2971192	31.81
42	0.00349	93091	325	92929	2877947	30.92
43	0.00374	92766	346	92593	2785018	30.02
44	0.00400	92419	369	92235	2692425	29.13

年　　齢	死亡率	生存数	死亡数	定　常　人　口		平均余命
x	q_x	l_x	d_x	L_x	T_x	$\overset{\circ}{e}_x$
45	0.00429	92050	394	91853	2600190	28.25
46	0.00463	91655	424	91444	2508337	27.37
47	0.00501	91231	457	91003	2416893	26.49
48	0.00546	90774	495	90526	2325890	25.62
49	0.00596	90278	538	90010	2235364	24.76
50	0.00656	89740	588	89446	2145354	23.91
51	0.00719	89152	641	88832	2055908	23.06
52	0.00790	88510	699	88161	1967076	22.22
53	0.00869	87811	763	87430	1878915	21.40
54	0.00957	87048	833	86632	1791485	20.58
55	0.01058	86215	912	85759	1704853	19.77
56	0.01167	85302	995	84805	1619094	18.98
57	0.01288	84306	1086	83764	1534289	18.20
58	0.01423	83220	1184	82629	1450525	17.43
59	0.01574	82036	1291	81391	1367896	16.67
60	0.01733	80745	1399	80045	1286505	15.93
61	0.01926	79345	1527	78582	1206460	15.21
62	0.02144	77817	1668	76983	1127878	14.49
63	0.02390	76149	1819	75239	1050895	13.80
64	0.02665	74329	1980	73339	975656	13.13
65	0.02986	72348	2160	71269	902317	12.47
66	0.03320	70188	2330	69023	831048	11.84
67	0.03683	67858	2499	66609	762025	11.23
68	0.04078	65358	2665	64026	695416	10.64
69	0.04507	62693	2825	61281	631390	10.07
70	0.04981	59867	2982	58377	570109	9.52
71	0.05486	56885	3121	55325	511732	9.00
72	0.06035	53764	3244	52142	456407	8.49
73	0.06631	50519	3349	48845	404265	8.00
74	0.07280	47170	3434	45453	355420	7.53
75	0.07980	43735	3490	41991	309967	7.09
76	0.08761	40245	3525	38483	267976	6.66
77	0.09615	36720	3530	34955	229493	6.25
78	0.10551	33189	3501	31438	194538	5.86
79	0.11574	29687	3436	27969	163100	5.49
80	0.12692	26251	3331	24585	135131	5.15
81	0.13911	22919	3188	21325	110546	4.82
82	0.15239	19731	3006	18228	89221	4.52
83	0.16682	16724	2790	15329	70993	4.24
84	0.18250	13934	2543	12663	55664	3.99
85-	1.00000	11391	11391	43001	43001	3.77

昭 和 45 年 簡 易 生 命 表（1970）
女 （FEMALE）

年　　齢	死 亡 率	生 存 数	死 亡 数	定 常 人 口		平均余命
x	$_nq_x$	l_x	$_nd_x$	$_nL_x$	T_x	$\overset{\circ}{e}_x$
0 月	0.00732	100000	731	8303	7470921	74.71
1 (m)	0.00086	99268	85	8269	7462618	75.18
2	0.00056	99182	55	8263	7454349	75.16
3	0.00128	99127	126	24766	7446086	75.12
6	0.00152	99000	150	49463	7421320	74.96
0 年	0.01150	100000	1150	99064	7470921	74.71
1 (y)	0.00151	98849	149	98775	7371857	74.58
2	0.00090	98700	89	98656	7273082	73.69
3	0.00067	98611	66	98578	7174426	72.75
4	0.00057	98545	56	98517	7075848	71.80
5	0.00049	98488	48	98465	6977331	70.84
6	0.00041	98440	40	98420	6878866	69.88
7	0.00035	98399	34	98383	6780446	68.91
8	0.00030	98365	29	98351	6682063	67.93
9	0.00027	98335	26	98323	6583712	66.95
10	0.00024	98309	23	98298	6485389	65.97
11	0.00024	98285	23	98274	6387091	64.98
12	0.00024	98262	23	98251	6288817	64.00
13	0.00026	98239	25	98226	6190566	63.02
14	0.00029	98213	28	98200	6092340	62.03
15	0.00034	98185	33	98169	5994140	61.05
16	0.00038	98152	37	98133	5895971	60.07
17	0.00043	98114	42	98094	5797838	59.09
18	0.00048	98072	47	98049	5699744	58.12
19	0.00054	98025	52	97999	5601695	57.15
20	0.00059	97972	58	97944	5503696	56.18
21	0.00064	97914	62	97883	5405752	55.21
22	0.00069	97851	67	97818	5307869	54.24
23	0.00073	97784	71	97749	5210051	53.28
24	0.00076	97713	74	97676	5112302	52.32
25	0.00079	97638	77	97600	5014626	51.36
26	0.00082	97561	80	97521	4917026	50.40
27	0.00085	97480	83	97439	4819505	49.44
28	0.00088	97397	85	97355	4722066	48.48
29	0.00091	97311	88	97268	4624711	47.52
30	0.00094	97223	91	97178	4527443	46.57
31	0.00098	97132	94	97085	4430265	45.61
32	0.00102	97037	99	96988	4333180	44.65
33	0.00108	96937	104	96886	4236192	43.70
34	0.00115	96833	111	96778	4139306	42.75
35	0.00124	96721	119	96662	4042528	41.80
36	0.00132	96602	127	96539	3945866	40.85
37	0.00142	96474	136	96407	3849327	39.90
38	0.00152	96338	146	96265	3752920	38.96
39	0.00163	96191	157	96113	3656655	38.01
40	0.00176	96034	168	95950	3560542	37.08
41	0.00190	95865	181	95775	3464592	36.14
42	0.00205	95684	196	95586	3368817	35.21
43	0.00222	95488	212	95382	3273231	34.28
44	0.00241	95275	229	95161	3177849	33.35

年　　齢	死亡率	生存数	死亡数	定　常　人　口		平均余命
x	$_nq_x$	l_x	$_nd_x$	$_nL_x$	T_x	$\overset{\circ}{e}_x$
45	0.00262	95046	249	94921	3082688	32.43
46	0.00285	94796	270	94661	2987767	31.52
47	0.00311	94526	293	94379	2893106	30.61
48	0.00338	94232	318	94073	2798727	29.70
49	0.00369	93913	346	93740	2704654	28.80
50	0.00405	93567	378	93378	2610914	27.90
51	0.00440	93188	410	92983	2517536	27.02
52	0.00478	92777	443	92556	2424553	26.13
53	0.00520	92334	479	92094	2331997	25.26
54	0.00565	91854	518	91595	2239903	24.39
55	0.00613	91335	559	91055	2148308	23.52
56	0.00669	90775	607	90472	2057253	22.66
57	0.00733	90167	661	89837	1966781	21.81
58	0.00806	89506	721	89146	1876944	20.97
59	0.00888	88785	788	88391	1787798	20.14
60	0.00989	87996	870	87561	1699407	19.31
61	0.01093	87125	952	86650	1611846	18.50
62	0.01210	86173	1042	85652	1525196	17.70
63	0.01340	85131	1141	84560	1439544	16.91
64	0.01488	83989	1250	83365	1354984	16.13
65	0.01647	82739	1362	82058	1271619	15.37
66	0.01842	81376	1498	80627	1189561	14.62
67	0.02066	79878	1650	79053	1108934	13.88
68	0.02324	78227	1817	77319	1029881	13.17
69	0.02617	76409	1999	75410	952562	12.47
70	0.02974	74409	2212	73304	877152	11.79
71	0.03342	72197	2413	70991	803848	11.13
72	0.03750	69783	2617	68475	732857	10.50
73	0.04203	67166	2823	65755	664382	9.89
74	0.04707	64343	3028	62829	598627	9.30
75	0.05261	61315	3225	59702	535798	8.74
76	0.05891	58089	3422	56378	476096	8.20
77	0.06597	54667	3606	52864	419718	7.68
78	0.07385	51061	3770	49176	366854	7.18
79	0.08264	47290	3908	45336	317678	6.72
80	0.09246	43382	4010	41377	272342	6.28
81	0.10338	39371	4070	37336	230965	5.87
82	0.11554	35300	4078	33261	193629	5.49
83	0.12903	31222	4028	29208	160368	5.14
84	0.14399	27193	3915	25236	131160	4.82
85-	1.00000	23277	23277	105924	105924	4.55

昭和46年簡易生命表 (1971)
男 (MALE)

年　　齢	死亡率	生存数	死亡数	定　常　人　口		平均余命
x	nq_x	l_x	nd_x	nL_x	T_x	$\overset{\circ}{e}_x$
0　月	0.00933	100000	933	7635	7017328	70.17
1　(m)	0.00105	99067	104	8907	7009692	70.76
2	0.00057	98963	57	8245	7000786	70.74
3	0.00136	98907	135	24710	6992541	70.70
6	0.00165	98772	163	49345	6967831	70.54
0　年	0.01391	100000	1391	98842	7017328	70.17
1　(y)	0.00168	98609	166	98526	6918486	70.16
2	0.00111	98443	109	98389	6819960	69.28
3	0.00088	98334	86	98291	6721571	68.35
4	0.00073	98248	72	98212	6623280	67.41
5	0.00072	98176	71	98141	6525068	66.46
6	0.00065	98105	64	98073	6426927	65.51
7	0.00055	98041	54	98014	6328854	64.55
8	0.00044	97987	43	97966	6230840	63.59
9	0.00035	97944	35	97927	6132874	62.62
10	0.00029	97909	29	97895	6034948	61.64
11	0.00028	97881	27	97867	5937053	60.66
12	0.00031	97853	31	97838	5839186	59.67
13	0.00040	97823	39	97803	5741348	58.69
14	0.00053	97784	52	97758	5643544	57.71
15	0.00087	97732	85	97689	5545787	56.75
16	0.00103	97646	101	97596	5448098	55.79
17	0.00116	97546	113	97489	5350502	54.85
18	0.00125	97433	121	97372	5253012	53.91
19	0.00130	97312	126	97248	5155640	52.98
20	0.00124	97185	120	97125	5058391	52.05
21	0.00125	97065	121	97005	4961266	51.11
22	0.00125	96944	121	96884	4864262	50.18
23	0.00126	96823	122	96762	4767378	49.24
24	0.00126	96702	122	96640	4670616	48.30
25	0.00129	96579	124	96517	4573975	47.36
26	0.00131	96455	126	96392	4477458	46.42
27	0.00133	96329	128	96265	4381066	45.48
28	0.00136	96201	131	96135	4284801	44.54
29	0.00141	96069	135	96002	4188666	43.60
30	0.00145	95934	139	95865	4092664	42.66
31	0.00152	95795	146	95722	3996800	41.72
32	0.00161	95649	154	95572	3901077	40.79
33	0.00173	95495	165	95412	3805505	39.85
34	0.00186	95330	177	95241	3710093	38.92
35	0.00202	95153	192	95057	3614851	37.99
36	0.00219	94960	208	94856	3519795	37.07
37	0.00237	94752	225	94640	3424939	36.15
38	0.00257	94527	243	94406	3330299	35.23
39	0.00278	94284	263	94153	3235893	34.32
40	0.00306	94022	287	93878	3141740	33.42
41	0.00328	93734	307	93581	3047862	32.52
42	0.00349	93427	326	93264	2954281	31.62
43	0.00371	93101	346	92928	2861017	30.73
44	0.00394	92755	365	92573	2768089	29.84

年　齢	死亡率	生存数	死亡数	定　常　人　口		平均余命
x	$_nq_x$	l_x	$_nd_x$	$_nL_x$	T_x	$\overset{\circ}{e}_x$
45	0.00411	92390	380	92201	2675516	28.96
46	0.00439	92011	404	91809	2583316	28.08
47	0.00472	91607	433	91390	2491507	27.20
48	0.00511	91174	466	90941	2400117	26.32
49	0.00557	90708	506	90455	2309176	25.46
50	0.00614	90202	554	89925	2218721	24.60
51	0.00674	89648	604	89346	2128796	23.75
52	0.00741	89044	660	88714	2039450	22.90
53	0.00817	88384	722	88023	1950736	22.07
54	0.00901	87662	790	87267	1862713	21.25
55	0.00998	86872	867	86439	1775446	20.44
56	0.01102	86005	947	85532	1689008	19.64
57	0.01217	85058	1035	84540	1603476	18.85
58	0.01344	84023	1129	83458	1518936	18.08
59	0.01486	82894	1231	82278	1435477	17.32
60	0.01635	81662	1335	80995	1353199	16.57
61	0.01813	80327	1456	79599	1272205	15.84
62	0.02014	78870	1588	78076	1192606	15.12
63	0.02238	77282	1729	76418	1114530	14.42
64	0.02488	75553	1880	74613	1038112	13.74
65	0.02781	73673	2049	72649	963499	13.08
66	0.03080	71625	2206	70522	890850	12.44
67	0.03404	69419	2363	68237	820328	11.82
68	0.03754	67056	2517	65797	752091	11.22
69	0.04134	64539	2668	63205	686294	10.63
70	0.04545	61870	2812	60464	623089	10.07
71	0.04997	59058	2951	57583	562625	9.53
72	0.05491	56107	3081	54567	505042	9.00
73	0.06032	53026	3199	51427	450475	8.50
74	0.06626	49828	3301	48177	399048	8.01
75	0.07278	46526	3386	44833	350871	7.54
76	0.07994	43140	3449	41416	306038	7.09
77	0.08780	39691	3485	37949	264622	6.67
78	0.09640	36207	3490	34462	226673	6.26
79	0.10581	32716	3462	30985	192211	5.88
80	0.11611	29255	3397	27556	161226	5.51
81	0.12735	25858	3293	24211	133669	5.17
82	0.13960	22565	3150	20990	109458	4.85
83	0.15295	19415	2970	17930	88468	4.56
84	0.16747	16445	2754	15068	70538	4.29
85-	1.00000	13691	13691	55470	55470	4.05

昭 和 46 年 簡 易 生 命 表（1971）
女 （FEMALE）

年　　齢	死亡率	生存数	死亡数	定　常　人　口		平均余命
x	nq_x	l_x	nd_x	nL_x	T_x	$\overset{\circ}{e}_x$
0　月	0.00705	100000	705	7644	7557883	75.58
1　(m)	0.00083	99295	83	8928	7550239	76.04
2	0.00048	99212	48	8266	7541310	76.01
3	0.00119	99164	118	24776	7533045	75.97
6	0.00141	99047	140	49488	7508268	75.81
0　年	0.01093	100000	1093	99103	7557883	75.58
1　(y)	0.00155	98907	153	98830	7458780	75.41
2	0.00084	98753	83	98712	7359950	74.53
3	0.00062	98670	61	98640	7261238	73.59
4	0.00048	98609	48	98586	7162598	72.64
5	0.00044	98562	43	98540	7064012	71.67
6	0.00039	98519	38	98499	6965472	70.70
7	0.00034	98480	34	98463	6866973	69.73
8	0.00030	98447	29	98432	6768509	68.75
9	0.00026	98417	26	98404	6670077	67.77
10	0.00024	98391	24	98379	6571673	66.79
11	0.00023	98368	22	98357	6473294	65.81
12	0.00022	98345	22	98334	6374937	64.82
13	0.00024	98323	23	98312	6276603	63.84
14	0.00026	98300	26	98287	6178291	62.85
15	0.00031	98274	31	98259	6080004	61.87
16	0.00036	98244	35	98226	5981745	60.89
17	0.00041	98209	40	98189	5883519	59.91
18	0.00046	98169	45	98146	5785331	58.93
19	0.00051	98124	50	98099	5687184	57.96
20	0.00058	98074	57	98045	5589086	56.99
21	0.00063	98017	62	97986	5491040	56.02
22	0.00067	97955	66	97923	5393054	55.06
23	0.00071	97890	69	97855	5295132	54.09
24	0.00074	97820	72	97784	5197277	53.13
25	0.00075	97748	73	97712	5099492	52.17
26	0.00077	97675	76	97637	5001781	51.21
27	0.00080	97599	78	97560	4904144	50.25
28	0.00083	97521	81	97481	4806583	49.29
29	0.00086	97441	83	97399	4709102	48.33
30	0.00089	97358	87	97314	4611703	47.37
31	0.00093	97271	91	97225	4514389	46.41
32	0.00097	97180	95	97133	4417163	45.45
33	0.00103	97085	100	97036	4320030	44.50
34	0.00108	96986	105	96933	4222995	43.54
35	0.00115	96881	111	96825	4126061	42.59
36	0.00123	96769	119	96710	4029236	41.64
37	0.00131	96651	127	96588	3932526	40.69
38	0.00141	96524	136	96456	3835938	39.74
39	0.00152	96388	147	96315	3739482	38.80
40	0.00166	96241	160	96161	3643168	37.85
41	0.00179	96082	172	95996	3547006	36.92
42	0.00193	95910	185	95817	3451011	35.98
43	0.00208	95724	199	95625	3355194	35.05
44	0.00225	95525	215	95418	3259569	34.12

年　　齢	死 亡 率	生 存 数	死 亡 数	定　常　人　口		平均余命
x	$_nq_x$	l_x	$_nd_x$	$_nL_x$	T_x	$\overset{\circ}{e}_x$
45	0.00240	95311	229	95196	3164151	33.20
46	0.00261	95082	248	94958	3068955	32.28
47	0.00284	94834	269	94699	2973997	31.36
48	0.00310	94565	293	94418	2879298	30.45
49	0.00340	94271	320	94111	2784880	29.54
50	0.00378	93951	355	93773	2690769	28.64
51	0.00412	93596	386	93403	2596996	27.75
52	0.00448	93210	418	93001	2503593	26.86
53	0.00487	92792	452	92566	2410593	25.98
54	0.00528	92340	488	92096	2318027	25.10
55	0.00571	91852	524	91590	2225931	24.23
56	0.00622	91328	568	91044	2134341	23.37
57	0.00679	90760	616	90452	2043297	22.51
58	0.00745	90144	671	89808	1952845	21.66
59	0.00820	89473	733	89106	1863037	20.82
60	0.00904	88739	802	88338	1773931	19.99
61	0.01003	87937	882	87496	1685593	19.17
62	0.01115	87055	971	86570	1598096	18.36
63	0.01244	86084	1071	85549	1511527	17.56
64	0.01390	85013	1181	84423	1425978	16.77
65	0.01571	83832	1317	83173	1341555	16.00
66	0.01751	82515	1445	81792	1258382	15.25
67	0.01948	81070	1579	80280	1176590	14.51
68	0.02165	79491	1721	78630	1096310	13.79
69	0.02408	77770	1872	76833	1017680	13.09
70	0.02670	75897	2026	74884	940846	12.40
71	0.02980	73871	2201	72770	865962	11.72
72	0.03334	71670	2389	70475	793192	11.07
73	0.03738	69280	2589	67986	722717	10.43
74	0.04198	66691	2800	65291	654731	9.82
75	0.04739	63891	3028	62377	589440	9.23
76	0.05327	60864	3242	59243	527063	8.66
77	0.05987	57621	3450	55897	467820	8.12
78	0.06727	54172	3644	52350	411923	7.60
79	0.07557	50528	3818	48619	359574	7.12
80	0.08486	46709	3964	44728	310955	6.66
81	0.09524	42746	4071	40710	266227	6.23
82	0.10684	38675	4132	36609	225517	5.83
83	0.11977	34543	4137	32474	188909	5.47
84	0.13416	30405	4079	28366	156435	5.14
85-	1.00000	26326	26326	128069	128069	4.86

昭 和 47 年 簡 易 生 命 表 （1972）
男 （MALE）

年　　　齢	死 亡 率	生 存 数	死 亡 数	定 常 人 口		平均余命
x	$_nq_x$	l_x	$_nd_x$	$_nL_x$	T_x	$\mathring{e}_x$
0 月	0.00897	100000	897	7637	7050224	70.50
1 (m)	0.00094	99103	93	8911	7042587	71.06
2	0.00055	99010	54	8249	7033677	71.04
3	0.00124	98956	123	24724	7025428	71.00
6	0.00156	98834	154	49378	7000704	70.83
0 年	0.01320	100000	1320	98898	7050224	70.50
1 (y)	0.00162	98680	160	98600	6951326	70.44
2	0.00115	98519	113	98463	6852726	69.56
3	0.00093	98407	92	98361	6754263	68.64
4	0.00081	98315	80	98275	6655903	67.70
5	0.00075	98235	73	98198	6557628	66.75
6	0.00065	98162	64	98130	6459430	65.80
7	0.00054	98098	53	98071	6361300	64.85
8	0.00044	98045	43	98023	6263229	63.88
9	0.00035	98002	35	97985	6165205	62.91
10	0.00030	97967	30	97952	6067221	61.93
11	0.00029	97937	29	97923	5969268	60.95
12	0.00033	97909	32	97893	5871345	59.97
13	0.00041	97877	40	97857	5773453	58.99
14	0.00053	97837	52	97811	5675596	58.01
15	0.00081	97785	79	97746	5577785	57.04
16	0.00095	97707	93	97660	5480038	56.09
17	0.00107	97614	104	97562	5382378	55.14
18	0.00116	97510	113	97453	5284816	54.20
19	0.00123	97396	120	97337	5187363	53.26
20	0.00121	97277	118	97218	5090026	52.33
21	0.00124	97159	121	97098	4992809	51.39
22	0.00126	97038	123	96977	4895710	50.45
23	0.00128	96915	124	96853	4798734	49.51
24	0.00130	96791	125	96729	4701880	48.58
25	0.00132	96666	128	96602	4605152	47.64
26	0.00133	96538	129	96474	4508550	46.70
27	0.00135	96410	130	96345	4412076	45.76
28	0.00137	96280	132	96214	4315731	44.82
29	0.00139	96148	134	96081	4219517	43.89
30	0.00141	96014	135	95947	4123436	42.95
31	0.00146	95879	140	95809	4027490	42.01
32	0.00153	95739	147	95666	3931680	41.07
33	0.00163	95593	156	95515	3836015	40.13
34	0.00175	95437	167	95353	3740500	39.19
35	0.00190	95270	181	95180	3645146	38.26
36	0.00206	95089	196	94991	3549967	37.33
37	0.00225	94893	214	94786	3454975	36.41
38	0.00247	94679	233	94562	3360189	35.49
39	0.00270	94446	255	94318	3265627	34.58
40	0.00300	94191	283	94050	3171308	33.67
41	0.00325	93908	305	93756	3077259	32.77
42	0.00348	93603	326	93440	2983503	31.87
43	0.00372	93277	347	93104	2890063	30.98
44	0.00396	92930	368	92746	2796959	30.10

年　　齢	死亡率	生存数	死亡数	定　常　人　口		平均余命
x	$_nq_x$	l_x	$_nd_x$	$_nL_x$	T_x	$\overset{\circ}{e}_x$
45	0.00414	92563	383	92371	2704213	29.21
46	0.00442	92179	407	91975	2611842	28.33
47	0.00474	91772	435	91554	2519866	27.46
48	0.00511	91337	467	91103	2428312	26.59
49	0.00554	90870	503	90618	2337209	25.72
50	0.00605	90367	547	90093	2246591	24.86
51	0.00661	89820	593	89523	2156497	24.01
52	0.00723	89226	645	88904	2066974	23.17
53	0.00793	88581	702	88230	1978071	22.33
54	0.00871	87879	766	87496	1889841	21.51
55	0.00961	87113	838	86694	1802345	20.69
56	0.01059	86276	914	85819	1715650	19.89
57	0.01167	85362	996	84864	1629831	19.09
58	0.01288	84366	1086	83823	1544967	18.31
59	0.01422	83279	1184	82687	1461145	17.55
60	0.01568	82095	1288	81452	1378457	16.79
61	0.01736	80808	1403	80107	1297006	16.05
62	0.01923	79405	1527	78642	1216899	15.33
63	0.02133	77878	1661	77048	1138258	14.62
64	0.02366	76217	1803	75315	1061210	13.92
65	0.02633	74414	1959	73434	985895	13.25
66	0.02917	72455	2114	71398	912460	12.59
67	0.03230	70341	2272	69205	841062	11.96
68	0.03573	68069	2432	66853	771857	11.34
69	0.03950	65637	2593	64341	705004	10.74
70	0.04371	63044	2756	61666	640663	10.16
71	0.04825	60288	2909	58834	578997	9.60
72	0.05323	57379	3054	55852	520163	9.07
73	0.05870	54325	3189	52731	464311	8.55
74	0.06471	51136	3309	49482	411580	8.05
75	0.07131	47827	3411	46122	362098	7.57
76	0.07861	44416	3492	42671	315977	7.11
77	0.08665	40925	3546	39152	273306	6.68
78	0.09548	37379	3569	35594	234154	6.26
79	0.10519	33810	3556	32031	198560	5.87
80	0.11583	30253	3504	28501	166529	5.50
81	0.12750	26749	3410	25044	138028	5.16
82	0.14026	23338	3273	21702	112984	4.84
83	0.15421	20065	3094	18518	91283	4.55
84	0.16941	16971	2875	15533	72765	4.29
85-	1.00000	14096	14096	57232	57232	4.06

昭 和 47 年 簡 易 生 命 表 （1972）
女 （FEMALE）

年　　齢	死亡率	生存数	死亡数	定　常　人　口		平均余命
x	q_x	l_x	d_x	L_x	T_x	$\overset{\circ}{e}_x$
0　月	0.00645	100000	645	7646	7593691	75.94
1　(m)	0.00082	99355	82	8934	7586045	76.35
2	0.00042	99273	42	8271	7577111	76.33
3	0.00110	99231	109	24794	7568840	76.27
6	0.00134	99122	133	49528	7544046	76.11
0　年	0.01011	100000	1011	99173	7593691	75.94
1　(y)	0.00148	98989	146	98916	7494518	75.71
2	0.00083	98843	82	98801	7395603	74.82
3	0.00064	98760	64	98729	7296801	73.88
4	0.00052	98697	52	98671	7198073	72.93
5	0.00045	98645	44	98623	7099402	71.97
6	0.00038	98601	38	98582	7000778	71.00
7	0.00032	98563	32	98547	6902196	70.03
8	0.00028	98532	27	98518	6803649	69.05
9	0.00024	98504	24	98492	6705131	68.07
10	0.00022	98481	21	98470	6606638	67.09
11	0.00021	98459	21	98449	6508169	66.10
12	0.00021	98439	21	98428	6409720	65.11
13	0.00023	98418	22	98407	6311292	64.13
14	0.00025	98395	25	98383	6212885	63.14
15	0.00030	98370	30	98355	6114502	62.16
16	0.00035	98341	34	98324	6016147	61.18
17	0.00039	98307	39	98287	5917823	60.20
18	0.00044	98268	43	98246	5819536	59.22
19	0.00049	98225	48	98200	5721290	58.25
20	0.00055	98176	54	98149	5623089	57.28
21	0.00060	98122	59	98093	5524940	56.31
22	0.00064	98063	62	98032	5426847	55.34
23	0.00067	98001	66	97968	5328815	54.38
24	0.00070	97935	68	97901	5230847	53.41
25	0.00071	97867	70	97832	5132946	52.45
26	0.00073	97797	72	97761	5035114	51.49
27	0.00076	97726	74	97688	4937353	50.52
28	0.00078	97651	77	97613	4839664	49.56
29	0.00081	97575	79	97535	4742051	48.60
30	0.00084	97496	82	97454	4644516	47.64
31	0.00088	97413	86	97370	4547061	46.68
32	0.00093	97327	90	97282	4449691	45.72
33	0.00098	97237	95	97189	4352409	44.76
34	0.00104	97141	101	97091	4255220	43.80
35	0.00112	97040	109	96986	4158129	42.85
36	0.00119	96932	116	96874	4061143	41.90
37	0.00127	96816	123	96754	3964269	40.95
38	0.00136	96692	132	96627	3867515	40.00
39	0.00146	96561	141	96491	3770888	39.05
40	0.00155	96420	149	96346	3674398	38.11
41	0.00167	96271	161	96191	3578052	37.17
42	0.00181	96110	174	96023	3481861	36.23
43	0.00197	95936	189	95842	3385838	35.29
44	0.00216	95747	207	95644	3289996	34.36

年　　齢	死 亡 率	生 存 数	死 亡 数	定 常 人 口		平均余命
x	$_nq_x$	l_x	$_nd_x$	$_nL_x$	T_x	$\overset{\circ}{e}_x$
45	0.00239	95540	228	95426	3194353	33.43
46	0.00261	95312	248	95188	3098927	32.51
47	0.00284	95063	270	94929	3003739	31.60
48	0.00308	94794	292	94648	2908810	30.69
49	0.00334	94502	316	94344	2814162	29.78
50	0.00361	94186	340	94016	2719818	28.88
51	0.00392	93847	368	93663	2625802	27.98
52	0.00426	93479	398	93280	2532139	27.09
53	0.00464	93081	432	92865	2438859	26.20
54	0.00507	92649	469	92414	2345995	25.32
55	0.00558	92179	515	91922	2253580	24.45
56	0.00610	91665	559	91385	2161658	23.58
57	0.00666	91106	607	90803	2070273	22.72
58	0.00728	90499	659	90170	1979470	21.87
59	0.00797	89840	716	89482	1889301	21.03
60	0.00873	89124	778	88735	1799818	20.19
61	0.00962	88346	850	87921	1711083	19.37
62	0.01062	87496	930	87031	1623163	18.55
63	0.01177	86567	1019	86057	1536131	17.75
64	0.01309	85547	1120	84988	1450074	16.95
65	0.01469	84428	1240	83808	1365087	16.17
66	0.01636	83188	1361	82507	1281279	15.40
67	0.01825	81826	1493	81080	1198772	14.65
68	0.02038	80333	1637	79515	1117692	13.91
69	0.02278	78696	1793	77800	1038177	13.19
70	0.02553	76903	1963	75922	960377	12.49
71	0.02865	74940	2147	73867	884455	11.80
72	0.03220	72794	2344	71622	810589	11.14
73	0.03625	70450	2554	69173	738967	10.49
74	0.04087	67895	2775	66508	669794	9.87
75	0.04626	65120	3013	63614	603287	9.26
76	0.05219	62108	3242	60487	539673	8.69
77	0.05888	58866	3466	57133	479186	8.14
78	0.06641	55400	3679	53561	422053	7.62
79	0.07487	51721	3873	49785	368492	7.12
80	0.08439	47849	4038	45830	318707	6.66
81	0.09507	43811	4165	41728	272877	6.23
82	0.10703	39646	4243	37524	231149	5.83
83	0.12042	35402	4263	33271	193625	5.47
84	0.13537	31139	4215	29031	160355	5.15
85-	1.00000	26924	26924	131323	131323	4.88

昭 和 48 年 簡 易 生 命 表 (1973)
男 （MALE）

年　　　齢	死 亡 率	生 存 数	死 亡 数	定 常 人 口		平均余命
x	$_nq_x$	l_x	$_nd_x$	$_nL_x$	T_x	$\overset{\circ}{e}_x$
0 月	0.00850	100000	850	7639	7069684	70.70
1 (m)	0.00093	99150	92	8915	7062046	71.23
2	0.00056	99058	55	8253	7053131	71.20
3	0.00120	99002	119	24736	7044878	71.16
6	0.00159	98884	157	49403	7020143	70.99
0 年	0.01273	100000	1273	98944	7069684	70.70
1 (y)	0.00172	98727	170	98641	6970740	70.61
2	0.00107	98556	105	98504	6872099	69.73
3	0.00093	98451	92	98405	6773595	68.80
4	0.00078	98359	76	98321	6675189	67.87
5	0.00072	98283	71	98247	6576868	66.92
6	0.00063	98212	61	98181	6478621	65.97
7	0.00052	98151	51	98125	6380440	65.01
8	0.00041	98100	41	98079	6282315	64.04
9	0.00033	98059	32	98043	6184235	63.07
10	0.00028	98027	27	98013	6086192	62.09
11	0.00027	97999	26	97986	5988179	61.10
12	0.00030	97973	29	97958	5890193	60.12
13	0.00038	97944	37	97925	5792235	59.14
14	0.00050	97907	49	97882	5694310	58.16
15	0.00077	97858	76	97820	5596427	57.19
16	0.00091	97782	89	97738	5498607	56.23
17	0.00103	97693	101	97642	5400869	55.28
18	0.00113	97592	110	97537	5303227	54.34
19	0.00119	97482	116	97424	5205690	53.40
20	0.00118	97365	115	97308	5108267	52.46
21	0.00120	97250	117	97192	5010959	51.53
22	0.00122	97133	118	97074	4913767	50.59
23	0.00122	97015	118	96956	4816693	49.65
24	0.00122	96897	118	96838	4719737	48.71
25	0.00121	96779	117	96720	4622899	47.77
26	0.00121	96662	117	96604	4526178	46.82
27	0.00122	96545	117	96487	4429575	45.88
28	0.00123	96428	119	96368	4333088	44.94
29	0.00126	96309	122	96248	4236719	43.99
30	0.00130	96187	125	96125	4140471	43.05
31	0.00136	96062	131	95997	4044346	42.10
32	0.00145	95931	139	95862	3948350	41.16
33	0.00156	95792	149	95718	3852488	40.22
34	0.00169	95643	161	95562	3756770	39.28
35	0.00185	95482	176	95393	3661208	38.34
36	0.00202	95305	192	95209	3565815	37.41
37	0.00221	95113	210	95008	3470605	36.49
38	0.00242	94903	229	94788	3375598	35.57
39	0.00264	94673	250	94548	3280810	34.65
40	0.00292	94423	276	94285	3186261	33.74
41	0.00316	94147	298	93998	3091976	32.84
42	0.00340	93850	319	93690	2997978	31.94
43	0.00363	93531	340	93361	2904288	31.05
44	0.00387	93191	361	93011	2810926	30.16

年　　齢	死亡率	生存数	死亡数	定　常　人　口		平均余命
x	$_nq_x$	l_x	$_nd_x$	$_nL_x$	T_x	$\overset{\circ}{e}_x$
45	0.00408	92830	379	92641	2717916	29.28
46	0.00436	92451	403	92249	2625275	28.40
47	0.00468	92048	431	91832	2533026	27.52
48	0.00505	91617	463	91385	2441194	26.65
49	0.00547	91154	498	90905	2349808	25.78
50	0.00597	90656	541	90385	2258904	24.92
51	0.00650	90115	586	89822	2168519	24.06
52	0.00709	89529	635	89211	2078697	23.22
53	0.00776	88894	690	88549	1989486	22.38
54	0.00851	88204	750	87829	1900937	21.55
55	0.00936	87453	819	87044	1813108	20.73
56	0.01029	86635	892	86189	1726064	19.92
57	0.01133	85743	972	85257	1639875	19.13
58	0.01249	84771	1059	84241	1554619	18.34
59	0.01379	83712	1154	83135	1470377	17.56
60	0.01521	82558	1256	81930	1387242	16.80
61	0.01685	81302	1370	80617	1305313	16.06
62	0.01869	79932	1494	79185	1224696	15.32
63	0.02077	78438	1629	77624	1145510	14.60
64	0.02308	76809	1773	75923	1067887	13.90
65	0.02582	75036	1938	74067	991964	13.22
66	0.02864	73099	2094	72052	917897	12.56
67	0.03172	71005	2252	69879	845845	11.91
68	0.03510	68753	2413	67546	775966	11.29
69	0.03882	66340	2575	65052	708420	10.68
70	0.04288	63765	2734	62397	643368	10.09
71	0.04744	61030	2896	59582	580970	9.52
72	0.05252	58135	3053	56608	521388	8.97
73	0.05818	55081	3204	53479	464780	8.44
74	0.06447	51877	3345	50205	411301	7.93
75	0.07158	48532	3474	46795	361096	7.44
76	0.07935	45058	3575	43271	314301	6.98
77	0.08795	41483	3648	39659	271030	6.53
78	0.09745	37835	3687	35991	231371	6.12
79	0.10794	34148	3686	32305	195380	5.72
80	0.11952	30462	3641	28641	163075	5.35
81	0.13226	26821	3547	25047	134434	5.01
82	0.14627	23274	3404	21572	109387	4.70
83	0.16164	19869	3212	18264	87815	4.42
84	0.17848	16658	2973	15171	69551	4.18
85-	1.00000	13685	13685	54380	54380	3.97

昭 和 48 年 簡 易 生 命 表 （1973）
女 （FEMALE）

年　　齢		死 亡 率	生 存 数	死 亡 数	定 常 人 口		平均余命
x		$_nq_x$	l_x	$_nd_x$	$_nL_x$	T_x	$\overset{\circ}{e}_x$
0	月	0.00624	100000	624	7647	7602074	76.02
1	(m)	0.00073	99376	73	8936	7594426	76.42
2		0.00043	99303	43	8273	7585490	76.39
3		0.00113	99261	112	24801	7577217	76.34
6		0.00136	99148	135	49540	7552416	76.17
0	年	0.00987	100000	987	99198	7602074	76.02
1	(y)	0.00144	99013	143	98941	7502875	75.78
2		0.00083	98870	82	98829	7403934	74.89
3		0.00063	98788	62	98757	7305105	73.95
4		0.00046	98726	45	98703	7206348	72.99
5		0.00042	98681	41	98660	7107645	72.03
6		0.00037	98640	37	98621	7008985	71.06
7		0.00033	98603	32	98587	6910363	70.08
8		0.00029	98571	28	98557	6811777	69.11
9		0.00025	98543	25	98530	6713220	68.13
10		0.00022	98518	22	98507	6614690	67.14
11		0.00021	98496	21	98485	6516183	66.16
12		0.00021	98475	21	98465	6417698	65.17
13		0.00022	98455	22	98444	6319233	64.18
14		0.00024	98433	24	98421	6220789	63.20
15		0.00029	98409	29	98395	6122368	62.21
16		0.00034	98380	33	98364	6023974	61.23
17		0.00038	98347	38	98328	5925610	60.25
18		0.00043	98310	42	98288	5827282	59.27
19		0.00048	98267	47	98243	5728993	58.30
20		0.00055	98220	54	98193	5630750	57.33
21		0.00059	98166	58	98137	5532557	56.36
22		0.00063	98108	61	98078	5434420	55.39
23		0.00065	98047	64	98015	5336342	54.43
24		0.00067	97983	66	97950	5238327	53.46
25		0.00067	97917	65	97884	5140377	52.50
26		0.00068	97851	67	97818	5042493	51.53
27		0.00070	97785	69	97750	4944675	50.57
28		0.00073	97716	71	97680	4846925	49.60
29		0.00076	97645	74	97608	4749245	48.64
30		0.00080	97571	78	97532	4651637	47.67
31		0.00084	97493	82	97452	4554105	46.71
32		0.00088	97411	86	97368	4456653	45.75
33		0.00093	97325	91	97280	4359285	44.79
34		0.00099	97234	96	97186	4262005	43.83
35		0.00105	97138	102	97088	4164819	42.88
36		0.00112	97037	109	96982	4067731	41.92
37		0.00120	96928	117	96870	3970749	40.97
38		0.00130	96812	126	96749	3873879	40.01
39		0.00140	96686	136	96618	3777130	39.07
40		0.00153	96550	148	96476	3680512	38.12
41		0.00166	96402	160	96322	3584035	37.18
42		0.00181	96242	174	96155	3487713	36.24
43		0.00196	96068	189	95974	3391558	35.30
44		0.00213	95879	204	95777	3295585	34.37

年　　齢	死亡率	生存数	死亡数	定　常　人　口		平均余命
x	$_nq_x$	l_x	$_nd_x$	$_nL_x$	T_x	$\overset{\circ}{e}_x$
45	0.00231	95675	221	95564	3199807	33.44
46	0.00252	95454	240	95334	3104243	32.52
47	0.00274	95214	261	95083	3008909	31.60
48	0.00298	94953	283	94811	2913826	30.69
49	0.00325	94670	308	94516	2819015	29.78
50	0.00356	94362	336	94194	2724499	28.87
51	0.00388	94026	364	93844	2630304	27.97
52	0.00421	93662	394	93465	2536460	27.08
53	0.00457	93267	427	93054	2442996	26.19
54	0.00497	92841	462	92610	2349942	25.31
55	0.00542	92379	500	92129	2257332	24.44
56	0.00590	91879	542	91608	2165203	23.57
57	0.00643	91337	587	91043	2073595	22.70
58	0.00703	90750	638	90431	1982551	21.85
59	0.00770	90112	694	89765	1892120	21.00
60	0.00848	89418	758	89039	1802355	20.16
61	0.00935	88660	829	88245	1713316	19.32
62	0.01033	87831	907	87378	1625071	18.50
63	0.01145	86924	995	86426	1537693	17.69
64	0.01273	85928	1094	85381	1451267	16.89
65	0.01427	84834	1211	84229	1365886	16.10
66	0.01593	83624	1332	82958	1281657	15.33
67	0.01780	82292	1465	81560	1198699	14.57
68	0.01993	80827	1611	80022	1117140	13.82
69	0.02235	79217	1771	78331	1037118	13.09
70	0.02517	77446	1949	76471	958786	12.38
71	0.02833	75497	2139	74428	882315	11.69
72	0.03194	73358	2343	72187	807887	11.01
73	0.03606	71016	2561	69735	735700	10.36
74	0.04076	68455	2790	67060	665965	9.73
75	0.04625	65664	3037	64146	598905	9.12
76	0.05232	62627	3277	60989	534759	8.54
77	0.05919	59350	3513	57594	473770	7.98
78	0.06694	55838	3738	53969	416176	7.45
79	0.07568	52100	3943	50128	362208	6.95
80	0.08554	48157	4119	46097	312080	6.48
81	0.09662	44038	4255	41910	265983	6.04
82	0.10907	39783	4339	37613	224073	5.63
83	0.12303	35444	4361	33263	186459	5.26
84	0.13865	31083	4310	28928	153196	4.93
85-	1.00000	26773	26773	124268	124268	4.64

昭和 49 年 簡 易 生 命 表 （1974）

男 （MALE）

年　　齢		死 亡 率	生 存 数	死 亡 数	定 常 人 口		平均余命
x		$_nq_x$	l_x	$_nd_x$	$_nL_x$	T_x	$\mathring{e}_x$
0	週	0.00821	100000	821	7640	7115559	71.16
4	(w)	0.00089	99179	88	8918	7107920	71.67
2	月	0.00047	99091	47	8256	7099002	71.64
3	(m)	0.00113	99044	112	24747	7090746	71.59
6		0.00136	98932	135	49433	7065999	71.42
0	年	0.01202	100000	1202	98993	7115559	71.16
1	(y)	0.00154	98798	152	98722	7016567	71.02
2		0.00101	98646	100	98596	6917845	70.13
3		0.00077	98546	76	98508	6819249	69.20
4		0.00068	98470	67	98436	6720741	68.25
5		0.00063	98403	62	98372	6622304	67.30
6		0.00055	98341	54	98314	6523932	66.34
7		0.00045	98287	44	98265	6425619	65.38
8		0.00036	98243	36	98225	6327354	64.41
9		0.00029	98207	29	98193	6229129	63.43
10		0.00025	98178	24	98166	6130937	62.45
11		0.00024	98154	24	98142	6032771	61.46
12		0.00027	98130	26	98117	5934628	60.48
13		0.00034	98104	33	98087	5836511	59.49
14		0.00044	98071	44	98049	5738424	58.51
15		0.00069	98027	67	97993	5640375	57.54
16		0.00081	97960	80	97920	5542382	56.58
17		0.00092	97880	90	97835	5444462	55.62
18		0.00100	97790	98	97741	5346627	54.67
19		0.00106	97692	104	97640	5248886	53.73
20		0.00106	97588	103	97536	5151246	52.79
21		0.00108	97485	105	97432	5053709	51.84
22		0.00109	97379	107	97326	4956277	50.90
23		0.00110	97273	107	97219	4858951	49.95
24		0.00111	97166	107	97112	4761732	49.01
25		0.00110	97058	107	97005	4664620	48.06
26		0.00111	96952	107	96898	4567615	47.11
27		0.00112	96844	108	96790	4470717	46.16
28		0.00114	96736	111	96681	4373927	45.22
29		0.00118	96625	114	96569	4277246	44.27
30		0.00123	96512	118	96453	4180678	43.32
31		0.00129	96393	125	96331	4084225	42.37
32		0.00138	96269	133	96203	3987894	41.42
33		0.00148	96136	142	96065	3891691	40.48
34		0.00161	95994	154	95917	3795626	39.54
35		0.00175	95840	167	95756	3699710	38.60
36		0.00191	95672	183	95581	3603954	37.67
37		0.00211	95489	201	95389	3508373	36.74
38		0.00232	95288	221	95178	3412984	35.82
39		0.00255	95067	243	94946	3317806	34.90
40		0.00285	94825	270	94690	3222860	33.99
41		0.00310	94554	293	94408	3128171	33.08
42		0.00335	94261	315	94104	3033763	32.18
43		0.00359	93946	337	93777	2939659	31.29
44		0.00383	93609	359	93429	2845882	30.40

年　　齢	死亡率	生存数	死亡数	定　常　人　口		平均余命
x	$_nq_x$	l_x	$_nd_x$	$_nL_x$	T_x	$\overset{\circ}{e}_x$
45	0.00405	93250	378	93061	2752452	29.52
46	0.00432	92872	401	92672	2659391	28.63
47	0.00462	92471	427	92257	2566720	27.76
48	0.00495	92044	456	91816	2474462	26.88
49	0.00533	91588	488	91344	2382646	26.01
50	0.00575	91100	523	90839	2291302	25.15
51	0.00623	90577	565	90295	2200463	24.29
52	0.00679	90012	611	89707	2110169	23.44
53	0.00743	89401	664	89069	2020462	22.60
54	0.00816	88736	724	88375	1931393	21.77
55	0.00902	88013	794	87615	1843019	20.94
56	0.00994	87218	867	86785	1755403	20.13
57	0.01096	86351	946	85878	1668619	19.32
58	0.01210	85405	1033	84888	1582740	18.53
59	0.01337	84372	1128	83808	1497852	17.75
60	0.01476	83244	1229	82629	1414044	16.99
61	0.01636	82015	1342	81344	1331415	16.23
62	0.01815	80673	1464	79941	1250071	15.50
63	0.02015	79209	1596	78411	1170130	14.77
64	0.02240	77613	1738	76744	1091719	14.07
65	0.02499	75875	1896	74927	1014975	13.38
66	0.02774	73979	2053	72953	940048	12.71
67	0.03078	71926	2214	70819	867095	12.06
68	0.03414	69712	2380	68522	796276	11.42
69	0.03784	67332	2548	66058	727754	10.81
70	0.04198	64785	2720	63425	661695	10.21
71	0.04651	62065	2887	60621	598271	9.64
72	0.05152	59178	3049	57654	537649	9.09
73	0.05706	56129	3203	54528	479996	8.55
74	0.06321	52926	3345	51254	425468	8.04
75	0.07004	49581	3473	47845	374214	7.55
76	0.07760	46108	3578	44319	326369	7.08
77	0.08595	42530	3655	40703	282050	6.63
78	0.09517	38875	3700	37025	241347	6.21
79	0.10536	35175	3706	33322	204322	5.81
80	0.11658	31469	3669	29635	171000	5.43
81	0.12894	27800	3585	26008	141365	5.09
82	0.14252	24216	3451	22490	115357	4.76
83	0.15741	20765	3269	19130	92867	4.47
84	0.17372	17496	3040	15976	73736	4.21
85-	1.00000	14457	14457	57760	57760	4.00

昭和 49 年 簡 易 生 命 表 (1974)
女 (FEMALE)

年 齢 x		死 亡 率 $_nq_x$	生 存 数 l_x	死 亡 数 $_nd_x$	定 常 人 口 $_nL_x$	T_x	平均余命 $\overset{\circ}{e}_x$
0	週	0.00595	100000	595	7648	7631174	76.31
4	(w)	0.00072	99405	71	8939	7623525	76.69
2	月	0.00043	99334	43	8276	7614587	76.66
3	(m)	0.00105	99291	104	24810	7606311	76.61
6		0.00120	99186	119	49563	7581501	76.44
0	年	0.00933	100000	933	99236	7631174	76.31
1	(y)	0.00133	99067	132	99001	7531938	76.03
2		0.00078	98935	78	98896	7432937	75.13
3		0.00060	98857	60	98828	7334040	74.19
4		0.00048	98798	47	98774	7235213	73.23
5		0.00039	98750	39	98731	7136439	72.27
6		0.00032	98712	32	98696	7037708	71.30
7		0.00027	98680	27	98666	6939012	70.32
8		0.00023	98653	23	98641	6840346	69.34
9		0.00021	98630	20	98620	6741705	68.35
10		0.00019	98609	19	98600	6643085	67.37
11		0.00019	98590	19	98581	6544485	66.38
12		0.00020	98572	20	98562	6445904	65.39
13		0.00022	98552	21	98541	6347343	64.41
14		0.00024	98531	24	98519	6248801	63.42
15		0.00027	98507	27	98494	6150282	62.44
16		0.00031	98480	30	98465	6051789	61.45
17		0.00035	98450	35	98432	5953324	60.47
18		0.00040	98415	39	98396	5854891	59.49
19		0.00044	98376	44	98354	5756496	58.52
20		0.00051	98332	50	98308	5658142	57.54
21		0.00055	98283	54	98256	5559834	56.57
22		0.00058	98229	57	98200	5461578	55.60
23		0.00061	98172	60	98142	5363378	54.63
24		0.00063	98112	62	98081	5265236	53.67
25		0.00063	98050	61	98019	5167156	52.70
26		0.00064	97989	63	97957	5069136	51.73
27		0.00066	97926	65	97893	4971179	50.76
28		0.00068	97861	67	97828	4873285	49.80
29		0.00071	97794	70	97759	4775458	48.83
30		0.00076	97724	74	97687	4677699	47.87
31		0.00080	97650	78	97612	4580011	46.90
32		0.00084	97573	82	97532	4482400	45.94
33		0.00089	97491	87	97447	4384868	44.98
34		0.00095	97404	92	97358	4287421	44.02
35		0.00101	97312	98	97263	4190063	43.06
36		0.00108	97214	105	97162	4092800	42.10
37		0.00116	97109	113	97053	3995638	41.15
38		0.00125	96997	121	96936	3898585	40.19
39		0.00136	96875	131	96810	3801649	39.24
40		0.00148	96744	143	96673	3704840	38.30
41		0.00160	96601	155	96524	3608167	37.35
42		0.00174	96446	168	96363	3511643	36.41
43		0.00189	96279	182	96188	3415281	35.47
44		0.00205	96097	197	95998	3319093	34.54

年 齢	死 亡 率	生 存 数	死 亡 数	定 常 人 口		平均余命
x	$_nq_x$	l_x	$_nd_x$	$_nL_x$	T_x	$\overset{\circ}{e}_x$
45	0.00223	95900	213	95793	3223094	33.61
46	0.00242	95687	231	95571	3127301	32.68
47	0.00263	95455	251	95330	3031730	31.76
48	0.00285	95205	272	95069	2936400	30.84
49	0.00310	94933	295	94785	2841331	29.93
50	0.00339	94638	321	94478	2746546	29.02
51	0.00369	94317	348	94143	2652068	28.12
52	0.00401	93969	377	93781	2557925	27.22
53	0.00436	93593	408	93389	2464144	26.33
54	0.00475	93184	442	92963	2370755	25.44
55	0.00519	92742	482	92501	2277792	24.56
56	0.00567	92260	523	91999	2185291	23.69
57	0.00619	91738	568	91454	2093292	22.82
58	0.00678	91170	618	90861	2001838	21.96
59	0.00744	90552	673	90216	1910977	21.10
60	0.00820	89879	737	89511	1820761	20.26
61	0.00904	89142	806	88739	1731251	19.42
62	0.01001	88336	884	87894	1642512	18.59
63	0.01111	87452	971	86966	1554618	17.78
64	0.01236	86481	1069	85946	1467652	16.97
65	0.01388	85412	1185	84819	1381705	16.18
66	0.01550	84226	1306	83574	1296886	15.40
67	0.01735	82921	1438	82202	1213313	14.63
68	0.01945	81482	1585	80690	1131111	13.88
69	0.02185	79898	1746	79025	1050421	13.15
70	0.02464	78152	1926	77189	971396	12.43
71	0.02779	76226	2118	75167	894207	11.73
72	0.03138	74108	2326	72945	819039	11.05
73	0.03550	71783	2548	70508	746094	10.39
74	0.04021	69234	2784	67842	675585	9.76
75	0.04573	66450	3039	64931	607743	9.15
76	0.05184	63412	3287	61768	542812	8.56
77	0.05876	60124	3533	58358	481044	8.00
78	0.06659	56591	3769	54707	422686	7.47
79	0.07545	52823	3985	50830	367979	6.97
80	0.08544	48837	4173	46751	317149	6.49
81	0.09671	44665	4320	42505	270398	6.05
82	0.10940	40345	4414	38138	227893	5.65
83	0.12364	35931	4443	33710	189755	5.28
84	0.13961	31489	4396	29291	156045	4.96
85-	1.00000	27092	27092	126755	126755	4.68

昭和50年簡易生命表 (1975)
男 (MALE)

年　　齢	死亡率	生存数	死亡数	定　常　人　口		平均余命
x	$_nq_x$	l_x	$_nd_x$	$_nL_x$	T_x	$\overset{\circ}{e}_x$
0　週	0.00772	100000	772	7642	7176035	71.76
4　(w)	0.00077	99228	76	8923	7168393	72.24
2　月	0.00043	99152	42	8261	7159471	72.21
3　(m)	0.00104	99110	103	24765	7151210	72.15
6	0.00119	99007	117	49474	7126445	71.98
0　年	0.01110	100000	1110	99064	7176035	71.76
1　(y)	0.00146	98890	144	98818	7076971	71.56
2	0.00098	98746	97	98697	6978153	70.67
3	0.00076	98649	75	98611	6879456	69.74
4	0.00063	98573	62	98543	6780845	68.79
5	0.00060	98512	59	98482	6682302	67.83
6	0.00053	98453	52	98426	6583820	66.87
7	0.00045	98400	44	98378	6485394	65.91
8	0.00037	98356	36	98338	6387016	64.94
9	0.00030	98320	29	98305	6288678	63.96
10	0.00025	98291	25	98278	6190373	62.98
11	0.00024	98266	24	98254	6092094	62.00
12	0.00027	98242	26	98229	5993840	61.01
13	0.00033	98216	32	98200	5895610	60.03
14	0.00043	98184	42	98163	5797410	59.05
15	0.00066	98142	65	98110	5699247	58.07
16	0.00078	98077	77	98039	5601137	57.11
17	0.00088	98001	87	97957	5503098	56.15
18	0.00097	97914	95	97867	5405141	55.20
19	0.00103	97819	100	97769	5307274	54.26
20	0.00103	97719	101	97669	5209505	53.31
21	0.00105	97618	103	97567	5111837	52.37
22	0.00106	97515	104	97463	5014270	51.42
23	0.00106	97412	103	97360	4916807	50.47
24	0.00105	97308	103	97257	4819447	49.53
25	0.00102	97206	99	97156	4722190	48.58
26	0.00102	97107	99	97057	4625034	47.63
27	0.00102	97008	99	96958	4527977	46.68
28	0.00105	96909	101	96858	4431018	45.72
29	0.00108	96807	105	96755	4334161	44.77
30	0.00116	96702	112	96646	4237406	43.82
31	0.00123	96590	118	96531	4140759	42.87
32	0.00130	96472	126	96409	4044228	41.92
33	0.00140	96346	134	96279	3947819	40.98
34	0.00150	96212	144	96139	3851540	40.03
35	0.00160	96067	154	95991	3755401	39.09
36	0.00175	95914	167	95830	3659410	38.15
37	0.00192	95746	184	95654	3563580	37.22
38	0.00212	95563	203	95461	3467926	36.29
39	0.00235	95360	224	95248	3372465	35.37
40	0.00263	95136	251	95011	3277217	34.45
41	0.00289	94886	274	94748	3182206	33.54
42	0.00316	94611	299	94462	3087457	32.63
43	0.00343	94312	324	94151	2992995	31.73
44	0.00371	93989	349	93815	2898845	30.84

年　　齢	死亡率	生存数	死亡数	定　常　人　口		平均余命
x	$_nq_x$	l_x	$_nd_x$	$_nL_x$	T_x	$\overset{\circ}{e}_x$
45	0.00402	93640	376	93452	2805030	29.96
46	0.00431	93264	402	93063	2711578	29.07
47	0.00461	92862	428	92648	2618515	28.20
48	0.00492	92434	454	92207	2525867	27.33
49	0.00525	91980	483	91738	2433660	26.46
50	0.00552	91497	505	91244	2341922	25.60
51	0.00597	90992	543	90720	2250677	24.73
52	0.00650	90449	588	90155	2159957	23.88
53	0.00713	89861	641	89540	2069802	23.03
54	0.00786	89220	702	88869	1980262	22.20
55	0.00886	88518	784	88126	1891393	21.37
56	0.00975	87734	856	87307	1803267	20.55
57	0.01072	86879	931	86413	1715960	19.75
58	0.01176	85948	1010	85442	1629547	18.96
59	0.01289	84937	1095	84390	1544104	18.18
60	0.01403	83843	1177	83254	1459714	17.41
61	0.01546	82666	1278	82027	1376460	16.65
62	0.01708	81388	1390	80693	1294433	15.90
63	0.01893	79998	1515	79240	1213741	15.17
64	0.02104	78483	1651	77657	1134500	14.46
65	0.02338	76832	1797	75934	1056843	13.76
66	0.02608	75035	1957	74057	980909	13.07
67	0.02912	73078	2128	72014	906853	12.41
68	0.03252	70950	2307	69796	834839	11.77
69	0.03630	68642	2492	67396	765043	11.15
70	0.04076	66151	2697	64802	697646	10.55
71	0.04525	63454	2871	62019	632844	9.97
72	0.05007	60583	3033	59066	570825	9.42
73	0.05527	57550	3181	55959	511759	8.89
74	0.06091	54369	3311	52713	455800	8.38
75	0.06680	51057	3410	49352	403087	7.89
76	0.07357	47647	3505	45894	353735	7.42
77	0.08101	44142	3576	42354	307841	6.97
78	0.08920	40566	3618	38756	265487	6.54
79	0.09818	36947	3627	35134	226731	6.14
80	0.10803	33320	3599	31520	191597	5.75
81	0.11881	29720	3531	27955	160077	5.39
82	0.13062	26189	3421	24479	132122	5.04
83	0.14351	22768	3268	21135	107643	4.73
84	0.15758	19501	3073	17965	86509	4.44
85-	1.00000	16428	16428	68544	68544	4.17

昭和50年簡易生命表（1975）
女（FEMALE）

年　　齢	死亡率	生存数	死亡数	定　常　人　口		平均余命
x	$_nq_x$	l_x	$_nd_x$	$_nL_x$	T_x	$\overset{\circ}{e}_x$
0　　週	0.00580	100000	580	7649	7695251	76.95
4　(w)	0.00066	99420	66	8940	7687602	77.32
2　　月	0.00041	99354	41	8278	7678661	77.29
3　(m)	0.00084	99314	83	24818	7670383	77.23
6	0.00103	99231	103	49590	7645565	77.05
0　　年	0.00872	100000	872	99275	7695251	76.95
1　(y)	0.00123	99128	122	99067	7595976	76.63
2	0.00073	99006	72	98970	7496909	75.72
3	0.00053	98934	53	98907	7397939	74.78
4	0.00043	98881	42	98860	7299032	73.82
5	0.00036	98839	36	98821	7200172	72.85
6	0.00031	98803	30	98788	7101351	71.87
7	0.00026	98773	26	98760	7002563	70.90
8	0.00022	98747	22	98736	6903803	69.91
9	0.00020	98725	20	98715	6805067	68.93
10	0.00019	98705	18	98696	6706352	67.94
11	0.00018	98687	18	98678	6607656	66.96
12	0.00019	98669	19	98660	6508978	65.97
13	0.00020	98650	20	98640	6410319	64.98
14	0.00022	98630	22	98619	6311678	63.99
15	0.00025	98608	25	98596	6213059	63.01
16	0.00029	98583	28	98569	6114463	62.02
17	0.00033	98555	32	98539	6015894	61.04
18	0.00037	98523	37	98504	5917355	60.06
19	0.00042	98486	41	98465	5818851	59.08
20	0.00048	98445	47	98421	5720385	58.11
21	0.00052	98398	51	98372	5621964	57.14
22	0.00055	98346	54	98319	5523592	56.16
23	0.00058	98292	57	98264	5425273	55.20
24	0.00060	98235	59	98206	5327009	54.23
25	0.00059	98177	58	98148	5228803	53.26
26	0.00060	98119	59	98089	5130656	52.29
27	0.00062	98060	61	98030	5032566	51.32
28	0.00064	97999	63	97968	4934537	50.35
29	0.00067	97937	65	97904	4836569	49.38
30	0.00071	97871	70	97836	4738665	48.42
31	0.00075	97801	73	97765	4640829	47.45
32	0.00079	97728	78	97689	4543064	46.49
33	0.00084	97651	82	97609	4445374	45.52
34	0.00090	97568	88	97525	4347765	44.56
35	0.00096	97481	93	97434	4250241	43.60
36	0.00103	97388	100	97338	4152806	42.64
37	0.00111	97288	108	97234	4055469	41.69
38	0.00120	97180	116	97122	3958235	40.73
39	0.00130	97064	126	97001	3861113	39.78
40	0.00142	96938	138	96869	3764112	38.83
41	0.00154	96800	149	96726	3667243	37.88
42	0.00167	96651	162	96570	3570517	36.94
43	0.00181	96490	175	96402	3473947	36.00
44	0.00197	96315	189	96220	3377545	35.07

年　　齢	死 亡 率	生 存 数	死 亡 数	定　常　人　口		平均余命
x	$_nq_x$	l_x	$_nd_x$	$_nL_x$	T_x	$\mathring{e}_x$
45	0.00212	96125	204	96023	3281325	34.14
46	0.00231	95922	221	95811	3185301	33.21
47	0.00251	95700	241	95580	3089490	32.28
48	0.00274	95459	262	95328	2993911	31.36
49	0.00300	95197	285	95055	2898582	30.45
50	0.00330	94912	314	94755	2803527	29.54
51	0.00360	94598	341	94428	2708772	28.63
52	0.00391	94258	369	94073	2614344	27.74
53	0.00425	93889	399	93689	2520271	26.84
54	0.00461	93490	431	93274	2426581	25.96
55	0.00502	93058	467	92825	2333307	25.07
56	0.00545	92591	505	92339	2240483	24.20
57	0.00592	92086	546	91814	2148144	23.33
58	0.00645	91541	591	91246	2056330	22.46
59	0.00704	90950	641	90630	1965085	21.61
60	0.00777	90309	701	89959	1874455	20.76
61	0.00851	89608	763	89227	1784496	19.91
62	0.00936	88845	832	88429	1695269	19.08
63	0.01033	88014	909	87559	1606840	18.26
64	0.01144	87105	996	86607	1519280	17.44
65	0.01264	86109	1088	85564	1432674	16.64
66	0.01417	85020	1205	84418	1347109	15.84
67	0.01598	83815	1339	83146	1262692	15.07
68	0.01809	82476	1492	81730	1179546	14.30
69	0.02054	80984	1664	80153	1097816	13.56
70	0.02361	79321	1872	78385	1017663	12.83
71	0.02676	77448	2073	76412	939278	12.13
72	0.03029	75376	2283	74234	862866	11.45
73	0.03424	73093	2503	71841	788632	10.79
74	0.03869	70590	2731	69224	716791	10.15
75	0.04365	67859	2962	66378	647567	9.54
76	0.04933	64897	3201	63296	581189	8.96
77	0.05574	61695	3439	59976	517893	8.39
78	0.06297	58256	3668	56422	457918	7.86
79	0.07112	54588	3882	52647	401495	7.36
80	0.08030	50706	4072	48670	348849	6.88
81	0.09062	46634	4226	44521	300179	6.44
82	0.10220	42408	4334	40241	255658	6.03
83	0.11518	38074	4385	35881	215417	5.66
84	0.12971	33689	4370	31504	179535	5.33
85-	1.00000	29319	29319	148031	148031	5.05

昭和 51 年 簡 易 生 命 表 (1976)

男 (MALE)

年　　齢	死亡率	生存数	死亡数	定　常　人　口		平均余命
x	$_nq_x$	l_x	$_nd_x$	$_nL_x$	T_x	$\overset{\circ}{e}_x$
0　週	0.00597	100000	597	1912	7214698	72.15
1　(w)	0.00076	99403	75	1906	7212786	72.56
2	0.00035	99328	34	1905	7210880	72.60
3	0.00024	99294	24	1904	7208976	72.60
4	0.00071	99270	70	8927	7207072	72.60
2　月	0.00042	99199	42	8265	7198145	72.56
3　(m)	0.00089	99158	88	24778	7189880	72.51
6	0.00107	99069	106	49508	7165102	72.32
0　年	0.01037	100000	1037	99104	7214698	72.15
1　(y)	0.00131	98963	130	98898	7115594	71.90
2	0.00088	98833	87	98790	7016696	71.00
3	0.00071	98746	70	98711	6917906	70.06
4	0.00059	98676	59	98647	6819195	69.11
5	0.00055	98617	54	98590	6720548	68.15
6	0.00047	98563	47	98540	6621958	67.18
7	0.00039	98517	39	98497	6523418	66.22
8	0.00032	98478	32	98462	6424921	65.24
9	0.00026	98446	26	98433	6326459	64.26
10	0.00023	98420	23	98409	6228026	63.28
11	0.00023	98398	22	98387	6129617	62.29
12	0.00026	98375	25	98363	6031230	61.31
13	0.00032	98350	32	98334	5932867	60.32
14	0.00042	98318	41	98298	5834533	59.34
15	0.00063	98277	62	98246	5736235	58.37
16	0.00074	98215	73	98179	5637989	57.40
17	0.00084	98143	82	98102	5539810	56.45
18	0.00092	98060	90	98016	5441709	55.49
19	0.00097	97971	95	97923	5343693	54.54
20	0.00098	97875	96	97827	5245770	53.60
21	0.00100	97779	98	97730	5147943	52.65
22	0.00101	97682	99	97632	5050212	51.70
23	0.00101	97583	99	97534	4952580	50.75
24	0.00100	97484	98	97435	4855046	49.80
25	0.00097	97386	95	97339	4757611	48.85
26	0.00097	97291	95	97244	4660272	47.90
27	0.00098	97197	95	97149	4563028	46.95
28	0.00100	97102	97	97053	4465879	45.99
29	0.00103	97005	100	96955	4368826	45.04
30	0.00109	96905	106	96852	4271871	44.08
31	0.00115	96799	111	96743	4175019	43.13
32	0.00122	96688	118	96629	4078275	42.18
33	0.00130	96570	126	96507	3981647	41.23
34	0.00140	96444	135	96376	3885140	40.28
35	0.00149	96309	143	96237	3788764	39.34
36	0.00163	96166	156	96087	3692527	38.40
37	0.00180	96009	173	95923	3596439	37.46
38	0.00200	95836	191	95741	3500517	36.53
39	0.00223	95645	213	95539	3404776	35.60
40	0.00252	95432	240	95312	3309237	34.68
41	0.00278	95192	265	95060	3213925	33.76
42	0.00306	94927	291	94782	3118865	32.86
43	0.00335	94637	317	94478	3024083	31.95
44	0.00364	94320	344	94148	2929605	31.06

202

年　　齢	死 亡 率	生 存 数	死 亡 数	定　常　人　口		平均余命
x	q_x	l_x	d_x	L_x	T_x	$\overset{\circ}{e}_x$
45	0.00398	93976	374	93789	2835457	30.17
46	0.00428	93602	401	93402	2741668	29.29
47	0.00458	93201	427	92987	2648266	28.41
48	0.00489	92774	454	92547	2555279	27.54
49	0.00521	92320	481	92079	2462732	26.68
50	0.00547	91839	502	91588	2370652	25.81
51	0.00588	91337	537	91068	2279064	24.95
52	0.00637	90799	579	90510	2187996	24.10
53	0.00695	90221	627	89907	2097486	23.25
54	0.00763	89593	683	89252	2007579	22.41
55	0.00852	88910	757	88531	1918327	21.58
56	0.00936	88153	825	87740	1829796	20.76
57	0.01029	87328	899	86878	1742056	19.95
58	0.01131	86429	977	85940	1655178	19.15
59	0.01243	85452	1062	84921	1569237	18.36
60	0.01366	84390	1152	83814	1484316	17.59
61	0.01505	83238	1252	82612	1400502	16.83
62	0.01661	81985	1362	81305	1317890	16.07
63	0.01837	80624	1481	79883	1236586	15.34
64	0.02036	79143	1611	78337	1156702	14.62
65	0.02243	77531	1739	76662	1078365	13.91
66	0.02504	75792	1897	74843	1001704	13.22
67	0.02801	73895	2070	72859	926860	12.54
68	0.03139	71824	2255	70697	854001	11.89
69	0.03518	69570	2447	68346	783304	11.26
70	0.03981	67123	2672	65786	714957	10.65
71	0.04431	64450	2856	63022	649171	10.07
72	0.04911	61595	3025	60082	586149	9.52
73	0.05424	58570	3177	56981	526066	8.98
74	0.05977	55393	3311	53738	469085	8.47
75	0.06541	52082	3407	50379	415347	7.97
76	0.07202	48676	3506	46923	364968	7.50
77	0.07929	45170	3581	43379	318046	7.04
78	0.08727	41588	3630	39774	274667	6.60
79	0.09604	37959	3645	36136	234893	6.19
80	0.10564	34313	3625	32501	198757	5.79
81	0.11617	30688	3565	28906	166256	5.42
82	0.12768	27123	3463	25392	137350	5.06
83	0.14026	23660	3319	22001	111959	4.73
84	0.15398	20342	3132	18776	89958	4.42
85-	1.00000	17210	17210	71182	71182	4.14

昭 和 51 年 簡 易 生 命 表（1976）
女 （FEMALE）

年　　齢		死 亡 率	生 存 数	死 亡 数	定 常 人 口		平均余命
x		nq_x	l_x	nd_x	nL_x	T_x	$\overset{\circ}{e}_x$
0	週	0.00423	100000	423	1914	7734929	77.35
1	(w)	0.00065	99577	65	1909	7733015	77.66
2		0.00026	99512	26	1908	7731106	77.69
3		0.00019	99486	19	1908	7729198	77.69
4		0.00059	99467	59	8945	7727290	77.69
2	月	0.00041	99408	41	8282	7718345	77.64
3	(m)	0.00078	99368	78	24832	7710063	77.59
6		0.00102	99290	101	49620	7685231	77.40
0	年	0.00812	100000	812	99318	7734929	77.35
1	(y)	0.00120	99188	119	99129	7635611	76.98
2		0.00065	99069	64	99037	7536482	76.07
3		0.00048	99005	47	98982	7437445	75.12
4		0.00041	98958	41	98938	7338463	74.16
5		0.00036	98918	35	98900	7239525	73.19
6		0.00031	98882	30	98867	7140625	72.21
7		0.00026	98852	26	98839	7041758	71.24
8		0.00023	98826	22	98815	6942920	70.25
9		0.00020	98803	19	98794	6844105	69.27
10		0.00018	98784	18	98775	6745311	68.28
11		0.00017	98766	17	98758	6646536	67.30
12		0.00017	98750	17	98742	6547778	66.31
13		0.00018	98733	18	98724	6449036	65.32
14		0.00020	98716	20	98706	6350312	64.33
15		0.00023	98696	23	98685	6251606	63.34
16		0.00027	98673	26	98660	6152921	62.36
17		0.00030	98647	30	98632	6054262	61.37
18		0.00034	98617	34	98600	5955630	60.39
19		0.00038	98583	38	98564	5857030	59.41
20		0.00043	98545	43	98524	5758467	58.43
21		0.00047	98502	46	98479	5659943	57.46
22		0.00050	98456	49	98432	5561464	56.49
23		0.00053	98407	52	98381	5463032	55.51
24		0.00055	98355	54	98328	5364651	54.54
25		0.00055	98301	54	98274	5266323	53.57
26		0.00057	98247	56	98219	5168049	52.60
27		0.00059	98191	58	98163	5069829	51.63
28		0.00061	98134	60	98104	4971667	50.66
29		0.00063	98074	62	98043	4873563	49.69
30		0.00066	98012	65	97980	4775520	48.72
31		0.00070	97947	68	97913	4677540	47.76
32		0.00073	97879	72	97843	4579627	46.79
33		0.00078	97807	76	97769	4481784	45.82
34		0.00083	97731	81	97690	4384015	44.86
35		0.00088	97650	86	97607	4286325	43.89
36		0.00095	97564	93	97517	4188718	42.93
37		0.00103	97471	100	97421	4091201	41.97
38		0.00111	97371	108	97317	3993780	41.02
39		0.00121	97263	117	97204	3896463	40.06
40		0.00131	97146	128	97082	3799259	39.11
41		0.00143	97018	139	96949	3702177	38.16
42		0.00156	96879	151	96803	3605228	37.21
43		0.00170	96728	165	96645	3508425	36.27
44		0.00186	96563	180	96473	3411780	35.33

年　　齢	死亡率	生存数	死亡数	定　常　人　口		平均余命
x	$_nq_x$	l_x	$_nd_x$	$_nL_x$	T_x	$\overset{\circ}{e}_x$
45	0.00204	96383	197	96285	3315307	34.40
46	0.00222	96187	214	96080	3219022	33.47
47	0.00242	95973	232	95857	3122942	32.54
48	0.00263	95741	252	95615	3027085	31.62
49	0.00286	95489	273	95352	2931470	30.70
50	0.00311	95215	296	95067	2836119	29.79
51	0.00339	94919	321	94758	2741052	28.88
52	0.00368	94597	348	94423	2646294	27.97
53	0.00401	94249	378	94060	2551870	27.08
54	0.00436	93871	410	93667	2457810	26.18
55	0.00480	93462	448	93238	2364143	25.30
56	0.00522	93013	486	92771	2270906	24.41
57	0.00568	92528	525	92265	2178135	23.54
58	0.00618	92002	569	91718	2085870	22.67
59	0.00674	91434	616	91126	1994152	21.81
60	0.00738	90818	670	90483	1903026	20.95
61	0.00809	90148	729	89783	1812543	20.11
62	0.00891	89419	797	89020	1722760	19.27
63	0.00985	88622	873	88185	1633740	18.43
64	0.01095	87749	961	87268	1545555	17.61
65	0.01219	86788	1058	86259	1458286	16.80
66	0.01369	85730	1174	85143	1372028	16.00
67	0.01544	84556	1306	83903	1286885	15.22
68	0.01748	83250	1455	82523	1202982	14.45
69	0.01983	81795	1622	80984	1120459	13.70
70	0.02273	80173	1823	79262	1039475	12.97
71	0.02576	78350	2019	77341	960214	12.26
72	0.02916	76332	2226	75218	882873	11.57
73	0.03299	74105	2445	72883	807654	10.90
74	0.03730	71661	2673	70325	734771	10.25
75	0.04214	68988	2907	67535	664447	9.63
76	0.04766	66081	3150	64506	596912	9.03
77	0.05390	62931	3392	61235	532406	8.46
78	0.06094	59539	3629	57725	471171	7.91
79	0.06889	55911	3852	53985	413446	7.39
80	0.07784	52059	4052	50033	359461	6.90
81	0.08792	48006	4221	45896	309429	6.45
82	0.09924	43786	4345	41613	263533	6.02
83	0.11195	39440	4415	37233	221920	5.63
84	0.12618	35025	4419	32815	184687	5.27
85-	1.00000	30605	30605	151872	151872	4.96

昭和 52 年 簡 易 生 命 表 （1977）

男 （MALE）

年　　齢		死 亡 率	生 存 数	死 亡 数	定 常 人 口		平均余命
x		nq_x	l_x	nd_x	nL_x	T_x	$\overset{\circ}{e}_x$
0	週	0.00568	100000	568	1912	7269229	72.69
1	(w)	0.00070	99432	70	1906	7267316	73.09
2		0.00035	99362	35	1905	7265410	73.12
3		0.00024	99327	24	1905	7263505	73.13
4		0.00068	99304	67	8930	7261600	73.13
2	月	0.00038	99237	38	8268	7252670	73.08
3	(m)	0.00089	99199	88	24789	7244402	73.03
6		0.00103	99111	102	49530	7219613	72.84
0	年	0.00991	100000	991	99146	7269229	72.69
1	(y)	0.00128	99009	127	98946	7170083	72.42
2		0.00077	98882	76	98844	7071137	71.51
3		0.00067	98806	66	98773	6972293	70.57
4		0.00056	98740	56	98712	6873520	69.61
5		0.00053	98685	52	98659	6774807	68.65
6		0.00046	98633	45	98610	6676149	67.69
7		0.00038	98587	38	98568	6577539	66.72
8		0.00031	98549	31	98534	6478971	65.74
9		0.00025	98519	25	98506	6380437	64.76
10		0.00021	98494	21	98483	6281930	63.78
11		0.00020	98473	20	98463	6183447	62.79
12		0.00023	98453	22	98442	6084984	61.81
13		0.00028	98430	28	98416	5986543	60.82
14		0.00037	98403	36	98384	5888126	59.84
15		0.00056	98366	55	98339	5789742	58.86
16		0.00067	98311	66	98278	5691403	57.89
17		0.00076	98245	75	98208	5593125	56.93
18		0.00084	98170	83	98129	5494917	55.97
19		0.00090	98087	89	98043	5396789	55.02
20		0.00092	97999	90	97954	5298746	54.07
21		0.00095	97908	93	97862	5200792	53.12
22		0.00097	97815	95	97768	5102930	52.17
23		0.00098	97720	96	97673	5005162	51.22
24		0.00098	97625	96	97577	4907490	50.27
25		0.00097	97529	94	97482	4809913	49.32
26		0.00097	97435	94	97388	4712431	48.36
27		0.00097	97341	95	97293	4615043	47.41
28		0.00098	97246	96	97198	4517750	46.46
29		0.00101	97150	98	97102	4420552	45.50
30		0.00104	97053	101	97002	4323450	44.55
31		0.00109	96952	106	96899	4226448	43.59
32		0.00115	96846	111	96790	4129549	42.64
33		0.00123	96735	119	96675	4032759	41.69
34		0.00133	96616	128	96552	3936083	40.74
35		0.00144	96488	139	96418	3839532	39.79
36		0.00158	96348	152	96272	3743114	38.85
37		0.00174	96196	167	96113	3646841	37.91
38		0.00192	96029	184	95937	3550729	36.98
39		0.00212	95845	203	95744	3454791	36.05
40		0.00234	95642	224	95530	3359048	35.12
41		0.00259	95419	247	95295	3263517	34.20
42		0.00287	95171	273	95035	3168222	33.29
43		0.00317	94898	301	94748	3073187	32.38
44		0.00349	94598	331	94432	2978439	31.49

年 齢	死 亡 率	生 存 数	死 亡 数	定 常 人 口		平均余命
x	$_nq_x$	l_x	$_nd_x$	$_nL_x$	T_x	$\mathring{e}_x$
45	0.00391	94267	369	94083	2884007	30.59
46	0.00425	93898	399	93698	2789924	29.71
47	0.00458	93499	428	93285	2696226	28.84
48	0.00491	93071	457	92842	2602941	27.97
49	0.00524	92614	485	92371	2510099	27.10
50	0.00551	92129	507	91875	2417728	26.24
51	0.00589	91622	539	91352	2325853	25.39
52	0.00633	91082	576	90794	2234501	24.53
53	0.00683	90506	618	90197	2143707	23.69
54	0.00741	89888	666	89555	2053510	22.85
55	0.00811	89222	723	88860	1963955	22.01
56	0.00886	88499	784	88107	1875095	21.19
57	0.00972	87715	852	87288	1786988	20.37
58	0.01068	86862	928	86399	1699700	19.57
59	0.01177	85935	1011	85429	1613301	18.77
60	0.01303	84923	1107	84370	1527872	17.99
61	0.01440	83817	1207	83213	1443502	17.22
62	0.01592	82610	1315	81952	1360289	16.47
63	0.01762	81294	1432	80578	1278337	15.72
64	0.01952	79862	1559	79083	1197759	15.00
65	0.02158	78303	1690	77458	1118676	14.29
66	0.02399	76614	1838	75695	1041217	13.59
67	0.02670	74776	1996	73778	965523	12.91
68	0.02974	72780	2165	71697	891745	12.25
69	0.03314	70615	2341	69445	820048	11.61
70	0.03714	68275	2536	67007	750603	10.99
71	0.04128	65739	2714	64382	683596	10.40
72	0.04579	63025	2886	61582	619214	9.82
73	0.05072	60139	3051	58614	557632	9.27
74	0.05613	57089	3205	55486	499018	8.74
75	0.06197	53884	3339	52215	443532	8.23
76	0.06856	50545	3465	48812	391317	7.74
77	0.07584	47080	3571	45294	342505	7.27
78	0.08389	43509	3650	41684	297210	6.83
79	0.09275	39859	3697	38011	255526	6.41
80	0.10252	36162	3707	34308	217516	6.01
81	0.11327	32455	3676	30617	183207	5.64
82	0.12509	28779	3600	26979	152590	5.30
83	0.13805	25179	3476	23441	125612	4.99
84	0.15225	21703	3304	20051	102171	4.71
85-	1.00000	18399	18399	82120	82120	4.46

昭和52年簡易生命表（1977）

女 （FEMALE）

年　　齢		死亡率	生存数	死亡数	定　常　人　口		平均余命
x		q_x	l_x	d_x	L_x	T_x	$\overset{\circ}{e}_x$
0	週 (w)	0.00419	100000	419	1914	7794725	77.95
1	(w)	0.00059	99581	58	1909	7792812	78.26
2		0.00031	99523	30	1908	7790902	78.28
3		0.00019	99493	19	1908	7788994	78.29
4		0.00055	99474	54	8946	7787086	78.28
2	月	0.00036	99419	36	8283	7778140	78.24
3	(m)	0.00077	99383	77	24836	7769857	78.18
6		0.00087	99306	87	49632	7745021	77.99
0	年	0.00780	100000	780	99336	7794725	77.95
1	(y)	0.00115	99220	114	99163	7695389	77.56
2		0.00065	99106	64	99074	7596226	76.65
3		0.00043	99042	42	99020	7497153	75.70
4		0.00038	98999	38	98980	7398132	74.73
5		0.00034	98961	34	98944	7299152	73.76
6		0.00030	98927	29	98913	7200208	72.78
7		0.00026	98898	25	98885	7101295	71.80
8		0.00022	98873	22	98862	7002410	70.82
9		0.00019	98851	19	98842	6903548	69.84
10		0.00017	98832	17	98824	6804706	68.85
11		0.00016	98816	16	98808	6705882	67.86
12		0.00016	98800	15	98793	6607074	66.87
13		0.00016	98785	16	98777	6508281	65.88
14		0.00018	98769	18	98760	6409504	64.89
15		0.00022	98751	22	98740	6310745	63.91
16		0.00025	98728	25	98716	6212005	62.92
17		0.00029	98703	28	98689	6113289	61.94
18		0.00032	98675	32	98659	6014600	60.95
19		0.00035	98644	35	98626	5915941	59.97
20		0.00039	98609	38	98590	5817314	58.99
21		0.00042	98571	41	98550	5718725	58.02
22		0.00044	98530	44	98508	5620174	57.04
23		0.00047	98486	46	98463	5521666	56.07
24		0.00049	98440	48	98416	5423203	55.09
25		0.00050	98392	49	98368	5324787	54.12
26		0.00052	98343	51	98317	5226419	53.14
27		0.00054	98292	53	98265	5128102	52.17
28		0.00057	98238	56	98210	5029837	51.20
29		0.00059	98182	58	98153	4931627	50.23
30		0.00062	98124	61	98094	4833473	49.26
31		0.00065	98063	64	98031	4735380	48.29
32		0.00069	97999	68	97965	4637348	47.32
33		0.00074	97931	72	97895	4539383	46.35
34		0.00079	97859	77	97821	4441488	45.39
35		0.00085	97782	83	97741	4343667	44.42
36		0.00091	97699	89	97655	4245926	43.46
37		0.00098	97610	95	97563	4148271	42.50
38		0.00105	97515	103	97463	4050709	41.54
39		0.00114	97412	111	97357	3953245	40.58
40		0.00122	97301	119	97242	3855889	39.63
41		0.00133	97183	129	97118	3758647	38.68
42		0.00145	97054	141	96983	3661529	37.73
43		0.00159	96913	154	96836	3564545	36.78
44		0.00174	96759	168	96675	3467709	35.84

年　　齢	死亡率	生存数	死亡数	定　常　人　口		平均余命
x	$_nq_x$	l_x	$_nd_x$	$_nL_x$	T_x	$\mathring{e}_x$
45	0.00192	96591	185	96498	3371034	34.90
46	0.00210	96406	203	96304	3274536	33.97
47	0.00230	96203	221	96092	3178231	33.04
48	0.00252	95982	242	95861	3082139	32.11
49	0.00275	95740	263	95608	2986278	31.19
50	0.00302	95477	289	95333	2890670	30.28
51	0.00328	95188	312	95032	2795337	29.37
52	0.00355	94876	337	94708	2700305	28.46
53	0.00384	94539	363	94358	2605598	27.56
54	0.00415	94176	391	93981	2511240	26.67
55	0.00447	93786	419	93576	2417259	25.77
56	0.00485	93366	453	93140	2323683	24.89
57	0.00528	92914	491	92668	2230543	24.01
58	0.00578	92423	534	92156	2137875	23.13
59	0.00635	91889	583	91597	2045719	22.26
60	0.00703	91306	642	90985	1954122	21.40
61	0.00777	90664	704	90311	1863137	20.55
62	0.00860	89959	774	89572	1772826	19.71
63	0.00955	89186	852	88760	1683253	18.87
64	0.01064	88334	940	87864	1594494	18.05
65	0.01193	87394	1042	86873	1506630	17.24
66	0.01333	86352	1151	85777	1419757	16.44
67	0.01492	85201	1271	84566	1333980	15.66
68	0.01673	83930	1405	83228	1249415	14.89
69	0.01881	82526	1552	81749	1166187	14.13
70	0.02123	80973	1719	80114	1084438	13.39
71	0.02394	79254	1897	78306	1004324	12.67
72	0.02703	77357	2091	76312	926018	11.97
73	0.03057	75266	2301	74115	849706	11.29
74	0.03462	72965	2526	71702	775591	10.63
75	0.03935	70439	2772	69053	703889	9.99
76	0.04459	67667	3017	66159	634837	9.38
77	0.05052	64650	3266	63017	568678	8.80
78	0.05723	61384	3513	59627	505661	8.24
79	0.06482	57871	3751	55995	446034	7.71
80	0.07339	54120	3972	52134	390038	7.21
81	0.08305	50148	4165	48066	337904	6.74
82	0.09393	45983	4319	43824	289839	6.30
83	0.10617	41664	4423	39452	246015	5.90
84	0.11991	37241	4465	35008	206562	5.55
85-	1.00000	32775	32775	171554	171554	5.23

昭和 53 年 簡 易 生 命 表 （1978）

男 （MALE）

年　齢		死亡率	生存数	死亡数	定　常　人　口		平均余命
x		$_nq_x$	l_x	$_nd_x$	$_nL_x$	T_x	$\overset{\circ}{e}_x$
0	週	0.00518	100000	518	1913	7297078	72.97
1	(w)	0.00066	99482	66	1907	7295165	73.33
2		0.00031	99416	31	1906	7293258	73.36
3		0.00023	99385	23	1906	7291351	73.36
4		0.00068	99363	67	8935	7289446	73.36
2	月	0.00036	99295	36	8273	7280511	73.32
3	(m)	0.00089	99260	88	24804	7272237	73.26
6		0.00104	99172	103	49560	7247433	73.08
0	年	0.00931	100000	931	99204	7297078	72.97
1	(y)	0.00124	99069	123	99007	7197873	72.66
2		0.00075	98946	74	98909	7098866	71.74
3		0.00067	98872	66	98839	6999957	70.80
4		0.00055	98806	55	98778	6901119	69.85
5		0.00053	98751	52	98725	6802340	68.88
6		0.00047	98698	46	98675	6703616	67.92
7		0.00039	98652	38	98633	6604940	66.95
8		0.00030	98614	30	98599	6506307	65.98
9		0.00024	98584	23	98573	6407708	65.00
10		0.00020	98561	19	98551	6309135	64.01
11		0.00019	98542	18	98532	6210584	63.02
12		0.00021	98523	21	98513	6112051	62.04
13		0.00028	98502	27	98489	6013539	61.05
14		0.00038	98475	37	98456	5915050	60.07
15		0.00062	98438	61	98407	5816593	59.09
16		0.00074	98377	73	98340	5718186	58.13
17		0.00083	98304	82	98263	5619846	57.17
18		0.00090	98222	89	98178	5521583	56.22
19		0.00095	98133	93	98087	5423405	55.27
20		0.00091	98040	90	97996	5325318	54.32
21		0.00092	97951	90	97906	5227323	53.37
22		0.00092	97861	90	97816	5129417	52.42
23		0.00092	97771	90	97726	5031601	51.46
24		0.00091	97681	89	97636	4933876	50.51
25		0.00090	97592	88	97548	4836239	49.56
26		0.00090	97504	88	97460	4738691	48.60
27		0.00091	97415	89	97371	4641232	47.64
28		0.00093	97326	91	97281	4543861	46.69
29		0.00096	97235	94	97189	4446580	45.73
30		0.00102	97142	99	97092	4349391	44.77
31		0.00107	97042	104	96990	4252299	43.82
32		0.00113	96938	110	96883	4155309	42.87
33		0.00120	96828	116	96770	4058426	41.91
34		0.00128	96712	124	96650	3961655	40.96
35		0.00135	96588	130	96523	3865005	40.02
36		0.00147	96458	142	96387	3768482	39.07
37		0.00162	96317	156	96239	3672094	38.13
38		0.00180	96161	173	96074	3575855	37.19
39		0.00200	95988	192	95892	3479781	36.25
40		0.00226	95796	217	95687	3383889	35.32
41		0.00252	95579	241	95459	3288202	34.40
42		0.00279	95338	266	95205	3192743	33.49
43		0.00308	95072	293	94926	3097538	32.58
44		0.00339	94779	321	94618	3002612	31.68

年 齢	死 亡 率	生 存 数	死 亡 数	定 常 人 口		平均余命
x	$_nq_x$	l_x	$_nd_x$	$_nL_x$	T_x	$\overset{\circ}{e}_x$
45	0.00376	94458	355	94280	2907994	30.79
46	0.00408	94103	384	93911	2813714	29.90
47	0.00440	93719	413	93513	2719803	29.02
48	0.00473	93307	441	93086	2626290	28.15
49	0.00507	92865	471	92630	2533204	27.28
50	0.00537	92394	496	92146	2440574	26.41
51	0.00577	91898	530	91633	2348428	25.55
52	0.00623	91368	569	91083	2256795	24.70
53	0.00674	90799	612	90492	2165712	23.85
54	0.00733	90186	661	89856	2075219	23.01
55	0.00807	89525	722	89164	1985364	22.18
56	0.00879	88803	781	88413	1896199	21.35
57	0.00960	88022	845	87600	1807787	20.54
58	0.01048	87178	914	86721	1720187	19.73
59	0.01147	86264	990	85769	1633466	18.94
60	0.01253	85274	1068	84740	1547697	18.15
61	0.01380	84206	1162	83624	1462958	17.37
62	0.01526	83043	1267	82410	1379333	16.61
63	0.01691	81777	1383	81085	1296923	15.86
64	0.01880	80393	1511	79638	1215838	15.12
65	0.02100	78882	1656	78054	1136200	14.40
66	0.02337	77226	1805	76324	1058146	13.70
67	0.02602	75421	1962	74440	981822	13.02
68	0.02896	73459	2128	72395	907382	12.35
69	0.03224	71331	2299	70182	834987	11.71
70	0.03596	69032	2483	67791	764806	11.08
71	0.03998	66549	2660	65219	697015	10.47
72	0.04440	63889	2837	62470	631796	9.89
73	0.04930	61052	3010	59547	569326	9.33
74	0.05473	58042	3176	56454	509779	8.78
75	0.06072	54866	3331	53200	453325	8.26
76	0.06740	51534	3474	49797	400125	7.76
77	0.07481	48061	3595	46263	350328	7.29
78	0.08301	44465	3691	42620	304065	6.84
79	0.09209	40774	3755	38897	261445	6.41
80	0.10212	37019	3780	35129	222549	6.01
81	0.11319	33239	3762	31358	187420	5.64
82	0.12539	29476	3696	27628	156062	5.29
83	0.13883	25780	3579	23991	128434	4.98
84	0.15358	22201	3410	20496	104443	4.70
85-	1.00000	18792	18792	83947	83947	4.47

211

昭和 53 年 簡 易 生 命 表 (1978)

女 （FEMALE）

年　　齢		死 亡 率	生 存 数	死 亡 数	定 常 人 口		平均余命
x		$_nq_x$	l_x	$_nd_x$	$_nL_x$	T_x	$\overset{\circ}{e}_x$
0	週	0.00380	100000	380	1914	7833286	78.33
1	(w)	0.00061	99620	60	1910	7831372	78.61
2		0.00028	99560	27	1909	7829462	78.64
3		0.00018	99533	18	1909	7827553	78.64
4		0.00055	99515	55	8949	7825644	78.64
2	月	0.00035	99460	35	8287	7816695	78.59
3	(m)	0.00070	99426	70	24848	7808408	78.54
6		0.00090	99356	90	49655	7783561	78.34
0	年	0.00734	100000	734	99381	7833286	78.33
1	(y)	0.00106	99266	105	99213	7733905	77.91
2		0.00058	99161	57	99132	7634692	76.99
3		0.00045	99104	45	99081	7535560	76.04
4		0.00037	99059	36	99040	7436479	75.07
5		0.00031	99022	30	99007	7337438	74.10
6		0.00025	98992	25	98979	7238431	73.12
7		0.00021	98967	21	98957	7139452	72.14
8		0.00018	98946	18	98937	7040495	71.15
9		0.00016	98928	16	98920	6941558	70.17
10		0.00015	98912	15	98905	6842638	69.18
11		0.00015	98898	15	98890	6743733	68.19
12		0.00016	98883	15	98875	6644842	67.20
13		0.00017	98868	17	98859	6545967	66.21
14		0.00019	98851	19	98841	6447108	65.22
15		0.00023	98831	23	98820	6348267	64.23
16		0.00026	98808	26	98795	6249447	63.25
17		0.00029	98783	29	98768	6150652	62.26
18		0.00032	98754	32	98738	6051884	61.28
19		0.00035	98722	34	98705	5953146	60.30
20		0.00037	98688	36	98670	5854441	59.32
21		0.00039	98651	39	98632	5755771	58.34
22		0.00042	98612	41	98592	5657139	57.37
23		0.00044	98571	44	98549	5558547	56.39
24		0.00047	98527	46	98504	5459998	55.42
25		0.00050	98481	49	98457	5361494	54.44
26		0.00052	98432	51	98407	5263038	53.47
27		0.00054	98381	54	98354	5164631	52.50
28		0.00057	98327	56	98299	5066277	51.52
29		0.00059	98272	58	98242	4967977	50.55
30		0.00062	98213	60	98183	4869735	49.58
31		0.00065	98153	63	98121	4771552	48.61
32		0.00068	98089	67	98056	4673431	47.64
33		0.00072	98023	71	97987	4575375	46.68
34		0.00077	97952	75	97914	4477387	45.71
35		0.00082	97877	81	97837	4379473	44.74
36		0.00088	97796	86	97753	4281636	43.78
37		0.00095	97710	93	97663	4183883	42.82
38		0.00103	97617	100	97567	4086220	41.86
39		0.00111	97517	108	97463	3988653	40.90
40		0.00120	97409	117	97350	3891190	39.95
41		0.00130	97292	127	97228	3793840	38.99
42		0.00142	97165	138	97096	3696612	38.04
43		0.00155	97027	150	96952	3599516	37.10
44		0.00169	96876	164	96794	3502564	36.15

年　齢	死亡率	生存数	死亡数	定　常　人　口		平均余命
x	$_nq_x$	l_x	$_nd_x$	$_nL_x$	T_x	$\overset{\circ}{e}_x$
45	0.00186	96712	180	96622	3405770	35.22
46	0.00203	96533	196	96435	3309147	34.28
47	0.00221	96337	213	96230	3212713	33.35
48	0.00241	96124	231	96008	3116482	32.42
49	0.00262	95892	251	95767	3020474	31.50
50	0.00285	95641	273	95505	2924708	30.58
51	0.00310	95368	296	95221	2829203	29.67
52	0.00336	95073	320	94913	2733982	28.76
53	0.00365	94753	346	94580	2639069	27.85
54	0.00397	94407	374	94220	2544489	26.95
55	0.00433	94033	407	93829	2450269	26.06
56	0.00471	93626	441	93405	2356440	25.17
57	0.00513	93185	478	92946	2263035	24.29
58	0.00560	92707	519	92447	2170089	23.41
59	0.00613	92188	565	91905	2077642	22.54
60	0.00676	91622	619	91313	1985737	21.67
61	0.00743	91003	676	90665	1894424	20.82
62	0.00820	90327	741	89956	1803759	19.97
63	0.00907	89586	813	89180	1713803	19.13
64	0.01008	88773	895	88326	1624623	18.30
65	0.01122	87878	986	87385	1536298	17.48
66	0.01257	86892	1092	86346	1448912	16.67
67	0.01413	85800	1213	85194	1362566	15.88
68	0.01594	84587	1348	83913	1277373	15.10
69	0.01803	83239	1501	82489	1193460	14.34
70	0.02056	81738	1680	80898	1110971	13.59
71	0.02326	80058	1862	79127	1030073	12.87
72	0.02632	78196	2058	77167	950946	12.16
73	0.02978	76138	2268	75004	873779	11.48
74	0.03371	73870	2490	72625	798775	10.81
75	0.03819	71380	2726	70017	726150	10.17
76	0.04324	68654	2969	67170	656133	9.56
77	0.04896	65685	3216	64077	588963	8.97
78	0.05542	62469	3462	60738	524886	8.40
79	0.06273	59007	3701	57156	464148	7.87
80	0.07097	55306	3925	53343	406992	7.36
81	0.08026	51381	4124	49319	353649	6.88
82	0.09071	47257	4287	45114	304330	6.44
83	0.10247	42970	4403	40769	259216	6.03
84	0.11566	38567	4461	36337	218448	5.66
85-	1.00000	34107	34107	182111	182111	5.34

昭 和 54 年 簡 易 生 命 表 （1979）

男 （MALE）

年　　齢		死 亡 率	生 存 数	死 亡 数	定 常 人 口		平均余命
x		$_nq_x$	l_x	$_nd_x$	$_nL_x$	T_x	$\overset{\circ}{e}_x$
0	週	0.00477	100000	477	1913	7345884	73.46
1	(w)	0.00063	99523	63	1908	7343971	73.79
2		0.00031	99460	30	1907	7342063	73.82
3		0.00018	99430	18	1907	7340156	73.82
4		0.00069	99412	69	8939	7338249	73.82
2	月	0.00035	99343	35	8277	7329310	73.78
3	(m)	0.00084	99308	84	24817	7321033	73.72
6		0.00094	99224	94	49589	7296216	73.53
0	年	0.00869	100000	869	99257	7345884	73.46
1	(y)	0.00118	99131	117	99072	7246627	73.10
2		0.00071	99014	70	98979	7147555	72.19
3		0.00059	98944	58	98915	7048576	71.24
4		0.00049	98886	49	98862	6949661	70.28
5		0.00048	98837	47	98813	6850799	69.31
6		0.00042	98790	42	98769	6751986	68.35
7		0.00035	98748	35	98731	6653217	67.38
8		0.00028	98713	27	98700	6554487	66.40
9		0.00022	98686	21	98675	6455787	65.42
10		0.00018	98665	18	98656	6357112	64.43
11		0.00017	98647	17	98639	6258456	63.44
12		0.00020	98630	20	98620	6159817	62.45
13		0.00026	98610	26	98597	6061197	61.47
14		0.00036	98585	35	98567	5962600	60.48
15		0.00059	98549	59	98520	5864033	59.50
16		0.00071	98490	70	98456	5765513	58.54
17		0.00080	98421	78	98382	5667057	57.58
18		0.00086	98342	85	98300	5568676	56.63
19		0.00090	98258	89	98213	5470376	55.67
20		0.00086	98169	85	98127	5372162	54.72
21		0.00087	98084	86	98041	5274036	53.77
22		0.00088	97998	86	97956	5175995	52.82
23		0.00088	97913	86	97870	5078039	51.86
24		0.00088	97827	86	97784	4980170	50.91
25		0.00089	97740	87	97697	4882386	49.95
26		0.00090	97653	88	97609	4784689	49.00
27		0.00091	97566	89	97521	4687080	48.04
28		0.00092	97477	90	97432	4589559	47.08
29		0.00094	97387	92	97341	4492126	46.13
30		0.00097	97296	94	97249	4394785	45.17
31		0.00100	97202	98	97153	4297536	44.21
32		0.00106	97104	103	97053	4200383	43.26
33		0.00112	97002	109	96947	4103330	42.30
34		0.00120	96893	117	96835	4006383	41.35
35		0.00131	96776	127	96713	3909549	40.40
36		0.00142	96650	138	96581	3812836	39.45
37		0.00156	96512	151	96437	3716255	38.51
38		0.00172	96361	166	96278	3619818	37.57
39		0.00190	96196	183	96104	3523540	36.63
40		0.00207	96013	199	95914	3427435	35.70
41		0.00231	95815	221	95704	3331522	34.77
42		0.00259	95593	248	95469	3235818	33.85
43		0.00291	95346	277	95207	3140348	32.94
44		0.00325	95069	309	94914	3045141	32.03

年　　齢	死亡率	生存数	死亡数	定　常　人　口		平均余命
x	$_nq_x$	l_x	$_nd_x$	$_nL_x$	T_x	$\overset{\circ}{e}_x$
45	0.00373	94759	354	94582	2950227	31.13
46	0.00410	94406	387	94212	2855645	30.25
47	0.00446	94018	419	93809	2761433	29.37
48	0.00481	93599	450	93374	2667624	28.50
49	0.00515	93149	479	92909	2574250	27.64
50	0.00541	92670	502	92419	2481341	26.78
51	0.00578	92168	533	91902	2388922	25.92
52	0.00620	91635	568	91351	2297020	25.07
53	0.00667	91067	607	90763	2205669	24.22
54	0.00720	90459	652	90134	2114906	23.38
55	0.00784	89808	704	89456	2024772	22.55
56	0.00852	89104	759	88724	1935317	21.72
57	0.00929	88344	820	87934	1846593	20.90
58	0.01015	87524	888	87080	1758659	20.09
59	0.01112	86636	963	86154	1671579	19.29
60	0.01225	85673	1049	85148	1585425	18.51
61	0.01347	84623	1140	84054	1500277	17.73
62	0.01483	83484	1238	82865	1416223	16.96
63	0.01636	82246	1346	81573	1333358	16.21
64	0.01809	80900	1463	80168	1251786	15.47
65	0.01996	79437	1585	78644	1171617	14.75
66	0.02217	77851	1726	76989	1092973	14.04
67	0.02468	76126	1879	75186	1015984	13.35
68	0.02752	74247	2043	73225	940798	12.67
69	0.03072	72203	2218	71094	867574	12.02
70	0.03450	69985	2415	68778	796497	11.38
71	0.03843	67570	2597	66272	727702	10.77
72	0.04273	64974	2776	63586	661430	10.18
73	0.04746	62197	2952	60721	597844	9.61
74	0.05266	59246	3120	57686	537123	9.07
75	0.05832	56125	3273	54489	479437	8.54
76	0.06470	52852	3420	51143	424948	8.04
77	0.07178	49433	3548	47659	373806	7.56
78	0.07961	45884	3653	44058	326147	7.11
79	0.08828	42231	3728	40367	282089	6.68
80	0.09785	38503	3768	36620	241722	6.28
81	0.10841	34736	3766	32853	205102	5.90
82	0.12006	30970	3718	29111	172249	5.56
83	0.13287	27252	3621	25441	143139	5.25
84	0.14695	23631	3473	21895	117697	4.98
85-	1.00000	20158	20158	95803	95803	4.75

昭 和 54 年 簡 易 生 命 表 （1979）

女 （FEMALE）

年　　齢		死 亡 率	生 存 数	死 亡 数	定 常 人 口		平均余命
x		$_nq_x$	l_x	$_nd_x$	$_nL_x$	T_x	$\overset{\circ}{e}_x$
0	週	0.00359	100000	359	1914	7889215	78.89
1	(w)	0.00048	99641	48	1910	7887300	79.16
2		0.00029	99593	29	1910	7885390	79.18
3		0.00017	99564	17	1909	7883480	79.18
4		0.00054	99547	54	8952	7881571	79.17
2	月	0.00031	99493	31	8290	7872619	79.13
3	(m)	0.00073	99462	73	24856	7864329	79.07
6		0.00081	99389	81	49674	7839472	78.88
0	年	0.00691	100000	691	99417	7889215	78.89
1	(y)	0.00098	99309	97	99260	7789798	78.44
2		0.00055	99212	55	99184	7690538	77.52
3		0.00040	99157	39	99137	7591354	76.56
4		0.00036	99117	35	99100	7492217	75.59
5		0.00029	99082	29	99068	7393117	74.62
6		0.00024	99053	24	99041	7294050	73.64
7		0.00020	99030	19	99020	7195008	72.66
8		0.00017	99010	16	99002	7095989	71.67
9		0.00014	98994	14	98987	6996987	70.68
10		0.00013	98979	13	98973	6898000	69.69
11		0.00013	98966	13	98959	6799027	68.70
12		0.00014	98953	14	98946	6700068	67.71
13		0.00016	98939	16	98931	6601122	66.72
14		0.00018	98923	18	98915	6502191	65.73
15		0.00021	98906	21	98895	6403276	64.74
16		0.00024	98885	24	98873	6304381	63.75
17		0.00027	98860	27	98847	6205509	62.77
18		0.00030	98833	30	98818	6106662	61.79
19		0.00033	98803	33	98787	6007843	60.81
20		0.00036	98770	36	98753	5909056	59.83
21		0.00039	98735	38	98716	5810304	58.85
22		0.00041	98697	40	98676	5711588	57.87
23		0.00043	98656	42	98635	5612912	56.89
24		0.00045	98614	44	98592	5514277	55.92
25		0.00046	98570	45	98547	5415685	54.94
26		0.00048	98524	47	98501	5317138	53.97
27		0.00050	98477	49	98453	5218638	52.99
28		0.00052	98429	51	98403	5120185	52.02
29		0.00054	98378	53	98351	5021782	51.05
30		0.00057	98324	56	98297	4923431	50.07
31		0.00060	98269	59	98239	4825134	49.10
32		0.00064	98210	62	98179	4726895	48.13
33		0.00068	98147	67	98114	4628716	47.16
34		0.00073	98081	71	98045	4530602	46.19
35		0.00078	98010	77	97971	4432556	45.23
36		0.00084	97933	83	97892	4334585	44.26
37		0.00091	97850	89	97806	4236694	43.30
38		0.00099	97761	97	97712	4138888	42.34
39		0.00108	97664	105	97612	4041176	41.38
40		0.00116	97559	114	97502	3943564	40.42
41		0.00127	97446	124	97384	3846062	39.47
42		0.00139	97322	135	97254	3748678	38.52
43		0.00152	97186	148	97112	3651424	37.57
44		0.00167	97038	162	96957	3554312	36.63

年　　齢	死 亡 率	生 存 数	死 亡 数	定 常 人 口		平均余命
x	$_nq_x$	l_x	$_nd_x$	$_nL_x$	T_x	$\overset{\circ}{e}_x$
45	0.00185	96876	179	96787	3457354	35.69
46	0.00201	96698	195	96600	3360567	34.75
47	0.00219	96503	211	96397	3263967	33.82
48	0.00238	96291	229	96177	3167570	32.90
49	0.00258	96062	247	95939	3071393	31.97
50	0.00279	95815	267	95681	2975454	31.05
51	0.00301	95548	288	95404	2879773	30.14
52	0.00326	95260	310	95105	2784369	29.23
53	0.00353	94949	335	94782	2689265	28.32
54	0.00382	94614	362	94434	2594483	27.42
55	0.00415	94253	391	94057	2500049	26.52
56	0.00451	93861	424	93650	2405992	25.63
57	0.00492	93438	460	93208	2312343	24.75
58	0.00537	92978	499	92728	2219135	23.87
59	0.00588	92479	544	92207	2126406	22.99
60	0.00652	91935	600	91635	2034199	22.13
61	0.00716	91335	654	91008	1942565	21.27
62	0.00786	90681	713	90325	1851557	20.42
63	0.00866	89968	779	89579	1761232	19.58
64	0.00956	89189	853	88763	1671653	18.74
65	0.01055	88336	932	87870	1582891	17.92
66	0.01178	87404	1029	86889	1495020	17.10
67	0.01321	86375	1141	85804	1408131	16.30
68	0.01488	85234	1268	84600	1322327	15.51
69	0.01683	83966	1413	83259	1237727	14.74
70	0.01922	82553	1587	81760	1154467	13.98
71	0.02178	80966	1763	80085	1072708	13.25
72	0.02468	79203	1955	78225	992623	12.53
73	0.02798	77248	2161	76167	914398	11.84
74	0.03173	75086	2383	73895	838231	11.16
75	0.03604	72704	2620	71394	764336	10.51
76	0.04089	70083	2866	68650	692942	9.89
77	0.04640	67217	3119	65658	624292	9.29
78	0.05263	64099	3374	62412	558633	8.72
79	0.05969	60725	3625	58913	496222	8.17
80	0.06768	57100	3864	55168	437309	7.66
81	0.07670	53236	4083	51194	382141	7.18
82	0.08687	49153	4270	47018	330946	6.73
83	0.09834	44883	4414	42676	283928	6.33
84	0.11123	40469	4502	38218	241252	5.96
85-	1.00000	35968	35968	203034	203034	5.64

昭和 55 年 簡 易 生 命 表 （1980）

男 （MALE）

年　　齢		死亡率	生存数	死亡数	定　常　人　口		平均余命
x		$_nq_x$	l_x	$_nd_x$	$_nL_x$	T_x	$\overset{\circ}{e}_x$
0	週	0.00444	100000	444	1914	7332269	73.32
1	(w)	0.00062	99556	62	1909	7330355	73.63
2		0.00030	99494	30	1908	7328447	73.66
3		0.00020	99463	20	1907	7326539	73.66
4		0.00060	99443	59	8943	7324632	73.66
2	月	0.00036	99384	36	8280	7315689	73.61
3	(m)	0.00087	99348	87	24826	7307408	73.55
6		0.00088	99261	87	49609	7282582	73.37
0	年	0.00826	100000	826	99296	7332269	73.32
1	(y)	0.00109	99174	109	99120	7232973	72.93
2		0.00075	99066	74	99029	7133853	72.01
3		0.00058	98991	58	98963	7034825	71.07
4		0.00051	98934	50	98909	6935862	70.11
5		0.00044	98884	43	98862	6836954	69.14
6		0.00038	98841	38	98822	6738091	68.17
7		0.00036	98803	35	98785	6639270	67.20
8		0.00029	98767	29	98753	6540485	66.22
9		0.00024	98738	24	98726	6441732	65.24
10		0.00021	98714	21	98704	6343006	64.26
11		0.00020	98694	19	98684	6244302	63.27
12		0.00022	98674	22	98663	6145618	62.28
13		0.00022	98652	22	98641	6046954	61.30
14		0.00029	98630	29	98616	5948313	60.31
15		0.00037	98601	36	98583	5849698	59.33
16		0.00076	98565	75	98528	5751115	58.35
17		0.00076	98490	75	98453	5652587	57.39
18		0.00083	98415	82	98374	5554135	56.44
19		0.00089	98333	87	98289	5455761	55.48
20		0.00092	98246	91	98200	5357471	54.53
21		0.00088	98155	86	98112	5259271	53.58
22		0.00087	98069	85	98026	5161159	52.63
23		0.00086	97984	85	97941	5063132	51.67
24		0.00084	97899	82	97858	4965191	50.72
25		0.00086	97817	84	97775	4867333	49.76
26		0.00085	97733	83	97691	4769558	48.80
27		0.00087	97650	85	97607	4671867	47.84
28		0.00092	97564	90	97519	4574260	46.88
29		0.00093	97474	91	97429	4476741	45.93
30		0.00090	97384	88	97340	4379311	44.97
31		0.00104	97296	101	97246	4281971	44.01
32		0.00107	97195	104	97143	4184726	43.05
33		0.00108	97091	105	97039	4087583	42.10
34		0.00118	96986	114	96929	3990544	41.15
35		0.00134	96872	130	96807	3893615	40.19
36		0.00148	96742	143	96671	3796808	39.25
37		0.00154	96599	149	96525	3700137	38.30
38		0.00177	96450	171	96365	3603613	37.36
39		0.00179	96279	172	96193	3507248	36.43
40		0.00209	96107	200	96007	3411055	35.49
41		0.00223	95906	213	95800	3315048	34.57
42		0.00256	95693	245	95570	3219248	33.64
43		0.00275	95448	262	95317	3123678	32.73
44		0.00309	95186	294	95039	3028361	31.82

年　　齢	死亡率	生存数	死亡数	定　常　人　口		平均余命
x	$_nq_x$	l_x	$_nd_x$	$_nL_x$	T_x	$\overset{\circ}{e}_x$
45	0.00345	94891	328	94728	2933323	30.91
46	0.00396	94564	374	94377	2838595	30.02
47	0.00448	94189	422	93978	2744218	29.14
48	0.00487	93767	457	93539	2650240	28.26
49	0.00521	93310	486	93067	2556701	27.40
50	0.00557	92824	517	92566	2463634	26.54
51	0.00598	92307	552	92031	2371068	25.69
52	0.00632	91755	580	91466	2279037	24.84
53	0.00705	91176	643	90854	2187571	23.99
54	0.00732	90533	663	90201	2096717	23.16
55	0.00793	89870	712	89514	2006516	22.33
56	0.00858	89157	765	88775	1917002	21.50
57	0.00932	88392	824	87980	1828227	20.68
58	0.01022	87569	895	87121	1740246	19.87
59	0.01117	86674	968	86190	1653125	19.07
60	0.01241	85706	1063	85174	1566936	18.28
61	0.01358	84642	1150	84068	1481762	17.51
62	0.01466	83493	1224	82881	1397694	16.74
63	0.01622	82269	1334	81602	1314813	15.98
64	0.01866	80935	1510	80180	1233211	15.24
65	0.02075	79425	1648	78601	1153031	14.52
66	0.02255	77777	1754	76901	1074429	13.81
67	0.02492	76024	1895	75076	997529	13.12
68	0.02752	74129	2040	73109	922452	12.44
69	0.03191	72089	2300	70939	849343	11.78
70	0.03536	69789	2468	68555	778404	11.15
71	0.03890	67321	2619	66012	709849	10.54
72	0.04459	64703	2885	63260	643837	9.95
73	0.04906	61818	3033	60301	580577	9.39
74	0.05393	58785	3170	57200	520276	8.85
75	0.06139	55615	3414	53908	463075	8.33
76	0.06586	52201	3438	50482	409167	7.84
77	0.07623	48763	3717	46904	358685	7.36
78	0.08323	45046	3749	43171	311781	6.92
79	0.09173	41297	3788	39403	268610	6.50
80	0.10075	37509	3779	35619	229207	6.11
81	0.11034	33729	3722	31869	193588	5.74
82	0.12051	30008	3616	28200	161720	5.39
83	0.13129	26392	3465	24659	133520	5.06
84	0.14270	22927	3272	21291	108861	4.75
85	0.15478	19655	3042	18134	87570	4.46
86	0.16756	16613	2784	15221	69436	4.18
87	0.18104	13829	2504	12577	54215	3.92
88	0.19527	11325	2212	10220	41638	3.68
89	0.21026	9114	1916	8156	31418	3.45
90-	1.00000	7198	7198	23262	23262	3.23

昭和 55 年 簡 易 生 命 表 （1980）

女 （FEMALE）

年　　齢		死亡率	生存数	死亡数	定　常　人　口		平均余命
x		$_nq_x$	l_x	$_nd_x$	$_nL_x$	T_x	$\overset{\circ}{e}_x$
0	週	0.00332	100000	332	1915	7872062	78.72
1	(w)	0.00052	99668	52	1911	7870147	78.96
2		0.00026	99616	26	1910	7868236	78.99
3		0.00017	99590	17	1910	7866326	78.99
4		0.00052	99573	52	8955	7864416	78.98
2	月	0.00029	99521	29	8292	7855461	78.93
3	(m)	0.00067	99492	66	24865	7847169	78.87
6		0.00085	99425	84	49692	7822305	78.68
0	年	0.00659	100000	659	99449	7872062	78.72
1	(y)	0.00097	99341	96	99293	7772613	78.24
2		0.00050	99245	49	99221	7673320	77.32
3		0.00043	99196	42	99175	7574099	76.35
4		0.00032	99154	32	99138	7474924	75.39
5		0.00027	99122	27	99108	7375787	74.41
6		0.00025	99095	25	99083	7276678	73.43
7		0.00021	99070	21	99060	7177596	72.45
8		0.00017	99049	16	99041	7078536	71.46
9		0.00016	99033	15	99025	6979495	70.48
10		0.00014	99018	14	99010	6880469	69.49
11		0.00014	99003	14	98996	6781459	68.50
12		0.00012	98989	12	98984	6682463	67.51
13		0.00014	98978	14	98971	6583479	66.51
14		0.00016	98964	15	98957	6484508	65.52
15		0.00019	98949	19	98940	6385552	64.53
16		0.00025	98930	24	98918	6286612	63.55
17		0.00030	98906	30	98891	6187694	62.56
18		0.00031	98876	30	98861	6088803	61.58
19		0.00032	98845	32	98829	5989943	60.60
20		0.00036	98813	35	98796	5891113	59.62
21		0.00037	98778	37	98760	5792318	58.64
22		0.00038	98741	38	98722	5693558	57.66
23		0.00035	98703	35	98686	5594836	56.68
24		0.00038	98669	38	98650	5496150	55.70
25		0.00042	98631	41	98610	5397500	54.72
26		0.00049	98590	48	98565	5298890	53.75
27		0.00049	98541	49	98517	5200324	52.77
28		0.00049	98493	49	98468	5101807	51.80
29		0.00050	98444	49	98420	5003339	50.82
30		0.00056	98395	55	98368	4904919	49.85
31		0.00055	98340	54	98313	4806552	48.88
32		0.00064	98286	63	98255	4708238	47.90
33		0.00065	98224	63	98192	4609984	46.93
34		0.00072	98160	70	98125	4511792	45.96
35		0.00079	98090	77	98051	4413667	45.00
36		0.00083	98012	82	97972	4315616	44.03
37		0.00083	97931	82	97890	4217644	43.07
38		0.00100	97849	98	97800	4119754	42.10
39		0.00106	97751	103	97700	4021954	41.14
40		0.00112	97648	109	97593	3924254	40.19
41		0.00123	97539	120	97478	3826661	39.23
42		0.00125	97418	122	97357	3729182	38.28
43		0.00150	97297	146	97224	3631825	37.33
44		0.00163	97151	159	97071	3534601	36.38

年　　齢	死 亡 率	生 存 数	死 亡 数	定　常　人　口		平均余命
x	$_nq_x$	l_x	$_nd_x$	$_nL_x$	T_x	$\mathring{e}_x$
45	0.00170	96992	164	96910	3437530	35.44
46	0.00191	96828	185	96735	3340620	34.50
47	0.00217	96643	210	96538	3243885	33.57
48	0.00235	96433	227	96320	3147347	32.64
49	0.00256	96206	247	96083	3051027	31.71
50	0.00279	95960	267	95826	2954944	30.79
51	0.00312	95693	298	95543	2859118	29.88
52	0.00326	95394	311	95239	2763574	28.97
53	0.00344	95083	327	94920	2668336	28.06
54	0.00374	94757	354	94580	2573416	27.16
55	0.00387	94402	366	94220	2478836	26.26
56	0.00477	94037	448	93813	2384616	25.36
57	0.00493	93588	462	93358	2290804	24.48
58	0.00511	93127	476	92889	2197446	23.60
59	0.00580	92651	538	92382	2104557	22.71
60	0.00618	92113	569	91829	2012175	21.84
61	0.00738	91544	676	91206	1920347	20.98
62	0.00796	90868	723	90507	1829141	20.13
63	0.00869	90145	784	89754	1738634	19.29
64	0.00970	89362	867	88928	1648880	18.45
65	0.01088	88495	963	88014	1559952	17.63
66	0.01204	87532	1054	87005	1471938	16.82
67	0.01302	86479	1126	85915	1384933	16.01
68	0.01493	85352	1274	84715	1299017	15.22
69	0.01692	84078	1423	83367	1214302	14.44
70	0.01982	82656	1638	81837	1130935	13.68
71	0.02203	81018	1785	80125	1049099	12.95
72	0.02568	79233	2035	78215	968973	12.23
73	0.02757	77198	2128	76134	890758	11.54
74	0.03272	75070	2456	73841	814624	10.85
75	0.03701	72613	2688	71269	740783	10.20
76	0.04153	69926	2904	68473	669513	9.57
77	0.04714	67021	3160	65441	601040	8.97
78	0.05330	63862	3404	62160	535599	8.39
79	0.06072	60458	3671	58622	473439	7.83
80	0.06880	56787	3907	54833	414817	7.30
81	0.07760	52880	4104	50828	359984	6.81
82	0.08718	48776	4252	46650	309155	6.34
83	0.09759	44524	4345	42351	262505	5.90
84	0.10889	40179	4375	37992	220154	5.48
85	0.12114	35804	4337	33635	182162	5.09
86	0.13441	31467	4229	29352	148527	4.72
87	0.14876	27237	4052	25211	119175	4.38
88	0.16425	23186	3808	21281	93964	4.05
89	0.18095	19377	3506	17624	72682	3.75
90-	1.00000	15871	15871	55058	55058	3.47

昭 和 56 年 簡 易 生 命 表 （1981）

男 （MALE）

年　　齢		死亡率	生存数	死亡数	定　常　人　口		平均余命
x		$_nq_x$	l_x	$_nd_x$	$_nL_x$	T_x	$\overset{\circ}{e}_x$
0	週	0.00410	100000	410	1914	7378628	73.79
1	(w)	0.00062	99590	62	1909	7376714	74.07
2		0.00030	99529	29	1908	7374805	74.10
3		0.00022	99499	22	1908	7372896	74.10
4		0.00059	99477	59	8946	7370988	74.10
2	月	0.00034	99418	33	8283	7362043	74.05
3	(m)	0.00080	99385	79	24836	7353759	73.99
6		0.00085	99305	84	49632	7328923	73.80
0	年	0.00779	100000	779	99337	7378628	73.79
1	(y)	0.00113	99221	112	99165	7279291	73.36
2		0.00063	99108	62	99077	7180127	72.45
3		0.00057	99046	57	99018	7081049	71.49
4		0.00041	98990	40	98969	6982031	70.53
5		0.00041	98949	40	98929	6883062	69.56
6		0.00036	98909	36	98891	6784133	68.59
7		0.00037	98874	37	98855	6685241	67.61
8		0.00027	98837	27	98823	6586386	66.64
9		0.00022	98810	22	98799	6487563	65.66
10		0.00022	98788	22	98777	6388763	64.67
11		0.00021	98766	20	98756	6289986	63.69
12		0.00023	98746	23	98734	6191230	62.70
13		0.00027	98723	27	98710	6092496	61.71
14		0.00025	98696	25	98684	5993786	60.73
15		0.00037	98672	37	98653	5895102	59.74
16		0.00068	98635	67	98602	5796449	58.77
17		0.00083	98568	81	98527	5697847	57.81
18		0.00088	98487	86	98444	5599320	56.85
19		0.00088	98401	87	98357	5500876	55.90
20		0.00081	98314	80	98274	5402519	54.95
21		0.00086	98234	84	98192	5304245	54.00
22		0.00084	98150	82	98109	5206053	53.04
23		0.00082	98068	80	98028	5107944	52.09
24		0.00085	97988	83	97946	5009916	51.13
25		0.00081	97904	80	97865	4911970	50.17
26		0.00082	97825	80	97785	4814105	49.21
27		0.00086	97744	84	97702	4716321	48.25
28		0.00082	97660	80	97620	4618618	47.29
29		0.00089	97580	87	97536	4520998	46.33
30		0.00094	97493	91	97447	4423462	45.37
31		0.00092	97401	90	97356	4326015	44.41
32		0.00099	97311	97	97263	4228659	43.45
33		0.00109	97215	106	97162	4131395	42.50
34		0.00113	97109	110	97054	4034234	41.54
35		0.00121	96999	118	96940	3937180	40.59
36		0.00131	96881	127	96818	3840240	39.64
37		0.00149	96754	144	96682	3743422	38.69
38		0.00172	96610	166	96527	3646740	37.75
39		0.00183	96444	177	96356	3550214	36.81
40		0.00197	96267	190	96172	3453858	35.88
41		0.00215	96078	206	95974	3357686	34.95
42		0.00239	95871	229	95757	3261711	34.02
43		0.00271	95642	259	95512	3165954	33.10
44		0.00289	95383	275	95245	3070442	32.19

年　　齢	死亡率	生存数	死亡数	定　常　人　口		平均余命
x	$_nq_x$	l_x	$_nd_x$	$_nL_x$	T_x	$\overset{\circ}{e}_x$
45	0.00336	95108	319	94948	2975197	31.28
46	0.00378	94788	358	94610	2880249	30.39
47	0.00414	94431	391	94235	2785639	29.50
48	0.00467	94040	439	93820	2691404	28.62
49	0.00500	93600	468	93366	2597584	27.75
50	0.00553	93132	515	92875	2504218	26.89
51	0.00590	92617	546	92344	2411344	26.04
52	0.00635	92071	585	91778	2319000	25.19
53	0.00694	91486	635	91169	2227221	24.34
54	0.00721	90851	655	90524	2136052	23.51
55	0.00809	90196	730	89831	2045529	22.68
56	0.00861	89466	770	89081	1955697	21.86
57	0.00921	88696	817	88288	1866616	21.05
58	0.01002	87879	880	87439	1778328	20.24
59	0.01065	86999	927	86535	1690890	19.44
60	0.01187	86072	1022	85561	1604354	18.64
61	0.01283	85050	1091	84505	1518793	17.86
62	0.01443	83959	1212	83354	1434288	17.08
63	0.01584	82748	1311	82092	1350935	16.33
64	0.01782	81437	1451	80712	1268842	15.58
65	0.01945	79986	1556	79208	1188131	14.85
66	0.02181	78430	1711	77575	1108923	14.14
67	0.02371	76719	1819	75810	1031348	13.44
68	0.02608	74900	1953	73924	955538	12.76
69	0.02957	72947	2157	71868	881615	12.09
70	0.03367	70790	2384	69598	809746	11.44
71	0.03677	68406	2516	67149	740148	10.82
72	0.04143	65891	2730	64526	672999	10.21
73	0.04688	63161	2961	61681	608473	9.63
74	0.05166	60200	3110	58645	546793	9.08
75	0.05768	57090	3293	55444	488148	8.55
76	0.06387	53797	3436	52079	432704	8.04
77	0.07053	50361	3552	48585	380625	7.56
78	0.07759	46809	3632	44993	332039	7.09
79	0.08818	43177	3808	41273	287046	6.65
80	0.09675	39370	3809	37465	245773	6.24
81	0.10640	35561	3784	33669	208308	5.86
82	0.11663	31777	3706	29924	174639	5.50
83	0.12745	28071	3578	26282	144715	5.16
84	0.13889	24493	3402	22792	118433	4.84
85	0.15098	21091	3184	19499	95640	4.53
86	0.16374	17907	2932	16441	76141	4.25
87	0.17720	14975	2654	13648	59700	3.99
88	0.19138	12321	2358	11142	46052	3.74
89	0.20629	9963	2055	8936	34910	3.50
90-	1.00000	7908	7908	25974	25974	3.28

昭 和 56 年 簡 易 生 命 表 (1981)

女 (FEMALE)

年　　　齢		死 亡 率	生 存 数	死 亡 数	定 常 人 口		平均余命
x		$_nq_x$	l_x	$_nd_x$	$_nL_x$	T_x	$\overset{\circ}{e}_x$
0	週	0.00320	100000	320	1915	7912540	79.13
1	(w)	0.00052	99680	52	1911	7910625	79.36
2		0.00024	99628	24	1910	7908714	79.38
3		0.00018	99604	18	1910	7906804	79.38
4		0.00046	99586	46	8956	7904894	79.38
2	月	0.00030	99540	30	8294	7895938	79.32
3	(m)	0.00068	99510	68	24869	7887644	79.26
6		0.00079	99442	78	49702	7862775	79.07
0	年	0.00636	100000	636	99467	7912540	79.13
1	(y)	0.00097	99364	96	99316	7813073	78.63
2		0.00052	99268	52	99242	7713757	77.71
3		0.00041	99216	40	99196	7614516	76.75
4		0.00026	99175	26	99162	7515320	75.78
5		0.00026	99150	26	99137	7416158	74.80
6		0.00023	99124	22	99113	7317021	73.82
7		0.00017	99101	17	99093	7217909	72.83
8		0.00017	99085	17	99076	7118816	71.85
9		0.00013	99068	13	99061	7019740	70.86
10		0.00015	99054	14	99047	6920679	69.87
11		0.00010	99040	10	99035	6821631	68.88
12		0.00012	99030	12	99024	6722597	67.88
13		0.00015	99018	14	99010	6623573	66.89
14		0.00016	99003	16	98995	6524563	65.90
15		0.00022	98987	22	98976	6425568	64.91
16		0.00023	98965	23	98953	6326592	63.93
17		0.00030	98942	29	98927	6227638	62.94
18		0.00033	98913	33	98896	6128711	61.96
19		0.00026	98880	26	98867	6029815	60.98
20		0.00034	98854	34	98837	5930948	60.00
21		0.00031	98820	31	98805	5832111	59.02
22		0.00033	98789	33	98773	5733306	58.04
23		0.00037	98756	36	98738	5634533	57.05
24		0.00041	98720	41	98700	5535795	56.08
25		0.00042	98679	42	98659	5437095	55.10
26		0.00042	98638	42	98617	5338437	54.12
27		0.00045	98596	45	98574	5239820	53.14
28		0.00049	98552	49	98527	5141246	52.17
29		0.00050	98503	49	98478	5042719	51.19
30		0.00054	98454	53	98427	4944240	50.22
31		0.00056	98401	55	98373	4845813	49.25
32		0.00059	98346	58	98317	4747440	48.27
33		0.00064	98288	63	98256	4649124	47.30
34		0.00071	98225	69	98190	4550868	46.33
35		0.00075	98155	73	98118	4452678	45.36
36		0.00082	98082	80	98042	4354559	44.40
37		0.00089	98001	87	97958	4256518	43.43
38		0.00092	97914	90	97869	4158560	42.47
39		0.00099	97824	96	97776	4060691	41.51
40		0.00112	97728	109	97673	3962915	40.55
41		0.00118	97619	115	97561	3865241	39.60
42		0.00125	97504	122	97443	3767680	38.64
43		0.00139	97382	136	97314	3670238	37.69
44		0.00156	97246	152	97170	3572923	36.74

年　　齢	死亡率	生存数	死亡数	定　常　人　口		平均余命
x	$_nq_x$	l_x	$_nd_x$	$_nL_x$	T_x	$\overset{\circ}{e}_x$
45	0.00167	97094	163	97013	3475753	35.80
46	0.00182	96932	176	96844	3378740	34.86
47	0.00204	96756	197	96657	3281896	33.92
48	0.00232	96559	224	96446	3185239	32.99
49	0.00240	96334	231	96219	3088793	32.06
50	0.00270	96103	260	95973	2992574	31.14
51	0.00291	95843	279	95704	2896601	30.22
52	0.00323	95564	309	95410	2800897	29.31
53	0.00330	95256	314	95098	2705487	28.40
54	0.00364	94941	346	94768	2610389	27.49
55	0.00385	94595	364	94413	2515620	26.59
56	0.00419	94231	395	94034	2421207	25.69
57	0.00465	93837	436	93618	2327173	24.80
58	0.00515	93400	481	93160	2233555	23.91
59	0.00561	92919	521	92658	2140395	23.04
60	0.00620	92398	573	92111	2047737	22.16
61	0.00682	91825	626	91512	1955626	21.30
62	0.00770	91199	702	90848	1864114	20.44
63	0.00848	90497	768	90113	1773266	19.59
64	0.00912	89729	818	89320	1683153	18.76
65	0.01021	88911	908	88457	1593833	17.93
66	0.01149	88003	1012	87498	1505376	17.11
67	0.01255	86992	1091	86446	1417878	16.30
68	0.01418	85900	1218	85291	1331432	15.50
69	0.01635	84682	1384	83990	1246141	14.72
70	0.01833	83298	1527	82534	1162151	13.95
71	0.02081	81771	1702	80920	1079617	13.20
72	0.02319	80069	1857	79141	998697	12.47
73	0.02760	78212	2158	77133	919556	11.76
74	0.03025	76054	2301	74903	842423	11.08
75	0.03514	73753	2592	72457	767520	10.41
76	0.03869	71161	2753	69784	695063	9.77
77	0.04476	68408	3062	66877	625278	9.14
78	0.05169	65346	3378	63657	558402	8.55
79	0.05866	61968	3635	60150	494745	7.98
80	0.06503	58333	3793	56436	434595	7.45
81	0.07395	54539	4033	52523	378159	6.93
82	0.08363	50506	4224	48394	325636	6.45
83	0.09415	46282	4358	44103	277242	5.99
84	0.10556	41925	4426	39712	233138	5.56
85	0.11793	37499	4422	35288	193426	5.16
86	0.13130	33077	4343	30905	158139	4.78
87	0.14575	28734	4188	26640	127233	4.43
88	0.16133	24546	3960	22566	100593	4.10
89	0.17812	20586	3667	18752	78028	3.79
90-	1.00000	16919	16919	59275	59275	3.50

昭和57年簡易生命表（1982）
男（MALE）

年 齢	死 亡 率	生 存 数	死 亡 数	定 常 人 口		平均余命
x	$_nq_x$	l_x	$_nd_x$	$_nL_x$	T_x	$\overset{\circ}{e}_x$
0 週	0.00379	100000	379	1914	7421576	74.22
1 (w)	0.00051	99621	51	1910	7419662	74.48
2	0.00027	99570	26	1909	7417752	74.50
3	0.00020	99543	20	1909	7415843	74.50
4	0.00060	99524	60	8950	7413934	74.49
2 月	0.00032	99464	32	8287	7404984	74.45
3 (m)	0.00075	99432	75	24849	7396697	74.39
6	0.00089	99357	88	49657	7371848	74.20
0 年	0.00731	100000	731	99385	7421576	74.22
1 (y)	0.00103	99269	102	99218	7322191	73.76
2	0.00062	99167	62	99136	7222973	72.84
3	0.00050	99105	50	99080	7123837	71.88
4	0.00040	99055	40	99035	7024757	70.92
5	0.00040	99015	40	98995	6925722	69.95
6	0.00037	98976	36	98957	6826726	68.97
7	0.00029	98939	28	98925	6727769	68.00
8	0.00024	98911	23	98899	6628844	67.02
9	0.00022	98887	22	98876	6529945	66.03
10	0.00020	98865	20	98855	6431069	65.05
11	0.00021	98846	21	98835	6332213	64.06
12	0.00019	98825	19	98815	6233378	63.08
13	0.00021	98806	21	98795	6134563	62.09
14	0.00027	98785	27	98772	6035767	61.10
15	0.00037	98758	36	98740	5936996	60.12
16	0.00077	98722	76	98684	5838256	59.14
17	0.00078	98646	77	98608	5739572	58.18
18	0.00084	98596	83	98528	5640964	57.23
19	0.00089	98486	87	98442	5542436	56.28
20	0.00086	98399	84	98356	5443994	55.33
21	0.00086	98314	84	98272	5345637	54.37
22	0.00079	98230	78	98191	5247365	53.42
23	0.00088	98152	87	98109	5149174	52.46
24	0.00078	98065	77	98027	5051066	51.51
25	0.00084	97989	82	97948	4953038	50.55
26	0.00082	97907	80	97866	4855091	49.59
27	0.00079	97826	77	97788	4757224	48.63
28	0.00087	97749	85	97707	4659436	47.67
29	0.00088	97664	86	97621	4561730	46.71
30	0.00094	97578	92	97532	4464108	45.75
31	0.00095	97486	92	97440	4366576	44.79
32	0.00098	97394	95	97346	4269136	43.83
33	0.00104	97299	101	97248	4171790	42.88
34	0.00112	97197	109	97143	4074542	41.92
35	0.00112	97089	109	97034	3977399	40.97
36	0.00129	96979	125	96917	3880365	40.01
37	0.00144	96854	140	96784	3783448	39.06
38	0.00159	96714	154	96637	3686664	38.12
39	0.00172	96560	166	96477	3590026	37.18
40	0.00208	96394	201	96294	3493549	36.24
41	0.00203	96193	196	96095	3397255	35.32
42	0.00236	95998	226	95884	3301160	34.39
43	0.00239	95771	229	95657	3205276	33.47
44	0.00285	95543	272	95406	3109619	32.55

年　齢	死　亡　率	生　存　数	死亡数	定　常　人　口		平均余命
x	$_nq_x$	l_x	$_nd_x$	$_nL_x$	T_x	$\overset{\circ}{e}_x$
45	0.00323	95270	307	95117	3014212	31.64
46	0.00368	94963	349	94788	2919096	30.74
47	0.00404	94613	382	94423	2824308	29.85
48	0.00454	94232	428	94018	2729885	28.97
49	0.00501	93804	470	93569	2635867	28.10
50	0.00548	93334	511	93079	2542298	27.24
51	0.00581	92823	540	92553	2449220	26.39
52	0.00633	92283	584	91991	2356667	25.54
53	0.00685	91699	628	91385	2264675	24.70
54	0.00707	91072	644	90750	2173290	23.86
55	0.00787	90428	712	90072	2082540	23.03
56	0.00845	89716	758	89337	1992469	22.21
57	0.00903	88958	804	88556	1903132	21.39
58	0.00960	88154	847	87731	1814576	20.58
59	0.01067	87307	932	86841	1726846	19.78
60	0.01148	86375	991	85880	1640005	18.99
61	0.01270	85384	1084	84842	1554125	18.20
62	0.01340	84300	1130	83735	1469283	17.43
63	0.01600	83170	1331	82505	1385548	16.66
64	0.01664	81839	1361	81159	1303043	15.92
65	0.01851	80478	1489	79733	1221885	15.18
66	0.02066	78988	1632	78173	1142152	14.46
67	0.02326	77357	1799	76457	1063979	13.75
68	0.02541	75558	1920	74598	987522	13.07
69	0.02790	73638	2054	72610	912924	12.40
70	0.03120	71583	2233	70467	840313	11.74
71	0.03583	69350	2485	68107	769847	11.10
72	0.03903	66865	2610	65560	701739	10.49
73	0.04398	64255	2826	62842	636179	9.90
74	0.04941	61429	3035	59912	573337	9.33
75	0.05454	58394	3185	56802	513426	8.79
76	0.06166	55209	3404	53507	456624	8.27
77	0.06806	51805	3526	50042	403117	7.78
78	0.07566	48279	3653	46453	353075	7.31
79	0.08294	44626	3701	42775	306622	6.87
80	0.09139	40925	3740	39055	263846	6.45
81	0.10039	37185	3733	35318	224792	6.05
82	0.11008	33452	3682	31610	189474	5.66
83	0.12051	29769	3588	27975	157863	5.30
84	0.13173	26182	3449	24457	129888	4.96
85	0.14378	22733	3268	21098	105431	4.64
86	0.15670	19464	3050	17939	84332	4.33
87	0.17055	16414	2799	15014	66393	4.04
88	0.18536	13615	2524	12353	51378	3.77
89	0.20119	11091	2231	9975	39026	3.52
90-	1.00000	8860	8860	29050	29050	3.28

昭和57年簡易生命表（1982）
女（FEMALE）

年　齢	死　亡　率	生　存　数	死亡数	定．常　人　口		平均余命
x	$_nq_x$	l_x	$_nd_x$	$_nL_x$	T_x	$\overset{\circ}{e}_x$
0 週	0.00288	100000	288	1915	7966243	79.66
1 (w)	·0.00042	99712	42	1912	7964328	79.87
2	0.00024	99671	24	1911	7962416	79.89
3	0.00016	99646	16	1911	7960505	79.89
4	0.00052	99631	52	8960	7958594	79.88
2 月	0.00026	99579	26	8297	7949634	79.83
3 (m)	0.00061	99552	60	24881	7941337	79.77
6	0.00073	99492	73	49728	7916456	79.57
0 年	0.00581	100000	581	99514	7966243	79.66
1 (y)	0.00091	99149	90	99374	7866729	79.13
2	0.00048	99329	48	99305	7767355	78.20
3	0.00032	99281	32	99265	7668050	77.24
4	0.00029	99249	29	99234	7568786	76.26
5	0.00023	99220	23	99209	7469551	75.28
6	0.00021	99197	21	99187	7370342	74.30
7	0.00017	99176	16	99168	7271156	73.32
8	0.00015	99160	14	99152	7171988	72.33
9	0.00016	99145	16	99137	7072835	71.34
10	0.00015	99129	15	99122	6973698	70.35
11	0.00013	99115	13	99108	6874576	69.36
12	0.00013	99101	13	99095	6775468	68.37
13	0.00014	99089	14	99082	6676373	67.38
14	0.00015	99075	15	99067	6577291	66.39
15	0.00016	99059	15·	99052	6478224	65.40
16	0.00023	99044	23	99032	6379173	64.41
17	0.00026	99021	26	99008	6280140	63.42
18	0.00030	98995	30	98980	6181133	62.44
19	0.00033	98965	32	98949	6082153	61.46
20	0.00033	98933	33	98916	5983204	60.48
21	0.00033	98900	33	98883	5884288	59.50
22	0.00034	98866	33	98850	5785405	58.52
23	0.00036	98833	36	98815	5686555	57.54
24	0.00035	98798	34	98780	5587740	56.56
25	0.00036	98763	35	98745	5488959	55.58
26	0.00042	98728	41	98707	5390214	54.60
27	0.00044	98686	44	98664	5291507	53.62
28	0.00045	98642	44	98620	5192843	52.64
29	0.00049	98598	48	98574	5094222	51.67
30	0.00052	98550	51	98525	4995648	50.69
31	0.00057	98499	56	98471	4897123	49.72
32	0.00059	98443	58	98414	4798651	48.75
33	0.00063	98385	62	98354	4700237	47.77
34	0.00071	98323	69	98289	4601883	46.80
35	0.00073	98254	72	98218	4503594	45.84
36	0.00076	98182	75	98145	4405376	44.87
37	0.00084	98108	83	98066	4307231	43.90
38	0.00092	98025	90	97980	4209165	42.94
39	0.00097	97935	95	97887	4111185	41.98
40	0.00100	97840	98	97791	4013298	41.02
41	0.00116	97742	114	97685	3915507	40.06
42	0.00122	97628	119	97569	3817822	39.11
43	0.00135	97509	131	97443	3720254	38.15
44	0.00159	97378	155	97300	3622810	37.20

年 齢	死 亡 率	生 存 数	死 亡 数	定 常 人 口		平均余命
x	$_nq_x$	l_x	$_nd_x$	$_nL_x$	T_x	$\overset{\circ}{e}_x$
45	0.00162	97223	158	97144	3525510	36.26
46	0.00174	97065	169	96981	3428366	35.32
47	0.00202	96897	196	96799	3331385	34.38
48	0.00217	96701	210	96596	3234586	33.45
49	0.00246	96491	238	96372	3137990	32.52
50	0.00266	96253	256	96125	3041618	31.60
51	0.00286	95997	275	95859	2945493	30.68
52	0.00298	95722	285	95579	2849634	29.77
53	0.00330	95436	315	95279	2754055	28.86
54	0.00339	95121	323	94960	2658776	27.95
55	0.00379	94799	359	94619	2563816	27.04
56	0.00415	94440	392	94244	2469197	26.15
57	0.00445	94048	418	93839	2374953	25.25
58	0.00495	93630	463	93398	2281114	24.36
59	0.00540	93167	504	92915	2187716	23.48
60	0.00592	92663	549	92389	2094801	22.61
61	0.00667	92114	615	91807	2002413	21.74
62	0.00698	91500	639	91180	1910606	20.88
63	0.00809	90861	735	90494	1819425	20.02
64	0.00898	90126	809	89722	1728932	19.18
65	0.00979	89317	875	88879	1639210	18.35
66	0.01087	88442	961	87962	1550331	17.53
67	0.01196	87481	1046	86958	1462369	16.72
68	0.01328	86435	1148	85861	1375411	15.91
69	0.01523	85287	1299	84638	1289550	15.12
70	0.01702	83988	1429	83274	1204912	14.35
71	0.01981	82559	1635	81741	1121639	13.59
72	0.02189	80924	1771	80038	1039898	12.85
73	0.02501	79152	1979	78163	959860	12.13
74	0.02908	77173	2244	76051	881697	11.42
75	0.03266	74929	2447	73705	805646	10.75
76	0.03740	72482	2711	71126	731941	10.10
77	0.04161	69771	2903	68319	660815	9.47
78	0.04837	66867	3235	65250	592496	8.86
79	0.05414	63633	3445	61910	527245	8.29
80	0.06170	60188	3713	58331	465335	7.73
81	0.06951	56474	3926	54512	407004	7.21
82	0.07815	52549	4107	50496	352492	6.71
83	0.08768	48442	4248	46319	301996	6.23
84	0.09820	44195	4340	42025	255678	5.79
85	0.10979	39855	4376	37667	213653	5.36
86	0.12254	35479	4348	33305	175986	4.96
87	0.13654	31131	4251	29006	142681	4.58
88	0.15190	26881	4083	24839	113675	4.23
89	0.16870	22798	3846	20875	88836	3.90
90-	1.00000	18952	18952	67961	67961	3.59

昭和58年簡易生命表（1983）
男（MALE）

年 齢	死 亡 率	生 存 数	死 亡 数	定 常 人 口		平均余命
x	nq_x	l_x	nd_x	nL_x	T_x	$\overset{\circ}{e}_x$
0 週	0.00334	1000000	334	1915	7419836	74.20
1 (w)	0.00049	99666	49	1911	7417922	74.43
2	0.00024	99617	24	1910	7416011	74.45
3	0.00019	99593	19	1910	7414101	74.44
4	0.00056	99574	56	8955	7412191	74.44
2 月	0.00034	99518	34	8292	7403236	74.39
3 (m)	0.00076	99484	75	24862	7394944	74.33
6	0.00088	99409	87	49683	7370083	74.14
0 年	0.00679	100000	679	99436	7419836	74.20
1 (y)	0.00089	99321	89	99277	7320400	73.70
2	0.00064	99233	63	99201	7221123	72.77
3	0.00047	99169	46	99146	7121923	71.82
4	0.00038	99123	38	99104	7022777	70.85
5	0.00035	99085	35	99068	6923673	69.88
6	0.00033	99050	33	99034	6824605	68.90
7	0.00030	99017	29	99003	6725571	67.92
8	0.00026	98988	25	98975	6626569	66.94
9	0.00022	98962	22	98952	6527594	65.96
10	0.00019	98941	19	98931	6428642	64.97
11	0.00017	98922	17	98913	6329711	63.99
12	0.00017	98905	17	98896	6230798	63.00
13	0.00021	98887	21	98877	6131902	62.01
14	0.00031	98867	31	98851	6033025	61.02
15	0.00046	98836	45	98813	5934173	60.04
16	0.00063	98791	63	98759	5835360	59.07
17	0.00078	98728	77	98689	5736600	58.11
18	0.00087	98651	86	98608	5637911	57.15
19	0.00090	98565	88	98521	5539303	56.20
20	0.00089	98476	88	98432	5440783	55.25
21	0.00089	98388	87	98345	5342350	54.30
22	0.00087	98301	86	98259	5244005	53.35
23	0.00086	98216	85	98173	5145747	52.39
24	0.00086	98131	84	98089	5047573	51.44
25	0.00086	98047	84	98005	4949484	50.48
26	0.00086	97962	85	97920	4851480	49.52
27	0.00087	97878	85	97835	4753560	48.57
28	0.00089	97792	87	97749	4655725	47.61
29	0.00091	97705	89	97661	4557976	46.65
30	0.00094	97616	92	97570	4460315	45.69
31	0.00098	97524	95	97476	4362745	44.74
32	0.00101	97429	99	97379	4265269	43.78
33	0.00106	97330	103	97279	4167889	42.82
34	0.00112	97227	108	97173	4070611	41.87
35	0.00120	97119	116	97061	3973438	40.91
36	0.00130	97003	126	96940	3876377	39.96
37	0.00146	96876	141	96806	3779437	39.01
38	0.00165	96735	159	96656	3682631	38.07
39	0.00185	96576	179	96487	3585976	37.13
40	0.00204	96398	196	96299	3489489	36.20
41	0.00220	96201	212	96095	3393189	35.27
42	0.00238	95989	228	95875	3297094	34.35
43	0.00259	95761	248	95637	3201219	33.43
44	0.00286	95513	273	95377	3105581	32.51

年　齢	死　亡　率	生　存　数	死亡数	定　常　人　口		平均余命
x	$_nq_x$	l_x	$_nd_x$	$_nL_x$	T_x	$\overset{\circ}{e}_x$
45	0.00318	95241	303	95089	3010204	31.61
46	0.00356	94938	338	94769	2915115	30.71
47	0.00400	94599	378	94410	2820347	29.81
48	0.00448	94221	422	94010	2725936	28.93
49	0.00503	93799	472	93563	2631926	28.06
50	0.00558	93327	521	93067	2538363	27.20
51	0.00609	92806	565	92524	2445296	26.35
52	0.00655	92241	604	91939	2352772	25.51
53	0.00702	91637	643	91315	2260833	24.67
54	0.00753	90994	685	90651	2169517	23.84
55	0.00810	90309	731	89943	2078866	23.02
56	0.00871	89578	780	89187	1988923	22.20
57	0.00935	88797	830	88382	1899736	21.39
58	0.01000	87968	879	87528	1811353	20.59
59	0.01075	87088	936	86620	1723825	19.79
60	0.01160	86152	999	85652	1637205	19.00
61	0.01260	85153	1073	84616	1551553	18.22
62	0.01375	84080	1156	83502	1466937	17.45
63	0.01508	82924	1250	82299	1383435	16.68
64	0.01659	81674	1355	80996	1301136	15.93
65	0.01834	80319	1473	79582	1220139	15.19
66	0.02029	78845	1600	78045	1140557	14.47
67	0.02245	77245	1734	76378	1062512	13.76
68	0.02485	75511	1876	74573	986134	13.06
69	0.02765	73635	2036	72617	911561	12.38
70	0.03082	71599	2207	70495	838944	11.72
71	0.03453	69392	2396	68194	768449	11.07
72	0.03889	66996	2606	65693	700255	10.45
73	0.04381	64390	2821	62980	634562	9.85
74	0.04917	61569	3027	60056	571582	9.28
75	0.05487	58542	3212	56936	511526	8.74
76	0.06100	55330	3375	53642	454590	8.22
77	0.06759	51955	3511	50199	400948	7.72
78	0.07499	48443	3633	46627	350749	7.24
79	0.08332	44811	3734	42944	304122	6.79
80	0.09248	41077	3799	39178	261178	6.36
81	0.10188	37278	3798	35379	222000	5.96
82	0.11198	33480	3749	31606	186621	5.57
83	0.12282	29731	3652	27906	155015	5.21
84	0.13445	26080	3506	24327	127109	4.87
85	0.14691	22573	3316	20915	102783	4.55
86	0.16024	19257	3086	17714	81867	4.25
87	0.17449	16171	2822	14760	64153	3.97
88	0.18970	13350	2532	12083	49393	3.70
89	0.20590	10817	2227	9703	37309	3.45
90-	1.00000	8590	8590	27606	27606	3.21

昭和58年簡易生命表 (1983)
女 (FEMALE)

年齢	死亡率	生存数	死亡数	定常人口		平均余命
x	$_nq_x$	l_x	$_nd_x$	$_nL_x$	T_x	$\overset{\circ}{e}_x$
0 週	0.00255	100000	255	1915	7978370	79.78
1 (w)	0.00043	99745	43	1913	7976455	79.97
2	0.00022	99702	22	1912	7974543	79.98
3	0.00014	99680	14	1912	7972631	79.98
4	0.00045	99666	45	8963	7970719	79.97
2 月	0.00028	99621	28	8301	7961756	79.92
3 (m)	0.00059	99594	59	24891	7953455	79.86
6	0.00068	99535	68	49750	7928564	79.66
0 年	0.00533	100000	533	99557	7978370	79.78
1 (y)	0.00077	99467	76	99429	7878814	79.21
2	0.00053	99390	53	99364	7779385	78.27
3	0.00036	99337	36	99320	7680021	77.31
4	0.00026	99302	25	99289	7580702	76.34
5	0.00021	99276	21	99266	7481413	75.36
6	0.00020	99255	20	99245	7382147	74.38
7	0.00018	99235	18	99226	7282902	73.39
8	0.00017	99217	17	99209	7183676	72.40
9	0.00015	99200	15	99193	7084467	71.42
10	0.00013	99186	13	99179	6985274	70.43
11	0.00013	99172	13	99166	6886095	69.44
12	0.00013	99160	13	99154	6786929	68.44
13	0.00013	99147	13	99141	6687775	67.45
14	0.00016	99134	16	99126	6588634	66.46
15	0.00020	99118	20	99109	6489508	65.47
16	0.00025	99099	24	99086	6390400	64.49
17	0.00028	99074	28	99060	6291313	63.50
18	0.00030	99046	30	99031	6192253	62.52
19	0.00031	99017	31	99001	6093221	61.54
20	0.00033	98986	33	98969	5994220	60.56
21	0.00035	98953	35	98936	5895251	59.58
22	0.00037	98918	37	98900	5796315	58.60
23	0.00039	98882	38	98863	5697415	57.62
24	0.00040	98843	40	98823	5598552	56.64
25	0.00041	98803	41	98783	5499729	55.66
26	0.00042	98762	42	98742	5400946	54.69
27	0.00043	98721	43	98699	5302205	53.71
28	0.00045	98678	45	98656	5203505	52.73
29	0.00048	98633	48	98609	5104850	51.76
30	0.00050	98586	50	98561	5006240	50.78
31	0.00052	98536	52	98510	4907680	49.81
32	0.00056	98484	55	98457	4809170	48.83
33	0.00062	98429	61	98399	4710713	47.86
34	0.00068	98369	67	98335	4612314	46.89
35	0.00074	98301	73	98265	4513979	45.92
36	0.00079	98228	78	98190	4415714	44.95
37	0.00083	98151	81	98110	4317524	43.99
38	0.00088	98070	86	98026	4219414	43.02
39	0.00096	97983	94	97936	4121388	42.06
40	0.00105	97889	103	97837	4023452	41.10
41	0.00114	97786	111	97730	3925615	40.15
42	0.00123	97674	120	97614	3827885	39.19
43	0.00134	97554	130	97489	3730270	38.24
44	0.00145	97424	142	97353	3632781	37.29

年　齢	死　亡　率	生　存　数	死亡数	定　常　人　口		平均余命
x	${}_nq_x$	l_x	${}_nd_x$	${}_nL_x$	T_x	$\overset{\circ}{e}_x$
45	0.00160	97282	155	97205	3535428	36.34
46	0.00176	97127	171	97042	3438223	35.40
47	0.00192	96956	186	96863	3341182	34.46
48	0.00211	96770	204	96668	3244319	33.53
49	0.00233	96566	225	96453	3147651	32.60
50	0.00257	96341	248	96217	3051198	31.67
51	0.00281	96093	270	95958	2954981	30.75
52	0.00303	95823	290	95678	2859023	29.84
53	0.00324	95533	309	95378	2763345	28.93
54	0.00347	95223	331	95058	2667967	28.02
55	0.00375	94893	356	94715	2572909	27.11
56	0.00406	94537	384	94345	2478194	26.21
57	0.00438	94153	413	93947	2383849	25.32
58	0.00474	93740	444	93518	2289903	24.43
59	0.00519	93296	485	93054	2196384	23.54
60	0.00578	92812	537	92544	2103330	22.66
61	0.00645	92275	595	91978	2010787	21.79
62	0.00715	91680	656	91352	1918809	20.93
63	0.00788	91024	717	90666	1827457	20.08
64	0.00866	90307	782	89916	1736792	19.23
65	0.00957	89525	857	89097	1646875	18.40
66	0.01064	88668	943	88197	1557779	17.57
67	0.01185	87725	1039	87205	1469582	16.75
68	0.01323	86686	1147	86112	1382377	15.95
69	0.01485	85539	1270	84904	1296265	15.15
70	0.01677	84269	1413	83562	1211361	14.37
71	0.01899	82855	1573	82069	1127799	13.61
72	0.02164	81282	1759	80402	1045730	12.87
73	0.02477	79523	1970	78538	965328	12.14
74	0.02832	77553	2196	76455	886790	11.43
75	0.03213	75357	2421	74147	810335	10.75
76	0.03634	72936	2651	71611	736188	10.09
77	0.04124	70285	2899	68836	664578	9.46
78	0.04705	67387	3171	65801	595742	8.84
79	0.05378	64216	3454	62489	529941	8.25
80	0.06098	60762	3706	58909	467452	7.69
81	0.06891	57057	3932	55091	408542	7.16
82	0.07773	53125	4129	51060	353452	6.65
83	0.08751	48995	4287	46852	302392	6.17
84	0.09835	44708	4397	42509	255540	5.72
85	0.11305	40311	4448	38087	213030	5.28
86	0.12362	35862	4433	33646	174944	4.88
87	0.13827	31429	4346	29256	141298	4.50
88	0.15439	27083	4181	24993	112042	4.14
89	0.17212	22902	3942	20931	87049	3.80
90-	1.00000	18960	18960	66118	66118	3.49

昭和59年簡易生命表 (1984)
男 (MALE)

年　齢	死　亡　率	生　存　数	死亡数	定　常　人　口		平均余命
x	nq_x	l_x	nd_x	nL_x	T_x	$\overset{\circ}{e}_x$
0 週	0.00318	100000	318	1915	7454234	74.54
1 (w)	0.00046	99682	46	1911	7452319	74.76
2	0.00027	99636	27	1911	7450408	74.78
3	0.00018	99609	18	1910	7448497	74.78
4	0.00057	99591	57	8956	7446587	74.77
2 月	0.00036	99534	36	8293	7437631	74.72
3 (m)	0.00078	99498	78	24865	7429338	74.67
6	0.00083	99420	82	49689	7404473	74.48
0 年	0.00662	100000	662	99450	7454234	74.54
1 (y)	0.00083	99338	83	99296	7354784	74.04
2	0.00062	99255	61	99225	7255488	73.10
3	0.00046	99194	45	99171	7156263	72.14
4	0.00036	99149	36	99131	7057092	71.18
5	0.00032	99113	32	99097	6957961	70.20
6	0.00029	99081	29	99067	6858864	69.22
7	0.00025	99053	25	99040	6759797	68.24
8	0.00022	99028	22	99017	6660757	67.26
9	0.00019	99006	19	98996	6561740	66.28
10	0.00019	98987	18	98977	6462744	65.29
11	0.00019	98968	19	98959	6363767	64.30
12	0.00019	98950	19	98940	6264808	63.31
13	0.00021	98931	21	98921	6165867	62.32
14	0.00029	98910	28	98896	6066947	61.34
15	0.00042	98882	41	98861	5968051	60.36
16	0.00059	98841	58	98812	5869189	59.38
17	0.00074	98783	73	98746	5770378	58.41
18	0.00084	98709	83	98668	5671632	57.46
19	0.00088	98626	87	98583	5572964	56.51
20	0.00088	98539	87	98496	5474382	55.56
21	0.00087	98453	86	98410	5375886	54.60
22	0.00084	98376	83	98325	5277476	53.65
23	0.00082	98284	80	98244	5179150	52.70
24	0.00080	98204	79	98164	5080907	51.74
25	0.00080	98125	78	98086	4982742	50.78
26	0.00080	98047	79	98007	4884657	49.82
27	0.00081	97968	80	97928	4786649	48.86
28	0.00083	97888	81	97848	4688721	47.90
29	0.00085	97807	83	97766	4590873	46.94
30	0.00089	97724	87	97681	4493107	45.98
31	0.00093	97638	91	97592	4395426	45.02
32	0.00097	97547	95	97500	4297834	44.06
33	0.00103	97453	100	97403	4200334	43.10
34	0.00110	97352	107	97299	4102931	42.15
35	0.00119	97245	116	97187	4005632	41.19
36	0.00130	97130	126	97067	3908445	40.24
37	0.00143	97004	138	96934	3811378	39.29
38	0.00158	96865	153	96789	3714444	38.35
39	0.00176	96712	171	96627	3617655	37.41
40	0.00196	96541	189	96447	3521029	36.47
41	0.00215	96352	208	96248	3424582	35.54
42	0.00236	96145	226	96031	3328333	34.62
43	0.00257	95918	247	95795	3232302	33.70
44	0.00282	95671	270	95536	3136507	32.78

年　齢	死　亡　率	生　存　数	死亡数	定　常　人　口		平均余命
x	$_nq_x$	l_x	$_nd_x$	$_nd_x$	T_x	$\overset{\circ}{e}_x$
45	0.00310	95401	295	95254	3040971	31.88
46	0.00339	95106	323	94945	2945717	30.97
47	0.00375	94783	355	94606	2850772	30.08
48	0.00419	94428	396	94231	2756166	29.19
49	0.00474	94033	445	93810	2661936	28.31
50	0.00533	93587	499	93338	2568125	27.44
51	0.00592	93088	551	92813	2474788	26.59
52	0.00648	92537	600	92237	2381975	25.74
53	0.00701	91937	645	91615	2289738	24.91
54	0.00753	91292	688	90948	2198123	24.08
55	0.00806	90605	730	90239	2107175	23.26
56	0.00859	89874	772	89488	2016935	22.44
57	0.00915	89102	816	88694	1927447	21.63
58	0.00982	88287	867	87853	1838753	20.83
59	0.01061	87419	928	86956	1750900	20.03
60	0.01151	86492	995	85994	1663944	19.24
61	0.01247	85497	1066	84964	1577950	18.46
62	0.01357	84431	1146	83858	1492986	17.68
63	0.01487	83285	1238	82666	1409129	16.92
64	0.01636	82047	1342	81376	1326463	16.17
65	0.01802	80705	1454	79977	1245087	15.43
66	0.01983	79250	1571	78465	1165110	14.70
67	0.02177	77679	1691	76833	1086645	13.99
68	0.02398	75988	1822	75077	1009812	13.29
69	0.02654	74166	1968	73182	934735	12.60
70	0.02948	72198	2129	71133	861554	11.93
71	0.03294	70069	2308	68915	790420	11.28
72	0.03698	67761	2506	66508	721505	10.65
73	0.04166	65255	2719	63896	654997	10.04
74	0.04698	62537	2938	61068	591101	9.45
75	0.05279	59599	3147	58026	530033	8.89
76	0.05898	56452	3329	54788	472007	8.36
77	0.06554	53123	3482	51382	417220	7.85
78	0.07271	49642	3610	47837	365837	7.37
79	0.08069	46032	3714	44175	318001	6.91
80	0.08982	42318	3801	40417	273826	6.47
81	0.09908	38517	3816	36609	233409	6.06
82	0.10903	34701	3784	32809	196800	5.67
83	0.11973	30917	3702	29066	163991	5.30
84	0.13121	27215	3571	25430	134925	4.96
85	0.14351	23645	3393	21948	109495	4.63
86	0.15669	20251	3173	18665	87547	4.32
87	0.17078	17078	2917	15620	68882	4.03
88	0.18583	14162	2632	12846	53262	3.76
89	0.20187	11530	2328	10366	40417	3.51
90 －	1.00000	9202	9202	30050	30050	3.27

昭和59年簡易生命表 (1984)
女 (FEMALE)

年 齢	死 亡 率	生 存 数	死亡数	定 常 人 口		平均余命
x	$_nq_x$	l_x	$_nd_x$	$_nL_x$	T_x	$\overset{\circ}{e}_x$
0 週	0.00253	100000	253	1915	8017564	80.18
1 (w)	0.00036	99747	35	1913	8015648	80.36
2	0.00025	99711	25	1912	8013736	80.37
3	0.00017	99686	17	1912	8011824	80.37
4	0.00043	99670	43	8964	8009912	80.36
2 月	0.00028	99627	28	8301	8000948	80.31
3 (m)	0.00056	99600	56	24893	7992647	80.25
6	0.00073	99544	73	49754	7967754	80.04
0 年	0.00529	100000	529	99563	8017564	80.18
1 (y)	0.00076	99471	76	99433	7918000	79.60
2	0.00054	99395	53	99368	7818568	78.66
3	0.00036	99342	36	99324	7719199	77.70
4	0.00026	99306	25	99293	7619875	76.73
5	0.00020	99280	20	99270	7520582	75.75
6	0.00018	99260	17	99251	7421312	74.77
7	0.00016	99243	16	99235	7322061	73.78
8	0.00014	99227	14	99220	7222826	72.79
9	0.00013	99213	13	99207	7123606	71.80
10	0.00012	99200	12	99194	7024399	70.81
11	0.00012	99188	12	99182	6925206	69.82
12	0.00012	99176	12	99170	6826024	68.83
13	0.00012	99164	12	99158	6726854	67.84
14	0.00014	99152	14	99145	6627696	66.84
15	0.00017	99137	17	99129	6528552	65.85
16	0.00021	99121	21	99110	6429423	64.86
17	0.00025	99100	25	99088	6330312	63.88
18	0.00028	99075	28	99061	6231225	62.89
19	0.00031	99048	30	99032	6132163	61.91
20	0.00033	99017	33	99001	6033131	60.93
21	0.00034	98984	34	98968	5934130	59.95
22	0.00035	98951	35	98933	5835163	58.97
23	0.00036	98916	35	98898	5736229	57.99
24	0.00037	98880	37	98862	5637331	57.01
25	0.00039	98844	39	98824	5538469	56.03
26	0.00042	98805	41	98784	5439645	55.05
27	0.00043	98764	43	98742	5340860	54.08
28	0.00045	98721	44	98699	5242118	53.10
29	0.00047	98676	46	98653	5143419	52.12
30	0.00049	98630	48	98606	5044766	51.15
31	0.00052	98582	51	98556	4946160	50.17
32	0.00056	98531	55	98503	4847604	49.20
33	0.00059	98476	58	98447	4749100	48.23
34	0.00064	98417	63	98386	4650654	47.25
35	0.00070	98354	69	98320	4552268	46.28
36	0.00076	98285	75	98248	4453948	45.32
37	0.00082	98211	80	98170	4355700	44.35
38	0.00088	98130	87	98087	4257530	43.39
39	0.00096	98044	94	97997	4159443	42.42
40	0.00105	97949	103	97898	4061446	41.46
41	0.00115	97846	113	97790	3963548	40.51
42	0.00125	97734	122	97673	3865758	39.55
43	0.00134	97612	131	97546	3768085	38.60
44	0.00145	97481	142	97410	3670539	37.65

年 齢	死 亡 率	生 存 数	死亡数	定 常 人 口		平均余命
x	$_nq_x$	l_x	$_nd_x$	$_nL_x$	T_x	$\overset{\circ}{e}_x$
45	0.00159	97339	155	97261	3573129	36.71
46	0.00175	97184	170	97099	3475868	35.77
47	0.00192	97014	186	96920	3378769	34.83
48	0.00209	96827	202	96726	3281849	33.89
49	0.00226	96625	218	96516	3185123	32.96
50	0.00245	96407	236	96289	3088607	32.04
51	0.00265	96171	255	96043	2992318	31.11
52	0.00288	95916	277	95777	2896275	30.20
53	0.00312	95639	299	95489	2800498	29.28
54	0.00335	95340	320	95180	2705008	28.37
55	0.00358	95020	341	94850	2609828	27.47
56	0.00386	94680	365	94497	2514978	26.56
57	0.00420	94315	396	94117	2420481	25.66
58	0.00461	93919	433	93702	2326364	24.77
59	0.00506	93486	473	93250	2232662	23.88
60	0.00555	93013	516	92755	2139412	23.00
61	0.00606	92497	561	92216	2046657	22.13
62	0.00667	91936	613	91629	1954441	21.26
63	0.00740	91323	676	90985	1862811	20.40
64	0.00826	90647	749	90272	1771827	19.55
65	0.00923	89898	830	89483	1681555	18.71
66	0.01031	89068	919	88609	1592072	17.87
67	0.01152	88149	1015	87642	1503463	17.06
68	0.01281	87134	1116	86576	1415821	16.25
69	0.01423	86018	1224	85406	1329245	15.45
70	0.01594	84794	1352	84118	1243839	14.67
71	0.01802	83442	1504	82690	1159721	13.90
72	0.02045	81938	1676	81100	1077031	13.14
73	0.02332	80262	1872	79326	995932	12.41
74	0.02663	78390	2087	77346	916605	11.69
75	0.03040	76303	2320	75143	839259	11.00
76	0.03465	73983	2564	72701	764116	10.33
77	0.03952	71419	2823	70008	691415	9.68
78	0.04500	68597	3087	67053	621407	9.06
79	0.05121	65509	3355	63832	554354	8.46
80	0.05813	62155	3613	60348	490522	7.89
81	0.06576	58541	3849	56616	430174	7.35
82	0.07424	54692	4060	52662	373557	6.83
83	0.08367	50631	4237	48513	320896	6.34
84	0.09415	46395	4368	44211	272383	5.87
85	0.10577	42027	4445	39804	228172	5.43
86	0.11864	37581	4459	35352	188368	5.01
87	0.13287	33123	4401	30922	153016	4.62
88	0.14857	28722	4267	26588	122094	4.25
89	0.16586	24454	4056	22426	95506	3.91
90 –	1.00000	20398	20398	73080	73080	3.58

昭和60年簡易生命表（1985）
男（MALE）

年　齢	死　亡　率	生　存　数	死亡数	定　常　人　口		平均余命
x	$_nq_x$	l_x	$_nd_x$	$_nL_x$	T_x	$\overset{\circ}{e}_x$
0 週	0.00281	100000	281	1915	7483984	74.84
1 (w)	0.00045	99719	45	1912	7482069	75.03
2	0.00024	99674	24	1911	7480157	75.05
3	0.00018	99651	18	1911	7478246	75.04
4	0.00045	99633	45	8960	7476335	75.04
2 月	0.00028	99588	28	8298	7467374	74.98
3 (m)	0.00072	99560	71	24881	7459077	74.92
6	0.00074	99489	73	49726	7434196	74.72
0 年	0.00585	100000	585	99515	7483984	74.84
1 (y)	0.00085	99415	85	99373	7384470	74.28
2	0.00062	99330	61	99299	7285097	73.34
3	0.00044	99269	44	99247	7185798	72.39
4	0.00034	99225	34	99208	7086551	71.42
5	0.00030	99191	30	99176	6987343	70.44
6	0.00028	99161	28	99147	6888167	69.46
7	0.00026	99133	26	99120	6789020	68.48
8	0.00024	99107	23	99095	6689900	67.50
9	0.00020	99084	20	99073	6590805	66.52
10	0.00018	99063	18	99054	6491731	65.53
11	0.00018	99045	17	99037	6392677	64.54
12	0.00017	99028	17	99019	6293641	63.55
13	0.00020	99011	19	99001	6194621	62.57
14	0.00028	98991	28	98977	6095620	61.58
15	0.00042	98963	42	98942	5996643	60.59
16	0.00060	98921	59	98892	5897701	59.62
17	0.00076	98862	75	98825	5798809	58.66
18	0.00086	98787	85	98745	5699985	57.70
19	0.00089	98702	88	98658	5601240	56.75
20	0.00088	98614	87	98571	5502581	55.80
21	0.00085	98527	84	98485	5404011	54.85
22	0.00081	98443	80	98403	5305526	53.89
23	0.00078	98363	77	98325	5207122	52.94
24	0.00077	98286	76	98248	5108798	51.98
25	0.00078	98210	77	98172	5010550	51.02
26	0.00080	98133	78	98094	4912378	50.06
27	0.00081	98055	80	98015	4814284	49.10
28	0.00082	97975	80	97935	4716268	48.14
29	0.00081	97895	80	97855	4618333	47.18
30	0.00081	97815	80	97776	4520478	46.21
31	0.00084	97736	82	97695	4422702	45.25
32	0.00090	97654	88	97610	4325007	44.29
33	0.00099	97566	97	97517	4227398	43.33
34	0.00109	97469	106	97416	4129881	42.37
35	0.00118	97363	114	97306	4032464	41.42
36	0.00125	97249	122	97188	3935159	40.46
37	0.00134	97127	130	97062	3837971	39.51
38	0.00147	96997	142	96925	3740909	38.57
39	0.00163	96854	158	96775	3643984	37.62
40	0.00181	96696	175	96609	3547208	36.68
41	0.00201	96521	194	96424	3450600	35.75
42	0.00221	96327	213	96220	3354176	34.82
43	0.00240	96114	230	95999	3257956	33.90
44	0.00263	95884	252	95757	3161957	32.98

年 齢	死 亡 率	生 存 数	死 亡 数	定 常 人 口		平均余命
x	$_nq_x$	l_x	$_nd_x$	$_nL_x$	T_x	$\overset{\circ}{e}_x$
45	0.00293	95631	280	95491	3066200	32.06
46	0.00327	95351	312	95195	2970709	31.16
47	0.00365	95039	347	94866	2875514	30.26
48	0.00405	94692	384	94500	2780648	29.37
49	0.00452	94308	426	94095	2686148	28.48
50	0.00506	93882	475	93644	2592053	27.61
51	0.00568	93406	530	93141	2498408	26.75
52	0.00627	92876	582	92585	2405267	25.90
53	0.00683	92294	631	91978	2312682	25.06
54	0.00739	91663	678	91324	2220704	24.23
55	0.00794	90985	722	90624	2129380	23.40
56	0.00849	90263	766	89880	2038756	22.59
57	0.00906	89497	811	89091	1948876	21.78
58	0.00969	88686	859	88256	1859785	20.97
59	0.01043	87827	916	87369	1771529	20.17
60	0.01128	86910	981	86420	1684160	19.38
61	0.01223	85930	1051	85404	1597740	18.59
62	0.01323	84879	1123	84317	1512335	17.82
63	0.01440	83756	1206	83153	1428018	17.05
64	0.01579	82550	1303	81898	1344865	16.29
65	0.01734	81247	1409	80542	1262967	15.54
66	0.01917	79838	1531	79072	1182425	14.81
67	0.02133	78307	1671	77471	1103353	14.09
68	0.02373	76636	1818	75727	1025882	13.39
69	0.02626	74818	1964	73835	950155	12.70
70	0.02903	72853	2115	71796	876319	12.03
71	0.03232	70739	2286	69596	804523	11.37
72	0.03624	68453	2481	67212	734928	10.74
73	0.04083	65972	2694	64625	667716	10.12
74	0.04616	63278	2921	61818	603090	9.53
75	0.05205	60357	3142	58786	541273	8.97
76	0.05838	57216	3340	55545	482486	8.43
77	0.06512	53875	3508	52121	426941	7.92
78	0.07220	50367	3637	48549	374820	7.44
79	0.07982	46730	3730	44865	326271	6.98
80	0.08836	43000	3799	41100	281406	6.54
81	0.09743	39201	3819	37291	240306	6.13
82	0.10720	35381	3793	33485	203015	5.74
83	0.11771	31589	3718	29730	169530	5.37
84	0.12902	27870	3596	26072	139800	5.02
85	0.14117	24275	3427	22561	113728	4.69
86	0.15420	20848	3215	19240	91167	4.37
87	0.16816	17633	2965	16151	71926	4.08
88	0.18309	14668	2686	13325	55776	3.80
89	0.19905	11982	2385	10790	42450	3.54
90 –	1.00000	9597	9597	31660	31660	3.30

昭和60年簡易生命表（1985）
女（FEMALE）

年 齢	死 亡 率	生 存 率	死亡数	定 常 人 口		平均余命
x	$_nq_x$	l_x	$_nd_x$	$_nL_x$	T_x	$\overset{\circ}{e}_x$
0 週	0.00239	1000000	239	1916	8046146	80.46
1 (w)	0.00040	99761	40	1913	8044231	80.64
2	0.00020	99721	19	1912	8042318	80.65
3	0.00018	99702	18	1912	8040406	80.64
4	0.00044	99684	44	8965	8038494	80.64
2 月	0.00028	99640	28	8302	8029529	80.59
3 (m)	0.00056	99612	56	24896	8021227	80.52
6	0.00064	99556	64	49762	7996331	80.32
0 年	0.00508	100000	508	99577	8046146	80.46
1 (y)	0.00070	99492	69	99457	7946569	79.87
2	0.00047	99422	47	99399	7847112	78.93
3	0.00031	99375	31	99360	7747713	77.96
4	0.00022	99344	22	99333	7648353	76.99
5	0.00019	99322	19	99313	7549020	76.01
6	0.00017	99303	17	99295	7449708	75.02
7	0.00015	99286	15	99279	7350413	74.03
8	0.00013	99272	13	99265	7251134	73.04
9	0.00012	99259	12	99253	7151869	72.05
10	0.00011	99247	11	99241	7052616	71.06
11	0.00012	99235	12	99230	6953375	70.07
12	0.00012	99224	12	99218	6854145	69.08
13	0.00014	99212	14	99205	6754928	68.09
14	0.00016	99198	16	99190	6655723	67.10
15	0.00018	99182	18	99173	6556532	66.11
16	0.00021	99164	21	99154	6457359	65.12
17	0.00024	99143	24	99131	6358206	64.13
18	0.00027	99119	27	99106	6259075	63.15
19	0.00029	99092	29	99078	6159969	62.16
20	0.00030	99063	30	99048	6060891	61.18
21	0.00031	99033	31	99017	5961844	60.20
22	0.00032	99002	31	98986	5862826	59.22
23	0.00033	98971	33	98954	5763840	58.24
24	0.00035	98938	35	98920	5664885	57.26
25	0.00037	98903	36	98885	5565965	56.28
26	0.00038	98867	38	98848	5467080	55.30
27	0.00041	98829	40	98809	5368232	54.32
28	0.00043	98789	43	98767	5269423	53.34
29	0.00046	98746	45	98723	5170656	52.36
30	0.00048	98701	48	98677	5071933	51.39
31	0.00051	98653	50	98628	4973256	50.41
32	0.00054	98603	53	98576	4874628	49.44
33	0.00058	98550	57	98521	4776051	48.46
34	0.00062	98493	61	98462	4677530	47.49
35	0.00067	98432	66	98399	4579068	46.52
36	0.00072	98366	71	98331	4480669	45.55
37	0.00077	98295	76	98257	4382338	44.58
38	0.00084	98219	82	98178	4284081	43.62
39	0.00092	98137	90	98092	4185903	42.65
40	0.00101	98047	99	97997	4087812	41.69
41	0.00111	97948	109	97893	3989814	40.73
42	0.00122	97839	120	97779	3891921	39.78
43	0.00133	97719	130	97654	3794143	38.83
44	0.00143	97589	140	97519	3696489	37.88

年　齢	死　亡　率	生　存　数	死亡数	定　常　人　口		平均余命
x	$_nq_x$	l_x	$_nd_x$	$_nL_x$	T_x	$\overset{\circ}{e}_x$
45	0.00155	97449	151	97374	3598970	36.93
46	0.00168	97298	163	97217	3501596	35.99
47	0.00183	97135	177	97046	3404379	35.05
48	0.00201	96958	195	96860	3307333	34.11
49	0.00222	96763	215	96656	3210472	33.18
50	0.00245	96548	237	96430	3113817	32.25
51	0.00268	96312	258	96182	3017387	31.33
52	0.00290	96053	278	95914	2921204	30.41
53	0.00309	95775	296	95627	2825290	29.50
54	0.00329	95479	314	95322	2729663	28.59
55	0.00351	95164	334	94997	2634342	27.68
56	0.00379	94830	359	94651	2539345	26.78
57	0.00412	94471	389	94277	2444694	25.88
58	0.00450	94082	423	93871	2350417	24.98
59	0.00493	93659	461	93428	2256546	24.09
60	0.00541	93198	504	92946	2163118	23.21
61	0.00599	92694	556	92416	2070172	22.33
62	0.00664	92138	612	91832	1977757	21.47
63	0.00736	91526	674	91189	1885925	20.61
64	0.00815	90852	740	90482	1794735	19.75
65	0.00904	90112	815	89705	1704253	18.91
66	0.01002	89297	895	88850	1614549	18.08
67	0.01111	88403	982	87912	1525699	17.26
68	0.01239	87421	1083	86879	1437787	16.45
69	0.01385	86338	1196	85740	1350908	15.65
70	0.01549	85142	1318	84483	1265168	14.86
71	0.01739	83823	1458	83095	1180685	14.09
72	0.01966	82366	1619	81556	1097591	13.33
73	0.02233	80747	1803	79845	1016035	12.58
74	0.02558	78943	2019	77933	936190	11.86
75	0.02937	76924	2260	75794	858256	11.16
76	0.03369	74664	2515	73407	782462	10.48
77	0.03840	72149	2771	70764	709056	9.83
78	0.04373	69378	3034	67861	638292	9.20
79	0.04977	66344	3302	64693	570431	8.60
80	0.05636	63042	3553	61266	505738	8.02
81	0.06378	59489	3794	57592	444472	7.47
82	0.07205	55695	4013	53688	386880	6.95
83	0.08125	51682	4199	49582	333192	6.45
84	0.09149	47483	4344	45311	283609	5.97
85	0.10287	43138	4437	40920	238299	5.52
86	0.11548	38701	4469	36466	197379	5.10
87	0.12945	34232	4431	32016	160913	4.70
88	0.14488	29801	4318	27642	128896	4.33
89	0.16190	25483	4126	23420	101255	3.97
90 -	1.00000	21357	21357	77835	77835	3.64

昭和61年簡易生命表 (1986)
男 (MALE)

年 齢 x	死 亡 率 ${}_nq_x$	生 存 数 l_x	死 亡 数 ${}_nd_x$	定 常 人 口		平均余命 $\overset{\circ}{e}_x$
				${}_nL_x$	T_x	
0 週	0.00259	100000	259	1915	7522558	75.23
1 (w)	0.00038	99741	38	1912	7520642	75.40
2	0.00020	99703	20	1912	7518730	75.41
3	0.00018	99683	18	1912	7516818	75.41
4	0.00052	99665	52	8963	7514906	75.40
2 月	0.00030	99613	30	8300	7505943	75.35
3 (m)	0.00068	99583	68	24887	7497644	75.29
6	0.00076	99515	76	49739	7472756	75.09
0 年	0.00561	100000	561	99540	7522558	75.23
1 (y)	0.00090	99439	89	99395	7423017	74.65
2	0.00063	99350	62	99319	7323623	73.72
3	0.00043	99288	43	99267	7224303	72.76
4	0.00032	99246	32	99230	7125037	71.79
5	0.00027	99214	27	99200	7025807	70.81
6	0.00025	99187	25	99174	6926607	69.83
7	0.00023	99161	23	99150	6827433	68.85
8	0.00020	99139	20	99129	6728283	67.87
9	0.00019	99118	18	99109	6629154	66.88
10	0.00018	99100	18	99091	6530045	65.89
11	0.00018	99083	18	99074	6430954	64.91
12	0.00018	99065	18	99056	6331880	63.92
13	0.00019	99047	19	99038	6232824	62.93
14	0.00026	99028	25	99016	6133786	61.94
15	0.00039	99003	38	98984	6034770	60.96
16	0.00056	98965	55	98937	5935786	59.98
17	0.00072	98910	72	98874	5836849	59.01
18	0.00084	98838	83	98796	5737975	58.05
19	0.00088	98755	87	98711	5639179	57.10
20	0.00088	98668	86	98624	5540467	56.15
21	0.00084	98581	83	98540	5441843	55.20
22	0.00079	98498	78	98459	5343303	54.25
23	0.00076	98420	75	98383	5244844	53.29
24	0.00075	98346	74	98309	5146461	52.33
25	0.00076	98272	75	98235	5048153	51.37
26	0.00077	98197	75	98160	4949918	50.41
27	0.00078	98122	76	98084	4851758	49.45
28	0.00078	98046	77	98008	4753674	48.48
29	0.00078	97970	76	97931	4655666	47.52
30	0.00078	97893	77	97855	4557735	46.56
31	0.00082	97817	80	97777	4459880	45.59
32	0.00088	97737	86	97694	4362103	44.63
33	0.00096	97651	94	97604	4264409	43.67
34	0.00105	97557	102	97506	4166805	42.71
35	0.00113	97455	111	97400	4069299	41.76
36	0.00122	97344	119	97285	3971899	40.80
37	0.00132	97226	128	97162	3874614	39.85
38	0.00145	97098	140	97027	3777452	38.90
39	0.00159	96957	155	96880	3680425	37.96
40	0.00176	96803	171	96717	3583545	37.02
41	0.00195	96632	188	96538	3486828	36.08
42	0.00216	96444	208	96340	3390290	35.15
43	0.00239	96236	230	96121	3293950	34.23
44	0.00264	96006	254	95879	3197829	33.31

年　齢 x	死　亡　率 ${}_nq_x$	生　存　数 l_x	死　亡　数 ${}_nd_x$	定　常　人　口		平均余命 $\overset{\circ}{e}_x$
				${}_nL_x$	T_x	
45	0.00292	95752	279	95613	3101950	32.40
46	0.00321	95473	306	95320	3006337	31.49
47	0.00351	95167	334	95000	2911017	30.59
48	0.00387	94833	367	94649	2816017	29.69
49	0.00432	94466	408	94262	2721368	28.81
50	0.00487	94058	458	93829	2627106	27.93
51	0.00549	93600	514	93343	2533277	27.06
52	0.00614	93086	572	92800	2439934	26.21
53	0.00674	92515	624	92203	2347134	25.37
54	0.00730	91891	671	91555	2254931	24.54
55	0.00783	91220	715	90862	2163376	23.72
56	0.00838	90505	758	90126	2072513	22.90
57	0.00898	89747	806	89344	1982387	22.09
58	0.00963	88941	857	88512	1893043	21.28
59	0.01034	88084	910	87629	1804531	20.49
60	0.01109	87174	967	86690	1716902	19.70
61	0.01194	86206	1030	85692	1630212	18.91
62	0.01292	85177	1101	84626	1544520	18.13
63	0.01402	84076	1179	83486	1459894	17.36
64	0.01540	82897	1276	82259	1376407	16.60
65	0.01703	81621	1390	80925	1294149	15.86
66	0.01888	80230	1514	79473	1213223	15.12
67	0.02085	78716	1641	77895	1133750	14.40
68	0.02297	77074	1771	76189	1055855	13.70
69	0.02534	75304	1908	74350	979666	13.01
70	0.02805	73395	2059	72366	905317	12.33
71	0.03113	71337	2221	70226	832950	11.68
72	0.03469	69116	2398	67917	762724	11.04
73	0.03874	66718	2585	65426	694807	10.41
74	0.04334	64134	2780	62744	629381	9.81
75	0.04859	61354	2981	59863	566637	9.24
76	0.05444	58372	3178	56784	506774	8.68
77	0.06089	55195	3361	53514	449990	8.15
78	0.06798	51834	3524	50072	396476	7.65
79	0.07582	48310	3663	46479	346404	7.17
80	0.08429	44647	3763	42766	299925	6.72
81	0.09323	40884	3812	38978	257159	6.29
82	0.10287	37072	3813	35166	218181	5.89
83	0.11323	33259	3766	31376	183015	5.50
84	0.12438	29493	3668	27659	151639	5.14
85	0.13635	25825	3521	24064	123981	4.80
86	0.14920	22303	3328	20639	99917	4.48
87	0.16296	18976	3092	17430	79277	4.18
88	0.17768	15883	2822	14472	61848	3.89
89	0.19340	13061	2526	11798	47375	3.63
90〜	1.00000	10535	10535	35577	35577	3.38

昭和61年簡易生命表（1986）
女（FEMALE）

年　齢 x	死 亡 率 ${}_nq_x$	生 存 数 l_x	死 亡 数 ${}_nd_x$	定　常　人　口		平均余命 $\overset{\circ}{e}_x$
				${}_nL_x$	T_x	
0 週	0.00209	100000	209	1916	8093160	80.93
1 (w)	0.00038	99791	38	1913	8091244	81.08
2	0.00024	99753	24	1913	8089330	81.09
3	0.00013	99729	13	1912	8087418	81.09
4	0.00045	99715	45	8968	8085505	81.09
2 月	0.00031	99671	31	8305	8076537	81.03
3 (m)	0.00059	99639	59	24903	8068233	80.97
6	0.00061	99581	60	49775	8043330	80.77
0 年	0.00480	100000	480	99605	8093160	80.93
1 (y)	0.00067	99520	67	99486	7993555	80.32
2	0.00046	99453	45	99431	7894069	79.37
3	0.00030	99408	29	99393	7794638	78.41
4	0.00020	99378	20	99368	7695245	77.43
5	0.00017	99358	17	99350	7595877	76.45
6	0.00016	99341	16	99334	7496527	75.46
7	0.00014	99326	14	99319	7397194	74.47
8	0.00012	99312	12	99305	7297875	73.48
9	0.00011	99299	11	99294	7198570	72.49
10	0.00010	99289	10	99284	7099276	71.50
11	0.00011	99279	10	99273	6999992	70.51
12	0.00012	99268	12	99262	6900719	69.52
13	0.00013	99257	13	99250	6801456	68.52
14	0.00016	99243	15	99235	6702207	67.53
15	0.00018	99228	18	99219	6602971	66.54
16	0.00021	99210	20	99200	6503752	65.56
17	0.00024	99190	24	99178	6404552	64.57
18	0.00027	99166	27	99152	6305374	63.58
19	0.00031	99139	31	98124	6206222	62.60
20	0.00033	99108	33	99092	6107098	61.62
21	0.00034	99075	34	99058	6008007	60.64
22	0.00034	99041	34	99024	5908949	59.66
23	0.00035	99007	34	98990	5809925	58.68
24	0.00036	98973	36	98955	5710935	57.70
25	0.00038	98937	38	98918	5611980	56.72
26	0.00040	98900	40	98880	5513062	55.74
27	0.00042	98860	42	98839	5414182	54.77
28	0.00043	98818	43	98797	5315343	53.79
29	0.00044	98775	44	98754	5216546	52.81
30	0.00046	98732	45	98709	5117793	51.84
31	0.00048	98687	47	98663	5019083	50.86
32	0.00050	98640	49	98615	4920420	49.88
33	0.00054	98591	53	98564	4821805	48.91
34	0.00058	98538	58	98509	4723241	47.93
35	0.00064	98480	63	98449	4624732	46.96
36	0.00070	98417	69	98382	4526283	45.99
37	0.00076	98348	75	98310	4427901	45.02
38	0.00082	98273	81	98233	4329590	44.06
39	0.00089	98192	88	98148	4231358	43.09
40	0.00098	98104	96	98056	4133209	42.13
41	0.00108	98008	106	97955	4035153	41.17
42	0.00119	97902	117	97844	3937198	40.22
43	0.00129	97785	126	97722	3839355	39.26
44	0.00138	97659	135	97592	3741632	38.31

年　齢 x	死　亡　率 ${}_nq_x$	生　存　数 l_x	死　亡　数 ${}_nd_x$	定　常　人　口		平均余命 $\overset{\circ}{e}_x$
				${}_nL_x$	T_x	
45	0.00148	97525	144	97453	3644040	37.37
46	0.00161	97380	157	97302	3546588	36.42
47	0.00178	97224	173	97137	3449286	35.48
48	0.00199	97050	193	96954	3352149	34.54
49	0.00219	96857	212	96751	3255195	33.61
50	0.00237	96645	229	96531	3158444	32.68
51	0.00254	96416	245	96294	3061913	31.76
52	0.00274	96172	263	96040	2965619	30.84
53	0.00297	95908	285	95766	2869579	29.92
54	0.00323	95623	309	95469	2773814	29.01
55	0.00349	95314	333	95148	2678345	28.10
56	0.00373	94981	354	94804	2583197	27.20
57	0.00397	94627	376	94439	2488393	26.30
58	0.00424	94251	400	94051	2393954	25.40
59	0.00460	93851	432	93636	2299902	24.51
60	0.00506	93420	473	93184	2206266	23.62
61	0.00561	92947	522	92686	2113083	22.73
62	0.00625	92426	578	92137	2020396	21.86
63	0.00695	91848	638	91529	1928260	20.99
64	0.00767	91209	700	90859	1836731	20.14
65	0.00846	90509	766	90127	1745872	19.29
66	0.00934	89744	838	89325	1655745	18.45
67	0.01038	88906	923	88444	1566421	17.62
68	0.01160	87983	1020	87473	1477976	16.80
69	0.01302	86963	1132	86397	1390504	15.99
70	0.01464	85830	1256	85202	1304107	15.19
71	0.01647	84574	1393	83878	1218905	14.41
72	0.01861	83181	1548	82407	1135027	13.65
73	0.02113	81633	1725	80771	1052620	12.89
74	0.02400	79908	1918	78950	971849	12.16
75	0.02738	77991	2135	76923	892899	11.45
76	0.03137	75856	2380	74666	815976	10.76
77	0.03607	73476	2650	72151	741310	10.09
78	0.04128	70826	2924	69364	669159	9.45
79	0.04709	67903	3198	66304	599794	8.83
80	0.05362	64705	3469	62970	533491	8.25
81	0.06081	61235	3723	59374	470520	7.68
82	0.06880	57512	3957	55533	411147	7.15
83	0.07769	53555	4161	51475	355613	6.64
84	0.08755	49394	4325	47232	304139	6.16
85	0.09849	45070	4439	42851	256906	5.70
86	0.11060	40631	4494	38384	214056	5.27
87	0.12398	36137	4480	33897	175672	4.86
88	0.13876	31657	4393	29461	141774	4.48
89	0.15503	27264	4227	25151	112314	4.12
90〜	1.00000	23038	23038	87163	87163	3.78

昭和62年簡易生命表（1987）
男（MALE）

年齢 x	死亡率 nq_x	生存数 l_x	死亡数 nd_x	定常人口 nL_x	定常人口 T_x	平均余命 $\overset{\circ}{e}_x$
0 週	0.00249	100000	249	1915	7560591	75.61
1 (w)	0.00033	99751	33	1913	7558675	75.78
2	0.00022	99718	22	1912	7556763	75.78
3	0.00015	99697	15	1912	7554850	75.78
4	0.00044	99682	44	8965	7552938	75.77
2 月	0.00029	99638	29	8302	7543974	75.71
3 (m)	0.00070	99609	69	24894	7535672	75.65
6	0.00076	99539	75	49751	7510778	75.46
0 年	0.00536	100000	536	99563	7560591	75.61
1 (y)	0.00082	99464	81	99423	7461027	75.01
2	0.00059	99383	59	99353	7361604	74.07
3	0.00043	99324	43	99303	7262250	73.12
4	0.00034	99281	34	99264	7162948	72.15
5	0.00030	99248	30	99233	7063683	71.17
6	0.00027	99218	27	99204	6964451	70.19
7	0.00023	99191	23	99180	6865246	69.21
8	0.00019	99168	18	99159	6766067	68.23
9	0.00016	99150	15	99142	6666908	67.24
10	0.00015	99134	15	99127	6567766	66.25
11	0.00016	99119	16	99111	6468639	65.26
12	0.00017	99103	17	99095	6369527	64.27
13	0.00019	99086	19	99077	6270432	63.28
14	0.00024	99068	24	99056	6171355	62.29
15	0.00036	99044	35	99026	6072300	61.31
16	0.00053	99008	52	98982	5973274	60.33
17	0.00069	98956	69	98922	5874291	59.36
18	0.00080	98888	79	98848	5775369	58.40
19	0.00083	98809	82	98768	5676521	57.45
20	0.00082	98726	81	98686	5577753	56.50
21	0.00079	98646	78	98607	5479067	55.54
22	0.00076	98567	75	98530	5380461	54.59
23	0.00074	98492	73	98455	5281931	53.63
24	0.00074	98419	73	98382	5183476	52.67
25	0.00076	98346	74	98308	5085093	51.71
26	0.00078	98271	77	98233	4986785	50.75
27	0.00080	98194	79	98155	4888552	49.78
28	0.00081	98115	79	98076	4790397	48.82
29	0.00080	98036	78	97997	4692322	47.86
30	0.00080	97957	79	97918	4594325	46.90
31	0.00083	97879	81	97838	4496407	45.94
32	0.00088	97798	86	97755	4398569	44.98
33	0.00093	97712	91	97667	4300814	44.02
34	0.00099	97621	97	97573	4203148	43.06
35	0.00106	97525	103	97473	4105575	42.10
36	0.00114	97422	111	97366	4008102	41.14
37	0.00125	97311	122	97249	3910736	40.19
38	0.00139	97188	135	97121	3813486	39.24
39	0.00153	97053	149	96979	3716365	38.29
40	0.00169	96905	163	96823	3619386	37.35
41	0.00184	96741	178	96652	3522564	36.41
42	0.00202	96563	195	96465	3425912	35.48
43	0.00223	96368	215	96260	3329447	34.55
44	0.00247	96153	237	96034	3233186	33.63

年 齢 x	死 亡 率 $_nq_x$	生 存 数 l_x	死 亡 数 $_nd_x$	定 常 人 口		平均余命 $\overset{\circ}{e}_x$
				$_nL_x$	T_x	
45	0.00271	95915	260	95785	3137152	32.71
46	0.00297	95655	284	95513	3041367	31.80
47	0.00325	95371	310	95216	2945853	30.89
48	0.00358	95061	340	94891	2850637	29.99
49	0.00397	94721	377	94533	2755746	29.09
50	0.00446	94344	421	94134	2661214	28.21
51	0.00503	93924	472	93688	2567080	27.33
52	0.00569	93452	532	93186	2473392	26.47
53	0.00642	92920	597	92621	2380206	25.62
54	0.00714	92323	659	91994	2287585	24.78
55	0.00780	91664	715	91307	2195591	23.95
56	0.00840	90949	764	90568	2104285	23.14
57	0.00897	90186	809	89781	2013717	22.33
58	0.00959	89377	857	88948	1923936	21.53
59	0.01028	88519	910	88064	1834988	20.73
60	0.01104	87609	967	87126	1746924	19.94
61	0.01191	86642	1032	86126	1659798	19.16
62	0.01293	85610	1107	85057	1573671	18.38
63	0.01410	84504	1191	83908	1488614	17.62
64	0.01531	83312	1276	82674	1404706	16.86
65	0.01663	82037	1364	81355	1322032	16.12
66	0.01812	80672	1461	79942	1240677	15.38
67	0.01990	79211	1576	78423	1160736	14.65
68	0.02206	77635	1713	76779	1082313	13.94
69	0.02452	75922	1861	74992	1005534	13.24
70	0.02717	74061	2013	73055	930542	12.56
71	0.03005	72049	2165	70966	857487	11.90
72	0.03326	69884	2324	68722	786521	11.25
73	0.03704	67560	2502	66309	717799	10.62
74	0.04145	65057	2697	63709	651491	10.01
75	0.04662	62361	2907	60907	587782	9.43
76	0.05251	59453	3122	57892	526875	8.86
77	0.05907	56332	3327	54668	468982	8.33
78	0.06625	53004	3512	51248	414315	7.82
79	0.07382	49493	3654	47666	363066	7.34
80	0.08174	45839	3747	43965	315401	6.88
81	0.09043	42092	3806	40189	271435	6.45
82	0.09976	38285	3819	36376	231247	6.04
83	0.10977	34466	3783	32574	194871	5.65
84	0.12050	30683	3697	28834	162297	5.29
85	0.13199	26985	3562	25204	133463	4.95
86	0.14429	23424	3380	21734	108258	4.62
87	0.15743	20044	3155	18466	86524	4.32
88	0.17145	16888	2895	15441	68058	4.03
89	0.18639	13993	2608	12689	52618	3.76
90	0.20230	11385	2303	10233	39929	3.51
91	0.21919	9082	1991	8086	29696	3.27
92	0.23712	7091	1681	6250	21610	3.05
93	0.25609	5410	1385	4717	15359	2.84
94	0.27613	4024	1111	3469	10642	2.64
95～	1.00000	2913	2913	7174	7174	2.46

昭和62年簡易生命表（1987）
女（ＦＥＭＡＬＥ）

年　齢 x	死　亡　率 $_nq_x$	生　存　数 l_x	死　亡　数 $_nd_x$	定　常　人　口 $_nL_x$	定　常　人　口 T_x	平均余命 $\overset{\circ}{e}_x$
0　週	0.00205	100000	205	1916	8139205	81.39
1 (w)	0.00028	99795	28	1914	8137290	81.54
2	0.00018	99768	18	1913	8135376	81.54
3	0.00013	99749	13	1913	8133463	81.54
4	0.00043	99736	43	8970	8131550	81.53
2　月	0.00025	99693	25	8307	8122580	81.48
3 (m)	0.00055	99669	55	24910	8114273	81.41
6	0.00066	99614	66	49791	8089363	81.21
0　年	0.00452	100000	452	99633	8139205	81.39
1 (y)	0.00066	99548	66	99515	8039572	80.76
2	0.00045	99482	44	99460	7940057	79.81
3	0.00029	99438	28	99424	7840597	78.85
4	0.00019	99410	19	99400	7741173	77.87
5	0.00016	99390	16	99382	7641773	76.89
6	0.00016	99374	16	99366	7542391	75.90
7	0.00015	99358	15	99351	7443024	74.91
8	0.00014	99343	14	99336	7343673	73.92
9	0.00012	99330	12	99324	7244337	72.93
10	0.00011	99318	11	99312	7145013	71.94
11	0.00010	99307	10	99302	7045701	70.95
12	0.00011	99297	11	99291	6946399	69.96
13	0.00012	99286	12	99280	6847108	68.96
14	0.00014	99274	14	99267	6747828	67.97
15	0.00016	99260	16	99252	6648560	66.98
16	0.00019	99244	19	99235	6549308	65.99
17	0.00022	99225	22	99214	6450074	65.00
18	0.00026	99204	25	99191	6350859	64.02
19	0.00029	99178	29	98164	6251668	63.03
20	0.00032	99149	32	99133	6152505	62.05
21	0.00033	99117	33	99101	6053371	61.07
22	0.00033	99085	33	99068	5954270	60.09
23	0.00034	99051	34	99035	5855202	59.11
24	0.00035	99018	35	99000	5756168	58.13
25	0.00036	98983	36	98965	5657168	57.15
26	0.00037	98947	37	98929	5558202	56.17
27	0.00038	98910	38	98892	5459274	55.19
28	0.00040	98873	39	98853	5360382	54.22
29	0.00042	98833	41	98813	5261529	53.24
30	0.00043	98792	43	98771	5162717	52.26
31	0.00045	98750	44	98727	5063946	51.28
32	0.00048	98705	47	98682	4965218	50.30
33	0.00051	98658	50	98633	4866537	49.33
34	0.00055	98608	55	98580	4767904	48.35
35	0.00060	98553	59	98524	4669324	47.38
36	0.00064	98494	64	98462	4570800	46.41
37	0.00071	98431	70	98396	4472338	45.44
38	0.00079	98361	78	98322	4373942	44.47
39	0.00087	98283	85	98241	4275620	43.50
40	0.00095	98198	93	98152	4177380	42.54
41	0.00103	98105	101	98054	4079228	41.58
42	0.00113	98004	111	97948	3981174	40.62
43	0.00123	97893	120	97833	3883225	39.67
44	0.00134	97773	131	97707	3785393	38.72

年 齢 x	死 亡 率 $_nq_x$	生 存 数 l_x	死 亡 数 $_nd_x$	定 常 人 口		平均余命 $\overset{\circ}{e}_x$
				$_nL_x$	T_x	
45	0.00145	97642	142	97571	3687685	37.77
46	0.00158	97500	154	97423	3590114	36.82
47	0.00174	97346	169	97261	3492691	35.88
48	0.00189	97177	184	97085	3395429	34.94
49	0.00205	96993	199	96893	3298345	34.01
50	0.00223	96794	216	96686	3201451	33.07
51	0.00243	96578	235	96461	3104765	32.15
52	0.00266	96344	257	96215	3008304	31.22
53	0.00291	96087	280	95947	2912089	30.31
54	0.00316	95807	302	95656	2816142	29.39
55	0.00341	95505	326	95342	2720487	28.49
56	0.00366	95179	349	95005	2625145	27.58
57	0.00394	94830	374	94643	2530140	26.68
58	0.00425	94457	401	94256	2435497	25.78
59	0.00460	94056	432	93839	2341240	24.89
60	0.00500	93623	468	93389	2247401	24.00
61	0.00549	93155	511	92899	2154012	23.12
62	0.00605	92644	560	92364	2061112	22.25
63	0.00667	92083	614	91776	1968749	21.38
64	0.00730	91469	668	91136	1876972	20.52
65	0.00800	90802	726	90439	1785837	19.67
66	0.00884	90076	796	89678	1695398	18.82
67	0.00990	89280	884	88837	1605720	17.99
68	0.01113	88395	984	87903	1516883	17.16
69	0.01250	87411	1092	86865	1428980	16.35
70	0.01400	86319	1209	85714	1342115	15.55
71	0.01567	85110	1333	84443	1256400	14.76
72	0.01758	83777	1473	83040	1171957	13.99
73	0.01990	82304	1638	81485	1088917	13.23
74	0.02265	80665	1827	79752	1007432	12.49
75	0.02580	78838	2034	77821	927680	11.77
76	0.02956	76804	2270	75669	849859	11.07
77	0.03386	74534	2524	73272	774190	10.39
78	0.03870	72010	2787	70617	700918	9.73
79	0.04406	69224	3050	67699	630300	9.11
80	0.05056	66174	3346	64501	562602	8.50
81	0.05740	62828	3606	61025	498101	7.93
82	0.06501	59222	3850	57297	437077	7.38
83	0.07349	55371	4069	53337	379780	6.86
84	0.08292	51302	4254	49175	326443	6.36
85	0.09339	47049	4394	44852	277268	5.89
86	0.10500	42655	4479	40415	232416	5.45
87	0.11787	38176	4500	35926	192001	5.03
88	0.13210	33676	4448	31452	156074	4.63
89	0.14780	29228	4320	27068	124622	4.26
90	0.16509	24908	4112	22852	97555	3.92
91	0.18409	20796	3828	18882	74703	3.59
92	0.20491	16968	3477	15229	55821	3.29
93	0.22766	13491	3071	11955	40592	3.01
94	0.25243	10419	2630	9104	28637	2.75
95〜	1.00000	7789	7789	19532	19532	2.51

昭和63年簡易生命表（1988）
男（MALE）

年齢 x	死亡率 $_nq_x$	生存数 l_x	死亡数 $_nd_x$	定常人口		平均余命 $\overset{\circ}{e}_x$
				$_nL_x$	T_x	
0 週	0.00221	100000	221	1916	7553565	75.54
1 (w)	0.00030	99779	30	1913	7551649	75.68
2	0.00022	99749	22	1913	7549736	75.69
3	0.00015	99727	15	1912	7547823	75.68
4	0.00051	99712	51	8967	7545910	75.68
2 月	0.00027	99661	27	8304	7536943	75.63
3 (m)	0.00068	99634	68	24900	7528639	75.56
6	0.00074	99566	73	49764	7503739	75.36
0 年	0.00508	100000	508	99590	7553565	75.54
1 (y)	0.00079	99492	79	99453	7453975	74.92
2	0.00056	99413	56	99385	7354522	73.98
3	0.00040	99357	39	99337	7255137	73.02
4	0.00030	99318	30	99303	7155800	72.05
5	0.00027	99288	27	99274	7056497	71.07
6	0.00025	99261	25	99249	6957222	70.09
7	0.00022	99236	22	99225	6857974	69.11
8	0.00020	99214	20	99204	6758749	68.12
9	0.00018	99194	18	99185	6659544	67.14
10	0.00016	99177	16	99168	6560359	66.15
11	0.00016	99160	16	99152	6461191	65.16
12	0.00016	99144	16	99136	6362039	64.17
13	0.00017	99128	17	99120	6262902	63.18
14	0.00024	99111	24	99099	6163783	62.19
15	0.00037	99087	37	99069	6064683	61.21
16	0.00054	99050	54	99024	5965615	60.23
17	0.00071	98997	70	98962	5866591	59.26
18	0.00082	98927	81	98886	5767629	58.30
19	0.00087	98846	86	98803	5668742	57.35
20	0.00086	98760	85	98718	5569939	56.40
21	0.00083	98675	82	98634	5471222	55.45
22	0.00080	98593	79	98554	5372587	54.49
23	0.00078	98514	76	98476	5274034	53.54
24	0.00078	98438	76	98400	5175558	52.58
25	0.00078	98361	77	98323	5077158	51.62
26	0.00078	98284	77	98246	4978836	50.66
27	0.00077	98208	76	98170	4880589	49.70
28	0.00075	98132	74	98095	4782419	48.73
29	0.00075	98058	73	98022	4684324	47.77
30	0.00076	97985	74	97948	4586303	46.81
31	0.00079	97911	77	97872	4488355	45.84
32	0.00083	97834	81	97793	4390483	44.88
33	0.00089	97753	87	97709	4292690	43.91
34	0.00096	97666	93	97619	4194981	42.95
35	0.00104	97573	102	97522	4097361	41.99
36	0.00114	97471	111	97415	3999840	41.04
37	0.00125	97359	122	97298	3902425	40.08
38	0.00135	97238	131	97172	3805126	39.13
39	0.00146	97106	142	97035	3707954	38.18
40	0.00160	96964	156	96887	3610919	37.24
41	0.00179	96809	173	96722	3514032	36.30
42	0.00201	96635	194	96538	3417310	35.36
43	0.00224	96441	216	96333	3320772	34.43
44	0.00248	96225	239	96105	3224439	33.51

年 齢 x	死 亡 率 $_nq_x$	生 存 数 l_x	死 亡 数 $_nd_x$	定 常 人 口		平均余命 $\overset{\circ}{e}_x$
				$_nL_x$	T_x	
45	0.00272	95986	261	95856	3128333	32.59
46	0.00294	95725	282	95584	3032478	31.68
47	0.00319	95443	305	95291	2936893	30.77
48	0.00349	95138	332	94972	2841602	29.87
49	0.00385	94806	365	94623	2746630	28.97
50	0.00430	94441	406	94238	2652007	28.08
51	0.00484	94035	455	93808	2557769	27.20
52	0.00546	93580	511	93325	2463961	26.33
53	0.00614	93070	571	92784	2370636	25.47
54	0.00688	92499	636	92180	2277852	24.63
55	0.00764	91862	702	91512	2185671	23.79
56	0.00837	91161	763	90779	2094160	22.97
57	0.00907	90398	820	89988	2003380	22.16
58	0.00973	89578	872	89142	1913393	21.36
59	0.01042	88706	924	88244	1824251	20.57
60	0.01123	87782	985	87289	1736007	19.78
61	0.01215	86796	1055	86269	1648718	19.00
62	0.01314	85741	1127	85178	1562449	18.22
63	0.01412	84615	1195	84017	1477271	17.46
64	0.01520	83420	1268	82786	1393254	16.70
65	0.01644	82152	1351	81477	1310468	15.95
66	0.01804	80801	1458	80072	1228991	15.21
67	0.02002	79343	1588	78549	1148919	14.48
68	0.02227	77755	1732	76889	1070370	13.77
69	0.02475	76024	1882	75083	993480	13.07
70	0.02751	74142	2039	73122	918398	12.39
71	0.03060	72103	2206	70999	845275	11.72
72	0.03413	69896	2385	68704	774276	11.08
73	0.03803	67511	2567	66227	705572	10.45
74	0.04236	64944	2751	63568	639345	9.84
75	0.04728	62193	2940	60723	575777	9.26
76	0.05298	59252	3139	57683	515054	8.69
77	0.05965	56113	3347	54440	457371	8.15
78	0.06721	52766	3547	50993	402932	7.64
79	0.07545	49220	3714	47363	351939	7.15
80	0.08362	45506	3805	43603	304576	6.69
81	0.09277	41701	3869	39766	260972	6.26
82	0.10266	37832	3884	35890	221206	5.85
83	0.11332	33948	3847	32025	185316	5.46
84	0.12480	30101	3757	28223	153291	5.09
85	0.13717	26345	3614	24538	125068	4.75
86	0.15046	22731	3420	21021	100530	4.42
87	0.16472	19311	3181	17721	79509	4.12
88	0.18001	16130	2904	14678	61789	3.83
89	0.19638	13226	2597	11928	47110	3.56
90	0.21386	10629	2273	9493	35182	3.31
91	0.23250	8356	1943	7385	25690	3.07
92	0.25233	6413	1618	5604	18305	2.85
93	0.27339	4795	1311	4140	12701	2.65
94	0.29568	3484	1030	2969	8562	2.46
95〜	1.00000	2454	2454	5593	5593	2.28

昭和63年簡易生命表（1988）
女（FEMALE）

年 齢 x	死 亡 率 nq_x	生 存 数 l_x	死 亡 数 nd_x	定 常 人 口		平均余命 $\overset{\circ}{e}_x$
				nL_x	T_x	
0 週	0.00197	100000	197	1916	8130212	81.30
1 (w)	0.00030	99803	30	1914	8128296	81.44
2	0.00021	99773	20	1913	8126383	81.45
3	0.00011	99753	11	1913	8124469	81.45
4	0.00041	99742	41	8970	8122556	81.44
2 月	0.00027	99702	27	8307	8113586	81.38
3 (m)	0.00060	99674	59	24911	8105279	81.32
6	0.00057	99615	56	49793	8080367	81.12
0 年	0.00442	100000	442	99638	8130212	81.30
1 (y)	0.00065	99558	65	99526	8030574	80.66
2	0.00045	99493	45	99471	7931049	79.71
3	0.00030	99448	30	99433	7831578	78.75
4	0.00022	99418	22	99407	7732145	77.77
5	0.00018	99396	18	99387	7632737	76.79
6	0.00016	99378	16	99370	7533350	75.80
7	0.00014	99362	14	99355	7433980	74.82
8	0.00012	99348	12	99342	7334625	73.83
9	0.00011	99336	11	99330	7235283	72.84
10	0.00010	99325	10	99320	7135953	71.84
11	0.00010	99315	10	99309	7036633	70.85
12	0.00011	99304	11	99299	6937324	69.86
13	0.00013	99293	13	99287	6838025	68.87
14	0.00015	99281	15	99273	6738738	67.88
15	0.00018	99266	18	99257	6639465	66.89
16	0.00021	99248	21	99238	6540208	65.90
17	0.00025	99227	24	99215	6440970	64.91
18	0.00028	99203	28	99189	6341755	63.93
19	0.00029	99175	29	99161	6242566	62.94
20	0.00029	99146	29	99132	6143405	61.96
21	0.00029	99117	29	99103	6044273	60.98
22	0.00030	99088	30	99073	5945171	60.00
23	0.00032	99058	32	99042	5846098	59.02
24	0.00034	99026	34	99009	5747056	58.04
25	0.00036	98992	35	98974	5648047	57.06
26	0.00037	98957	37	98938	5549072	56.08
27	0.00038	98920	38	98901	5450134	55.10
28	0.00040	98882	40	98862	5351233	54.12
29	0.00042	98842	41	98821	5252371	53.14
30	0.00043	98801	43	98779	5153550	52.16
31	0.00045	98758	44	98736	5054770	51.18
32	0.00048	98714	47	98690	4956034	50.21
33	0.00051	98666	50	98641	4857344	49.23
34	0.00055	98616	55	98589	4758703	48.25
35	0.00060	98561	59	98532	4660114	47.28
36	0.00066	98502	65	98469	4561583	46.31
37	0.00072	98437	71	98401	4463113	45.34
38	0.00079	98366	77	98327	4364712	44.37
39	0.00085	98288	84	98247	4266385	43.41
40	0.00092	98205	90	98159	4168138	42.44
41	0.00100	98114	99	98065	4069979	41.48
42	0.00111	98016	109	97961	3971914	40.52
43	0.00122	97907	120	97847	3873953	39.57
44	0.00134	97787	131	97722	3776106	38.62

年　齢 x	死　亡　率 nq_x	生　存　数 l_x	死　亡　数 nd_x	定　常　人　口 nL_x	定　常　人　口 T_x	平均余命 $\overset{\circ}{e}_x$
45	0.00144	97656	141	97586	3678384	37.67
46	0.00155	97516	152	97440	3580798	36.72
47	0.00170	97364	166	97281	3483358	35.78
48	0.00187	97199	182	97107	3386077	34.84
49	0.00207	97016	201	96916	3288969	33.90
50	0.00225	96816	218	96707	3192053	32.97
51	0.00243	96598	235	96480	3095346	32.04
52	0.00263	96363	253	96236	2998866	31.12
53	0.00284	96109	273	95973	2902630	30.20
54	0.00308	95836	295	95689	2806658	29.29
55	0.00332	95541	317	95383	2710969	28.37
56	0.00357	95224	340	95055	2615586	27.47
57	0.00385	94885	365	94702	2520532	26.56
58	0.00419	94520	396	94322	2425830	25.66
59	0.00459	94124	432	93908	2331508	24.77
60	0.00502	93692	470	93457	2237600	23.88
61	0.00548	93222	511	92966	2144143	23.00
62	0.00598	92711	554	92434	2051177	22.12
63	0.00654	92157	603	91856	1958743	21.25
64	0.00722	91554	661	91224	1866887	20.39
65	0.00799	90894	727	90530	1775663	19.54
66	0.00892	90167	805	89765	1685133	18.69
67	0.00999	89362	893	88916	1595368	17.85
68	0.01121	88470	992	87974	1506452	17.03
69	0.01258	87478	1101	86927	1418479	16.22
70	0.01407	86377	1215	85769	1331552	15.42
71	0.01571	85162	1338	84493	1245782	14.63
72	0.01760	83824	1475	83087	1161289	13.85
73	0.01983	82349	1633	81533	1078202	13.09
74	0.02259	80716	1823	79805	996670	12.35
75	0.02591	78893	2044	77871	916865	11.62
76	0.02981	76849	2291	75704	838994	10.92
77	0.03435	74558	2561	73278	763290	10.24
78	0.03947	71997	2842	70576	690013	9.58
79	0.04529	69155	3132	67589	619437	8.96
80	0.05176	66023	3418	64314	551848	8.36
81	0.05887	62605	3686	60762	487534	7.79
82	0.06679	58919	3935	56952	426772	7.24
83	0.07559	54984	4156	52906	369820	6.73
84	0.08537	50828	4339	48659	316914	6.24
85	0.09621	46489	4473	44253	268255	5.77
86	0.10824	42016	4548	39742	224002	5.33
87	0.12154	37469	4554	35192	184260	4.92
88	0.13622	32915	4484	30673	149068	4.53
89	0.15241	28431	4333	26264	118395	4.16
90	0.17022	24098	4102	22047	92131	3.82
91	0.18976	19996	3794	18099	70084	3.50
92	0.21114	16201	3421	14491	51986	3.21
93	0.23446	12781	2997	11282	37495	2.93
94	0.25980	9784	2542	8513	26212	2.68
95〜	1.00000	7242	7242	17699	17699	2.44

平成元年簡易生命表（1989）
男（MALE）

年　齢 x	死 亡 率 $_nq_x$	生 存 数 l_x	死 亡 数 $_nd_x$	定 常 人 口 $_nL_x$	定 常 人 口 T_x	平均余命 $\overset{\circ}{e}_x$
0 週	0.00203	100000	203	1916	7590541	75.91
1 (w)	0.00036	99797	35	1914	7588625	76.04
2	0.00020	99761	20	1913	7586712	76.05
3	0.00013	99742	13	1913	7584799	76.04
4	0.00045	99729	45	8969	7582886	76.04
2 月	0.00027	99684	27	8306	7573917	75.98
3 (m)	0.00069	99657	69	24906	7565611	75.92
6	0.00071	99588	70	49777	7540705	75.72
0 年	0.00482	100000	482	99612	7590541	75.91
1 (y)	0.00075	99518	75	99480	7490929	75.27
2	0.00055	99443	55	99416	7391448	74.33
3	0.00040	99388	40	99368	7292033	73.37
4	0.00031	99349	30	99333	7192664	72.40
5	0.00026	99318	26	99305	7093331	71.42
6	0.00025	99292	24	99280	6994026	70.44
7	0.00023	99267	23	99256	6894746	69.46
8	0.00021	99245	20	99235	6795490	68.47
9	0.00018	99224	18	99215	6696256	67.49
10	0.00016	99206	16	99198	6597040	66.50
11	0.00015	99191	15	99183	6497842	65.51
12	0.00015	99176	15	99168	6398659	64.52
13	0.00017	99161	17	99153	6299490	63.53
14	0.00023	99144	23	99133	6200338	62.54
15	0.00036	99121	36	99104	6101205	61.55
16	0.00052	99086	52	99060	6002101	60.57
17	0.00069	99034	68	99000	5903042	59.61
18	0.00081	98966	80	98926	5804042	58.65
19	0.00087	98886	86	98842	5705116	57.69
20	0.00087	98799	86	98756	5606273	56.74
21	0.00083	98713	82	98672	5507517	55.79
22	0.00077	98631	76	98593	5408845	54.84
23	0.00073	98555	72	98519	5310251	53.88
24	0.00072	98483	71	98448	5211732	52.92
25	0.00074	98412	73	98376	5113285	51.96
26	0.00076	98339	74	98302	5014909	51.00
27	0.00076	98265	75	98227	4916607	50.03
28	0.00076	98190	75	98153	4818380	49.07
29	0.00076	98115	75	98078	4720227	48.11
30	0.00078	98040	77	98002	4622150	47.15
31	0.00080	97964	78	97925	4524147	46.18
32	0.00082	97885	81	97845	4426223	45.22
33	0.00086	97805	84	97763	4328378	44.26
34	0.00091	97721	89	97677	4230615	43.29
35	0.00097	97632	95	97585	4132938	42.33
36	0.00105	97538	102	97487	4035353	41.37
37	0.00115	97435	112	97379	3937866	40.42
38	0.00127	97323	123	97262	3840487	39.46
39	0.00140	97200	136	97132	3743225	38.51
40	0.00155	97064	151	96988	3646094	37.56
41	0.00172	96913	166	96830	3549105	36.62
42	0.00192	96747	186	96654	3452276	35.68
43	0.00216	96561	208	96457	3355622	34.75
44	0.00240	96353	231	96237	3259165	33.83

年 齢 x	死 亡 率 ${}_nq_x$	生 存 数 l_x	死 亡 数 ${}_nd_x$	定 常 人 口		平均余命 $\overset{\circ}{e}_x$
				${}_nL_x$	T_x	
45	0.00264	96121	254	95995	3162928	32.91
46	0.00286	95868	274	95731	3066933	31.99
47	0.00308	95594	295	95446	2971203	31.08
48	0.00336	95299	320	95139	2875756	30.18
49	0.00372	94979	353	94802	2780618	29.28
50	0.00416	94626	394	94429	2685815	28.38
51	0.00464	94232	437	94013	2591387	27.50
52	0.00518	93795	486	93552	2497373	26.63
53	0.00579	93309	540	93039	2403821	25.76
54	0.00648	92769	601	92469	2310782	24.91
55	0.00727	92168	670	91833	2218314	24.07
56	0.00808	91498	740	91129	2126480	23.24
57	0.00888	90759	806	90356	2035352	22.43
58	0.00963	89953	866	89520	1944995	21.62
59	0.01034	89087	921	88627	1855475	20.83
60	0.01108	88167	977	87678	1766848	20.04
61	0.01190	87190	1037	86671	1679170	19.26
62	0.01286	86153	1108	85599	1592499	18.48
63	0.01397	85045	1188	84451	1506900	17.72
64	0.01518	83857	1273	83221	1422449	16.96
65	0.01654	82584	1366	81902	1339228	16.22
66	0.01803	81219	1464	80487	1257327	15.48
67	0.01977	79754	1577	78966	1176840	14.76
68	0.02176	78178	1701	77327	1097874	14.04
69	0.02410	76477	1843	75555	1020547	13.34
70	0.02675	74634	1996	73636	944991	12.66
71	0.02975	72637	2161	71557	871356	12.00
72	0.03308	70476	2332	69311	799799	11.35
73	0.03673	68145	2503	66893	730488	10.72
74	0.04067	65642	2670	64307	663595	10.11
75	0.04527	62972	2851	61547	599288	9.52
76	0.05071	60121	3049	58597	537741	8.94
77	0.05698	57073	3252	55447	479144	8.40
78	0.06400	53821	3445	52099	423697	7.87
79	0.07189	50376	3622	48565	371598	7.38
80	0.07987	46755	3735	44887	323033	6.91
81	0.08861	43020	3812	41114	278146	6.47
82	0.09805	39208	3844	37286	237031	6.05
83	0.10824	35364	3828	33450	199746	5.65
84	0.11922	31536	3760	29656	166296	5.27
85	0.13106	27776	3640	25956	136640	4.92
86	0.14379	24136	3470	22401	110684	4.59
87	0.15747	20665	3254	19038	88283	4.27
88	0.17214	17411	2997	15913	69245	3.98
89	0.18787	14414	2708	13060	53332	3.70
90	0.20468	11706	2396	10508	40272	3.44
91	0.22264	9310	2073	8724	29764	3.20
92	0.24176	7237	1750	6362	21491	2.97
93	0.26210	5488	1438	4768	15128	2.76
94	0.28366	4049	1149	3475	10360	2.56
95〜	1.00000	2901	2901	6885	6885	2.37

平成元年簡易生命表（1989）
女（FEMALE）

年齢 x	死亡率 $_nq_x$	生存数 l_x	死亡数 $_nd_x$	定常人口 $_nL_x$	定常人口 T_x	平均余命 $\overset{\circ}{e}_x$
0 週	0.00179	100000	179	1916	8176668	81.77
1 (w)	0.00030	99821	30	1914	8174752	81.89
2	0.00020	99791	20	1914	8172838	81.90
3	0.00015	99771	15	1913	8170924	81.90
4	0.00036	99756	36	8972	8169011	81.89
2 月	0.00026	99720	26	8309	8160039	81.83
3 (m)	0.00059	99694	59	24916	8151730	81.77
6	0.00061	99635	60	49802	8126814	81.57
0 年	0.00425	100000	425	99656	8176668	81.77
1 (y)	0.00062	99575	62	99544	8077012	81.12
2	0.00044	99513	43	99491	7977468	80.17
3	0.00030	99470	29	99455	7877977	79.20
4	0.00021	99440	21	99430	7778522	78.22
5	0.00017	99419	17	99411	7679092	77.24
6	0.00016	99402	16	99394	7579681	76.25
7	0.00015	99386	15	99379	7480287	75.26
8	0.00014	99371	14	99365	7380908	74.28
9	0.00013	99358	12	99352	7281543	73.29
10	0.00012	99345	12	99340	7182192	72.30
11	0.00012	99334	11	99328	7082852	71.30
12	0.00012	99322	11	99317	6983524	70.31
13	0.00012	99311	12	99305	6884208	69.32
14	0.00013	99299	13	99292	6784903	68.33
15	0.00016	99286	16	99278	6685611	67.34
16	0.00020	99270	20	99260	6586333	66.35
17	0.00024	99250	24	99238	6487073	65.36
18	0.00028	99226	28	99212	6387835	64.38
19	0.00031	99198	30	99183	6288623	63.39
20	0.00031	99168	31	99152	6189440	62.41
21	0.00031	99137	30	99122	6090288	61.43
22	0.00030	99106	30	99092	5991167	60.45
23	0.00030	99077	30	99062	5892075	59.47
24	0.00031	99047	31	99032	5793013	58.49
25	0.00032	99016	32	99000	5693982	57.51
26	0.00034	98984	34	98967	5594981	56.52
27	0.00036	98950	36	98932	5496014	55.54
28	0.00039	98914	38	98895	5397082	54.56
29	0.00040	98876	40	98856	5298187	53.58
30	0.00042	98836	41	98815	5199331	52.61
31	0.00043	98795	43	98773	5100515	51.63
32	0.00046	98752	45	98729	5001742	50.65
33	0.00049	98707	49	98682	4903013	49.67
34	0.00054	98658	53	98631	4804331	48.70
35	0.00059	98605	58	98576	4705699	47.72
36	0.00065	98547	64	98515	4607123	46.75
37	0.00072	98483	71	98448	4508608	45.78
38	0.00079	98413	78	98373	4410160	44.81
39	0.00087	98334	86	98292	4311787	43.85
40	0.00095	98249	93	98202	4213495	42.89
41	0.00102	98156	100	98106	4115293	41.93
42	0.00110	98055	108	98002	4017187	40.97
43	0.00118	97948	115	97890	3919186	40.01
44	0.00127	97832	125	97770	3821295	39.06

年 齢 x	死 亡 率 $_nq_x$	生 存 数 l_x	死 亡 数 $_nd_x$	定 常 人 口 $_nL_x$	T_x	平均余命 $\overset{\circ}{e}_x$
45	0.00138	97708	135	97641	3723525	38.11
46	0.00149	97573	145	97501	3625885	37.16
47	0.00163	97428	158	97349	3528384	36.22
48	0.00180	97270	175	97182	3431035	35.27
49	0.00199	97094	193	96998	3333853	34.34
50	0.00217	96901	211	96796	3236855	33.40
51	0.00235	96690	227	96577	3140059	32.48
52	0.00253	96463	244	96341	3043483	31.55
53	0.00275	96219	265	96086	2947142	30.63
54	0.00301	95954	288	95810	2851055	29.71
55	0.00329	95666	315	95508	2755245	28.80
56	0.00358	95351	341	95180	2659737	27.89
57	0.00386	95010	367	94826	2564557	26.99
58	0.00416	94643	394	94446	2469730	26.10
59	0.00448	94249	422	94038	2375284	25.20
60	0.00483	93827	454	93600	2281246	24.31
61	0.00525	93374	490	93129	2187646	23.43
62	0.00573	92884	532	92617	2094517	22.55
63	0.00629	92351	581	92061	2001900	21.68
64	0.00695	91770	638	91451	1909839	20.81
65	0.00773	91132	704	90780	1818388	19.95
66	0.00859	90428	777	90039	1727608	19.10
67	0.00957	89651	858	89222	1637569	18.27
68	0.01069	88794	949	88319	1548346	17.44
69	0.01197	87844	1051	87319	1460027	16.62
70	0.01341	86793	1164	86211	1372709	15.82
71	0.01504	85629	1288	84985	1286498	15.02
72	0.01689	84341	1425	83628	1201513	14.25
73	0.01896	82916	1572	82130	1117885	13.48
74	0.02138	81344	1739	80474	1035755	12.73
75	0.02428	79605	1933	78638	955281	12.00
76	0.02771	77672	2152	76596	876643	11.29
77	0.03176	75520	2399	74321	800047	10.59
78	0.03662	73121	2678	71782	725726	9.92
79	0.04233	70443	2982	68952	653944	9.28
80	0.04856	67461	3276	65823	584991	8.67
81	0.05526	64185	3547	62412	519168	8.09
82	0.06272	60638	3803	58737	456756	7.53
83	0.07101	56835	4036	54817	398019	7.00
84	0.08021	52799	4235	50682	343202	6.50
85	0.09043	48564	4391	46368	292520	6.02
86	0.10174	44173	4494	41926	246152	5.57
87	0.11426	39679	4534	37412	204226	5.15
88	0.12808	35145	4501	32894	166814	4.75
89	0.14332	30644	4392	28448	133920	4.37
90	0.16010	26252	4203	24150	105472	4.02
91	0.17851	22049	3936	20081	81322	3.69
92	0.19867	18113	3598	16314	61241	3.38
93	0.22068	14515	3203	12913	44927	3.10
94	0.24465	11311	2767	9928	32014	2.83
95～	1.00000	8544	8544	22086	22086	2.58

平成2年簡易生命表（1990）
男（MALE）

年　齢 x	死亡率 $_nq_x$	生存数 l_x	死亡数 $_nd_x$	定常人口 $_nL_x$	定常人口 T_x	平均余命 $\overset{\circ}{e}_x$
0 週	0.00211	100000	211	1916	7586442	75.86
1 (w)	0.00032	99789	32	1913	7584526	76.01
2	0.00024	99757	24	1913	7582613	76.01
3	0.00015	99733	15	1913	7580700	76.01
4	0.00051	99718	51	8968	7578787	76.00
2 月	0.00029	99667	29	8304	7569819	75.95
3 (m)	0.00066	99638	66	24901	7561515	75.89
6	0.00068	99572	67	49769	7536614	75.69
0 年	0.00495	100000	495	99598	7586442	75.86
1 (y)	0.00078	99505	78	99466	7486844	75.24
2	0.00057	99427	57	99398	7387379	74.30
3	0.00042	99370	42	99349	7287981	73.34
4	0.00033	99328	33	99311	7188632	72.37
5	0.00029	99295	29	99280	7089321	71.40
6	0.00026	99266	26	99253	6990040	70.42
7	0.00022	99241	22	99230	6890787	69.44
8	0.00018	99219	18	99210	6791557	68.45
9	0.00015	99201	15	99193	6692348	67.46
10	0.00014	99185	14	99178	6593155	66.47
11	0.00015	99171	15	99164	6493977	65.48
12	0.00016	99157	15	99149	6394813	64.49
13	0.00018	99141	17	99132	6295664	63.50
14	0.00023	99124	23	99112	6196531	62.51
15	0.00034	99100	34	99083	6097419	61.53
16	0.00050	99066	49	99042	5998336	60.55
17	0.00066	99017	65	98984	5899294	59.58
18	0.00078	98952	77	98913	5800310	58.62
19	0.00083	98874	82	98833	5701397	57.66
20	0.00083	98792	82	98751	5602563	56.71
21	0.00079	98710	78	98671	5503812	55.76
22	0.00076	98632	75	98594	5405141	54.80
23	0.00075	98557	74	98520	5306546	53.84
24	0.00073	98483	72	98447	5208026	52.88
25	0.00072	98411	71	98375	5109579	51.92
26	0.00070	98340	69	98306	5011204	50.96
27	0.00070	98271	69	98236	4912898	49.99
28	0.00072	98202	71	98167	4814662	49.03
29	0.00075	98131	74	98094	4716495	48.06
30	0.00078	98058	76	98019	4618401	47.10
31	0.00080	97981	78	97942	4520382	46.14
32	0.00083	97903	81	97862	4422440	45.17
33	0.00087	97822	85	97779	4324577	44.21
34	0.00092	97737	90	97692	4226798	43.25
35	0.00099	97646	97	97598	4129106	42.29
36	0.00107	97549	105	97497	4031508	41.33
37	0.00117	97445	114	97388	3934011	40.37
38	0.00128	97331	125	97268	3836624	39.42
39	0.00141	97206	137	97137	3739356	38.47
40	0.00156	97069	151	96993	3642218	37.52
41	0.00171	96917	166	96834	3545226	36.58
42	0.00187	96751	181	96660	3448392	35.64
43	0.00205	96570	198	96471	3351731	34.71
44	0.00227	96372	219	96262	3255260	33.78

258

年　齢 x	死　亡　率 $_nq_x$	生　存　数 l_x	死　亡　数 $_nd_x$	定　常　人　口 $_nL_x$	定　常　人　口 T_x	平均余命 $\overset{\circ}{e}_x$
45	0.00254	96153	244	96031	3158998	32.85
46	0.00284	95909	272	95773	3062967	31.94
47	0.00315	95637	301	95486	2967195	31.03
48	0.00343	95336	327	95172	2871708	30.12
49	0.00371	95008	353	94832	2776536	29.22
50	0.00405	94656	384	94464	2681704	28.33
51	0.00446	94272	421	94062	2587241	27.44
52	0.00496	93851	465	93618	2493179	26.57
53	0.00557	93386	520	93126	2399561	25.70
54	0.00629	92866	584	92574	2306435	24.84
55	0.00711	92282	656	91954	2213861	23.99
56	0.00795	91626	728	91262	2121907	23.16
57	0.00878	90898	798	90499	2030645	22.34
58	0.00960	90100	865	89667	1940146	21.53
59	0.01046	89234	934	88767	1850479	20.74
60	0.01139	88300	1005	87798	1761712	19.95
61	0.01236	87295	1079	86755	1673914	19.18
62	0.01332	86216	1148	85642	1587159	18.41
63	0.01432	85067	1218	84458	1501517	17.65
64	0.01543	83849	1293	83203	1417059	16.90
65	0.01669	82556	1378	81867	1333856	16.16
66	0.01816	81178	1474	80441	1251989	15.42
67	0.01977	79704	1576	78916	1171548	14.70
68	0.02165	78128	1691	77282	1092633	13.99
69	0.02387	76437	1825	75524	1015350	13.28
70	0.02654	74612	1980	73622	939826	12.60
71	0.02966	72632	2154	71555	866204	11.93
72	0.03313	70478	2335	69310	794649	11.28
73	0.03699	68143	2520	66882	725339	10.64
74	0.04119	65622	2703	64271	658457	10.03
75	0.04574	62919	2878	61480	594186	9.44
76	0.05103	60041	3064	58509	532706	8.87
77	0.05713	56977	3255	55350	474197	8.32
78	0.06413	53722	3445	52000	418847	7.80
79	0.07211	50277	3626	48464	366848	7.30
80	0.08055	46651	3758	44773	318384	6.82
81	0.08947	42894	3838	40975	273611	6.38
82	0.09915	39056	3873	37120	232636	5.96
83	0.10964	35183	3858	33255	195517	5.56
84	0.12099	31326	3790	29431	162262	5.18
85	0.13326	27536	3669	25701	132831	4.82
86	0.14651	23866	3497	22118	107130	4.49
87	0.16079	20370	3275	18732	85012	4.17
88	0.17616	17094	3011	15589	66280	3.88
89	0.19268	14083	2714	12726	50691	3.60
90	0.21040	11370	2392	10173	37965	3.34
91	0.22937	8977	2059	7948	27792	3.10
92	0.24963	6918	1727	6055	19844	2.87
93	0.27122	5191	1408	4487	13789	2.66
94	0.29416	3783	1113	3227	9302	2.46
95〜	1.00000	2670	2670	6075	6075	2.28

平成2年簡易生命表（1990）
女（FEMALE）

年齢	死亡率	生存数	死亡数	定常人口		平均余命
x	$_nq_x$	l_x	$_nd_x$	$_nL_x$	T_x	$\overset{\circ}{e}_x$
0 週	0.00170	100000	170	1916	8180573	81.81
1 (w)	0.00030	99830	30	1914	8178657	81.93
2	0.00021	99800	20	1914	8176743	81.93
3	0.00016	99779	16	1913	8174829	81.93
4	0.00040	99763	40	8972	8172916	81.92
2 月	0.00027	99723	27	8309	8163943	81.87
3 (m)	0.00059	99696	59	24917	8155634	81.80
6	0.00055	99638	54	49805	8130717	81.60
0 年	0.00417	100000	417	99661	8180573	81.81
1 (y)	0.00064	99583	64	99551	8080912	81.15
2	0.00043	99519	42	99498	7981361	80.20
3	0.00027	99476	27	99463	7881864	79.23
4	0.00019	99449	19	99440	7782401	78.25
5	0.00017	99430	16	99422	7682961	77.27
6	0.00016	99414	16	99406	7583539	76.28
7	0.00014	99398	14	99391	7484133	75.29
8	0.00013	99384	13	99378	7384742	74.31
9	0.00012	99371	12	99365	7285364	73.31
10	0.00011	99359	11	99354	7185999	72.32
11	0.00010	99349	10	99343	7086645	71.33
12	0.00011	99338	10	99333	6987301	70.34
13	0.00012	99328	11	99322	6887968	69.35
14	0.00014	99316	14	99310	6788646	68.35
15	0.00017	99303	16	99295	6689336	67.36
16	0.00020	99286	20	99276	6590042	66.37
17	0.00024	99266	24	99255	6490765	65.39
18	0.00027	99243	27	99229	6391511	64.40
19	0.00029	99216	29	99201	6292282	63.42
20	0.00030	99187	30	99172	6193081	62.44
21	0.00031	99157	30	99141	6093909	61.46
22	0.00031	99126	31	99111	5994768	60.48
23	0.00032	99095	32	99079	5895657	59.49
24	0.00033	99064	32	99047	5796577	58.51
25	0.00032	99031	32	99015	5697530	57.53
26	0.00033	98999	32	98983	5598515	56.55
27	0.00034	98967	34	98950	5499532	55.57
28	0.00037	98933	36	98915	5400582	54.59
29	0.00040	98897	39	98877	5301667	53.61
30	0.00042	98858	42	98837	5202790	52.63
31	0.00044	98816	44	98794	5103953	51.65
32	0.00046	98772	45	98749	5005159	50.67
33	0.00049	98727	48	98703	4906410	49.70
34	0.00053	98678	53	98652	4807707	48.72
35	0.00059	98626	58	98597	4709055	47.75
36	0.00064	98568	63	98537	4610458	46.77
37	0.00068	98506	67	98472	4511921	45.80
38	0.00073	98439	71	98403	4413449	44.83
39	0.00079	98367	78	98328	4315046	43.87
40	0.00089	98289	87	98246	4216717	42.90
41	0.00099	98202	97	98154	4118472	41.94
42	0.00108	98105	106	98052	4020318	40.98
43	0.00117	97999	114	97942	3922266	40.02
44	0.00124	97885	122	97824	3824324	39.07

年　齢 x	死　亡　率 ${}_nq_x$	生　存　数 l_x	死　亡　数 ${}_nd_x$	定　常　人　口		平均余命 $\overset{\circ}{e}_x$
				${}_nL_x$	T_x	
45	0.00134	97763	131	97698	3726500	38.12
46	0.00146	97632	143	97561	3628803	37.17
47	0.00162	97490	158	97411	3531242	36.22
48	0.00179	97332	175	97244	3433831	35.28
49	0.00198	97157	192	97061	3336587	34.34
50	0.00217	96965	210	96860	3239526	33.41
51	0.00233	96755	226	96642	3142666	32.48
52	0.00248	96529	239	96409	3046024	31.56
53	0.00264	96290	254	96162	2949615	30.63
54	0.00285	96035	274	95898	2853453	29.71
55	0.00310	95761	297	95613	2757554	28.80
56	0.00339	95465	324	95303	2661941	27.88
57	0.00371	95141	353	94964	2566639	26.98
58	0.00404	94788	383	94596	2471674	26.08
59	0.00442	94405	417	94196	2377078	25.18
60	0.00482	93988	453	93761	2282882	24.29
61	0.00524	93534	490	93289	2189121	23.40
62	0.00568	93044	529	92780	2095831	22.53
63	0.00619	92515	573	92229	2003052	21.65
64	0.00681	91943	626	91630	1910823	20.78
65	0.00752	91317	687	90974	1819193	19.92
66	0.00838	90630	759	90251	1728220	19.07
67	0.00934	89871	840	89451	1637969	18.23
68	0.01045	89032	930	88567	1548518	17.39
69	0.01175	88101	1035	87584	1459951	16.57
70	0.01325	87066	1153	86489	1372367	15.76
71	0.01497	85913	1286	85270	1285878	14.97
72	0.01697	84627	1436	83908	1200608	14.19
73	0.01920	83190	1597	82392	1116700	13.42
74	0.02166	81593	1767	80709	1034308	12.68
75	0.02442	79826	1949	78851	953599	11.95
76	0.02770	77876	2157	76798	874748	11.23
77	0.03160	75719	2393	74523	797950	10.54
78	0.03624	73326	2658	71997	723427	9.87
79	0.04177	70669	2952	69193	651430	9.22
80	0.04794	67717	3247	66093	582237	8.60
81	0.05464	64470	3522	62709	516144	8.01
82	0.06216	60948	3789	59053	453435	7.44
83	0.07062	57159	4037	55140	394382	6.90
84	0.08011	53122	4256	50994	339242	6.39
85	0.09075	48866	4435	46649	288247	5.90
86	0.10266	44432	4561	42151	241598	5.44
87	0.11596	39871	4623	37559	199447	5.00
88	0.13079	35247	4610	32942	161888	4.59
89	0.14730	30637	4513	28381	128946	4.21
90	0.16563	26124	4327	23961	100565	3.85
91	0.18593	21797	4053	19771	76604	3.51
92	0.20833	17744	3697	15896	56834	3.20
93	0.23297	14048	3273	12411	40937	2.91
94	0.25996	10775	2801	9375	28526	2.65
95〜	1.00000	7974	7974	19151	19151	2.40

平成3年簡易生命表（1991）
男（MALE）

年齢	死亡率	生存数	死亡数	定常人口		平均余命
x	$_nq_x$	l_x	$_nd_x$	$_nL_x$	T_x	$\overset{\circ}{e}_x$
0 週	0.00184	100000	184	1916	7610681	76.11
1 (w)	0.00030	99816	30	1914	7608765	76.23
2	0.00022	99786	22	1913	7606851	76.23
3	0.00018	99764	18	1913	7604937	76.23
4	0.00048	99747	47	8971	7603024	76.22
2 月	0.00030	99699	30	8307	7594054	76.17
3 (m)	0.00064	99670	64	24909	7585747	76.11
6	0.00071	99605	70	49785	7560837	75.91
0 年	0.00465	100000	465	99629	7610681	76.11
1 (y)	0.00072	99535	71	99499	7511052	75.46
2	0.00051	99464	51	99438	7411553	74.52
3	0.00036	99413	36	99395	7312115	73.55
4	0.00028	99377	28	99363	7212720	72.58
5	0.00025	99348	25	99336	7113357	71.60
6	0.00024	99323	24	99312	7014021	70.62
7	0.00021	99300	21	99289	6914710	69.63
8	0.00019	99278	19	99269	6815421	68.65
9	0.00016	99260	16	99252	6716152	67.66
10	0.00014	99244	14	99237	6616900	66.67
11	0.00014	99230	14	99223	6517663	65.68
12	0.00014	99216	14	99209	6418440	64.69
13	0.00016	99202	15	99194	6319232	63.70
14	0.00021	99187	21	99176	6220037	62.71
15	0.00032	99165	32	99149	6120861	61.72
16	0.00047	99133	47	99110	6021712	60.74
17	0.00063	99087	63	99055	5922602	59.77
18	0.00075	99024	74	98987	5823546	58.81
19	0.00081	98950	80	98910	5724559	57.85
20	0.00081	98870	80	98830	5625649	56.90
21	0.00079	98790	78	98751	5526819	55.95
22	0.00076	98712	75	98675	5428068	54.99
23	0.00073	98637	72	98601	5329394	54.03
24	0.00071	98565	70	98530	5230792	53.07
25	0.00070	98495	69	98461	5132262	52.11
26	0.00070	98426	68	98392	5033801	51.14
27	0.00071	98358	70	98323	4935409	50.18
28	0.00073	98288	72	98252	4837087	49.21
29	0.00075	98216	74	98179	4738835	48.25
30	0.00076	98142	75	98105	4640656	47.29
31	0.00077	98067	76	98030	4542552	46.32
32	0.00080	97992	78	97953	4444522	45.36
33	0.00084	97914	82	97873	4346569	44.39
34	0.00090	97832	88	97787	4248697	43.43
35	0.00098	97743	96	97695	4150909	42.47
36	0.00106	97647	104	97595	4053214	41.51
37	0.00115	97544	112	97487	3955619	40.55
38	0.00124	97431	121	97371	3858131	39.60
39	0.00135	97310	132	97244	3760760	38.65
40	0.00149	97179	145	97106	3663516	37.70
41	0.00167	97034	162	96953	3566410	36.75
42	0.00187	96872	181	96781	3469457	35.81
43	0.00209	96691	202	96590	3372676	34.88
44	0.00232	96489	224	96377	3276086	33.95

年齢	死亡率	生存数	死亡数	定常人口		平均余命
x	$_nq_x$	l_x	$_nd_x$	$_nL_x$	T_x	$\overset{\circ}{e}_x$
45	0.00257	96265	248	96141	3179709	33.03
46	0.00284	96017	273	95881	3083568	32.11
47	0.00314	95744	300	95594	2987687	31.20
48	0.00344	95444	328	95280	2892093	30.30
49	0.00374	95116	356	94938	2796813	29.40
50	0.00406	94760	384	94568	2701875	28.51
51	0.00442	94376	418	94167	2607308	27.63
52	0.00489	93958	459	93729	2513141	26.75
53	0.00544	93499	509	93245	2419412	25.88
54	0.00606	92990	564	92708	2326167	25.02
55	0.00677	92427	626	92114	2233459	24.16
56	0.00757	91801	695	91453	2141345	23.33
57	0.00848	91106	773	90720	2049892	22.50
58	0.00944	90333	853	89907	1959172	21.69
59	0.01040	89480	931	89015	1869266	20.89
60	0.01134	88549	1005	88047	1780251	20.10
61	0.01226	87545	1073	87008	1692204	19.33
62	0.01321	86471	1142	85900	1605196	18.56
63	0.01422	85329	1214	84722	1519296	17.81
64	0.01529	84115	1286	83472	1434574	17.05
65	0.01653	82829	1369	82144	1351102	16.31
66	0.01800	81460	1466	80727	1268958	15.58
67	0.01977	79994	1582	79203	1188231	14.85
68	0.02170	78412	1702	77561	1109028	14.14
69	0.02381	76711	1826	75797	1031466	13.45
70	0.02621	74884	1963	73903	955669	12.76
71	0.02902	72921	2116	71863	881766	12.09
72	0.03225	70805	2283	69664	809903	11.44
73	0.03592	68522	2461	67291	740239	10.80
74	0.04000	66061	2643	64739	672948	10.19
75	0.04449	63418	2822	62007	608208	9.59
76	0.04947	60596	2997	59098	546201	9.01
77	0.05533	57599	3187	56005	487103	8.46
78	0.06207	54412	3377	52723	431098	7.92
79	0.06967	51035	3556	49257	378375	7.41
80	0.07815	47479	3710	45624	329118	6.93
81	0.08689	43769	3803	41867	283494	6.48
82	0.09641	39965	3853	38039	241627	6.05
83	0.10676	36112	3855	34185	203588	5.64
84	0.11799	32257	3806	30354	169403	5.25
85	0.13017	28451	3704	26599	139049	4.89
86	0.14337	24748	3548	22974	112449	4.54
87	0.15764	21200	3342	19529	89476	4.22
88	0.17305	17858	3090	16313	69947	3.92
89	0.18967	14767	2801	13367	53635	3.63
90	0.20754	11967	2484	10725	40268	3.37
91	0.22674	9483	2150	8408	29543	3.12
92	0.24729	7333	1813	6426	21135	2.88
93	0.26926	5519	1486	4776	14709	2.66
94	0.29266	4033	1180	3443	9932	2.46
95 ～	1.00000	2853	2853	6489	6489	2.27

平成3年簡易生命表（1991）
女（FEMALE）

年齢	死亡率	生存数	死亡数	定常人口		平均余命
x	nq_x	l_x	nd_x	nL_x	T_x	e_x
0 週	0.00170	100000	170	1916	8210678	82.11
1 (w)	0.00031	99830	30	1914	8208762	82.23
2	0.00019	99800	19	1914	8206847	82.23
3	0.00014	99780	14	1913	8204934	82.23
4	0.00041	99767	41	8973	8203020	82.22
2 月	0.00028	99725	28	8309	8194048	82.17
3 (m)	0.00059	99697	58	24917	8185738	82.11
6	0.00061	99639	61	49804	8160821	81.90
0 年	0.00422	100000	422	99661	8210678	82.11
1 (y)	0.00061	99578	61	99548	8111017	81.45
2	0.00041	99517	41	99497	8011469	80.50
3	0.00027	99476	27	99462	7911973	79.54
4	0.00020	99449	20	99439	7812510	78.56
5	0.00017	99429	17	99420	7713071	77.57
6	0.00016	99412	16	99404	7613651	76.59
7	0.00015	99395	15	99388	7514247	75.60
8	0.00012	99381	12	99375	7414859	74.61
9	0.00011	99368	11	99363	7315485	73.62
10	0.00010	99358	10	99353	7216122	72.63
11	0.00010	99347	10	99342	7116769	71.64
12	0.00010	99337	10	99332	7017427	70.64
13	0.00011	99327	10	99322	6918094	69.65
14	0.00012	99317	12	99311	6818772	68.66
15	0.00015	99305	15	99297	6719461	67.66
16	0.00019	99290	19	99281	6620164	66.68
17	0.00022	99271	22	99261	6520883	65.69
18	0.00024	99250	24	99238	6421622	64.70
19	0.00026	99225	26	99212	6322385	63.72
20	0.00028	99199	28	99186	6223173	62.73
21	0.00029	99172	29	99158	6123987	61.75
22	0.00029	99143	29	99129	6024829	60.77
23	0.00029	99114	29	99100	5925701	59.79
24	0.00030	99085	30	99071	5826601	58.80
25	0.00031	99056	31	99040	5727530	57.82
26	0.00033	99025	33	99009	5628490	56.84
27	0.00035	98992	34	98975	5529481	55.86
28	0.00036	98958	36	98940	5430506	54.88
29	0.00038	98922	38	98903	5331566	53.90
30	0.00040	98884	40	98865	5232663	52.92
31	0.00042	98845	42	98824	5133798	51.94
32	0.00045	98803	44	98781	5034974	50.96
33	0.00048	98759	47	98736	4936193	49.98
34	0.00051	98712	50	98687	4837457	49.01
35	0.00055	98662	54	98635	4738770	48.03
36	0.00059	98608	58	98579	4640135	47.06
37	0.00064	98550	63	98518	4541557	46.08
38	0.00070	98486	69	98452	4443039	45.11
39	0.00076	98417	75	98379	4344587	44.14
40	0.00084	98342	83	98301	4246208	43.18
41	0.00094	98259	92	98213	4147907	42.21
42	0.00106	98167	104	98115	4049694	41.25
43	0.00117	98063	115	98006	3951579	40.30
44	0.00127	97948	125	97886	3853574	39.34

年齢	死亡率	生存数	死亡数	定常人口		平均余命
x	$_nq_x$	l_x	$_nd_x$	$_nL_x$	T_x	$\overset{\circ}{e}_x$
45	0.00136	97824	133	97757	3755688	38.39
46	0.00147	97691	144	97619	3657931	37.44
47	0.00161	97547	157	97468	3560312	36.50
48	0.00177	97390	172	97304	3462843	35.56
49	0.00191	97218	186	97125	3365539	34.62
50	0.00208	97032	202	96931	3268415	33.68
51	0.00228	96830	221	96720	3171484	32.75
52	0.00252	96609	243	96487	3074764	31.83
53	0.00276	96366	266	96233	2978277	30.91
54	0.00297	96100	286	95958	2882043	29.99
55	0.00317	95815	303	95663	2786086	29.08
56	0.00339	95511	324	95349	2690423	28.17
57	0.00367	95187	350	95012	2595074	27.26
58	0.00400	94838	380	94648	2500061	26.36
59	0.00436	94458	412	94252	2405413	25.47
60	0.00474	94046	446	93823	2311162	24.57
61	0.00513	93600	480	93360	2217339	23.69
62	0.00556	93120	518	92861	2123979	22.81
63	0.00604	92602	560	92322	2031118	21.93
64	0.00660	92042	607	91739	1938796	21.06
65	0.00729	91435	667	91102	1847057	20.20
66	0.00812	90768	737	90400	1755955	19.35
67	0.00909	90031	818	89622	1665555	18.50
68	0.01011	89213	902	88762	1575933	17.66
69	0.01128	88311	996	87813	1487171	16.84
70	0.01267	87315	1106	86762	1399358	16.03
71	0.01433	86209	1235	85591	1312595	15.23
72	0.01626	84974	1382	84283	1227004	14.44
73	0.01845	83592	1542	82821	1142721	13.67
74	0.02091	82050	1716	81192	1059900	12.92
75	0.02357	80334	1894	79387	978709	12.18
76	0.02660	78440	2086	77397	899322	11.47
77	0.03025	76354	2310	75199	821925	10.76
78	0.03463	74044	2564	72762	746726	10.08
79	0.03976	71480	2842	70059	673964	9.43
80	0.04585	68638	3147	67064	603906	8.80
81	0.05225	65490	3422	63779	536842	8.20
82	0.05946	62069	3690	60223	473062	7.62
83	0.06757	58378	3945	56406	412839	7.07
84	0.07669	54434	4175	52346	356433	6.55
85	0.08695	50259	4370	48074	304086	6.05
86	0.09844	45889	4518	43630	256012	5.58
87	0.11132	41372	4606	39069	212382	5.13
88	0.12572	36766	4622	34455	173313	4.71
89	0.14178	32144	4557	29865	138858	4.32
90	0.15965	27587	4404	25385	108993	3.95
91	0.17948	23183	4161	21102	83608	3.61
92	0.20143	19022	3832	17106	62506	3.29
93	0.22564	15190	3427	13476	45400	2.99
94	0.25223	11763	2967	10279	31924	2.71
95 ～	1.00000	8796	8796	21645	21645	2.46

平成4年簡易生命表（1992）
男（MALE）

年齢	死亡率	生存数	死亡数	定常人口		平均余命
x	nq_x	l_x	nd_x	nL_x	T_x	$\overset{\circ}{e}_x$
0 週	0.00192	100000	192	1916	7608741	76.09
1 (w)	0.00030	99808	30	1914	7606825	76.21
2	0.00022	99777	22	1913	7604912	76.22
3	0.00017	99755	17	1913	7602998	76.22
4	0.00053	99738	53	8969	7601085	76.21
2 月	0.00036	99685	36	8306	7592116	76.16
3 (m)	0.00070	99649	70	24904	7583810	76.11
6	0.00077	99579	76	49771	7558907	75.91
0 年	0.00497	100000	497	99605	7608741	76.09
1 (y)	0.00073	99503	72	99467	7509136	75.47
2	0.00052	99431	52	99405	7409669	74.52
3	0.00038	99379	38	99360	7310264	73.56
4	0.00030	99341	30	99326	7210904	72.59
5	0.00027	99311	27	99298	7111578	71.61
6	0.00024	99285	24	99273	7012280	70.63
7	0.00021	99260	21	99250	6913008	69.65
8	0.00018	99239	18	99230	6813758	68.66
9	0.00016	99221	16	99213	6714527	67.67
10	0.00014	99206	14	99198	6615314	66.68
11	0.00014	99191	14	99184	6516115	65.69
12	0.00015	99177	15	99170	6416931	64.70
13	0.00017	99162	17	99154	6317762	63.71
14	0.00023	99145	23	99134	6218608	62.72
15	0.00033	99123	33	99106	6119474	61.74
16	0.00047	99090	47	99067	6020367	60.76
17	0.00062	99043	62	99012	5921301	59.79
18	0.00074	98981	73	98945	5822289	58.82
19	0.00079	98908	78	98869	5723344	57.87
20	0.00079	98830	78	98791	5624475	56.91
21	0.00077	98752	76	98714	5525684	55.96
22	0.00074	98676	73	98639	5426970	55.00
23	0.00072	98603	71	98567	5328331	54.04
24	0.00071	98532	70	98497	5229764	53.08
25	0.00071	98462	70	98427	5131267	52.11
26	0.00071	98392	70	98356	5032840	51.15
27	0.00072	98321	71	98286	4934484	50.19
28	0.00073	98251	71	98215	4836198	49.22
29	0.00074	98180	73	98143	4737982	48.26
30	0.00076	98107	75	98070	4639839	47.29
31	0.00078	98032	77	97994	4541770	46.33
32	0.00080	97956	79	97916	4443776	45.37
33	0.00083	97877	81	97836	4345860	44.40
34	0.00087	97795	85	97753	4248023	43.44
35	0.00094	97710	92	97664	4150271	42.48
36	0.00103	97618	100	97568	4052607	41.51
37	0.00113	97518	111	97463	3955039	40.56
38	0.00125	97407	122	97347	3857576	39.60
39	0.00138	97286	134	97219	3760229	38.65
40	0.00152	97152	147	97078	3663011	37.70
41	0.00168	97005	163	96923	3565933	36.76
42	0.00186	96842	180	96752	3469009	35.82
43	0.00205	96662	198	96562	3372258	34.89
44	0.00225	96463	217	96355	3275695	33.96

年齢	死亡率	生存数	死亡数	定常人口		平均余命
x	$_nq_x$	l_x	$_nd_x$	$_nL_x$	T_x	$\overset{\circ}{e}_x$
45	0.00248	96246	239	96127	3179340	33.03
46	0.00277	96007	266	95874	3083213	32.11
47	0.00310	95741	297	95593	2987339	31.20
48	0.00344	95445	328	95281	2891746	30.30
49	0.00377	95117	359	94937	2796465	29.40
50	0.00409	94758	388	94564	2701528	28.51
51	0.00443	94370	418	94161	2606964	27.62
52	0.00484	93952	454	93725	2512802	26.75
53	0.00534	93498	499	93248	2419077	25.87
54	0.00595	92999	554	92722	2325828	25.01
55	0.00666	92445	616	92138	2233106	24.16
56	0.00747	91830	686	91487	2140969	23.31
57	0.00837	91144	763	90762	2049482	22.49
58	0.00935	90381	845	89958	1958720	21.67
59	0.01034	89536	926	89073	1868762	20.87
60	0.01134	88610	1005	88108	1779688	20.08
61	0.01237	87605	1083	87064	1691581	19.31
62	0.01341	86522	1160	85942	1604517	18.54
63	0.01452	85362	1240	84742	1518575	17.79
64	0.01570	84122	1321	83462	1433833	17.04
65	0.01697	82801	1405	82099	1350371	16.31
66	0.01842	81396	1500	80646	1268272	15.58
67	0.02008	79896	1605	79094	1187626	14.86
68	0.02198	78292	1721	77431	1108532	14.16
69	0.02400	76571	1837	75652	1031101	13.47
70	0.02628	74733	1964	73751	955449	12.78
71	0.02897	72769	2108	71715	881698	12.12
72	0.03215	70661	2272	69525	809983	11.46
73	0.03579	68389	2448	67165	740458	10.83
74	0.03989	65941	2630	64626	673293	10.21
75	0.04439	63311	2810	61905	608667	9.61
76	0.04936	60500	2986	59007	546762	9.04
77	0.05488	57514	3156	55936	487755	8.48
78	0.06133	54358	3334	52691	431819	7.94
79	0.06860	51024	3500	49274	379128	7.43
80	0.07709	47524	3663	45692	329854	6.94
81	0.08577	43860	3762	41979	284163	6.48
82	0.09528	40098	3821	38188	242183	6.04
83	0.10570	36278	3835	34360	203995	5.62
84	0.11710	32443	3799	30544	169635	5.23
85	0.12955	28644	3711	26789	139091	4.86
86	0.14312	24933	3569	23149	112302	4.50
87	0.15791	21365	3374	19678	89153	4.17
88	0.17398	17991	3130	16426	69475	3.86
89	0.19142	14861	2845	13439	53049	3.57
90	0.21029	12016	2527	10753	39610	3.30
91	0.23067	9490	2189	8395	28857	3.04
92	0.25263	7301	1844	6378	20462	2.80
93	0.27621	5456	1507	4703	14084	2.58
94	0.30144	3949	1190	3354	9381	2.38
95 ~	1.00000	2759	2759	6027	6027	2.18

平成4年簡易生命表（1992）
女（FEMALE）

年齢	死亡率	生存数	死亡数	定常人口		平均余命
x	nq_x	l_x	nd_x	nL_x	T_x	e_x
0 週	0.00158	100000	158	1916	8221568	82.22
1 (w)	0.00027	99842	27	1915	8219652	82.33
2	0.00017	99815	17	1914	8217737	82.33
3	0.00015	99798	15	1914	8215823	82.32
4	0.00042	99783	42	8974	8213910	82.32
2 月	0.00026	99741	26	8311	8204935	82.26
3 (m)	0.00056	99716	56	24922	8196625	82.20
6	0.00062	99660	61	49814	8171703	82.00
0 年	0.00402	100000	402	99680	8221568	82.22
1 (y)	0.00061	99598	60	99567	8121889	81.55
2	0.00043	99537	43	99516	8022321	80.60
3	0.00029	99495	29	99480	7922805	79.63
4	0.00022	99465	22	99454	7823325	78.65
5	0.00018	99444	18	99435	7723871	77.67
6	0.00016	99425	16	99417	7624436	76.68
7	0.00014	99409	14	99402	7525019	75.70
8	0.00012	99396	12	99390	7425616	74.71
9	0.00011	99384	11	99378	7326227	73.72
10	0.00010	99373	10	99368	7226848	72.72
11	0.00011	99362	11	99357	7127481	71.73
12	0.00012	99352	11	99346	7028124	70.74
13	0.00013	99340	13	99334	6928778	69.75
14	0.00014	99327	14	99320	6829444	68.76
15	0.00017	99313	17	99305	6730124	67.77
16	0.00020	99297	20	99287	6630819	66.78
17	0.00023	99277	23	99265	6531532	65.79
18	0.00026	99254	26	99241	6432267	64.81
19	0.00028	99228	28	99214	6333025	63.82
20	0.00028	99201	28	99186	6233811	62.84
21	0.00029	99172	28	99158	6134625	61.86
22	0.00029	99144	29	99130	6035467	60.88
23	0.00030	99115	29	99101	5936337	59.89
24	0.00030	99086	30	99071	5837236	58.91
25	0.00032	99056	31	99040	5738165	57.93
26	0.00033	99025	33	99008	5639125	56.95
27	0.00035	98992	35	98974	5540117	55.97
28	0.00037	98957	37	98939	5441142	54.98
29	0.00039	98920	38	98901	5342204	54.01
30	0.00040	98882	40	98862	5243303	53.03
31	0.00041	98842	41	98822	5144441	52.05
32	0.00043	98801	42	98780	5045619	51.07
33	0.00046	98759	45	98737	4946839	50.09
34	0.00050	98714	49	98689	4848102	49.11
35	0.00055	98664	55	98637	4749413	48.14
36	0.00061	98610	60	98580	4650776	47.16
37	0.00065	98550	64	98518	4552196	46.19
38	0.00070	98486	69	98451	4453678	45.22
39	0.00076	98416	75	98379	4355227	44.25
40	0.00084	98341	83	98299	4256849	43.29
41	0.00094	98258	92	98212	4158549	42.32
42	0.00105	98166	103	98114	4060337	41.36
43	0.00115	98063	113	98006	3962223	40.41
44	0.00125	97949	122	97888	3864217	39.45

年齢	死亡率	生存数	死亡数	定常人口		平均余命
x	$_nq_x$	l_x	$_nd_x$	$_nL_x$	T_x	$\overset{\circ}{e}_x$
45	0.00135	97827	132	97761	3766329	38.50
46	0.00147	97695	144	97623	3668568	37.55
47	0.00161	97551	157	97472	3570946	36.61
48	0.00177	97393	172	97307	3473474	35.66
49	0.00193	97221	187	97128	3376166	34.73
50	0.00208	97034	202	96933	3279039	33.79
51	0.00224	96832	217	96724	3182105	32.86
52	0.00242	96615	234	96498	3085382	31.93
53	0.00263	96381	253	96254	2988884	31.01
54	0.00285	96128	274	95990	2892629	30.09
55	0.00309	95853	297	95705	2796639	29.18
56	0.00335	95557	320	95397	2700934	28.27
57	0.00364	95237	347	95063	2605537	27.36
58	0.00399	94890	379	94700	2510474	26.46
59	0.00438	94511	414	94304	2415774	25.56
60	0.00478	94097	450	93872	2321470	24.67
61	0.00520	93647	487	93403	2227598	23.79
62	0.00563	93160	525	92897	2134194	22.91
63	0.00613	92635	568	92351	2041297	22.04
64	0.00668	92067	615	91759	1948946	21.17
65	0.00733	91452	670	91117	1857187	20.31
66	0.00810	90781	735	90414	1766070	19.45
67	0.00897	90046	807	89643	1675656	18.61
68	0.01001	89239	893	88792	1586013	17.77
69	0.01121	88345	991	87850	1497221	16.95
70	0.01258	87355	1099	86805	1409371	16.13
71	0.01411	86256	1217	85647	1322566	15.33
72	0.01589	85039	1351	84363	1236918	14.55
73	0.01795	83688	1502	82936	1152555	13.77
74	0.02039	82185	1675	81348	1069619	13.01
75	0.02324	80510	1871	79574	988271	12.28
76	0.02642	78638	2078	77600	908697	11.56
77	0.02992	76561	2291	75415	831097	10.86
78	0.03406	74270	2530	73005	755682	10.17
79	0.03889	71740	2790	70345	682677	9.52
80	0.04494	68950	3099	67401	612332	8.88
81	0.05120	65852	3372	64166	544931	8.28
82	0.05827	62480	3641	60660	480765	7.69
83	0.06624	58840	3897	56891	420105	7.14
84	0.07522	54942	4133	52876	363214	6.61
85	0.08533	50809	4336	48641	310338	6.11
86	0.09670	46474	4494	44227	261697	5.63
87	0.10945	41980	4594	39683	217470	5.18
88	0.12372	37385	4625	35073	177787	4.76
89	0.13968	32760	4576	30472	142715	4.36
90	0.15748	28184	4438	25965	112243	3.98
91	0.17727	23745	4209	21641	86278	3.63
92	0.19921	19536	3892	17590	64637	3.31
93	0.22345	15644	3496	13896	47047	3.01
94	0.25012	12149	3039	10629	33151	2.73
95 ~	1.00000	9110	9110	22521	22521	2.47

平成5年簡易生命表（1993）
男（MALE）

年齢	死亡率	生存数	死亡数	定常人口		平均余命
x	$_nq_x$	l_x	$_nd_x$	$_nL_x$	T_x	$\overset{\circ}{e}_x$
0 週	0.00180	100000	180	1916	7625371	76.25
1 (w)	0.00028	99820	28	1914	7623455	76.37
2	0.00018	99792	18	1914	7621541	76.37
3	0.00015	99775	15	1913	7619627	76.37
4	0.00048	99759	47	8972	7617714	76.36
2 月	0.00029	99712	29	8308	7608742	76.31
3 (m)	0.00069	99683	69	24912	7600434	76.25
6	0.00070	99614	70	49790	7575522	76.05
0 年	0.00456	100000	456	99639	7625371	76.25
1 (y)	0.00072	99544	71	99509	7525732	75.60
2	0.00051	99473	51	99447	7426224	74.66
3	0.00036	99422	36	99404	7326776	73.69
4	0.00028	99386	28	99372	7227372	72.72
5	0.00025	99358	25	99345	7128001	71.74
6	0.00023	99333	23	99322	7028655	70.76
7	0.00021	99310	20	99300	6929334	69.77
8	0.00018	99290	18	99281	6830033	68.79
9	0.00015	99272	15	99265	6730752	67.80
10	0.00014	99257	14	99250	6631488	66.81
11	0.00014	99243	14	99236	6532238	65.82
12	0.00015	99229	15	99221	6433002	64.83
13	0.00017	99214	17	99205	6333781	63.84
14	0.00021	99197	21	99186	6234576	62.85
15	0.00030	99176	30	99161	6135390	61.86
16	0.00043	99146	42	99125	6036229	60.88
17	0.00057	99104	56	99076	5937104	59.91
18	0.00068	99048	67	99014	5838028	58.94
19	0.00074	98980	73	98944	5739014	57.98
20	0.00075	98907	74	98870	5640071	57.02
21	0.00073	98833	72	98797	5541200	56.07
22	0.00072	98761	71	98726	5442403	55.11
23	0.00071	98690	70	98655	5343678	54.15
24	0.00069	98620	68	98586	5245023	53.18
25	0.00068	98552	67	98518	5146436	52.22
26	0.00068	98485	67	98451	5047918	51.26
27	0.00069	98418	68	98384	4949467	50.29
28	0.00071	98350	69	98315	4851083	49.32
29	0.00072	98280	70	98245	4752768	48.36
30	0.00072	98210	71	98175	4654522	47.39
31	0.00073	98140	72	98104	4556348	46.43
32	0.00077	98068	75	98030	4458244	45.46
33	0.00082	97992	80	97952	4360214	44.50
34	0.00089	97912	87	97868	4262262	43.53
35	0.00097	97825	95	97777	4164394	42.57
36	0.00105	97730	103	97678	4066616	41.61
37	0.00115	97627	112	97571	3968938	40.65
38	0.00125	97515	122	97454	3871367	39.70
39	0.00136	97393	132	97327	3773913	38.75
40	0.00148	97261	144	97189	3676586	37.80
41	0.00163	97117	158	97038	3579397	36.86
42	0.00180	96959	175	96872	3482359	35.92
43	0.00203	96784	196	96686	3385488	34.98
44	0.00228	96588	220	96478	3288801	34.05

年齢	死亡率	生存数	死亡数	定常人口		平均余命
x	$_nq_x$	l_x	$_nd_x$	$_nL_x$	T_x	$\overset{\circ}{e}_x$
45	0.00255	96368	246	96245	3192323	33.13
46	0.00282	96122	271	95987	3096078	32.21
47	0.00311	95851	298	95702	3000092	31.30
48	0.00342	95553	327	95390	2904390	30.40
49	0.00376	95226	358	95047	2809000	29.50
50	0.00412	94868	391	94673	2713953	28.61
51	0.00449	94477	424	94265	2619280	27.72
52	0.00488	94054	459	93824	2525015	26.85
53	0.00534	93594	500	93344	2431191	25.98
54	0.00589	93094	549	92820	2337846	25.11
55	0.00656	92546	607	92242	2245026	24.26
56	0.00733	91939	674	91601	2152784	23.42
57	0.00819	91264	747	90891	2061183	22.58
58	0.00911	90517	824	90105	1970292	21.77
59	0.01013	89693	909	89239	1880187	20.96
60	0.01122	88784	996	88286	1790948	20.17
61	0.01237	87788	1086	87245	1702662	19.40
62	0.01359	86702	1179	86112	1615417	18.63
63	0.01479	85523	1265	84891	1529304	17.88
64	0.01596	84258	1344	83586	1444414	17.14
65	0.01717	82914	1423	82202	1360828	16.41
66	0.01852	81491	1509	80736	1278626	15.69
67	0.02012	79981	1609	79177	1197890	14.98
68	0.02195	78372	1720	77512	1118714	14.27
69	0.02405	76652	1843	75730	1041202	13.58
70	0.02627	74808	1966	73826	965472	12.91
71	0.02882	72843	2099	71793	891646	12.24
72	0.03180	70743	2250	69619	819853	11.59
73	0.03535	68494	2421	67283	750234	10.95
74	0.03945	66073	2607	64770	682951	10.34
75	0.04409	63466	2798	62067	618181	9.74
76	0.04919	60668	2984	59176	556114	9.17
77	0.05482	57684	3162	56102	496939	8.61
78	0.06091	54521	3321	52861	440836	8.09
79	0.06788	51200	3475	49462	387976	7.58
80	0.07734	47725	3691	45879	338513	7.09
81	0.08582	44034	3779	42144	292634	6.65
82	0.09493	40255	3821	38344	250490	6.22
83	0.10472	36433	3815	34526	212146	5.82
84	0.11523	32618	3758	30739	177620	5.45
85	0.12649	28860	3651	27034	146881	5.09
86	0.13856	25209	3493	23463	119847	4.75
87	0.15148	21716	3289	20071	96384	4.44
88	0.16528	18427	3046	16904	76313	4.14
89	0.18001	15381	2769	13997	59409	3.86
90	0.19570	12612	2468	11378	45412	3.60
91	0.21240	10144	2155	9067	34034	3.36
92	0.23014	7989	1839	7070	24967	3.13
93	0.24894	6151	1531	5385	17897	2.91
94	0.26884	4620	1242	3999	12512	2.71
95 ～	1.00000	3378	3378	8513	8513	2.52

平成5年簡易生命表（1993）
女（FEMALE）

年齢	死亡率	生存数	死亡数	定常人口		平均余命
x	nq_x	l_x	nd_x	nL_x	T_x	$\overset{\circ}{e}_x$
0 週	0.00151	100000	151	1916	8250745	82.51
1 (w)	0.00027	99849	27	1915	8248828	82.61
2	0.00018	99822	18	1914	8246914	82.62
3	0.00014	99804	14	1914	8245000	82.61
4	0.00039	99790	39	8975	8243086	82.60
2 月	0.00030	99751	30	8311	8234111	82.55
3 (m)	0.00058	99721	58	24923	8225799	82.49
6	0.00056	99663	55	49818	8200876	82.29
0 年	0.00393	100000	393	99686	8250745	82.51
1 (y)	0.00062	99607	62	99576	8151059	81.83
2	0.00044	99545	44	99523	8051482	80.88
3	0.00031	99501	31	99486	7951959	79.92
4	0.00023	99471	23	99459	7852473	78.94
5	0.00019	99448	19	99439	7753014	77.96
6	0.00017	99429	17	99421	7653575	76.98
7	0.00015	99412	15	99405	7554155	75.99
8	0.00013	99397	13	99391	7454750	75.00
9	0.00012	99384	12	99378	7355360	74.01
10	0.00011	99372	11	99367	7255981	73.02
11	0.00011	99361	11	99356	7156614	72.03
12	0.00012	99350	12	99344	7057259	71.03
13	0.00013	99338	13	99332	6957914	70.04
14	0.00013	99325	13	99319	6858583	69.05
15	0.00014	99312	14	99305	6759264	68.06
16	0.00017	99298	17	99289	6659959	67.07
17	0.00020	99281	20	99271	6560670	66.08
18	0.00024	99261	24	99249	6461398	65.09
19	0.00027	99238	26	99224	6362149	64.11
20	0.00028	99211	28	99197	6262925	63.13
21	0.00028	99183	28	99170	6163727	62.14
22	0.00027	99156	27	99142	6064558	61.16
23	0.00027	99129	27	99115	5965416	60.18
24	0.00027	99102	27	99088	5866301	59.19
25	0.00027	99075	27	99061	5767213	58.21
26	0.00028	99048	28	99034	5668151	57.23
27	0.00030	99020	30	99005	5569117	56.24
28	0.00033	98991	33	98974	5470112	55.26
29	0.00036	98958	35	98940	5371138	54.28
30	0.00038	98923	38	98904	5272197	53.30
31	0.00040	98885	40	98865	5173294	52.32
32	0.00043	98845	43	98823	5074429	51.34
33	0.00047	98802	46	98779	4975606	50.36
34	0.00050	98756	50	98731	4876827	49.38
35	0.00054	98706	53	98679	4778096	48.41
36	0.00058	98653	57	98624	4679417	47.43
37	0.00063	98596	62	98565	4580792	46.46
38	0.00069	98534	68	98500	4482228	45.49
39	0.00075	98466	74	98429	4383728	44.52
40	0.00083	98392	81	98352	4285298	43.55
41	0.00092	98311	90	98266	4186947	42.59
42	0.00103	98221	101	98170	4088681	41.63
43	0.00116	98120	114	98062	3990511	40.67
44	0.00129	98005	127	97942	3892448	39.72

年齢	死亡率	生存数	死亡数	定常人口		平均余命
x	nq_x	l_x	nd_x	nL_x	T_x	$\overset{\circ}{e}_x$
45	0.00141	97879	138	97810	3794506	38.77
46	0.00151	97741	148	97667	3696696	37.82
47	0.00162	97593	159	97514	3599029	36.88
48	0.00176	97435	171	97349	3501515	35.94
49	0.00191	97264	186	97171	3404166	35.00
50	0.00206	97078	200	96978	3306995	34.07
51	0.00221	96878	214	96771	3210017	33.13
52	0.00237	96664	229	96550	3113246	32.21
53	0.00256	96435	247	96312	3016697	31.28
54	0.00278	96189	267	96055	2920385	30.36
55	0.00303	95921	290	95776	2824330	29.44
56	0.00329	95631	315	95474	2728554	28.53
57	0.00360	95316	343	95145	2633080	27.62
58	0.00393	94974	374	94787	2537935	26.72
59	0.00430	94600	407	94396	2443148	25.83
60	0.00469	94193	442	93972	2348752	24.94
61	0.00512	93751	480	93511	2254780	24.05
62	0.00557	93271	519	93011	2161269	23.17
63	0.00606	92751	562	92470	2068258	22.30
64	0.00662	92189	611	91884	1975788	21.43
65	0.00726	91579	665	91246	1883904	20.57
66	0.00800	90914	728	90550	1792658	19.72
67	0.00889	90186	802	89785	1702108	18.87
68	0.00990	89385	885	88942	1612322	18.04
69	0.01108	88499	980	88009	1523380	17.21
70	0.01238	87519	1083	86978	1435371	16.40
71	0.01391	86436	1203	85835	1348393	15.60
72	0.01572	85233	1340	84564	1262558	14.81
73	0.01781	83894	1494	83147	1177995	14.04
74	0.02022	82399	1666	81566	1094848	13.29
75	0.02299	80733	1856	79805	1013282	12.55
76	0.02617	78877	2064	77845	933477	11.83
77	0.02968	76813	2280	75673	855632	11.14
78	0.03358	74533	2503	73282	779958	10.46
79	0.03814	72030	2747	70657	706677	9.81
80	0.04517	69283	3129	67719	636020	9.18
81	0.05131	66154	3395	64457	568301	8.59
82	0.05809	62759	3646	60937	503845	8.03
83	0.06556	59114	3876	57176	442908	7.49
84	0.07379	55238	4076	53200	385732	6.98
85	0.08284	51162	4238	49043	332532	6.50
86	0.09279	46924	4354	44747	283489	6.04
87	0.10370	42570	4415	40363	238742	5.61
88	0.11568	38155	4414	35949	198380	5.20
89	0.12878	33742	4345	31569	162431	4.81
90	0.14311	29396	4207	27293	130862	4.45
91	0.15874	25189	3999	23190	103569	4.11
92	0.17577	21191	3725	19328	80379	3.79
93	0.19428	17466	3393	15769	61051	3.50
94	0.21434	14073	3016	12565	45281	3.22
95 ～	1.00000	11056	11056	32717	32717	2.96

平成6年簡易生命表（1994）
男（MALE）

年齢	死亡率	生存数	死亡数	定常人口		平均余命
x	$_nq_x$	l_x	$_nd_x$	$_nL_x$	T_x	e_x
0 週	0.00189	100000	189	1916	7656762	76.57
1 (w)	0.00032	99811	32	1914	7654846	76.69
2	0.00021	99779	21	1913	7652932	76.70
3	0.00020	99758	20	1913	7651018	76.70
4	0.00045	99738	45	8970	7649105	76.69
2 月	0.00031	99693	30	8306	7640135	76.64
3 (m)	0.00067	99663	67	24907	7631829	76.58
6	0.00072	99596	72	49780	7606922	76.38
0 年	0.00476	100000	476	99620	7656762	76.57
1 (y)	0.00068	99524	67	99490	7557142	75.93
2	0.00050	99457	49	99432	7457651	74.98
3	0.00036	99407	36	99389	7358220	74.02
4	0.00028	99371	28	99358	7258830	73.05
5	0.00024	99344	24	99332	7159473	72.07
6	0.00022	99320	22	99309	7060141	71.08
7	0.00020	99298	19	99288	6960831	70.10
8	0.00017	99279	17	99270	6861543	69.11
9	0.00014	99262	14	99255	6762272	68.13
10	0.00014	99248	14	99241	6663018	67.14
11	0.00015	99234	15	99227	6563777	66.14
12	0.00017	99219	17	99211	6464550	65.15
13	0.00019	99202	18	99193	6365339	64.17
14	0.00023	99184	23	99173	6266146	63.18
15	0.00031	99161	30	99146	6166973	62.19
16	0.00042	99131	42	99110	6067827	61.21
17	0.00055	99089	55	99062	5968717	60.24
18	0.00066	99034	65	99001	5869656	59.27
19	0.00071	98969	70	98934	5770654	58.31
20	0.00072	98898	72	98863	5671721	57.35
21	0.00072	98827	71	98791	5572858	56.39
22	0.00071	98756	70	98721	5474067	55.43
23	0.00072	98686	71	98650	5375346	54.47
24	0.00072	98615	71	98579	5276696	53.51
25	0.00071	98544	70	98508	5178117	52.55
26	0.00070	98473	69	98439	5079608	51.58
27	0.00070	98404	69	98370	4981170	50.62
28	0.00070	98336	69	98301	4882800	49.65
29	0.00073	98266	71	98231	4784499	48.69
30	0.00076	98195	74	98158	4686268	47.72
31	0.00078	98121	77	98082	4588110	46.76
32	0.00080	98044	79	98004	4490028	45.80
33	0.00084	97965	82	97924	4392024	44.83
34	0.00089	97883	87	97840	4294100	43.87
35	0.00095	97796	93	97750	4196260	42.91
36	0.00102	97703	99	97653	4098511	41.95
37	0.00109	97604	106	97550	4000857	40.99
38	0.00118	97497	115	97440	3903307	40.03
39	0.00130	97383	126	97320	3805867	39.08
40	0.00144	97256	140	97186	3708547	38.13
41	0.00160	97116	156	97038	3611361	37.19
42	0.00178	96960	172	96874	3514323	36.24
43	0.00198	96788	192	96692	3417449	35.31
44	0.00222	96596	214	96489	3320757	34.38

年齢	死亡率	生存数	死亡数	定常人口		平均余命
x	$_nq_x$	l_x	$_nd_x$	$_nL_x$	T_x	$\overset{\circ}{e}_x$
45	0.00246	96381	237	96263	3224269	33.45
46	0.00271	96144	260	96014	3128006	32.53
47	0.00299	95884	286	95741	3031992	31.62
48	0.00330	95598	316	95440	2936251	30.71
49	0.00367	95282	350	95107	2840811	29.81
50	0.00407	94932	386	94739	2745704	28.92
51	0.00446	94546	422	94335	2650965	28.04
52	0.00483	94124	455	93896	2556631	27.16
53	0.00522	93669	489	93425	2462734	26.29
54	0.00568	93180	529	92915	2369310	25.43
55	0.00623	92651	577	92362	2276394	24.57
56	0.00689	92073	635	91756	2184032	23.72
57	0.00768	91439	702	91087	2092276	22.88
58	0.00859	90736	779	90347	2001189	22.05
59	0.00963	89957	867	89524	1910842	21.24
60	0.01081	89091	963	88609	1821318	20.44
61	0.01202	88128	1059	87598	1732709	19.66
62	0.01322	87069	1151	86493	1645111	18.89
63	0.01443	85917	1240	85297	1558618	18.14
64	0.01562	84677	1323	84016	1473321	17.40
65	0.01684	83355	1403	82653	1389305	16.67
66	0.01812	81951	1485	81209	1306652	15.94
67	0.01956	80466	1574	79679	1225444	15.23
68	0.02124	78892	1676	78054	1145764	14.52
69	0.02320	77216	1791	76321	1067710	13.83
70	0.02551	75425	1924	74463	991390	13.14
71	0.02806	73501	2062	72469	916927	12.48
72	0.03096	71438	2212	70333	844458	11.82
73	0.03429	69227	2374	68040	774125	11.18
74	0.03803	66853	2542	65582	706085	10.56
75	0.04230	64311	2720	62951	640503	9.96
76	0.04719	61591	2906	60137	577553	9.38
77	0.05285	58684	3101	57134	517415	8.82
78	0.05913	55583	3286	53940	460281	8.28
79	0.06571	52297	3436	50578	406342	7.77
80	0.07451	48860	3640	47040	355763	7.28
81	0.08269	45220	3739	43350	308723	6.83
82	0.09149	41480	3795	39583	265373	6.40
83	0.10093	37685	3804	35784	225790	5.99
84	0.11105	33882	3763	32001	190006	5.61
85	0.12189	30119	3671	28284	158006	5.25
86	0.13349	26448	3531	24683	129722	4.90
87	0.14590	22917	3344	21246	105039	4.58
88	0.15915	19574	3115	18016	83794	4.28
89	0.17328	16459	2852	15033	65777	4.00
90	0.18832	13607	2562	12326	50745	3.73
91	0.20432	11044	2257	9916	38419	3.48
92	0.22131	8788	1945	7815	28503	3.24
93	0.23932	6843	1638	6024	20688	3.02
94	0.25837	5205	1345	4533	14664	2.82
95 ～	1.00000	3860	3860	10131	10131	2.62

平成6年簡易生命表（1994）
女（FEMALE）

年齢	死亡率	生存数	死亡数	定常人口		平均余命
x	$_nq_x$	l_x	$_nd_x$	$_nL_x$	T_x	$\overset{\circ}{e}_x$
0 週	0.00146	100000	146	1916	8297876	82.98
1 (w)	0.00027	99854	27	1915	8295959	83.08
2	0.00016	99826	16	1914	8294045	83.08
3	0.00013	99810	13	1914	8292130	83.08
4	0.00044	99797	44	8975	8290216	83.07
2 月	0.00027	99752	27	8312	8281241	83.02
3 (m)	0.00053	99725	53	24925	8272929	82.96
6	0.00052	99672	52	49823	8248005	82.75
0 年	0.00380	100000	380	99694	8297876	82.98
1 (y)	0.00058	99620	58	99591	8198182	82.29
2	0.00040	99562	40	99542	8098591	81.34
3	0.00027	99522	27	99509	7999048	80.37
4	0.00020	99496	19	99486	7899539	79.40
5	0.00016	99476	16	99468	7800053	78.41
6	0.00015	99460	15	99453	7700585	77.42
7	0.00013	99445	13	99439	7601132	76.44
8	0.00012	99432	12	99426	7501693	75.45
9	0.00011	99420	11	99415	7402267	74.45
10	0.00009	99410	9	99405	7302852	73.46
11	0.00009	99400	9	99396	7203447	72.47
12	0.00009	99392	9	99387	7104051	71.48
13	0.00010	99383	10	99378	7004663	70.48
14	0.00012	99373	12	99367	6905285	69.49
15	0.00014	99361	14	99354	6805918	68.50
16	0.00017	99347	17	99339	6706563	67.51
17	0.00020	99330	20	99321	6607224	66.52
18	0.00023	99311	23	99299	6507904	65.53
19	0.00026	99288	26	99275	6408605	64.55
20	0.00028	99262	28	99248	6309330	63.56
21	0.00029	99234	29	99219	6210082	62.58
22	0.00029	99205	29	99190	6110863	61.60
23	0.00028	99176	28	99162	6011672	60.62
24	0.00028	99148	28	99134	5912510	59.63
25	0.00029	99121	28	99106	5813376	58.65
26	0.00030	99092	30	99077	5714269	57.67
27	0.00032	99062	31	99047	5615192	56.68
28	0.00034	99031	33	99014	5516145	55.70
29	0.00036	98998	36	98980	5417131	54.72
30	0.00039	98962	39	98943	5318151	53.74
31	0.00042	98923	42	98902	5219209	52.76
32	0.00045	98881	44	98859	5120306	51.78
33	0.00047	98837	46	98814	5021447	50.81
34	0.00049	98791	48	98767	4922633	49.83
35	0.00052	98743	52	98717	4823866	48.85
36	0.00057	98691	56	98663	4725149	47.88
37	0.00062	98635	61	98605	4626485	46.90
38	0.00068	98574	67	98541	4527881	45.93
39	0.00073	98507	72	98471	4429340	44.96
40	0.00079	98435	78	98396	4330869	44.00
41	0.00088	98357	86	98314	4232473	43.03
42	0.00097	98271	96	98223	4134159	42.07
43	0.00109	98175	107	98122	4035935	41.11
44	0.00121	98069	119	98009	3937813	40.15

年齢	死亡率	生存数	死亡数	定常人口		平均余命
x	$_nq_x$	l_x	$_nd_x$	$_nL_x$	T_x	$\overset{\circ}{e}_x$
45	0.00134	97950	131	97884	3839804	39.20
46	0.00145	97819	142	97748	3741920	38.25
47	0.00157	97677	154	97600	3644172	37.31
48	0.00170	97523	166	97440	3546572	36.37
49	0.00183	97357	178	97268	3449132	35.43
50	0.00199	97179	193	97082	3351864	34.49
51	0.00218	96986	211	96880	3254781	33.56
52	0.00236	96774	228	96660	3157901	32.63
53	0.00252	96546	243	96425	3061241	31.71
54	0.00269	96303	259	96174	2964816	30.79
55	0.00289	96044	278	95905	2868642	29.87
56	0.00314	95766	301	95616	2772737	28.95
57	0.00343	95465	328	95301	2677122	28.04
58	0.00374	95137	356	94959	2581821	27.14
59	0.00408	94781	386	94588	2486861	26.24
60	0.00447	94395	422	94184	2392273	25.34
61	0.00494	93973	464	93741	2298090	24.45
62	0.00541	93509	506	93256	2204349	23.57
63	0.00590	93003	548	92729	2111093	22.70
64	0.00641	92455	593	92158	2018364	21.83
65	0.00699	91862	642	91541	1926206	20.97
66	0.00768	91220	700	90870	1834664	20.11
67	0.00850	90520	769	90135	1743795	19.26
68	0.00946	89750	849	89326	1653660	18.43
69	0.01050	88902	934	88435	1564334	17.60
70	0.01173	87968	1032	87452	1475899	16.78
71	0.01313	86936	1142	86365	1388447	15.97
72	0.01476	85795	1266	85161	1302082	15.18
73	0.01669	84528	1411	83823	1216920	14.40
74	0.01894	83117	1574	82330	1133098	13.63
75	0.02150	81543	1753	80667	1050767	12.89
76	0.02448	79790	1953	78814	970100	12.16
77	0.02790	77837	2172	76751	891287	11.45
78	0.03173	75665	2401	74465	814535	10.76
79	0.03597	73264	2635	71947	740070	10.10
80	0.04266	70629	3013	69123	668123	9.46
81	0.04854	67616	3282	65975	599001	8.86
82	0.05503	64334	3540	62564	533026	8.29
83	0.06217	60794	3779	58904	470462	7.74
84	0.07003	57014	3993	55018	411558	7.22
85	0.07867	53022	4171	50936	356540	6.72
86	0.08817	48850	4307	46697	305604	6.26
87	0.09860	44543	4392	42347	258907	5.81
88	0.11002	40151	4417	37943	216560	5.39
89	0.12253	35734	4378	33545	178617	5.00
90	0.13620	31355	4271	29220	145073	4.63
91	0.15112	27085	4093	25038	115853	4.28
92	0.16737	22992	3848	21068	90814	3.95
93	0.18504	19144	3542	17372	69747	3.64
94	0.20421	15601	3186	14008	52374	3.36
95 ~	1.00000	12415	12415	38366	38366	3.09

平成7年簡易生命表（1995）
男（MALE）

年齢	死亡率	生存数	死亡数	定常人口		平均余命
x	$_nq_x$	l_x	$_nd_x$	$_nL_x$	T_x	$\overset{\circ}{e}_x$
0 週	0.00168	100000	168	1916	7636437	76.36
1 (w)	0.00035	99832	35	1914	7634521	76.47
2	0.00021	99797	21	1914	7632607	76.48
3	0.00017	99776	17	1913	7630693	76.48
4	0.00050	99760	50	8972	7628780	76.47
2 月	0.00029	99710	29	8308	7619808	76.42
3 (m)	0.00069	99681	68	24912	7611500	76.36
6	0.00069	99612	68	49789	7586588	76.16
0 年	0.00456	100000	456	99638	7636437	76.36
1 (y)	0.00068	99544	67	99510	7536799	75.71
2	0.00050	99476	50	99451	7437289	74.76
3	0.00037	99426	37	99408	7337838	73.80
4	0.00029	99390	29	99375	7238430	72.83
5	0.00026	99360	26	99348	7139055	71.85
6	0.00024	99335	24	99323	7039707	70.87
7	0.00022	99311	22	99300	6940385	69.89
8	0.00020	99289	20	99279	6841085	68.90
9	0.00019	99269	19	99260	6741806	67.91
10	0.00018	99250	18	99242	6642546	66.93
11	0.00017	99233	17	99224	6543305	65.94
12	0.00017	99216	17	99207	6444080	64.95
13	0.00019	99199	19	99189	6344873	63.96
14	0.00025	99180	24	99168	6245684	62.97
15	0.00033	99155	33	99139	6146516	61.99
16	0.00044	99123	43	99101	6047377	61.01
17	0.00055	99079	55	99052	5948277	60.04
18	0.00065	99025	64	98992	5849225	59.07
19	0.00072	98960	71	98925	5750232	58.11
20	0.00074	98889	74	98853	5651308	57.15
21	0.00074	98816	73	98779	5552455	56.19
22	0.00072	98743	71	98707	5453676	55.23
23	0.00071	98671	70	98636	5354969	54.27
24	0.00071	98601	70	98567	5256332	53.31
25	0.00070	98532	69	98497	5157766	52.35
26	0.00070	98463	69	98428	5059269	51.38
27	0.00071	98394	70	98359	4960840	50.42
28	0.00074	98323	73	98287	4862482	49.45
29	0.00077	98251	76	98213	4764195	48.49
30	0.00079	98175	78	98136	4665982	47.53
31	0.00080	98097	78	98058	4567846	46.56
32	0.00081	98019	80	97979	4469788	45.60
33	0.00085	97939	83	97898	4371809	44.64
34	0.00091	97856	89	97812	4273911	43.68
35	0.00098	97767	96	97719	4176099	42.71
36	0.00106	97671	103	97620	4078380	41.76
37	0.00113	97568	110	97513	3980760	40.80
38	0.00122	97457	118	97398	3883247	39.85
39	0.00132	97339	128	97275	3785849	38.89
40	0.00145	97211	140	97140	3688574	37.94
41	0.00159	97070	154	96993	3591434	37.00
42	0.00177	96916	171	96830	3494441	36.06
43	0.00197	96745	190	96649	3397611	35.12
44	0.00221	96554	213	96448	3300961	34.19

年齢	死亡率	生存数	死亡数	定常人口		平均余命
x	$_nq_x$	l_x	$_nd_x$	$_nL_x$	T_x	$\overset{\circ}{e}_x$
45	0.00249	96341	240	96221	3204513	33.26
46	0.00278	96101	268	95967	3108292	32.34
47	0.00305	95833	292	95687	3012325	31.43
48	0.00333	95541	318	95382	2916638	30.53
49	0.00366	95223	349	95049	2821256	29.63
50	0.00407	94875	386	94682	2726206	28.73
51	0.00451	94489	426	94275	2631525	27.85
52	0.00496	94062	467	93829	2537249	26.97
53	0.00538	93596	504	93344	2443420	26.11
54	0.00584	93092	544	92820	2350076	25.24
55	0.00638	92548	591	92253	2257256	24.39
56	0.00702	91957	646	91634	2165004	23.54
57	0.00775	91312	708	90958	2073369	22.71
58	0.00860	90604	779	90215	1982411	21.88
59	0.00959	89825	861	89395	1892197	21.07
60	0.01073	88964	954	88487	1802802	20.26
61	0.01196	88010	1053	87483	1714315	19.48
62	0.01320	86956	1148	86382	1626832	18.71
63	0.01446	85809	1241	85188	1540450	17.95
64	0.01578	84568	1335	83900	1455262	17.21
65	0.01713	83233	1426	82520	1371362	16.48
66	0.01851	81807	1515	81050	1288842	15.75
67	0.02003	80293	1608	79489	1207792	15.04
68	0.02177	78685	1713	77828	1128303	14.34
69	0.02387	76971	1837	76053	1050475	13.65
70	0.02622	75134	1970	74149	974423	12.97
71	0.02889	73164	2114	72107	900274	12.30
72	0.03181	71050	2260	69920	828167	11.66
73	0.03515	68790	2418	67581	758247	11.02
74	0.03902	66372	2590	65077	690666	10.41
75	0.04342	63782	2770	62398	625589	9.81
76	0.04834	61013	2949	59538	563191	9.23
77	0.05383	58064	3125	56501	503653	8.67
78	0.05990	54938	3291	53293	447152	8.14
79	0.06671	51648	3445	49925	393859	7.63
80	0.07583	48202	3655	46375	343934	7.14
81	0.08423	44547	3752	42671	297559	6.68
82	0.09332	40795	3807	38891	254888	6.25
83	0.10313	36988	3815	35081	215997	5.84
84	0.11372	33173	3773	31287	180917	5.45
85	0.12514	29401	3679	27561	149630	5.09
86	0.13743	25721	3535	23954	122069	4.75
87	0.15065	22187	3342	20515	98115	4.42
88	0.16484	18844	3106	17291	77599	4.12
89	0.18006	15738	2834	14321	60308	3.83
90	0.19636	12904	2534	11637	45987	3.56
91	0.21377	10370	2217	9262	34350	3.31
92	0.23235	8153	1894	7206	25088	3.08
93	0.25212	6259	1578	5470	17882	2.86
94	0.27313	4681	1278	4042	12412	2.65
95 ～	1.00000	3402	3402	8370	8370	2.46

平成7年簡易生命表（1995）
女（FEMALE）

年齢 x	死亡率 ${}_nq_x$	生存数 l_x	死亡数 ${}_nd_x$	定常人口 ${}_nL_x$	定常人口 T_x	平均余命 $\overset{\circ}{e}_x$
0 週	0.00138	100000	138	1916	8284271	82.84
1 (w)	0.00025	99862	25	1915	8282355	82.94
2	0.00019	99836	19	1914	8280440	82.94
3	0.00014	99817	14	1914	8278525	82.94
4	0.00042	99803	42	8976	8276611	82.93
2 月	0.00028	99761	27	8312	8267635	82.87
3 (m)	0.00059	99733	59	24926	8259323	82.81
6	0.00059	99675	58	49823	8234397	82.61
0 年	0.00384	100000	384	99697	8284271	82.84
1 (y)	0.00059	99616	58	99587	8184574	82.16
2	0.00041	99557	41	99537	8084988	81.21
3	0.00028	99517	28	99502	7985451	80.24
4	0.00021	99488	21	99478	7885948	79.27
5	0.00019	99467	19	99458	7786471	78.28
6	0.00017	99448	17	99440	7687013	77.30
7	0.00015	99431	15	99424	7587574	76.31
8	0.00013	99416	13	99409	7488150	75.32
9	0.00012	99403	12	99397	7388741	74.33
10	0.00012	99391	12	99385	7289344	73.34
11	0.00012	99379	12	99373	7189959	72.35
12	0.00012	99367	12	99361	7090585	71.36
13	0.00013	99355	13	99348	6991224	70.37
14	0.00015	99342	15	99334	6891876	69.38
15	0.00018	99327	18	99318	6792542	68.39
16	0.00021	99309	20	99299	6693224	67.40
17	0.00023	99288	23	99277	6593925	66.41
18	0.00025	99266	24	99254	6494648	65.43
19	0.00027	99241	27	99228	6395395	64.44
20	0.00029	99215	29	99200	6296167	63.46
21	0.00031	99185	31	99170	6196966	62.48
22	0.00031	99155	30	99140	6097796	61.50
23	0.00030	99124	29	99110	5998657	60.52
24	0.00029	99095	29	99081	5899547	59.53
25	0.00030	99066	29	99052	5800466	58.55
26	0.00031	99037	31	99022	5701414	57.57
27	0.00033	99007	32	98990	5602392	56.59
28	0.00035	98974	34	98957	5503402	55.60
29	0.00037	98940	37	98922	5404445	54.62
30	0.00040	98903	39	98884	5305523	53.64
31	0.00043	98864	43	98843	5206640	52.66
32	0.00047	98821	47	98798	5107797	51.69
33	0.00051	98775	50	98750	5008998	50.71
34	0.00053	98725	52	98699	4910248	49.74
35	0.00054	98673	53	98647	4811549	48.76
36	0.00057	98620	56	98592	4712903	47.79
37	0.00062	98564	61	98534	4614311	46.82
38	0.00069	98503	67	98470	4515777	45.84
39	0.00076	98436	75	98398	4417307	44.88
40	0.00083	98361	81	98320	4318909	43.91
41	0.00090	98280	88	98236	4220589	42.94
42	0.00099	98192	97	98143	4122353	41.98
43	0.00110	98095	108	98040	4024210	41.02
44	0.00124	97986	121	97926	3926170	40.07

年齢	死亡率	生存数	死亡数	定常人口		平均余命
x	$_nq_x$	l_x	$_nd_x$	$_nL_x$	T_x	$\overset{\circ}{e}_x$
45	0.00138	97865	135	97798	3828244	39.12
46	0.00152	97730	149	97656	3730446	38.17
47	0.00166	97581	162	97500	3632790	37.23
48	0.00180	97419	175	97331	3535290	36.29
49	0.00195	97244	189	97149	3437958	35.35
50	0.00211	97054	205	96952	3340809	34.42
51	0.00227	96850	220	96740	3243857	33.49
52	0.00245	96630	237	96511	3147118	32.57
53	0.00263	96393	253	96266	3050607	31.65
54	0.00283	96140	272	96004	2954340	30.73
55	0.00303	95868	290	95723	2858336	29.82
56	0.00325	95578	310	95422	2762613	28.90
57	0.00348	95267	331	95101	2667191	28.00
58	0.00376	94936	357	94757	2572090	27.09
59	0.00414	94578	392	94383	2477333	26.19
60	0.00459	94187	432	93971	2382950	25.30
61	0.00505	93755	473	93518	2288979	24.41
62	0.00550	93281	513	93025	2195461	23.54
63	0.00598	92769	555	92491	2102436	22.66
64	0.00653	92214	602	91913	2009945	21.80
65	0.00716	91612	656	91284	1918032	20.94
66	0.00784	90956	713	90600	1826748	20.08
67	0.00857	90243	773	89857	1736149	19.24
68	0.00945	89470	846	89047	1646292	18.40
69	0.01054	88624	934	88157	1557245	17.57
70	0.01184	87690	1038	87172	1469087	16.75
71	0.01337	86653	1158	86073	1381916	15.95
72	0.01506	85494	1288	84851	1295842	15.16
73	0.01700	84207	1431	83491	1210992	14.38
74	0.01926	82776	1594	81979	1127500	13.62
75	0.02186	81181	1775	80294	1045522	12.88
76	0.02480	79407	1969	78422	965228	12.16
77	0.02815	77438	2180	76348	886806	11.45
78	0.03199	75258	2408	74054	810458	10.77
79	0.03634	72850	2647	71526	736404	10.11
80	0.04282	70203	3006	68700	664878	9.47
81	0.04864	67197	3269	65562	596178	8.87
82	0.05507	63928	3520	62168	530616	8.30
83	0.06215	60408	3754	58531	468448	7.75
84	0.06994	56654	3962	54673	409917	7.24
85	0.07851	52691	4137	50623	355245	6.74
86	0.08793	48555	4270	46420	304622	6.27
87	0.09828	44285	4352	42109	258202	5.83
88	0.10962	39933	4377	37744	216093	5.41
89	0.12203	35556	4339	33386	178349	5.02
90	0.13561	31217	4233	29100	144963	4.64
91	0.15043	26983	4059	24954	115863	4.29
92	0.16659	22924	3819	21015	90909	3.97
93	0.18415	19105	3518	17346	69894	3.66
94	0.20321	15587	3167	14003	52548	3.37
95 ～	1.00000	12419	12419	38545	38545	3.10

平成8年簡易生命表 （1996）
男 （MALE）

年齢	死亡率	生存数	死亡数	定常人口		平均余命
x	nq_x	l_x	nd_x	nL_x	T_x	$\overset{\circ}{e}_x$
0 （週）	0.00155	100000	155	1916	7700945	77.01
1 （w）	0.00030	99845	30	1914	7699029	77.11
2	0.00020	99815	20	1914	7697115	77.11
3	0.00015	99795	15	1914	7695201	77.11
4	0.00044	99781	44	8973	7693287	77.10
2 （月）	0.00026	99737	26	8310	7684313	77.05
3 （m）	0.00056	99710	56	24920	7676003	76.98
6	0.00066	99654	65	49809	7651083	76.78
0 （年）	0.00411	100000	411	99671	7700945	77.01
1 （y）	0.00069	99589	69	99551	7601274	76.33
2	0.00048	99519	48	99495	7501724	75.38
3	0.00032	99472	32	99455	7402229	74.42
4	0.00024	99440	24	99427	7302774	73.44
5	0.00021	99416	20	99406	7203347	72.46
6	0.00019	99396	19	99386	7103941	71.47
7	0.00016	99377	16	99368	7004555	70.48
8	0.00014	99360	14	99353	6905187	69.50
9	0.00013	99346	12	99340	6805833	68.51
10	0.00012	99334	12	99328	6706493	67.51
11	0.00013	99322	13	99316	6607165	66.52
12	0.00014	99309	14	99302	6507850	65.53
13	0.00016	99296	16	99288	6408547	64.54
14	0.00021	99280	21	99270	6309259	63.55
15	0.00030	99258	29	99245	6209990	62.56
16	0.00041	99229	40	99210	6110745	61.58
17	0.00052	99189	51	99164	6011535	60.61
18	0.00061	99137	60	99108	5912371	59.64
19	0.00066	99077	65	99045	5813263	58.67
20	0.00068	99012	67	98978	5714218	57.71
21	0.00067	98945	67	98911	5615240	56.75
22	0.00066	98878	65	98845	5516329	55.79
23	0.00066	98813	65	98780	5417484	54.83
24	0.00067	98747	66	98714	5318704	53.86
25	0.00067	98681	66	98648	5219989	52.90
26	0.00066	98615	66	98582	5121341	51.93
27	0.00066	98550	65	98517	5022759	50.97
28	0.00067	98484	66	98452	4924242	50.00
29	0.00070	98419	69	98385	4825790	49.03
30	0.00074	98350	73	98314	4727406	48.07
31	0.00078	98277	76	98239	4629092	47.10
32	0.00080	98201	79	98161	4530853	46.14
33	0.00084	98122	82	98081	4432692	45.18
34	0.00089	98039	87	97996	4334611	44.21
35	0.00096	97952	94	97905	4236615	43.25
36	0.00103	97858	101	97808	4138710	42.29
37	0.00112	97757	110	97703	4040901	41.34
38	0.00121	97647	118	97589	3943199	40.38
39	0.00130	97529	127	97467	3845610	39.43
40	0.00142	97402	138	97334	3748143	38.48
41	0.00155	97264	151	97190	3650809	37.54
42	0.00171	97113	166	97031	3553620	36.59
43	0.00192	96947	186	96856	3456588	35.65
44	0.00214	96761	207	96659	3359732	34.72
45	0.00239	96554	231	96440	3263073	33.80
46	0.00266	96323	256	96197	3166633	32.88
47	0.00294	96067	283	95928	3070436	31.96
48	0.00326	95785	312	95631	2974507	31.05
49	0.00362	95472	346	95302	2878876	30.15

年齢	死亡率	生存数	死亡数	定常人口		平均余命
x	$_nq_x$	l_x	$_nd_x$	$_nL_x$	T_x	$\overset{\circ}{e}_x$
50	0.00401	95127	381	94939	2783574	29.26
51	0.00441	94745	417	94540	2688635	28.38
52	0.00481	94328	453	94104	2594095	27.50
53	0.00524	93874	492	93632	2499991	26.63
54	0.00567	93382	530	93121	2406360	25.77
55	0.00615	92853	571	92571	2313239	24.91
56	0.00667	92282	615	91978	2220668	24.06
57	0.00726	91667	665	91339	2128690	23.22
58	0.00798	91002	726	90644	2037351	22.39
59	0.00891	90275	804	89881	1946707	21.56
60	0.01005	89471	899	89030	1856826	20.75
61	0.01133	88572	1004	88079	1767796	19.96
62	0.01267	87568	1109	87022	1679717	19.18
63	0.01399	86459	1209	85862	1592695	18.42
64	0.01530	85250	1304	84605	1506832	17.68
65	0.01663	83945	1396	83254	1422227	16.94
66	0.01797	82549	1484	81815	1338973	16.22
67	0.01944	81065	1576	80285	1257158	15.51
68	0.02108	79489	1675	78660	1176873	14.81
69	0.02290	77814	1782	76932	1098213	14.11
70	0.02500	76031	1901	75091	1021281	13.43
71	0.02744	74130	2034	73125	946190	12.76
72	0.03030	72096	2185	71016	873065	12.11
73	0.03339	69912	2334	68757	802048	11.47
74	0.03678	67577	2486	66347	733291	10.85
75	0.04068	65092	2648	63782	666944	10.25
76	0.04526	62443	2826	61046	603162	9.66
77	0.05054	59617	3013	58127	542117	9.09
78	0.05649	56604	3197	55020	483990	8.55
79	0.06289	53407	3359	51740	428970	8.03
80	0.06964	50048	3485	48315	377230	7.54
81	0.07681	46563	3577	44782	328915	7.06
82	0.08498	42986	3653	41165	284134	6.61
83	0.09426	39333	3708	37483	242968	6.18
84	0.10481	35626	3734	33759	205485	5.77
85	0.11623	31892	3707	30034	171726	5.38
86	0.12855	28185	3623	26364	141692	5.03
87	0.14143	24562	3474	22810	115328	4.70
88	0.15490	21088	3266	19435	92518	4.39
89	0.16896	17822	3011	16293	73083	4.10
90	0.18364	14810	2720	13425	56790	3.83
91	0.19894	12091	2405	10861	43365	3.59
92	0.21487	9685	2081	8618	32504	3.36
93	0.23144	7604	1760	6698	23886	3.14
94	0.24864	5844	1453	5093	17188	2.94
95	0.26648	4391	1170	3784	12095	2.75
96	0.28496	3221	918	2742	8311	2.58
97	0.30407	2303	700	1936	5569	2.42
98	0.32380	1603	519	1330	3633	2.27
99	0.34414	1084	373	887	2303	2.12
100−	1.00000	711	711	1416	1416	1.99

平成8年簡易生命表 (1996)
女 (FEMALE)

年齢	死亡率	生存数	死亡数	定常人口		平均余命
x	nq_x	l_x	nd_x	nL_x	T_x	$\overset{\circ}{e}_x$
0 (週)	0.00134	100000	134	1916	8358638	83.59
1 (w)	0.00023	99866	23	1915	8356722	83.68
2	0.00016	99842	16	1915	8354807	83.68
3	0.00011	99827	11	1914	8352893	83.67
4	0.00032	99816	32	8977	8350978	83.66
2 (月)	0.00026	99784	26	8314	8342001	83.60
3 (m)	0.00050	99758	50	24933	8333687	83.54
6	0.00054	99708	54	49839	8308754	83.33
0 (年)	0.00345	100000	345	99724	8358638	83.59
1 (y)	0.00051	99655	51	99627	8258915	82.88
2	0.00035	99604	35	99586	8159288	81.92
3	0.00024	99569	24	99556	8059702	80.95
4	0.00017	99545	17	99536	7960146	79.97
5	0.00014	99528	14	99521	7860610	78.98
6	0.00014	99514	13	99507	7761089	77.99
7	0.00012	99501	12	99494	7661582	77.00
8	0.00011	99488	11	99483	7562088	76.01
9	0.00009	99477	9	99472	7462605	75.02
10	0.00009	99468	9	99464	7363133	74.03
11	0.00009	99459	9	99455	7263669	73.03
12	0.00010	99451	10	99446	7164214	72.04
13	0.00012	99441	11	99435	7064768	71.04
14	0.00013	99429	13	99423	6965333	70.05
15	0.00015	99416	15	99409	6865910	69.06
16	0.00017	99401	17	99393	6766502	68.07
17	0.00020	99384	20	99374	6667109	67.08
18	0.00022	99364	22	99353	6567734	66.10
19	0.00025	99342	25	99330	6468381	65.11
20	0.00026	99317	26	99304	6369051	64.13
21	0.00027	99291	27	99278	6269747	63.15
22	0.00027	99265	27	99251	6170469	62.16
23	0.00027	99238	27	99225	6071218	61.18
24	0.00027	99211	27	99198	5971993	60.19
25	0.00028	99185	27	99171	5872795	59.21
26	0.00029	99157	28	99143	5773624	58.23
27	0.00030	99129	30	99114	5674481	57.24
28	0.00032	99099	31	99084	5575366	56.26
29	0.00034	99068	34	99051	5476283	55.28
30	0.00037	99034	37	99016	5377232	54.30
31	0.00041	98997	41	98977	5278216	53.32
32	0.00045	98956	45	98934	5179239	52.34
33	0.00048	98911	47	98888	5080306	51.36
34	0.00049	98864	49	98839	4981418	50.39
35	0.00051	98815	51	98790	4882579	49.41
36	0.00055	98764	54	98737	4783789	48.44
37	0.00060	98710	60	98680	4685052	47.46
38	0.00066	98650	65	98618	4586371	46.49
39	0.00071	98585	70	98550	4487753	45.52
40	0.00078	98515	77	98477	4389203	44.55
41	0.00087	98438	85	98396	4290726	43.59
42	0.00096	98352	95	98306	4192330	42.63
43	0.00107	98258	105	98206	4094025	41.67
44	0.00118	98153	116	98096	3995819	40.71
45	0.00129	98037	127	97975	3897723	39.76
46	0.00142	97910	139	97842	3799749	38.81
47	0.00158	97771	155	97695	3701907	37.86
48	0.00173	97616	169	97533	3604212	36.92
49	0.00189	97447	184	97356	3506679	35.99

年齢	死亡率	生存数	死亡数	定常人口		平均余命
x	$_nq_x$	l_x	$_nd_x$	$_nL_x$	T_x	$\overset{\circ}{e}_x$
50	0.00205	97263	199	97165	3409323	35.05
51	0.00221	97064	214	96958	3312158	34.12
52	0.00238	96850	230	96736	3215200	33.20
53	0.00254	96619	246	96498	3118464	32.28
54	0.00269	96374	260	96245	3021966	31.36
55	0.00284	96114	273	95978	2925721	30.44
56	0.00302	95841	289	95697	2829743	29.53
57	0.00326	95551	312	95397	2734046	28.61
58	0.00357	95239	340	95072	2638648	27.71
59	0.00395	94899	374	94715	2543577	26.80
60	0.00435	94525	411	94322	2448862	25.91
61	0.00478	94113	450	93891	2354540	25.02
62	0.00521	93663	488	93423	2260648	24.14
63	0.00568	93175	529	92914	2167226	23.26
64	0.00620	92646	574	92363	2074312	22.39
65	0.00677	92072	624	91764	1981949	21.53
66	0.00742	91448	679	91113	1890184	20.67
67	0.00813	90769	738	90405	1799071	19.82
68	0.00892	90031	803	89635	1708666	18.98
69	0.00983	89228	877	88796	1619031	18.14
70	0.01093	88351	965	87877	1530234	17.32
71	0.01226	87386	1071	86860	1442358	16.51
72	0.01389	86315	1199	85727	1355498	15.70
73	0.01579	85116	1344	84457	1269771	14.92
74	0.01797	83772	1505	83033	1185315	14.15
75	0.02039	82266	1677	81442	1102282	13.40
76	0.02307	80589	1859	79675	1020839	12.67
77	0.02612	78730	2057	77719	941164	11.95
78	0.02964	76674	2272	75556	863445	11.26
79	0.03362	74401	2502	73170	787889	10.59
80	0.03807	71900	2738	70551	714719	9.94
81	0.04308	69162	2979	67693	644168	9.31
82	0.04893	66183	3238	64586	576475	8.71
83	0.05577	62945	3510	61212	511889	8.13
84	0.06358	59434	3779	57567	450677	7.58
85	0.07257	55655	4039	53656	393110	7.06
86	0.08259	51616	4263	49501	339454	6.58
87	0.09333	47353	4420	45153	289953	6.12
88	0.10463	42934	4492	40691	244800	5.70
89	0.11684	38441	4492	36192	204109	5.31
90	0.12968	33950	4403	31737	167917	4.95
91	0.14315	29547	4230	27415	136180	4.61
92	0.15729	25317	3982	23303	108765	4.30
93	0.17210	21335	3672	19471	85462	4.01
94	0.18761	17663	3314	15975	65991	3.74
95	0.20381	14350	2925	12854	50016	3.49
96	0.22074	11425	2522	10130	37162	3.25
97	0.23838	8903	2122	7809	27032	3.04
98	0.25675	6781	1741	5880	19223	2.83
99	0.27584	5040	1390	4317	13343	2.65
100-	1.00000	3650	3650	9026	9026	2.47

平成9年簡易生命表（1997）
男（MALE）

年齢	死亡率	生存数	死亡数	定常人口		平均余命
x	$_nq_x$	l_x	$_nd_x$	$_nL_x$	T_x	$\overset{\circ}{e}_x$
0 （週）	0.00143	100000	143	1915	7719253	77.19
1 （w）	0.00027	99857	27	1913	7717338	77.28
2	0.00021	99830	21	1913	7715425	77.29
3	0.00012	99808	11	1913	7713512	77.28
4	0.00040	99797	40	8980	7711599	77.27
2 （月）	0.00028	99757	28	8312	7702619	77.21
3 （m）	0.00061	99729	61	24924	7694307	77.15
6	0.00063	99668	62	49816	7669383	76.95
0 （年）	0.00394	100000	394	99687	7719253	77.19
1 （y）	0.00058	99606	58	99574	7619567	76.50
2	0.00042	99548	42	99527	7519993	75.54
3	0.00030	99506	29	99491	7420466	74.57
4	0.00022	99477	22	99465	7320976	73.59
5	0.00019	99455	19	99445	7221510	72.61
6	0.00017	99436	17	99427	7122065	71.62
7	0.00016	99419	16	99411	7022638	70.64
8	0.00014	99403	14	99396	6923227	69.65
9	0.00013	99389	13	99383	6823831	68.66
10	0.00012	99376	12	99370	6724449	67.67
11	0.00013	99364	13	99358	6625078	66.67
12	0.00013	99352	13	99345	6525720	65.68
13	0.00015	99338	15	99331	6426375	64.69
14	0.00020	99323	20	99314	6327044	63.70
15	0.00028	99303	28	99290	6227731	62.71
16	0.00040	99275	39	99256	6128441	61.73
17	0.00052	99235	51	99211	6029184	60.76
18	0.00061	99184	61	99154	5929974	59.79
19	0.00065	99124	65	99091	5830819	58.82
20	0.00066	99059	65	99026	5731728	57.86
21	0.00065	98993	64	98961	5632702	56.90
22	0.00063	98930	62	98898	5533741	55.94
23	0.00063	98867	62	98836	5434842	54.97
24	0.00063	98805	63	98774	5336006	54.01
25	0.00064	98742	64	98711	5237232	53.04
26	0.00066	98679	65	98646	5138522	52.07
27	0.00067	98614	67	98581	5039875	51.11
28	0.00069	98547	68	98513	4941295	50.14
29	0.00070	98480	69	98445	4842781	49.18
30	0.00072	98411	71	98375	4744336	48.21
31	0.00076	98339	74	98302	4645961	47.24
32	0.00080	98265	79	98226	4547659	46.28
33	0.00085	98186	83	98145	4449433	45.32
34	0.00089	98103	87	98060	4351288	44.35
35	0.00095	98016	93	97970	4253228	43.39
36	0.00102	97923	100	97874	4155258	42.43
37	0.00110	97823	108	97770	4057384	41.48
38	0.00118	97716	115	97659	3959614	40.52
39	0.00126	97601	123	97540	3861956	39.57
40	0.00137	97477	133	97412	3764416	38.62
41	0.00150	97344	146	97272	3667004	37.67
42	0.00167	97198	162	97118	3569732	36.73
43	0.00185	97036	180	96948	3472614	35.79
44	0.00207	96856	200	96758	3375666	34.85
45	0.00231	96656	223	96547	3278908	33.92
46	0.00258	96433	249	96311	3182361	33.00
47	0.00288	96184	277	96048	3086051	32.08
48	0.00320	95907	307	95756	2990003	31.18
49	0.00356	95600	340	95433	2894247	30.27

年齢	死亡率	生存数	死亡数	定常人口		平均余命
x	$_nq_x$	l_x	$_nd_x$	$_nL_x$	T_x	$\overset{\circ}{e}_x$
50	0.00397	95260	378	95074	2798814	29.38
51	0.00440	94882	417	94676	2703740	28.50
52	0.00484	94464	457	94239	2609064	27.62
53	0.00528	94008	496	93763	2514825	26.75
54	0.00573	93512	536	93247	2421062	25.89
55	0.00615	92976	572	92693	2327815	25.04
56	0.00662	92404	612	92101	2235122	24.19
57	0.00720	91792	661	91466	2143021	23.35
58	0.00789	91131	719	90777	2051556	22.51
59	0.00873	90412	790	90024	1960779	21.69
60	0.00972	89622	871	89194	1870755	20.87
61	0.01084	88751	962	88278	1781561	20.07
62	0.01205	87790	1058	87269	1693283	19.29
63	0.01338	86731	1160	86160	1606014	18.52
64	0.01477	85571	1264	84948	1519854	17.76
65	0.01620	84307	1366	83633	1434906	17.02
66	0.01772	82942	1470	82215	1351273	16.29
67	0.01929	81472	1571	80695	1269057	15.58
68	0.02090	79901	1670	79074	1188363	14.87
69	0.02268	78231	1774	77353	1109289	14.18
70	0.02474	76457	1892	75521	1031935	13.50
71	0.02711	74565	2021	73566	956414	12.83
72	0.02973	72544	2157	71477	882848	12.17
73	0.03268	70387	2300	69250	811371	11.53
74	0.03605	68087	2455	66874	742121	10.90
75	0.04000	65633	2625	64335	675248	10.29
76	0.04465	63008	2813	61617	610912	9.70
77	0.04996	60194	3007	58707	549295	9.13
78	0.05586	57187	3194	55605	490589	8.58
79	0.06223	53992	3360	52325	434984	8.06
80	0.06909	50632	3498	48894	382659	7.56
81	0.07656	47134	3609	45338	333765	7.08
82	0.08468	43526	3686	41688	288427	6.63
83	0.09369	39840	3733	37976	246739	6.19
84	0.10368	36107	3744	34233	208763	5.78
85	0.11469	32363	3712	30505	174530	5.39
86	0.12738	28652	3650	26818	144025	5.03
87	0.14065	25002	3516	23230	117207	4.69
88	0.15451	21485	3320	19807	93977	4.37
89	0.16897	18166	3070	16608	74170	4.08
90	0.18406	15096	2779	13681	57562	3.81
91	0.19977	12318	2461	11060	43880	3.56
92	0.21611	9857	2130	8764	32820	3.33
93	0.23309	7727	1801	6799	24056	3.11
94	0.25071	5926	1486	5158	17257	2.91
95	0.26897	4440	1194	3820	12099	2.72
96	0.28786	3246	934	2758	8279	2.55
97	0.30738	2312	711	1939	5521	2.39
98	0.32751	1601	524	1325	3581	2.24
99	0.34824	1077	375	878	2257	2.10
100-	1.00000	702	702	1378	1378	1.96

平成9年簡易生命表（1997）
女（FEMALE）

年齢	死亡率	生存数	死亡数	定常人口		平均余命
x	$_nq_x$	l_x	$_nd_x$	$_nL_x$	T_x	$\overset{\circ}{e}_x$
0 （週）	0.00127	100000	127	1915	8381838	83.82
1 （w）	0.00025	99873	25	1914	8379923	83.91
2	0.00017	99848	17	1913	8378009	83.91
3	0.00015	99831	15	1913	8376096	83.90
4	0.00038	99816	38	8982	8374183	83.90
2 （月）	0.00023	99778	23	8314	8365201	83.84
3 （m）	0.00048	99756	48	24933	8356887	83.77
6	0.00051	99708	51	49840	8331954	83.56
0 （年）	0.00342	100000	342	99724	8381838	83.82
1 （y）	0.00053	99658	53	99629	8282115	83.11
2	0.00038	99604	38	99585	8182486	82.15
3	0.00027	99566	27	99552	8082901	81.18
4	0.00020	99539	20	99529	7983349	80.20
5	0.00016	99520	16	99512	7883820	79.22
6	0.00014	99504	14	99497	7784309	78.23
7	0.00012	99490	12	99484	7684812	77.24
8	0.00010	99479	10	99474	7585327	76.25
9	0.00009	99469	9	99465	7485854	75.26
10	0.00008	99460	8	99456	7386389	74.26
11	0.00008	99452	8	99448	7286933	73.27
12	0.00009	99444	9	99439	7187485	72.28
13	0.00010	99435	10	99430	7088046	71.28
14	0.00011	99425	11	99420	6988615	70.29
15	0.00013	99415	13	99408	6889195	69.30
16	0.00016	99402	16	99394	6789787	68.31
17	0.00020	99386	20	99376	6690393	67.32
18	0.00023	99366	23	99355	6591017	66.33
19	0.00026	99343	25	99330	6491662	65.35
20	0.00027	99317	26	99304	6392332	64.36
21	0.00027	99291	26	99278	6293027	63.38
22	0.00026	99264	26	99251	6193750	62.40
23	0.00026	99238	26	99225	6094498	61.41
24	0.00026	99213	26	99200	5995273	60.43
25	0.00027	99187	27	99173	5896073	59.44
26	0.00029	99160	29	99146	5796900	58.46
27	0.00031	99131	31	99116	5697754	57.48
28	0.00034	99100	33	99084	5598638	56.49
29	0.00037	99067	36	99049	5499554	55.51
30	0.00040	99031	39	99011	5400505	54.53
31	0.00042	98991	42	98970	5301494	53.56
32	0.00045	98949	44	98927	5202523	52.58
33	0.00047	98905	47	98882	5103596	51.60
34	0.00050	98858	49	98834	5004714	50.63
35	0.00053	98809	52	98783	4905880	49.65
36	0.00056	98757	56	98730	4807096	48.68
37	0.00060	98701	59	98672	4708367	47.70
38	0.00064	98642	63	98611	4609695	46.73
39	0.00070	98579	69	98545	4511083	45.76
40	0.00078	98510	77	98472	4412538	44.79
41	0.00088	98433	86	98390	4314066	43.83
42	0.00097	98346	95	98299	4215676	42.87
43	0.00105	98251	103	98200	4117376	41.91
44	0.00115	98148	113	98092	4019176	40.95
45	0.00126	98035	124	97974	3921084	40.00
46	0.00140	97912	137	97844	3823109	39.05
47	0.00156	97774	153	97699	3725265	38.10
48	0.00173	97621	169	97538	3627566	37.16
49	0.00189	97453	184	97362	3530027	36.22

年齢	死亡率	生存数	死亡数	定常人口		平均余命
x	$_nq_x$	l_x	$_nd_x$	$_nL_x$	T_x	$\overset{\circ}{e}_x$
50	0.00204	97269	199	97171	3432665	35.29
51	0.00219	97070	213	96965	3335495	34.36
52	0.00233	96857	226	96746	3238530	33.44
53	0.00247	96632	239	96514	3141784	32.51
54	0.00264	96393	254	96267	3045271	31.59
55	0.00282	96139	271	96005	2949003	30.67
56	0.00302	95868	289	95725	2852998	29.76
57	0.00325	95579	311	95425	2757273	28.85
58	0.00352	95268	335	95103	2661848	27.94
59	0.00384	94933	364	94753	2566745	27.04
60	0.00418	94569	396	94374	2471992	26.14
61	0.00459	94173	432	93960	2377619	25.25
62	0.00505	93741	473	93508	2283659	24.36
63	0.00558	93268	520	93012	2190151	23.48
64	0.00613	92748	569	92467	2097139	22.61
65	0.00670	92179	617	91874	2004672	21.75
66	0.00729	91562	667	91232	1912797	20.89
67	0.00795	90894	722	90538	1821565	20.04
68	0.00872	90172	786	89784	1731027	19.20
69	0.00960	89386	858	88963	1641243	18.36
70	0.01061	88528	939	88066	1552279	17.53
71	0.01185	87589	1038	87079	1464213	16.72
72	0.01331	86551	1152	85985	1377135	15.91
73	0.01507	85399	1287	84767	1291149	15.12
74	0.01703	84112	1432	83409	1206382	14.34
75	0.01927	82680	1593	81898	1122973	13.58
76	0.02193	81087	1778	80214	1041075	12.84
77	0.02504	79309	1986	78334	960861	12.12
78	0.02860	77323	2212	76236	882527	11.41
79	0.03263	75111	2451	73906	806291	10.73
80	0.03718	72660	2701	71330	732385	10.08
81	0.04215	69958	2949	68504	661055	9.45
82	0.04770	67009	3197	65432	592551	8.84
83	0.05416	63813	3456	62107	527119	8.26
84	0.06166	60357	3722	58518	465012	7.70
85	0.07027	56635	3980	54666	406494	7.18
86	0.08026	52655	4226	50561	351828	6.68
87	0.09140	48429	4427	46228	301266	6.22
88	0.10237	44002	4505	41753	255038	5.80
89	0.11405	39498	4505	37242	213285	5.40
90	0.12706	34993	4446	32764	176044	5.03
91	0.14137	30547	4318	28373	143279	4.69
92	0.15591	26229	4089	24161	114907	4.38
93	0.17067	22139	3779	20221	90745	4.10
94	0.18565	18361	3409	16624	70524	3.84
95	0.20085	14952	3003	13416	53900	3.60
96	0.21625	11949	2584	10622	40484	3.39
97	0.23185	9365	2171	8246	29862	3.19
98	0.24764	7194	1781	6272	21616	3.00
99	0.26362	5412	1427	4671	15344	2.84
100-	1.00000	3986	3986	10673	10673	2.68

平成10年簡易生命表（1998）
男（MALE）

年齢	死亡率	生存数	死亡数	定常人口		平均余命
x	nq_x	l_x	nd_x	nL_x	T_x	$\overset{\circ}{e}_x$
0 （週）	0.00146	100000	146	1915	7716219	77.16
1 （w）	0.00028	99854	28	1913	7714304	77.26
2	0.00021	99826	21	1913	7712390	77.26
3	0.00014	99805	13	1913	7710477	77.26
4	0.00035	99792	35	8980	7708565	77.25
2 （月）	0.00022	99756	22	8312	7699585	77.18
3 （m）	0.00058	99735	58	24926	7691273	77.12
6	0.00061	99677	61	49821	7666346	76.91
0 （年）	0.00384	100000	384	99693	7716219	77.16
1 （y）	0.00063	99616	62	99582	7616526	76.46
2	0.00044	99553	44	99531	7516944	75.51
3	0.00030	99510	30	99494	7417413	74.54
4	0.00023	99479	23	99468	7317919	73.56
5	0.00021	99457	21	99446	7218452	72.58
6	0.00020	99436	20	99426	7119005	71.59
7	0.00019	99416	19	99407	7019579	70.61
8	0.00017	99397	17	99389	6920173	69.62
9	0.00014	99381	14	99373	6820784	68.63
10	0.00012	99366	12	99360	6721410	67.64
11	0.00012	99354	12	99348	6622050	66.65
12	0.00013	99342	13	99336	6522702	65.66
13	0.00017	99329	17	99321	6423366	64.67
14	0.00023	99312	22	99302	6324045	63.68
15	0.00031	99290	31	99275	6224743	62.69
16	0.00042	99259	41	99239	6125468	61.71
17	0.00053	99218	53	99192	6026228	60.74
18	0.00063	99165	62	99135	5927036	59.77
19	0.00069	99103	68	99069	5827901	58.81
20	0.00070	99035	70	99000	5728832	57.85
21	0.00070	98965	69	98931	5629832	56.89
22	0.00069	98896	68	98862	5530901	55.93
23	0.00068	98828	67	98794	5432039	54.96
24	0.00068	98761	67	98727	5333245	54.00
25	0.00068	98693	68	98660	5234518	53.04
26	0.00069	98626	68	98592	5135859	52.07
27	0.00071	98557	70	98523	5037267	51.11
28	0.00073	98488	72	98452	4938745	50.15
29	0.00075	98416	74	98379	4840293	49.18
30	0.00078	98342	77	98304	4741913	48.22
31	0.00082	98266	80	98226	4643609	47.26
32	0.00086	98185	85	98143	4545383	46.29
33	0.00090	98101	89	98057	4447240	45.33
34	0.00095	98012	94	97966	4349183	44.37
35	0.00102	97918	100	97869	4251218	43.42
36	0.00110	97819	107	97766	4153348	42.46
37	0.00118	97711	115	97654	4055583	41.51
38	0.00127	97596	124	97535	3957929	40.55
39	0.00137	97472	133	97406	3860394	39.61
40	0.00148	97339	144	97268	3762987	38.66
41	0.00162	97195	157	97117	3665720	37.72
42	0.00178	97037	172	96953	3568602	36.78
43	0.00196	96865	189	96772	3471650	35.84
44	0.00216	96676	209	96573	3374878	34.91
45	0.00241	96467	232	96353	3278305	33.98
46	0.00268	96235	258	96108	3181952	33.06
47	0.00299	95977	287	95836	3085844	32.15
48	0.00334	95690	320	95533	2990008	31.25
49	0.00371	95370	354	95196	2894476	30.35

年齢	死亡率	生存数	死亡数	定常人口		平均余命
x	$_nq_x$	l_x	$_nd_x$	$_nL_x$	T_x	$\overset{\circ}{e}_x$
50	0.00408	95016	388	94825	2799280	29.46
51	0.00450	94628	426	94418	2704455	28.58
52	0.00494	94202	466	93973	2610037	27.71
53	0.00540	93737	506	93487	2516064	26.84
54	0.00585	93231	546	92961	2422577	25.98
55	0.00633	92685	586	92395	2329616	25.13
56	0.00681	92099	627	91789	2237220	24.29
57	0.00736	91472	673	91139	2145432	23.45
58	0.00801	90799	727	90440	2054292	22.62
59	0.00878	90071	791	89682	1963852	21.80
60	0.00966	89281	863	88856	1874170	20.99
61	0.01068	88418	945	87953	1785315	20.19
62	0.01184	87473	1036	86963	1697362	19.40
63	0.01314	86438	1135	85878	1610399	18.63
64	0.01457	85302	1243	84690	1524520	17.87
65	0.01607	84060	1350	83393	1439831	17.13
66	0.01762	82709	1458	81989	1356437	16.40
67	0.01928	81251	1567	80477	1274448	15.69
68	0.02105	79685	1677	78855	1193971	14.98
69	0.02293	78008	1788	77123	1115115	14.29
70	0.02494	76219	1901	75278	1037993	13.62
71	0.02717	74318	2019	73319	962715	12.95
72	0.02970	72299	2147	71236	889396	12.30
73	0.03251	70152	2280	69023	818160	11.66
74	0.03580	67871	2430	66669	749136	11.04
75	0.03950	65442	2585	64163	682467	10.43
76	0.04381	62857	2754	61494	618305	9.84
77	0.04871	60103	2927	58654	556810	9.26
78	0.05419	57175	3098	55640	498157	8.71
79	0.06029	54077	3260	52460	442516	8.18
80	0.06712	50817	3411	49123	390056	7.68
81	0.07472	47406	3542	45645	340933	7.19
82	0.08310	43864	3645	42048	295288	6.73
83	0.09185	40219	3694	38374	253240	6.30
84	0.10127	36525	3699	34674	214865	5.88
85	0.11155	32826	3662	30990	180191	5.49
86	0.12308	29165	3590	27364	149201	5.12
87	0.13640	25575	3488	23819	121837	4.76
88	0.15037	22086	3321	20409	98018	4.44
89	0.16500	18765	3096	17196	77608	4.14
90	0.18030	15669	2825	14232	60412	3.86
91	0.19630	12844	2521	11557	46180	3.60
92	0.21300	10323	2199	9196	34623	3.35
93	0.23041	8124	1872	7161	25427	3.13
94	0.24852	6252	1554	5449	18266	2.92
95	0.26736	4698	1256	4047	12816	2.73
96	0.28690	3442	988	2927	8770	2.55
97	0.30714	2455	754	2060	5842	2.38
98	0.32807	1701	558	1407	3783	2.22
99	0.34968	1143	400	931	2376	2.08
100-	1.00000	743	743	1444	1444	1.94

平成10年簡易生命表（1998）
女（FEMALE）

年齢	死亡率	生存数	死亡数	定常人口		平均余命
x	$_nq_x$	l_x	$_nd_x$	$_nL_x$	T_x	$\overset{\circ}{e}_x$
0 （週）	0.00127	100000	127	1915	8400699	84.01
1 （w）	0.00024	99873	24	1914	8398784	84.09
2	0.00019	99849	19	1913	8396871	84.10
3	0.00012	99830	12	1913	8394957	84.09
4	0.00033	99818	33	8982	8393044	84.08
2 （月）	0.00026	99785	26	8314	8384061	84.02
3 （m）	0.00051	99759	51	24933	8375747	83.96
6	0.00054	99708	54	49839	8350814	83.75
0 （年）	0.00345	100000	345	99724	8400699	84.01
1 （y）	0.00053	99655	53	99626	8300975	83.30
2	0.00037	99602	37	99583	8201349	82.34
3	0.00024	99565	24	99552	8101767	81.37
4	0.00017	99541	17	99532	8002215	80.39
5	0.00014	99524	14	99517	7902683	79.41
6	0.00013	99510	13	99503	7803167	78.42
7	0.00013	99497	13	99490	7703663	77.43
8	0.00012	99484	12	99478	7604173	76.44
9	0.00010	99472	10	99467	7504695	75.44
10	0.00009	99462	9	99458	7405228	74.45
11	0.00009	99453	9	99448	7305770	73.46
12	0.00010	99443	10	99438	7206322	72.47
13	0.00011	99433	11	99428	7106884	71.47
14	0.00012	99423	12	99417	7007455	70.48
15	0.00014	99411	14	99404	6908038	69.49
16	0.00018	99397	18	99388	6808634	68.50
17	0.00022	99379	22	99369	6709246	67.51
18	0.00025	99357	25	99345	6609877	66.53
19	0.00027	99332	27	99319	6510532	65.54
20	0.00028	99305	28	99291	6411213	64.56
21	0.00028	99277	28	99263	6311922	63.58
22	0.00028	99249	28	99235	6212659	62.60
23	0.00029	99221	28	99207	6113424	61.61
24	0.00030	99192	29	99178	6014217	60.63
25	0.00031	99163	31	99148	5915039	59.65
26	0.00032	99132	32	99116	5815892	58.67
27	0.00034	99100	33	99084	5716775	57.69
28	0.00035	99067	34	99050	5617692	56.71
29	0.00036	99033	36	99015	5518642	55.73
30	0.00039	98997	39	98978	5419627	54.75
31	0.00042	98958	42	98937	5320649	53.77
32	0.00045	98916	45	98894	5221712	52.79
33	0.00049	98871	48	98847	5122818	51.81
34	0.00052	98823	52	98798	5023970	50.84
35	0.00055	98772	54	98745	4925173	49.86
36	0.00058	98717	57	98689	4826428	48.89
37	0.00062	98660	61	98630	4727739	47.92
38	0.00067	98599	66	98567	4629109	46.95
39	0.00074	98533	73	98498	4530542	45.98
40	0.00081	98461	80	98421	4432045	45.01
41	0.00088	98381	86	98338	4333623	44.05
42	0.00094	98295	93	98249	4235285	43.09
43	0.00102	98202	100	98153	4137036	42.13
44	0.00112	98102	110	98048	4038883	41.17
45	0.00124	97992	122	97932	3940835	40.22
46	0.00138	97870	135	97804	3842903	39.27
47	0.00153	97735	150	97662	3745099	38.32
48	0.00170	97586	166	97504	3647437	37.38
49	0.00188	97419	184	97329	3549933	36.44

年齢	死亡率	生存数	死亡数	定常人口		平均余命
x	$_nq_x$	l_x	$_nd_x$	$_nL_x$	T_x	$\overset{\circ}{e}_x$
50	0.00206	97236	200	97137	3452604	35.51
51	0.00222	97036	215	96930	3355467	34.58
52	0.00236	96821	229	96708	3258538	33.66
53	0.00251	96592	242	96472	3161830	32.73
54	0.00268	96350	258	96222	3065358	31.81
55	0.00287	96092	276	95955	2969136	30.90
56	0.00305	95816	292	95671	2873181	29.99
57	0.00324	95524	310	95371	2777509	29.08
58	0.00348	95215	332	95051	2682139	28.17
59	0.00378	94883	359	94706	2587088	27.27
60	0.00412	94524	390	94332	2492382	26.37
61	0.00448	94135	422	93926	2398050	25.47
62	0.00490	93713	459	93486	2304123	24.59
63	0.00538	93253	502	93006	2210637	23.71
64	0.00593	92752	550	92481	2117631	22.83
65	0.00651	92202	600	91906	2025150	21.96
66	0.00712	91602	652	91280	1933244	21.10
67	0.00780	90950	710	90600	1841963	20.25
68	0.00859	90240	775	89859	1751363	19.41
69	0.00952	89465	851	89046	1661504	18.57
70	0.01055	88614	934	88154	1572458	17.75
71	0.01168	87679	1024	87175	1484304	16.93
72	0.01302	86655	1128	86100	1397129	16.12
73	0.01462	85527	1250	84913	1311029	15.33
74	0.01662	84276	1401	83589	1226116	14.55
75	0.01886	82876	1563	82108	1142527	13.79
76	0.02142	81312	1742	80457	1060419	13.04
77	0.02432	79570	1935	78620	979962	12.32
78	0.02769	77635	2149	76579	901342	11.61
79	0.03159	75486	2385	74314	824763	10.93
80	0.03613	73101	2641	71802	750449	10.27
81	0.04131	70460	2910	69027	678647	9.63
82	0.04690	67549	3168	65986	609621	9.02
83	0.05283	64381	3401	62700	543635	8.44
84	0.05960	60980	3634	59182	480935	7.89
85	0.06745	57346	3868	55431	421753	7.35
86	0.07655	53478	4094	51449	366322	6.85
87	0.08705	49384	4299	47250	314872	6.38
88	0.09865	45086	4448	42870	267622	5.94
89	0.11022	40638	4479	38395	224753	5.53
90	0.12230	36159	4422	33943	186357	5.15
91	0.13593	31737	4314	29567	152414	4.80
92	0.15001	27423	4114	25346	122847	4.48
93	0.16454	23309	3835	21365	97502	4.18
94	0.17952	19474	3496	17696	76136	3.91
95	0.19495	15978	3115	14387	58441	3.66
96	0.21083	12863	2712	11473	44053	3.42
97	0.22716	10151	2306	8965	32580	3.21
98	0.24393	7845	1914	6857	23616	3.01
99	0.26114	5931	1549	5128	16759	2.83
100−	1.00000	4383	4383	11631	11631	2.65

平成11年簡易生命表（1999）
男（MALE）

年齢	死亡率	生存数	死亡数	定常人口		平均余命
x	nq_x	l_x	nd_x	nL_x	T_x	$\overset{\circ}{e}_x$
0 （週）	0.00135	100000	135	1915	7710131	77.10
1 （w）	0.00025	99865	25	1914	7708217	77.19
2	0.00020	99839	20	1913	7706303	77.19
3	0.00012	99820	12	1913	7704390	77.18
4	0.00037	99807	37	8981	7702477	77.17
2 （月）	0.00024	99770	24	8313	7693495	77.11
3 （m）	0.00055	99746	55	24929	7685182	77.05
6	0.00058	99692	58	49829	7660253	76.84
0 （年）	0.00366	100000	366	99708	7710131	77.10
1 （y）	0.00057	99634	57	99603	7610424	76.38
2	0.00041	99577	40	99556	7510821	75.43
3	0.00028	99537	28	99522	7441265	74.46
4	0.00021	99508	21	99497	7311743	73.48
5	0.00017	99487	17	99479	7212246	72.49
6	0.00016	99470	16	99462	7112767	71.51
7	0.00015	99454	15	99447	7013305	70.52
8	0.00014	99440	14	99433	6913858	69.53
9	0.00014	99426	14	99419	6814425	68.54
10	0.00014	99412	13	99405	6715007	67.55
11	0.00013	99398	13	99392	6615602	66.56
12	0.00013	99385	13	99379	6516211	65.57
13	0.00015	99372	15	99365	6416832	64.57
14	0.00021	99357	21	99347	6317467	63.58
15	0.00030	99336	29	99322	6218119	62.60
16	0.00040	99307	40	99288	6118797	61.62
17	0.00050	99267	50	99243	6019509	60.64
18	0.00057	99217	57	99189	5920266	59.67
19	0.00062	99160	61	99130	5821076	58.70
20	0.00064	99099	63	99068	5721946	57.74
21	0.00066	99036	65	99004	5622878	56.78
22	0.00068	98971	67	98938	5523874	55.81
23	0.00070	98904	69	98870	5424936	54.85
24	0.00071	98835	70	98800	5326066	53.89
25	0.00071	98765	70	98730	5227266	52.93
26	0.00071	98696	70	98661	5128535	51.96
27	0.00072	98626	71	98590	5029875	51.00
28	0.00074	98555	73	98518	4931284	50.04
29	0.00077	98481	76	98444	4832766	49.07
30	0.00080	98406	78	98367	4734322	48.11
31	0.00083	98327	82	98287	4635955	47.15
32	0.00088	98246	86	98203	4537668	46.19
33	0.00093	98160	91	98114	4439465	45.23
34	0.00098	98068	96	98021	4341351	44.27
35	0.00103	97972	101	97922	4243330	43.31
36	0.00110	97871	108	97818	4145408	42.36
37	0.00119	97764	116	97706	4047590	41.40
38	0.00129	97647	126	97585	3949884	40.45
39	0.00139	97522	136	97455	3852298	39.50
40	0.00150	97386	146	97314	3754843	38.56
41	0.00163	97240	159	97161	3657530	37.61
42	0.00179	97081	174	96995	3560368	36.67
43	0.00199	96907	193	96812	3463373	35.74
44	0.00222	96713	215	96608	3366562	34.81
45	0.00246	96498	238	96382	3269954	33.89
46	0.00272	96261	262	96132	3173572	32.97
47	0.00301	95999	289	95857	3077440	32.06
48	0.00334	95711	320	95554	2981583	31.15
49	0.00371	95391	354	95217	2886029	30.25

年齢	死亡率	生存数	死亡数	定常人口		平均余命
x	$_nq_x$	l_x	$_nd_x$	$_nL_x$	T_x	$\overset{\circ}{e}_x$
50	0.00409	95037	389	94845	2790812	29.37
51	0.00449	94647	425	94438	2695968	28.48
52	0.00493	94223	465	93994	2601529	27.61
53	0.00544	93758	510	93507	2507535	26.74
54	0.00597	93248	557	92974	2414028	25.89
55	0.00648	92692	601	92395	2321055	25.04
56	0.00699	92091	643	91772	2228660	24.20
57	0.00750	91447	685	91108	2136888	23.37
58	0.00808	90762	733	90399	2045780	22.54
59	0.00876	90029	789	89639	1955381	21.72
60	0.00956	89240	853	88819	1865741	20.91
61	0.01048	88387	926	87930	1776922	20.10
62	0.01155	87461	1010	86963	1688992	19.31
63	0.01282	86451	1108	85905	1602029	18.53
64	0.01430	85342	1220	84742	1516123	17.77
65	0.01588	84122	1336	83464	1431381	17.02
66	0.01750	82786	1449	82071	1347918	16.28
67	0.01918	81338	1560	80567	1265846	15.56
68	0.02092	79778	1669	78953	1185279	14.86
69	0.02276	78109	1777	77230	1106327	14.16
70	0.02484	76332	1896	75394	1029097	13.48
71	0.02723	74435	2027	73433	953703	12.81
72	0.02994	72408	2168	71337	880270	12.16
73	0.03297	70241	2316	69095	808933	11.52
74	0.03626	67925	2463	66707	739838	10.89
75	0.04008	65462	2624	64164	673131	10.28
76	0.04445	62838	2793	61456	608967	9.69
77	0.04945	60045	2969	58576	547511	9.12
78	0.05513	57076	3147	55518	488935	8.57
79	0.06155	53930	3319	52284	433417	8.04
80	0.06865	50611	3474	48885	381133	7.53
81	0.07657	47136	3609	45342	332247	7.05
82	0.08533	43527	3714	41677	286906	6.59
83	0.09469	39813	3770	37930	245229	6.16
84	0.10436	36043	3762	34160	207299	5.75
85	0.11512	32281	3716	30420	173139	5.36
86	0.12785	28565	3652	26730	142720	5.00
87	0.14087	24913	3510	23144	115990	4.66
88	0.15468	21404	3311	19730	92846	4.34
89	0.16929	18093	3063	16539	73116	4.04
90	0.18472	15030	2776	13617	56577	3.76
91	0.20102	12254	2463	10995	42960	3.51
92	0.21819	9790	2136	8695	31965	3.26
93	0.23626	7654	1808	6723	23270	3.04
94	0.25524	5846	1492	5074	16547	2.83
95	0.27513	4354	1198	3732	11473	2.64
96	0.29595	3156	934	2668	7741	2.45
97	0.31769	2222	706	1852	5073	2.28
98	0.34033	1516	516	1244	3221	2.12
99	0.36387	1000	364	807	1978	1.98
100-	1.00000	636	636	1171	1171	1.84

平成11年簡易生命表（1999）
女（FEMALE）

年齢	死亡率	生存数	死亡数	定常人口		平均余命
x	$_nq_x$	l_x	$_nd_x$	$_nL_x$	T_x	$\overset{\circ}{e}_x$
0 （週）	0.00125	100000	125	1915	8399373	83.99
1 （w）	0.00019	99875	19	1914	8397458	84.08
2	0.00013	99856	13	1914	8395544	84.08
3	0.00012	99843	12	1913	8393631	84.07
4	0.00033	99830	33	8984	8391717	84.06
2 （月）	0.00020	99798	20	8316	8382734	84.00
3 （m）	0.00044	99777	44	24938	8374418	83.93
6	0.00044	99733	44	49854	8349480	83.72
0 （年）	0.00311	100000	311	99748	8399373	83.99
1 （y）	0.00049	99689	49	99663	8299626	83.25
2	0.00033	99640	33	99623	8199962	82.30
3	0.00021	99608	21	99596	8100339	81.32
4	0.00015	99586	15	99578	8000743	80.34
5	0.00013	99571	13	99564	7901165	79.35
6	0.00012	99558	12	99552	7801600	78.36
7	0.00011	99546	11	99540	7702049	77.37
8	0.00010	99535	10	99530	7602508	76.38
9	0.00009	99525	9	99520	7502979	75.39
10	0.00009	99516	9	99512	7403458	74.39
11	0.00009	99507	9	99503	7303947	73.40
12	0.00010	99498	10	99493	7204444	72.41
13	0.00011	99488	11	99483	7104951	71.42
14	0.00013	99477	13	99471	7005468	70.42
15	0.00015	99464	15	99457	6905998	69.43
16	0.00018	99449	18	99440	6806541	68.44
17	0.00021	99431	21	99421	6707100	67.45
18	0.00023	99410	23	99399	6607680	66.47
19	0.00026	99387	25	99374	6508281	65.48
20	0.00028	99361	27	99348	6408907	64.50
21	0.00029	99334	28	99320	6309559	63.52
22	0.00029	99305	29	99291	6210240	62.54
23	0.00029	99277	29	99262	6110949	61.55
24	0.00030	99248	29	99233	6011686	60.57
25	0.00030	99218	30	99203	5912453	59.59
26	0.00032	99188	32	99172	5813250	58.61
27	0.00033	99156	32	99140	5714078	57.63
28	0.00034	99124	34	99107	5614938	56.65
29	0.00037	99090	37	99072	5515830	55.66
30	0.00039	99053	39	99034	5416759	54.69
31	0.00042	99014	42	98994	5317725	53.71
32	0.00045	98973	44	98951	5218731	52.73
33	0.00048	98928	48	98905	5119780	51.75
34	0.00051	98881	51	98856	5020875	50.78
35	0.00053	98830	53	98804	4922020	49.80
36	0.00055	98777	54	98750	4823216	48.83
37	0.00058	98723	57	98695	4724466	47.86
38	0.00063	98666	62	98635	4625771	46.88
39	0.00071	98604	70	98569	4527136	45.91
40	0.00079	98533	78	98495	4428567	44.94
41	0.00087	98455	86	98413	4330072	43.98
42	0.00094	98369	92	98324	4231659	43.02
43	0.00103	98277	101	98227	4133335	42.06
44	0.00113	98176	111	98121	4035108	41.10
45	0.00125	98065	123	98004	3936987	40.15
46	0.00138	97942	135	97876	3838982	39.20
47	0.00150	97807	147	97735	3741107	38.25
48	0.00165	97660	161	97581	3643372	37.31
49	0.00183	97499	178	97411	3545791	36.37

年齢	死亡率	生存数	死亡数	定常人口		平均余命
x	$_nq_x$	l_x	$_nd_x$	$_nL_x$	T_x	$\overset{\circ}{e}_x$
50	0.00200	97321	195	97225	3448379	35.43
51	0.00216	97126	210	97022	3351155	34.50
52	0.00232	96915	224	96804	3254133	33.58
53	0.00248	96691	240	96572	3157329	32.65
54	0.00267	96451	258	96324	3060756	31.73
55	0.00287	96193	276	96057	2964433	30.82
56	0.00307	95918	295	95772	2868376	29.90
57	0.00329	95623	314	95468	2772604	29.00
58	0.00354	95309	338	95142	2677136	28.09
59	0.00384	94971	365	94791	2581994	27.19
60	0.00417	94606	394	94412	2487203	26.29
61	0.00452	94212	426	94002	2392791	25.40
62	0.00492	93786	462	93558	2298789	24.51
63	0.00536	93324	500	93077	2205231	23.63
64	0.00587	92824	545	92555	2112154	22.75
65	0.00647	92279	597	91985	2019598	21.89
66	0.00715	91682	656	91359	1927613	21.03
67	0.00790	91026	719	90672	1836254	20.17
68	0.00874	90307	789	89918	1745583	19.33
69	0.00966	89518	865	89092	1655664	18.50
70	0.01066	88653	945	88187	1566572	17.67
71	0.01176	87708	1031	87199	1478385	16.86
72	0.01303	86676	1129	86120	1391186	16.05
73	0.01455	85547	1244	84935	1305066	15.26
74	0.01643	84303	1385	83623	1220130	14.47
75	0.01880	82918	1559	82154	1136507	13.71
76	0.02149	81359	1749	80501	1054353	12.96
77	0.02452	79610	1952	78652	973852	12.23
78	0.02792	77659	2169	76593	895200	11.53
79	0.03174	75490	2396	74311	818607	10.84
80	0.03606	73094	2636	71797	744296	10.18
81	0.04104	70458	2892	69034	672499	9.54
82	0.04681	67566	3163	66008	603465	8.93
83	0.05332	64403	3434	62708	537457	8.35
84	0.06054	60969	3691	59145	474749	7.79
85	0.06872	57278	3936	55329	415604	7.26
86	0.07763	53342	4141	51287	360275	6.75
87	0.08764	49202	4312	47059	308987	6.28
88	0.09948	44889	4465	42667	261928	5.83
89	0.11232	40424	4541	38158	219261	5.42
90	0.12602	35884	4522	33614	181103	5.05
91	0.13953	31361	4376	29158	147489	4.70
92	0.15362	26985	4145	24890	118332	4.39
93	0.16828	22840	3843	20891	93441	4.09
94	0.18352	18997	3486	17222	72551	3.82
95	0.19937	15510	3092	13930	55329	3.57
96	0.21581	12418	2680	11043	41399	3.33
97	0.23285	9738	2268	8570	30355	3.12
98	0.25049	7471	1871	6503	21785	2.92
99	0.26873	5599	1505	4818	15282	2.73
100-	1.00000	4095	4095	10464	10464	2.56

平成12年簡易生命表（2000）
男（MALE）

年齢	死亡率	生存数	死亡数	定常人口		平均余命
x	nq_x	l_x	nd_x	nL_x	T_x	$\overset{\circ}{e}_x$
0 （週）	0.00137	100000	137	1915	7763561	77.64
1 （w）	0.00024	99863	24	1914	7761646	77.72
2	0.00016	99839	16	1913	7759732	77.72
3	0.00011	99823	11	1913	7757819	77.72
4	0.00039	99812	39	8982	7755906	77.71
2 （月）	0.00018	99773	18	8314	7746924	77.65
3 （m）	0.00050	99755	50	24932	7738611	77.58
6	0.00050	99704	50	49837	7713678	77.37
0 （年）	0.00346	100000	346	99720	7763561	77.64
1 （y）	0.00051	99654	51	99627	7663841	76.90
2	0.00038	99603	37	99584	7564214	75.94
3	0.00028	99566	27	99552	7464630	74.97
4	0.00021	99539	21	99528	7365078	73.99
5	0.00018	99517	18	99508	7265551	73.01
6	0.00016	99499	16	99491	7166043	72.02
7	0.00014	99483	14	99476	7066551	71.03
8	0.00013	99469	12	99463	6967075	70.04
9	0.00011	99456	11	99451	6867613	69.05
10	0.00010	99445	10	99440	6768162	68.06
11	0.00011	99435	11	99430	6668722	67.07
12	0.00013	99424	13	99418	6569292	66.07
13	0.00016	99411	16	99404	6469874	65.08
14	0.00021	99395	21	99386	6370470	64.09
15	0.00027	99375	27	99362	6271085	63.11
16	0.00036	99347	36	99330	6171723	62.12
17	0.00046	99312	45	99290	6072393	61.14
18	0.00054	99266	54	99240	5973103	60.17
19	0.00060	99213	59	99183	5873863	59.20
20	0.00063	99153	62	99122	5774680	58.24
21	0.00065	99091	64	99059	5675557	57.28
22	0.00066	99027	65	98994	5576499	56.31
23	0.00067	98962	66	98928	5477504	55.35
24	0.00067	98895	66	98862	5378576	54.39
25	0.00066	98829	65	98796	5279714	53.42
26	0.00064	98764	63	98732	5180917	52.46
27	0.00064	98700	63	98669	5082185	51.49
28	0.00067	98637	66	98604	4983517	50.52
29	0.00071	98571	70	98537	4884912	49.56
30	0.00077	98501	76	98464	4786376	48.59
31	0.00082	98425	81	98385	4687912	47.63
32	0.00087	98344	86	98302	4589527	46.67
33	0.00091	98259	90	98214	4491225	45.71
34	0.00095	98169	93	98123	4393010	44.75
35	0.00099	98076	97	98028	4294888	43.79
36	0.00106	97979	104	97927	4196860	42.83
37	0.00115	97875	112	97819	4098932	41.88
38	0.00125	97762	122	97702	4001113	40.93
39	0.00137	97640	133	97575	3903411	39.98
40	0.00148	97507	144	97436	3805836	39.03
41	0.00159	97363	155	97286	3708400	38.09
42	0.00174	97208	169	97125	3611114	37.15
43	0.00191	97039	186	96947	3513989	36.21
44	0.00211	96853	205	96752	3417042	35.28
45	0.00233	96649	226	96538	3320289	34.35
46	0.00258	96423	249	96301	3223752	33.43
47	0.00286	96174	275	96039	3127451	32.52
48	0.00317	95899	304	95750	3031412	31.61
49	0.00352	95595	337	95430	2935662	30.71

年齢	死亡率	生存数	死亡数	定常人口		平均余命
x	$_nq_x$	l_x	$_nd_x$	$_nL_x$	T_x	$\overset{\circ}{e}_x$
50	0.00392	95258	374	95075	2840232	29.82
51	0.00434	94885	412	94682	2745158	28.93
52	0.00478	94473	451	94250	2650476	28.06
53	0.00526	94021	494	93778	2556226	27.19
54	0.00575	93527	538	93261	2462448	26.33
55	0.00627	92989	583	92701	2369187	25.48
56	0.00680	92406	628	92095	2276486	24.64
57	0.00736	91778	676	91444	2184390	23.80
58	0.00793	91102	723	90745	2092947	22.97
59	0.00856	90379	773	89997	2002202	22.15
60	0.00928	89606	832	89195	1912205	21.34
61	0.01015	88774	901	88330	1823010	20.54
62	0.01118	87873	982	87390	1734680	19.74
63	0.01236	86891	1074	86362	1647291	18.96
64	0.01368	85817	1174	85239	1560928	18.19
65	0.01507	84643	1275	84014	1475690	17.43
66	0.01655	83368	1379	82687	1391675	16.69
67	0.01817	81989	1490	81254	1308988	15.97
68	0.01996	80499	1607	79706	1227734	15.25
69	0.02189	78892	1727	78039	1148029	14.55
70	0.02391	77165	1845	76253	1069990	13.87
71	0.02615	75320	1970	74346	993737	13.19
72	0.02865	73350	2101	72311	919391	12.53
73	0.03147	71249	2242	70140	847080	11.89
74	0.03469	69007	2394	67823	776940	11.26
75	0.03826	66613	2549	65352	709117	10.65
76	0.04227	64064	2708	62724	643765	10.05
77	0.04676	61356	2869	59936	581042	9.47
78	0.05201	58487	3042	56981	521106	8.91
79	0.05812	55446	3223	53849	464124	8.37
80	0.06496	52223	3392	50540	410276	7.86
81	0.07255	48830	3543	47070	359735	7.37
82	0.08064	45287	3652	43469	312666	6.90
83	0.08920	41635	3714	39782	269197	6.47
84	0.09830	37922	3728	36057	229415	6.05
85	0.10785	34194	3688	32347	193359	5.65
86	0.11941	30506	3643	28677	161011	5.28
87	0.13138	26863	3529	25087	132334	4.93
88	0.14412	23334	3363	21636	107247	4.60
89	0.15768	19971	3149	18377	85611	4.29
90	0.17208	16822	2895	15352	67234	4.00
91	0.18735	13927	2609	12598	51882	3.73
92	0.20353	11318	2304	10140	39284	3.47
93	0.22064	9015	1989	7994	29144	3.23
94	0.23871	7026	1677	6161	21150	3.01
95	0.25775	5348	1379	4635	14989	2.80
96	0.27779	3970	1103	3397	10353	2.61
97	0.29881	2867	857	2420	6957	2.43
98	0.32084	2010	645	1672	4537	2.26
99	0.34385	1365	469	1118	2865	2.10
100-	1.00000	896	896	1748	1748	1.95

平成12年簡易生命表（2000）
女（FEMALE）

年齢	死亡率	生存数	死亡数	定常人口		平均余命
x	nq_x	l_x	nd_x	nL_x	T_x	$\overset{\circ}{e}_x$
0 （週）	0.00117	100000	117	1915	8461553	84.62
1 （w）	0.00023	99883	23	1914	8459638	84.70
2	0.00014	99860	14	1914	8457724	84.70
3	0.00011	99846	11	1913	8455810	84.69
4	0.00033	99835	33	8984	8453896	84.68
2 （月）	0.00019	99802	19	8316	8444912	84.62
3 （m）	0.00037	99783	37	24941	8436596	84.55
6	0.00046	99747	46	49861	8411656	84.33
0 （年）	0.00299	100000	299	99758	8461553	84.62
1 （y）	0.00043	99701	43	99676	8361795	83.87
2	0.00030	99658	30	99642	8262118	82.90
3	0.00020	99628	20	99617	8162476	81.93
4	0.00015	99608	14	99601	8062859	80.95
5	0.00012	99594	12	99587	7963258	79.96
6	0.00011	99581	11	99576	7863671	78.97
7	0.00010	99570	10	99565	7764095	77.98
8	0.00009	99560	9	99556	7664529	76.98
9	0.00008	99551	8	99547	7564974	75.99
10	0.00008	99543	8	99539	7465426	75.00
11	0.00008	99535	8	99532	7365887	74.00
12	0.00007	99528	7	99524	7266355	73.01
13	0.00008	99520	8	99516	7166831	72.01
14	0.00010	99512	10	99508	7067315	71.02
15	0.00012	99503	12	99497	6967807	70.03
16	0.00016	99490	16	99483	6868310	69.03
17	0.00019	99475	19	99466	6768827	68.05
18	0.00021	99456	21	99446	6669362	67.06
19	0.00023	99435	23	99423	6569916	66.07
20	0.00025	99412	25	99399	6470493	65.09
21	0.00026	99387	26	99374	6371094	64.10
22	0.00028	99361	28	99347	6271720	63.12
23	0.00029	99333	29	99318	6172373	62.14
24	0.00030	99304	30	99289	6073054	61.16
25	0.00030	99274	30	99259	5973766	60.17
26	0.00031	99244	31	99229	5874506	59.19
27	0.00032	99213	32	99197	5775278	58.21
28	0.00034	99181	34	99165	5676080	57.23
29	0.00036	99147	36	99130	5576916	56.25
30	0.00038	99111	38	99092	5477786	55.27
31	0.00040	99073	40	99053	5378694	54.29
32	0.00043	99033	43	99012	5279641	53.31
33	0.00046	98990	46	98968	5180629	52.33
34	0.00050	98944	49	98920	5081661	51.36
35	0.00054	98895	53	98869	4982741	50.38
36	0.00058	98842	57	98813	4883873	49.41
37	0.00062	98784	62	98754	4785059	48.44
38	0.00067	98723	66	98690	4686305	47.47
39	0.00072	98657	71	98622	4587615	46.50
40	0.00078	98586	77	98548	4488993	45.53
41	0.00085	98509	84	98468	4390445	44.57
42	0.00094	98426	92	98380	4291977	43.61
43	0.00104	98333	102	98283	4193597	42.65
44	0.00113	98231	111	98176	4095314	41.69
45	0.00122	98120	120	98060	3997138	40.74
46	0.00131	98000	128	97936	3899077	39.79
47	0.00142	97871	139	97803	3801141	38.84
48	0.00157	97732	154	97657	3703338	37.89
49	0.00175	97578	171	97494	3605682	36.95

年齢	死亡率	生存数	死亡数	定常人口		平均余命
x	$_nq_x$	l_x	$_nd_x$	$_nL_x$	T_x	$\overset{\circ}{e}_x$
50	0.00196	97407	191	97313	3508187	36.02
51	0.00215	97217	209	97114	3410874	35.09
52	0.00232	97008	226	96896	3313760	34.16
53	0.00250	96782	242	96663	3216864	33.24
54	0.00266	96540	256	96413	3120202	32.32
55	0.00279	96284	269	96151	3023788	31.40
56	0.00295	96015	283	95875	2927638	30.49
57	0.00313	95732	300	95583	2831763	29.58
58	0.00334	95432	318	95274	2736179	28.67
59	0.00357	95113	339	94946	2640905	27.77
60	0.00385	94774	365	94594	2545959	26.86
61	0.00419	94409	395	94214	2451365	25.97
62	0.00461	94014	434	93800	2357151	25.07
63	0.00511	93580	478	93345	2263351	24.19
64	0.00565	93102	526	92843	2170006	23.31
65	0.00621	92576	575	92293	2077162	22.44
66	0.00682	92001	628	91692	1984869	21.57
67	0.00749	91373	684	91036	1893177	20.72
68	0.00824	90689	747	90321	1802141	19.87
69	0.00906	89942	815	89540	1711820	19.03
70	0.00999	89126	890	88688	1622281	18.20
71	0.01107	88236	977	87755	1533593	17.38
72	0.01229	87259	1073	86731	1445838	16.57
73	0.01372	86186	1182	85605	1359107	15.77
74	0.01544	85004	1313	84359	1273501	14.98
75	0.01752	83691	1466	82972	1189142	14.21
76	0.01999	82225	1644	81419	1106170	13.45
77	0.02275	80581	1833	79681	1024752	12.72
78	0.02590	78748	2039	77747	945070	12.00
79	0.02950	76709	2263	75597	867324	11.31
80	0.03367	74446	2507	73213	791727	10.63
81	0.03834	71939	2758	70581	718513	9.99
82	0.04353	69181	3011	67696	647932	9.37
83	0.04934	66170	3264	64558	580236	8.77
84	0.05588	62905	3515	61168	515677	8.20
85	0.06322	59390	3754	57533	454509	7.65
86	0.07166	55636	3987	53660	396977	7.14
87	0.08096	51649	4181	49572	343316	6.65
88	0.09122	47468	4330	45314	293744	6.19
89	0.10304	43138	4445	40925	248430	5.76
90	0.11615	38693	4494	36441	207505	5.36
91	0.12873	34198	4402	31986	171064	5.00
92	0.14189	29796	4228	27664	139078	4.67
93	0.15565	25568	3980	23555	111414	4.36
94	0.17001	21588	3670	19725	87859	4.07
95	0.18499	17918	3315	16230	68133	3.80
96	0.20059	14604	2929	13106	51903	3.55
97	0.21683	11674	2531	10375	38797	3.32
98	0.23370	9143	2137	8042	28422	3.11
99	0.25122	7006	1760	6096	20380	2.91
100-	1.00000	5246	5246	14284	14284	2.72

平成13年簡易生命表 (2001)
男 (MALE)

年齢	死亡率	生存数	死亡数	定常人口		平均余命
x	$_nq_x$	l_x	$_nd_x$	$_nL_x$	T_x	$\overset{\circ}{e}_x$
0 (週)	0.00126	100000	126	1915	7806613	78.07
1 (w)	0.00021	99874	21	1914	7804698	78.15
2	0.00018	99853	18	1914	7802784	78.14
3	0.00011	99835	11	1913	7800871	78.14
4	0.00037	99824	37	8983	7798958	78.13
2 (月)	0.00022	99788	22	8315	7789975	78.07
3 (m)	0.00047	99765	47	24935	7781660	78.00
6	0.00049	99718	49	49845	7756725	77.79
0 (年)	0.00330	100000	330	99734	7806613	78.07
1 (y)	0.00047	99670	47	99644	7706880	77.32
2	0.00034	99623	34	99605	7607236	76.36
3	0.00025	99589	24	99576	7507631	75.39
4	0.00019	99564	19	99554	7408055	74.40
5	0.00017	99545	16	99537	7308501	73.42
6	0.00015	99529	15	99521	7208964	72.43
7	0.00013	99514	13	99507	7109443	71.44
8	0.00012	99500	12	99494	7009936	70.45
9	0.00011	99488	11	99483	6910442	69.46
10	0.00010	99478	10	99472	6810959	68.47
11	0.00010	99467	10	99463	6711486	67.47
12	0.00011	99458	10	99453	6612024	66.48
13	0.00013	99447	13	99441	6512571	65.49
14	0.00018	99434	18	99426	6413130	64.50
15	0.00026	99416	25	99405	6313704	63.51
16	0.00035	99391	35	99374	6214300	62.52
17	0.00045	99356	45	99334	6114925	61.55
18	0.00053	99311	53	99286	6015591	60.57
19	0.00059	99259	58	99230	5916305	59.60
20	0.00062	99201	62	99170	5817075	58.64
21	0.00063	99139	63	99108	5717905	57.68
22	0.00064	99076	63	99045	5618797	56.71
23	0.00063	99013	63	98982	5519753	55.75
24	0.00063	98950	63	98919	5420771	54.78
25	0.00064	98888	63	98856	5321852	53.82
26	0.00065	98825	64	98792	5222996	52.85
27	0.00067	98760	66	98727	5124204	51.89
28	0.00069	98694	68	98660	5025476	50.92
29	0.00072	98626	71	98590	4926816	49.95
30	0.00076	98555	74	98518	4828226	48.99
31	0.00079	98480	78	98442	4729708	48.03
32	0.00082	98403	81	98362	4631266	47.06
33	0.00087	98322	85	98280	4532904	46.10
34	0.00093	98236	91	98191	4434624	45.14
35	0.00101	98145	99	98097	4336433	44.18
36	0.00109	98047	107	97994	4238336	43.23
37	0.00118	97940	115	97883	4140342	42.27
38	0.00127	97824	125	97763	4042459	41.32
39	0.00137	97700	134	97634	3944696	40.38
40	0.00148	97566	144	97495	3847063	39.43
41	0.00159	97422	155	97345	3749568	38.49
42	0.00171	97267	166	97185	3652223	37.55
43	0.00187	97101	181	97011	3555038	36.61
44	0.00207	96919	201	96821	3458027	35.68
45	0.00231	96718	223	96609	3361206	34.75
46	0.00254	96495	245	96375	3264598	33.83
47	0.00279	96250	268	96118	3168223	32.92
48	0.00308	95982	295	95837	3072105	32.01
49	0.00342	95687	327	95526	2976268	31.10

年齢	死亡率	生存数	死亡数	定常人口		平均余命
x	$_nq_x$	l_x	$_nd_x$	$_nL_x$	T_x	$\overset{\circ}{e}_x$
50	0.00381	95360	363	95181	2880742	30.21
51	0.00424	94996	403	94798	2785560	29.32
52	0.00467	94594	442	94376	2690762	28.45
53	0.00512	94152	482	93914	2596386	27.58
54	0.00561	93670	526	93410	2502472	26.72
55	0.00613	93144	571	92862	2409061	25.86
56	0.00665	92573	616	92269	2316199	25.02
57	0.00721	91957	663	91629	2223931	24.18
58	0.00780	91293	712	90942	2132302	23.36
59	0.00839	90582	760	90206	2041360	22.54
60	0.00904	89822	812	89421	1951154	21.72
61	0.00977	89010	870	88580	1861734	20.92
62	0.01060	88140	934	87679	1773153	20.12
63	0.01155	87206	1008	86709	1685474	19.33
64	0.01268	86198	1093	85659	1598766	18.55
65	0.01401	85105	1193	84518	1513106	17.78
66	0.01557	83913	1306	83270	1428588	17.02
67	0.01736	82606	1434	81900	1345319	16.29
68	0.01928	81172	1565	80401	1263419	15.56
69	0.02130	79607	1695	78770	1183018	14.86
70	0.02337	77912	1820	77012	1104248	14.17
71	0.02552	76091	1942	75131	1027236	13.50
72	0.02792	74149	2070	73125	952105	12.84
73	0.03063	72079	2208	70987	878980	12.19
74	0.03373	69871	2356	68706	807992	11.56
75	0.03714	67515	2507	66274	739287	10.95
76	0.04083	65008	2654	63693	673013	10.35
77	0.04496	62353	2803	60964	609320	9.77
78	0.04940	59550	2942	58091	548357	9.21
79	0.05456	56608	3088	55077	490266	8.66
80	0.06069	53520	3248	51909	435189	8.13
81	0.06793	50272	3415	48578	383280	7.62
82	0.07617	46857	3569	45083	334702	7.14
83	0.08503	43287	3681	41454	289618	6.69
84	0.09437	39607	3738	37740	248164	6.27
85	0.10415	35869	3736	33998	210424	5.87
86	0.11418	32133	3669	30289	176426	5.49
87	0.12493	28464	3556	26678	146137	5.13
88	0.13774	24908	3431	23180	119458	4.80
89	0.15106	21477	3244	19837	96278	4.48
90	0.16492	18233	3007	16708	76441	4.19
91	0.17932	15226	2730	13836	59733	3.92
92	0.19426	12496	2427	11256	45897	3.67
93	0.20976	10068	2112	8986	34641	3.44
94	0.22581	7956	1797	7032	25655	3.22
95	0.24241	6160	1493	5389	18623	3.02
96	0.25957	4667	1211	4038	13234	2.84
97	0.27729	3455	958	2956	9196	2.66
98	0.29554	2497	738	2111	6239	2.50
99	0.31433	1759	553	1469	4128	2.35
100-	1.00000	1206	1206	2659	2659	2.20

平成13年簡易生命表（2001）
女（FEMALE）

年齢	死亡率	生存数	死亡数	定常人口		平均余命
x	nq_x	l_x	nd_x	nL_x	T_x	$\overset{\circ}{e}_x$
0 （週）	0.00107	100000	107	1915	8493279	84.93
1 （w）	0.00019	99893	19	1914	8491364	85.00
2	0.00014	99874	14	1914	8489450	85.00
3	0.00010	99860	10	1914	8487536	84.99
4	0.00034	99850	34	8985	8485622	84.98
2 （月）	0.00018	99816	18	8317	8476637	84.92
3 （m）	0.00043	99798	43	24944	8468320	84.85
6	0.00038	99756	38	49866	8443375	84.64
0 （年）	0.00283	100000	283	99770	8493279	84.93
1 （y）	0.00043	99717	42	99695	8393509	84.17
2	0.00030	99675	29	99660	8293814	83.21
3	0.00019	99646	19	99635	8194154	82.23
4	0.00013	99626	13	99619	8094519	81.25
5	0.00011	99613	11	99607	7994900	80.26
6	0.00010	99602	10	99597	7895292	79.27
7	0.00010	99592	10	99587	7795695	78.28
8	0.00009	99582	9	99577	7696108	77.28
9	0.00008	99572	8	99568	7596531	76.29
10	0.00007	99564	7	99560	7496963	75.30
11	0.00007	99557	7	99553	7397403	74.30
12	0.00007	99550	7	99546	7297850	73.31
13	0.00009	99542	9	99538	7198304	72.31
14	0.00011	99534	11	99529	7098765	71.32
15	0.00014	99523	13	99517	6999236	70.33
16	0.00016	99510	16	99502	6899720	69.34
17	0.00019	99494	19	99484	6800218	68.35
18	0.00021	99475	21	99465	6700733	67.36
19	0.00023	99454	23	99443	6601269	66.37
20	0.00025	99432	25	99420	6501825	65.39
21	0.00026	99407	26	99394	6402405	64.41
22	0.00027	99381	27	99367	6303011	63.42
23	0.00028	99354	27	99340	6203644	62.44
24	0.00028	99326	28	99313	6104304	61.46
25	0.00028	99299	28	99285	6004991	60.47
26	0.00029	99271	29	99256	5905706	59.49
27	0.00030	99242	30	99227	5806450	58.51
28	0.00032	99211	32	99196	5707224	57.53
29	0.00035	99180	34	99163	5608028	56.54
30	0.00038	99145	37	99127	5508865	55.56
31	0.00040	99108	40	99088	5409738	54.58
32	0.00042	99068	42	99047	5310650	53.61
33	0.00044	99026	44	99004	5211603	52.63
34	0.00047	98982	46	98959	5112598	51.65
35	0.00051	98936	50	98911	5013639	50.68
36	0.00055	98886	54	98859	4914728	49.70
37	0.00059	98831	59	98802	4815869	48.73
38	0.00063	98773	62	98742	4717067	47.76
39	0.00068	98710	67	98677	4618325	46.79
40	0.00074	98643	73	98607	4519648	45.82
41	0.00081	98570	80	98531	4421040	44.85
42	0.00090	98491	88	98447	4322509	43.89
43	0.00100	98402	98	98354	4224062	42.93
44	0.00110	98304	109	98251	4125708	41.97
45	0.00121	98196	119	98137	4027457	41.01
46	0.00132	98077	129	98013	3929320	40.06
47	0.00143	97947	140	97878	3831307	39.12
48	0.00156	97807	153	97732	3733429	38.17
49	0.00170	97655	166	97573	3635697	37.23

年齢	死亡率	生存数	死亡数	定常人口		平均余命
x	$_nq_x$	l_x	$_nd_x$	$_nL_x$	T_x	$\overset{\circ}{e}_x$
50	0.00187	97488	182	97399	3538124	36.29
51	0.00207	97306	201	97208	3440725	35.36
52	0.00227	97105	221	96997	3343518	34.43
53	0.00245	96885	237	96768	3246521	33.51
54	0.00260	96648	251	96524	3149754	32.59
55	0.00275	96397	265	96266	3053230	31.67
56	0.00291	96132	280	95994	2956964	30.76
57	0.00310	95852	297	95705	2860971	29.85
58	0.00329	95555	315	95399	2765265	28.94
59	0.00348	95241	331	95077	2669866	28.03
60	0.00370	94910	351	94736	2574789	27.13
61	0.00401	94559	379	94372	2480053	26.23
62	0.00441	94180	416	93975	2385681	25.33
63	0.00487	93764	456	93539	2291706	24.44
64	0.00535	93308	500	93062	2198167	23.56
65	0.00590	92808	547	92539	2105105	22.68
66	0.00651	92261	601	91965	2012566	21.81
67	0.00724	91660	664	91334	1920601	20.95
68	0.00804	90996	732	90636	1829267	20.10
69	0.00890	90265	803	89869	1738631	19.26
70	0.00981	89462	877	89029	1648762	18.43
71	0.01080	88584	957	88113	1559732	17.61
72	0.01196	87628	1048	87112	1471619	16.79
73	0.01328	86580	1150	86014	1384507	15.99
74	0.01485	85430	1269	84806	1298493	15.20
75	0.01672	84161	1407	83470	1213687	14.42
76	0.01896	82753	1569	81984	1130218	13.66
77	0.02168	81185	1760	80321	1048234	12.91
78	0.02477	79425	1967	78459	967913	12.19
79	0.02820	77457	2184	76384	889454	11.48
80	0.03205	75273	2413	74086	813070	10.80
81	0.03650	72860	2660	71552	738984	10.14
82	0.04165	70201	2924	68761	667432	9.51
83	0.04750	67277	3195	65702	598671	8.90
84	0.05409	64081	3466	62370	532969	8.32
85	0.06128	60615	3715	58777	470599	7.76
86	0.06919	56900	3937	54950	411822	7.24
87	0.07822	52963	4143	50908	356872	6.74
88	0.08833	48821	4312	46676	305964	6.27
89	0.09920	44508	4415	42307	259288	5.83
90	0.11126	40093	4461	37866	216981	5.41
91	0.12506	35632	4456	33398	179115	5.03
92	0.13893	31176	4331	28996	145717	4.67
93	0.15347	26845	4120	24764	116721	4.35
94	0.16868	22725	3833	20782	91957	4.05
95	0.18459	18892	3487	17117	71175	3.77
96	0.20120	15405	3099	13821	54058	3.51
97	0.21853	12305	2689	10926	40236	3.27
98	0.23657	9616	2275	8445	29310	3.05
99	0.25533	7341	1874	6372	20866	2.84
100−	1.00000	5467	5467	14494	14494	2.65

平成14年簡易生命表（2002）
男（MALE）

年齢	死亡率	生存数	死亡数	定常人口		平均余命
x	nq_x	l_x	nd_x	nL_x	T_x	$\overset{\circ}{e}_x$
0 （週）	0.00127	100000	127	1915	7832131	78.32
1 （w）	0.00024	99873	24	1914	7830216	78.40
2	0.00015	99849	15	1913	7828303	78.40
3	0.00010	99834	10	1913	7826389	78.39
4	0.00036	99823	36	8983	7824476	78.38
2 （月）	0.00015	99788	15	8315	7815493	78.32
3 （m）	0.00044	99773	44	24938	7807178	78.25
6	0.00049	99729	49	49850	7782240	78.03
0 （年）	0.00320	100000	320	99742	7832131	78.32
1 （y）	0.00046	99680	46	99654	7732390	77.57
2	0.00032	99634	32	99618	7632736	76.61
3	0.00022	99602	22	99591	7533118	75.63
4	0.00017	99580	16	99572	7433528	74.65
5	0.00015	99564	15	99556	7333956	73.66
6	0.00015	99549	15	99541	7234399	72.67
7	0.00014	99534	14	99527	7134858	71.68
8	0.00012	99520	12	99514	7035331	70.69
9	0.00010	99508	10	99503	6935817	69.70
10	0.00009	99499	9	99494	6836313	68.71
11	0.00009	99490	9	99485	6736819	67.71
12	0.00010	99481	10	99476	6637334	66.72
13	0.00013	99470	13	99464	6537858	65.73
14	0.00019	99457	18	99449	6438394	64.74
15	0.00026	99439	26	99426	6338945	63.75
16	0.00035	99413	34	99396	6239519	62.76
17	0.00043	99378	43	99358	6140122	61.79
18	0.00050	99336	49	99312	6040764	60.81
19	0.00055	99287	55	99260	5941453	59.84
20	0.00059	99232	59	99203	5842193	58.87
21	0.00062	99173	61	99143	5742991	57.91
22	0.00062	99112	61	99081	5643848	56.94
23	0.00061	99051	61	99020	5544767	55.98
24	0.00061	98990	61	98959	5445747	55.01
25	0.00062	98929	61	98898	5346787	54.05
26	0.00062	98868	62	98837	5247889	53.08
27	0.00064	98806	63	98775	5149052	52.11
28	0.00065	98743	64	98711	5050277	51.15
29	0.00067	98679	66	98646	4951566	50.18
30	0.00072	98613	71	98578	4852920	49.21
31	0.00078	98542	77	98504	4754342	48.25
32	0.00083	98465	81	98425	4655838	47.28
33	0.00087	98384	86	98341	4557413	46.32
34	0.00092	98298	90	98253	4459072	45.36
35	0.00097	98208	95	98161	4360818	44.40
36	0.00104	98112	102	98062	4262658	43.45
37	0.00112	98011	110	97956	4164596	42.49
38	0.00122	97900	120	97841	4066640	41.54
39	0.00133	97781	130	97716	3968798	40.59
40	0.00146	97650	142	97580	3871082	39.64
41	0.00160	97508	156	97431	3773502	38.70
42	0.00173	97352	169	97269	3676071	37.76
43	0.00189	97183	183	97093	3578803	36.83
44	0.00207	97000	201	96901	3481710	35.89
45	0.00227	96799	220	96691	3384809	34.97
46	0.00248	96579	239	96461	3288119	34.05
47	0.00272	96340	262	96211	3191658	33.13
48	0.00301	96077	289	95935	3095447	32.22
49	0.00334	95788	320	95631	2999512	31.31

年齢	死亡率	生存数	死亡数	定常人口		平均余命
x	$_nq_x$	l_x	$_nd_x$	$_nL_x$	T_x	$\overset{\circ}{e}_x$
50	0.00373	95468	357	95293	2903880	30.42
51	0.00417	95112	396	94917	2808587	29.53
52	0.00464	94715	439	94499	2713670	28.65
53	0.00511	94276	482	94038	2619171	27.78
54	0.00556	93794	522	93536	2525133	26.92
55	0.00603	93272	563	92994	2431597	26.07
56	0.00656	92709	608	92409	2338602	25.23
57	0.00713	92102	656	91777	2246193	24.39
58	0.00772	91445	706	91096	2154415	23.56
59	0.00831	90739	754	90366	2063319	22.74
60	0.00887	89985	798	89590	1972953	21.93
61	0.00950	89187	847	88768	1883363	21.12
62	0.01028	88340	908	87892	1794595	20.31
63	0.01124	87432	983	86947	1706703	19.52
64	0.01232	86449	1065	85923	1619756	18.74
65	0.01356	85384	1157	84813	1533833	17.96
66	0.01497	84226	1261	83605	1449020	17.20
67	0.01661	82965	1378	82286	1365415	16.46
68	0.01848	81587	1508	80844	1283129	15.73
69	0.02048	80079	1640	79270	1202285	15.01
70	0.02255	78439	1769	77565	1123015	14.32
71	0.02481	76670	1902	75730	1045450	13.64
72	0.02735	74768	2045	73757	969719	12.97
73	0.03017	72723	2194	71638	895962	12.32
74	0.03319	70529	2341	69371	824324	11.69
75	0.03645	68188	2485	66958	754953	11.07
76	0.04006	65703	2632	64399	687995	10.47
77	0.04420	63071	2788	61691	623596	9.89
78	0.04911	60283	2961	58817	561905	9.32
79	0.05447	57322	3123	55774	503088	8.78
80	0.06026	54200	3266	52578	447315	8.25
81	0.06667	50934	3396	49246	394737	7.75
82	0.07402	47538	3519	45788	345491	7.27
83	0.08237	44019	3626	42215	299702	6.81
84	0.09182	40393	3709	38544	257488	6.37
85	0.10212	36685	3746	34812	218943	5.97
86	0.11266	32938	3711	31073	184132	5.59
87	0.12245	29228	3579	27430	153059	5.24
88	0.13470	25649	3455	23908	125628	4.90
89	0.14748	22194	3273	20540	101720	4.58
90	0.16080	18921	3042	17378	81180	4.29
91	0.17468	15878	2774	14468	63802	4.02
92	0.18912	13105	2478	11840	49334	3.76
93	0.20413	10626	2169	9516	37494	3.53
94	0.21972	8457	1858	7502	27978	3.31
95	0.23589	6599	1557	5796	20476	3.10
96	0.25264	5042	1274	4383	14680	2.91
97	0.26997	3768	1017	3240	10297	2.73
98	0.28789	2751	792	2338	7058	2.57
99	0.30637	1959	600	1644	4720	2.41
100-	1.00000	1359	1359	3075	3075	2.26

平成14年簡易生命表（2002）
女（FEMALE）

年齢	死亡率	生存数	死亡数	定常人口		平均余命
x	$_nq_x$	l_x	$_nd_x$	$_nL_x$	T_x	$\overset{\circ}{e}_x$
0 （週）	0.00111	100000	111	1915	8522902	85.23
1 （w）	0.00020	99889	20	1914	8520987	85.30
2	0.00017	99869	17	1914	8519073	85.30
3	0.00011	99852	11	1914	8517159	85.30
4	0.00027	99841	27	8985	8515246	85.29
2 （月）	0.00016	99815	16	8317	8506261	85.22
3 （m）	0.00042	99799	42	24944	8497943	85.15
6	0.00040	99757	40	49867	8472999	84.94
0 （年）	0.00283	100000	283	99770	8522902	85.23
1 （y）	0.00040	99717	40	99695	8423133	84.47
2	0.00028	99677	28	99663	8323437	83.50
3	0.00019	99649	19	99639	8223774	82.53
4	0.00014	99630	14	99622	8124135	81.54
5	0.00012	99616	12	99609	8024513	80.55
6	0.00012	99603	12	99597	7924904	79.56
7	0.00011	99591	11	99586	7825306	78.57
8	0.00010	99581	10	99576	7725720	77.58
9	0.00009	99571	9	99566	7626145	76.59
10	0.00008	99562	8	99557	7526579	75.60
11	0.00008	99553	8	99549	7427021	74.60
12	0.00008	99546	8	99542	7327472	73.61
13	0.00008	99538	8	99534	7227930	72.61
14	0.00010	99529	10	99525	7128397	71.62
15	0.00013	99519	13	99513	7028872	70.63
16	0.00016	99507	16	99499	6929358	69.64
17	0.00019	99491	19	99482	6829859	68.65
18	0.00021	99472	21	99462	6730377	67.66
19	0.00023	99451	23	99440	6630915	66.68
20	0.00024	99428	24	99416	6531475	65.69
21	0.00026	99404	25	99391	6432059	64.71
22	0.00026	99378	26	99365	6332668	63.72
23	0.00027	99352	26	99339	6233303	62.74
24	0.00026	99326	26	99313	6133964	61.76
25	0.00027	99299	26	99286	6034651	60.77
26	0.00028	99273	28	99259	5935365	59.79
27	0.00029	99245	29	99231	5836106	58.80
28	0.00032	99216	31	99201	5736875	57.82
29	0.00034	99185	34	99168	5637674	56.84
30	0.00036	99151	36	99133	5538506	55.86
31	0.00039	99115	39	99096	5439373	54.88
32	0.00042	99076	42	99056	5340277	53.90
33	0.00045	99035	45	99013	5241221	52.92
34	0.00049	98990	49	98966	5142208	51.95
35	0.00053	98941	52	98916	5043242	50.97
36	0.00056	98889	56	98862	4944327	50.00
37	0.00060	98834	59	98804	4845465	49.03
38	0.00064	98775	63	98743	4746661	48.06
39	0.00069	98711	68	98678	4647917	47.09
40	0.00075	98643	74	98607	4549239	46.12
41	0.00081	98570	80	98530	4450632	45.15
42	0.00087	98490	85	98448	4352102	44.19
43	0.00094	98405	93	98359	4253654	43.23
44	0.00103	98312	101	98262	4155295	42.27
45	0.00113	98211	111	98156	4057033	41.31
46	0.00124	98099	122	98039	3958877	40.36
47	0.00137	97977	134	97911	3860838	39.41
48	0.00151	97843	148	97771	3762927	38.46
49	0.00167	97696	163	97615	3665156	37.52

年齢	死亡率	生存数	死亡数	定常人口		平均余命
x	$_nq_x$	l_x	$_nd_x$	$_nL_x$	T_x	$\overset{\circ}{e}_x$
50	0.00183	97533	179	97445	3567541	36.58
51	0.00199	97354	194	97258	3470096	35.64
52	0.00216	97160	210	97056	3372838	34.71
53	0.00234	96950	227	96837	3275782	33.79
54	0.00251	96723	243	96602	3178944	32.87
55	0.00269	96479	259	96351	3082342	31.95
56	0.00286	96220	275	96084	2985991	31.03
57	0.00305	95945	293	95800	2889907	30.12
58	0.00326	95652	311	95498	2794107	29.21
59	0.00348	95340	332	95176	2698610	28.31
60	0.00372	95008	354	94834	2603434	27.40
61	0.00402	94655	381	94467	2508600	26.50
62	0.00437	94274	412	94071	2414133	25.61
63	0.00479	93862	450	93640	2320062	24.72
64	0.00525	93412	491	93171	2226422	23.83
65	0.00576	92922	535	92658	2133251	22.96
66	0.00632	92387	584	92099	2040593	22.09
67	0.00696	91803	639	91488	1948494	21.22
68	0.00771	91164	702	90818	1857006	20.37
69	0.00856	90461	774	90080	1766187	19.52
70	0.00951	89687	853	89267	1676107	18.69
71	0.01055	88834	937	88372	1586840	17.86
72	0.01165	87897	1024	87393	1498467	17.05
73	0.01290	86873	1121	86321	1411075	16.24
74	0.01437	85752	1232	85146	1324754	15.45
75	0.01614	84520	1365	83850	1239608	14.67
76	0.01827	83156	1519	82410	1155758	13.90
77	0.02076	81637	1695	80805	1073348	13.15
78	0.02372	79942	1896	79012	992543	12.42
79	0.02709	78046	2115	77007	913531	11.71
80	0.03090	75931	2347	74778	836524	11.02
81	0.03517	73585	2588	72312	761746	10.35
82	0.04005	70997	2844	69597	689434	9.71
83	0.04559	68153	3107	66622	619837	9.09
84	0.05194	65047	3379	63380	553215	8.50
85	0.05911	61668	3645	59866	489835	7.94
86	0.06691	58023	3883	56099	429969	7.41
87	0.07529	54140	4076	52117	373870	6.91
88	0.08480	50064	4245	47954	321753	6.43
89	0.09577	45818	4388	43634	273799	5.98
90	0.10803	41430	4476	39197	230165	5.56
91	0.12138	36955	4486	34705	190968	5.17
92	0.13390	32469	4348	30283	156263	4.81
93	0.14783	28121	4157	26024	125980	4.48
94	0.16247	23964	3893	21993	99957	4.17
95	0.17784	20071	3569	18257	77964	3.88
96	0.19396	16501	3201	14869	59707	3.62
97	0.21085	13301	2804	11865	44838	3.37
98	0.22851	10496	2399	9263	32973	3.14
99	0.24695	8098	2000	7065	23710	2.93
100–	1.00000	6098	6098	16644	16644	2.73

平成15年簡易生命表（2003）
男（MALE）

年齢	死亡率	生存数	死亡数	定常人口		平均余命
x	nq_x	l_x	nd_x	nL_x	T_x	$\overset{\circ}{e}_x$
0　(週)	0.00117	100000	117	1917	7835969	78.36
1　(w)	0.00023	99883	23	1915	7834052	78.43
2	0.00015	99860	15	1914	7832136	78.43
3	0.00014	99845	14	1914	7830222	78.42
4	0.00031	99831	31	8986	7828308	78.42
2　(月)	0.00021	99800	21	8318	7819323	78.35
3　(m)	0.00044	99779	44	24945	7811005	78.28
6	0.00043	99735	43	49881	7786060	78.07
0　(年)	0.00308	100000	308	99790	7835969	78.36
1　(y)	0.00038	99692	38	99670	7736179	77.60
2	0.00028	99654	28	99637	7636509	76.63
3	0.00021	99626	21	99615	7536872	75.65
4	0.00017	99605	17	99596	7437257	74.67
5	0.00016	99588	16	99580	7337661	73.68
6	0.00014	99572	14	99565	7238081	72.69
7	0.00012	99558	12	99552	7138516	71.70
8	0.00010	99547	10	99541	7038964	70.71
9	0.00009	99537	9	99532	6939422	69.72
10	0.00009	99528	9	99523	6839890	68.72
11	0.00010	99518	10	99514	6740367	67.73
12	0.00011	99509	11	99503	6640854	66.74
13	0.00013	99498	13	99492	6541350	65.74
14	0.00018	99485	17	99477	6441859	64.75
15	0.00025	99467	25	99456	6342382	63.76
16	0.00033	99443	33	99427	6242926	62.78
17	0.00042	99410	42	99390	6143499	61.80
18	0.00048	99368	48	99345	6044110	60.83
19	0.00052	99320	52	99295	5944765	59.85
20	0.00055	99268	54	99241	5845471	58.89
21	0.00057	99214	56	99186	5746229	57.92
22	0.00059	99158	58	99129	5647043	56.95
23	0.00061	99100	60	99070	5547914	55.98
24	0.00062	99039	62	99009	5448845	55.02
25	0.00064	98977	64	98946	5349836	54.05
26	0.00067	98914	66	98881	5250891	53.09
27	0.00070	98847	69	98813	5152010	52.12
28	0.00072	98778	71	98743	5053197	51.16
29	0.00074	98707	73	98671	4954454	50.19
30	0.00076	98634	75	98597	4855784	49.23
31	0.00080	98559	78	98521	4757187	48.27
32	0.00085	98481	84	98440	4658666	47.31
33	0.00090	98397	89	98353	4560226	46.35
34	0.00095	98308	93	98262	4461873	45.39
35	0.00099	98215	98	98167	4363611	44.43
36	0.00105	98117	103	98066	4265445	43.47
37	0.00113	98014	111	97960	4167378	42.52
38	0.00124	97903	121	97844	4069419	41.57
39	0.00136	97782	133	97717	3971575	40.62
40	0.00150	97649	147	97577	3873858	39.67
41	0.00164	97502	160	97423	3776282	38.73
42	0.00179	97342	174	97256	3678859	37.79
43	0.00197	97168	191	97074	3581603	36.86
44	0.00216	96977	209	96874	3484529	35.93
45	0.00236	96767	228	96655	3387656	35.01
46	0.00256	96539	247	96417	3291001	34.09
47	0.00277	96292	267	96161	3194584	33.18
48	0.00304	96025	292	95882	3098423	32.27
49	0.00338	95733	323	95575	3002542	31.36

年齢	死亡率	生存数	死亡数	定常人口		平均余命
x	$_nq_x$	l_x	$_nd_x$	$_nL_x$	T_x	$\overset{\circ}{e}_x$
50	0.00377	95410	360	95233	2906967	30.47
51	0.00419	95050	398	94854	2811734	29.58
52	0.00462	94652	437	94437	2716880	28.70
53	0.00509	94215	479	93979	2622443	27.83
54	0.00555	93735	521	93479	2528464	26.97
55	0.00603	93215	562	92937	2434986	26.12
56	0.00655	92653	607	92353	2342048	25.28
57	0.00712	92046	655	91722	2249695	24.44
58	0.00772	91391	706	91042	2157973	23.61
59	0.00835	90685	757	90311	2066931	22.79
60	0.00901	89928	810	89527	1976620	21.98
61	0.00965	89118	860	88692	1887093	21.18
62	0.01036	88258	915	87805	1798401	20.38
63	0.01118	87343	977	86860	1710596	19.58
64	0.01211	86366	1046	85849	1623736	18.80
65	0.01323	85320	1129	84764	1537887	18.02
66	0.01461	84192	1230	83586	1453123	17.26
67	0.01626	82962	1349	82298	1369537	16.51
68	0.01811	81613	1478	80885	1287239	15.77
69	0.02016	80134	1615	79338	1206355	15.05
70	0.02233	78519	1753	77654	1127017	14.35
71	0.02466	76766	1893	75831	1049363	13.67
72	0.02718	74873	2035	73867	973532	13.00
73	0.02980	72838	2171	71763	899665	12.35
74	0.03267	70667	2309	69524	827901	11.72
75	0.03588	68358	2453	67144	758377	11.09
76	0.03963	65905	2612	64613	691233	10.49
77	0.04397	63293	2783	61916	626620	9.90
78	0.04868	60510	2946	59051	564704	9.33
79	0.05402	57565	3110	56023	505653	8.78
80	0.05980	54455	3257	52839	449630	8.26
81	0.06624	51199	3391	49514	396791	7.75
82	0.07363	47807	3520	46058	347277	7.26
83	0.08210	44287	3636	42477	301220	6.80
84	0.09131	40651	3712	38800	258742	6.36
85	0.10119	36939	3738	35070	219943	5.95
86	0.11182	33201	3712	31339	184872	5.57
87	0.12307	29489	3629	27667	153533	5.21
88	0.13571	25860	3509	24092	125866	4.87
89	0.14880	22350	3326	20670	101773	4.55
90	0.16237	19025	3089	17458	81104	4.26
91	0.17642	15936	2811	14505	63645	3.99
92	0.19094	13124	2506	11845	49140	3.74
93	0.20595	10618	2187	9498	37295	3.51
94	0.22144	8431	1867	7472	27797	3.30
95	0.23742	6564	1559	5760	20325	3.10
96	0.25388	5006	1271	4348	14565	2.91
97	0.27081	3735	1011	3209	10217	2.74
98	0.28822	2724	785	2314	7008	2.57
99	0.30609	1939	593	1627	4695	2.42
100-	1.00000	1345	1345	3067	3067	2.28

平成15年簡易生命表（2003）
女（FEMALE）

年齢 x	死亡率 $_nq_x$	生存数 l_x	死亡数 $_nd_x$	定常人口		平均余命 $\overset{\circ}{e}_x$
				$_nL_x$	T_x	
0 （週）	0.00115	100000	115	1917	8532705	85.33
1 （w）	0.00023	99885	23	1915	8530788	85.41
2	0.00016	99862	16	1914	8528872	85.41
3	0.00012	99847	12	1914	8526958	85.40
4	0.00031	99835	31	8986	8525045	85.39
2 （月）	0.00016	99804	16	8318	8516059	85.33
3 （m）	0.00037	99788	37	24947	8507740	85.26
6	0.00039	99751	39	49887	8482793	85.04
0 （年）	0.00287	100000	287	99799	8532705	85.33
1 （y）	0.00036	99713	36	99693	8432906	84.57
2	0.00026	99677	26	99661	8333213	83.60
3	0.00019	99650	19	99640	8233552	82.62
4	0.00015	99631	14	99624	8133912	81.64
5	0.00012	99617	12	99611	8034288	80.65
6	0.00011	99605	11	99599	7934678	79.66
7	0.00010	99594	10	99589	7835078	78.67
8	0.00009	99584	9	99579	7735490	77.68
9	0.00008	99575	8	99571	7635910	76.68
10	0.00008	99567	8	99563	7536339	75.69
11	0.00009	99559	8	99555	7436776	74.70
12	0.00009	99551	9	99546	7337221	73.70
13	0.00010	99541	10	99536	7237676	72.71
14	0.00011	99531	11	99526	7138139	71.72
15	0.00013	99520	13	99513	7038614	70.73
16	0.00017	99507	16	99499	6939100	69.74
17	0.00020	99490	20	99480	6839602	68.75
18	0.00023	99470	23	99459	6740121	67.76
19	0.00024	99448	24	99436	6640662	66.78
20	0.00025	99424	24	99411	6541227	65.79
21	0.00025	99399	25	99387	6441815	64.81
22	0.00026	99374	25	99362	6342429	63.82
23	0.00027	99349	27	99336	6243067	62.84
24	0.00029	99322	28	99308	6143731	61.86
25	0.00030	99294	29	99279	6044423	60.87
26	0.00031	99264	30	99249	5945144	59.89
27	0.00031	99234	31	99218	5845895	58.91
28	0.00032	99203	32	99187	5746677	57.93
29	0.00034	99171	34	99154	5647490	56.95
30	0.00037	99137	36	99119	5548336	55.97
31	0.00039	99100	39	99081	5449218	54.99
32	0.00042	99062	41	99042	5350136	54.01
33	0.00045	99021	44	98999	5251095	53.03
34	0.00048	98976	47	98953	5152096	52.05
35	0.00051	98929	51	98904	5053143	51.08
36	0.00055	98878	55	98851	4954239	50.10
37	0.00060	98824	59	98795	4855388	49.13
38	0.00064	98765	64	98734	4756593	48.16
39	0.00069	98701	68	98668	4657859	47.19
40	0.00074	98633	73	98597	4559192	46.22
41	0.00079	98560	78	98522	4460595	45.26
42	0.00086	98483	85	98441	4362072	44.29
43	0.00095	98398	93	98352	4263631	43.33
44	0.00104	98305	102	98255	4165279	42.37
45	0.00114	98203	112	98148	4067024	41.41
46	0.00123	98091	120	98032	3968876	40.46
47	0.00133	97971	131	97906	3870845	39.51
48	0.00146	97840	143	97770	3772938	38.56
49	0.00161	97697	157	97620	3675169	37.62

年齢	死亡率	生存数	死亡数	定常人口		平均余命
x	$_nq_x$	l_x	$_nd_x$	$_nL_x$	T_x	$\overset{\circ}{e}_x$
50	0.00177	97540	173	97455	3577549	36.68
51	0.00194	97367	189	97274	3480094	35.74
52	0.00212	97179	206	97077	3382819	34.81
53	0.00232	96972	225	96861	3285742	33.88
54	0.00252	96747	244	96627	3188881	32.96
55	0.00270	96504	261	96375	3092254	32.04
56	0.00287	96243	276	96106	2995879	31.13
57	0.00302	95967	290	95824	2899773	30.22
58	0.00320	95677	306	95526	2803950	29.31
59	0.00341	95371	325	95211	2708424	28.40
60	0.00367	95046	348	94874	2613213	27.49
61	0.00394	94698	373	94513	2518339	26.59
62	0.00427	94325	403	94126	2423826	25.70
63	0.00465	93922	437	93707	2329700	24.80
64	0.00508	93485	475	93251	2235993	23.92
65	0.00556	93010	517	92755	2142742	23.04
66	0.00609	92493	563	92215	2049986	22.16
67	0.00670	91930	616	91627	1957771	21.30
68	0.00746	91313	682	90979	1866144	20.44
69	0.00835	90632	757	90260	1775166	19.59
70	0.00934	89875	839	89463	1684905	18.75
71	0.01039	89036	925	88581	1595443	17.92
72	0.01153	88111	1016	87611	1506861	17.10
73	0.01278	87096	1113	86548	1419250	16.30
74	0.01425	85983	1225	85380	1332702	15.50
75	0.01595	84757	1352	84092	1247323	14.72
76	0.01795	83405	1497	82670	1163230	13.95
77	0.02031	81908	1663	81091	1080560	13.19
78	0.02308	80245	1852	79336	999469	12.46
79	0.02643	78393	2072	77376	920133	11.74
80	0.03027	76321	2311	75186	842757	11.04
81	0.03463	74011	2563	72751	767571	10.37
82	0.03956	71448	2827	70057	694820	9.72
83	0.04526	68621	3106	67092	624763	9.10
84	0.05175	65515	3390	63844	557671	8.51
85	0.05907	62125	3670	60313	493827	7.95
86	0.06715	58455	3925	56512	433515	7.42
87	0.07580	54530	4133	52478	377003	6.91
88	0.08504	50397	4286	48265	324524	6.44
89	0.09548	46111	4403	43917	276259	5.99
90	0.10704	41708	4465	39478	232342	5.57
91	0.11969	37244	4458	35020	192863	5.18
92	0.13595	32786	4457	30543	157843	4.81
93	0.14979	28329	4243	26186	127300	4.49
94	0.16410	24085	3952	22082	101114	4.20
95	0.17887	20133	3601	18301	79032	3.93
96	0.19412	16532	3209	14893	60731	3.67
97	0.20984	13323	2796	11890	45837	3.44
98	0.22603	10527	2379	9303	33947	3.22
99	0.24268	8148	1977	7127	24644	3.02
100-	1.00000	6170	6170	17518	17518	2.84

平成16年簡易生命表（2004）
男（MALE）

年齢	死亡率	生存数	死亡数	定常人口		平均余命
x	$_nq_x$	l_x	$_nd_x$	$_nL_x$	T_x	$\overset{\circ}{e}_x$
0 （週）	0.00115	100000	115	1917	7863631	78.64
1 （w）	0.00020	99885	20	1915	7861714	78.71
2	0.00014	99865	14	1914	7859798	78.70
3	0.00011	99851	11	1914	7857884	78.70
4	0.00035	99841	35	8986	7855971	78.68
2 （月）	0.00017	99806	17	8319	7846984	78.62
3 （m）	0.00042	99789	42	24947	7838665	78.55
6	0.00048	99747	48	49887	7813719	78.34
0 （年）	0.00301	100000	301	99799	7863631	78.64
1 （y）	0.00044	99699	44	99676	7763832	77.87
2	0.00031	99656	31	99637	7664156	76.91
3	0.00022	99624	22	99613	7564519	75.93
4	0.00016	99603	16	99594	7464906	74.95
5	0.00014	99587	14	99579	7365312	73.96
6	0.00014	99572	14	99566	7265733	72.97
7	0.00013	99559	13	99552	7166167	71.98
8	0.00012	99546	11	99540	7066615	70.99
9	0.00010	99535	10	99530	6967074	70.00
10	0.00009	99525	9	99520	6867545	69.00
11	0.00009	99516	9	99511	6768025	68.01
12	0.00011	99506	11	99501	6668513	67.02
13	0.00013	99496	13	99489	6569012	66.02
14	0.00017	99483	17	99474	6469523	65.03
15	0.00022	99465	22	99455	6370048	64.04
16	0.00029	99443	29	99429	6270594	63.06
17	0.00037	99414	37	99396	6171165	62.08
18	0.00044	99377	44	99356	6071769	61.10
19	0.00050	99334	50	99309	5972413	60.12
20	0.00054	99284	54	99257	5873104	59.15
21	0.00057	99230	56	99202	5773847	58.19
22	0.00058	99173	58	99145	5674645	57.22
23	0.00060	99115	59	99086	5575501	56.25
24	0.00060	99056	60	99026	5476415	55.29
25	0.00061	98996	60	98966	5377388	54.32
26	0.00062	98936	62	98905	5278422	53.35
27	0.00064	98874	63	98843	5179517	52.38
28	0.00067	98811	66	98778	5080674	51.42
29	0.00071	98745	70	98710	4981896	50.45
30	0.00075	98674	74	98638	4883186	49.49
31	0.00078	98601	77	98562	4784548	48.52
32	0.00082	98524	81	98483	4685986	47.56
33	0.00087	98442	86	98400	4587502	46.60
34	0.00093	98357	91	98311	4489102	45.64
35	0.00100	98265	98	98217	4390791	44.68
36	0.00107	98167	105	98115	4292574	43.73
37	0.00114	98062	112	98007	4194459	42.77
38	0.00122	97950	119	97891	4096453	41.82
39	0.00132	97831	129	97768	3998561	40.87
40	0.00144	97702	141	97633	3900794	39.93
41	0.00157	97561	153	97486	3803161	38.98
42	0.00172	97408	167	97326	3705675	38.04
43	0.00188	97241	183	97151	3608350	37.11
44	0.00208	97058	202	96958	3511199	36.18
45	0.00232	96856	224	96745	3414240	35.25
46	0.00254	96631	245	96510	3317495	34.33
47	0.00274	96386	264	96256	3220985	33.42
48	0.00295	96122	283	95982	3124729	32.51
49	0.00321	95839	308	95687	3028747	31.60

年齢	死亡率	生存数	死亡数	定常人口		平均余命
x	$_nq_x$	l_x	$_nd_x$	$_nL_x$	T_x	$\overset{\circ}{e}_x$
50	0.00356	95531	340	95363	2933060	30.70
51	0.00397	95190	378	95004	2837697	29.81
52	0.00441	94812	418	94607	2742692	28.93
53	0.00485	94394	457	94169	2648086	28.05
54	0.00531	93937	499	93691	2553917	27.19
55	0.00579	93438	541	93171	2460226	26.33
56	0.00630	92897	585	92608	2367055	25.48
57	0.00689	92312	636	91998	2274447	24.64
58	0.00753	91676	690	91335	2182449	23.81
59	0.00820	90986	746	90617	2091113	22.98
60	0.00890	90239	803	89842	2000496	22.17
61	0.00961	89436	860	89011	1910654	21.36
62	0.01029	88576	911	88125	1821643	20.57
63	0.01104	87665	968	87186	1733518	19.77
64	0.01193	86697	1034	86186	1646332	18.99
65	0.01299	85663	1113	85114	1560146	18.21
66	0.01425	84550	1205	83956	1475032	17.45
67	0.01574	83345	1312	82699	1391076	16.69
68	0.01744	82033	1431	81328	1308378	15.95
69	0.01937	80602	1562	79833	1227050	15.22
70	0.02157	79041	1705	78200	1147217	14.51
71	0.02389	77336	1848	76424	1069017	13.82
72	0.02637	75488	1991	74505	992593	13.15
73	0.02910	73497	2139	72440	918088	12.49
74	0.03206	71358	2288	70227	845648	11.85
75	0.03537	69070	2443	67862	775421	11.23
76	0.03911	66628	2605	65339	707559	10.62
77	0.04338	64022	2777	62648	642220	10.03
78	0.04824	61245	2955	59781	579572	9.46
79	0.05343	58290	3115	56745	519791	8.92
80	0.05912	55175	3262	53555	463046	8.39
81	0.06503	51913	3376	50234	409490	7.89
82	0.07165	48537	3478	46807	359256	7.40
83	0.07939	45059	3577	43279	312450	6.93
84	0.08839	41482	3667	39655	269171	6.49
85	0.09846	37816	3723	35956	229516	6.07
86	0.10891	34092	3713	32232	193560	5.68
87	0.12029	30379	3654	28547	161328	5.31
88	0.13286	26725	3551	24938	132781	4.97
89	0.14578	23174	3378	21468	107843	4.65
90	0.15906	19796	3149	18200	86375	4.36
91	0.17268	16647	2875	15186	68175	4.10
92	0.18665	13773	2571	12461	52989	3.85
93	0.20096	11202	2251	10050	40528	3.62
94	0.21563	8951	1930	7959	30478	3.41
95	0.23063	7021	1619	6186	22519	3.21
96	0.24598	5402	1329	4714	16333	3.02
97	0.26165	4073	1066	3519	11619	2.85
98	0.27765	3007	835	2572	8100	2.69
99	0.29397	2172	639	1838	5528	2.54
100-	1.00000	1534	1534	3690	3690	2.41

平成16年簡易生命表（2004）
女（FEMALE）

年齢	死亡率	生存数	死亡数	定常人口		平均余命
x	nq_x	l_x	nd_x	nL_x	T_x	$\overset{\circ}{e}_x$
0 （週）	0.00098	100000	98	1917	8558879	85.59
1 （w）	0.00014	99902	14	1916	8556962	85.65
2	0.00012	99888	12	1914	8555047	85.65
3	0.00008	99876	8	1914	8553132	85.64
4	0.00027	99868	27	8989	8551218	85.63
2 （月）	0.00016	99841	16	8321	8542229	85.56
3 （m）	0.00042	99825	42	24956	8533908	85.49
6	0.00043	99783	42	49905	8508951	85.27
0 （年）	0.00259	100000	259	99832	8558879	85.59
1 （y）	0.00035	99741	35	99720	8459047	84.81
2	0.00025	99706	25	99691	8359326	83.84
3	0.00017	99681	17	99672	8259636	82.86
4	0.00012	99664	12	99658	8159963	81.87
5	0.00010	99652	10	99647	8060306	80.88
6	0.00009	99642	9	99638	7960659	79.89
7	0.00008	99633	8	99629	7861021	78.90
8	0.00007	99626	7	99622	7761392	77.91
9	0.00007	99618	7	99615	7661770	76.91
10	0.00006	99612	6	99608	7562155	75.92
11	0.00006	99605	6	99602	7462547	74.92
12	0.00007	99599	7	99596	7362945	73.93
13	0.00008	99592	8	99588	7263349	72.93
14	0.00010	99584	10	99579	7163761	71.94
15	0.00013	99574	13	99568	7064181	70.94
16	0.00016	99561	16	99553	6964613	69.95
17	0.00020	99545	19	99535	6865060	68.96
18	0.00022	99525	22	99514	6765525	67.98
19	0.00024	99503	24	99491	6666011	66.99
20	0.00025	99479	25	99467	6566520	66.01
21	0.00026	99454	26	99441	6467053	65.03
22	0.00027	99428	27	99415	6367612	64.04
23	0.00028	99401	27	99388	6268197	63.06
24	0.00028	99374	28	99360	6168809	62.08
25	0.00028	99346	28	99333	6069449	61.09
26	0.00028	99319	28	99305	5970117	60.11
27	0.00030	99290	30	99276	5870812	59.13
28	0.00033	99260	33	99244	5771537	58.15
29	0.00035	99228	35	99210	5672293	57.16
30	0.00036	99193	36	99175	5573082	56.18
31	0.00038	99157	37	99138	5473907	55.20
32	0.00040	99120	39	99100	5374768	54.23
33	0.00043	99080	43	99059	5275668	53.25
34	0.00048	99037	47	99014	5176609	52.27
35	0.00052	98990	51	98965	5077595	51.29
36	0.00056	98939	55	98911	4978630	50.32
37	0.00061	98883	60	98854	4879719	49.35
38	0.00065	98824	65	98792	4780865	48.38
39	0.00071	98759	70	98724	4682073	47.41
40	0.00077	98689	76	98651	4583349	46.44
41	0.00082	98613	80	98573	4484698	45.48
42	0.00086	98532	85	98490	4386125	44.51
43	0.00092	98448	91	98403	4287634	43.55
44	0.00099	98357	98	98308	4189231	42.59
45	0.00109	98259	107	98206	4090923	41.63
46	0.00121	98152	119	98094	3992717	40.68
47	0.00136	98033	133	97967	3894623	39.73
48	0.00151	97900	148	97827	3796656	38.78
49	0.00165	97752	161	97672	3698829	37.84

年齢	死亡率	生存数	死亡数	定常人口		平均余命
x	$_nq_x$	l_x	$_nd_x$	$_nL_x$	T_x	$\overset{\circ}{e}_x$
50	0.00179	97591	174	97505	3601156	36.90
51	0.00194	97416	189	97323	3503652	35.97
52	0.00212	97228	206	97126	3406329	35.03
53	0.00234	97022	227	96910	3309202	34.11
54	0.00257	96794	249	96672	3212293	33.19
55	0.00277	96546	268	96413	3115621	32.27
56	0.00293	96278	283	96138	3019208	31.36
57	0.00309	95995	297	95848	2923070	30.45
58	0.00326	95699	312	95544	2827222	29.54
59	0.00345	95387	329	95224	2731678	28.64
60	0.00367	95058	349	94885	2636454	27.74
61	0.00393	94709	372	94525	2541568	26.84
62	0.00423	94337	399	94140	2447044	25.94
63	0.00459	93938	431	93725	2352904	25.05
64	0.00500	93507	468	93276	2259179	24.16
65	0.00546	93039	508	92789	2165902	23.28
66	0.00596	92531	552	92259	2073114	22.40
67	0.00656	91980	603	91682	1980854	21.54
68	0.00725	91376	662	91050	1889172	20.67
69	0.00804	90714	729	90355	1798122	19.82
70	0.00897	89985	807	89588	1707766	18.98
71	0.01000	89178	892	88739	1618178	18.15
72	0.01112	88286	982	87803	1529439	17.32
73	0.01238	87304	1081	86772	1441636	16.51
74	0.01383	86223	1193	85637	1354864	15.71
75	0.01552	85031	1320	84382	1269227	14.93
76	0.01743	83711	1459	82993	1184845	14.15
77	0.01968	82252	1619	81456	1101852	13.40
78	0.02235	80633	1802	79748	1020395	12.65
79	0.02546	78831	2007	77845	940648	11.93
80	0.02919	76823	2242	75722	862802	11.23
81	0.03334	74581	2486	73358	787080	10.55
82	0.03802	72095	2741	70746	713722	9.90
83	0.04341	69354	3010	67872	642976	9.27
84	0.04971	66343	3298	64719	575104	8.67
85	0.05701	63045	3594	61273	510385	8.10
86	0.06518	59451	3875	57535	449112	7.55
87	0.07394	55576	4109	53539	391577	7.05
88	0.08323	51467	4284	49337	338038	6.57
89	0.09303	47183	4389	44996	288702	6.12
90	0.10416	42794	4457	40569	243706	5.69
91	0.11643	38337	4464	36107	203137	5.30
92	0.13123	33873	4445	31642	167030	4.93
93	0.14552	29428	4282	27269	135389	4.60
94	0.16005	25146	4025	23109	108119	4.30
95	0.17482	21121	3692	19245	85011	4.02
96	0.18982	17429	3308	15741	65766	3.77
97	0.20505	14120	2895	12638	50025	3.54
98	0.22050	11225	2475	9953	37387	3.33
99	0.23616	8750	2066	7684	27434	3.14
100-	1.00000	6683	6683	19751	19751	2.96

平成17年簡易生命表（2005）
男（MALE）

年齢	死亡率	生存数	死亡数	定常人口		平均余命
x	$_nq_x$	l_x	$_nd_x$	$_nL_x$	T_x	$\overset{\circ}{e}_x$
0 （週）	0.00111	100000	111	1915	7853104	78.53
1 （w）	0.00017	99889	17	1914	7851189	78.60
2	0.00013	99872	13	1914	7849274	78.59
3	0.00010	99859	10	1914	7847360	78.58
4	0.00028	99849	28	8986	7845447	78.57
2 （月）	0.00022	99821	22	8318	7836461	78.51
3 （m）	0.00050	99799	50	24943	7828144	78.44
6	0.00048	99749	48	49860	7803200	78.23
0 （年）	0.00298	100000	298	99764	7853104	78.53
1 （y）	0.00045	99702	44	99680	7753340	77.77
2	0.00031	99657	31	99642	7653660	76.80
3	0.00022	99626	22	99615	7554018	75.82
4	0.00016	99605	16	99596	7454403	74.84
5	0.00014	99589	14	99581	7354807	73.85
6	0.00015	99574	14	99567	7255226	72.86
7	0.00014	99560	14	99553	7155659	71.87
8	0.00013	99546	13	99539	7056106	70.88
9	0.00011	99533	11	99527	6956567	69.89
10	0.00009	99522	9	99517	6857040	68.90
11	0.00009	99513	9	99508	6757523	67.91
12	0.00010	99504	10	99499	6658014	66.91
13	0.00014	99494	13	99487	6558515	65.92
14	0.00018	99480	18	99472	6459028	64.93
15	0.00023	99462	23	99452	6359556	63.94
16	0.00028	99440	28	99426	6260105	62.95
17	0.00035	99412	35	99395	6160678	61.97
18	0.00043	99377	43	99356	6061283	60.99
19	0.00050	99334	50	99310	5961927	60.02
20	0.00056	99284	55	99257	5862618	59.05
21	0.00059	99229	59	99200	5763360	58.08
22	0.00061	99170	61	99140	5664160	57.12
23	0.00063	99109	63	99078	5565020	56.15
24	0.00064	99047	63	99015	5465942	55.19
25	0.00064	98984	63	98952	5366927	54.22
26	0.00065	98920	64	98888	5267975	53.25
27	0.00066	98856	66	98824	5169087	52.29
28	0.00069	98791	68	98757	5070263	51.32
29	0.00072	98722	71	98687	4971507	50.36
30	0.00074	98651	73	98615	4872820	49.39
31	0.00076	98578	75	98541	4774205	48.43
32	0.00079	98504	78	98465	4675664	47.47
33	0.00085	98426	84	98384	4577199	46.50
34	0.00092	98342	90	98298	4478815	45.54
35	0.00098	98252	97	98204	4380517	44.58
36	0.00105	98155	103	98104	4282313	43.63
37	0.00112	98052	110	97998	4184209	42.67
38	0.00121	97942	118	97884	4086211	41.72
39	0.00132	97824	129	97760	3988327	40.77
40	0.00144	97695	140	97625	3890567	39.82
41	0.00155	97554	151	97480	3792941	38.88
42	0.00168	97403	164	97322	3695461	37.94
43	0.00185	97239	180	97151	3598139	37.00
44	0.00205	97059	199	96962	3500989	36.07
45	0.00227	96861	219	96753	3404027	35.14
46	0.00250	96641	242	96522	3307274	34.22
47	0.00273	96399	263	96269	3210752	33.31
48	0.00297	96136	286	95995	3114483	32.40
49	0.00326	95850	312	95697	3018488	31.49

年齢	死亡率	生存数	死亡数	定常人口		平均余命
x	$_nq_x$	l_x	$_nd_x$	$_nL_x$	T_x	$\overset{\circ}{e}_x$
50	0.00358	95538	342	95370	2922791	30.59
51	0.00394	95196	375	95012	2827421	29.70
52	0.00434	94821	412	94618	2732410	28.82
53	0.00478	94409	451	94187	2637791	27.94
54	0.00527	93958	496	93714	2543604	27.07
55	0.00584	93463	546	93194	2449890	26.21
56	0.00642	92917	597	92623	2356695	25.36
57	0.00699	92321	645	92002	2264072	24.52
58	0.00760	91675	696	91331	2172070	23.69
59	0.00824	90979	750	90608	2080739	22.87
60	0.00894	90229	807	89830	1990130	22.06
61	0.00969	89422	867	88994	1900300	21.25
62	0.01047	88555	927	88097	1811306	20.45
63	0.01121	87629	982	87142	1723209	19.66
64	0.01201	86646	1041	86131	1636067	18.88
65	0.01292	85606	1106	85058	1549936	18.11
66	0.01401	84499	1184	83915	1464877	17.34
67	0.01540	83315	1283	82683	1380963	16.58
68	0.01711	82032	1404	81341	1298280	15.83
69	0.01913	80628	1543	79869	1216939	15.09
70	0.02138	79086	1690	78253	1137070	14.38
71	0.02383	77395	1845	76486	1058817	13.68
72	0.02640	75550	1995	74566	982331	13.00
73	0.02919	73556	2147	72495	907766	12.34
74	0.03230	71409	2306	70269	835270	11.70
75	0.03578	69103	2472	67880	765001	11.07
76	0.03969	66630	2645	65322	697121	10.46
77	0.04407	63986	2820	62590	631798	9.87
78	0.04896	61166	2995	59683	569208	9.31
79	0.05441	58171	3165	56602	509525	8.76
80	0.06031	55006	3317	53359	452923	8.23
81	0.06690	51689	3458	49970	399564	7.73
82	0.07396	48231	3567	46455	349593	7.25
83	0.08178	44664	3652	42844	303138	6.79
84	0.09067	41011	3719	39157	260294	6.35
85	0.10077	37293	3758	35416	221138	5.93
86	0.11204	33535	3757	31654	185722	5.54
87	0.12413	29778	3696	27921	154068	5.17
88	0.13657	26081	3562	24286	126147	4.84
89	0.14956	22519	3368	20817	101860	4.52
90	0.16312	19151	3124	17567	81043	4.23
91	0.17726	16028	2841	14582	63476	3.96
92	0.19200	13186	2532	11894	48894	3.71
93	0.20734	10655	2209	9523	37000	3.47
94	0.22328	8446	1886	7476	27477	3.25
95	0.23984	6560	1573	5748	20001	3.05
96	0.25700	4987	1282	4323	14253	2.86
97	0.27479	3705	1018	3175	9930	2.68
98	0.29318	2687	788	2275	6755	2.51
99	0.31217	1899	593	1588	4480	2.36
100-	1.00000	1306	1306	2892	2892	2.21

平成17年簡易生命表 (2005)
女 (FEMALE)

年齢	死亡率	生存数	死亡数	定常人口		平均余命
x	nq_x	l_x	nd_x	nL_x	T_x	$\overset{\circ}{e}_x$
0 (週)	0.00093	100000	93	1915	8548580	85.49
1 (w)	0.00021	99907	21	1914	8546665	85.55
2	0.00011	99886	11	1914	8544750	85.55
3	0.00008	99875	8	1914	8542836	85.54
4	0.00025	99868	25	8987	8540922	85.52
2 (月)	0.00015	99843	15	8320	8531934	85.45
3 (m)	0.00039	99828	39	24952	8523615	85.38
6	0.00041	99789	41	49882	8498662	85.17
0 (年)	0.00252	100000	252	99800	8548580	85.49
1 (y)	0.00034	99748	34	99730	8448780	84.70
2	0.00025	99714	25	99702	8349050	83.73
3	0.00018	99689	18	99680	8249348	82.75
4	0.00013	99671	13	99664	8149669	81.77
5	0.00011	99658	11	99653	8050004	80.78
6	0.00009	99647	9	99643	7950352	79.78
7	0.00009	99638	9	99634	7850709	78.79
8	0.00008	99629	8	99625	7751075	77.80
9	0.00007	99621	7	99618	7651450	76.81
10	0.00007	99614	7	99611	7551832	75.81
11	0.00006	99607	6	99604	7452222	74.82
12	0.00007	99601	7	99598	7352617	73.82
13	0.00008	99594	8	99590	7253020	72.83
14	0.00010	99586	10	99581	7153429	71.83
15	0.00012	99576	12	99570	7053848	70.84
16	0.00014	99564	14	99557	6954278	69.85
17	0.00018	99550	17	99541	6854721	68.86
18	0.00021	99532	21	99522	6755179	67.87
19	0.00024	99512	24	99500	6655657	66.88
20	0.00026	99488	26	99475	6556157	65.90
21	0.00028	99462	28	99448	6456682	64.92
22	0.00030	99434	30	99419	6357234	63.93
23	0.00032	99404	32	99388	6257815	62.95
24	0.00032	99372	32	99356	6158427	61.97
25	0.00031	99340	31	99324	6059071	60.99
26	0.00030	99309	30	99294	5959747	60.01
27	0.00031	99279	31	99264	5860453	59.03
28	0.00032	99248	32	99232	5761190	58.05
29	0.00035	99216	34	99199	5661957	57.07
30	0.00037	99182	37	99164	5562758	56.09
31	0.00040	99145	39	99126	5463594	55.11
32	0.00042	99106	42	99085	5364468	54.13
33	0.00045	99064	45	99042	5265383	53.15
34	0.00049	99019	49	98995	5166341	52.18
35	0.00053	98970	52	98944	5067346	51.20
36	0.00056	98918	56	98891	4968402	50.23
37	0.00060	98862	59	98833	4869511	49.26
38	0.00064	98803	64	98772	4770678	48.28
39	0.00070	98739	69	98706	4671906	47.32
40	0.00075	98671	74	98634	4573201	46.35
41	0.00081	98597	80	98557	4474567	45.38
42	0.00087	98517	86	98475	4376009	44.42
43	0.00094	98431	92	98386	4277535	43.46
44	0.00103	98339	101	98289	4179149	42.50
45	0.00113	98238	111	98184	4080859	41.54
46	0.00124	98127	121	98068	3982676	40.59
47	0.00135	98006	132	97941	3884608	39.64
48	0.00147	97874	144	97803	3786667	38.69
49	0.00161	97730	158	97653	3688864	37.75

年齢	死亡率	生存数	死亡数	定常人口		平均余命
x	$_nq_x$	l_x	$_nd_x$	$_nL_x$	T_x	$\overset{\circ}{e}_x$
50	0.00177	97573	172	97488	3591211	36.81
51	0.00192	97401	187	97308	3493723	35.87
52	0.00209	97213	203	97113	3396415	34.94
53	0.00226	97010	219	96902	3299302	34.01
54	0.00245	96791	237	96674	3202401	33.09
55	0.00266	96554	257	96427	3105727	32.17
56	0.00288	96296	278	96159	3009300	31.25
57	0.00306	96019	294	95873	2913141	30.34
58	0.00323	95725	310	95571	2817268	29.43
59	0.00343	95415	327	95253	2721696	28.52
60	0.00366	95088	348	94916	2626443	27.62
61	0.00394	94740	373	94556	2531528	26.72
62	0.00427	94367	403	94168	2436972	25.82
63	0.00460	93964	432	93751	2342804	24.93
64	0.00495	93532	463	93304	2249053	24.05
65	0.00538	93069	501	92822	2155750	23.16
66	0.00590	92568	546	92299	2062928	22.29
67	0.00649	92022	597	91727	1970629	21.41
68	0.00717	91424	655	91102	1878901	20.55
69	0.00798	90769	724	90413	1787799	19.70
70	0.00893	90045	804	89650	1697386	18.85
71	0.01005	89241	896	88801	1607736	18.02
72	0.01129	88344	998	87854	1518935	17.19
73	0.01265	87347	1105	86803	1431081	16.38
74	0.01415	86242	1220	85642	1344278	15.59
75	0.01583	85022	1346	84360	1258636	14.80
76	0.01772	83676	1483	82946	1174276	14.03
77	0.01985	82193	1631	81391	1091330	13.28
78	0.02235	80562	1800	79677	1009939	12.54
79	0.02542	78761	2002	77779	930262	11.81
80	0.02911	76759	2234	75663	852484	11.11
81	0.03362	74525	2505	73296	776821	10.42
82	0.03875	72020	2791	70648	703524	9.77
83	0.04437	69229	3072	67716	632876	9.14
84	0.05054	66157	3344	64508	565160	8.54
85	0.05752	62814	3613	61029	500652	7.97
86	0.06556	59200	3881	57282	439623	7.43
87	0.07478	55319	4137	53271	382341	6.91
88	0.08515	51183	4358	49019	329069	6.43
89	0.09608	46825	4499	44583	280050	5.98
90	0.10735	42326	4544	40055	235467	5.56
91	0.11983	37782	4527	35515	195412	5.17
92	0.13463	33255	4477	31008	159897	4.81
93	0.14902	28778	4289	26613	128889	4.48
94	0.16388	24489	4013	22456	102276	4.18
95	0.17922	20476	3670	18610	79819	3.90
96	0.19502	16806	3278	15133	61210	3.64
97	0.21130	13528	2859	12064	46076	3.41
98	0.22805	10670	2433	9418	34013	3.19
99	0.24526	8237	2020	7193	24595	2.99
100—	1.00000	6217	6217	17402	17402	2.80

平成18年簡易生命表（2006）
男（MALE）

年齢	死亡率	生存数	死亡数	定常人口		平均余命
x	$_nq_x$	l_x	$_nd_x$	$_nL_x$	T_x	$\overset{\circ}{e}_x$
0 （週）	0.00101	100000	101	1917	7899801	79.00
1 （w）	0.00017	99899	17	1916	7897885	79.06
2	0.00012	99882	12	1915	7895969	79.05
3	0.00010	99870	10	1915	7894054	79.04
4	0.00030	99860	30	8981	7892139	79.03
2 （月）	0.00019	99830	19	8318	7883157	78.97
3 （m）	0.00043	99811	43	24947	7874839	78.90
6	0.00049	99768	49	49871	7849891	78.68
0 （年）	0.00280	100000	280	99781	7899801	79.00
1 （y）	0.00041	99720	41	99697	7800021	78.22
2	0.00030	99679	30	99665	7700323	77.25
3	0.00021	99649	21	99638	7600659	76.27
4	0.00016	99628	16	99620	7501021	75.29
5	0.00014	99612	14	99605	7401401	74.30
6	0.00013	99598	13	99592	7301796	73.31
7	0.00012	99585	12	99580	7202204	72.32
8	0.00010	99574	10	99569	7102624	71.33
9	0.00009	99564	9	99559	7003056	70.34
10	0.00009	99555	9	99550	6903496	69.34
11	0.00009	99546	9	99542	6803946	68.35
12	0.00010	99537	10	99532	6704405	67.36
13	0.00013	99527	13	99520	6604873	66.36
14	0.00017	99514	17	99506	6505352	65.37
15	0.00022	99497	22	99487	6405846	64.38
16	0.00028	99475	28	99462	6306360	63.40
17	0.00036	99447	36	99430	6206898	62.41
18	0.00044	99411	44	99390	6107468	61.44
19	0.00050	99367	50	99342	6008078	60.46
20	0.00054	99317	54	99290	5908736	59.49
21	0.00057	99263	57	99235	5809446	58.53
22	0.00059	99206	59	99177	5710211	57.56
23	0.00061	99147	60	99117	5611035	56.59
24	0.00062	99087	61	99057	5511917	55.63
25	0.00062	99026	62	98995	5412860	54.66
26	0.00063	98965	63	98933	5313865	53.69
27	0.00066	98902	65	98870	5214932	52.73
28	0.00068	98837	68	98804	5116062	51.76
29	0.00071	98769	70	98735	5017258	50.80
30	0.00072	98700	71	98664	4918524	49.83
31	0.00074	98629	73	98593	4819859	48.87
32	0.00077	98556	76	98519	4721267	47.90
33	0.00081	98480	80	98441	4622748	46.94
34	0.00086	98401	85	98359	4524307	45.98
35	0.00092	98316	90	98271	4425949	45.02
36	0.00098	98226	96	98178	4327677	44.06
37	0.00106	98130	104	98079	4229499	43.10
38	0.00116	98026	113	97970	4131420	42.15
39	0.00127	97912	124	97851	4033450	41.19
40	0.00138	97788	135	97722	3935599	40.25
41	0.00149	97653	146	97582	3837878	39.30
42	0.00163	97508	159	97429	3740296	38.36
43	0.00181	97349	176	97262	3642867	37.42
44	0.00201	97173	195	97077	3545604	36.49
45	0.00223	96977	216	96871	3448527	35.56
46	0.00245	96761	237	96644	3351656	34.64
47	0.00267	96524	257	96397	3255012	33.72
48	0.00289	96266	279	96129	3158616	32.81
49	0.00315	95988	302	95839	3062487	31.91

年齢	死亡率	生存数	死亡数	定常人口		平均余命
x	$_nq_x$	l_x	$_nd_x$	$_nL_x$	T_x	$\overset{\circ}{e}_x$
50	0.00344	95686	329	95524	2966648	31.00
51	0.00376	95357	359	95180	2871125	30.11
52	0.00413	94998	392	94805	2775945	29.22
53	0.00455	94606	430	94394	2681140	28.34
54	0.00500	94176	471	93944	2586746	27.47
55	0.00551	93705	516	93451	2492802	26.60
56	0.00608	93189	566	92910	2399351	25.75
57	0.00663	92622	614	92319	2306441	24.90
58	0.00718	92008	661	91682	2214122	24.06
59	0.00780	91347	712	90996	2122440	23.23
60	0.00850	90635	771	90255	2031444	22.41
61	0.00930	89865	836	89452	1941189	21.60
62	0.01014	89029	903	88583	1851737	20.80
63	0.01098	88126	968	87647	1763154	20.01
64	0.01173	87158	1023	86651	1675507	19.22
65	0.01254	86135	1080	85600	1588856	18.45
66	0.01356	85055	1153	84485	1503256	17.67
67	0.01480	83901	1242	83288	1418771	16.91
68	0.01626	82660	1344	81997	1335483	16.16
69	0.01792	81316	1457	80597	1253486	15.42
70	0.01985	79859	1585	79078	1172889	14.69
71	0.02212	78274	1731	77421	1093811	13.97
72	0.02476	76542	1895	75609	1016390	13.28
73	0.02770	74647	2068	73628	940781	12.60
74	0.03092	72579	2244	71472	867153	11.95
75	0.03449	70335	2426	69138	795681	11.31
76	0.03840	67910	2608	66621	726543	10.70
77	0.04262	65302	2783	63925	659922	10.11
78	0.04718	62519	2950	61058	595997	9.53
79	0.05220	59569	3110	58028	534939	8.98
80	0.05786	56460	3267	54839	476912	8.45
81	0.06401	53193	3405	51501	422073	7.93
82	0.07076	49788	3523	48035	370571	7.44
83	0.07816	46265	3616	44464	322536	6.97
84	0.08658	42649	3692	40808	278072	6.52
85	0.09626	38956	3750	37085	237264	6.09
86	0.10701	35206	3768	33322	200179	5.69
87	0.11880	31439	3735	29566	166857	5.31
88	0.13101	27704	3629	25878	137291	4.96
89	0.14386	24075	3463	22327	111414	4.63
90	0.15738	20611	3244	18969	89087	4.32
91	0.17158	17367	2980	15854	70118	4.04
92	0.18648	14387	2683	13020	54264	3.77
93	0.20210	11704	2366	10495	41244	3.52
94	0.21845	9339	2040	8292	30749	3.29
95	0.23555	7299	1719	6413	22457	3.08
96	0.25339	5580	1414	4848	16044	2.88
97	0.27198	4166	1133	3577	11196	2.69
98	0.29133	3033	884	2572	7619	2.51
99	0.31143	2149	669	1798	5048	2.35
100	0.33227	1480	492	1221	3249	2.20
101	0.35382	988	350	803	2029	2.05
102	0.37607	639	240	511	1226	1.92
103	0.39899	398	159	313	715	1.80
104	0.42254	239	101	185	402	1.68
105-	1.00000	138	138	217	217	1.57

平成18年簡易生命表 (2006)
女(FEMALE)

年齢	死亡率	生存数	死亡数	定常人口		平均余命
x	nq_x	l_x	nd_x	nL_x	T_x	$\overset{\circ}{e}_x$
0 (週)	0.00091	100000	91	1917	8580687	85.81
1 (w)	0.00013	99909	13	1916	8578770	85.87
2	0.00011	99895	11	1916	8576854	85.86
3	0.00009	99884	9	1915	8574938	85.85
4	0.00025	99875	25	8983	8573023	85.84
2 (月)	0.00019	99850	19	8320	8564040	85.77
3 (m)	0.00040	99830	39	24952	8555720	85.70
6	0.00039	99791	39	49885	8530768	85.49
0 (年)	0.00248	100000	248	99804	8580687	85.81
1 (y)	0.00036	99752	36	99733	8480883	85.02
2	0.00025	99716	25	99703	8381150	84.05
3	0.00017	99690	17	99681	8281447	83.07
4	0.00013	99673	13	99667	8181765	82.09
5	0.00011	99661	10	99655	8082098	81.10
6	0.00010	99650	10	99645	7982443	80.10
7	0.00009	99641	9	99636	7882797	79.11
8	0.00008	99632	8	99628	7783161	78.12
9	0.00007	99624	7	99620	7683533	77.13
10	0.00007	99616	7	99613	7583913	76.13
11	0.00007	99609	7	99606	7484300	75.14
12	0.00007	99603	7	99599	7384694	74.14
13	0.00008	99596	8	99592	7285095	73.15
14	0.00010	99588	10	99583	7185503	72.15
15	0.00012	99578	12	99573	7085919	71.16
16	0.00014	99567	14	99560	6986347	70.17
17	0.00018	99553	18	99544	6886787	69.18
18	0.00021	99535	21	99525	6787242	68.19
19	0.00025	99514	25	99502	6687718	67.20
20	0.00027	99489	27	99476	6588216	66.22
21	0.00028	99462	28	99449	6488740	65.24
22	0.00029	99435	28	99421	6389291	64.26
23	0.00030	99406	29	99392	6289871	63.27
24	0.00031	99377	31	99361	6190479	62.29
25	0.00032	99346	32	99330	6091118	61.31
26	0.00033	99314	33	99298	5991788	60.33
27	0.00034	99281	34	99265	5892490	59.35
28	0.00035	99248	34	99231	5793226	58.37
29	0.00035	99213	35	99196	5693995	57.39
30	0.00036	99178	36	99160	5594799	56.41
31	0.00037	99143	37	99124	5495639	55.43
32	0.00039	99106	39	99086	5396514	54.45
33	0.00043	99067	42	99046	5297428	53.47
34	0.00046	99024	46	99002	5198382	52.50
35	0.00050	98978	50	98954	5099380	51.52
36	0.00054	98929	53	98902	5000427	50.55
37	0.00058	98875	57	98847	4901524	49.57
38	0.00063	98818	62	98788	4802677	48.60
39	0.00068	98756	67	98723	4703889	47.63
40	0.00074	98689	73	98653	4605167	46.66
41	0.00081	98615	80	98576	4506514	45.70
42	0.00087	98536	86	98493	4407938	44.73
43	0.00094	98450	92	98404	4309445	43.77
44	0.00101	98357	100	98308	4211041	42.81
45	0.00111	98258	109	98204	4112732	41.86
46	0.00121	98149	119	98090	4014528	40.90
47	0.00133	98030	130	97966	3916438	39.95
48	0.00146	97900	143	97829	3818473	39.00
49	0.00161	97757	157	97679	3720643	38.06

年齢	死亡率	生存数	死亡数	定常人口		平均余命
x	$_nq_x$	l_x	$_nd_x$	$_nL_x$	T_x	$\overset{\circ}{e}_x$
50	0.00176	97599	172	97514	3622964	37.12
51	0.00192	97427	187	97335	3525450	36.19
52	0.00205	97240	199	97142	3428115	35.25
53	0.00217	97041	211	96937	3330973	34.33
54	0.00231	96831	224	96720	3234036	33.40
55	0.00249	96607	241	96488	3137316	32.48
56	0.00273	96366	263	96237	3040828	31.55
57	0.00297	96103	285	95963	2944591	30.64
58	0.00320	95818	306	95667	2848628	29.73
59	0.00340	95512	325	95351	2752962	28.82
60	0.00358	95187	341	95018	2657611	27.92
61	0.00378	94846	358	94669	2562593	27.02
62	0.00402	94488	380	94300	2467924	26.12
63	0.00433	94108	408	93907	2373624	25.22
64	0.00470	93701	441	93483	2279716	24.33
65	0.00515	93260	480	93024	2186233	23.44
66	0.00569	92780	528	92520	2093209	22.56
67	0.00630	92252	581	91966	2000689	21.69
68	0.00697	91671	639	91356	1908723	20.82
69	0.00772	91032	703	90686	1817367	19.96
70	0.00857	90329	774	89948	1726681	19.12
71	0.00954	89555	854	89135	1636733	18.28
72	0.01072	88700	951	88234	1547599	17.45
73	0.01209	87750	1061	87229	1459365	16.63
74	0.01358	86689	1177	86110	1372136	15.83
75	0.01520	85512	1300	84873	1286026	15.04
76	0.01702	84212	1434	83507	1201153	14.26
77	0.01913	82778	1584	82000	1117646	13.50
78	0.02162	81195	1755	80332	1035646	12.76
79	0.02459	79439	1954	78480	955314	12.03
80	0.02812	77486	2179	76416	876834	11.32
81	0.03216	75307	2422	74117	800418	10.63
82	0.03691	72886	2691	71563	726300	9.96
83	0.04227	70195	2967	68735	654737	9.33
84	0.04830	67228	3247	65628	586002	8.72
85	0.05514	63981	3528	62240	520374	8.13
86	0.06285	60453	3800	58575	458134	7.58
87	0.07148	56653	4050	54648	399559	7.05
88	0.08121	52604	4272	50484	344911	6.56
89	0.09191	48332	4442	46122	294427	6.09
90	0.10333	43889	4535	41626	248305	5.66
91	0.11542	39354	4542	37080	206679	5.25
92	0.12893	34812	4488	32559	169598	4.87
93	0.14275	30323	4329	28142	137039	4.52
94	0.15774	25995	4100	23923	108897	4.19
95	0.17379	21894	3805	19965	84974	3.88
96	0.19094	18089	3454	16331	65009	3.59
97	0.20924	14635	3062	13070	48678	3.33
98	0.22871	11573	2647	10214	35608	3.08
99	0.24940	8926	2226	7778	25394	2.84
100	0.27133	6700	1818	5758	17615	2.63
101	0.29451	4882	1438	4133	11857	2.43
102	0.31894	3444	1099	2869	7724	2.24
103	0.34462	2346	808	1920	4856	2.07
104	0.37151	1537	571	1234	2936	1.91
105-	1.00000	966	966	1702	1702	1.76

平成19年簡易生命表（2007）
男（MALE）

年齢	死亡率	生存数	死亡数	定常人口		平均余命
x	$_nq_x$	l_x	$_nd_x$	$_nL_x$	T_x	$\overset{\circ}{e}_x$
0 （週）	0.00099	100000	99	1917	7918840	79.19
1 （w）	0.00017	99901	17	1916	7916923	79.25
2	0.00011	99884	11	1915	7915007	79.24
3	0.00009	99872	9	1915	7913092	79.23
4	0.00031	99864	31	8982	7911176	79.22
2 （月）	0.00019	99833	19	8319	7902195	79.15
3 （m）	0.00045	99814	45	24948	7893876	79.09
6	0.00043	99769	43	49871	7868928	78.87
0 （年）	0.00274	100000	274	99783	7918840	79.19
1 （y）	0.00040	99726	40	99706	7819057	78.41
2	0.00027	99686	27	99672	7719350	77.44
3	0.00019	99659	18	99649	7619678	76.46
4	0.00014	99640	14	99633	7520029	75.47
5	0.00013	99626	13	99620	7420396	74.48
6	0.00012	99614	12	99608	7320776	73.49
7	0.00011	99602	11	99596	7221169	72.50
8	0.00009	99591	9	99586	7121572	71.51
9	0.00009	99582	9	99577	7021986	70.51
10	0.00008	99573	8	99569	6922409	69.52
11	0.00009	99565	9	99560	6822840	68.53
12	0.00010	99556	10	99551	6723280	67.53
13	0.00011	99546	11	99540	6623729	66.54
14	0.00013	99534	13	99528	6524189	65.55
15	0.00018	99521	18	99513	6424661	64.56
16	0.00025	99503	25	99492	6325148	63.57
17	0.00034	99479	33	99463	6225657	62.58
18	0.00042	99445	41	99425	6126194	61.60
19	0.00048	99404	48	99380	6026769	60.63
20	0.00053	99356	52	99330	5927389	59.66
21	0.00056	99304	56	99276	5828058	58.69
22	0.00059	99248	59	99219	5728782	57.72
23	0.00061	99189	60	99159	5629563	56.76
24	0.00061	99129	60	99099	5530404	55.79
25	0.00060	99069	59	99039	5431305	54.82
26	0.00060	99010	60	98980	5332266	53.86
27	0.00063	98950	62	98919	5233286	52.89
28	0.00065	98888	64	98856	5134367	51.92
29	0.00068	98824	67	98790	5035511	50.95
30	0.00070	98757	69	98722	4936720	49.99
31	0.00073	98687	72	98651	4837998	49.02
32	0.00077	98615	75	98578	4739347	48.06
33	0.00081	98540	80	98500	4640769	47.10
34	0.00086	98460	84	98418	4542269	46.13
35	0.00091	98376	90	98331	4443850	45.17
36	0.00099	98286	97	98238	4345519	44.21
37	0.00107	98189	105	98137	4247281	43.26
38	0.00116	98083	114	98027	4149145	42.30
39	0.00128	97969	125	97908	4051118	41.35
40	0.00140	97844	137	97777	3953210	40.40
41	0.00152	97708	149	97634	3855433	39.46
42	0.00165	97559	161	97479	3757799	38.52
43	0.00179	97398	174	97312	3660319	37.58
44	0.00193	97224	188	97131	3563008	36.65
45	0.00212	97036	206	96934	3465877	35.72
46	0.00236	96830	228	96717	3368942	34.79
47	0.00260	96602	251	96478	3272225	33.87
48	0.00284	96351	273	96216	3175747	32.96
49	0.00306	96077	294	95932	3079531	32.05

年齢	死亡率	生存数	死亡数	定常人口		平均余命
x	$_nq_x$	l_x	$_nd_x$	$_nL_x$	T_x	$\overset{\circ}{e}_x$
50	0.00331	95783	317	95627	2983599	31.15
51	0.00361	95466	344	95297	2887973	30.25
52	0.00398	95122	378	94936	2792676	29.36
53	0.00441	94743	417	94538	2697740	28.47
54	0.00489	94326	461	94099	2603202	27.60
55	0.00542	93865	509	93614	2509103	26.73
56	0.00597	93356	557	93081	2415489	25.87
57	0.00656	92799	609	92499	2322407	25.03
58	0.00715	92190	660	91864	2229909	24.19
59	0.00773	91530	708	91181	2138045	23.36
60	0.00838	90823	761	90447	2046864	22.54
61	0.00912	90062	821	89656	1956417	21.72
62	0.00996	89240	889	88802	1866761	20.92
63	0.01083	88351	957	87879	1777959	20.12
64	0.01172	87395	1024	86888	1690080	19.34
65	0.01259	86371	1087	85832	1603192	18.56
66	0.01354	85284	1154	84712	1517360	17.79
67	0.01468	84129	1235	83519	1432647	17.03
68	0.01609	82894	1334	82236	1349128	16.28
69	0.01774	81560	1447	80847	1266892	15.53
70	0.01960	80114	1570	79339	1186046	14.80
71	0.02171	78543	1705	77702	1106706	14.09
72	0.02413	76838	1854	75924	1029004	13.39
73	0.02690	74984	2017	73990	953080	12.71
74	0.03002	72967	2191	71886	879090	12.05
75	0.03346	70776	2368	69607	807204	11.40
76	0.03721	68408	2545	67151	737597	10.78
77	0.04141	65863	2728	64515	670446	10.18
78	0.04626	63135	2921	61691	605932	9.60
79	0.05167	60215	3111	58674	544240	9.04
80	0.05754	57103	3285	55474	485566	8.50
81	0.06381	53818	3434	52112	430092	7.99
82	0.07062	50383	3558	48614	377980	7.50
83	0.07821	46825	3662	45002	329367	7.03
84	0.08642	43163	3730	41302	284365	6.59
85	0.09541	39433	3762	37553	243063	6.16
86	0.10545	35671	3762	33789	205509	5.76
87	0.11698	31909	3733	30039	171720	5.38
88	0.12969	28177	3654	26340	141681	5.03
89	0.14245	24523	3493	22760	115341	4.70
90	0.15571	21029	3274	19372	92581	4.40
91	0.16945	17755	3009	16227	73210	4.12
92	0.18370	14746	2709	13366	56983	3.86
93	0.19845	12037	2389	10816	43617	3.62
94	0.21370	9649	2062	8590	32801	3.40
95	0.22946	7587	1741	6690	24211	3.19
96	0.24573	5846	1437	5103	17521	3.00
97	0.26251	4409	1157	3809	12418	2.82
98	0.27979	3252	910	2778	8609	2.65
99	0.29756	2342	697	1977	5831	2.49
100	0.31581	1645	520	1372	3854	2.34
101	0.33454	1126	377	927	2482	2.21
102	0.35372	749	265	608	1555	2.08
103	0.37333	484	181	388	947	1.96
104	0.39336	303	119	239	559	1.84
105-	1.00000	184	184	320	320	1.74

平成19年簡易生命表 （2007）
女（FEMALE）

年齢	死亡率	生存数	死亡数	定常人口		平均余命
x	$_nq_x$	l_x	$_nd_x$	$_nL_x$	T_x	$\overset{\circ}{e}_x$
0 （週）	0.00094	100000	94	1917	8599100	85.99
1 （w）	0.00014	99906	14	1916	8597183	86.05
2	0.00009	99892	9	1916	8595267	86.05
3	0.00010	99883	10	1915	8593352	86.03
4	0.00021	99874	21	8983	8591436	86.02
2 （月）	0.00017	99852	17	8320	8582454	85.95
3 （m）	0.00037	99836	37	24954	8574133	85.88
6	0.00043	99799	43	49888	8549179	85.66
0 （年）	0.00244	100000	244	99809	8599100	85.99
1 （y）	0.00031	99756	31	99738	8499291	85.20
2	0.00023	99725	23	99714	8399554	84.23
3	0.00017	99702	17	99693	8299840	83.25
4	0.00013	99685	12	99679	8200147	82.26
5	0.00010	99673	10	99667	8100469	81.27
6	0.00009	99662	9	99658	8000801	80.28
7	0.00008	99653	8	99649	7901143	79.29
8	0.00007	99646	7	99642	7801494	78.29
9	0.00007	99638	7	99635	7701852	77.30
10	0.00006	99632	6	99628	7602217	76.30
11	0.00006	99625	6	99622	7502589	75.31
12	0.00006	99619	6	99616	7402966	74.31
13	0.00007	99613	7	99609	7303350	73.32
14	0.00009	99606	9	99601	7203741	72.32
15	0.00012	99596	12	99591	7104140	71.33
16	0.00014	99584	14	99577	7004549	70.34
17	0.00017	99570	16	99562	6904972	69.35
18	0.00019	99554	19	99544	6805410	68.36
19	0.00023	99535	22	99524	6705865	67.37
20	0.00026	99512	26	99500	6606341	66.39
21	0.00028	99487	28	99473	6506842	65.40
22	0.00029	99459	29	99444	6407369	64.42
23	0.00029	99430	29	99416	6307925	63.44
24	0.00029	99401	29	99387	6208509	62.46
25	0.00029	99372	29	99358	6109122	61.48
26	0.00030	99343	30	99328	6009764	60.49
27	0.00031	99313	31	99298	5910436	59.51
28	0.00033	99282	33	99266	5811139	58.53
29	0.00035	99249	34	99232	5711873	57.55
30	0.00036	99215	36	99197	5612641	56.57
31	0.00037	99179	36	99161	5513444	55.59
32	0.00038	99143	38	99124	5414283	54.61
33	0.00041	99105	40	99085	5315159	53.63
34	0.00044	99065	44	99043	5216074	52.65
35	0.00049	99021	48	98997	5117031	51.68
36	0.00054	98973	53	98947	5018034	50.70
37	0.00058	98920	58	98891	4919087	49.73
38	0.00062	98862	62	98832	4820196	48.76
39	0.00066	98800	65	98768	4721364	47.79
40	0.00071	98735	70	98700	4622596	46.82
41	0.00078	98665	77	98627	4523896	45.85
42	0.00085	98588	84	98547	4425269	44.89
43	0.00093	98505	91	98460	4326722	43.92
44	0.00102	98413	100	98364	4228263	42.96
45	0.00112	98313	110	98259	4129899	42.01
46	0.00122	98203	120	98144	4031640	41.05
47	0.00133	98083	130	98018	3933496	40.10
48	0.00145	97952	142	97882	3835478	39.16
49	0.00157	97810	154	97735	3737596	38.21

年齢	死亡率	生存数	死亡数	定常人口		平均余命
x	$_nq_x$	l_x	$_nd_x$	$_nL_x$	T_x	$\overset{\circ}{e}_x$
50	0.00171	97657	167	97574	3639861	37.27
51	0.00186	97489	181	97400	3542287	36.34
52	0.00201	97308	195	97212	3444887	35.40
53	0.00217	97113	210	97009	3347675	34.47
54	0.00234	96903	227	96791	3250666	33.55
55	0.00252	96676	244	96556	3153875	32.62
56	0.00270	96433	261	96304	3057320	31.70
57	0.00289	96172	278	96034	2961016	30.79
58	0.00308	95894	296	95748	2864981	29.88
59	0.00329	95598	314	95443	2769234	28.97
60	0.00353	95284	337	95118	2673791	28.06
61	0.00380	94947	361	94769	2578674	27.16
62	0.00410	94587	388	94395	2483904	26.26
63	0.00443	94199	417	93993	2389509	25.37
64	0.00477	93782	448	93561	2295516	24.48
65	0.00512	93335	478	93098	2201956	23.59
66	0.00553	92857	514	92604	2108857	22.71
67	0.00608	92343	561	92067	2016253	21.83
68	0.00675	91782	620	91478	1924186	20.96
69	0.00754	91163	687	90825	1832709	20.10
70	0.00841	90476	760	90102	1741884	19.25
71	0.00935	89715	839	89302	1651782	18.41
72	0.01043	88876	927	88420	1562480	17.58
73	0.01169	87949	1028	87444	1474059	16.76
74	0.01313	86921	1142	86360	1386615	15.95
75	0.01478	85780	1268	85157	1300255	15.16
76	0.01666	84511	1408	83820	1215098	14.38
77	0.01881	83103	1563	82335	1131279	13.61
78	0.02127	81540	1734	80688	1048944	12.86
79	0.02403	79806	1918	78863	968256	12.13
80	0.02725	77888	2122	76845	889393	11.42
81	0.03111	75766	2357	74608	812547	10.72
82	0.03575	73409	2624	72120	737939	10.05
83	0.04130	70784	2923	69348	665819	9.41
84	0.04749	67861	3223	66274	596471	8.79
85	0.05432	64638	3511	62906	530197	8.20
86	0.06190	61127	3784	59257	467291	7.64
87	0.07053	57343	4044	55342	408033	7.12
88	0.08039	53299	4285	51175	352691	6.62
89	0.09136	49014	4478	46788	301516	6.15
90	0.10302	44536	4588	42247	254728	5.72
91	0.11495	39948	4592	37648	212481	5.32
92	0.12715	35356	4496	33098	174833	4.94
93	0.14151	30860	4367	28663	141735	4.59
94	0.15610	26493	4136	24403	113072	4.27
95	0.17155	22358	3835	20412	88669	3.97
96	0.18787	18522	3480	16751	68257	3.69
97	0.20509	15042	3085	13466	51506	3.42
98	0.22323	11957	2669	10588	38040	3.18
99	0.24231	9288	2251	8128	27453	2.96
100	0.26234	7037	1846	6082	19324	2.75
101	0.28332	5191	1471	4426	13243	2.55
102	0.30525	3720	1136	3127	8817	2.37
103	0.32812	2585	848	2139	5690	2.20
104	0.35192	1737	611	1413	3551	2.04
105–	1.00000	1125	1125	2138	2138	1.90

平成20年簡易生命表（2008）
男（MALE）

年齢	死亡率	生存数	死亡数	定常人口		平均余命
x	$_nq_x$	l_x	$_nd_x$	$_nL_x$	T_x	$\overset{\circ}{e}_x$
0 （週）	0.00090	100000	90	1917	7928775	79.29
1 （w）	0.00016	99910	16	1916	7926859	79.34
2	0.00011	99894	11	1916	7924943	79.33
3	0.00009	99883	9	1915	7923027	79.32
4	0.00031	99874	31	8983	7921112	79.31
2 （月）	0.00020	99843	20	8319	7912129	79.25
3 （m）	0.00045	99822	45	24950	7903810	79.18
6	0.00043	99777	43	49876	7878860	78.96
0 （年）	0.00266	100000	266	99792	7928775	79.29
1 （y）	0.00038	99734	38	99715	7828984	78.50
2	0.00027	99696	27	99683	7729268	77.53
3	0.00019	99670	19	99660	7629585	76.55
4	0.00014	99651	14	99644	7529926	75.56
5	0.00012	99637	12	99631	7430282	74.57
6	0.00012	99624	11	99619	7330652	73.58
7	0.00010	99613	10	99608	7231033	72.59
8	0.00009	99603	9	99598	7131425	71.60
9	0.00008	99594	8	99589	7031827	70.61
10	0.00008	99585	8	99581	6932238	69.61
11	0.00009	99577	9	99573	6832657	68.62
12	0.00010	99568	10	99563	6733084	67.62
13	0.00012	99558	12	99552	6633521	66.63
14	0.00016	99546	16	99538	6533969	65.64
15	0.00020	99530	20	99520	6434431	64.65
16	0.00027	99510	27	99497	6334910	63.66
17	0.00034	99483	34	99467	6235413	62.68
18	0.00040	99450	40	99430	6135946	61.70
19	0.00047	99410	46	99387	6036516	60.72
20	0.00052	99363	52	99338	5937129	59.75
21	0.00056	99312	56	99284	5837791	58.78
22	0.00059	99256	59	99227	5738072	57.82
23	0.00061	99197	60	99167	5639281	56.85
24	0.00061	99137	61	99106	5540114	55.88
25	0.00062	99076	61	99046	5441007	54.92
26	0.00063	99015	62	98984	5341962	53.95
27	0.00064	98953	64	98922	5242977	52.98
28	0.00067	98889	66	98857	5144056	52.02
29	0.00069	98824	68	98790	5045199	51.05
30	0.00071	98756	70	98721	4946409	50.09
31	0.00072	98686	71	98650	4847688	49.12
32	0.00075	98614	74	98578	4749038	48.16
33	0.00078	98541	77	98502	4650460	47.19
34	0.00083	98463	82	98423	4551958	46.23
35	0.00089	98382	88	98338	4453535	45.27
36	0.00096	98294	95	98247	4355197	44.31
37	0.00104	98199	103	98149	4256949	43.35
38	0.00113	98097	111	98042	4158801	42.39
39	0.00123	97986	120	97927	4060759	41.44
40	0.00134	97866	131	97801	3962832	40.49
41	0.00146	97734	143	97664	3865031	39.55
42	0.00158	97591	155	97515	3767368	38.60
43	0.00170	97437	166	97355	3669853	37.66
44	0.00184	97271	179	97182	3572498	36.73
45	0.00201	97091	196	96995	3475315	35.79
46	0.00223	96896	216	96790	3378320	34.87
47	0.00250	96680	241	96561	3281531	33.94
48	0.00278	96438	268	96306	3184970	33.03
49	0.00306	96170	294	96025	3088663	32.12

年齢	死亡率	生存数	死亡数	定常人口		平均余命
x	$_nq_x$	l_x	$_nd_x$	$_nL_x$	T_x	$\overset{\circ}{e}_x$
50	0.00333	95876	319	95719	2992638	31.21
51	0.00362	95557	346	95386	2896919	30.32
52	0.00395	95211	376	95026	2801533	29.42
53	0.00434	94835	411	94633	2706507	28.54
54	0.00478	94424	451	94202	2611874	27.66
55	0.00527	93972	495	93729	2517672	26.79
56	0.00578	93477	541	93211	2423943	25.93
57	0.00636	92937	591	92645	2330732	25.08
58	0.00700	92345	646	92027	2238087	24.24
59	0.00765	91699	702	91353	2146060	23.40
60	0.00833	90997	758	90623	2054707	22.58
61	0.00907	90239	818	89835	1964084	21.77
62	0.00989	89421	885	88984	1874249	20.96
63	0.01078	88536	954	88065	1785264	20.16
64	0.01172	87582	1026	87075	1697199	19.38
65	0.01264	86556	1094	86015	1610124	18.60
66	0.01351	85462	1154	84890	1524109	17.83
67	0.01453	84308	1225	83702	1439219	17.07
68	0.01582	83083	1314	82434	1355517	16.32
69	0.01741	81769	1423	81067	1273083	15.57
70	0.01925	80345	1547	79583	1192016	14.84
71	0.02130	78799	1679	77971	1112433	14.12
72	0.02359	77120	1819	76223	1034463	13.41
73	0.02620	75301	1973	74329	958240	12.73
74	0.02935	73329	2152	72268	883911	12.05
75	0.03294	71177	2344	70021	811643	11.40
76	0.03696	68832	2544	67577	741622	10.77
77	0.04135	66288	2741	64934	674045	10.17
78	0.04608	63547	2928	62099	609111	9.59
79	0.05137	60619	3114	59077	547012	9.02
80	0.05722	57505	3291	55874	487935	8.49
81	0.06371	54214	3454	52500	432061	7.97
82	0.07072	50760	3590	48975	379561	7.48
83	0.07819	47170	3688	45333	330586	7.01
84	0.08653	43482	3762	41605	285253	6.56
85	0.09543	39720	3791	37825	243647	6.13
86	0.10549	35929	3790	34033	205822	5.73
87	0.11693	32139	3758	30256	171789	5.35
88	0.13037	28381	3700	26523	141533	4.99
89	0.14353	24681	3542	22893	115010	4.66
90	0.15716	21138	3322	19457	92117	4.36
91	0.17126	17816	3051	16266	72660	4.08
92	0.18586	14765	2744	13366	56394	3.82
93	0.20094	12021	2415	10785	43028	3.58
94	0.21650	9605	2080	8538	32242	3.36
95	0.23256	7526	1750	6624	23705	3.15
96	0.24910	5776	1439	5031	17081	2.96
97	0.26612	4337	1154	3737	12049	2.78
98	0.28362	3183	903	2712	8312	2.61
99	0.30158	2280	688	1920	5600	2.46
100	0.32000	1592	510	1324	3680	2.31
101	0.33886	1083	367	889	2356	2.18
102	0.35814	716	256	580	1467	2.05
103	0.37782	460	174	367	887	1.93
104	0.39789	286	114	225	520	1.82
105-	1.00000	172	172	295	295	1.72

平成20年簡易生命表（2008）
女（FEMALE）

年齢	死亡率	生存数	死亡数	定常人口		平均余命
x	nq_x	l_x	nd_x	nL_x	T_x	$\overset{\circ}{e}_x$
0 （週）	0.00087	100000	87	1917	8605112	86.05
1 （w）	0.00013	99913	13	1916	8603195	86.11
2	0.00011	99899	11	1916	8601279	86.10
3	0.00006	99888	6	1916	8599363	86.09
4	0.00028	99882	28	8984	8597448	86.08
2 （月）	0.00015	99855	15	8320	8588464	86.01
3 （m）	0.00040	99839	40	24955	8580143	85.94
6	0.00046	99799	45	49886	8555188	85.72
0 （年）	0.00247	100000	247	99810	8605112	86.05
1 （y）	0.00032	99753	32	99735	8505302	85.26
2	0.00023	99722	23	99711	8405567	84.29
3	0.00016	99699	16	99690	8305856	83.31
4	0.00011	99683	11	99677	8206166	82.32
5	0.00009	99672	9	99667	8106489	81.33
6	0.00009	99663	9	99658	8006822	80.34
7	0.00008	99654	8	99650	7907164	79.35
8	0.00008	99645	8	99641	7807514	78.35
9	0.00007	99637	7	99634	7707872	77.36
10	0.00007	99630	7	99627	7608239	76.36
11	0.00006	99623	6	99620	7508612	75.37
12	0.00006	99618	6	99615	7408992	74.37
13	0.00007	99612	7	99609	7309377	73.38
14	0.00009	99605	9	99601	7209768	72.38
15	0.00012	99596	12	99591	7110167	71.39
16	0.00015	99584	15	99577	7010576	70.40
17	0.00018	99569	18	99561	6910999	69.41
18	0.00021	99551	21	99541	6811439	68.42
19	0.00024	99530	24	99518	6711898	67.44
20	0.00026	99506	26	99494	6612379	66.45
21	0.00027	99481	27	99467	6512886	65.47
22	0.00028	99454	28	99440	6413418	64.49
23	0.00029	99426	29	99412	6313978	63.50
24	0.00030	99397	30	99382	6214566	62.52
25	0.00031	99367	31	99352	6115184	61.54
26	0.00031	99337	31	99321	6015832	60.56
27	0.00031	99306	31	99290	5916510	59.58
28	0.00033	99274	32	99258	5817220	58.60
29	0.00035	99242	34	99225	5717962	57.62
30	0.00037	99208	37	99189	5618737	56.64
31	0.00040	99171	39	99151	5519547	55.66
32	0.00042	99131	41	99111	5420396	54.68
33	0.00043	99090	42	99069	5321285	53.70
34	0.00045	99047	45	99025	5222217	52.72
35	0.00048	99003	48	98979	5123191	51.75
36	0.00053	98955	53	98929	5024212	50.77
37	0.00059	98902	59	98873	4925283	49.80
38	0.00064	98844	64	98812	4826409	48.83
39	0.00069	98780	68	98746	4727597	47.86
40	0.00073	98712	72	98676	4628850	46.89
41	0.00079	98640	78	98601	4530174	45.93
42	0.00085	98562	84	98520	4431573	44.96
43	0.00092	98478	91	98433	4333053	44.00
44	0.00100	98387	99	98338	4234620	43.04
45	0.00109	98288	107	98235	4136282	42.08
46	0.00119	98181	117	98123	4038046	41.13
47	0.00131	98064	129	98000	3939923	40.18
48	0.00143	97935	140	97866	3841922	39.23
49	0.00156	97795	152	97719	3744057	38.28

年齢	死亡率	生存数	死亡数	定常人口		平均余命
x	$_nq_x$	l_x	$_nd_x$	$_nL_x$	T_x	$\overset{\circ}{e}_x$
50	0.00168	97642	164	97561	3646337	37.34
51	0.00181	97478	176	97391	3548776	36.41
52	0.00194	97302	189	97209	3451385	35.47
53	0.00209	97113	203	97012	3354176	34.54
54	0.00225	96910	218	96802	3257164	33.61
55	0.00242	96691	234	96576	3160362	32.69
56	0.00259	96458	250	96334	3063786	31.76
57	0.00280	96208	269	96075	2967452	30.84
58	0.00306	95938	294	95794	2871377	29.93
59	0.00333	95645	319	95487	2775584	29.02
60	0.00358	95326	341	95157	2680097	28.12
61	0.00381	94985	362	94806	2584939	27.21
62	0.00403	94623	381	94434	2490134	26.32
63	0.00428	94242	403	94042	2395699	25.42
64	0.00460	93839	431	93626	2301657	24.53
65	0.00498	93407	466	93178	2208031	23.64
66	0.00542	92942	504	92693	2114854	22.75
67	0.00595	92438	550	92167	2022161	21.88
68	0.00659	91887	606	91589	1929994	21.00
69	0.00734	91281	670	90952	1838404	20.14
70	0.00821	90611	744	90246	1747452	19.29
71	0.00922	89867	829	89460	1657207	18.44
72	0.01036	89039	922	88586	1567746	17.61
73	0.01161	88116	1023	87614	1479161	16.79
74	0.01300	87094	1133	86537	1391547	15.98
75	0.01456	85961	1252	85346	1305010	15.18
76	0.01641	84709	1390	84026	1219665	14.40
77	0.01858	83319	1548	82559	1135638	13.63
78	0.02108	81771	1724	80925	1053079	12.88
79	0.02397	80048	1919	79105	972154	12.14
80	0.02724	78129	2128	77083	893049	11.43
81	0.03103	76000	2359	74841	815966	10.74
82	0.03558	73642	2620	72354	741125	10.06
83	0.04088	71021	2904	69594	668770	9.42
84	0.04712	68118	3210	66539	599176	8.80
85	0.05405	64908	3508	63178	532638	8.21
86	0.06168	61400	3787	59529	469459	7.65
87	0.07024	57613	4047	55611	409930	7.12
88	0.07997	53567	4284	51443	354319	6.61
89	0.09082	49283	4476	47059	302877	6.15
90	0.10278	44807	4605	42512	255818	5.71
91	0.11551	40202	4644	37879	213306	5.31
92	0.12859	35558	4572	33262	175427	4.93
93	0.14236	30986	4411	28763	142165	4.59
94	0.15698	26575	4172	24466	113402	4.27
95	0.17234	22403	3861	20444	88936	3.97
96	0.18848	18542	3495	16762	68492	3.69
97	0.20540	15047	3091	13467	51730	3.44
98	0.22312	11956	2668	10587	38263	3.20
99	0.24165	9289	2245	8132	27676	2.98
100	0.26099	7044	1838	6092	19544	2.77
101	0.28115	5206	1464	4444	13452	2.58
102	0.30211	3742	1131	3151	9008	2.41
103	0.32387	2612	846	2167	5857	2.24
104	0.34641	1766	612	1442	3690	2.09
105-	1.00000	1154	1154	2248	2248	1.95

平成21年簡易生命表（2009）
男（MALE）

年齢	死亡率	生存数	死亡数	定常人口		平均余命
x	$_nq_x$	l_x	$_nd_x$	$_nL_x$	T_x	$\overset{\circ}{e}_x$
0 （週）	0.00091	100000	91	1917	7958862	79.59
1 （w）	0.00016	99909	16	1916	7956945	79.64
2	0.00013	99893	13	1916	7955029	79.64
3	0.00009	99881	9	1915	7953114	79.63
4	0.00031	99872	31	8983	7951198	79.61
2 （月）	0.00018	99840	18	8319	7942216	79.55
3 （m）	0.00042	99823	42	24951	7933897	79.48
6	0.00042	99781	42	49878	7908946	79.26
0 （年）	0.00262	100000	262	99794	7958862	79.59
1 （y）	0.00037	99738	37	99720	7859068	78.80
2	0.00025	99702	25	99690	7759348	77.83
3	0.00017	99677	17	99668	7659659	76.84
4	0.00013	99660	13	99654	7559990	75.86
5	0.00011	99648	11	99642	7460337	74.87
6	0.00011	99637	10	99631	7360695	73.88
7	0.00010	99626	10	99621	7261063	72.88
8	0.00009	99616	9	99612	7161442	71.89
9	0.00009	99607	9	99603	7061830	70.90
10	0.00008	99599	8	99594	6962227	69.90
11	0.00008	99590	8	99586	6862633	68.91
12	0.00008	99582	8	99578	6763047	67.91
13	0.00010	99574	9	99570	6663468	66.92
14	0.00013	99565	13	99559	6563898	65.93
15	0.00018	99552	18	99544	6464339	64.93
16	0.00025	99534	25	99522	6364796	63.95
17	0.00033	99509	33	99493	6265274	62.96
18	0.00040	99476	40	99457	6165781	61.98
19	0.00047	99436	46	99414	6066324	61.01
20	0.00053	99390	53	99364	5966910	60.04
21	0.00058	99337	58	99309	5867546	59.07
22	0.00061	99280	60	99250	5768237	58.10
23	0.00061	99219	60	99189	5668988	57.14
24	0.00059	99159	59	99130	5569799	56.17
25	0.00058	99100	58	99071	5470669	55.20
26	0.00060	99042	59	99013	5371597	54.24
27	0.00063	98983	62	98952	5272584	53.27
28	0.00067	98921	66	98888	5173632	52.30
29	0.00070	98855	69	98821	5074744	51.34
30	0.00071	98786	71	98751	4975923	50.37
31	0.00072	98715	71	98680	4877172	49.41
32	0.00074	98644	73	98608	4778493	48.44
33	0.00077	98572	76	98534	4679884	47.48
34	0.00082	98495	81	98455	4581351	46.51
35	0.00088	98414	87	98371	4482895	45.55
36	0.00096	98327	94	98281	4384524	44.59
37	0.00104	98233	102	98183	4286243	43.63
38	0.00114	98131	112	98076	4188060	42.68
39	0.00125	98019	122	97959	4089984	41.73
40	0.00136	97897	133	97832	3992025	40.78
41	0.00148	97764	145	97693	3894193	39.83
42	0.00161	97620	157	97542	3796500	38.89
43	0.00175	97463	170	97379	3698958	37.95
44	0.00191	97292	185	97201	3601579	37.02
45	0.00208	97107	202	97008	3504378	36.09
46	0.00226	96905	219	96797	3407371	35.16
47	0.00247	96686	239	96568	3310573	34.24
48	0.00270	96447	261	96319	3214005	33.32
49	0.00297	96187	286	96046	3117686	32.41

年齢	死亡率	生存数	死亡数	定常人口		平均余命
x	$_nq_x$	l_x	$_nd_x$	$_nL_x$	T_x	$\overset{\circ}{e}_x$
50	0.00328	95901	315	95746	3021640	31.51
51	0.00362	95586	346	95415	2925894	30.61
52	0.00397	95239	378	95053	2830479	29.72
53	0.00432	94861	410	94659	2735426	28.84
54	0.00469	94452	443	94233	2640767	27.96
55	0.00511	94008	480	93771	2546534	27.09
56	0.00561	93528	525	93270	2452762	26.22
57	0.00620	93003	577	92719	2359493	25.37
58	0.00686	92426	634	92114	2266774	24.53
59	0.00756	91792	694	91450	2174660	23.69
60	0.00825	91098	752	90727	2083209	22.87
61	0.00894	90346	808	89947	1992483	22.05
62	0.00969	89538	868	89109	1902536	21.25
63	0.01050	88670	931	88210	1813426	20.45
64	0.01137	87739	998	87246	1725216	19.66
65	0.01228	86742	1065	86215	1637970	18.88
66	0.01325	85676	1135	85114	1551755	18.11
67	0.01425	84541	1205	83945	1466641	17.35
68	0.01537	83336	1281	82703	1382696	16.59
69	0.01673	82056	1372	81378	1299993	15.84
70	0.01836	80683	1481	79952	1218616	15.10
71	0.02026	79202	1604	78411	1138663	14.38
72	0.02244	77598	1741	76739	1060253	13.66
73	0.02503	75856	1899	74921	983514	12.97
74	0.02805	73958	2075	72936	908593	12.29
75	0.03149	71883	2263	70768	835657	11.63
76	0.03532	69620	2459	68407	764890	10.99
77	0.03959	67161	2659	65848	696483	10.37
78	0.04435	64502	2861	63088	630634	9.78
79	0.04958	61641	3056	60129	567546	9.21
80	0.05525	58585	3237	56981	507418	8.66
81	0.06131	55348	3393	53664	450437	8.14
82	0.06804	51955	3535	50199	396773	7.64
83	0.07576	48420	3668	46596	346574	7.16
84	0.08421	44752	3768	42874	299978	6.70
85	0.09341	40983	3828	39072	257104	6.27
86	0.10295	37155	3825	35240	218032	5.87
87	0.11339	33330	3779	31436	182792	5.48
88	0.12627	29551	3731	27678	151356	5.12
89	0.13876	25819	3583	24012	123678	4.79
90	0.15178	22237	3375	20530	99665	4.48
91	0.16535	18861	3119	17279	79136	4.20
92	0.17947	15743	2825	14304	61857	3.93
93	0.19415	12917	2508	11636	47552	3.68
94	0.20941	10409	2180	9292	35916	3.45
95	0.22523	8230	1854	7276	26624	3.24
96	0.24164	6376	1541	5580	19348	3.03
97	0.25862	4835	1251	4187	13768	2.85
98	0.27618	3585	990	3069	9581	2.67
99	0.29431	2595	764	2196	6511	2.51
100	0.31300	1831	573	1530	4316	2.36
101	0.33225	1258	418	1037	2785	2.21
102	0.35202	840	296	683	1748	2.08
103	0.37231	544	203	436	1065	1.96
104	0.39310	342	134	270	628	1.84
105-	1.00000	207	207	359	359	1.73

平成21年簡易生命表（2009）
女（FEMALE）

年齢	死亡率	生存数	死亡数	定常人口		平均余命
x	$_nq_x$	l_x	$_nd_x$	$_nL_x$	T_x	$\overset{\circ}{e}_x$
0 （週）	0.00072	100000	72	1917	8644266	86.44
1 （w）	0.00015	99928	15	1916	8642349	86.49
2	0.00010	99913	10	1916	8640433	86.48
3	0.00008	99903	8	1916	8638517	86.47
4	0.00020	99895	20	8985	8636601	86.46
2 （月）	0.00015	99875	15	8322	8627616	86.38
3 （m）	0.00035	99860	35	24960	8619294	86.31
6	0.00038	99825	38	49902	8594333	86.09
0 （年）	0.00213	100000	213	99834	8644266	86.44
1 （.y）	0.00031	99787	31	99770	8544432	85.63
2	0.00022	99756	22	99745	8444662	84.65
3	0.00015	99734	15	99726	8344916	83.67
4	0.00012	99719	12	99713	8245190	82.68
5	0.00011	99707	11	99701	8145478	81.69
6	0.00010	99696	10	99691	8045776	80.70
7	0.00008	99687	8	99682	7946085	79.71
8	0.00007	99678	7	99674	7846403	78.72
9	0.00007	99671	7	99668	7746728	77.72
10	0.00006	99664	6	99661	7647061	76.73
11	0.00006	99658	6	99655	7547400	75.73
12	0.00007	99652	7	99648	7447745	74.74
13	0.00007	99645	7	99641	7348097	73.74
14	0.00009	99638	9	99633	7248455	72.75
15	0.00011	99629	11	99624	7148822	71.75
16	0.00013	99618	13	99612	7049199	70.76
17	0.00016	99605	16	99597	6949587	69.77
18	0.00019	99589	19	99580	6849989	68.78
19	0.00022	99570	22	99559	6750409	67.80
20	0.00025	99548	25	99535	6650850	66.81
21	0.00028	99522	27	99509	6551315	65.83
22	0.00028	99495	28	99481	6451806	64.85
23	0.00029	99467	29	99452	6352325	63.86
24	0.00030	99438	30	99423	6252873	62.88
25	0.00031	99408	31	99393	6153450	61.90
26	0.00032	99377	32	99361	6054057	60.92
27	0.00033	99345	33	99329	5954696	59.94
28	0.00033	99312	33	99296	5855367	58.96
29	0.00034	99279	34	99262	5756072	57.98
30	0.00036	99245	35	99228	5656810	57.00
31	0.00038	99210	37	99192	5557582	56.02
32	0.00040	99173	40	99153	5458390	55.04
33	0.00043	99133	42	99112	5359237	54.06
34	0.00045	99091	45	99069	5260125	53.08
35	0.00049	99046	48	99022	5161056	52.11
36	0.00053	98998	53	98972	5062033	51.13
37	0.00058	98945	57	98917	4963061	50.16
38	0.00063	98888	62	98857	4864144	49.19
39	0.00068	98826	67	98792	4765287	48.22
40	0.00073	98759	72	98723	4666495	47.25
41	0.00078	98687	77	98649	4567772	46.29
42	0.00085	98610	84	98568	4469123	45.32
43	0.00094	98525	92	98480	4370555	44.36
44	0.00102	98433	100	98384	4272075	43.40
45	0.00110	98333	108	98280	4173691	42.44
46	0.00119	98225	117	98167	4075411	41.49
47	0.00128	98108	126	98046	3977244	40.54
48	0.00139	97982	136	97915	3879198	39.59
49	0.00151	97846	148	97773	3781283	38.65

年齢	死亡率	生存数	死亡数	定常人口		平均余命
x	$_nq_x$	l_x	$_nd_x$	$_nL_x$	T_x	$\overset{\circ}{e}_x$
50	0.00165	97698	161	97619	3683509	37.70
51	0.00178	97537	174	97451	3585891	36.76
52	0.00192	97363	187	97271	3488440	35.83
53	0.00206	97176	200	97077	3391169	34.90
54	0.00219	96976	213	96871	3294092	33.97
55	0.00233	96764	226	96652	3197220	33.04
56	0.00250	96538	241	96419	3100568	32.12
57	0.00268	96297	258	96169	3004150	31.20
58	0.00290	96039	278	95902	2907980	30.28
59	0.00317	95760	303	95611	2812079	29.37
60	0.00343	95457	328	95295	2716468	28.46
61	0.00367	95130	350	94957	2621173	27.55
62	0.00390	94780	370	94597	2526216	26.65
63	0.00415	94410	392	94216	2431619	25.76
64	0.00446	94018	419	93811	2337403	24.86
65	0.00486	93599	455	93374	2243592	23.97
66	0.00534	93144	497	92899	2150218	23.08
67	0.00583	92647	540	92380	2057319	22.21
68	0.00638	92107	588	91817	1964939	21.33
69	0.00702	91519	643	91203	1873122	20.47
70	0.00780	90876	709	90528	1781919	19.61
71	0.00868	90168	783	89783	1691391	18.76
72	0.00967	89385	864	88960	1601608	17.92
73	0.01080	88520	956	88050	1512649	17.09
74	0.01214	87564	1063	87042	1424598	16.27
75	0.01379	86501	1193	85916	1337556	15.46
76	0.01565	85309	1335	84653	1251640	14.67
77	0.01777	83973	1493	83241	1166986	13.90
78	0.02016	82481	1663	81664	1083746	13.14
79	0.02292	80817	1852	79908	1002082	12.40
80	0.02610	78965	2061	77952	922174	11.68
81	0.02972	76904	2286	75780	844222	10.98
82	0.03390	74618	2530	73375	768441	10.30
83	0.03882	72089	2798	70713	695067	9.64
84	0.04455	69290	3087	67772	624354	9.01
85	0.05134	66204	3399	64530	556582	8.41
86	0.05901	62804	3706	60976	492051	7.83
87	0.06751	59098	3990	57126	431075	7.29
88	0.07682	55108	4233	53010	373950	6.79
89	0.08713	50875	4433	48674	320939	6.31
90	0.09868	46443	4583	44161	272266	5.86
91	0.11182	41859	4681	39524	228104	5.45
92	0.12590	37179	4681	34833	188580	5.07
93	0.13948	32498	4533	30215	153748	4.73
94	0.15379	27965	4301	25792	123533	4.42
95	0.16841	23664	3985	21642	97741	4.13
96	0.18336	19679	3608	17841	76099	3.87
97	0.19861	16071	3192	14439	58257	3.63
98	0.21417	12879	2758	11463	43818	3.40
99	0.23003	10121	2328	8921	32355	3.20
100	0.24618	7793	1918	6800	23434	3.01
101	0.26262	5874	1543	5073	16633	2.83
102	0.27934	4331	1210	3701	11560	2.67
103	0.29632	3122	925	2637	7859	2.52
104	0.31355	2197	689	1834	5222	2.38
105-	1.00000	1508	1508	3388	3388	2.25

平成22年簡易生命表（2010）
男（MALE）

年齢	死亡率	生存数	死亡数	定常人口		平均余命
x	$_nq_x$	l_x	$_nd_x$	$_nL_x$	T_x	$\overset{\circ}{e}_x$
0 （週）	0.00092	100000	92	1917	7963518	79.64
1 （w）	0.00011	99908	11	1916	7961601	79.69
2	0.00009	99897	9	1916	7959685	79.68
3	0.00007	99888	7	1916	7957769	79.67
4	0.00028	99881	28	8983	7955854	79.65
2 （月）	0.00019	99853	19	8320	7946870	79.59
3 （m）	0.00038	99834	37	24953	7938550	79.52
6	0.00043	99796	43	49887	7913597	79.30
0 （年）	0.00246	100000	246	99808	7963518	79.64
1 （y）	0.00036	99754	36	99734	7863710	78.83
2	0.00026	99718	26	99705	7763976	77.86
3	0.00018	99692	18	99683	7664270	76.88
4	0.00013	99674	13	99667	7564588	75.89
5	0.00011	99661	11	99655	7464920	74.90
6	0.00010	99650	10	99644	7365265	73.91
7	0.00009	99639	9	99634	7265621	72.92
8	0.00008	99630	8	99626	7165986	71.93
9	0.00008	99622	8	99618	7066361	70.93
10	0.00008	99614	8	99610	6966743	69.94
11	0.00009	99606	9	99601	6867133	68.94
12	0.00011	99596	11	99591	6767532	67.95
13	0.00013	99585	13	99579	6667941	66.96
14	0.00015	99573	15	99565	6568362	65.97
15	0.00019	99557	19	99548	6468797	64.98
16	0.00024	99538	24	99527	6369248	63.99
17	0.00030	99515	30	99500	6269721	63.00
18	0.00037	99484	37	99466	6170222	62.02
19	0.00044	99447	44	99426	6070755	61.05
20	0.00050	99403	50	99379	5971330	60.07
21	0.00055	99353	55	99326	5871951	59.10
22	0.00059	99298	59	99269	5772625	58.13
23	0.00061	99240	60	99210	5673356	57.17
24	0.00061	99179	61	99149	5574146	56.20
25	0.00062	99118	62	99088	5474998	55.24
26	0.00063	99057	63	99025	5375910	54.27
27	0.00065	98994	65	98962	5276885	53.31
28	0.00067	98929	67	98896	5177923	52.34
29	0.00069	98863	68	98829	5079027	51.37
30	0.00070	98795	69	98760	4980198	50.41
31	0.00072	98726	71	98690	4881438	49.44
32	0.00075	98654	74	98617	4782748	48.48
33	0.00079	98580	77	98541	4684131	47.52
34	0.00082	98502	81	98462	4585589	46.55
35	0.00087	98421	85	98379	4487127	45.59
36	0.00092	98336	90	98292	4388748	44.63
37	0.00099	98246	98	98198	4290456	43.67
38	0.00109	98149	107	98096	4192258	42.71
39	0.00120	98042	117	97984	4094162	41.76
40	0.00130	97925	127	97862	3996178	40.81
41	0.00140	97797	137	97730	3898316	39.86
42	0.00152	97660	148	97587	3800587	38.92
43	0.00165	97512	161	97432	3703000	37.97
44	0.00181	97350	176	97264	3605568	37.04
45	0.00199	97174	193	97079	3508304	36.10
46	0.00218	96981	212	96877	3411225	35.17
47	0.00240	96769	232	96655	3314349	34.25
48	0.00263	96537	254	96412	3217694	33.33
49	0.00289	96283	279	96146	3121282	32.42

年齢	死亡率	生存数	死亡数	定常人口		平均余命
x	nq_x	l_x	nd_x	nL_x	T_x	$\overset{\circ}{e}_x$
50	0.00318	96004	305	95854	3025136	31.51
51	0.00348	95699	333	95535	2929283	30.61
52	0.00382	95366	364	95187	2833748	29.71
53	0.00420	95002	399	94805	2738561	28.83
54	0.00464	94603	439	94387	2643756	27.95
55	0.00511	94164	481	93927	2549369	27.07
56	0.00561	93683	525	93424	2455442	26.21
57	0.00614	93157	572	92875	2362019	25.36
58	0.00672	92585	622	92278	2269144	24.51
59	0.00740	91963	681	91628	2176865	23.67
60	0.00819	91282	748	90914	2085238	22.84
61	0.00896	90534	812	90133	1994324	22.03
62	0.00970	89723	870	89292	1904190	21.22
63	0.01047	88852	930	88393	1814898	20.43
64	0.01130	87923	994	87431	1726505	19.64
65	0.01222	86929	1062	86404	1639074	18.86
66	0.01324	85867	1137	85305	1552670	18.08
67	0.01432	84730	1213	84130	1467366	17.32
68	0.01547	83517	1292	82878	1383236	16.56
69	0.01682	82225	1383	81542	1300358	15.81
70	0.01841	80842	1488	80107	1218817	15.08
71	0.02022	79354	1605	78561	1138710	14.35
72	0.02224	77749	1729	76895	1060148	13.64
73	0.02455	76020	1866	75099	983253	12.93
74	0.02734	74154	2027	73155	908154	12.25
75	0.03069	72127	2214	71036	835000	11.58
76	0.03466	69913	2423	68719	763963	10.93
77	0.03908	67490	2638	66189	695244	10.30
78	0.04402	64852	2855	63443	629055	9.70
79	0.04942	61997	3064	60482	565612	9.12
80	0.05523	58934	3255	57322	505129	8.57
81	0.06157	55679	3428	53979	447808	8.04
82	0.06871	52251	3590	50469	393829	7.54
83	0.07686	48660	3740	46802	343360	7.06
84	0.08590	44920	3859	42999	296559	6.60
85	0.09554	41062	3923	39103	253559	6.18
86	0.10561	37138	3922	35174	214457	5.77
87	0.11583	33216	3847	31285	179282	5.40
88	0.12884	29369	3784	27469	147997	5.04
89	0.14153	25585	3621	23758	120528	4.71
90	0.15479	21964	3400	20244	96770	4.41
91	0.16861	18564	3130	16975	76526	4.12
92	0.18301	15434	2825	13995	59551	3.86
93	0.19800	12610	2497	11333	45556	3.61
94	0.21359	10113	2160	9005	34223	3.38
95	0.22978	7953	1827	7012	25218	3.17
96	0.24658	6125	1510	5345	18206	2.97
97	0.26398	4615	1218	3983	12861	2.79
98	0.28198	3397	958	2898	8879	2.61
99	0.30058	2439	733	2055	5981	2.45
100	0.31976	1706	545	1419	3926	2.30
101	0.33952	1160	394	952	2507	2.16
102	0.35983	766	276	620	1555	2.03
103	0.38068	491	187	391	935	1.91
104	0.40204	304	122	238	544	1.79
105-	1.00000	182	182	306	306	1.68

平成22年簡易生命表（2010）
女（FEMALE）

年齢	死亡率	生存数	死亡数	定常人口		平均余命
x	$_nq_x$	l_x	$_nd_x$	$_nL_x$	T_x	$\overset{\circ}{e}_x$
0 （週）	0.00071	100000	71	1917	8638891	86.39
1 （w）	0.00012	99929	12	1916	8636974	86.43
2	0.00008	99917	8	1916	8635058	86.42
3	0.00007	99909	7	1916	8633142	86.41
4	0.00023	99902	23	8986	8631226	86.40
2 （月）	0.00014	99879	14	8323	8622240	86.33
3 （m）	0.00038	99866	38	24962	8613917	86.26
6	0.00038	99828	38	49902	8588955	86.04
0 （年）	0.00210	100000	210	99837	8638891	86.39
1 （y）	0.00033	99790	33	99773	8539054	85.57
2	0.00022	99757	22	99746	8439280	84.60
3	0.00015	99735	15	99727	8339534	83.62
4	0.00011	99720	11	99714	8239807	82.63
5	0.00009	99709	9	99704	8140093	81.64
6	0.00008	99699	8	99695	8040389	80.65
7	0.00008	99691	7	99687	7940694	79.65
8	0.00007	99684	7	99680	7841007	78.66
9	0.00006	99677	6	99674	7741327	77.66
10	0.00006	99671	6	99668	7641653	76.67
11	0.00006	99665	6	99661	7541985	75.67
12	0.00007	99658	7	99655	7442324	74.68
13	0.00008	99652	8	99648	7342669	73.68
14	0.00010	99644	10	99639	7243021	72.69
15	0.00012	99634	12	99629	7143382	71.70
16	0.00014	99623	14	99616	7043753	70.70
17	0.00016	99609	16	99601	6944137	69.71
18	0.00018	99593	18	99584	6844536	68.73
19	0.00021	99574	21	99564	6744953	67.74
20	0.00023	99554	23	99542	6645388	66.75
21	0.00025	99530	25	99518	6545846	65.77
22	0.00025	99506	25	99493	6446328	64.78
23	0.00025	99481	25	99468	6346835	63.80
24	0.00025	99456	25	99443	6247366	62.82
25	0.00026	99431	25	99418	6147923	61.83
26	0.00027	99405	27	99392	6048505	60.85
27	0.00028	99379	28	99365	5949114	59.86
28	0.00031	99350	31	99335	5849749	58.88
29	0.00034	99319	34	99303	5750414	57.90
30	0.00036	99286	36	99268	5651111	56.92
31	0.00038	99250	38	99231	5551843	55.94
32	0.00041	99211	40	99192	5452613	54.96
33	0.00043	99171	43	99150	5353421	53.98
34	0.00045	99129	45	99106	5254271	53.00
35	0.00049	99084	48	99060	5155164	52.03
36	0.00052	99036	52	99010	5056105	51.05
37	0.00056	98984	56	98956	4957094	50.08
38	0.00062	98928	61	98898	4858138	49.11
39	0.00067	98867	66	98834	4759240	48.14
40	0.00071	98801	71	98766	4660406	47.17
41	0.00076	98730	75	98693	4561640	46.20
42	0.00083	98655	81	98615	4462947	45.24
43	0.00091	98574	90	98529	4364332	44.27
44	0.00100	98484	99	98435	4265802	43.31
45	0.00109	98385	107	98332	4167367	42.36
46	0.00116	98278	114	98222	4069035	41.40
47	0.00125	98164	123	98104	3970814	40.45
48	0.00138	98042	135	97975	3872710	39.50
49	0.00153	97906	150	97833	3774735	38.55

年齢	死亡率	生存数	死亡数	定常人口		平均余命
x	$_nq_x$	l_x	$_nd_x$	$_nL_x$	T_x	$\overset{\circ}{e}_x$
50	0.00167	97757	163	97676	3676902	37.61
51	0.00180	97593	175	97506	3579226	36.68
52	0.00191	97418	186	97326	3481720	35.74
53	0.00204	97231	199	97133	3384394	34.81
54	0.00220	97033	213	96927	3287261	33.88
55	0.00237	96820	230	96706	3190334	32.95
56	0.00255	96590	246	96468	3093628	32.03
57	0.00273	96344	263	96214	2997159	31.11
58	0.00292	96081	280	95943	2900945	30.19
59	0.00314	95801	301	95652	2805002	29.28
60	0.00342	95500	327	95339	2709350	28.37
61	0.00371	95173	353	94999	2614011	27.47
62	0.00402	94820	381	94632	2519012	26.57
63	0.00434	94439	410	94237	2424380	25.67
64	0.00465	94030	437	93813	2330143	24.78
65	0.00499	93592	467	93362	2236330	23.89
66	0.00537	93126	500	92879	2142968	23.01
67	0.00582	92625	539	92359	2050090	22.13
68	0.00631	92087	582	91800	1957730	21.26
69	0.00692	91505	633	91193	1865931	20.39
70	0.00767	90872	697	90530	1774737	19.53
71	0.00857	90175	772	89796	1684208	18.68
72	0.00963	89403	861	88980	1594412	17.83
73	0.01085	88541	961	88070	1505432	17.00
74	0.01225	87581	1073	87054	1417362	16.18
75	0.01385	86507	1198	85919	1330308	15.38
76	0.01566	85309	1336	84653	1244389	14.59
77	0.01772	83973	1488	83242	1159737	13.81
78	0.02013	82485	1661	81670	1076494	13.05
79	0.02293	80824	1853	79915	994824	12.31
80	0.02616	78971	2066	77956	914910	11.59
81	0.02981	76905	2293	75778	836953	10.88
82	0.03395	74612	2533	73367	761175	10.20
83	0.03882	72079	2798	70704	687808	9.54
84	0.04463	69281	3092	67761	617105	8.91
85	0.05153	66190	3411	64512	549344	8.30
86	0.05967	62779	3746	60933	484832	7.72
87	0.06869	59033	4055	57029	423899	7.18
88	0.07855	54978	4319	52838	366869	6.67
89	0.08930	50659	4524	48412	314031	6.20
90	0.10137	46135	4677	43807	265619	5.76
91	0.11468	41459	4754	39084	221812	5.35
92	0.12902	36704	4736	34330	182728	4.98
93	0.14381	31969	4598	29653	148397	4.64
94	0.15852	27371	4339	25176	118744	4.34
95	0.17336	23032	3993	21004	93568	4.06
96	0.18832	19039	3585	17211	72564	3.81
97	0.20339	15454	3143	13845	55353	3.58
98	0.21858	12311	2691	10928	41509	3.37
99	0.23386	9620	2250	8459	30581	3.18
100	0.24924	7370	1837	6419	22122	3.00
101	0.26471	5533	1465	4772	15703	2.84
102	0.28026	4069	1140	3473	10931	2.69
103	0.29588	2928	866	2474	7458	2.55
104	0.31156	2062	642	1724	4984	2.42
105-	1.00000	1419	1419	3260	3260	2.30

平成23年簡易生命表（2011）
男（MALE）

年齢	死亡率	生存数	死亡数	定常人口		平均余命
x	$_nq_x$	l_x	$_nd_x$	$_nL_x$	T_x	$\overset{\circ}{e}_x$
0 （週）	0.00078	100 000	78	1 917	7 943 916	79.44
1 （w）	0.00014	99 922	14	1 916	7 941 999	79.48
2	0.00009	99 908	9	1 916	7 940 083	79.47
3	0.00007	99 899	7	1 916	7 938 167	79.46
4	0.00024	99 892	24	8 985	7 936 251	79.45
2 （月）	0.00017	99 868	17	8 322	7 927 267	79.38
3 （m）	0.00040	99 851	40	24 957	7 918 945	79.31
6	0.00044	99 810	44	49 893	7 893 988	79.09
0 （年）	0.00234	100 000	234	99 821	7 943 916	79.44
1 （y）	0.00041	99 766	41	99 744	7 844 095	78.62
2	0.00031	99 725	31	99 710	7 744 351	77.66
3	0.00023	99 694	23	99 682	7 644 641	76.68
4	0.00019	99 671	19	99 661	7 544 959	75.70
5	0.00017	99 652	17	99 643	7 445 298	74.71
6	0.00016	99 635	16	99 627	7 345 655	73.73
7	0.00014	99 619	14	99 612	7 246 028	72.74
8	0.00013	99 605	13	99 599	7 146 416	71.75
9	0.00012	99 592	12	99 586	7 046 817	70.76
10	0.00011	99 580	11	99 575	6 947 231	69.77
11	0.00012	99 569	12	99 563	6 847 656	68.77
12	0.00013	99 557	13	99 551	6 748 093	67.78
13	0.00016	99 544	16	99 536	6 648 542	66.79
14	0.00019	99 528	19	99 519	6 549 006	65.80
15	0.00024	99 509	24	99 498	6 449 486	64.81
16	0.00031	99 485	30	99 471	6 349 989	63.83
17	0.00037	99 455	37	99 437	6 250 518	62.85
18	0.00043	99 418	43	99 397	6 151 081	61.87
19	0.00048	99 375	48	99 351	6 051 684	60.90
20	0.00053	99 327	52	99 301	5 952 333	59.93
21	0.00058	99 274	57	99 246	5 853 032	58.96
22	0.00063	99 217	63	99 186	5 753 786	57.99
23	0.00068	99 154	67	99 121	5 654 600	57.03
24	0.00069	99 087	68	99 053	5 555 479	56.07
25	0.00068	99 019	67	98 985	5 456 425	55.10
26	0.00066	98 952	65	98 919	5 357 440	54.14
27	0.00065	98 887	65	98 855	5 258 520	53.18
28	0.00067	98 822	66	98 789	5 159 666	52.21
29	0.00070	98 756	69	98 722	5 060 876	51.25
30	0.00072	98 687	71	98 652	4 962 155	50.28
31	0.00074	98 616	73	98 580	4 863 503	49.32
32	0.00076	98 543	75	98 506	4 764 923	48.35
33	0.00080	98 468	78	98 429	4 666 417	47.39
34	0.00084	98 390	83	98 349	4 567 988	46.43
35	0.00089	98 307	88	98 264	4 469 639	45.47
36	0.00094	98 220	93	98 174	4 371 375	44.51
37	0.00101	98 127	99	98 078	4 273 201	43.55
38	0.00108	98 028	106	97 976	4 175 123	42.59
39	0.00118	97 922	116	97 865	4 077 148	41.64
40	0.00130	97 806	128	97 744	3 979 283	40.69
41	0.00144	97 679	140	97 610	3 881 539	39.74
42	0.00157	97 538	153	97 463	3 783 930	38.79
43	0.00169	97 385	165	97 304	3 686 467	37.85
44	0.00183	97 220	178	97 133	3 589 163	36.92
45	0.00198	97 043	192	96 948	3 492 030	35.98
46	0.00214	96 851	208	96 748	3 395 082	35.05
47	0.00236	96 643	228	96 531	3 298 334	34.13
48	0.00261	96 415	251	96 292	3 201 803	33.21
49	0.00290	96 164	278	96 027	3 105 511	32.29

年齢	死亡率	生存数	死亡数	定常人口		平均余命
x	$_nq_x$	l_x	$_nd_x$	$_nL_x$	T_x	$\overset{\circ}{e}_x$
50	0.00322	95 886	309	95 734	3 009 484	31.39
51	0.00357	95 577	341	95 409	2 913 750	30.49
52	0.00390	95 235	372	95 052	2 818 341	29.59
53	0.00420	94 863	398	94 666	2 723 290	28.71
54	0.00452	94 465	427	94 254	2 628 623	27.83
55	0.00490	94 038	461	93 811	2 534 369	26.95
56	0.00539	93 577	505	93 329	2 440 558	26.08
57	0.00598	93 072	557	92 798	2 347 229	25.22
58	0.00663	92 515	613	92 214	2 254 431	24.37
59	0.00730	91 902	671	91 572	2 162 217	23.53
60	0.00803	91 231	733	90 870	2 070 645	22.70
61	0.00886	90 499	802	90 104	1 979 775	21.88
62	0.00967	89 697	867	89 269	1 889 671	21.07
63	0.01044	88 830	928	88 371	1 800 403	20.27
64	0.01129	87 902	993	87 411	1 712 032	19.48
65	0.01229	86 909	1 068	86 382	1 624 621	18.69
66	0.01345	85 841	1 155	85 271	1 538 239	17.92
67	0.01471	84 686	1 246	84 071	1 452 968	17.16
68	0.01596	83 440	1 332	82 781	1 368 897	16.41
69	0.01717	82 108	1 410	81 410	1 286 116	15.66
70	0.01857	80 699	1 498	79 957	1 204 706	14.93
71	0.02031	79 200	1 609	78 406	1 124 748	14.20
72	0.02244	77 591	1 741	76 733	1 046 343	13.49
73	0.02492	75 850	1 890	74 918	969 610	12.78
74	0.02770	73 961	2 049	72 950	894 691	12.10
75	0.03089	71 912	2 222	70 816	821 741	11.43
76	0.03460	69 690	2 411	68 501	750 925	10.78
77	0.03901	67 279	2 625	65 985	682 424	10.14
78	0.04404	64 654	2 847	63 249	616 439	9.53
79	0.04962	61 807	3 067	60 291	553 191	8.95
80	0.05570	58 740	3 272	57 120	492 899	8.39
81	0.06233	55 468	3 457	53 754	435 779	7.86
82	0.06967	52 011	3 624	50 212	382 025	7.35
83	0.07794	48 387	3 771	46 513	331 812	6.86
84	0.08722	44 616	3 891	42 679	285 299	6.39
85	0.09738	40 725	3 966	38 746	242 621	5.96
86	0.10824	36 759	3 979	34 768	203 875	5.55
87	0.12000	32 780	3 934	30 807	169 107	5.16
88	0.13319	28 847	3 842	26 915	138 299	4.79
89	0.14704	25 004	3 677	23 150	111 384	4.45
90	0.16183	21 328	3 452	19 581	88 235	4.14
91	0.17761	17 876	3 175	16 264	68 654	3.84
92	0.19442	14 701	2 858	13 244	52 390	3.56
93	0.21229	11 843	2 514	10 557	39 146	3.31
94	0.23125	9 329	2 157	8 220	28 589	3.06
95	0.25134	7 172	1 802	6 241	20 369	2.84
96	0.27256	5 369	1 463	4 610	14 127	2.63
97	0.29494	3 906	1 152	3 305	9 517	2.44
98	0.31848	2 754	877	2 294	6 212	2.26
99	0.34315	1 877	644	1 537	3 918	2.09
100	0.36895	1 233	455	991	2 381	1.93
101	0.39583	778	308	613	1 390	1.79
102	0.42374	470	199	363	776	1.65
103	0.45260	271	123	204	414	1.53
104	0.48232	148	72	109	209	1.41
105-	1.00000	77	77	100	100	1.30

343

平成23年簡易生命表（2011）
女（FEMALE）

年齢	死亡率	生存数	死亡数	定常人口		平均余命
x	$_nq_x$	l_x	$_nd_x$	$_nL_x$	T_x	$\overset{\circ}{e}_x$
0 （週）	0.00079	100 000	79	1 917	8 590 142	85.90
1 （w）	0.00014	99 921	14	1 916	8 588 225	85.95
2	0.00011	99 906	11	1 916	8 586 309	85.94
3	0.00006	99 896	6	1 916	8 584 393	85.93
4	0.00025	99 890	25	8 985	8 582 477	85.92
2 （月）	0.00016	99 864	16	8 321	8 573 493	85.85
3 （m）	0.00037	99 848	37	24 957	8 565 171	85.78
6	0.00043	99 811	43	49 894	8 540 214	85.56
0 （年）	0.00232	100 000	232	99 821	8 590 142	85.90
1 （y）	0.00039	99 768	39	99 747	8 490 320	85.10
2	0.00030	99 730	30	99 715	8 390 573	84.13
3	0.00023	99 700	23	99 688	8 290 858	83.16
4	0.00018	99 678	18	99 668	8 191 169	82.18
5	0.00015	99 659	15	99 652	8 091 501	81.19
6	0.00014	99 644	14	99 637	7 991 850	80.20
7	0.00013	99 630	12	99 624	7 892 213	79.21
8	0.00012	99 618	12	99 612	7 792 589	78.22
9	0.00011	99 606	11	99 601	7 692 977	77.23
10	0.00011	99 595	11	99 590	7 593 376	76.24
11	0.00010	99 585	10	99 579	7 493 786	75.25
12	0.00009	99 574	9	99 570	7 394 207	74.26
13	0.00009	99 565	9	99 560	7 294 637	73.27
14	0.00011	99 556	11	99 550	7 195 077	72.27
15	0.00014	99 545	14	99 538	7 095 526	71.28
16	0.00018	99 531	18	99 522	6 995 988	70.29
17	0.00022	99 513	21	99 502	6 896 466	69.30
18	0.00024	99 492	24	99 480	6 796 964	68.32
19	0.00026	99 467	26	99 455	6 697 484	67.33
20	0.00029	99 441	28	99 427	6 598 030	66.35
21	0.00031	99 413	31	99 398	6 498 602	65.37
22	0.00033	99 382	33	99 366	6 399 204	64.39
23	0.00034	99 349	34	99 333	6 299 838	63.41
24	0.00035	99 316	34	99 298	6 200 506	62.43
25	0.00035	99 281	35	99 264	6 101 207	61.45
26	0.00036	99 246	36	99 228	6 001 944	60.48
27	0.00037	99 211	37	99 192	5 902 715	59.50
28	0.00038	99 174	38	99 155	5 803 523	58.52
29	0.00040	99 136	39	99 116	5 704 368	57.54
30	0.00041	99 097	41	99 076	5 605 252	56.56
31	0.00043	99 056	42	99 035	5 506 175	55.59
32	0.00045	99 013	44	98 992	5 407 141	54.61
33	0.00047	98 969	47	98 946	5 308 149	53.63
34	0.00051	98 923	50	98 898	5 209 203	52.66
35	0.00055	98 872	54	98 845	5 110 305	51.69
36	0.00059	98 818	58	98 789	5 011 460	50.71
37	0.00063	98 759	63	98 728	4 912 671	49.74
38	0.00068	98 697	67	98 664	4 813 943	48.78
39	0.00073	98 630	72	98 594	4 715 279	47.81
40	0.00079	98 558	77	98 519	4 616 685	46.84
41	0.00084	98 480	83	98 439	4 518 166	45.88
42	0.00091	98 398	89	98 354	4 419 727	44.92
43	0.00099	98 308	97	98 260	4 321 373	43.96
44	0.00109	98 211	107	98 158	4 223 113	43.00
45	0.00120	98 104	118	98 046	4 124 954	42.05
46	0.00130	97 986	128	97 923	4 026 909	41.10
47	0.00140	97 859	137	97 791	3 928 985	40.15
48	0.00151	97 721	147	97 648	3 831 195	39.21
49	0.00161	97 574	157	97 496	3 733 546	38.26

年齢	死亡率	生存数	死亡数	定常人口		平均余命
x	nq_x	l_x	nd_x	nL_x	T_x	$\overset{\circ}{e}_x$
50	0.00173	97 417	169	97 333	3 636 050	37.32
51	0.00187	97 248	182	97 158	3 538 717	36.39
52	0.00202	97 066	196	96 969	3 441 559	35.46
53	0.00218	96 870	212	96 765	3 344 590	34.53
54	0.00235	96 658	227	96 546	3 247 824	33.60
55	0.00251	96 431	242	96 312	3 151 278	32.68
56	0.00267	96 190	256	96 063	3 054 967	31.76
57	0.00286	95 933	274	95 798	2 958 904	30.84
58	0.00310	95 659	296	95 513	2 863 106	29.93
59	0.00336	95 363	320	95 204	2 767 593	29.02
60	0.00363	95 042	345	94 872	2 672 389	28.12
61	0.00391	94 697	370	94 514	2 577 517	27.22
62	0.00417	94 327	393	94 132	2 483 003	26.32
63	0.00442	93 934	415	93 728	2 388 871	25.43
64	0.00472	93 519	441	93 300	2 295 143	24.54
65	0.00508	93 077	473	92 844	2 201 843	23.66
66	0.00551	92 605	510	92 353	2 108 999	22.77
67	0.00603	92 094	556	91 820	2 016 646	21.90
68	0.00663	91 538	607	91 240	1 924 826	21.03
69	0.00726	90 932	660	90 607	1 833 586	20.16
70	0.00799	90 272	722	89 917	1 742 980	19.31
71	0.00886	89 550	793	89 160	1 653 063	18.46
72	0.00984	88 757	873	88 327	1 563 903	17.62
73	0.01097	87 883	964	87 410	1 475 576	16.79
74	0.01228	86 920	1 067	86 395	1 388 166	15.97
75	0.01383	85 852	1 187	85 270	1 301 771	15.16
76	0.01568	84 665	1 327	84 014	1 216 501	14.37
77	0.01789	83 338	1 491	82 607	1 132 487	13.59
78	0.02042	81 847	1 671	81 028	1 049 880	12.83
79	0.02334	80 176	1 872	79 258	968 852	12.08
80	0.02669	78 305	2 090	77 279	889 594	11.36
81	0.03046	76 215	2 321	75 074	812 316	10.66
82	0.03475	73 894	2 567	72 631	737 241	9.98
83	0.03968	71 326	2 830	69 934	664 610	9.32
84	0.04541	68 496	3 110	66 965	594 677	8.68
85	0.05211	65 385	3 407	63 707	527 712	8.07
86	0.05989	61 979	3 712	60 148	464 005	7.49
87	0.06914	58 267	4 028	56 278	403 856	6.93
88	0.07948	54 238	4 311	52 105	347 578	6.41
89	0.09100	49 928	4 543	47 673	295 474	5.92
90	0.10374	45 384	4 708	43 041	247 801	5.46
91	0.11754	40 676	4 781	38 288	204 760	5.03
92	0.13206	35 895	4 740	33 518	166 473	4.64
93	0.14822	31 155	4 618	28 832	132 955	4.27
94	0.16561	26 537	4 395	24 317	104 122	3.92
95	0.18442	22 142	4 084	20 071	79 805	3.60
96	0.20474	18 059	3 697	16 175	59 734	3.31
97	0.22662	14 362	3 255	12 696	43 558	3.03
98	0.25013	11 107	2 778	9 677	30 863	2.78
99	0.27530	8 329	2 293	7 142	21 185	2.54
100	0.30216	6 036	1 824	5 086	14 043	2.33
101	0.33071	4 212	1 393	3 482	8 957	2.13
102	0.36093	2 819	1 018	2 282	5 475	1.94
103	0.39278	1 802	708	1 425	3 193	1.77
104	0.42616	1 094	466	843	1 769	1.62
105-	1.00000	628	628	925	925	1.47

平成24年簡易生命表（2012）
男（MALE）

年齢	死亡率	生存数	死亡数	定常人口		平均余命
x	nq_x	l_x	nd_x	nL_x	T_x	$\overset{\circ}{e}_x$
0 （週）	0.00077	100 000	77	1 917	7 994 228	79.94
1 （w）	0.00011	99 923	11	1 916	7 992 311	79.98
2	0.00008	99 912	8	1 916	7 990 395	79.97
3	0.00006	99 904	6	1 916	7 988 479	79.96
4	0.00026	99 898	26	8 985	7 986 563	79.95
2 （月）	0.00018	99 872	18	8 322	7 977 578	79.88
3 （m）	0.00037	99 854	37	24 958	7 969 256	79.81
6	0.00046	99 817	46	49 897	7 944 297	79.59
0 （年）	0.00230	100 000	230	99 827	7 994 228	79.94
1 （y）	0.00031	99 770	31	99 751	7 894 401	79.13
2	0.00023	99 740	23	99 729	7 794 650	78.15
3	0.00018	99 717	18	99 708	7 694 920	77.17
4	0.00015	99 699	14	99 692	7 595 213	76.18
5	0.00013	99 685	13	99 678	7 495 521	75.19
6	0.00012	99 672	12	99 666	7 395 843	74.20
7	0.00010	99 660	10	99 655	7 296 177	73.21
8	0.00009	99 650	9	99 645	7 196 523	72.22
9	0.00008	99 640	8	99 636	7 096 878	71.22
10	0.00007	99 633	7	99 629	6 997 241	70.23
11	0.00007	99 626	7	99 622	6 897 612	69.24
12	0.00009	99 618	9	99 614	6 797 990	68.24
13	0.00011	99 609	11	99 604	6 698 376	67.25
14	0.00015	99 598	14	99 591	6 598 772	66.25
15	0.00018	99 584	18	99 575	6 499 181	65.26
16	0.00023	99 566	23	99 554	6 399 606	64.28
17	0.00029	99 542	29	99 528	6 300 052	63.29
18	0.00036	99 513	36	99 496	6 200 523	62.31
19	0.00043	99 477	43	99 456	6 101 028	61.33
20	0.00049	99 434	49	99 410	6 001 572	60.36
21	0.00054	99 385	54	99 359	5 902 161	59.39
22	0.00058	99 332	58	99 303	5 802 803	58.42
23	0.00061	99 274	61	99 244	5 703 500	57.45
24	0.00063	99 213	62	99 182	5 604 256	56.49
25	0.00063	99 151	63	99 120	5 505 074	55.52
26	0.00063	99 088	62	99 057	5 405 954	54.56
27	0.00062	99 026	62	98 995	5 306 897	53.59
28	0.00061	98 964	61	98 934	5 207 902	52.62
29	0.00062	98 904	61	98 873	5 108 968	51.66
30	0.00064	98 842	63	98 811	5 010 095	50.69
31	0.00065	98 779	65	98 747	4 911 284	49.72
32	0.00067	98 715	66	98 682	4 812 536	48.75
33	0.00069	98 649	68	98 615	4 713 855	47.78
34	0.00073	98 580	72	98 544	4 615 240	46.82
35	0.00078	98 508	77	98 470	4 516 696	45.85
36	0.00085	98 431	83	98 390	4 418 226	44.89
37	0.00091	98 347	90	98 303	4 319 836	43.92
38	0.00098	98 258	96	98 210	4 221 533	42.96
39	0.00105	98 161	103	98 110	4 123 323	42.01
40	0.00115	98 058	112	98 003	4 025 212	41.05
41	0.00127	97 946	125	97 884	3 927 210	40.10
42	0.00141	97 821	138	97 753	3 829 325	39.15
43	0.00155	97 683	152	97 608	3 731 572	38.20
44	0.00169	97 531	165	97 450	3 633 964	37.26
45	0.00183	97 366	178	97 278	3 536 514	36.32
46	0.00200	97 188	194	97 092	3 439 236	35.39
47	0.00221	96 994	215	96 888	3 342 143	34.46
48	0.00246	96 779	238	96 662	3 245 255	33.53
49	0.00272	96 541	263	96 411	3 148 593	32.61

年齢	死亡率	生存数	死亡数	定常人口		平均余命
x	$_nq_x$	l_x	$_nd_x$	$_nL_x$	T_x	$\overset{\circ}{e}_x$
50	0.00297	96 278	286	96 137	3 052 182	31.70
51	0.00325	95 992	312	95 838	2 956 045	30.79
52	0.00355	95 680	340	95 512	2 860 208	29.89
53	0.00387	95 340	369	95 158	2 764 695	29.00
54	0.00421	94 971	400	94 773	2 669 538	28.11
55	0.00459	94 570	434	94 357	2 574 764	27.23
56	0.00504	94 137	475	93 903	2 480 408	26.35
57	0.00559	93 662	523	93 405	2 386 505	25.48
58	0.00622	93 139	579	92 854	2 293 100	24.62
59	0.00689	92 559	638	92 245	2 200 246	23.77
60	0.00757	91 922	695	91 579	2 108 001	22.93
61	0.00831	91 226	758	90 853	2 016 422	22.10
62	0.00918	90 468	831	90 059	1 925 570	21.28
63	0.01008	89 637	904	89 191	1 835 511	20.48
64	0.01097	88 734	974	88 253	1 746 319	19.68
65	0.01194	87 760	1 048	87 242	1 658 067	18.89
66	0.01302	86 712	1 129	86 155	1 570 824	18.12
67	0.01423	85 583	1 218	84 982	1 484 670	17.35
68	0.01555	84 365	1 312	83 717	1 399 688	16.59
69	0.01690	83 053	1 403	82 359	1 315 971	15.84
70	0.01821	81 650	1 487	80 913	1 233 612	15.11
71	0.01969	80 163	1 578	79 382	1 152 699	14.38
72	0.02152	78 585	1 691	77 749	1 073 317	13.66
73	0.02376	76 893	1 827	75 992	995 568	12.95
74	0.02644	75 066	1 985	74 088	919 576	12.25
75	0.02957	73 081	2 161	72 016	845 488	11.57
76	0.03322	70 920	2 356	69 759	773 472	10.91
77	0.03744	68 564	2 567	67 299	703 713	10.26
78	0.04232	65 997	2 793	64 620	636 414	9.64
79	0.04783	63 204	3 023	61 712	571 795	9.05
80	0.05394	60 181	3 246	58 576	510 083	8.48
81	0.06072	56 935	3 457	55 223	451 507	7.93
82	0.06817	53 478	3 646	51 670	396 283	7.41
83	0.07634	49 832	3 804	47 942	344 614	6.92
84	0.08533	46 028	3 928	44 073	296 672	6.45
85	0.09551	42 100	4 021	40 096	252 599	6.00
86	0.10673	38 079	4 064	36 049	212 503	5.58
87	0.11882	34 015	4 042	31 990	176 454	5.19
88	0.13190	29 974	3 953	27 987	144 464	4.82
89	0.14590	26 020	3 796	24 106	116 478	4.48
90	0.16082	22 224	3 574	20 416	92 371	4.16
91	0.17667	18 650	3 295	16 977	71 956	3.86
92	0.19350	15 355	2 971	13 841	54 979	3.58
93	0.21134	12 384	2 617	11 045	41 138	3.32
94	0.23021	9 766	2 248	8 611	30 094	3.08
95	0.25014	7 518	1 881	6 548	21 482	2.86
96	0.27114	5 637	1 529	4 845	14 935	2.65
97	0.29321	4 109	1 205	3 481	10 090	2.46
98	0.31636	2 904	919	2 423	6 609	2.28
99	0.34057	1 985	676	1 629	4 186	2.11
100	0.36582	1 309	479	1 055	2 557	1.95
101	0.39208	830	326	656	1 502	1.81
102	0.41928	505	212	391	846	1.68
103	0.44737	293	131	222	455	1.55
104	0.47626	162	77	120	233	1.44
105-	1.00000	85	85	113	113	1.33

平成24年簡易生命表（2012）
女（FEMALE）

年齢	死亡率	生存数	死亡数	定常人口		平均余命
x	$_nq_x$	l_x	$_nd_x$	$_nL_x$	T_x	$\overset{\circ}{e}_x$
0 （週）	0.00075	100 000	75	1 917	8 641 497	86.41
1 （w）	0.00009	99 925	9	1 916	8 639 580	86.46
2	0.00009	99 916	9	1 916	8 637 664	86.45
3	0.00010	99 907	10	1 916	8 635 748	86.44
4	0.00023	99 897	23	8 985	8 633 832	86.43
2 （月）	0.00015	99 873	15	8 322	8 624 847	86.36
3 （m）	0.00032	99 858	32	24 960	8 616 525	86.29
6	0.00038	99 826	38	49 903	8 591 565	86.07
0 （年）	0.00213	100 000	213	99 835	8 641 497	86.41
1 （y）	0.00031	99 787	31	99 770	8 541 662	85.60
2	0.00023	99 756	23	99 745	8 441 892	84.63
3	0.00017	99 734	16	99 725	8 342 147	83.64
4	0.00012	99 717	12	99 711	8 242 422	82.66
5	0.00010	99 705	10	99 700	8 142 711	81.67
6	0.00008	99 695	8	99 691	8 043 011	80.68
7	0.00007	99 688	7	99 684	7 943 320	79.68
8	0.00007	99 681	6	99 677	7 843 636	78.69
9	0.00006	99 674	6	99 671	7 743 958	77.69
10	0.00006	99 668	6	99 665	7 644 287	76.70
11	0.00006	99 661	6	99 658	7 544 623	75.70
12	0.00007	99 655	7	99 652	7 444 965	74.71
13	0.00008	99 649	8	99 645	7 345 313	73.71
14	0.00009	99 641	9	99 636	7 245 668	72.72
15	0.00011	99 631	11	99 626	7 146 032	71.72
16	0.00013	99 621	13	99 615	7 046 405	70.73
17	0.00015	99 608	15	99 601	6 946 791	69.74
18	0.00018	99 593	18	99 584	6 847 190	68.75
19	0.00020	99 575	20	99 566	6 747 605	67.76
20	0.00021	99 556	21	99 545	6 648 040	66.78
21	0.00022	99 534	22	99 523	6 548 495	65.79
22	0.00023	99 512	23	99 501	6 448 971	64.81
23	0.00025	99 489	24	99 477	6 349 470	63.82
24	0.00026	99 465	26	99 452	6 249 993	62.84
25	0.00028	99 439	28	99 425	6 150 542	61.85
26	0.00030	99 410	30	99 396	6 051 117	60.87
27	0.00031	99 381	31	99 365	5 951 721	59.89
28	0.00031	99 350	31	99 334	5 852 356	58.91
29	0.00032	99 319	31	99 303	5 753 022	57.92
30	0.00033	99 287	33	99 271	5 653 718	56.94
31	0.00035	99 255	35	99 237	5 554 447	55.96
32	0.00038	99 219	37	99 201	5 455 210	54.98
33	0.00039	99 182	39	99 163	5 356 009	54.00
34	0.00040	99 144	40	99 124	5 256 846	53.02
35	0.00043	99 104	42	99 083	5 157 722	52.04
36	0.00047	99 061	46	99 039	5 058 640	51.07
37	0.00052	99 015	51	98 990	4 959 601	50.09
38	0.00057	98 964	56	98 936	4 860 611	49.11
39	0.00062	98 908	61	98 878	4 761 674	48.14
40	0.00068	98 846	67	98 814	4 662 797	47.17
41	0.00074	98 780	73	98 744	4 563 983	46.20
42	0.00080	98 707	79	98 668	4 465 239	45.24
43	0.00087	98 628	86	98 586	4 366 571	44.27
44	0.00094	98 542	93	98 496	4 267 986	43.31
45	0.00102	98 449	100	98 400	4 169 490	42.35
46	0.00110	98 349	108	98 296	4 071 090	41.39
47	0.00120	98 241	118	98 183	3 972 794	40.44
48	0.00132	98 123	130	98 060	3 874 611	39.49
49	0.00146	97 994	143	97 923	3 776 551	38.54

年齢	死亡率	生存数	死亡数	定常人口		平均余命
x	nq_x	l_x	nd_x	nL_x	T_x	$\overset{\circ}{e}_x$
50	0.00161	97 850	157	97 773	3 678 628	37.59
51	0.00175	97 693	171	97 609	3 580 855	36.65
52	0.00188	97 523	184	97 432	3 483 246	35.72
53	0.00202	97 339	196	97 242	3 385 814	34.78
54	0.00215	97 143	209	97 039	3 288 572	33.85
55	0.00229	96 933	222	96 824	3 191 533	32.92
56	0.00242	96 712	234	96 596	3 094 709	32.00
57	0.00259	96 478	250	96 354	2 998 113	31.08
58	0.00280	96 228	270	96 095	2 901 759	30.16
59	0.00305	95 958	293	95 813	2 805 665	29.24
60	0.00330	95 665	316	95 509	2 709 851	28.33
61	0.00354	95 349	337	95 182	2 614 342	27.42
62	0.00379	95 012	360	94 834	2 519 160	26.51
63	0.00410	94 652	388	94 460	2 424 326	25.61
64	0.00446	94 264	420	94 057	2 329 866	24.72
65	0.00486	93 844	456	93 619	2 235 810	23.82
66	0.00529	93 387	494	93 144	2 142 191	22.94
67	0.00576	92 893	535	92 629	2 049 047	22.06
68	0.00628	92 358	580	92 072	1 956 418	21.18
69	0.00689	91 778	632	91 466	1 864 347	20.31
70	0.00756	91 146	689	90 806	1 772 880	19.45
71	0.00836	90 456	757	90 084	1 682 074	18.60
72	0.00934	89 700	837	89 288	1 591 990	17.75
73	0.01048	88 862	932	88 405	1 502 702	16.91
74	0.01181	87 931	1 038	87 421	1 414 298	16.08
75	0.01330	86 892	1 156	86 325	1 326 877	15.27
76	0.01503	85 736	1 288	85 104	1 240 552	14.47
77	0.01707	84 448	1 442	83 741	1 155 448	13.68
78	0.01956	83 006	1 623	82 211	1 071 707	12.91
79	0.02245	81 383	1 827	80 487	989 496	12.16
80	0.02578	79 556	2 051	78 550	909 009	11.43
81	0.02959	77 505	2 294	76 379	830 459	10.71
82	0.03396	75 211	2 554	73 957	754 080	10.03
83	0.03889	72 657	2 826	71 267	680 124	9.36
84	0.04455	69 831	3 111	68 300	608 856	8.72
85	0.05114	66 721	3 412	65 040	540 556	8.10
86	0.05893	63 309	3 731	61 470	475 515	7.51
87	0.06803	59 578	4 053	57 578	414 045	6.95
88	0.07874	55 524	4 372	53 363	356 467	6.42
89	0.09063	51 152	4 636	48 853	303 104	5.93
90	0.10352	46 516	4 815	44 119	254 251	5.47
91	0.11739	41 701	4 895	39 255	210 131	5.04
92	0.13216	36 806	4 864	34 366	170 876	4.64
93	0.14815	31 941	4 732	29 560	136 509	4.27
94	0.16554	27 209	4 504	24 934	106 949	3.93
95	0.18431	22 705	4 185	20 582	82 015	3.61
96	0.20452	18 520	3 788	16 590	61 433	3.32
97	0.22623	14 732	3 333	13 026	44 843	3.04
98	0.24949	11 399	2 844	9 936	31 816	2.79
99	0.27433	8 555	2 347	7 341	21 880	2.56
100	0.30078	6 208	1 867	5 236	14 540	2.34
101	0.32883	4 341	1 427	3 593	9 304	2.14
102	0.35847	2 914	1 044	2 362	5 711	1.96
103	0.38964	1 869	728	1 482	3 349	1.79
104	0.42226	1 141	482	882	1 867	1.64
105-	1.00000	659	659	985	985	1.49

平成25年簡易生命表 (2013)
男 (MALE)

年齢	死亡率	生存数	死亡数	定常人口		平均余命
x	$_nq_x$	l_x	$_nd_x$	$_nL_x$	T_x	$\overset{\circ}{e}_x$
0 (週)	0.00079	100 000	79	1 917	8 020 754	80.21
1 (w)	0.00011	99 921	11	1 916	8 018 837	80.25
2	0.00009	99 910	9	1 916	8 016 921	80.24
3	0.00008	99 901	8	1 916	8 015 005	80.23
4	0.00027	99 893	27	8 984	8 013 089	80.22
2 (月)	0.00016	99 865	16	8 321	8 004 105	80.15
3 (m)	0.00038	99 850	38	24 958	7 995 783	80.08
6	0.00038	99 812	38	49 895	7 970 825	79.86
0 (年)	0.00226	100 000	226	99 823	8 020 754	80.21
1 (y)	0.00031	99 774	31	99 758	7 920 931	79.39
2	0.00022	99 743	22	99 733	7 821 173	78.41
3	0.00016	99 721	16	99 713	7 721 440	77.43
4	0.00012	99 706	12	99 699	7 621 727	76.44
5	0.00011	99 694	10	99 688	7 522 028	75.45
6	0.00010	99 683	10	99 678	7 422 339	74.46
7	0.00010	99 673	10	99 668	7 322 661	73.47
8	0.00009	99 664	9	99 659	7 222 993	72.47
9	0.00008	99 655	8	99 650	7 123 334	71.48
10	0.00007	99 647	7	99 643	7 023 683	70.49
11	0.00008	99 639	8	99 635	6 924 041	69.49
12	0.00009	99 632	9	99 627	6 824 405	68.50
13	0.00011	99 623	11	99 618	6 724 778	67.50
14	0.00013	99 612	13	99 606	6 625 160	66.51
15	0.00017	99 599	17	99 591	6 525 555	65.52
16	0.00022	99 582	22	99 572	6 425 964	64.53
17	0.00028	99 560	28	99 547	6 326 392	63.54
18	0.00035	99 532	35	99 515	6 226 845	62.56
19	0.00042	99 497	42	99 477	6 127 329	61.58
20	0.00048	99 455	48	99 431	6 027 853	60.61
21	0.00053	99 407	53	99 381	5 928 422	59.64
22	0.00057	99 354	56	99 326	5 829 041	58.67
23	0.00059	99 298	59	99 268	5 729 715	57.70
24	0.00060	99 239	59	99 209	5 630 446	56.74
25	0.00059	99 180	59	99 150	5 531 237	55.77
26	0.00058	99 121	58	99 092	5 432 087	54.80
27	0.00058	99 063	57	99 035	5 332 995	53.83
28	0.00059	99 006	58	98 977	5 233 960	52.86
29	0.00061	98 948	61	98 918	5 134 983	51.90
30	0.00064	98 887	63	98 856	5 036 065	50.93
31	0.00065	98 824	65	98 792	4 937 209	49.96
32	0.00066	98 760	65	98 727	4 838 417	48.99
33	0.00068	98 694	67	98 661	4 739 690	48.02
34	0.00072	98 627	71	98 592	4 641 028	47.06
35	0.00077	98 557	76	98 519	4 542 436	46.09
36	0.00083	98 481	82	98 440	4 443 917	45.12
37	0.00089	98 399	88	98 356	4 345 476	44.16
38	0.00096	98 311	95	98 265	4 247 121	43.20
39	0.00104	98 217	102	98 167	4 148 856	42.24
40	0.00112	98 115	110	98 061	4 050 690	41.29
41	0.00122	98 005	120	97 946	3 952 629	40.33
42	0.00135	97 885	132	97 820	3 854 683	39.38
43	0.00148	97 753	144	97 682	3 756 863	38.43
44	0.00163	97 609	159	97 531	3 659 181	37.49
45	0.00180	97 450	176	97 363	3 561 651	36.55
46	0.00199	97 274	193	97 179	3 464 287	35.61
47	0.00218	97 081	212	96 976	3 367 108	34.68
48	0.00239	96 869	231	96 755	3 270 132	33.76
49	0.00261	96 638	253	96 513	3 173 377	32.84

年齢	死亡率	生存数	死亡数	定常人口		平均余命
x	$_nq_x$	l_x	$_nd_x$	$_nL_x$	T_x	$\overset{\circ}{e}_x$
50	0.00286	96 385	276	96 249	3 076 864	31.92
51	0.00315	96 109	303	95 960	2 980 615	31.01
52	0.00350	95 806	335	95 641	2 884 654	30.11
53	0.00386	95 471	369	95 290	2 789 013	29.21
54	0.00423	95 102	402	94 904	2 693 723	28.32
55	0.00460	94 700	436	94 485	2 598 819	27.44
56	0.00499	94 264	470	94 032	2 504 334	26.57
57	0.00543	93 794	509	93 543	2 410 302	25.70
58	0.00597	93 285	557	93 011	2 316 759	24.84
59	0.00661	92 729	613	92 427	2 223 747	23.98
60	0.00734	92 115	677	91 783	2 131 320	23.14
61	0.00812	91 439	742	91 073	2 039 538	22.30
62	0.00895	90 696	812	90 296	1 948 464	21.48
63	0.00985	89 884	886	89 448	1 858 168	20.67
64	0.01077	88 999	958	88 526	1 768 720	19.87
65	0.01170	88 041	1 030	87 532	1 680 195	19.08
66	0.01271	87 010	1 106	86 464	1 592 663	18.30
67	0.01384	85 904	1 189	85 317	1 506 199	17.53
68	0.01509	84 715	1 278	84 084	1 420 882	16.77
69	0.01645	83 437	1 373	82 759	1 336 799	16.02
70	0.01794	82 064	1 472	81 336	1 254 040	15.28
71	0.01946	80 592	1 568	79 817	1 172 704	14.55
72	0.02123	79 024	1 678	78 195	1 092 887	13.83
73	0.02334	77 347	1 805	76 456	1 014 692	13.12
74	0.02582	75 542	1 951	74 579	938 236	12.42
75	0.02874	73 591	2 115	72 548	863 657	11.74
76	0.03214	71 476	2 297	70 343	791 109	11.07
77	0.03612	69 178	2 498	67 947	720 766	10.42
78	0.04075	66 680	2 717	65 340	652 820	9.79
79	0.04626	63 963	2 959	62 504	587 479	9.18
80	0.05251	61 004	3 204	59 422	524 975	8.61
81	0.05942	57 800	3 435	56 101	465 553	8.05
82	0.06694	54 366	3 639	52 562	409 452	7.53
83	0.07495	50 726	3 802	48 837	356 890	7.04
84	0.08352	46 924	3 919	44 973	308 053	6.56
85	0.09299	43 005	3 999	41 011	263 080	6.12
86	0.10373	39 006	4 046	36 986	222 069	5.69
87	0.11600	34 960	4 055	32 931	185 084	5.29
88	0.12904	30 905	3 988	28 902	152 153	4.92
89	0.14219	26 917	3 827	24 987	123 251	4.58
90	0.15663	23 089	3 616	21 261	98 264	4.26
91	0.17198	19 473	3 349	17 774	77 003	3.95
92	0.18826	16 124	3 036	14 579	59 229	3.67
93	0.20552	13 089	2 690	11 714	44 650	3.41
94	0.22377	10 399	2 327	9 205	32 936	3.17
95	0.24305	8 072	1 962	7 061	23 732	2.94
96	0.26337	6 110	1 609	5 277	16 671	2.73
97	0.28473	4 501	1 281	3 834	11 395	2.53
98	0.30714	3 219	989	2 702	7 561	2.35
99	0.33060	2 230	737	1 843	4 858	2.18
100	0.35508	1 493	530	1 213	3 016	2.02
101	0.38055	963	366	768	1 803	1.87
102	0.40698	596	243	466	1 035	1.74
103	0.43430	354	154	271	569	1.61
104	0.46243	200	93	150	298	1.49
105-	1.00000	108	108	149	149	1.38

平成25年簡易生命表（2013）
女（FEMALE）

年齢	死亡率	生存数	死亡数	定常人口		平均余命
x	$_nq_x$	l_x	$_nd_x$	$_nL_x$	T_x	$\overset{\circ}{e}_x$
0 （週）	0.00067	100 000	67	1 917	8 660 942	86.61
1 （w）	0.00009	99 933	9	1 916	8 659 025	86.65
2	0.00009	99 924	9	1 916	8 657 108	86.64
3	0.00006	99 915	6	1 916	8 655 192	86.63
4	0.00022	99 909	22	8 986	8 653 276	86.61
2 （月）	0.00015	99 887	15	8 323	8 644 290	86.54
3 （m）	0.00036	99 872	36	24 963	8 635 967	86.47
6	0.00033	99 836	33	49 908	8 611 003	86.25
0 （年）	0.00197	100 000	197	99 846	8 660 942	86.61
1 （y）	0.00029	99 803	29	99 788	8 561 095	85.78
2	0.00020	99 773	19	99 764	8 461 307	84.81
3	0.00012	99 754	12	99 747	8 361 543	83.82
4	0.00009	99 741	9	99 737	8 261 796	82.83
5	0.00008	99 733	8	99 729	8 162 059	81.84
6	0.00008	99 725	8	99 721	8 062 330	80.85
7	0.00007	99 717	7	99 714	7 962 609	79.85
8	0.00006	99 710	6	99 707	7 862 895	78.86
9	0.00006	99 704	6	99 701	7 763 188	77.86
10	0.00005	99 698	5	99 696	7 663 487	76.87
11	0.00005	99 693	5	99 690	7 563 791	75.87
12	0.00006	99 687	6	99 685	7 464 101	74.88
13	0.00007	99 682	7	99 678	7 364 417	73.88
14	0.00008	99 674	8	99 670	7 264 738	72.88
15	0.00010	99 666	10	99 661	7 165 068	71.89
16	0.00011	99 656	11	99 651	7 065 407	70.90
17	0.00013	99 645	13	99 639	6 965 756	69.91
18	0.00015	99 632	15	99 625	6 866 117	68.91
19	0.00018	99 617	18	99 608	6 766 493	67.92
20	0.00021	99 599	21	99 589	6 666 884	66.94
21	0.00024	99 578	24	99 566	6 567 296	65.95
22	0.00025	99 554	25	99 542	6 467 729	64.97
23	0.00024	99 530	24	99 517	6 368 188	63.98
24	0.00024	99 505	24	99 493	6 268 670	63.00
25	0.00024	99 482	24	99 470	6 169 177	62.01
26	0.00025	99 458	25	99 446	6 069 707	61.03
27	0.00026	99 433	26	99 420	5 970 261	60.04
28	0.00028	99 407	28	99 393	5 870 841	59.06
29	0.00030	99 380	30	99 365	5 771 447	58.07
30	0.00033	99 350	32	99 334	5 672 082	57.09
31	0.00036	99 317	35	99 300	5 572 749	56.11
32	0.00038	99 282	38	99 263	5 473 449	55.13
33	0.00040	99 244	40	99 225	5 374 185	54.15
34	0.00042	99 204	42	99 184	5 274 961	53.17
35	0.00044	99 162	44	99 141	5 175 777	52.19
36	0.00047	99 119	46	99 096	5 076 636	51.22
37	0.00050	99 072	50	99 048	4 977 541	50.24
38	0.00054	99 023	53	98 996	4 878 493	49.27
39	0.00059	98 969	58	98 941	4 779 496	48.29
40	0.00064	98 911	64	98 880	4 680 556	47.32
41	0.00070	98 847	70	98 813	4 581 676	46.35
42	0.00077	98 778	76	98 740	4 482 863	45.38
43	0.00084	98 702	83	98 661	4 384 123	44.42
44	0.00091	98 619	90	98 574	4 285 462	43.45
45	0.00100	98 528	98	98 480	4 186 888	42.49
46	0.00111	98 430	109	98 377	4 088 408	41.54
47	0.00124	98 321	122	98 262	3 990 032	40.58
48	0.00137	98 200	135	98 133	3 891 770	39.63
49	0.00150	98 065	147	97 992	3 793 637	38.69

年齢	死亡率	生存数	死亡数	定常人口		平均余命
x	$_nq_x$	l_x	$_nd_x$	$_nL_x$	T_x	$\overset{\circ}{e}_x$
50	0.00160	97 918	157	97 840	3 695 644	37.74
51	0.00171	97 761	167	97 678	3 597 804	36.80
52	0.00184	97 594	179	97 506	3 500 126	35.86
53	0.00198	97 415	193	97 319	3 402 620	34.93
54	0.00214	97 222	208	97 119	3 305 301	34.00
55	0.00230	97 014	223	96 904	3 208 182	33.07
56	0.00243	96 791	236	96 674	3 111 278	32.14
57	0.00258	96 555	249	96 432	3 014 604	31.22
58	0.00275	96 306	265	96 175	2 918 172	30.30
59	0.00296	96 041	284	95 901	2 821 997	29.38
60	0.00321	95 757	307	95 606	2 726 096	28.47
61	0.00350	95 450	334	95 285	2 630 490	27.56
62	0.00381	95 116	362	94 938	2 535 205	26.65
63	0.00416	94 754	394	94 560	2 440 267	25.75
64	0.00452	94 360	427	94 149	2 345 708	24.86
65	0.00490	93 933	460	93 706	2 251 558	23.97
66	0.00528	93 473	494	93 229	2 157 853	23.09
67	0.00569	92 979	529	92 718	2 064 624	22.21
68	0.00617	92 450	570	92 169	1 971 906	21.33
69	0.00674	91 880	620	91 575	1 879 737	20.46
70	0.00742	91 260	677	90 927	1 788 163	19.59
71	0.00817	90 583	740	90 219	1 697 236	18.74
72	0.00905	89 843	813	89 443	1 607 017	17.89
73	0.01010	89 030	899	88 589	1 517 574	17.05
74	0.01136	88 131	1 001	87 640	1 428 985	16.21
75	0.01285	87 130	1 119	86 581	1 341 345	15.39
76	0.01457	86 011	1 253	85 396	1 254 764	14.59
77	0.01656	84 758	1 403	84 070	1 169 368	13.80
78	0.01894	83 354	1 579	82 581	1 085 298	13.02
79	0.02182	81 775	1 784	80 902	1 002 718	12.26
80	0.02521	79 991	2 016	79 003	921 816	11.52
81	0.02910	77 975	2 269	76 862	842 813	10.81
82	0.03344	75 706	2 532	74 462	765 951	10.12
83	0.03827	73 174	2 800	71 797	691 488	9.45
84	0.04379	70 374	3 082	68 857	619 691	8.81
85	0.05021	67 292	3 379	65 628	550 834	8.19
86	0.05779	63 913	3 693	62 093	485 205	7.59
87	0.06671	60 220	4 017	58 238	423 112	7.03
88	0.07707	56 203	4 332	54 063	364 874	6.49
89	0.08911	51 871	4 622	49 582	310 811	5.99
90	0.10211	47 249	4 824	44 849	261 230	5.53
91	0.11573	42 425	4 910	39 972	216 380	5.10
92	0.12999	37 515	4 877	35 070	176 408	4.70
93	0.14547	32 638	4 748	30 250	141 339	4.33
94	0.16256	27 890	4 534	25 602	111 089	3.98
95	0.18100	23 357	4 228	21 214	85 487	3.66
96	0.20095	19 129	3 844	17 172	64 273	3.36
97	0.22248	15 285	3 401	13 546	47 101	3.08
98	0.24565	11 884	2 919	10 384	33 555	2.82
99	0.27051	8 965	2 425	7 711	23 172	2.58
100	0.29709	6 540	1 943	5 529	15 460	2.36
101	0.32540	4 597	1 496	3 814	9 931	2.16
102	0.35543	3 101	1 102	2 520	6 118	1.97
103	0.38713	1 999	774	1 587	3 598	1.80
104	0.42042	1 225	515	949	2 010	1.64
105-	1.00000	710	710	1 062	1 062	1.50

平成26年簡易生命表（2014）
男（MALE）

年齢	死亡率	生存数	死亡数	定常人口		平均余命
x	nq_x	l_x	nd_x	nL_x	T_x	$\overset{\circ}{e}_x$
0 （週）	0.00072	100 000	72	1 917	8 049 842	80.50
1 （w）	0.00011	99 928	11	1 916	8 047 925	80.54
2	0.00008	99 916	8	1 916	8 046 009	80.53
3	0.00007	99 909	7	1 916	8 044 093	80.51
4	0.00023	99 901	22	8 985	8 042 177	80.50
2 （月）	0.00016	99 879	16	8 323	8 033 191	80.43
3 （m）	0.00037	99 862	37	24 961	8 024 869	80.36
6	0.00040	99 826	40	49 902	7 999 908	80.14
0 （年）	0.00214	100 000	214	99 836	8 049 842	80.50
1 （y）	0.00032	99 786	32	99 768	7 950 006	79.67
2	0.00022	99 754	22	99 743	7 850 238	78.70
3	0.00016	99 732	16	99 724	7 750 495	77.71
4	0.00013	99 716	12	99 710	7 650 772	76.73
5	0.00011	99 704	11	99 698	7 551 062	75.74
6	0.00011	99 692	11	99 687	7 451 364	74.74
7	0.00010	99 681	10	99 676	7 351 677	73.75
8	0.00009	99 671	9	99 667	7 252 001	72.76
9	0.00009	99 663	9	99 658	7 152 334	71.77
10	0.00008	99 654	8	99 650	7 052 676	70.77
11	0.00009	99 646	9	99 641	6 953 026	69.78
12	0.00010	99 637	10	99 632	6 853 385	68.78
13	0.00012	99 627	12	99 621	6 753 753	67.79
14	0.00015	99 615	15	99 608	6 654 132	66.80
15	0.00018	99 600	18	99 592	6 554 524	65.81
16	0.00022	99 582	22	99 572	6 454 933	64.82
17	0.00027	99 560	27	99 547	6 355 361	63.83
18	0.00033	99 533	33	99 518	6 255 814	62.85
19	0.00040	99 501	39	99 482	6 156 296	61.87
20	0.00047	99 461	46	99 439	6 056 814	60.90
21	0.00052	99 415	52	99 389	5 957 376	59.92
22	0.00056	99 363	56	99 335	5 857 986	58.96
23	0.00058	99 307	58	99 278	5 758 651	57.99
24	0.00058	99 250	58	99 221	5 659 373	57.02
25	0.00057	99 192	57	99 163	5 560 152	56.05
26	0.00057	99 135	56	99 107	5 460 988	55.09
27	0.00058	99 079	57	99 050	5 361 881	54.12
28	0.00060	99 022	60	98 992	5 262 831	53.15
29	0.00063	98 962	62	98 931	5 163 839	52.18
30	0.00065	98 900	64	98 868	5 064 908	51.21
31	0.00066	98 836	65	98 803	4 966 040	50.25
32	0.00068	98 771	67	98 737	4 867 237	49.28
33	0.00070	98 703	69	98 669	4 768 499	48.31
34	0.00073	98 634	72	98 598	4 669 831	47.35
35	0.00075	98 562	74	98 525	4 571 232	46.38
36	0.00078	98 488	76	98 450	4 472 707	45.41
37	0.00082	98 412	81	98 372	4 374 256	44.45
38	0.00090	98 331	89	98 287	4 275 885	43.48
39	0.00100	98 242	98	98 194	4 177 598	42.52
40	0.00109	98 144	107	98 091	4 079 404	41.57
41	0.00119	98 037	116	97 980	3 981 312	40.61
42	0.00130	97 921	127	97 859	3 883 332	39.66
43	0.00144	97 794	141	97 725	3 785 474	38.71
44	0.00158	97 653	155	97 577	3 687 749	37.76
45	0.00173	97 498	168	97 415	3 590 172	36.82
46	0.00187	97 330	182	97 240	3 492 757	35.89
47	0.00204	97 148	198	97 050	3 395 517	34.95
48	0.00225	96 949	218	96 842	3 298 467	34.02
49	0.00250	96 731	242	96 613	3 201 625	33.10

年齢	死亡率	生存数	死亡数	定常人口		平均余命
x	$_nq_x$	l_x	$_nd_x$	$_nL_x$	T_x	$\overset{\circ}{e}_x$
50	0.00276	96 490	266	96 359	3 105 012	32.18
51	0.00304	96 223	292	96 080	3 008 653	31.27
52	0.00333	95 931	319	95 774	2 912 574	30.36
53	0.00366	95 612	350	95 440	2 816 799	29.46
54	0.00403	95 262	384	95 073	2 721 360	28.57
55	0.00444	94 878	421	94 670	2 626 287	27.68
56	0.00486	94 456	459	94 230	2 531 617	26.80
57	0.00530	93 997	498	93 751	2 437 387	25.93
58	0.00580	93 499	542	93 231	2 343 636	25.07
59	0.00638	92 956	593	92 665	2 250 404	24.21
60	0.00703	92 364	649	92 044	2 157 740	23.36
61	0.00778	91 715	713	91 364	2 065 695	22.52
62	0.00862	91 002	785	90 615	1 974 332	21.70
63	0.00958	90 217	864	89 792	1 883 716	20.88
64	0.01062	89 353	949	88 885	1 793 925	20.08
65	0.01165	88 404	1 030	87 895	1 705 040	19.29
66	0.01266	87 373	1 106	86 827	1 617 145	18.51
67	0.01372	86 267	1 184	85 682	1 530 318	17.74
68	0.01491	85 084	1 268	84 457	1 444 636	16.98
69	0.01628	83 815	1 364	83 141	1 360 179	16.23
70	0.01780	82 451	1 468	81 726	1 277 038	15.49
71	0.01940	80 983	1 571	80 206	1 195 312	14.76
72	0.02100	79 412	1 667	78 587	1 115 106	14.04
73	0.02281	77 745	1 773	76 868	1 036 519	13.33
74	0.02504	75 972	1 902	75 032	959 652	12.63
75	0.02785	74 069	2 063	73 052	884 619	11.94
76	0.03125	72 006	2 250	70 897	811 567	11.27
77	0.03507	69 756	2 446	68 550	740 670	10.62
78	0.03937	67 310	2 650	66 002	672 120	9.99
79	0.04434	64 660	2 867	63 245	606 117	9.37
80	0.05011	61 793	3 096	60 264	542 872	8.79
81	0.05668	58 697	3 327	57 053	482 608	8.22
82	0.06409	55 370	3 549	53 613	425 555	7.69
83	0.07229	51 821	3 746	49 963	371 942	7.18
84	0.08111	48 075	3 899	46 137	321 978	6.70
85	0.09055	44 176	4 000	42 182	275 842	6.24
86	0.10080	40 176	4 050	38 153	233 659	5.82
87	0.11209	36 126	4 049	34 099	195 506	5.41
88	0.12468	32 077	3 999	30 071	161 407	5.03
89	0.13840	28 077	3 886	26 122	131 336	4.68
90	0.15267	24 191	3 693	22 326	105 214	4.35
91	0.16776	20 498	3 439	18 755	82 889	4.04
92	0.18372	17 059	3 134	15 465	64 133	3.76
93	0.20055	13 925	2 793	12 499	48 668	3.49
94	0.21829	11 133	2 430	9 887	36 169	3.25
95	0.23695	8 702	2 062	7 641	26 282	3.02
96	0.25654	6 640	1 704	5 760	18 641	2.81
97	0.27707	4 937	1 368	4 226	12 881	2.61
98	0.29855	3 569	1 066	3 013	8 655	2.43
99	0.32096	2 503	804	2 082	5 643	2.25
100	0.34429	1 700	585	1 391	3 561	2.09
101	0.36851	1 115	411	897	2 170	1.95
102	0.39359	704	277	556	1 273	1.81
103	0.41949	427	179	330	718	1.68
104	0.44613	248	111	188	387	1.56
105-	1.00000	137	137	199	199	1.45

平成26年簡易生命表（2014）
女（FEMALE）

年齢	死亡率	生存数	死亡数	定常人口		平均余命
x	nq_x	l_x	nd_x	nL_x	T_x	$\overset{\circ}{e}_x$
0 （週）	0.00069	100 000	69	1 917	8 683 073	86.83
1 （w）	0.00009	99 931	9	1 916	8 681 156	86.87
2	0.00006	99 922	6	1 916	8 679 239	86.86
3	0.00007	99 916	7	1 916	8 677 323	86.85
4	0.00025	99 909	25	8 986	8 675 407	86.83
2 （月）	0.00015	99 884	15	8 323	8 666 421	86.76
3 （m）	0.00032	99 869	32	24 963	8 658 098	86.69
6	0.00035	99 837	35	49 909	8 633 135	86.47
0 （年）	0.00198	100 000	198	99 847	8 683 073	86.83
1 （y）	0.00030	99 802	30	99 786	8 583 226	86.00
2	0.00021	99 772	21	99 762	8 483 440	85.03
3	0.00014	99 751	14	99 744	8 383 678	84.05
4	0.00010	99 738	10	99 732	8 283 934	83.06
5	0.00009	99 727	9	99 723	8 184 202	82.07
6	0.00008	99 719	8	99 715	8 084 479	81.07
7	0.00006	99 711	6	99 708	7 984 764	80.08
8	0.00006	99 705	6	99 702	7 885 056	79.08
9	0.00006	99 699	6	99 696	7 785 354	78.09
10	0.00006	99 693	6	99 690	7 685 657	77.09
11	0.00006	99 687	6	99 684	7 585 967	76.10
12	0.00007	99 681	6	99 677	7 486 283	75.10
13	0.00007	99 674	7	99 671	7 386 606	74.11
14	0.00007	99 668	7	99 664	7 286 935	73.11
15	0.00008	99 661	8	99 657	7 187 271	72.12
16	0.00010	99 652	10	99 648	7 087 614	71.12
17	0.00012	99 643	12	99 637	6 987 966	70.13
18	0.00015	99 630	15	99 623	6 888 330	69.14
19	0.00017	99 615	17	99 607	6 788 707	68.15
20	0.00019	99 598	19	99 589	6 689 100	67.16
21	0.00021	99 579	21	99 569	6 589 511	66.17
22	0.00023	99 558	23	99 547	6 489 943	65.19
23	0.00024	99 535	24	99 523	6 390 396	64.20
24	0.00025	99 511	25	99 499	6 290 873	63.22
25	0.00027	99 486	27	99 473	6 191 374	62.23
26	0.00028	99 460	28	99 446	6 091 901	61.25
27	0.00029	99 432	29	99 418	5 992 455	60.27
28	0.00030	99 403	30	99 388	5 893 038	59.28
29	0.00031	99 374	31	99 358	5 793 649	58.30
30	0.00033	99 342	33	99 326	5 694 291	57.32
31	0.00035	99 309	35	99 292	5 594 965	56.34
32	0.00036	99 274	36	99 256	5 495 673	55.36
33	0.00038	99 238	38	99 219	5 396 417	54.38
34	0.00040	99 201	40	99 181	5 297 197	53.40
35	0.00043	99 161	42	99 140	5 198 016	52.42
36	0.00046	99 119	46	99 096	5 098 876	51.44
37	0.00050	99 073	49	99 048	4 999 780	50.47
38	0.00054	99 023	54	98 997	4 900 732	49.49
39	0.00060	98 969	59	98 940	4 801 735	48.52
40	0.00066	98 910	65	98 878	4 702 795	47.55
41	0.00071	98 845	71	98 810	4 603 917	46.58
42	0.00076	98 774	75	98 737	4 505 107	45.61
43	0.00082	98 699	81	98 659	4 406 370	44.64
44	0.00090	98 618	88	98 574	4 307 711	43.68
45	0.00099	98 529	97	98 481	4 209 137	42.72
46	0.00109	98 432	107	98 379	4 110 656	41.76
47	0.00119	98 325	117	98 267	4 012 277	40.81
48	0.00129	98 207	126	98 145	3 914 010	39.85
49	0.00139	98 081	137	98 014	3 815 865	38.91

年齢	死亡率	生存数	死亡数	定常人口		平均余命
x	$_nq_x$	l_x	$_nd_x$	$_nL_x$	T_x	$\overset{\circ}{e}_x$
50	0.00152	97 944	149	97 871	3 717 851	37. 96
51	0.00166	97 795	163	97 715	3 619 980	37. 02
52	0.00181	97 632	177	97 545	3 522 266	36. 08
53	0.00196	97 456	191	97 361	3 424 720	35. 14
54	0.00212	97 265	206	97 163	3 327 359	34. 21
55	0.00228	97 059	221	96 949	3 230 196	33. 28
56	0.00244	96 837	237	96 720	3 133 247	32. 36
57	0.00260	96 600	251	96 476	3 036 527	31. 43
58	0.00276	96 349	266	96 217	2 940 051	30. 51
59	0.00295	96 083	283	95 943	2 843 834	29. 60
60	0.00318	95 799	304	95 649	2 747 891	28. 68
61	0.00344	95 495	329	95 333	2 652 242	27. 77
62	0.00375	95 166	357	94 991	2 556 909	26. 87
63	0.00410	94 810	389	94 618	2 461 919	25. 97
64	0.00450	94 421	425	94 211	2 367 300	25. 07
65	0.00488	93 996	459	93 770	2 273 089	24. 18
66	0.00525	93 537	491	93 295	2 179 319	23. 30
67	0.00563	93 047	524	92 788	2 086 025	22. 42
68	0.00606	92 523	561	92 246	1 993 237	21. 54
69	0.00660	91 962	607	91 663	1 900 991	20. 67
70	0.00727	91 355	664	91 029	1 809 328	19. 81
71	0.00805	90 691	730	90 332	1 718 299	18. 95
72	0.00889	89 962	799	89 568	1 627 967	18. 10
73	0.00987	89 162	880	88 729	1 538 399	17. 25
74	0.01103	88 282	974	87 804	1 449 669	16. 42
75	0.01242	87 308	1 084	86 776	1 361 866	15. 60
76	0.01408	86 224	1 214	85 629	1 275 089	14. 79
77	0.01606	85 010	1 365	84 341	1 189 460	13. 99
78	0.01841	83 645	1 540	82 891	1 105 119	13. 21
79	0.02116	82 105	1 737	81 254	1 022 228	12. 45
80	0.02438	80 368	1 959	79 408	940 974	11. 71
81	0.02802	78 409	2 197	77 331	861 566	10. 99
82	0.03225	76 211	2 458	75 005	784 235	10. 29
83	0.03715	73 754	2 740	72 408	709 230	9. 62
84	0.04274	71 013	3 035	69 521	636 823	8. 97
85	0.04906	67 978	3 335	66 336	567 302	8. 35
86	0.05612	64 644	3 628	62 854	500 966	7. 75
87	0.06436	61 016	3 927	59 077	438 112	7. 18
88	0.07417	57 089	4 234	54 997	379 035	6. 64
89	0.08565	52 854	4 527	50 614	324 038	6. 13
90	0.09880	48 327	4 775	45 957	273 424	5. 66
91	0.11266	43 553	4 907	41 105	227 467	5. 22
92	0.12713	38 646	4 913	36 185	186 362	4. 82
93	0.14228	33 733	4 800	31 318	150 177	4. 45
94	0.15706	28 933	4 544	26 637	118 859	4. 11
95	0.17422	24 389	4 249	22 238	92 222	3. 78
96	0.19300	20 140	3 887	18 164	69 984	3. 47
97	0.21350	16 253	3 470	14 482	51 820	3. 19
98	0.23581	12 783	3 014	11 237	37 339	2. 92
99	0.26003	9 769	2 540	8 459	26 102	2. 67
100	0.28620	7 229	2 069	6 156	17 643	2. 44
101	0.31439	5 160	1 622	4 313	11 487	2. 23
102	0.34460	3 538	1 219	2 897	7 174	2. 03
103	0.37682	2 319	874	1 856	4 278	1. 85
104	0.41099	1 445	594	1 127	2 422	1. 68
105-	1.00000	851	851	1 295	1 295	1. 52

平成27年簡易生命表（2015）
男（MALE）

年齢	死亡率	生存数	死亡数	定常人口		平均余命
x	nq_x	l_x	nd_x	nL_x	T_x	$\overset{\circ}{e}_x$
0 （週）	0.00069	100 000	69	1 917	8 078 942	80.79
1 （w）	0.00011	99 931	11	1 916	8 077 025	80.83
2	0.00007	99 920	7	1 916	8 075 109	80.82
3	0.00006	99 913	6	1 916	8 073 193	80.80
4	0.00021	99 907	21	8 986	8 071 277	80.79
2 （月）	0.00014	99 885	14	8 323	8 062 291	80.72
3 （m）	0.00038	99 871	38	24 963	8 053 968	80.64
6	0.00034	99 833	34	49 905	8 029 005	80.42
0 （年）	0.00201	100 000	201	99 843	8 078 942	80.79
1 （y）	0.00032	99 799	32	99 783	7 979 099	79.95
2	0.00023	99 766	23	99 755	7 879 316	78.98
3	0.00016	99 743	15	99 735	7 779 561	78.00
4	0.00011	99 728	11	99 722	7 679 826	77.01
5	0.00010	99 717	10	99 712	7 580 104	76.02
6	0.00010	99 707	10	99 702	7 480 392	75.02
7	0.00010	99 697	10	99 692	7 380 690	74.03
8	0.00009	99 687	9	99 683	7 280 998	73.04
9	0.00008	99 679	8	99 675	7 181 315	72.04
10	0.00007	99 671	7	99 667	7 081 641	71.05
11	0.00007	99 664	7	99 660	6 981 973	70.06
12	0.00008	99 656	8	99 652	6 882 313	69.06
13	0.00011	99 648	11	99 643	6 782 661	68.07
14	0.00014	99 637	14	99 631	6 683 018	67.07
15	0.00017	99 624	17	99 616	6 583 387	66.08
16	0.00022	99 607	22	99 596	6 483 771	65.09
17	0.00027	99 585	27	99 572	6 384 175	64.11
18	0.00033	99 558	33	99 542	6 284 603	63.12
19	0.00039	99 525	39	99 507	6 185 061	62.15
20	0.00044	99 487	44	99 465	6 085 554	61.17
21	0.00048	99 443	47	99 419	5 986 089	60.20
22	0.00050	99 395	50	99 371	5 886 670	59.22
23	0.00052	99 346	52	99 320	5 787 299	58.25
24	0.00054	99 294	53	99 268	5 687 979	57.28
25	0.00054	99 241	54	99 214	5 588 712	56.31
26	0.00054	99 187	54	99 160	5 489 498	55.34
27	0.00054	99 133	54	99 106	5 390 338	54.37
28	0.00055	99 079	54	99 052	5 291 232	53.40
29	0.00056	99 025	56	98 997	5 192 179	52.43
30	0.00058	98 969	58	98 941	5 093 182	51.46
31	0.00060	98 912	59	98 882	4 994 242	50.49
32	0.00062	98 852	62	98 822	4 895 359	49.52
33	0.00066	98 791	65	98 758	4 796 538	48.55
34	0.00071	98 726	70	98 691	4 697 779	47.58
35	0.00074	98 656	73	98 619	4 599 088	46.62
36	0.00077	98 582	76	98 545	4 500 469	45.65
37	0.00080	98 507	79	98 468	4 401 924	44.69
38	0.00086	98 428	85	98 386	4 303 456	43.72
39	0.00095	98 343	93	98 297	4 205 070	42.76
40	0.00105	98 250	103	98 199	4 106 773	41.80
41	0.00116	98 146	113	98 090	4 008 574	40.84
42	0.00125	98 033	122	97 972	3 910 483	39.89
43	0.00134	97 911	131	97 846	3 812 511	38.94
44	0.00148	97 779	145	97 708	3 714 665	37.99
45	0.00163	97 634	159	97 556	3 616 957	37.05
46	0.00180	97 475	176	97 389	3 519 401	36.11
47	0.00200	97 299	195	97 204	3 422 013	35.17
48	0.00222	97 105	215	96 999	3 324 809	34.24
49	0.00245	96 889	237	96 773	3 227 810	33.31

年齢	死亡率	生存数	死亡数	定常人口		平均余命
x	nq_x	l_x	nd_x	nL_x	T_x	$\overset{\circ}{e}_x$
50	0.00268	96 652	259	96 525	3 131 038	32. 39
51	0.00295	96 393	285	96 253	3 034 513	31. 48
52	0.00324	96 109	311	95 955	2 938 260	30. 57
53	0.00356	95 797	341	95 629	2 842 305	29. 67
54	0.00392	95 457	374	95 272	2 746 675	28. 77
55	0.00433	95 082	412	94 880	2 651 403	27. 89
56	0.00477	94 670	451	94 448	2 556 523	27. 00
57	0.00520	94 219	490	93 977	2 462 075	26. 13
58	0.00564	93 729	528	93 468	2 368 098	25. 27
59	0.00613	93 200	572	92 919	2 274 630	24. 41
60	0.00675	92 629	625	92 321	2 181 712	23. 55
61	0.00752	92 004	692	91 664	2 089 391	22. 71
62	0.00840	91 312	767	90 934	1 997 727	21. 88
63	0.00930	90 544	842	90 130	1 906 793	21. 06
64	0.01024	89 703	919	89 250	1 816 663	20. 25
65	0.01129	88 784	1 002	88 290	1 727 413	19. 46
66	0.01235	87 782	1 084	87 246	1 639 123	18. 67
67	0.01345	86 698	1 166	86 122	1 551 876	17. 90
68	0.01467	85 532	1 254	84 912	1 465 755	17. 14
69	0.01600	84 277	1 349	83 611	1 380 843	16. 38
70	0.01751	82 928	1 452	82 211	1 297 232	15. 64
71	0.01917	81 476	1 562	80 705	1 215 021	14. 91
72	0.02088	79 915	1 668	79 089	1 134 316	14. 19
73	0.02254	78 246	1 764	77 373	1 055 227	13. 49
74	0.02452	76 483	1 875	75 555	977 855	12. 79
75	0.02701	74 607	2 015	73 612	902 299	12. 09
76	0.03005	72 592	2 182	71 516	828 687	11. 42
77	0.03373	70 410	2 375	69 240	757 171	10. 75
78	0.03800	68 035	2 586	66 761	687 931	10. 11
79	0.04287	65 450	2 806	64 066	621 170	9. 49
80	0.04850	62 644	3 038	61 144	557 105	8. 89
81	0.05503	59 606	3 280	57 985	495 960	8. 32
82	0.06225	56 325	3 506	54 590	437 975	7. 78
83	0.07023	52 819	3 709	50 980	383 385	7. 26
84	0.07915	49 110	3 887	47 179	332 405	6. 77
85	0.08898	45 223	4 024	43 219	285 225	6. 31
86	0.09924	41 199	4 089	39 157	242 006	5. 87
87	0.11017	37 110	4 088	35 063	202 849	5. 47
88	0.12226	33 022	4 037	30 997	167 786	5. 08
89	0.13609	28 984	3 944	27 002	136 789	4. 72
90	0.15190	25 040	3 803	23 123	109 786	4. 38
91	0.16740	21 236	3 555	19 435	86 664	4. 08
92	0.18342	17 681	3 243	16 032	67 229	3. 80
93	0.19995	14 438	2 887	12 964	51 197	3. 55
94	0.21701	11 551	2 507	10 266	38 233	3. 31
95	0.23457	9 045	2 122	7 952	27 967	3. 09
96	0.25265	6 923	1 749	6 018	20 015	2. 89
97	0.27122	5 174	1 403	4 445	13 997	2. 71
98	0.29028	3 771	1 095	3 199	9 552	2. 53
99	0.30982	2 676	829	2 241	6 353	2. 37
100	0.32981	1 847	609	1 526	4 111	2. 23
101	0.35024	1 238	434	1 008	2 585	2. 09
102	0.37108	804	298	645	1 577	1. 96
103	0.39230	506	198	400	932	1. 84
104	0.41388	307	127	239	532	1. 73
105-	1.00000	180	180	293	293	1. 63

平成27年簡易生命表（2015）
女（FEMALE）

年齢	死亡率	生存数	死亡数	定常人口		平均余命
x	nq_x	l_x	nd_x	nL_x	T_x	$\overset{\circ}{e}_x$
0 （週）	0.00063	100 000	63	1 917	8 705 113	87.05
1 （w）	0.00012	99 937	12	1 916	8 703 196	87.09
2	0.00005	99 925	5	1 916	8 701 280	87.08
3	0.00006	99 921	6	1 916	8 699 363	87.06
4	0.00019	99 914	19	8 987	8 697 447	87.05
2 （月）	0.00014	99 895	14	8 324	8 688 460	86.98
3 （m）	0.00029	99 881	29	24 966	8 680 136	86.90
6	0.00031	99 853	31	49 918	8 655 170	86.68
0 （年）	0.00178	100 000	178	99 861	8 705 113	87.05
1 （y）	0.00031	99 822	31	99 806	8 605 252	86.21
2	0.00020	99 791	20	99 781	8 505 446	85.23
3	0.00012	99 772	12	99 765	8 405 664	84.25
4	0.00008	99 760	8	99 756	8 305 899	83.26
5	0.00008	99 752	8	99 748	8 206 143	82.27
6	0.00008	99 744	8	99 740	8 106 396	81.27
7	0.00008	99 736	8	99 732	8 006 656	80.28
8	0.00007	99 728	7	99 724	7 906 924	79.29
9	0.00007	99 720	7	99 717	7 807 200	78.29
10	0.00007	99 714	7	99 710	7 707 483	77.30
11	0.00007	99 707	7	99 704	7 607 773	76.30
12	0.00007	99 700	7	99 697	7 508 069	75.31
13	0.00007	99 693	7	99 690	7 408 373	74.31
14	0.00008	99 686	8	99 682	7 308 683	73.32
15	0.00010	99 677	10	99 673	7 209 001	72.32
16	0.00012	99 667	12	99 662	7 109 329	71.33
17	0.00013	99 656	13	99 649	7 009 667	70.34
18	0.00015	99 642	15	99 635	6 910 018	69.35
19	0.00016	99 628	16	99 620	6 810 383	68.36
20	0.00017	99 612	17	99 603	6 710 763	67.37
21	0.00018	99 595	18	99 586	6 611 160	66.38
22	0.00020	99 577	20	99 567	6 511 574	65.39
23	0.00021	99 557	21	99 546	6 412 007	64.41
24	0.00023	99 536	23	99 524	6 312 461	63.42
25	0.00024	99 513	24	99 501	6 212 937	62.43
26	0.00025	99 489	25	99 477	6 113 436	61.45
27	0.00027	99 464	27	99 451	6 013 959	60.46
28	0.00029	99 437	29	99 423	5 914 508	59.48
29	0.00030	99 408	30	99 393	5 815 086	58.50
30	0.00031	99 378	31	99 363	5 715 692	57.51
31	0.00032	99 347	32	99 331	5 616 330	56.53
32	0.00034	99 315	34	99 298	5 516 999	55.55
33	0.00037	99 281	37	99 262	5 417 701	54.57
34	0.00039	99 244	39	99 225	5 318 439	53.59
35	0.00041	99 205	41	99 185	5 219 214	52.61
36	0.00043	99 164	43	99 143	5 120 029	51.63
37	0.00046	99 121	46	99 099	5 020 887	50.65
38	0.00051	99 076	50	99 051	4 921 788	49.68
39	0.00057	99 026	56	98 998	4 822 737	48.70
40	0.00063	98 969	62	98 939	4 723 739	47.73
41	0.00069	98 907	68	98 873	4 624 800	46.76
42	0.00074	98 839	73	98 803	4 525 927	45.79
43	0.00080	98 766	79	98 727	4 427 124	44.82
44	0.00087	98 687	86	98 645	4 328 397	43.86
45	0.00095	98 601	94	98 555	4 229 752	42.90
46	0.00105	98 508	103	98 457	4 131 197	41.94
47	0.00115	98 404	113	98 349	4 032 740	40.98
48	0.00126	98 291	123	98 230	3 934 392	40.03
49	0.00136	98 168	134	98 102	3 836 162	39.08

年齢	死亡率	生存数	死亡数	定常人口		平均余命
x	$_nq_x$	l_x	$_nd_x$	$_nL_x$	T_x	$\overset{\circ}{e}_x$
50	0.00148	98 034	145	97 962	3 738 060	38.13
51	0.00163	97 889	159	97 810	3 640 098	37.19
52	0.00178	97 730	174	97 644	3 542 287	36.25
53	0.00193	97 556	188	97 462	3 444 644	35.31
54	0.00208	97 367	202	97 267	3 347 181	34.38
55	0.00221	97 165	215	97 059	3 249 914	33.45
56	0.00233	96 950	226	96 838	3 152 856	32.52
57	0.00245	96 724	237	96 607	3 056 017	31.60
58	0.00260	96 488	251	96 364	2 959 410	30.67
59	0.00279	96 237	269	96 104	2 863 047	29.75
60	0.00305	95 968	292	95 824	2 766 942	28.83
61	0.00333	95 676	319	95 519	2 671 118	27.92
62	0.00362	95 357	346	95 186	2 575 599	27.01
63	0.00391	95 011	372	94 828	2 480 413	26.11
64	0.00424	94 640	401	94 442	2 385 585	25.21
65	0.00462	94 239	435	94 024	2 291 143	24.31
66	0.00503	93 803	472	93 571	2 197 119	23.42
67	0.00547	93 332	510	93 080	2 103 548	22.54
68	0.00596	92 822	553	92 549	2 010 468	21.66
69	0.00653	92 269	602	91 972	1 917 919	20.79
70	0.00721	91 666	661	91 341	1 825 947	19.92
71	0.00799	91 005	727	90 647	1 734 607	19.06
72	0.00885	90 278	799	89 884	1 643 960	18.21
73	0.00973	89 479	870	89 050	1 554 075	17.37
74	0.01075	88 608	952	88 140	1 465 026	16.53
75	0.01201	87 656	1 053	87 139	1 376 886	15.71
76	0.01362	86 604	1 180	86 025	1 289 747	14.89
77	0.01559	85 424	1 331	84 772	1 203 721	14.09
78	0.01787	84 092	1 503	83 356	1 118 950	13.31
79	0.02056	82 589	1 698	81 758	1 035 594	12.54
80	0.02366	80 891	1 914	79 954	953 836	11.79
81	0.02726	78 978	2 153	77 922	873 883	11.06
82	0.03149	76 825	2 419	75 638	795 960	10.36
83	0.03640	74 406	2 708	73 076	720 322	9.68
84	0.04199	71 698	3 011	70 218	647 246	9.03
85	0.04834	68 687	3 320	67 052	577 028	8.40
86	0.05551	65 366	3 628	63 577	509 976	7.80
87	0.06360	61 738	3 926	59 799	446 398	7.23
88	0.07312	57 812	4 227	55 723	386 599	6.69
89	0.08421	53 584	4 513	51 350	330 876	6.17
90	0.09666	49 072	4 743	46 717	279 526	5.70
91	0.11046	44 329	4 896	41 889	232 809	5.25
92	0.12520	39 432	4 937	36 963	190 920	4.84
93	0.14110	34 495	4 867	32 051	153 957	4.46
94	0.15790	29 628	4 678	27 269	121 906	4.11
95	0.17575	24 950	4 385	22 729	94 638	3.79
96	0.19469	20 565	4 004	18 528	71 909	3.50
97	0.21477	16 561	3 557	14 743	53 381	3.22
98	0.23599	13 004	3 069	11 428	38 638	2.97
99	0.25838	9 935	2 567	8 610	27 209	2.74
100	0.28194	7 368	2 077	6 290	18 599	2.52
101	0.30667	5 291	1 623	4 444	12 309	2.33
102	0.33256	3 668	1 220	3 027	7 866	2.14
103	0.35956	2 448	880	1 983	4 839	1.98
104	0.38764	1 568	608	1 244	2 856	1.82
105-	1.00000	960	960	1 612	1 612	1.68

付　録　Ⅲ
APPENDIX　Ⅲ

各国の平均余命

Life expectancies of some

countries and regions in the world

表　章　記　号　の　規　約

…	計数不明の場合

各 国 の 平 均 余 命

（単位：年）

国名（地域）・性・作成基礎期間			0歳	5	10	20	30	40	50	60	70	80
アフリカ（AFRICA）												
アルジェリア		(Algeria)										
	男(male)	1970～75	53.5	...	...	...	...	...	...	...	...	...
		1978	55.84	60.88	57.08	48.76	40.42	31.91	23.55	16.10	9.72	4.36
		1982	58.51	62.32	57.90	48.71	40.02	31.81	23.92	16.71	10.49	4.43
		1983	61.57	63.75	59.58	50.78	41.64	32.71	23.94	15.90	8.97	...
		1987	65.75	65.11	60.60	51.47	42.26	33.37	24.41	16.26	9.29	...
		1990～95	66.0	...	...	...	...	...	...	...	...	...
		1995～2000	67.5	...	...	...	...	...	...	...	...	...
		1996	66.8	66.4	61.7	52.4	43.6	34.6	2.6	1.8	1.1	...
		2000	72.5	70.6	65.8	56.3	46.9	37.6	28.5	19.9	12.4	5.9
		2006	74.7	...	...	...	...	...	...	...	...	...
		2007	74.7	...	...	...	...	...	...	...	...	...
		2008	74.9	...	...	...	...	...	...	...	...	...
		2010	75.6	72.8	68.0	58.3	48.8	39.4	30.2	21.6	14.0	7.7
		2013	76.5	...	...	...	...	...	...	...	...	...
		2014	76.6	73.7	68.9	59.2	49.8	40.3	31.1	22.5	14.8	8.7
		2015	76.4	73.5	68.7	59.1	49.6	40.2	30.9	22.3	14.7	8.5
	女(female)	1970～75	55.5	...	...	...	...	...	...	...	...	...
		1978	58.07	63.18	59.34	50.71	42.27	34.07	25.82	18.10	10.72	4.48
		1982	61.38	65.20	60.82	51.66	42.95	34.44	25.88	17.17	10.80	4.52
		1983	63.32	65.41	61.24	52.02	42.96	34.01	25.23	16.92	9.66	...
		1987	66.34	66.57	62.12	52.92	43.17	34.67	25.73	17.46	10.06	...
		1990～95	68.3	...	...	...	...	...	...	...	...	...
		1995～2000	70.3	...	...	...	...	...	...	...	...	...
		1996	68.4	67.8	63.1	53.6	44.2	35.0	2.6	1.8	1.0	...
		2000	74.2	72.1	67.3	57.7	48.1	38.6	29.5	20.7	12.8	6.1
		2006	76.8	...	...	...	...	...	...	...	...	...
		2007	76.8	...	...	...	...	...	...	...	...	...
		2008	76.6	...	...	...	...	...	...	...	...	...
		2010	77.0	74.1	69.2	59.5	49.8	40.3	31.0	22.2	14.2	7.6
		2013	77.6	...	...	...	...	...	...	...	...	...
		2014	77.8	74.7	69.8	60.1	50.4	40.8	31.6	22.7	14.6	7.8
		2015	77.8	74.7	69.8	60.1	50.4	40.8	31.5	22.6	14.5	7.6
ベナン		(Benin)										
	男女(both sexes)	1961*	37.3	45.1	42.3	36.4	30.7	23.7	16.9	10.9	5.0	...
	男	1970～75	38.50	...	...	...	...	...	...	...	...	...
		1975～80	40.40	...	...	...	...	...	...	...	...	...
		1980～85	42.40	...	...	...	...	...	...	...	...	...
		1985～90	49.80	...	...	...	...	...	...	...	...	...
		1990～95	51.30	...	...	...	...	...	...	...	...	...
		1992	51.8	57.4	53.5	44.7	36.8	29.1	21.8	15.2	9.8	6.0
		1995～2000	51.7	...	...	...	...	...	...	...	...	...
		2002	57.18	63.39	59.13	50.22	41.79	33.77	26.24	19.37	13.21	8.13
	女	1970～75	41.60	...	...	...	...	...	...	...	...	...
		1975～80	43.60	...	...	...	...	...	...	...	...	...
		1980～85	45.60	...	...	...	...	...	...	...	...	...
		1985～90	54.40	...	...	...	...	...	...	...	...	...
		1990～95	56.20	...	...	...	...	...	...	...	...	...
		1992	56.8	61.5	57.5	48.6	40.2	32.1	24.2	16.9	10.9	6.6
		1995～2000	55.2	...	...	...	...	...	...	...	...	...
		2002	61.25	65.36	61.22	52.29	43.92	35.98	28.27	21.15	14.22	7.67
ボツワナ		(Botswana)										
	男女	1965～70	41.0	...	...	...	...	...	...	...	...	...
	男	1970～75	49.00	...	...	...	...	...	...	...	...	...
		1975～80	51.00	...	...	...	...	...	...	...	...	...
		1980～81	52.71	55.96	52.28	44.13	36.47	28.66	21.11	14.28	8.70	4.93
		1981	52.32	54.56	50.43	41.91	34.10	26.54	19.25	12.84	8.15	...
		1990～95	52.40	...	...	...	...	...	...	...	...	...
		1998	65.4	...	...	...	...	...	...	...	...	...
		1999	65.7	...	...	...	...	...	...	...	...	...
		2006	54.0	57.6	54.0	45.6	37.9	30.0	22.4	15.4	9.4	4.8
	女	1970～75	53.00	...	...	...	...	...	...	...	...	...
		1975～80	56.00	...	...	...	...	...	...	...	...	...
		1980～81	59.31	61.57	57.63	48.67	40.26	31.79	23.55	15.96	9.56	5.17
		1981	59.70	61.47	57.59	48.69	40.32	31.88	26.63	15.97	9.34	...
		1990～95	55.80	...	...	...	...	...	...	...	...	...
		1998	68.8	...	...	...	...	...	...	...	...	...
		1999	69.0	...	...	...	...	...	...	...	...	...
		2006	66.0	65.7	61.4	52.3	43.4	34.7	26.2	18.2	11.2	5.8
ブルキナファソ		(Burkina Faso)										
	男	1960～61	32.10	44.00	42.10	34.50	28.10	21.20	15.20	10.30	5.00	...
		1970～75	39.70	...	...	...	...	...	...	...	...	...
		1975～80	41.60	...	...	...	...	...	...	...	...	...
		1985～90	45.40	...	...	...	...	...	...	...	...	...
		1990～95	45.40	...	...	...	...	...	...	...	...	...
		1995～2000	43.6	...	...	...	...	...	...	...	...	...
		2000～05	47.0	...	...	...	...	...	...	...	...	...
		2006	55.78	60.00	55.86	46.92	38.63	30.51	22.84	15.96	10.29	6.23

364

（単位：年）

国名（地域）・性・作成基礎期間		0歳	5	10	20	30	40	50	60	70	80
ブルキナファソ	（Burkina Faso）										
女	1960〜61	31.10	42.90	41.20	33.90	27.40	20.80	13.90	7.80	5.00	…
	1970〜75	42.80	…	…	…	…	…	…	…	…	…
	1975〜80	44.90	…	…	…	…	…	…	…	…	…
	1985〜90	47.90	…	…	…	…	…	…	…	…	…
	1990〜95	47.60	…	…	…	…	…	…	…	…	…
	1995〜2000	45.2	…	…	…	…	…	…	…	…	…
	2000〜05	49.0	…	…	…	…	…	…	…	…	…
	2006	57.47	61.64	57.59	48.62	40.17	32.03	24.11	16.77	10.74	6.40
カーボ・ベルデ	（Cape Verde）										
男	1970〜75	56.00	…	…	…	…	…	…	…	…	…
	1975〜80	58.50	…	…	…	…	…	…	…	…	…
	1979〜81	58.95	59.30	54.54	44.89	35.48	26.31	17.34	8.36	…	…
	1990	63.53	62.76	58.33	49.07	40.81	33.24	26.20	19.36	11.95	6.95
女	1970〜75	59.00	…	…	…	…	…	…	…	…	…
	1975〜80	61.50	…	…	…	…	…	…	…	…	…
	1979〜81	61.04	60.68	55.88	46.18	36.70	27.38	18.00	8.67	…	…
	1990	71.33	71.29	66.70	57.35	48.47	39.85	31.31	22.53	14.61	9.65
コートジボワール	（Cote d'lvoire）										
男女	1957〜58*	35.00	41.00	38.00	33.00	27.00	20.00	15.00	9.00	5.00	…
男	1970〜75	43.90	…	…	…	…	…	…	…	…	…
	1975〜80	46.40	…	…	…	…	…	…	…	…	…
	1985〜90	50.60	…	…	…	…	…	…	…	…	…
	1990〜95	50.90	…	…	…	…	…	…	…	…	…
	1995〜2000	46.2	…	…	…	…	…	…	…	…	…
	1998	49.2	…	…	…	…	…	…	…	…	…
	2000〜05	47.7	…	…	…	…	…	…	…	…	…
	2006	49.6	…	…	…	…	…	…	…	…	…
女	1970〜75	47.10	…	…	…	…	…	…	…	…	…
	1975〜80	49.70	…	…	…	…	…	…	…	…	…
	1985〜90	53.90	…	…	…	…	…	…	…	…	…
	1990〜95	53.60	…	…	…	…	…	…	…	…	…
	1995〜2000	47.3	…	…	…	…	…	…	…	…	…
	1998	52.7	…	…	…	…	…	…	…	…	…
	2000〜05	48.1	…	…	…	…	…	…	…	…	…
	2006	53.0	…	…	…	…	…	…	…	…	…
ジブティ	（Djibouti）										
男	1985〜90	45.40	…	…	…	…	…	…	…	…	…
	1990〜95	46.70	…	…	…	…	…	…	…	…	…
	1995〜2000	48.7	…	…	…	…	…	…	…	…	…
	1998	49.0	…	…	…	…	…	…	…	…	…
	2000〜05	39.4	…	…	…	…	…	…	…	…	…
女	1985〜90	48.60	…	…	…	…	…	…	…	…	…
	1990〜95	50.00	…	…	…	…	…	…	…	…	…
	1995〜2000	52.0	…	…	…	…	…	…	…	…	…
	1998	52.0	…	…	…	…	…	…	…	…	…
	2000〜05	41.6	…	…	…	…	…	…	…	…	…
エジプト	（Egypt）										
男	1946〜49	41.6	52.4	49.3	41.5	34.1	27.0	20.1	13.5	7.9	4.1
	1960	51.6	60.5	56.6	47.7	39.0	30.5	22.4	15.1	9.1	4.9
	1970〜75	50.80	…	…	…	…	…	…	…	…	…
	1975〜80	52.90	…	…	…	…	…	…	…	…	…
	1980〜85	56.40	…	…	…	…	…	…	…	…	…
	1985〜90	57.80	…	…	…	…	…	…	…	…	…
	1990〜95	62.40	…	…	…	…	…	…	…	…	…
	1991	62.86	62.48	57.90	48.49	39.27	30.16	21.59	14.85	9.38	6.09
	1996	65.15	64.01	59.33	49.82	40.46	31.21	22.46	15.47	9.79	6.30
	1999	66.3	…	…	…	…	…	…	…	…	…
	2001	65.6	64.7	59.9	50.4	40.9	31.6	22.9	15.4	9.2	5.2
	2002	67.5	…	…	…	…	…	…	…	…	…
	2003	67.9	…	…	…	…	…	…	…	…	…
	2004	68.4	…	…	…	…	…	…	…	…	…
	2006	66.5	…	…	…	…	…	…	…	…	…
	2007	66.9	…	…	…	…	…	…	…	…	…
	2008	67.4	…	…	…	…	…	…	…	…	…
	2009	67.8	…	…	…	…	…	…	…	…	…
	2010	68.2	…	…	…	…	…	…	…	…	…
	2011	68.6	…	…	…	…	…	…	…	…	…
	2012	69.0	…	…	…	…	…	…	…	…	…
	2013	69.4	…	…	…	…	…	…	…	…	…
	2014	69.7	…	…	…	…	…	…	…	…	…
	2015	70.1	…	…	…	…	…	…	…	…	…
女	1946〜49	47.0	59.9	56.8	48.6	40.4	32.3	24.2	16.4	9.6	4.8
	1960	53.8	66.0	62.0	52.9	43.9	35.0	26.3	18.0	10.7	5.3
	1970〜75	53.40	…	…	…	…	…	…	…	…	…
	1975〜80	55.30	…	…	…	…	…	…	…	…	…
	1980〜85	58.20	…	…	…	…	…	…	…	…	…
	1985〜90	60.30	…	…	…	…	…	…	…	…	…
	1990〜95	64.80	…	…	…	…	…	…	…	…	…
	1991	66.39	66.35	61.69	52.17	42.75	33.43	24.40	16.48	10.02	6.03

(単位：年)

国名（地域）・性・作成基礎期間			0歳	5	10	20	30	40	50	60	70	80
エジプト	女	（Egypt）										
		1996	69.00	68.08	63.33	53.69	44.12	34.65	25.47	17.31	10.60	6.33
		1999	70.5	…	…	…	…	…	…	…	…	…
		2001	67.4	66.8	62.0	52.3	42.7	33.1	23.9	15.5	8.6	4.0
		2002	71.9	…	…	…	…	…	…	…	…	…
		2003	72.3	…	…	…	…	…	…	…	…	…
		2004	72.8	…	…	…	…	…	…	…	…	…
		2006	69.1	…	…	…	…	…	…	…	…	…
		2007	69.6	…	…	…	…	…	…	…	…	…
		2008	70.0	…	…	…	…	…	…	…	…	…
		2009	70.5	…	…	…	…	…	…	…	…	…
		2010	70.9	…	…	…	…	…	…	…	…	…
		2011	71.4	…	…	…	…	…	…	…	…	…
		2012	71.7	…	…	…	…	…	…	…	…	…
		2013	72.1	…	…	…	…	…	…	…	…	…
		2014	72.5	…	…	…	…	…	…	…	…	…
		2015	72.9	…	…	…	…	…	…	…	…	…
エチオピア	男女	（Ethiopia）										
	男女	1965～70	38.5	…	…	…	…	…	…	…	…	…
	男	1970～75	39.40	…	…	…	…	…	…	…	…	…
		1975～80	40.40	…	…	…	…	…	…	…	…	…
		1980～85	38.40	…	…	…	…	…	…	…	…	…
		1985～90	43.40	…	…	…	…	…	…	…	…	…
		1990～95	45.90	…	…	…	…	…	…	…	…	…
		1994	49.8	55.2	51.2	42.7	35.0	27.4	20.2	13.8	8.6	5.0
		1995～2000	42.4	…	…	…	…	…	…	…	…	…
		2000～05	42.8	…	…	…	…	…	…	…	…	….
	女	1970～75	42.60	…	…	…	…	…	…	…	…	…
		1975～80	43.60	…	…	…	…	…	…	…	…	…
		1980～85	41.60	…	…	…	…	…	…	…	…	…
		1985～90	46.60	…	…	…	…	…	…	…	…	…
		1990～95	49.10	…	…	…	…	…	…	…	…	…
		1994	51.8	56.9	53.0	44.8	37.1	29.6	22.1	15.2	9.4	5.4
		1995～2000	44.3	…	…	…	…	…	…	…	…	…
		2000～05	43.8	…	…	…	…	…	…	…	…	…
ガーナ	男女	（Ghana）										
	男女	1948	38.7	…	…	…	…	…	…	…	…	…
	男	1960*	37.08	45.46	43.37	35.84	29.83	23.18	16.93	11.60	7.45	5.19
		1970～75*	48.30	…	…	…	…	…	…	…	…	…
		1975～80	49.30	…	…	…	…	…	…	…	…	…
		1980～85	50.30	…	…	…	…	…	…	…	…	…
		1985～90	52.20	…	…	…	…	…	…	…	…	…
		1990～95	54.20	…	…	…	…	…	…	…	…	…
		1995～2000	58.3	…	…	…	…	…	…	…	…	…
		2000～05	56.0	…	…	…	…	…	…	…	…	…
		2005	58.3	…	…	…	…	…	…	…	…	…
	女	1970～75*	51.70	…	…	…	…	…	…	…	…	…
		1975～80	52.70	…	…	…	…	…	…	…	…	…
		1980～85	53.70	…	…	…	…	…	…	…	…	…
		1985～90	55.80	…	…	…	…	…	…	…	…	…
		1990～95	57.80	…	…	…	…	…	…	…	…	…
		1995～2000	61.8	…	…	…	…	…	…	…	…	…
		2000～05	58.5	…	…	…	…	…	…	…	…	…
		2005	62.0	…	…	…	…	…	…	…	…	…
ギニアビサウ	男女	（Guinea-Bissau）										
	男女	1965～70	33.5	…	…	…	…	…	…	…	…	…
	男	1970～75	35.00	…	…	…	…	…	…	…	…	…
		1975～80	36.00	…	…	…	…	…	…	…	…	…
		1980～85	38.00	…	…	…	…	…	…	…	…	…
		1985～90	39.90	…	…	…	…	…	…	…	…	…
		1990～95	41.30	…	…	…	…	…	…	…	…	…
		1995～2000	43.5	…	…	…	…	…	…	…	…	…
		2000～05	44.0	…	…	…	…	…	…	…	…	…
		2006	43.4	…	…	…	…	…	…	…	…	…
		2008～09	49.24	49.75	45.34	36.76	29.30	23.28	17.96	13.13	9.44	6.82
		2014	51.2	…	…	…	…	…	…	…	…	…
	女	1970～75	38.00	…	…	…	…	…	…	…	…	…
		1975～80	39.10	…	…	…	…	…	…	…	…	…
		1980～85	41.10	…	…	…	…	…	…	…	…	…
		1985～90	43.30	…	…	…	…	…	…	…	…	…
		1990～95	44.40	…	…	…	…	…	…	…	…	…
		1995～2000	46.4	…	…	…	…	…	…	…	…	…
		2000～05	46.9	…	…	…	…	…	…	…	…	…
		2006	46.2	…	…	…	…	…	…	…	…	…
		2008～09	51.17	50.13	45.66	37.77	31.25	25.60	20.00	14.85	10.63	7.10
		2014	53.6	…	…	…	…	…	…	…	…	…
ケニア	男女	（Kenya）										
	男女	1962*	40.45	…	…	…	…	…	…	…	…	…
		1965～70	47.5	…	…	…	…	…	…	…	…	…

366

(単位：年)

国名（地域）・性・作成基礎期間		0歳	5	10	20	30	40	50	60	70	80
ケニア		(Kenya)									
	男	1969	46.9	53.8	51.0	43.0	35.7	28.3	21.1	14.5	9.1	5.3
		1970～75	49.00	…	…	…	…	…	…	…	…	…
		1975～80	51.50	…	…	…	…	…	…	…	…	…
		1980～85	54.00	…	…	…	…	…	…	…	…	…
		1985～90	54.00	…	…	…	…	…	…	…	…	…
		1990～95	52.70	…	…	…	…	…	…	…	…	…
		1995～2000	51.1	…	…	…	…	…	…	…	…	…
		2000～05	48.7	…	…	…	…	…	…	…	…	…
		2006	43.4	…	…	…	…	…	…	…	…	…
		2009	58.0	…	…	…	…	…	…	…	…	…
	女	1969	51.2	57.1	54.1	45.7	38.1	30.3	22.7	15.7	9.8	5.7
		1970～75	53.00	…	…	…	…	…	…	…	…	…
		1975～80	55.50	…	…	…	…	…	…	…	…	…
		1980～85	58.00	…	…	…	…	…	…	…	…	…
		1985～90	57.50	…	…	…	…	…	…	…	…	…
		1990～95	55.40	…	…	…	…	…	…	…	…	…
		1995～2000	53.0	…	…	…	…	…	…	…	…	…
		2000～05	49.9	…	…	…	…	…	…	…	…	…
		2006	46.2	…	…	…	…	…	…	…	…	…
		2009	61.0	…	…	…	…	…	…	…	…	…
レソト		(Lesotho)									
	男女	1965～70	43.5	…	…	…	…	…	…	…	…	…
	男	1955～56	40	…	…	…	…	…	…	…	…	…
		1970～75	44.00	…	…	…	…	…	…	…	…	…
		1975～80	46.50	…	…	…	…	…	…	…	…	…
		1980～85	49.00	…	…	…	…	…	…	…	…	…
		1985～90	55.00	…	…	…	…	…	…	…	…	…
		1990～95	56.40	…	…	…	…	…	…	…	…	…
		1995～2000	54.7	…	…	…	…	…	…	…	…	…
		2000～05	40.9	…	…	…	…	…	…	…	…	…
		2001	48.7	…	…	…	…	…	…	…	…	…
		2006	39.78	…	…	…	…	…	…	…	…	…
		2011	39.41	…	…	…	…	…	…	…	…	…
	女	1955～56	42	…	…	…	…	…	…	…	…	…
		1970～75	53.00	…	…	…	…	…	…	…	…	…
		1975～80	55.50	…	…	…	…	…	…	…	…	…
		1980～85	58.00	…	…	…	…	…	…	…	…	…
		1985～90	57.80	…	…	…	…	…	…	…	…	…
		1990～95	59.00	…	…	…	…	…	…	…	…	…
		1995～2000	57.2	…	…	…	…	…	…	…	…	…
		2000～05	39.6	…	…	…	…	…	…	…	…	…
		2001	56.3	…	…	…	…	…	…	…	…	…
		2006	42.85	…	…	…	…	…	…	…	…	…
		2011	45.33	…	…	…	…	…	…	…	…	…
マダガスカル		(Madagascar)									
	男	1966	37.5	…	…	…	…	…	…	…	…	…
		1970～75	45.00	…	…	…	…	…	…	…	…	…
		1975～80	48.00	…	…	…	…	…	…	…	…	…
		1980～85	50.00	…	…	…	…	…	…	…	…	…
		1985～90	52.50	…	…	…	…	…	…	…	…	…
		1990～95	55.00	…	…	…	…	…	…	…	…	…
		1993	51.3	…	…	…	…	…	…	…	…	…
		1995～2000	56.0	…	…	…	…	…	…	…	…	…
		2000～05	52.5	…	…	…	…	…	…	…	…	…
	女	1966	38.3	…	…	…	…	…	…	…	…	…
		1970～75	48.00	…	…	…	…	…	…	…	…	…
		1975～80	51.00	…	…	…	…	…	…	…	…	…
		1980～85	53.00	…	…	…	…	…	…	…	…	…
		1985～90	55.50	…	…	…	…	…	…	…	…	…
		1990～95	58.00	…	…	…	…	…	…	…	…	…
		1993	53.2	…	…	…	…	…	…	…	…	…
		1995～2000	59.0	…	…	…	…	…	…	…	…	…
		2000～05	54.8	…	…	…	…	…	…	…	…	…
マラウイ		(Malawi)									
	男女	1965～70	38.5	…	…	…	…	…	…	…	…	…
	男	1970～72	40.90	60.80	59.90	51.50	44.30	36.80	30.70	24.40	…	…
		1977	38.12	49.37	47.43	40.19	33.37	26.39	19.67	13.43	8.13	4.21
		1982	40.20	50.50	48.40	41.00	34.10	27.00	20.10	13.80	8.30	4.30
		1992～97	43.51	52.08	49.54	41.89	34.81	27.57	20.58	14.08	8.55	4.39
		2002	42.8	…	…	…	…	…	…	…	…	…
		2003	43.4	…	…	…	…	…	…	…	…	…
		2007	45.73	…	…	…	…	…	…	…	…	…
		2008	47.4	…	…	…	…	…	…	…	…	…
	女	1970～72	44.20	57.60	58.00	54.50	47.20	40.80	35.80	30.10	…	…
		1977	41.16	51.46	49.76	42.63	35.43	28.40	21.28	14.42	8.71	4.40
		1982	43.30	52.70	50.70	43.40	36.00	28.90	21.60	14.70	8.90	4.50
		1992～97	46.75	54.49	51.99	44.39	36.88	29.55	22.18	15.11	9.15	4.63
		2002	45.5	…	…	…	…	…	…	…	…	…
		2003	46.0	…	…	…	…	…	…	…	…	…
		2007	48.31	…	…	…	…	…	…	…	…	…
		2008	50.6	…	…	…	…	…	…	…	…	…

367

（単位：年）

国名（地域）・性・作成基礎期間		0歳	5	10	20	30	40	50	60	70	80
モーリシャス	(Mauritius)										
男	1942～46	32.25	39.65	35.85	28.15	22.30	16.70	11.94	8.11	5.58	3.98
	1951～53	49.79	53.67	49.23	40.11	31.64	23.58	16.69	11.18	6.72	4.29
	1961～63	58.66	59.70	55.11	45.70	36.53	27.66	19.75	13.24	8.56	4.91
	1971～73	60.68	61.25	56.52	47.03	37.71	28.63	20.30	13.33	8.29	4.79
	1982～84	64.38	61.49	56.65	47.02	37.65	28.66	20.56	13.65	8.23	4.20
	1984～86	64.45	61.48	56.62	46.99	37.60	28.60	20.50	13.69	8.61	4.97
	1986～88	64.74	61.84	56.98	47.37	37.98	28.97	20.95	14.19	9.10	5.25
	1988～90	65.01	61.78	56.90	47.25	37.80	28.86	20.91	14.11	9.02	4.94
	1989～91	65.57	62.35	57.45	47.76	38.32	29.42	21.38	14.80	9.63	5.75
	1991～93	66.39	62.91	58.01	48.31	38.91	29.98	21.90	15.02	9.74	5.81
	1992～94	66.44	63.02	58.11	48.41	39.03	30.12	21.94	15.10	9.76	5.76
	1993～95	66.46	63.05	58.16	48.48	39.07	30.22	22.06	15.32	9.86	5.84
	1994～96	66.56	63.20	58.29	48.60	39.23	30.37	22.27	15.43	9.90	5.94
	1995～97	66.4	63.1	58.2	48.5	39.2	30.3	22.2	15.3	9.9	6.0
	1998	66.6	63.3	58.4	48.7	39.3	30.3	22.2	15.3	9.8	6.0
	1998～2000	67.4	63.9	59.0	49.3	39.9	30.9	22.7	15.5	10.1	5.8
	1999～01	68.2	64.6	59.7	50.0	40.6	31.6	23.3	16.1	10.6	6.5
	2002～04	68.4	64.7	59.8	50.1	40.7	31.6	23.3	16.2	10.6	6.5
	2003	68.6	64.8	59.8	50.1	40.7	31.6	23.2	16.1	10.5	6.4
	2006	69.1	65.3	60.4	50.6	41.2	32.2	23.8	16.4	10.5	6.2
	2006～08	69.2	65.4	60.5	50.7	41.4	32.3	24.0	16.6	10.7	6.4
	2007～09	69.4	65.6	60.7	50.9	41.5	32.5	24.2	16.9	11.0	6.6
	2008～2010	69.46	65.61	60.71	50.99	41.57	32.55	24.22	16.98	11.03	6.54
	2009～2011	69.74	65.83	60.92	51.20	41.83	32.84	24.53	17.23	11.25	6.52
	2010～12	70.15	66.29	61.34	51.61	42.27	33.32	24.91	17.53	11.41	6.54
	2012～14	70.97	67.07	62.13	52.40	43.09	34.15	25.72	18.19	11.88	7.22
	2013～15	71.08	67.12	62.19	52.46	43.17	34.24	25.86	18.26	12.00	7.23
女	1942～46	33.83	41.02	37.28	30.17	26.14	21.16	15.66	10.57	7.06	4.61
	1951～53	52.29	56.52	52.22	43.67	36.17	28.75	21.17	14.59	9.10	5.33
	1961～63	61.86	62.52	58.05	48.86	40.26	31.88	23.42	15.82	9.72	5.46
	1971～73	65.31	65.78	61.11	51.61	42.56	33.61	24.94	17.01	10.32	5.71
	1982～84	71.23	68.18	63.32	53.72	44.24	34.84	25.88	17.66	10.68	5.23
	1984～86	71.88	68.63	63.75	54.17	44.68	35.37	26.41	18.23	11.58	7.17
	1986～88	72.22	68.92	64.04	54.48	45.02	35.67	26.73	18.53	11.76	6.99
	1988～90	72.96	69.47	64.59	54.90	45.39	35.94	26.98	18.71	11.94	6.96
	1989～91	73.39	69.91	65.00	55.30	45.75	36.29	27.30	19.08	12.25	7.40
	1991～93	73.86	70.21	65.30	55.58	46.00	36.53	27.56	19.39	12.66	7.64
	1992～94	73.95	70.24	65.33	55.59	46.01	36.54	27.58	19.46	12.77	7.63
	1993～95	74.00	70.33	65.42	55.66	46.05	36.55	27.53	19.39	12.73	7.54
	1994～96	74.28	70.60	65.70	55.94	46.27	36.75	27.68	19.53	12.79	7.48
	1995～97	74.4	70.8	65.8	56.1	46.4	36.9	27.8	19.6	12.9	7.5
	1998	74.4	70.8	65.9	56.1	46.4	36.9	27.8	19.5	12.8	7.3
	1998～2000	74.7	71.0	66.0	56.2	46.6	37.0	27.9	19.7	12.8	7.3
	1999～01	75.3	71.4	66.5	56.7	47.1	37.5	28.4	20.3	13.3	8.1
	2002～04	75.3	71.4	66.5	56.7	47.0	37.4	28.3	20.1	13.3	8.1
	2003	75.3	71.4	66.5	56.7	47.0	37.5	27.3	20.1	13.4	8.1
	2006	75.9	72.0	67.0	57.2	47.5	38.0	28.8	20.5	13.4	7.8
	2006～08	76.1	72.2	67.3	57.5	47.8	38.2	29.0	20.7	13.5	7.7
	2007～09	76.6	72.6	67.7	57.9	48.1	38.6	29.4	21.0	13.9	8.0
	2008～2010	76.65	72.64	67.71	57.88	48.16	38.62	29.51	21.08	13.83	7.89
	2009～2011	76.97	73.00	68.07	58.22	48.52	38.97	29.85	21.37	14.13	8.20
	2010～12	77.13	73.15	68.21	58.35	48.64	39.09	29.96	21.50	14.12	8.19
	2012～14	77.58	73.63	68.67	58.84	49.16	39.63	30.54	22.03	14.59	8.73
	2013～15	77.79	73.85	68.89	59.07	49.42	39.89	30.82	22.26	14.83	8.88
モロッコ	(Morocco)										
男女	1960	49.6	53.2	49.3	41.0	33.6	25.5	18.0	11.0	7.0	5.0
	1962	47	...	...	...	...	...	...	...	...	...
	1965～70	50.5	...	...	...	...	...	...	...	...	...
男	1970～75	51.40	...	...	...	...	...	...	...	...	...
	1975～80	54.10	...	...	...	...	...	...	...	...	...
	1980～85	56.60	...	...	...	...	...	...	...	...	...
	1985～90	60.30	...	...	...	...	...	...	...	...	...
	1990～95	62.80	...	...	...	...	...	...	...	...	...
	1995～2000	64.8	...	...	...	...	...	...	...	...	...
	2000～05	66.8	...	...	...	...	...	...	...	...	...
	2013	72.4	...	...	...	...	...	...	...	...	...
女	1970～75	54.50	...	...	...	...	...	...	...	...	...
	1975～80	57.50	...	...	...	...	...	...	...	...	...
	1980～85	60.00	...	...	...	...	...	...	...	...	...
	1985～90	63.70	...	...	...	...	...	...	...	...	...
	1990～95	66.20	...	...	...	...	...	...	...	...	...
	1995～2000	68.5	...	...	...	...	...	...	...	...	...
	2000～05	70.5	...	...	...	...	...	...	...	...	...
	2013	75.1	...	...	...	...	...	...	...	...	...
ナミビア	(Namibia)										
男女	1965～70	38.50	...	...	...	...	...	...	...	...	...
男	1970～75	47.50	...	...	...	...	...	...	...	...	...
	1975～80	50.00	...	...	...	...	...	...	...	...	...
	1980～85	52.50	...	...	...	...	...	...	...	...	...
	1985～90	54.80	...	...	...	...	...	...	...	...	...
	1990～95	54.60	...	...	...	...	...	...	...	...	...
	1995～2000	51.8	...	...	...	...	...	...	...	...	...
	2000～05	44.3	...	...	...	...	...	...	...	...	...
	2001	47.65	54.03	50.08	41.73	34.20	26.79	19.80	13.54	8.44	4.87
	2011	53.3	52.4	48.0	39.0	31.5	25.8	20.6	15.1	9.8	5.6

(単位：年)

国名（地域）・性・作成基礎期間			0歳	5	10	20	30	40	50	60	70	80
ナミビア	女	(Namibia)										
		1970〜75	50.00	…	…	…	…	…	…	…	…	…
		1975〜80	52.50	…	…	…	…	…	…	…	…	…
		1980〜85	55.00	…	…	…	…	…	…	…	…	…
		1985〜90	57.60	…	…	…	…	…	…	…	…	…
		1990〜95	57.20	…	…	…	…	…	…	…	…	…
		1995〜2000	53.0	…	…	…	…	…	…	…	…	…
		2000〜05	44.1	…	…	…	…	…	…	…	…	…
		2001	50.20	56.05	52.22	44.10	36.60	29.22	21.82	14.95	9.27	5.29
		2011	60.5	59.6	55.1	46.1	38.4	32.0	25.2	17.9	11.3	6.5
ニジェール	男女	(Niger)										
		1959〜60	37	…	…	…	…	…	…	…	…	…
		1965〜70	41.0	…	…	…	…	…	…	…	…	…
	男	1970〜75	37.50	…	…	…	…	…	…	…	…	…
		1975〜80	39.00	…	…	…	…	…	…	…	…	…
		1980〜85	40.90	…	…	…	…	…	…	…	…	…
		1985〜90	42.90	…	…	…	…	…	…	…	…	…
		1990〜95	44.90	…	…	…	…	…	…	…	…	…
		1995〜2000	46.9	…	…	…	…	…	…	…	…	…
		2000〜05	45.9	…	…	…	…	…	…	…	…	…
	女	1970〜75	40.60	…	…	…	…	…	…	…	…	…
		1975〜80	42.10	…	…	…	…	…	…	…	…	…
		1980〜85	44.10	…	…	…	…	…	…	…	…	…
		1985〜90	46.10	…	…	…	…	…	…	…	…	…
		1990〜95	48.10	…	…	…	…	…	…	…	…	…
		1995〜2000	50.1	…	…	…	…	…	…	…	…	…
		2000〜05	46.5	…	…	…	…	…	…	…	…	…
ナイジェリア	男	(Nigeria)										
		1965〜66	37.2	49.3	46.6	39.2	31.6	24.1	18.1	12.5	8.1	…
		1970〜75	42.90	…	…	…	…	…	…	…	…	…
		1975〜80	44.90	…	…	…	…	…	…	…	…	…
		1980〜85	46.90	…	…	…	…	…	…	…	…	…
		1985〜90	46.70	…	…	…	…	…	…	…	…	…
		1990〜95	48.80	…	…	…	…	…	…	…	…	…
		1995〜2000	48.7	…	…	…	…	…	…	…	…	…
		2000〜05	52.0	…	…	…	…	…	…	…	…	…
	女	1965〜66	36.7	47.3	44.7	38.1	31.1	24.1	17.8	12.4	8.5	…
		1970〜75	46.10	…	…	…	…	…	…	…	…	…
		1975〜80	48.10	…	…	…	…	…	…	…	…	…
		1980〜85	50.20	…	…	…	…	…	…	…	…	…
		1985〜90	50.00	…	…	…	…	…	…	…	…	…
		1990〜95	52.00	…	…	…	…	…	…	…	…	…
		1995〜2000	51.5	…	…	…	…	…	…	…	…	…
		2000〜05	52.2	…	…	…	…	…	…	…	…	…
レユニオン	男	(Reunion)										
		2003	71.3	…	…	…	…	…	…	…	…	…
		2006	73.2	…	…	54.0	…	35.5	…	19.0	…	…
		2009	74.9	…	…	…	…	…	…	…	…	…
		2014	77.1	…	…	57.8	…	38.9	…	21.7	…	…
	女	2003	79.8	…	…	…	…	…	…	…	…	…
		2006	80.9	…	…	61.6	…	42.1	…	23.9	…	…
		2009	82.7	…	…	…	…	…	…	…	…	…
		2014	83.7	…	…	64.6	…	45.0	…	26.3	…	…
ルワンダ	男女	(Rwanda)										
		1965〜70	41.0	…	…	…	…	…	…	…	…	…
	男	1970〜75	43.00	…	…	…	…	…	…	…	…	…
		1975〜80	43.40	…	…	…	…	…	…	…	…	…
		1978	45.10	55.30	49.70	41.50	34.30	26.90	19.90	13.60	8.50	4.90
		1985〜90	45.10	…	…	…	…	…	…	…	…	…
		1990〜95	22.10	…	…	…	…	…	…	…	…	…
		1995〜2000	39.4	…	…	…	…	…	…	…	…	…
		2000〜05	40.2	…	…	…	…	…	…	…	…	…
		2002	48.4	58.4	54.4	45.6	37.5	29.4	21.6	14.5	8.6	4.6
		2009	49.4	…	…	…	…	…	…	…	…	…
		2012	62.6	…	…	…	…	…	…	…	…	…
	女	1970〜75	46.20	…	…	…	…	…	…	…	…	…
		1975〜80	46.60	…	…	…	…	…	…	…	…	…
		1978	47.70	55.20	51.10	43.60	36.40	29.10	21.70	14.80	9.10	5.20
		1985〜90	48.30	…	…	…	…	…	…	…	…	…
		1990〜95	23.10	…	…	…	…	…	…	…	…	…
		1995〜2000	41.7	…	…	…	…	…	…	…	…	…
		2000〜05	41.7	…	…	…	…	…	…	…	…	…
		2002	53.8	63.1	58.8	49.9	41.4	32.9	24.5	16.5	9.8	5.1
		2009	53.3	…	…	…	…	…	…	…	…	…
		2012	66.2	…	…	…	…	…	…	…	…	…
セントヘレナ	男	(Saint Helena ex.dep)										
		1995〜2004	71.9	68.3	63.3	53.6	44.3	34.6	25.9	17.7	10.8	7.5
		1998〜2007	70.8	66.9	62.2	52.4	42.7	33.5	25.1	16.9	10.1	6.4
		1999〜2008	71.1	66.9	62.1	52.3	43.2	33.2	24.7	16.6	10.1	6.9
		2000〜09	72.5	68.7	64.2	54.4	44.9	35.9	27.4	19.5	12.3	6.6
		2003〜2012	72.0	68.1	63.4	53.9	44.2	35.5	27.1	19.3	12.5	7.2

369

（単位：年）

国名（地域）・性・作成基礎期間		0歳	5	10	20	30	40	50	60	70	80
セントヘレナ	(Saint Helena ex. dep)										
女	1995～2004	79.1	74.4	69.8	60.0	50.0	40.1	30.8	22.1	14.7	8.5
	1998～2007	77.3	72.6	67.9	58.2	48.7	39.0	29.6	21.2	13.9	7.2
	1999～2008	77.6	72.9	67.9	58.1	48.6	39.0	29.5	21.0	14.0	7.0
	2000～09	79.2	74.7	69.7	60.0	50.9	41.5	32.0	23.5	16.0	9.7
	2003～2012	79.7	75.3	70.3	60.3	51.0	41.8	32.0	23.0	15.5	8.6
サントメ・プリンシペ (Sao Tome and Principe)											
男	2001	61.34	63.06	59.24	50.48	41.53	33.45	25.49	18.32	13.07	8.39
	2011～12	62.14	59.53	54.64	45.80	37.46	29.61	22.13	15.16	9.77	5.03
女	2001	66.49	68.10	64.14	55.23	46.12	37.51	28.64	21.11	14.39	9.48
	2011～12	68.70	65.90	61.22	51.78	42.53	33.51	25.33	18.23	11.84	6.56
セネガル	(Senegal)										
男女	1957	37	…	…	…	…	…	…	…	…	…
	1965～70	41.0	…	…	…	…	…	…	…	…	…
男	1970～75	39.30	…	…	…	…	…	…	…	…	…
	1975～80	41.80	…	…	…	…	…	…	…	…	…
	1980～85	44.30	…	…	…	…	…	…	…	…	…
	1985～90	46.30	…	…	…	…	…	…	…	…	…
	1990～95	48.30	…	…	…	…	…	…	…	…	…
	1995～2000	50.5	…	…	…	…	…	…	…	…	…
	2000～05	52.5	…	…	…	…	…	…	…	…	…
	2011	56.9	…	…	…	…	…	…	…	…	…
女	1970～75	41.30	…	…	…	…	…	…	…	…	…
	1975～80	43.80	…	…	…	…	…	…	…	…	…
	1980～85	46.30	…	…	…	…	…	…	…	…	…
	1985～90	48.30	…	…	…	…	…	…	…	…	…
	1990～95	50.30	…	…	…	…	…	…	…	…	…
	1995～2000	54.2	…	…	…	…	…	…	…	…	…
	2000～05	56.2	…	…	…	…	…	…	…	…	…
	2011	59.8	…	…	…	…	…	…	…	…	…
セイシェル	(Seychelles)										
男	1960	60.80	61.20	56.50	46.70	38.10	29.60	22.70	14.50	7.30	2.50
	1970～72	61.90	61.20	56.50	46.70	38.10	29.60	22.70	15.10	7.30	2.50
	1974～78	64.60	63.20	58.40	49.00	39.90	31.10	22.80	15.60	9.60	4.30
	1978～82	66.16	63.08	58.31	48.80	39.88	31.02	23.01	15.92	9.92	5.08
	1981～85	65.26	61.72	56.97	47.28	38.25	29.75	21.82	14.97	8.88	3.74
	2007	68.90	65.04	60.15	50.46	41.65	32.74	24.39	17.14	11.04	7.36
	2008	68.4	…	…	…	…	…	…	…	…	…
	2011	67.7	…	…	…	…	…	…	…	…	…
	2013	69.86	…	…	…	…	…	…	…	…	…
	2014	68.4	…	…	…	…	…	…	…	…	…
女	1960	65.90	65.80	61.20	51.50	42.20	33.20	24.20	16.70	10.10	3.70
	1970～72	68.00	65.80	61.20	51.50	42.20	33.20	24.20	19.40	10.10	3.70
	1974～78	71.10	69.70	65.00	55.50	46.30	37.10	28.10	19.70	12.20	5.90
	1978～82	73.46	70.40	65.62	55.89	46.49	37.09	28.37	20.06	12.81	7.27
	1981～85	74.05	70.70	65.91	56.10	46.65	37.27	28.32	20.20	12.60	6.70
	2007	77.66	73.27	68.52	58.52	48.93	39.54	31.04	22.23	15.07	9.24
	2008	78.0	…	…	…	…	…	…	…	…	…
	2011	78.1	…	…	…	…	…	…	…	…	…
	2013	76.54	…	…	…	…	…	…	…	…	…
	2014	78.3	…	…	…	…	…	…	…	…	…
シエラ・レオネ	(Sierra Leone)										
男女	1965～70	41.0	…	…	…	…	…	…	…	…	…
男	1970～75	33.50	…	…	…	…	…	…	…	…	…
	1975～80	35.50	…	…	…	…	…	…	…	…	…
	1980～85	37.50	…	…	…	…	…	…	…	…	…
	1985～90	35.30	…	…	…	…	…	…	…	…	…
	1990～95	32.90	…	…	…	…	…	…	…	…	…
	1995～2000	35.8	…	…	…	…	…	…	…	…	…
	2000～05	39.2	…	…	…	…	…	…	…	…	…
	2004	47.5	…	…	…	…	…	…	…	…	…
女	1970～75	36.50	…	…	…	…	…	…	…	…	…
	1975～80	38.60	…	…	…	…	…	…	…	…	…
	1980～85	40.60	…	…	…	…	…	…	…	…	…
	1985～90	38.40	…	…	…	…	…	…	…	…	…
	1990～95	35.90	…	…	…	…	…	…	…	…	…
	1995～2000	38.7	…	…	…	…	…	…	…	…	…
	2000～05	41.8	…	…	…	…	…	…	…	…	…
	2004	49.4	…	…	…	…	…	…	…	…	…
南アフリカ	(South Africa)										
男女	1965～70	49.0	…	…	…	…	…	…	…	…	…
男	1970～75	51.00	…	…	…	…	…	…	…	…	…
	1975～80	53.00	…	…	…	…	…	…	…	…	…
	1980～85	55.00	…	…	…	…	…	…	…	…	…
	1985～90	57.50	…	…	…	…	…	…	…	…	…
	1990～95	60.00	…	…	…	…	…	…	…	…	…
	1995～2000	51.5	…	…	…	…	…	…	…	…	…
	2000～05	46.5	…	…	…	…	…	…	…	…	…
	2001	51.8	…	…	…	…	…	…	…	…	…
	2004	49.9	…	…	…	…	…	…	…	…	…
	2009	53.5	…	…	…	…	…	…	…	…	…

(単位：年)

国名（地域）・性・作成基礎期間		0歳	5	10	20	30	40	50	60	70	80
南アフリカ		(South Africa)									
	女	1970～75	57.00	…	…	…	…	…	…	…	…	…
		1975～80	59.00	…	…	…	…	…	…	…	…	…
		1980～85	61.00	…	…	…	…	…	…	…	…	…
		1985～90	63.50	…	…	…	…	…	…	…	…	…
		1990～95	66.00	…	…	…	…	…	…	…	…	…
		1995～2000	58.1	…	…	…	…	…	…	…	…	…
		2000～05	48.3	…	…	…	…	…	…	…	…	…
		2001	56.7	…	…	…	…	…	…	…	…	…
		2004	52.9	…	…	…	…	…	…	…	…	…
		2009	57.2	…	…	…	…	…	…	…	…	…
スーダン		(Sudan)									
	男女	1950	40.0	…	…	…	…	…	…	…	…	…
		1965～70	47.6	…	…	…	…	…	…	…	…	…
	男	1970～75	41.40	…	…	…	…	…	…	…	…	…
		1975～80	43.90	…	…	…	…	…	…	…	…	…
		1980～85	46.60	…	…	…	…	…	…	…	…	…
		1985～90	49.60	…	…	…	…	…	…	…	…	…
		1990～95	49.60	…	…	…	…	…	…	…	…	…
		1993	52.5	…	…	…	…	…	…	…	…	…
		1995～2000	53.6	…	…	…	…	…	…	…	…	…
		2000～05	55.6	…	…	…	…	…	…	…	…	…
	女	1970～75	43.90	…	…	…	…	…	…	…	…	…
		1975～80	46.40	…	…	…	…	…	…	…	…	…
		1980～85	49.00	…	…	…	…	…	…	…	…	…
		1985～90	52.40	…	…	…	…	…	…	…	…	…
		1990～95	52.40	…	…	…	…	…	…	…	…	…
		1993	55.5	…	…	…	…	…	…	…	…	…
		1995～2000	56.4	…	…	…	…	…	…	…	…	…
		2000～05	58.4	…	…	…	…	…	…	…	…	…
スワジランド		(Swaziland)									
	男女	1946*	48	…	…	…	…	…	…	…	…	…
		1966	44	…	…	…	…	…	…	…	…	…
	男	1970～75	45.10	…	…	…	…	…	…	…	…	…
		1976	42.90	51.20	47.30	39.40	32.40	25.30	18.50	12.60	7.90	4.40
		1985～90	52.70	…	…	…	…	…	…	…	…	…
		1990～95	55.20	…	…	…	…	…	…	…	…	…
		1995～2000	57.9	…	…	…	…	…	…	…	…	…
		1997	58.0	…	…	…	…	…	…	…	…	…
		2000～05	38.1	…	…	…	…	…	…	…	…	…
		2007	42.22	…	…	…	…	…	…	…	…	…
	女	1970～75	49.60	…	…	…	…	…	…	…	…	…
		1976	49.50	57.30	53.30	45.00	37.60	29.90	22.40	15.60	9.70	5.40
		1985～90	57.30	…	…	…	…	…	…	…	…	…
		1990～95	59.80	…	…	…	…	…	…	…	…	…
		1995～2000	62.5	…	…	…	…	…	…	…	…	…
		1997	63.0	…	…	…	…	…	…	…	…	…
		2000～05	38.1	…	…	…	…	…	…	…	…	…
		2007	43.13	…	…	…	…	…	…	…	…	…
チュニジア		(Tunisia)									
	男女	1965～70	51.7	…	…	…	…	…	…	…	…	…
	男	1970～75	55.10	…	…	…	…	…	…	…	…	…
		1975～80	59.6	…	…	…	…	…	…	…	…	…
		1980～85	62.60	…	…	…	…	…	…	…	…	…
		1985～90	64.90	…	…	…	…	…	…	…	…	…
		1990～95	66.90	…	…	…	…	…	…	…	…	…
		1995	69.55	67.46	62.68	53.13	43.80	34.59	25.77	17.69	10.85	5.23
		1999	70.5	…	…	…	…	…	…	…	…	…
		2000	70.6	…	…	…	…	…	…	…	…	…
		2001	70.8	…	…	…	…	…	…	…	…	…
		2002	71.0	…	…	…	…	…	…	…	…	…
		2003	71.1	…	…	…	…	…	…	…	…	…
		2004	71.4	…	…	…	…	…	…	…	…	…
		2005	71.6	…	…	…	…	…	…	…	…	…
		2006	71.9	…	…	…	…	…	…	…	…	…
		2007	72.3	…	…	…	…	…	…	…	…	…
		2008	72.4	…	…	…	…	…	…	…	…	…
		2009	71.3	…	…	…	…	…	…	…	…	…
		2010	71.8	…	…	…	…	…	…	…	…	…
		2011	72.5	…	…	…	…	…	…	…	…	…
		2012	73.3	…	…	…	…	…	…	…	…	…
		2013	73.9	…	…	…	…	…	…	…	…	…
		2014	73.9	…	…	…	…	…	…	…	…	…
		2015	74.5	…	…	…	…	…	…	…	…	…
	女	1970～75	56.10	…	…	…	…	…	…	…	…	…
		1975～80	60.60	…	…	…	…	…	…	…	…	…
		1980～85	63.60	…	…	…	…	…	…	…	…	…
		1985～90	66.40	…	…	…	…	…	…	…	…	…
		1990～95	68.70	…	…	…	…	…	…	…	…	…
		1995	73.14	70.66	65.86	56.17	46.52	37.00	27.78	19.07	11.30	4.77
		1999	74.6	…	…	…	…	…	…	…	…	…
		2000	74.7	…	…	…	…	…	…	…	…	…
		2001	75.0	…	…	…	…	…	…	…	…	…
		2002	75.1	…	…	…	…	…	…	…	…	…

371

(単位：年)

国名（地域）・性・作成基礎期間			0歳	5	10	20	30	40	50	60	70	80
チュニジア	女	(Tunisia)										
		2003	75.1	…	…	…	…	…	…	…	…	…
		2004	75.3	…	…	…	…	…	…	…	…	…
		2005	75.5	…	…	…	…	…	…	…	…	…
		2006	76.0	…	…	…	…	…	…	…	…	…
		2007	76.2	…	…	…	…	…	…	…	…	…
		2008	76.3	…	…	…	…	…	…	…	…	…
		2009	76.6	…	…	…	…	…	…	…	…	…
		2010	76.8	…	…	…	…	…	…	…	…	…
		2011	76.8	…	…	…	…	…	…	…	…	…
		2012	77.3	…	…	…	…	…	…	…	…	…
		2013	77.2	…	…	…	…	…	…	…	…	…
		2014	77.4	…	…	…	…	…	…	…	…	…
		2015	77.8	…	…	…	…	…	…	…	…	…
ジンバブエ	男	(Zimbabwe)										
		1970〜75	49.80	…	…	…	…	…	…	…	…	…
		1975〜80	52.00	…	…	…	…	…	…	…	…	…
		1980〜85	54.00	…	…	…	…	…	…	…	…	…
		1985〜90	55.10	…	…	…	…	…	…	…	…	…
		1990	58.00	59.90	55.50	46.50	38.10	29.80	21.90	14.90	9.30	5.30
		1990〜95	49.60	…	…	…	…	…	…	…	…	…
		2001〜02	45.78	44.23	39.96	30.86	23.83	21.84	20.45	17.73	13.65	9.55
	女	1970〜75	53.20	…	…	…	…	…	…	…	…	…
		1975〜80	55.60	…	…	…	…	…	…	…	…	…
		1980〜85	57.60	…	…	…	…	…	…	…	…	…
		1985〜90	58.60	…	…	…	…	…	…	…	…	…
		1990	62.00	63.00	58.50	49.50	40.90	32.50	24.30	16.70	10.30	5.80
		1990〜95	51.90	…	…	…	…	…	…	…	…	…
		2001〜02	50.30	48.56	44.23	35.31	30.41	30.19	27.59	22.89	17.58	12.16
北アメリカ	**(AMERICA, NORTH)**											
アンギラ	男	(Anguilla)										
		2000〜02	76.52	72.10	67.10	57.31	48.43	39.43	30.16	21.06	12.72	8.04
	女	2000〜02	81.11	76.36	71.36	61.36	52.71	42.71	33.48	23.98	15.33	8.32
アルバ	男	(Aruba)										
		2000	70.01	65.45	60.49	50.92	42.27	33.03	24.20	16.26	10.44	5.68
		2010〜11	73.91	69.43	64.43	54.59	45.44	36.31	27.26	19.06	12.27	7.27
	女	2000	76.02	71.87	67.02	57.16	47.71	38.31	28.88	20.52	13.14	7.52
		2010〜11	79.78	76.18	71.18	61.27	51.48	41.96	32.55	23.76	15.97	9.46
バハマ	男	(Bahamas)										
		1969〜71	64.00	62.20	57.40	48.10	39.10	30.70	23.30	16.70	11.00	6.40
		1985〜90	67.50	…	…	…	…	…	…	…	…	…
		1989〜91	68.32	64.75	59.96	50.30	41.48	33.10	25.13	18.16	12.33	7.54
		1990〜95	69.30	…	…	…	…	…	…	…	…	…
		1999〜2001	69.91	…	…	…	…	…	…	…	…	…
	女	1969〜71	69.30	67.10	62.30	52.70	43.40	34.80	26.80	19.70	13.00	7.90
		1985〜90	74.90	…	…	…	…	…	…	…	…	…
		1989〜91	75.28	71.48	66.58	56.78	47.34	38.33	29.66	21.61	14.49	8.83
		1990〜95	76.00	…	…	…	…	…	…	…	…	…
		1999〜2001	76.35	…	…	…	…	…	…	…	…	…
バルバドス	男	(Barbados)										
		1945〜47	49.17	56.45	51.82	42.66	34.16	26.05	18.82	13.23	8.84	5.24
		1950〜52	53.41	59.76	54.97	45.53	36.45	27.62	19.85	13.16	8.30	
		1959〜61	62.74	64.16	59.37	49.82	40.45	31.33	23.04	15.52	9.70	5.15
		1970〜75	66.90	…	…	…	…	…	…	…	…	…
		1970〜80	67.15	65.55	60.65	51.06	41.75	32.43	24.11	16.84	11.18	7.51
		1975〜80	67.70	…	…	…	…	…	…	…	…	…
		1980	67.15	65.55	60.65	51.06	41.58	32.30	23.68	14.68	10.91	5.60
		1990〜95	72.90	…	…	…	…	…	…	…	…	…
		1995〜2000	73.7	…	…	…	…	…	…	…	…	…
		2000〜05	74.5	…	…	…	…	…	…	…	…	…
	女	1945〜47	52.94	60.36	55.80	46.79	38.53	30.39	22.78	15.80	9.97	5.44
		1950〜52	58.00	64.36	59.64	50.27	41.45	32.74	24.66	17.29	11.09	
		1959〜61	67.43	68.19	63.35	53.67	44.35	35.26	26.76	19.05	12.00	6.61
		1970〜75	72.00	…	…	…	…	…	…	…	…	…
		1970〜80	72.46	69.53	64.64	54.94	48.12	39.03	29.79	20.84	13.32	7.41
		1975〜80	71.90	…	…	…	…	…	…	…	…	…
		1980	72.46	69.53	64.64	54.94	45.38	36.03	27.26	19.10	12.17	6.40
		1990〜95	77.90	…	…	…	…	…	…	…	…	…
		1995〜2000	78.7	…	…	…	…	…	…	…	…	…
		2000〜05	79.5	…	…	…	…	…	…	…	…	…
ベリーズ	男	(Belize)										
		1980	69.85	68.43	63.67	54.08	45.40	35.96	27.06	19.39	12.11	6.29
		1990〜95	72.40	…	…	…	…	…	…	…	…	…
		1991	69.95	67.91	63.04	53.39	44.54	35.27	26.67	18.91	12.18	6.26
	女	1980	71.78	70.48	65.62	55.85	46.88	37.79	28.93	20.14	13.03	6.69
		1990〜95	75.00	…	…	…	…	…	…	…	…	…
		1991	74.07	72.04	67.07	57.39	47.68	38.43	29.77	21.47	13.84	7.03

（単位：年）

国名（地域）・性・作成基礎期間			0歳	5	10	20	30	40	50	60	70	80
バミューダ		(Bermuda)										
	男	1965～66	65.61	63.11	58.22	48.64	39.11	30.31	22.07	14.72	9.80	5.59
		1980	68.81	65.74	60.85	51.13	41.75	32.43	24.11	16.84	11.18	7.51
		1991	71.06	66.91	62.04	52.05	42.64	33.72	25.45	17.78	11.49	6.89
		2010	76.93	72.13	67.13	57.29	47.53	37.85	28.51	19.99	12.69	7.07
		2012	77.24	72.24	67.24	57.41	47.69	37.99	28.66	20.07	12.73	7.13
		2013	76.87	72.16	67.19	57.51	48.48	39.34	30.24	21.58	13.97	7.61
		2014	77.09	72.37	67.41	57.71	48.66	39.49	30.37	21.69	14.05	7.66
		2015	77.30	72.58	67.62	57.92	48.83	39.63	30.50	21.79	14.12	7.71
	女	1965～66	72.35	69.92	65.04	55.40	46.04	36.53	27.84	20.10	12.85	6.81
		1980	76.28	73.41	68.52	58.59	48.72	39.03	29.79	20.84	13.32	7.41
		1991	77.78	73.35	68.39	58.52	48.73	39.34	30.13	21.52	13.71	7.54
		2010	82.29	77.51	72.51	62.51	52.63	42.84	33.38	24.31	16.00	8.96
		2012	82.40	77.62	72.62	62.62	52.73	43.03	33.51	24.42	16.12	9.08
		2013	84.46	79.62	74.63	64.68	54.80	44.93	35.42	26.24	17.72	10.40
		2014	84.69	79.85	74.86	64.91	55.02	45.15	35.62	26.42	17.86	10.49
		2015	84.91	80.07	75.08	65.13	55.24	45.37	35.83	26.59	18.00	10.59
イギリス領ヴァージン諸島(British Virgin Islands)												
	男	2004	69.9	…	…	…	…	…	…	…	…	…
	女	2004	78.5	…	…	…	…	…	…	…	…	…
カナダ		(Canada)										
	男	1945	64.67	64.31	59.70	50.46	41.39	32.38	23.92	16.39	10.23	5.69
		1947	65.18	64.43	59.79	50.48	41.41	32.37	23.92	16.46	10.44	5.87
		1950～52	66.33	64.86	60.15	50.76	41.60	32.45	23.88	16.49	10.41	5.84
		1955～57	67.61	65.45	60.67	51.19	41.98	32.74	24.04	16.54	10.51	5.89
		1960～62	68.35	65.83	61.02	51.51	42.24	32.96	24.25	16.73	10.67	6.14
		1965～67	68.75	65.82	61.00	51.50	42.29	33.01	24.31	16.81	10.83	6.36
		1970～72	69.34	66.02	61.17	51.71	42.50	33.22	24.52	16.95	10.90	6.41
		1975～77	70.19	66.46	61.57	52.09	42.90	33.59	24.86	17.23	11.05	6.44
		1980～82	71.88	67.84	62.92	53.39	44.11	34.72	25.81	17.96	11.58	6.85
		1985～87	73.02	68.78	63.87	54.26	44.92	35.51	26.46	18.40	11.79	6.91
		1990～92	74.55	70.19	65.25	55.58	46.17	36.77	27.65	19.35	12.46	7.24
		1996	75.7	71.3	66.3	56.6	47.1	37.7	28.5	20.1	13.0	7.6
		1997	75.80	…	66.38	56.69	47.17	37.70	28.51	20.02	12.83	7.34
		1998	76.1	…	…	…	…	…	…	…	…	…
		2000	77.0	72.6	67.6	57.9	48.3	38.8	29.6	21.0	13.6	7.9
		2002	77.2	72.8	67.8	58.1	48.5	38.9	29.7	21.1	13.7	7.9
		2003	77.4	72.9	68.0	58.2	48.7	39.1	29.9	21.3	13.8	8.0
		2004	77.8	73.3	68.3	58.6	49.0	39.5	30.2	21.6	14.1	8.1
		2005	78.0	…	…	…	…	…	…	…	…	…
		2005～07	78.1	73.6	68.6	58.8	49.3	39.8	30.5	21.9	14.2	8.1
		2006～08	78.3	73.8	68.8	59.1	49.5	39.9	30.7	22.0	14.4	8.2
		2007～09	78.5	74.0	69.0	59.2	49.7	40.1	30.9	22.2	14.5	8.3
		2008～2010	78.8	74.3	69.4	59.6	50.0	40.4	31.1	22.4	14.7	8.4
		2009～2011	79.1	74.6	69.7	59.8	50.3	40.7	31.4	22.7	14.9	8.6
		2010～12	79.4	74.9	69.9	60.1	50.5	40.9	31.6	22.9	15.1	8.7
		2011～13	79.6	75.1	70.1	60.3	50.7	41.1	31.8	23.0	15.2	8.8
	女	1945	68.03	66.98	62.30	52.88	43.72	34.75	26.09	18.11	11.28	6.21
		1947	69.05	67.52	62.78	53.33	44.12	35.00	26.32	18.25	11.41	6.24
		1950～52	70.83	68.80	64.02	54.41	44.94	35.63	26.80	18.64	11.62	6.38
		1955～57	72.92	70.35	65.51	55.80	46.17	36.69	27.65	19.34	12.17	6.75
		1960～62	74.17	71.27	66.41	56.65	46.98	37.45	28.33	19.90	12.58	6.90
		1965～67	75.18	71.97	67.12	57.37	47.68	38.15	29.02	20.58	13.14	7.26
		1970～72	76.36	72.29	67.91	58.18	48.51	38.99	29.86	21.39	13.85	7.88
		1975～77	77.48	73.60	68.71	58.95	49.25	39.67	30.51	21.96	14.33	8.15
		1980～82	78.98	74.79	69.87	60.08	50.36	40.73	31.47	22.85	15.14	8.84
		1985～87	79.79	75.45	70.52	60.71	50.95	41.27	31.94	23.24	15.44	9.04
		1990～92	80.89	76.46	71.50	61.67	51.89	42.20	32.80	23.98	16.03	9.42
		1996	81.4	76.9	72.0	62.1	52.3	42.6	33.2	24.3	16.3	9.6
		1997	81.37	…	71.90	62.06	52.26	42.54	33.10	24.17	16.12	9.36
		1998	81.5	…	…	…	…	…	…	…	…	…
		2000	82.2	77.6	72.7	62.8	53.0	43.3	33.8	24.9	16.7	9.8
		2002	82.1	77.6	72.6	62.8	53.0	43.3	33.8	24.8	16.7	9.8
		2003	82.4	77.8	72.8	63.0	53.2	43.4	34.0	25.0	16.8	9.9
		2004	82.6	78.0	73.1	63.2	53.4	43.6	34.2	25.2	17.0	10.0
		2005	82.7	…	…	…	…	…	…	…	…	…
		2005～07	82.7	78.2	73.2	63.3	53.5	43.8	34.3	25.3	17.0	10.0
		2006～08	82.9	78.3	73.4	63.5	53.7	43.9	34.5	25.4	17.1	10.0
		2007～09	83.0	78.5	73.5	63.6	53.8	44.1	34.6	25.6	17.3	10.1
		2008～2010	83.3	78.7	73.7	63.8	54.0	44.3	34.8	25.7	17.4	10.2
		2009～2011	83.5	78.9	73.9	64.0	54.2	44.5	35.0	25.9	17.5	10.3
		2010～12	83.6	79.1	74.1	64.2	54.4	44.7	35.2	26.1	17.7	10.4
		2011～13	83.8	79.2	74.2	64.4	54.5	44.8	35.3	26.2	17.8	10.5
ケイマン諸島		(Cayman Islands)										
	男	2006	76.27	72.07	67.07	57.74	48.86	39.35	29.83	20.84	13.55	8.16
	女	2006	83.79	79.81	74.81	65.10	55.22	45.30	35.70	26.14	17.49	10.38
コスタ・リカ		(Costa Rica)										
	男	1949～51	54.65	59.77	55.59	46.50	38.03	29.70	21.77	14.85	9.13	5.22
		1962～64	61.87	64.87	60.39	51.06	42.06	33.16	24.69	17.01	10.88	6.40
		1972～74	66.26	65.99	61.27	51.84	42.77	33.83	25.25	17.44	11.14	6.56

373

（単位：年）

国名（地域）・性・作成基礎期間		0歳	5	10	20	30	40	50	60	70	80
コスタ・リカ	（Costa Rica）										
男	1975〜80	68.60	…	…	…	…	…	…	…	…	…
	1980〜85	71.30	…	…	…	…	…	…	…	…	…
	1985〜90	73.10	…	…	…	…	…	…	…	…	…
	1990〜95	72.89	69.53	64.63	54.94	45.55	36.18	27.12	18.79	11.80	6.91
	2010	76.82	72.78	67.83	58.16	48.80	39.54	30.47	22.01	14.49	8.45
	2014	77.23	72.99	68.05	58.36	49.06	39.81	30.82	22.37	14.92	8.98
	2015	77.37	73.11	68.16	58.46	49.15	39.91	30.89	22.43	14.97	9.01
女	1949〜51	57.05	61.43	57.22	48.00	39.42	31.21	23.23	15.84	9.96	5.95
	1962〜64	64.83	67.08	62.54	52.99	43.70	34.76	26.11	18.15	11.53	6.73
	1972〜74	70.49	69.63	64.87	55.22	45.72	36.46	27.53	19.17	12.01	6.88
	1975〜80	73.10	…	…	…	…	…	…	…	…	…
	1980〜85	75.90	…	…	…	…	…	…	…	…	…
	1985〜90	77.70	…	…	…	…	…	…	…	…	…
	1990〜95	77.60	73.93	69.01	59.19	49.44	39.86	30.58	21.90	14.09	7.84
	2010	81.78	77.61	72.65	62.81	53.03	43.37	33.91	24.88	16.73	9.81
	2014	82.26	77.94	72.99	63.15	53.38	43.69	34.22	25.21	17.03	10.12
	2015	82.42	78.07	73.12	63.28	53.49	43.80	34.32	25.30	17.09	10.16
キューバ	（Cuba）										
男女	1965〜70	66.80	…	…	…	…	…	…	…	…	…
男	1970	68.50	…	…	…	…	…	…	…	…	…
	1977〜78	71.45	68.63	63.81	54.31	45.09	35.88	27.07	19.00	12.26	6.91
	1983〜84	72.66	69.29	64.47	54.89	45.61	36.43	27.56	19.32	12.20	7.11
	1986〜87	72.74	69.11	64.27	54.75	45.52	36.38	27.57	19.48	12.54	7.17
	1988	72.89	69.07	64.24	54.73	45.51	36.40	27.63	19.60	16.00	9.77
	1990〜91	72.9	69.0	64.1	54.6	45.4	36.3	27.6	19.5	12.6	7.2
	1990〜95	73.50	…	…	…	…	…	…	…	…	…
	1994〜95	72.9	69.0	64.1	54.6	45.4	36.3	27.5	19.5	12.5	7.2
	1998	74.2	69.9	65.0	55.4	46.0	36.8	28.0	20.0	13.0	7.4
	2001〜03	75.1	70.8	65.9	56.2	46.7	37.4	28.5	20.4	13.3	7.7
	2005〜07	76.00	71.58	66.66	56.91	47.37	37.94	28.95	20.82	13.74	8.23
	2011〜13	76.50	71.96	67.03	57.26	47.68	38.23	29.16	21.01	13.98	8.37
女	1970	71.80	…	…	…	…	…	…	…	…	…
	1977〜78	74.91	71.78	66.92	57.35	47.95	38.55	29.53	21.09	13.83	7.78
	1983〜84	76.10	72.38	67.51	57.89	48.44	39.00	29.90	21.33	13.70	8.03
	1986〜87	76.34	72.44	67.57	57.94	48.49	39.08	30.00	21.59	14.02	7.97
	1988	76.80	72.77	67.88	58.23	48.71	39.29	30.23	21.81	14.28	…
	1990〜91	76.6	72.5	67.6	57.9	48.4	39.0	29.9	21.5	14.0	7.8
	1990〜95	77.30	…	…	…	…	…	…	…	…	…
	1994〜95	76.9	72.8	67.9	51.2	48.6	39.2	30.1	21.6	14.1	8.1
	1998	78.2	73.8	68.9	59.1	49.5	40.0	30.8	22.2	14.6	8.3
	2001〜03	79.0	74.5	69.6	59.8	50.0	40.5	31.2	22.6	14.9	8.6
	2005〜07	80.02	75.53	70.59	60.73	50.98	41.33	32.03	23.37	15.62	9.30
	2011〜13	80.45	75.90	70.96	61.11	51.36	41.68	32.32	23.64	15.84	9.37
ドミニカ	（Dominica）										
男	2008	73.79	…	…	…	…	…	…	…	…	…
女	2008	78.15	…	…	…	…	…	…	…	…	…
ドミニカ共和国	（Dominican Republic）										
男	1959〜61	57.15	63.11	58.72	49.45	40.53	31.63	22.94	14.61	6.66	…
	1970〜75	58.10	…	…	…	…	…	…	…	…	…
	1975〜80	60.30	…	…	…	…	…	…	…	…	…
	1980〜85	62.20	…	…	…	…	…	…	…	…	…
	1985〜90	66.30	…	…	…	…	…	…	…	…	…
	1990〜95	67.60	…	…	…	…	…	…	…	…	…
	1995〜2000	69.8	67.7	62.9	53.4	44.2	35.2	26.5	18.5	11.8	7.1
	2005〜10	69.18	66.84	62.00	52.56	44.06	35.72	27.59	20.10	13.88	9.28
	2010〜15	70.02	67.45	62.55	53.05	44.31	35.62	27.18	19.62	13.20	…
女	1959〜61	58.59	63.97	59.56	50.20	41.22	32.44	23.71	15.19	6.79	…
	1970〜75	61.80	…	…	…	…	…	…	…	…	…
	1975〜80	64.00	…	…	…	…	…	…	…	…	…
	1980〜85	66.10	…	…	…	…	…	…	…	…	…
	1985〜90	70.30	…	…	…	…	…	…	…	…	…
	1990〜95	71.70	…	…	…	…	…	…	…	…	…
	1995〜2000	73.1	71.2	66.4	56.8	47.3	38.1	29.1	20.7	13.3	7.9
	2005〜10	75.45	72.63	67.76	58.06	48.72	39.63	30.86	22.66	15.62	10.32
	2010〜15	74.81	71.76	66.86	57.12	47.72	38.54	29.68	21.64	14.63	…
エルサルバドル	（El Salvador）										
男	1949〜51	49.94	56.14	52.85	44.48	37.39	30.24	23.41	16.49	11.32	7.55
	1951〜61	44.71	…	…	…	…	…	…	…	…	…
	1960〜61	56.56	60.89	56.87	47.94	40.11	32.26	24.57	17.54	11.36	6.77
	1970〜75	56.60	…	…	…	…	…	…	…	…	…
	1975〜80	52.40	…	…	…	…	…	…	…	…	…
	1980〜85	50.70	…	…	…	…	…	…	…	…	…
	1985	50.74	…	…	…	…	…	…	…	…	…
	1985〜90	64.10	…	…	…	…	…	…	…	…	…
	1995〜2000	66.5	64.6	59.9	50.5	42.0	33.8	25.8	18.3	11.7	6.6
	2000〜05	65.42	62.61	57.76	48.67	41.46	34.09	26.78	19.96	13.82	8.96

374

(単位：年)

国名（地域）・性・作成基礎期間		0歳	5	10	20	30	40	50	60	70	80
エルサルバドル	（El Salvador）										
女	1949～51	52.40	58.14	54.99	46.50	38.82	31.53	24.39	17.40	11.97	7.80
	1951～61	47.39	…	…	…	…	…	…	…	…	…
	1960～61	60.42	64.22	60.21	51.20	42.52	34.18	26.17	18.92	12.82	7.68
	1970～75	61.10	…	…	…	…	…	…	…	…	…
	1975～80	62.60	…	…	…	…	…	…	…	…	…
	1980～85	63.90	…	…	…	…	…	…	…	…	…
	1985	63.89	…	…	…	…	…	…	…	…	…
	1985～90	71.80	…	…	…	…	…	…	…	…	…
	1995～2000	72.5	70.3	65.5	56.0	46.8	37.9	29.3	21.2	13.9	8.1
	2000～05	74.93	71.97	67.11	57.54	48.20	39.03	30.25	22.12	15.01	9.60
グリーンランド	（Greenland）										
男	1946～51	32.17	38.68	35.66	29.96	25.68	20.65	15.11	9.94	5.97	2.69
	1952～59	51.4	53.4	49.2	40.7	32.9	25.6	18.5	11.7	6.1	3.2
	1960～65	57.0	57.6	53.2	44.7	37.2	29.2	21.3	14.1	7.8	4.8
	1966～70	59.00	58.80	54.40	45.70	37.70	29.20	21.00	14.20	8.50	4.40
	1971～75	60.70	59.60	55.10	46.60	38.60	30.20	22.10	14.80	8.50	3.60
	1976～80	59.70	58.10	53.70	45.30	38.10	29.40	21.50	14.80	8.90	4.40
	1981～85	60.40	58.10	53.50	44.80	37.90	29.40	21.40	14.20	8.60	4.50
	1992～96	62.75	59.47	54.61	46.07	38.49	29.88	21.18	13.44	7.77	4.95
	1994～98	62.5	59.2	54.4	46.2	38.5	30.0	21.2	13.6	7.9	4.7
	1995～99	62.7	59.4	54.6	46.2	38.8	30.2	21.6	14.0	8.1	4.8
	1999～03	64.1	60.7	55.9	47.5	39.5	30.7	22.3	14.7	9.1	5.9
	2004～08	66.6	62.7	57.9	49.1	40.9	32.1	23.4	15.3	8.9	5.0
	2006～2010	67.75	64.15	59.38	50.18	42.02	33.11	24.20	16.06	9.37	5.23
	2007～2011	68.18	64.48	59.60	50.47	42.23	33.38	24.50	16.39	9.57	5.29
	2008～2012	68.73	64.78	59.84	50.66	42.45	33.59	24.71	16.47	9.69	5.51
	2009～2013	68.47	64.84	59.90	50.74	42.57	33.68	24.87	16.82	9.90	5.74
	2010～14	69.08	65.35	60.39	51.07	42.90	33.97	25.25	17.06	10.17	6.01
女	1946～51	37.49	44.08	40.96	34.19	28.47	23.03	17.73	12.43	7.63	4.30
	1952～59	53.6	56.1	51.4	42.4	34.2	26.4	19.2	12.3	7.1	2.9
	1960～65	64.2	64.0	59.3	49.7	40.5	31.6	23.5	15.6	9.1	5.0
	1966～70	65.70	65.20	60.40	50.90	41.60	32.60	24.20	16.80	10.20	5.70
	1971～75	66.20	63.90	59.30	50.00	41.00	32.40	24.00	17.10	10.10	6.00
	1976～80	67.30	64.90	60.00	50.60	41.50	32.80	24.40	16.90	11.00	5.80
	1981～85	66.30	64.10	59.40	50.00	41.00	31.90	23.70	16.50	10.60	5.90
	1992～96	68.40	65.35	60.47	51.14	41.82	32.53	23.73	16.00	9.82	5.42
	1994～98	68.0	65.0	60.1	50.7	41.3	32.0	23.2	15.6	9.4	5.3
	1995～99	68.0	64.9	60.0	50.6	41.3	32.1	23.3	15.7	9.5	5.3
	1999～03	69.5	65.5	60.6	51.4	42.4	33.1	24.4	16.4	10.5	6.2
	2004～08	71.6	67.4	62.5	53.2	43.7	34.5	25.5	17.6	10.8	6.5
	2006～2010	72.80	68.92	63.92	54.73	45.32	35.74	26.72	18.60	11.96	6.64
	2007～2011	72.87	68.81	63.81	54.54	45.18	35.73	26.63	18.44	11.84	6.55
	2008～2012	73.45	69.17	64.19	54.77	45.42	35.99	26.78	18.57	11.77	6.50
	2009～2013	73.66	69.35	64.37	55.03	45.65	36.32	27.13	18.72	11.89	6.57
	2010～14	73.65	69.33	64.36	54.94	45.70	36.37	27.15	18.50	11.65	6.34
ゴードループ	（Guadeloupe）										
男	1963～67	62.5	62.1	57.4	47.8	38.7	30.2	22.4	15.3	9.7	5.5
	1970～75	64.70	…	…	…	…	…	…	…	…	…
	1975～80	66.40	…	…	…	…	…	…	…	…	…
	1985～90	70.10	…	…	…	…	…	…	…	…	…
	1990～95	71.10	…	…	…	…	…	…	…	…	…
	1995～2000	73.6	…	…	…	…	…	…	…	…	…
	2000～05	74.8	…	…	…	…	…	…	…	…	…
	2002	74.59	70.24	65.32	55.72	46.76	37.72	29.00	20.90	13.78	7.90
	2014	76.1	…	…	57.2	…	39.2	…	22.1	…	…
女	1963～67	67.3	66.6	61.9	52.3	43.1	34.4	26.1	18.3	11.8	6.3
	1970～75	70.90	…	…	…	…	…	…	…	…	…
	1975～80	72.40	…	…	…	…	…	…	…	…	…
	1985～90	77.10	…	…	…	…	…	…	…	…	…
	1990～95	78.00	…	…	…	…	…	…	…	…	…
	1995～2000	80.9	…	…	…	…	…	…	…	…	…
	2000～05	81.7	…	…	…	…	…	…	…	…	…
	2002	81.54	77.03	72.05	62.15	52.40	42.87	33.48	24.42	16.38	8.95
	2014	83.4	…	…	64.2	…	45.1	…	26.8	…	…
グアテマラ	（Guatemala）										
男	1949～51	43.82	51.33	48.56	41.08	33.86	26.86	20.50	14.73	9.49	6.28
	1963～65	48.29	54.40	51.26	43.20	35.53	28.11	21.06	14.77	9.84	5.95
	1972～73	53.74	59.07	55.31	46.51	38.40	30.54	23.00	16.22	10.40	6.02
	1979～80	55.11	58.51	54.38	45.55	37.92	30.56	23.37	16.57	10.30	7.00
	1980～85	56.80	…	…	…	…	…	…	…	…	…
	1985～90	59.70	…	…	…	…	…	…	…	…	…
	1990	62.41	63.13	58.73	49.56	41.22	33.10	25.21	17.83	11.56	7.19
	1995～2000	61.40	60.62	55.99	46.76	38.78	31.21	23.71	16.75	10.72	6.13
女	1949～51	43.52	50.36	47.68	40.27	33.44	26.94	20.39	14.26	9.27	5.67
	1963～65	49.74	55.80	52.80	44.57	36.90	29.16	21.53	14.67	9.60	5.85
	1972～73	55.53	60.33	56.62	47.83	39.58	31.65	23.81	16.57	10.62	6.18
	1979～80	59.43	62.77	58.74	49.79	41.25	33.01	25.00	17.50	11.42	7.78
	1980～85	61.30	…	…	…	…	…	…	…	…	…
	1985～90	64.40	…	…	…	…	…	…	…	…	…
	1990	67.33	67.91	63.54	54.26	45.26	36.49	27.96	19.90	13.05	8.20
	1995～2000	67.22	66.24	62.63	52.25	43.26	34.62	26.31	18.58	11.98	6.89

375

（単位：年）

国名（地域）・性・作成基礎期間		0歳	5	10	20	30	40	50	60	70	80
ホンジュラス	(Honduras)										
男女	1965～70	49.0	…	…	…	…	…	…	…	…	…
男	1970～75	52.20	…	…	…	…	…	…	…	…	…
	1973～75	53.38	…	…	…	…	…	…	…	…	…
	1975～80	55.80	…	…	…	…	…	…	…	…	…
	1980～85	60.00	…	…	…	…	…	…	…	…	…
	1985～90	63.20	…	…	…	…	…	…	…	…	…
	1990～95	65.40	…	…	…	…	…	…	…	…	…
	1995～2000	67.5	…	…	…	…	…	…	…	…	…
	2000～05	63.2	…	…	…	…	…	…	…	…	…
女	1970～75	55.80	…	…	…	…	…	…	…	…	…
	1973～75	56.93	…	…	…	…	…	…	…	…	…
	1975～80	59.60	…	…	…	…	…	…	…	…	…
	1980～85	64.00	…	…	…	…	…	…	…	…	…
	1985～90	67.70	…	…	…	…	…	…	…	…	…
	1990～95	70.10	…	…	…	…	…	…	…	…	…
	1995～2000	72.3	…	…	…	…	…	…	…	…	…
	2000～05	69.1	…	…	…	…	…	…	…	…	…
ジャマイカ	(Jamaica)										
男	1945～47	51.25	54.99	50.77	41.87	33.97	26.43	19.49	13.59	8.44	4.69
	1950～52	55.73	58.73	54.46	45.26	36.86	28.63	21.07	14.30	8.55	5.07
	1959～61	62.65	63.48	58.79	49.32	40.21	31.36	23.04	15.88	10.34	5.80
	1960	62.95	…	…	…	…	…	…	…	…	…
	1970～75	66.60	…	…	…	…	…	…	…	…	…
	1975～80	68.00	…	…	…	…	…	…	…	…	…
	1980～85	69.20	…	…	…	…	…	…	…	…	…
	1985～90	70.40	…	…	…	…	…	…	…	…	…
	1990～95	71.40	…	…	…	…	…	…	…	…	…
	1995～2000	72.9	…	…	…	…	…	…	…	…	…
	2000～02	72.8	69.3	64.4	54.7	45.7	37.1	28.6	20.8	14.3	9.5
	2003	71.3	67.8	62.9	53.5	45.2	36.9	28.4	20.4	13.8	8.7
	2006	69.72	66.98	62.16	52.56	43.18	33.80	24.89	16.92	10.41	5.76
女	1945～47	54.58	57.79	53.58	45.13	37.83	30.32	23.04	16.32	10.20	5.51
	1950～52	58.89	60.99	56.68	47.74	39.67	31.45	23.68	16.49	10.00	5.17
	1959～61	66.63	66.94	62.20	52.65	43.37	34.46	25.97	18.25	11.75	6.43
	1960	67.24	…	…	…	…	…	…	…	…	…
	1970～75	70.80	…	…	…	…	…	…	…	…	…
	1975～80	72.30	…	…	…	…	…	…	…	…	…
	1980～85	73.60	…	…	…	…	…	…	…	…	…
	1985～90	74.80	…	…	…	…	…	…	…	…	…
	1990～95	75.80	…	…	…	…	…	…	…	…	…
	1995～2000	76.8	…	…	…	…	…	…	…	…	…
	2000～02	76.4	73.0	68.0	58.2	48.7	39.6	30.7	22.6	15.6	10.2
	2003	77.1	73.7	68.8	59.0	49.7	40.5	31.6	23.3	16.0	10.1
	2006	75.21	71.57	66.66	56.83	47.14	37.57	28.30	19.73	12.43	6.94
マルティニーク	(Martinique)										
男	1963～67	63.3	62.5	57.9	48.3	39.2	30.3	22.6	15.8	10.0	5.5
	1970～75	66.30	…	…	…	…	…	…	…	…	…
	1975	67.00	…	…	…	…	…	…	…	…	…
	1975～80	68.50	…	…	…	…	…	…	…	…	…
	1985～90	72.00	…	…	…	…	…	…	…	…	…
	1990～95	73.00	…	…	…	…	…	…	…	…	…
	1995～2000	75.5	…	…	…	…	…	…	…	…	…
	2000～05	75.8	…	…	…	…	…	…	…	…	…
	2002	75.4	71.0	66.0	56.3	47.1	37.9	28.9	20.4	13.0	7.5
	2007	76.54	72.43	67.50	57.82	48.70	39.47	30.30	21.77	14.06	7.70
	2014	78.1	…	…	59.0	…	40.9	…	23.1	…	…
女	1963～67	67.4	66.4	61.6	51.9	42.6	33.8	25.9	18.7	12.0	6.3
	1970～75	72.00	…	…	…	…	…	…	…	…	…
	1975	73.50	…	…	…	…	…	…	…	…	…
	1975～80	75.00	…	…	…	…	…	…	…	…	…
	1985～90	78.70	…	…	…	…	…	…	…	…	…
	1990～95	79.50	…	…	…	…	…	…	…	…	…
	1995～2000	82.0	…	…	…	…	…	…	…	…	…
	2000～05	82.3	…	…	…	…	…	…	…	…	…
	2002	82.2	77.7	72.8	62.9	53.0	43.3	34.0	24.8	16.3	8.9
	2007	82.90	78.54	73.57	63.66	53.96	44.38	34.78	25.56	17.14	10.02
	2014	83.9	…	…	64.6	…	45.3	…	26.7	…	…
メキシコ	(Mexico)										
男	1945	43.85	53.77	50.18	40.50	33.44	26.48	20.26	14.26	9.39	4.90
	1950	48.13	55.57	51.79	43.82	35.41	28.32	21.59	15.36	10.10	6.43
	1951	46.54	54.91	51.28	42.90	35.33	28.17	21.35	15.12	9.76	6.00
	1955	52.29	58.40	54.51	45.80	37.86	30.32	22.95	16.62	10.79	6.89
	1956	55.14	59.43	54.58	46.07	38.08	30.48	23.06	16.58	10.71	6.88
	1959～61	57.61	60.46	56.24	47.27	39.03	31.17	23.76	17.10	11.40	6.89
	1965～70	58.50	…	…	…	…	…	…	…	…	…
	1970	59.39	61.40	57.01	47.85	39.41	31.42	23.89	17.13	11.51	7.13
	1975	62.76	63.71	59.19	49.90	41.18	32.74	24.82	17.86	11.82	7.18
	1975～80	61.94	63.23	58.72	49.45	40.74	32.42	24.59	17.56	11.57	6.79
	1979	62.10	…	…	…	…	…	…	…	…	…
	1985～90	66.80	…	…	…	…	…	…	…	…	…
	1990～95	68.50	…	…	…	…	…	…	…	…	…
	1995～2000	69.5	…	…	…	…	…	…	…	…	…

376

（単位：年）

国名（地域）・性・作成基礎期間		0歳	5	10	20	30	40	50	60	70	80
メキシコ	（Mexico）										
男	2000〜05	70.4	…	…	…	…	…	…	…	…	…
	2004	71.8	…	…	…	…	…	…	…	…	…
	2005	71.8	…	…	…	…	…	…	…	…	…
	2006	71.8	…	…	…	…	…	…	…	…	…
	2008	72.8	69.2	64.3	54.7	45.5	36.5	27.9	20.2	13.7	8.7
	2010	73.1	…	…	…	…	…	…	…	…	…
	2014	72.05	…	…	…	…	…	…	…	…	…
女	1945	44.65	53.80	50.70	42.59	35.31	28.53	21.43	14.65	9.38	5.46
	1950	51.06	58.20	54.46	45.88	37.94	30.30	22.82	15.76	10.20	6.16
	1951	49.62	58.00	54.45	45.90	38.05	30.32	22.81	15.86	10.03	6.00
	1955	55.07	61.48	57.62	48.71	40.38	32.24	24.29	17.33	11.09	6.83
	1956	57.93	62.25	58.20	49.21	40.80	32.68	24.62	17.45	11.07	6.77
	1959〜61	60.32	63.00	58.80	49.66	41.08	32.86	24.96	17.57	11.27	6.28
	1965〜70	62.20									
	1970	63.43	65.18	60.78	51.45	42.58	34.09	25.93	18.47	11.34	7.82
	1975	66.57	67.12	62.58	53.12	44.05	35.30	26.91	19.12	12.56	7.59
	1975〜80	66.34	67.12	62.60	53.17	44.15	35.43	27.02	19.23	12.64	7.37
	1979	66.00	…	…	…	…	…	…	…	…	…
	1985〜90	73.00	…	…	…	…	…	…	…	…	…
	1990〜95	74.50	…	…	…	…	…	…	…	…	…
	1995〜2000	75.5	…	…	…	…	…	…	…	…	…
	2000〜05	76.4	…	…	…	…	…	…	…	…	…
	2004	77.2	…	…	…	…	…	…	…	…	…
	2005	77.2	…	…	…	…	…	…	…	…	…
	2006	77.2	…	…	…	…	…	…	…	…	…
	2008	77.5	73.8	68.9	59.0	49.3	39.7	30.6	22.1	14.8	9.0
	2010	77.8	…	…	…	…	…	…	…	…	…
	2014	77.55	…	…	…	…	…	…	…	…	…
ネザーランズ・アンティルス（Netherlands Antilles）											
男	1960〜63	69.20	…	62.00	52.40	…	33.40		16.40	…	…
	1966〜70	58.90	58.70	54.30	45.70	37.70	29.20	21.00	14.20	8.50	4.40
	1981	71.13	67.50	62.63	53.09	43.84	34.41	25.52	17.44	10.83	6.32
	1981〜91	72.28	68.35	63.44	53.69	44.37	34.95	26.09	18.27	11.92	7.07
	1995〜2000	72.5	…	…	…	…	…	…	…	…	…
	1998〜02	72.1	67.8	63.0	53.3	44.2	34.9	26.2	18.5	12.1	7.0
	2000〜05	73.3	…	…	…	…	…	…	…	…	…
	2002〜04	70.6	67.5	62.6	53.1	44.6	35.5	26.9	19.1	12.5	7.5
	2003〜07	72.0	68.0	63.1	53.6	44.8	35.6	26.7	18.7	12.1	7.2
女	1960〜63	73.50	…	66.00	56.20	…	37.10		19.40	…	…
	1966〜70	65.70	65.10	60.40	50.90	41.60	32.60	24.20	16.80	10.20	5.70
	1981	75.75	72.11	67.18	57.39	47.67	38.08	28.77	20.41	13.06	6.97
	1981〜91	77.87	74.10	69.16	59.36	49.70	40.13	30.92	22.30	14.57	8.53
	1995〜2000	78.4	…	…	…	…	…	…	…	…	…
	1998〜02	78.7	74.5	69.5	59.7	50.1	40.6	31.3	22.8	15.0	8.7
	2000〜05	79.2	…	…	…	…	…	…	…	…	…
	2002〜04	79.0	75.3	70.3	60.4	50.6	41.0	31.8	23.3	15.8	9.7
	2003〜07	79.3	75.1	70.2	60.4	50.6	41.0	31.7	23.1	15.3	9.1
ニカラグア	（Nicaragua）										
男女	1965〜70	49.9	…	…	…	…	…	…	…	…	…
男	1970〜75	53.70	…	…	…	…	…	…	…	…	…
	1975〜80	55.30	…	…	…	…	…	…	…	…	…
	1980〜85	58.70	…	…	…	…	…	…	…	…	…
	1985〜90	59.00	…	…	…	…	…	…	…	…	…
	1990〜95	63.50	…	…	…	…	…	…	…	…	…
	1995	64.6	63.9	59.2	49.9	41.3	33.0	25.1	17.9	11.6	6.4
	1995〜2000	65.8	…	…	…	…	…	…	…	…	…
	2000〜05	67.2	65.3	60.6	51.2	42.4	34.0	25.9	18.5	12.1	6.9
	2005〜10	63.40	47.85	44.16	36.54	28.64	21.34	14.58	9.04	…	…
女	1970〜75	55.80	…	…	…	…	…	…	…	…	…
	1975〜80	57.30	…	…	…	…	…	…	…	…	…
	1980〜85	61.00	…	…	…	…	…	…	…	…	…
	1985〜90	65.50	…	…	…	…	…	…	…	…	…
	1990〜95	68.70	…	…	…	…	…	…	…	…	…
	1995	69.4	67.9	63.2	53.7	44.5	35.4	26.9	19.1	12.4	6.8
	1995〜2000	70.6	…	…	…	…	…	…	…	…	…
	2000〜05	71.9	69.5	64.8	55.3	45.9	36.8	28.1	20.2	13.3	7.5
	2005〜10	68.90	52.12	47.56	38.47	29.84	21.91	14.89	9.25	…	…
パナマ	（Panama）										
男	1952〜54	60.41	62.00	57.87	48.98	40.36	31.88	23.90	16.76	11.22	…
	1960〜61	57.62	62.36	58.11	49.01	40.38	31.72	23.40	16.10	10.02	6.05
	1970	64.26	64.43	59.91	50.79	42.13	33.43	24.94	17.03	10.25	5.67
	1980〜85	69.20	67.05	62.37	53.01	44.04	35.02	26.42	18.55	11.90	6.83
	1985〜90	70.15	67.72	63.00	53.58	44.53	35.43	26.76	18.80	12.06	6.93
	1990〜95	70.85	68.32	63.51	53.99	44.97	35.89	27.03	18.93	12.11	6.90
	1995	71.78	68.96	64.13	54.56	45.44	36.27	27.35	19.19	12.28	7.02
	2000	72.2	69.2	64.4	54.8	45.6	36.4	27.5	19.3	12.4	7.1
	2010	73.38	70.28	65.44	55.90	46.87	37.91	29.12	20.87	13.45	7.55
	2012	74.14	70.85	65.99	56.59	48.08	39.28	30.51	22.38	15.35	9.74
	2013	74.37	71.06	66.20	56.79	48.26	39.44	30.65	22.51	15.45	9.80
	2014	74.61	71.28	66.42	57.00	48.45	39.62	30.81	22.65	15.56	9.88

377

（単位：年）

国名（地域）・性・作成基礎期間		0歳	5	10	20	30	40	50	60	70	80
パナマ	（Panama）										
女	1952～54	63.09	64.52	60.29	51.34	42.97	34.70	26.58	19.15	13.21	...
	1960～61	60.88	64.81	60.51	51.32	42.78	34.24	25.99	18.49	12.01	7.81
	1970	67.50	67.26	62.72	53.56	44.86	36.14	27.69	19.93	13.06	7.35
	1980～85	72.85	70.40	65.71	56.17	46.74	37.56	28.61	20.28	13.07	7.46
	1985～90	74.10	71.35	66.62	57.03	47.55	38.28	29.25	20.81	13.45	7.66
	1990～95	75.00	72.43	67.62	57.96	48.42	39.06	29.99	21.45	13.81	7.57
	1995	76.35	73.39	68.55	58.84	49.24	39.80	30.64	21.99	14.20	7.83
	2000	76.8	73.7	68.9	59.2	49.5	40.1	30.9	22.2	14.3	7.9
	2010	78.65	75.18	70.30	60.53	50.88	41.36	32.08	23.23	15.16	8.47
	2012	80.36	76.76	71.86	62.12	52.59	43.18	33.98	25.22	17.33	10.80
	2013	80.50	76.88	71.98	62.24	52.70	43.29	34.08	25.31	17.40	10.85
	2014	80.72	77.08	72.17	62.43	52.88	43.46	34.23	25.45	17.51	10.93
プエルト・リコ	（Puerto Rico）										
男	1949～51	59.45	61.43	57.07	47.89	39.88	32.04	24.41	17.38	11.59	7.46
	1954～56	65.96	66.38	61.80	52.34	43.51	34.84	26.48	18.50	12.35	8.11
	1959～61	67.14	66.37	61.66	52.20	43.23	34.46	26.12	18.64	12.22	7.18
	1969～71	68.96	66.55	61.71	52.24	43.31	34.45	26.30	18.85	12.53	7.65
	1971～73	68.92	66.30	61.40	51.92	43.01	34.17	25.99	18.55	12.32	7.49
	1976	70.21	67.00	62.12	52.58	43.62	34.83	26.47	18.96	12.58	7.77
	1979	69.88	66.36	61.45	51.90	42.87	34.17	25.83	18.36	12.19	7.78
	1981～83	70.53	67.00	62.08	52.48	43.51	34.63	26.18	18.61	12.21	7.15
	1983～85	70.26	66.57	61.66	52.02	42.98	34.18	25.84	18.25	11.70	6.78
	1986～88	71.12	67.29	62.34	52.72	44.05	35.81	27.65	20.09	13.56	8.27
	1988～90	70.17	66.40	61.47	51.86	43.09	35.04	26.96	19.40	13.10	8.23
	1989～91	69.74	66.14	61.22	51.65	42.98	34.99	26.96	19.42	13.07	6.87
	1990～92	69.60	65.76	60.84	51.30	42.69	34.77	26.83	19.33	12.94	7.86
	1997～99	71.4	71.2	67.3	57.5	48.3	39.5	31.2	23.5	16.4	10.4
	2002	73.2	69.1	64.1	54.5	45.8	37.0	28.5	20.8	13.9	8.4
	2004～06	74.05	69.83	64.87	55.24	46.48	37.60	29.08	21.26	14.38	8.70
	2008～2010	74.85	70.59	65.63	56.00	47.38	38.50	29.90	22.04	15.01	9.14
	2013～15	76.39	72.04	67.07	57.35	48.53	39.58	30.83	22.94	15.88	9.94
女	1949～51	62.43	64.17	59.83	50.76	42.76	34.95	27.28	19.81	13.45	8.57
	1954～56	69.58	69.64	65.01	55.45	46.30	37.33	28.67	20.57	14.14	8.77
	1969～71	75.18	72.28	67.40	57.66	48.11	38.72	29.69	21.34	14.00	8.23
	1971～73	76.05	73.09	68.19	57.95	48.35	38.95	29.90	21.48	14.13	8.05
	1976	77.11	73.64	68.72	58.92	49.22	39.73	30.51	21.97	14.56	8.84
	1979	76.87	73.08	69.16	58.34	48.60	39.16	29.92	21.41	14.00	8.64
	1981～83	77.39	73.74	68.82	59.00	49.29	39.73	30.47	21.89	14.23	8.27
	1983～85	77.28	73.45	68.52	58.69	48.99	39.46	30.16	21.53	13.88	7.87
	1986～88	79.44	75.51	70.58	60.75	51.15	41.68	32.38	23.65	15.82	9.52
	1988～90	78.53	74.59	69.67	59.85	50.28	40.85	31.62	22.94	15.26	9.19
	1989～91	78.50	74.73	69.79	59.98	50.41	41.01	31.78	23.67	15.38	8.04
	1990～92	78.50	74.54	69.61	59.77	50.22	40.87	31.64	22.94	15.20	8.94
	1997～99	79.3	79.2	75.2	65.4	55.6	46.0	36.7	27.7	19.4	12.4
	2002	80.9	76.6	71.6	61.8	52.0	42.5	33.2	24.4	16.4	9.8
	2004～06	81.45	77.24	72.28	62.40	52.68	43.12	33.81	24.92	16.89	10.08
	2008～2010	82.56	78.20	73.23	63.34	53.61	44.03	34.76	25.92	17.79	10.94
	2013～15	84.00	79.57	74.60	64.71	54.96	45.35	36.02	27.17	18.95	11.98
セントクリスファー・ネビス	（Saint Kitts and Nevis）										
男	1985	65.99	63.70	58.74	49.10	39.54	30.40	22.05	14.90	9.46	6.10
	1988	65.87	63.44	58.81	49.11	39.91	31.00	22.22	14.97	9.12	5.79
	1991	65.10	62.37	57.66	48.03	38.80	29.80	21.50	15.22	10.11	6.49
	1993	67.88	64.95	59.95	50.54	41.08	32.02	23.19	16.04	10.94	6.11
	1994	67.41	64.54	59.58	50.17	40.67	31.60	22.93	15.66	10.47	6.20
	1996	68.2	65.2	60.3	50.5	41.0	32.3	23.9	16.8	10.7	5.4
	1998	68.21	65.03	60.13	50.50	41.13	32.69	24.31	16.56	11.00	6.58
女	1985	69.67	67.37	62.55	52.79	43.09	34.16	25.08	17.96	11.48	7.05
	1988	70.98	68.37	63.41	54.05	44.86	35.69	26.57	18.66	12.43	7.44
	1991	70.08	66.76	61.94	52.12	42.82	33.80	25.90	18.41	11.35	6.92
	1993	71.14	67.83	62.98	53.16	43.88	34.55	26.05	18.62	11.26	6.75
	1994	70.36	67.13	62.18	54.03	44.50	35.08	26.81	18.93	12.03	6.60
	1996	71.6	68.3	63.3	53.5	43.8	34.4	26.0	18.0	11.6	6.3
	1998	70.66	67.51	62.51	52.71	43.42	34.36	25.43	17.55	11.33	6.30
セント・ルシア	（Saint Lucia）										
男	1959～61	55.13	61.51	57.13	47.94	39.25	31.25	23.44	17.02	11.79	7.53
	1981	66.70	62.60	57.70	48.00	39.70	31.30	23.00	14.90	9.50	4.90
	1983	67.20	...	...	...	...	...	...	...	...	...
	1985	68.60	65.20	60.20	50.50	41.30	32.40	25.20	17.40	11.20	6.40
	1986	68.00	65.10	60.20	50.60	41.60	33.00	24.70	17.10	10.70	5.60
	1998	70.4	66.8	62.0	52.3	42.9	33.8	25.1	17.6	11.2	5.5
	2000	68.7	65.0	60.2	50.6	41.5	32.5	24.2	16.9	10.9	6.3
	2002	72.0	68.0	63.2	53.6	44.7	35.8	27.4	20.4	13.6	9.3
	2005	69.91	66.37	61.51	51.96	43.05	34.32	25.85	17.89	11.76	7.21
	2012	75.3	...	...	...	...	...	...	...	...	...
女	1959～61	58.47	64.57	60.02	50.92	42.60	34.39	26.45	18.86	12.48	7.62
	1981	72.20	69.10	64.40	54.70	45.50	36.20	27.30	19.30	12.70	7.70
	1983	75.30	...	...	...	...	...	...	...	...	...
	1985	75.50	72.00	67.10	57.30	47.50	38.30	29.60	21.40	14.30	8.20
	1986	74.80	71.40	66.50	56.60	46.90	37.80	28.90	17.20	13.80	7.40
	1998	72.4	69.1	64.3	54.6	45.3	36.1	27.6	20.1	13.4	8.5
	2000	73.6	70.1	65.3	55.5	46.0	36.7	28.2	20.3	13.5	8.2
	2002	76.7	73.0	68.1	58.3	48.6	39.0	30.2	21.9	15.0	9.9
	2005	75.71	72.24	67.32	57.49	47.78	38.40	29.20	20.75	13.77	7.70
	2012	82.5	...	...	...	...	...	...	...	...	...

378

(単位：年)

国名（地域）・性・作成基礎期間		0歳	5	10	20	30	40	50	60	70	80
セントビンセント・グレナディーン											
(Saint Vincent and the Grenadines)											
男	2001	66.93	63.87	59.25	49.57	40.74	32.28	24.08	16.16	9.70	4.34
	2014	68.38	…	…	…	…	…	…	…	…	…
女	2001	72.92	69.28	64.46	54.66	45.17	36.15	27.31	18.99	10.79	4.12
	2014	74.57	…	…	…	…	…	…	…	…	…
トリニダードトバゴ	(Trinidad and Tobago)										
男	1945〜47	52.98	54.54	50.06	41.20	33.10	25.29	18.34	12.53	8.18	5.12
	1952	56.31	57.83	53.19	44.01	35.42	27.06	19.47	13.04	8.59	5.26
	1952〜54	57.59	59.38	54.70	45.36	36.49	27.95	20.25	13.40	9.62	5.99
	1954	59.56	60.65	55.97	46.48	37.55	28.85	21.09	14.13	10.12	6.28
	1954〜56	59.81	60.40	55.67	46.22	37.23	28.43	20.49	13.53	9.56	6.33
	1959〜61	62.15	61.36	56.59	47.14	37.98	28.99	20.80	13.93	8.92	5.56
	1970	64.08	61.20	57.33	47.76	38.58	29.51	20.97	13.58	7.45	1.76
	1975〜80	65.10	…	…	…	…	…	…	…	…	…
	1980〜85	66.88	63.78	58.97	49.39	40.23	31.13	22.88	15.84	10.13	6.18
	1985〜90	68.50	…	…	…	…	…	…	…	…	…
	1990	68.39	64.51	59.64	50.05	41.02	32.12	23.63	16.50	10.81	6.76
	2000	68.25	65.19	60.31	50.69	41.73	33.14	24.90	17.90	12.02	7.76
	2011	71.41	67.63	62.70	53.18	44.69	36.03	27.51	19.61	12.93	7.93
女	1945〜47	56.03	56.93	52.44	43.83	36.24	28.70	21.47	15.37	10.06	5.74
	1952	58.45	59.50	54.88	45.90	37.74	29.76	22.12	15.15	10.24	6.23
	1952〜54	59.87	61.08	56.38	47.22	38.75	30.59	22.68	15.37	11.11	5.88
	1954	62.34	62.71	57.96	48.66	40.06	31.92	23.99	16.83	12.47	7.60
	1954〜56	63.13	62.87	58.15	48.79	40.00	31.62	23.52	16.51	11.84	7.19
	1957	63.35	62.66	57.94	48.41	39.21	30.21	21.92	14.74	10.69	6.27
	1959〜61	66.33	64.98	60.16	50.52	41.30	32.36	24.05	16.83	11.07	6.11
	1970	68.11	65.76	60.93	51.29	41.88	32.70	24.04	16.30	10.28	4.24
	1975〜80	70.00	…	…	…	…	…	…	…	…	…
	1980〜85	71.62	68.01	63.18	53.44	43.86	34.55	25.90	18.42	12.05	7.07
	1985〜90	73.50	…	…	…	…	…	…	…	…	…
	1990	73.20	69.10	64.21	54.48	44.96	35.60	26.86	19.28	12.82	8.03
	2000	73.68	70.18	65.28	55.62	46.24	37.12	28.43	20.70	14.37	9.58
	2011	77.81	74.05	69.15	59.38	49.89	40.64	31.72	23.29	15.89	9.70
タークス・カイコス諸島(Turks and Caicos Islands)											
男	2001	79.0	75.3	70.3	60.3	50.8	41.2	33.0	24.3	17.5	7.5
女	2001	77.4	72.5	67.5	57.5	48.2	38.6	29.6	20.0	13.2	10.3
アメリカ合衆国	(United States)										
男	1948	64.6	62.4	57.6	48.2	39.1	30.2	22.1	15.3	9.7	5.5
	1949	65.2	63.0	58.3	48.8	39.7	30.8	22.6	15.7	10.2	6.0
	1949〜51	65.47	63.12	58.35	48.92	39.78	30.79	22.59	15.68	10.11	5.94
	1950	65.6	63.2	58.4	49.0	39.8	30.8	22.6	15.7	10.2	6.0
	1951	65.6	63.2	58.4	49.0	39.8	30.8	22.6	15.7	10.2	6.1
	1952	65.7	63.3	58.5	49.1	40.0	31.0	22.7	15.9	10.4	6.2
	1953	65.9	63.4	58.6	49.1	40.0	31.0	22.7	15.8	10.3	6.2
	1954	66.7	64.1	59.2	49.7	40.6	31.5	23.1	16.1	10.6	6.5
	1955	66.6	63.9	59.1	49.6	40.5	31.4	23.0	15.9	10.4	6.2
	1956	66.6	63.9	59.1	49.6	40.4	31.3	22.9	15.8	10.3	6.2
	1957	66.3	63.6	58.8	49.3	40.1	31.0	22.6	15.6	10.2	6.2
	1958	66.4	63.8	59.0	49.4	40.2	31.1	22.7	15.6	10.1	6.0
	1959	66.5	63.9	59.0	49.5	40.3	31.2	22.8	15.7	10.2	6.1
	1959〜61	66.80	64.10	59.27	49.77	40.56	31.42	23.02	15.94	10.33	5.95
	1960	66.6	63.9	59.1	49.6	40.4	31.2	22.8	15.8	10.2	6.0
	1961	67.0	64.3	59.4	49.9	40.7	31.5	23.1	16.0	10.5	6.1
	1962	66.8	64.1	59.2	49.7	40.5	31.4	23.0	15.9	10.3	6.0
	1963	66.6	63.9	59.0	49.5	40.3	31.2	22.8	15.7	10.2	5.9
	1964	66.9	64.0	59.2	49.7	40.5	31.4	23.0	15.9	10.4	6.2
	1965	66.8	64.0	59.1	49.6	40.4	31.3	22.9	15.9	10.4	6.2
	1966	66.7	63.8	58.9	49.4	40.3	31.2	22.9	15.8	10.3	6.2
	1967	67.0	63.9	59.1	49.6	40.5	31.4	23.1	16.0	10.4	6.4
	1968	66.6	63.5	58.7	49.2	40.2	31.1	22.8	15.7	10.2	6.3
	1969	66.8	63.7	58.9	49.4	40.4	31.4	23.0	15.9	10.4	7.2
	1969〜71	67.04	63.82	58.98	49.54	40.51	31.48	23.12	15.99	10.39	6.27
	1970	67.1	63.9	59.1	49.6	40.6	31.6	23.2	16.1	10.6	6.6
	1971	67.4	64.1	59.3	49.8	40.8	31.7	23.3	16.2	10.5	6.4
	1972	67.4	64.0	59.2	49.7	40.7	31.6	23.3	16.1	10.4	6.4
	1973	67.6	64.2	59.3	49.9	40.9	31.8	23.4	16.2	10.4	6.4
	1974	68.2	64.7	59.8	50.4	41.3	32.2	23.8	16.5	10.7	6.6
	1975	68.7	65.1	60.3	50.8	41.7	32.6	24.1	16.8	10.9	6.8
	1976	69.0	65.4	60.5	51.0	41.9	32.8	24.2	16.8	10.9	6.8
	1977	69.3	65.6	60.8	51.3	42.2	33.1	24.5	17.0	11.1	6.9
	1978	69.5	65.8	60.9	51.4	42.4	33.2	24.6	17.1	11.1	6.9
	1979	70.0	66.3	61.4	51.9	42.8	33.7	25.0	17.5	11.5	7.0
	1979〜81	70.11	66.29	61.41	51.88	42.81	33.64	25.00	17.46	11.35	6.80
	1980	69.8	66.0	61.1	51.6	42.6	33.5	24.8	17.3	11.2	7.0
	1981	70.4	…	…	…	…	…	…	…	…	…
	1982	70.8	66.8	61.9	52.4	43.2	34.0	25.3	17.7	11.6	7.0
	1983	71.0	67.0	62.1	52.6	43.4	34.1	25.4	17.8	11.5	6.9
	1984	71.2	67.2	62.3	52.7	43.5	34.3	25.6	17.9	11.6	6.9
	1985	71.2	67.2	62.3	52.7	43.5	34.3	25.6	17.9	11.5	6.8
	1986	71.3	67.3	62.4	52.8	43.7	34.5	25.8	18.0	11.7	6.9
	1987	71.5	…	…	…	…	…	…	…	…	…

379

（単位：年）

国名（地域）・性・作成基礎期間		0歳	5	10	20	30	40	50	60	70	80
アメリカ合衆国	(United States)										
男	1988	71.5	67.5	62.5	53.0	43.8	34.8	26.0	18.2	11.8	6.9
	1989	71.8	67.8	62.8	53.3	44.1	35.1	26.4	18.6	12.1	7.1
	1991	72.0	67.9	63.0	53.4	44.3	35.3	26.6	18.7	12.2	7.2
	1992	72.3	68.1	63.2	53.7	44.5	35.5	26.8	18.9	12.4	7.2
	1993	72.2	68.0	63.0	53.5	44.3	35.4	26.7	18.8	12.2	7.1
	1994	72.4	68.1	63.2	53.6	44.5	35.5	26.9	18.9	12.4	7.2
	1995	72.5	68.3	63.3	53.8	44.6	35.6	27.0	19.1	12.4	7.2
	1996	73.08	68.79	63.86	54.26	45.02	35.94	27.21	19.25	12.59	7.38
	1997	73.6	69.3	64.3	54.7	45.4	36.2	27.4	19.3	12.6	7.4
	1998	73.8	69.5	64.6	55.0	45.7	36.4	27.6	19.6	12.8	7.5
	1999	73.9	69.6	64.7	55.0	45.7	36.5	27.7	19.6	12.8	7.5
	2001	74.4	70.1	65.2	55.5	46.2	37.0	28.2	20.1	13.1	7.7
	2002	74.5	70.2	65.3	55.6	46.3	37.0	28.3	20.2	13.2	7.8
	2003	74.8	70.4	65.5	55.8	46.5	37.3	28.5	20.4	13.5	8.0
	2004	75.2	…	…	…	…	…	…	…	…	…
	2005	74.9	70.5	65.6	55.9	46.6	37.3	28.5	20.4	13.3	7.7
	2006	75.1	70.8	65.8	56.1	46.9	37.6	28.8	20.7	13.6	7.8
	2007	75.4	71.0	66.1	56.4	47.1	37.8	29.0	20.9	13.7	7.9
	2009	76.0	71.6	66.7	57.0	47.7	38.4	29.5	21.4	14.2	8.2
	2010	76.2	71.8	66.8	57.1	47.8	38.5	29.6	21.5	14.2	8.2
	2011	76.3	71.9	66.9	57.2	47.9	38.6	29.7	21.6	14.3	8.2
	2012	76.4	72.0	67.0	57.3	48.0	38.7	29.7	21.7	14.4	8.3
	2013	76.4	72.0	67.1	57.3	48.0	38.7	29.7	21.7	14.4	8.3
	2014	76.4	72.0	67.0	57.3	48.0	38.7	29.8	21.7	14.4	8.3
女	1948	69.9	67.3	62.5	52.9	43.5	34.4	25.7	17.8	11.1	6.0
	1949	70.7	68.0	63.2	53.6	44.1	35.0	26.3	18.5	11.7	6.7
	1949～51	70.96	68.21	63.38	53.73	44.28	35.06	26.40	18.50	11.71	6.67
	1950	71.1	68.3	63.5	53.9	44.4	35.2	26.5	18.6	11.8	6.8
	1951	71.3	68.5	63.7	54.0	44.5	35.3	26.6	18.7	11.9	6.8
	1952	71.6	68.8	64.0	54.3	44.8	35.5	26.8	18.8	12.0	6.9
	1953	71.9	69.0	64.2	54.5	45.0	35.7	26.9	18.9	12.0	6.9
	1954	72.7	69.7	64.9	55.2	45.6	36.3	27.4	19.3	12.5	7.2
	1955	72.7	69.7	64.9	55.1	45.6	36.2	27.3	19.2	12.3	6.9
	1956	72.8	69.8	64.9	55.2	45.6	36.2	27.3	19.2	12.2	6.8
	1957	72.5	69.6	64.7	55.0	45.4	36.0	27.2	19.0	12.1	6.6
	1958	72.7	69.8	64.9	55.2	45.6	36.2	27.3	19.1	12.1	6.6
	1959	73.0	70.0	65.1	55.4	45.8	36.4	27.5	19.3	12.2	6.7
	1959～61	73.24	70.21	65.35	55.60	46.00	36.61	27.71	19.52	12.37	6.72
	1960	73.1	70.1	65.3	55.5	45.9	36.5	27.6	19.5	12.4	6.8
	1961	73.6	70.5	65.6	55.9	46.3	36.9	28.0	19.8	12.6	7.0
	1962	73.4	70.3	65.5	55.7	46.1	36.7	27.8	19.6	12.5	6.9
	1963	73.4	70.3	65.4	55.6	46.1	36.7	27.8	19.6	12.5	6.8
	1964	73.7	70.6	65.7	55.9	46.4	37.0	28.1	19.9	12.8	7.0
	1965	73.7	70.6	65.7	56.0	46.4	37.0	28.1	20.0	12.8	7.0
	1966	73.8	70.6	65.7	56.0	46.4	37.0	28.1	20.0	12.8	7.1
	1967	74.2	70.9	66.0	56.3	46.7	37.3	28.4	20.2	13.0	7.3
	1968	74.0	70.6	65.7	56.0	46.4	37.0	28.2	20.0	12.9	7.2
	1969	74.4	…	…	…	…	…	…	…	…	…
	1969～71	74.64	71.19	66.31	56.59	47.01	37.64	28.77	20.66	13.35	7.68
	1970	74.8	71.3	66.5	56.7	47.2	37.8	28.9	20.8	13.6	8.0
	1971	75.0	71.5	66.6	56.9	47.3	37.9	29.1	20.9	13.6	7.9
	1972	75.1	71.5	66.6	56.9	47.3	37.9	29.0	20.8	13.5	7.9
	1973	75.3	71.7	66.8	57.1	47.5	38.0	29.1	20.9	13.6	7.9
	1974	75.9	72.2	67.3	57.5	47.9	38.5	29.5	21.3	13.9	8.2
	1975	76.5	72.8	67.9	58.1	48.5	39.0	30.1	21.8	14.4	8.7
	1976	76.7	72.9	68.0	58.2	48.6	39.1	30.1	21.8	14.4	8.7
	1977	77.1	73.2	68.3	58.6	49.0	39.5	30.4	22.1	14.7	9.0
	1978	77.2	73.3	68.4	58.7	49.0	39.5	30.5	22.1	14.7	8.9
	1979	77.8	73.9	69.0	59.2	49.6	40.0	30.9	22.6	15.1	9.0
	1979～81	77.62	73.67	68.75	58.98	49.33	39.80	30.69	22.29	14.84	8.69
	1980	77.5	73.6	68.7	58.9	49.2	39.7	30.6	22.2	14.9	9.0
	1981	77.9	…	…	…	…	…	…	…	…	…
	1982	78.2	74.1	69.2	59.4	49.7	40.2	31.0	22.6	15.2	9.0
	1983	78.3	74.2	69.2	59.5	49.8	40.2	31.0	22.6	15.2	9.0
	1984	78.2	74.1	69.2	59.4	49.7	40.1	30.9	22.5	15.0	8.9
	1985	78.2	74.1	69.1	59.3	49.7	40.1	30.9	22.4	14.9	8.8
	1986	78.3	74.1	69.2	59.4	49.7	40.2	31.0	22.5	15.0	8.8
	1987	78.4	…	…	…	…	…	…	…	…	…
	1988	78.3	74.2	69.2	59.4	49.8	40.2	31.0	22.5	15.0	8.7
	1989	78.6	74.4	69.5	59.7	50.1	40.5	31.3	22.7	15.2	9.0
	1991	78.9	74.7	69.7	59.9	50.3	40.7	31.5	22.9	15.4	9.1
	1992	79.1	74.8	69.9	60.1	50.4	40.9	31.6	23.1	15.5	9.2
	1993	78.8	74.6	69.6	59.8	50.1	40.6	31.4	22.8	15.3	8.9
	1994	79.0	74.6	69.7	59.9	50.2	40.7	31.5	22.9	15.3	9.0
	1995	78.9	74.6	69.7	59.7	50.2	40.7	31.4	22.9	15.3	8.9
	1996	79.18	74.81	69.87	60.07	50.37	40.84	31.60	23.01	15.42	9.10
	1997	79.2	74.8	69.9	60.1	50.4	40.8	31.6	22.9	15.3	8.1
	1998	79.5	75.1	70.2	60.3	50.5	41.1	31.8	23.2	15.5	9.2
	1999	79.4	75.0	70.1	60.2	50.5	41.0	31.7	23.1	15.4	9.1
	2001	79.8	75.4	70.4	60.6	50.9	41.3	32.1	23.4	15.7	9.4
	2002	79.9	75.4	70.5	60.7	51.0	41.4	32.2	23.5	15.8	9.4
	2003	80.1	75.7	70.7	60.9	51.2	41.6	32.4	23.8	16.0	9.6
	2004	80.4	…	…	…	…	…	…	…	…	…
	2005	79.9	75.5	70.6	60.7	51.0	41.4	32.2	23.5	15.6	9.1
	2006	80.2	75.8	70.8	61.0	51.3	41.7	32.5	23.8	15.9	9.3
	2007	80.4	76.0	71.0	61.2	51.5	41.9	32.7	23.9	16.0	9.4
	2009	80.9	76.5	71.5	61.8	51.9	42.4	33.1	24.4	16.5	9.7

（単位：年）

国名（地域）・性・作成基礎期間		0歳	5	10	20	30	40	50	60	70	80
アメリカ合衆国	（United States）										
女	2010	81.1	76.6	71.6	61.8	52.0	42.5	33.2	24.5	16.5	9.7
	2011	81.1	76.6	71.6	61.7	52.0	42.4	33.2	24.5	16.5	9.6
	2012	81.2	76.7	71.7	61.9	52.1	42.6	33.3	24.6	16.5	9.7
	2013	81.2	76.7	71.7	61.8	52.1	42.6	33.3	24.6	16.6	9.7
	2014	81.2	76.7	71.7	61.9	52.1	42.6	33.3	24.7	16.6	9.7

南アメリカ　（AMERICA, SOUTH）

国名（地域）・性・作成基礎期間		0歳	5	10	20	30	40	50	60	70	80
アルゼンチン	（Argentina）										
男	1947	56.90	59.30	54.70	45.60	36.90	28.20	20.40	13.80	8.50	4.60
	1959～61	63.13	63.21	58.49	49.09	40.02	31.05	22.82	15.86	10.18	5.84
	1960～65	62.50	...	...	...	...	...	...	...	...	...
	1965～70	64.06	...	...	...	...	...	...	...	...	...
	1969～71	61.93	61.83	57.05	47.60	38.49	29.60	21.40	14.45	9.06	5.27
	1970～75	64.10	...	...	...	...	...	...	...	...	...
	1975	65.43	63.96	59.16	49.64	40.46	31.50	23.30	16.17	10.29	5.38
	1975～80	65.43	63.96	59.16	49.64	40.46	31.50	23.30	16.17	10.29	5.38
	1980～81	65.48	63.64	58.83	49.29	40.02	30.95	22.71	15.58	9.77	5.23
	1990～91	68.17	65.51	60.63	51.00	41.66	32.46	23.88	16.52	10.37	5.44
	1990～92	68.42	65.64	60.76	51.15	41.85	32.64	24.08	16.73	10.62	6.03
	2000～01	70.0	66.6	61.7	52.1	42.8	33.7	25.0	17.4	11.1	6.5
	2006～2010	71.56	...	...	...	...	...	...	...	...	...
	2008～2010	72.08	68.23	63.32	53.72	44.47	35.19	26.3	18.45	11.92	6.86
女	1947	61.40	63.30	58.70	49.60	41.10	32.40	24.10	16.50	10.10	5.30
	1959～61	68.87	68.83	64.08	54.57	45.37	36.26	27.48	19.40	12.58	7.60
	1960～65	68.60	...	...	...	...	...	...	...	...	...
	1965～70	70.22	...	...	...	...	...	...	...	...	...
	1969～71	69.74	69.41	64.60	55.00	45.61	36.37	27.50	19.30	12.15	6.82
	1970～75	70.70	...	...	...	...	...	...	...	...	...
	1975	72.12	70.39	65.56	55.93	46.51	37.29	28.42	20.04	12.56	6.56
	1975～80	72.12	70.39	65.56	55.93	46.51	37.29	28.42	20.04	12.56	6.56
	1980～81	72.70	70.55	65.70	56.03	46.52	37.22	28.31	17.95	12.46	6.55
	1990～91	73.09	70.78	66.91	56.23	46.71	37.38	28.44	20.04	12.47	6.60
	1990～92	75.59	72.60	67.70	57.93	48.31	38.86	29.79	21.26	15.53	7.34
	2000～01	77.5	73.9	69.0	59.2	49.5	40.0	30.9	22.3	14.7	8.4
	2006～2010	79.06	...	...	...	...	...	...	...	...	...
	2008～2010	78.81	74.84	69.92	60.14	50.45	40.89	31.66	23.05	15.22	8.63
ボリビア	（Bolivia）										
男	1949～51	49.71	58.45	54.79	46.99	39.95	33.40	26.90	20.39	14.32	9.46
	1970～75	44.60	...	...	...	...	...	...	...	...	...
	1975～80	46.50	...	...	...	...	...	...	...	...	...
	1980～85	48.60	...	...	...	...	...	...	...	...	...
	1985～90	56.60	...	...	...	...	...	...	...	...	...
	1990～95	57.70	...	...	...	...	...	...	...	...	...
	1995～2000	59.8	60.8	56.7	48.0	39.5	31.2	23.2	15.9	9.8	5.9
	2011	64.56	...	...	...	...	...	...	...	...	...
	2014～15	66.43	66.55	62.19	53.11	44.63	36.22	28.08	20.47	13.92	8.56
	2015～16	68.61	66.93	62.3	53.07	44.49	35.96	27.77	20.21	13.75	8.65
女	1949～51	49.71	58.55	54.79	47.23	39.99	32.89	25.92	19.20	13.41	8.73
	1970～75	49.00	...	...	...	...	...	...	...	...	...
	1975～80	50.90	...	...	...	...	...	...	...	...	...
	1980～85	53.00	...	...	...	...	...	...	...	...	...
	1985～90	61.20	...	...	...	...	...	...	...	...	...
	1990～95	61.00	...	...	...	...	...	...	...	...	...
	1995～2000	63.2	63.8	59.7	50.8	42.1	33.6	25.3	17.6	10.8	6.5
	2011	68.87	...	...	...	...	...	...	...	...	...
	2014～15	71.42	71.15	66.73	57.43	48.27	39.30	30.72	22.77	15.94	10.14
	2015～16	75.28	73.17	68.45	58.93	49.59	40.41	31.70	23.62	16.59	10.78
ブラジル	（Brazil）										
男女	1965～70	60.7	...	...	...	...	...	...	...	...	...
男	1940～50	39.3	47.7	44.6	37.9	31.2	24.3	18.0	12.5	7.9	
	1960～70	57.61	60.65	56.16	47.02	38.46	30.01	22.06	15.04	9.31	4.89
	1975～80	59.5	...	...	...	...	...	...	...	...	...
	1980～85	60.90	...	...	...	...	...	...	...	...	...
	1985～90	62.30	...	...	...	...	...	...	...	...	...
	1990～95	64.04	...	...	...	...	...	...	...	...	...
	1995	63.81	62.65	57.82	48.37	39.70	31.30	23.38	16.39	10.48	6.10
	1996	64.12	62.89	58.06	48.59	39.90	31.46	23.51	16.48	10.55	6.15
	1997	64.7	63.1	58.3	48.8	40.1	31.6	23.6	16.6	10.6	6.2
	1998	64.4	62.5	57.6	48.2	39.5	31.1	23.0	15.9	9.7	5.3
	2000	64.8	62.7	57.9	48.4	39.7	31.2	23.2	16.0	9.8	5.4
	2002	67.3	65.0	60.2	50.8	42.3	34.0	26.1	19.0	13.0	8.8
	2004	67.9	65.5	60.6	51.2	42.7	34.2	26.3	19.1	13.1	8.8
	2005	68.2	65.7	60.8	51.4	42.9	34.4	26.4	19.2	13.2	8.8
	2006	68.5	65.9	61.1	51.7	43.1	34.5	26.5	19.3	13.2	8.9
	2007	68.8	66.1	61.2	51.8	43.2	34.6	26.6	19.3	13.3	8.9
	2008	69.1	66.4	61.5	52.1	43.4	34.8	26.7	19.5	13.3	8.9
	2009	69.4	66.6	61.8	52.3	43.6	35.0	26.9	19.5	13.4	9.0
	2010	69.7	66.9	62.0	52.6	43.8	35.1	27.0	19.6	13.4	9.0
	2011	70.6	67.1	62.2	52.8	44.1	35.4	27.0	19.8	13.0	8.0
	2012	71.0	67.4	62.5	53.1	44.4	35.7	27.3	19.8	13.2	8.2
	2013	71.3	67.7	62.8	53.4	44.7	35.9	27.5	19.9	13.3	8.3
	2014	71.6	67.9	63.0	53.6	44.9	36.1	27.7	20.1	13.4	8.3
	2015	71.9	68.2	63.3	53.9	45.1	36.3	27.9	20.2	13.5	8.4

（単位：年）

国名（地域）・性・作成基礎期間		0歳	5	10	20	30	40	50	60	70	80
ブラジル	（Brazil）										
女	1940～50	45.5	…	…	…	…	…	…	…	…	…
	1960～70	61.10	63.39	58.88	49.71	41.03	32.52	24.24	16.61	10.17	5.29
	1975～80	64.3	…	…	…	…	…	…	…	…	…
	1980～85	66.00	…	…	…	…	…	…	…	…	…
	1985～90	67.60	…	…	…	…	…	…	…	…	…
	1990～95	68.68	…	…	…	…	…	…	…	…	…
	1995	70.38	68.62	63.77	54.08	44.61	35.40	26.68	18.74	11.83	6.57
	1996	70.46	68.83	63.97	54.27	44.80	35.57	26.84	18.87	11.93	6.64
	1997	70.9	69.0	64.2	54.5	45.0	35.8	27.0	19.0	12.0	6.7
	1998	72.0	69.7	64.8	55.1	45.6	36.2	27.1	19.2	12.0	6.5
	2000	72.6	70.0	65.2	55.4	45.8	36.5	27.6	19.4	12.2	6.7
	2002	74.9	72.2	67.3	57.6	48.1	38.8	30.0	21.9	15.0	9.6
	2004	75.5	72.7	67.8	58.0	48.5	39.1	30.3	22.2	15.1	9.7
	2005	75.8	72.9	68.0	58.2	48.6	39.3	30.4	22.3	15.2	9.7
	2006	76.1	73.1	68.2	58.4	48.8	39.5	30.6	22.4	15.3	9.8
	2007	76.4	73.3	68.4	58.6	49.0	39.6	30.7	22.5	15.4	9.9
	2008	76.7	73.5	68.6	58.9	49.2	39.8	30.9	22.7	15.5	9.9
	2009	77.0	73.8	68.9	59.1	49.5	40.0	31.1	22.8	15.6	10.0
	2010	77.3	74.0	69.1	59.3	49.7	40.2	31.2	23.0	15.7	10.1
	2011	77.7	74.0	69.1	59.4	49.8	40.3	31.2	22.8	15.3	9.1
	2012	78.3	74.6	69.7	59.9	50.3	40.8	31.7	23.3	15.7	9.7
	2013	78.6	74.8	69.9	60.1	50.5	41.0	31.9	23.5	15.9	9.8
	2014	78.8	75.0	70.1	60.4	50.7	41.2	32.1	23.6	16.0	9.9
	2015	79.1	75.3	70.4	60.6	50.9	41.4	32.3	23.8	16.2	10.1
チリ	（Chile）										
男	1952	49.84	59.64	51.39	42.37	34.79	27.25	20.36	13.99	9.07	5.50
	1960～61	54.4	59.1	54.6	45.4	37.0	29.0	21.7	15.2	10.0	6.3
	1969～70	60.48	61.43	56.72	47.32	38.46	29.99	22.29	15.47	10.17	6.54
	1970～75	59.53	61.53	56.89	47.59	38.81	30.41	22.59	12.62	9.96	5.84
	1975～80	61.30	62.45	57.75	48.53	39.42	30.87	22.94	15.87	10.12	5.92
	1980～85	63.76	63.52	58.74	49.23	40.16	31.44	23.41	16.32	10.67	6.35
	1985	65.03	64.29	59.48	49.91	40.74	31.91	23.77	16.57	10.81	6.42
	1985～90	68.05	64.72	59.87	50.27	41.13	32.30	24.07	16.84	10.95	6.96
	1990～95	68.54	65.12	60.26	50.64	41.46	32.59	24.30	17.02	11.07	7.02
	1995	71.83	68.12	63.23	53.57	44.33	35.19	26.40	18.45	11.79	6.94
	1996	71.98	68.25	63.35	53.69	44.45	35.27	26.45	18.49	11.87	6.94
	1997	72.13	68.38	63.43	53.81	44.56	35.37	26.54	18.57	11.93	6.98
	1998	72.3	68.5	63.6	53.9	44.7	35.5	26.7	18.7	11.9	7.1
	1999	72.4	68.6	63.7	54.1	44.8	35.6	26.7	18.7	12.1	7.1
	2001～02	74.4	70.3	65.4	55.7	46.4	37.2	28.2	20.1	13.3	8.1
	2005	75.5	71.2	66.3	56.6	47.2	37.9	28.9	20.7	13.7	8.3
	2005～10	75.5	71.2	66.3	56.6	47.2	37.9	28.9	20.7	13.7	8.3
	2010	75.81	71.51	66.58	56.84	47.44	38.12	29.06	20.64	13.46	7.82
	2011	75.57	71.26	66.32	56.59	47.18	37.81	28.78	20.30	12.98	7.34
	2012	76.17	71.88	66.93	57.18	47.68	38.30	29.20	20.69	13.18	7.09
	2013	76.25	71.95	67.00	57.24	47.72	38.34	29.22	20.71	13.20	7.13
女	1952	53.89	59.95	55.71	47.08	39.25	31.33	23.58	16.42	10.65	6.31
	1960～61	59.9	64.3	59.7	50.4	41.6	33.2	25.1	17.7	11.8	7.5
	1969～70	66.01	66.96	62.20	52.67	43.41	34.40	25.89	18.05	11.64	7.11
	1970～75	65.70	66.84	62.12	52.69	43.67	34.91	26.52	18.76	12.13	7.01
	1975～80	67.60	67.60	62.82	53.20	44.10	35.21	26.75	18.95	12.17	7.10
	1980～85	70.42	69.15	64.30	54.62	45.13	35.94	27.27	19.40	12.72	7.45
	1985	71.69	69.76	64.88	55.15	45.59	36.33	27.58	19.62	12.85	7.52
	1985～90	75.05	71.57	66.69	56.93	47.27	37.81	28.81	20.58	13.29	7.87
	1990～95	75.59	72.00	67.11	57.34	47.66	38.18	29.14	20.85	13.50	7.99
	1995	77.77	73.90	69.00	59.17	49.43	39.83	30.59	22.02	14.47	8.43
	1996	77.93	74.05	69.13	59.31	49.56	39.94	30.68	22.10	14.65	8.79
	1997	78.10	74.20	69.28	59.45	49.70	40.08	30.81	22.22	14.74	8.86
	1998	78.3	74.3	69.4	59.6	49.8	40.2	31.0	22.4	14.7	8.6
	1999	78.4	74.5	69.6	59.7	50.0	40.3	31.1	22.4	14.9	9.0
	2001～02	80.4	76.2	71.2	61.4	51.6	41.9	32.5	23.7	15.9	9.5
	2005	81.5	77.2	72.2	62.4	52.6	42.9	33.4	24.5	16.5	9.9
	2005～10	81.5	77.2	72.2	62.4	52.6	42.9	33.4	24.5	16.5	9.9
	2010	81.23	76.89	71.94	62.10	52.31	42.60	33.12	24.14	15.97	9.02
	2011	80.89	76.51	71.56	61.70	51.91	42.20	32.75	23.74	15.56	8.61
	2012	81.33	76.97	72.03	62.17	52.35	42.64	33.16	24.12	15.88	8.77
	2013	81.44	77.07	72.13	62.26	52.44	42.71	33.22	24.18	15.94	8.85
コロンビア	（Colombia）										
男	1950～52	44.18	51.82	48.18	39.61	32.10	24.76	17.92	11.83	7.15	3.30
	1970～75	59.90	…	…	…	…	…	…	…	…	…
	1975～80	61.80	…	…	…	…	…	…	…	…	…
	1980～85	63.39	63.42	58.72	49.50	41.34	32.89	24.68	17.28	11.39	7.39
	1985～90	65.51	64.27	59.50	50.17	41.98	33.59	25.25	17.67	11.58	7.45
	1990～95	66.36	64.18	59.42	50.09	41.93	33.55	25.23	17.66	11.59	7.51
	1995～2000	67.2	65.2	60.4	51.2	43.2	34.9	26.4	18.6	12.2	7.6
	2000～05	69.2	70.2	66.7	57.0	48.3	39.7	31.0	22.6	15.3	9.6
	2001～06	69.4	66.9	62.0	52.6	44.1	35.4	26.8	18.8	12.2	7.5
	2002～07	69.6	67.0	62.2	52.8	44.2	35.5	26.8	18.8	12.2	7.5
	2005～10	70.67	67.72	62.86	53.53	45.18	36.53	27.82	19.69	12.71	7.37
	2010～15	72.07	68.85	63.96	54.48	45.73	36.78	27.93	19.71	12.69	7.39
女	1950～52	45.95	52.95	49.37	40.97	33.63	26.56	19.45	12.81	7.60	4.17
	1970～75	63.40	…	…	…	…	…	…	…	…	…
	1975～80	66.30	…	…	…	…	…	…	…	…	…

382

（単位：年）

国名（地域）・性・作成基礎期間			0歳	5	10	20	30	40	50	60	70	80
コロンビア	女	(Colombia)										
		1980〜85	69.23	68.63	63.87	54.31	44.97	35.77	27.13	19.29	12.85	8.38
		1985〜90	71.11	69.28	64.46	54.81	45.34	36.03	27.20	19.20	12.52	7.83
		1990〜95	72.26	69.62	64.79	55.13	45.65	36.33	27.47	19.44	12.72	8.01
		1995〜2000	74.2	72.0	67.1	57.4	48.0	38.6	29.5	21.2	14.2	9.2
		2000〜05	75.3	76.0	72.7	62.9	53.3	43.8	34.5	25.7	17.8	11.5
		2001〜06	75.5	72.8	67.9	58.2	48.7	39.2	30.1	21.7	14.5	9.2
		2002〜07	75.7	72.9	68.0	58.3	48.8	39.3	30.2	21.8	14.5	9.2
		2005〜10	77.51	74.11	69.21	59.47	49.89	40.38	31.15	22.49	14.78	8.59
		2010〜15	78.54	74.89	69.98	60.21	50.56	40.99	31.69	22.92	15.04	8.68
エクアドル	男	(Ecuador)										
		1961〜63	51.04	58.52	54.74	46.25	38.29	30.16	22.29	14.94	9.14	5.02
		1962〜74	54.89	59.65	55.54	47.09	39.23	31.25	23.45	16.20	9.91	5.03
		1974〜79	59.51	61.69	57.41	48.65	40.42	32.12	24.06	16.52	10.02	5.21
		1975〜80	59.70	…	…	…	…	…	…	…	…	…
		1980〜85	62.25	64.35	59.91	50.70	41.85	33.27	25.12	17.60	11.10	6.26
		1985	63.39	64.91	60.43	51.16	42.23	33.57	25.34	17.76	11.24	6.38
		1995	67.32	67.04	62.32	52.91	43.89	35.13	26.74	18.94	12.11	6.95
		2000〜05	71.3	68.8	64.1	54.8	46.3	37.8	29.6	21.6	14.4	8.1
		2005〜10	72.12	69.28	64.51	55.17	46.62	38.08	29.74	21.74	14.55	8.18
		2010〜15	73.17	70.02	65.09	55.34	45.99	37.01	28.08	19.86	12.73	7.21
		2010〜16	73.66	70.37	65.43	55.68	46.27	37.18	28.24	19.97	12.81	7.26
	女	1961〜63	53.67	60.71	56.81	48.09	39.98	31.87	23.89	16.58	10.59	6.00
		1962〜74	58.07	61.99	57.96	49.32	41.19	32.96	24.92	17.34	10.66	5.38
		1974〜79	61.38	63.58	59.22	50.34	41.92	33.46	25.20	17.42	10.62	5.50
		1975〜80	63.20	…	…	…	…	…	…	…	…	…
		1980〜85	66.39	67.68	63.20	53.87	44.78	35.80	27.16	19.05	12.06	6.85
		1985	67.59	68.41	63.09	54.51	45.36	36.32	27.60	19.43	12.35	7.04
		1995	72.49	71.56	66.81	57.28	47.45	38.77	29.90	21.54	14.18	8.19
		2000〜05	77.2	74.2	69.4	59.8	50.4	41.1	32.2	23.7	15.8	8.8
		2005〜10	78.02	74.77	69.93	60.37	50.92	41.60	32.59	24.06	16.09	9.07
		2010〜15	78.79	75.48	70.56	60.73	50.96	41.26	31.81	22.77	14.49	7.84
		2010〜16	79.30	75.86	70.93	61.11	51.36	41.68	32.24	23.21	14.90	8.17
フランス領ギアナ	男	(French Guiana)										
		2002	72.5	68.7	63.8	54.2	45.0	36.3	27.9	19.8	12.8	7.3
		2003	71.3	…	…	…	…	…	…	…	…	…
		2007	75.07	71.29	66.39	56.83	47.66	38.69	30.28	21.51	13.83	8.25
		2014	76.7	…	…	58.0	…	39.7	…	22.0	…	…
	女	2002	79.2	75.3	70.6	60.8	51.1	41.9	32.7	23.8	15.6	8.4
		2003	79.7	…	…	…	…	…	…	…	…	…
		2007	80.77	76.99	72.14	62.32	52.56	42.98	33.87	24.52	16.57	10.23
		2014	83.1	…	…	64.2	…	44.8	…	26.6	…	…
ガイアナ	男	(Guyana)										
		1945〜47	49.32	51.92	47.63	38.71	30.74	23.03	16.46	11.13	7.47	5.14
		1950〜52	53.15	55.34	50.82	41.64	33.01	24.71	17.22	11.40	7.44	…
		1959〜61	59.03	59.06	54.36	45.07	36.22	27.53	19.69	13.17	8.57	5.35
		1970〜75	58.00	…	…	…	…	…	…	…	…	…
		1975〜80	58.30	…	…	…	…	…	…	…	…	…
		1980〜85	58.40	…	…	…	…	…	…	…	…	…
		1985〜90	59.30	…	…	…	…	…	…	…	…	…
		1990〜95	59.80	…	…	…	…	…	…	…	…	…
		1995〜2000	61.1	…	…	…	…	…	…	…	…	…
		2000〜05	58.0	…	…	…	…	…	…	…	…	…
	女	1945〜47	52.05	54.01	49.79	41.32	34.35	27.30	20.21	14.18	9.23	5.50
		1950〜52	56.28	57.92	53.32	44.26	36.19	28.26	20.68	14.25	9.27	…
		1959〜61	63.01	62.55	57.84	48.45	39.74	31.26	23.12	16.15	10.65	6.64
		1970〜75	62.10	…	…	…	…	…	…	…	…	…
		1975〜80	63.20	…	…	…	…	…	…	…	…	…
		1980〜85	64.20	…	…	…	…	…	…	…	…	…
		1985〜90	65.40	…	…	…	…	…	…	…	…	…
		1990〜95	66.40	…	…	…	…	…	…	…	…	…
		1995〜2000	67.9	…	…	…	…	…	…	…	…	…
		2000〜05	66.9	…	…	…	…	…	…	…	…	…
パラグアイ	男女	(Paraguay)										
		1965〜70	59.40	…	…	…	…	…	…	…	…	…
	男	1970〜75	63.70	…	…	…	…	…	…	…	…	…
		1975〜80	64.10	…	…	…	…	…	…	…	…	…
		1980〜85	64.42	64.67	60.10	50.75	41.61	32.51	23.90	16.31	10.14	5.80
		1985〜90	65.40	…	…	…	…	…	…	…	…	…
		1990〜95	66.30	65.46	60.77	51.29	42.11	32.93	24.23	16.51	10.20	5.55
		2000〜05	69.70	…	…	…	…	…	…	…	…	…
		2005〜2010	69.70	…	…	…	…	…	…	…	…	…
	女	1970〜75	67.60	…	…	…	…	…	…	…	…	…
		1975〜80	68.10	…	…	…	…	…	…	…	…	…
		1980〜85	68.51	68.17	63.54	54.04	44.69	35.47	26.60	18.41	11.40	6.39
		1985〜90	69.90	…	…	…	…	…	…	…	…	…
		1990〜95	70.83	69.31	64.54	54.89	45.36	36.01	27.03	18.70	11.51	6.25
		2000〜05	73.90	…	…	…	…	…	…	…	…	…
		2005〜2010	73.92	…	…	…	…	…	…	…	…	…

383

(単位：年)

国名（地域）・性・作成基礎期間			0歳	5	10	20	30	40	50	60	70	80
ペルー		（Peru）										
	男	1961	51.92	58.50	54.47	45.82	37.79	30.02	22.69	16.00	10.96	…
		1960〜65	52.59	57.88	53.85	45.27	37.35	29.33	21.66	14.82	9.23	5.16
		1970〜75	53.90	…	…	…	…	…	…	…	…	…
		1975〜80	55.20	…	…	…	…	…	…	…	…	…
		1980〜85	56.77	61.57	57.21	48.13	39.53	30.97	22.79	15.41	9.20	4.90
		1985〜90	59.50	…	…	…	…	…	…	…	…	…
		1990	62.93	65.18	60.55	51.16	42.04	33.06	24.45	16.69	10.34	5.78
		1990〜95	62.74	64.96	60.33	50.93	41.82	32.83	24.25	16.51	9.92	5.31
		1995〜2000	65.91	65.94	61.37	51.96	42.94	34.07	25.65	18.06	11.74	7.02
		2000〜05	69.00	…	…	…	…	…	…	…	…	…
		2010〜15	71.54	68.97	64.25	54.67	45.46	36.41	27.72	19.76	12.97	7.66
	女	1961	53.65	60.02	55.97	47.25	39.53	31.81	24.10	16.69	10.97	…
		1960〜65	55.48	59.96	55.85	47.32	39.43	31.42	23.48	16.11	9.94	5.52
		1970〜75	57.30	…	…	…	…	…	…	…	…	…
		1975〜80	58.80	…	…	…	…	…	…	…	…	…
		1980〜85	66.50	64.89	60.48	51.34	42.57	33.82	25.20	17.07	10.13	5.37
		1985〜90	63.40	…	…	…	…	…	…	…	…	…
		1990	66.58	63.54	63.86	54.36	45.09	35.94	26.96	18.46	11.12	5.72
		1990〜95	66.55	68.50	63.83	54.33	45.07	35.90	26.94	18.47	11.08	5.91
		1995〜2000	70.85	70.21	65.56	55.94	46.53	37.34	28.50	20.26	13.26	7.83
		2000〜05	74.32	…	…	…	…	…	…	…	…	…
		2010〜15	76.84	73.75	68.97	59.27	49.73	40.33	31.24	22.66	15.02	8.76
スリナム	男	（Suriname）										
		1963	62.50	61.60	56.90	47.60	38.60	29.90	21.80	14.80	9.70	6.70
		1970〜75	61.70	…	…	…	…	…	…	…	…	…
		1975〜80	62.80	…	…	…	…	…	…	…	…	…
		1980〜85	64.80	…	…	…	…	…	…	…	…	…
		1985〜90	66.40	…	…	…	…	…	…	…	…	…
		1990〜95	67.80	…	…	…	…	…	…	…	…	…
		1995〜2000	67.5	…	…	…	…	…	…	…	…	…
		2000〜05	68.5	…	…	…	…	…	…	…	…	…
		2006	67.95	60.40	55.50	45.95	37.03	28.56	20.66	13.45	8.13	6.54
		2011〜13	69.34	65.69	60.81	51.26	42.28	33.66	25.53	18.11	11.76	6.52
	女	1963	66.70	65.60	60.80	51.30	41.90	33.10	25.00	18.10	12.10	7.70
		1970〜75	66.50	…	…	…	…	…	…	…	…	…
		1975〜80	67.70	…	…	…	…	…	…	…	…	…
		1980〜85	69.70	…	…	…	…	…	…	…	…	…
		1985〜90	71.30	…	…	…	…	…	…	…	…	…
		1990〜95	72.80	…	…	…	…	…	…	…	…	…
		1995〜2000	72.7	…	…	…	…	…	…	…	…	…
		2000〜05	73.7	…	…	…	…	…	…	…	…	…
		2006	73.65	65.97	61.11	51.46	42.28	33.19	24.49	16.37	9.93	8.48
		2011〜13	75.14	71.55	66.65	57.03	47.68	38.43	29.50	21.06	13.30	6.87
ウルグアイ	男	（Uruguay）										
		1963〜64	65.51	64.37	59.52	49.98	40.74	31.65	23.21	15.89	10.06	5.96
		1970〜75	65.60	…	…	…	…	…	…	…	…	…
		1974〜76	65.66	64.66	59.83	50.24	40.96	31.78	23.27	16.04	10.20	5.87
		1975〜80	66.40	…	…	…	…	…	…	…	…	…
		1984〜86	68.43	65.91	61.03	51.40	41.99	32.68	24.01	16.65	10.68	6.35
		1990〜95	69.30	…	…	…	…	…	…	…	…	…
		1995〜96	69.6	66.4	61.4	51.9	42.6	33.4	24.6	17.1	11.1	6.6
		2000	70.64	…	…	…	…	…	…	…	…	…
		2003	71.3	67.7	62.8	53.1	43.8	34.5	25.7	18.0	11.8	7.2
		2004	71.7	68.1	63.2	53.5	44.1	34.7	25.7	17.9	11.5	6.6
		2006	72.1	68.5	63.6	53.8	44.4	35.0	26.0	18.1	11.7	6.7
		2008	72.41	…	…	…	…	…	…	…	…	…
		2010	72.79	68.52	63.59	54.00	44.81	35.56	26.56	18.59	12.04	7.04
	女	1963〜64	71.56	70.05	65.17	55.48	46.00	36.68	27.74	19.48	12.33	5.96
		1970〜75	72.20	…	…	…	…	…	…	…	…	…
		1974〜76	72.41	70.96	66.08	56.38	46.78	37.37	28.36	20.02	12.62	6.84
		1975〜80	73.20	…	…	…	…	…	…	…	…	…
		1984〜86	74.88	72.14	67.24	57.46	47.76	38.27	29.23	21.01	13.95	8.51
		1990〜95	75.70	…	…	…	…	…	…	…	…	…
		1995〜96	77.6	74.0	69.0	59.3	49.6	40.1	31.0	22.4	14.7	8.4
		2000	78.59	…	…	…	…	…	…	…	…	…
		2003	79.2	75.3	70.4	60.6	50.8	41.2	32.0	23.3	15.5	9.1
		2004	78.9	75.3	70.3	60.5	50.8	41.2	31.9	23.3	15.3	8.6
		2006	79.5	75.7	70.8	60.9	51.2	41.6	32.3	23.6	15.5	8.8
		2008	79.73	…	…	…	…	…	…	…	…	…
		2010	79.95	75.64	70.69	60.90	51.21	41.60	32.28	23.59	15.61	8.87
ベネズエラ		（Venezuela）										
	男女	1961	66.41	66.34	61.76	52.38	43.33	34.56	26.25	18.86	13.03	8.16
	男	1974	64.46	64.02	59.31	49.94	41.13	32.39	24.06	16.89	11.30	
		1975	64.99	64.27	59.57	50.19	41.36	32.62	24.25	17.06	10.96	
		1975〜80	64.85	63.97	59.32	50.02	41.06	32.39	24.26	16.89	11.17	7.10
		1985	66.68	64.99	60.31	50.92	41.86	33.07	24.81	17.30	11.42	7.21
		1990〜95	68.90	…	…	…	…	…	…	…	…	…
		1995〜2000	68.6	66.6	61.8	52.3	43.3	34.3	25.6	17.9	11.4	5.9
		2002	70.8	…	…	…	…	…	…	…	…	…
		2007	70.66	…	…	…	…	…	…	…	…	…

（単位：年）

国名（地域）・性・作成基礎期間		0歳	5	10	20	30	40	50	60	70	80
ベネズエラ	（Venezuela）										
女	1974	69.42	68.49	63.75	54.15	44.70	35.51	26.76	18.88	12.37	
	1975	69.70	68.57	63.83	54.22	44.77	35.57	26.82	18.94	12.36	
	1975～80	70.70	69.45	64.68	55.05	45.63	36.38	27.59	19.69	13.13	8.14
	1985	72.80	70.72	65.90	56.23	46.68	37.31	28.39	20.30	13.48	8.28
	1990～95	74.70	…	…	…	…	…	…	…	…	…
	1995～2000	74.4	72.1	67.2	57.4	47.8	38.4	29.2	20.8	13.3	6.9
	2002	76.6	…	…	…	…	…	…	…	…	…
	2007	76.61	…	…	…	…	…	…	…	…	…

アジア （ASIA）

国名（地域）・性・作成基礎期間		0歳	5	10	20	30	40	50	60	70	80
アフガニスタン	（Afghanistan）										
男女	1965～70	37.50	…	…	…	…	…	…	…	…	…
男	1970～75	38.00	…	…	…	…	…	…	…	…	…
	1975～80	40.00	…	…	…	…	…	…	…	…	…
	1980～85	40.00	…	…	…	…	…	…	…	…	…
	1985～90	41.00	…	…	…	…	…	…	…	…	…
	1990～95	43.00	…	…	…	…	…	…	…	…	…
	1995～2000	45.0	…	…	…	…	…	…	…	…	…
	2000～05	43.0	…	…	…	…	…	…	…	…	…
	2002	43.0	…	…	…	…	…	…	…	…	…
	2004	45.0	…	…	…	…	…	…	…	…	…
女	1970～75	38.00	…	…	…	…	…	…	…	…	…
	1975～80	40.00	…	…	…	…	…	…	…	…	…
	1980～85	41.00	…	…	…	…	…	…	…	…	…
	1985～90	42.00	…	…	…	…	…	…	…	…	…
	1990～95	44.00	…	…	…	…	…	…	…	…	…
	1995～2000	46.0	…	…	…	…	…	…	…	…	…
	2000～05	43.5	…	…	…	…	…	…	…	…	…
	2002	43.0	…	…	…	…	…	…	…	…	…
	2004	44.0	…	…	…	…	…	…	…	…	…
アルメニア	（Armenia）										
男	1989	69.00	…	…	…	…	…	…	…	…	…
	1990	67.94	64.91	60.07	50.40	40.99	31.88	23.36	15.88	11.43	6.38
	1991～92	68.66	65.36	60.46	50.73	41.60	32.65	24.13	16.94	10.89	6.00
	1993～94	67.88	64.53	59.64	49.99	41.01	32.19	23.69	16.43	10.71	5.64
	1996	69.3	65.8	60.8	51.2	41.8	32.7	24.1	16.8	11.0	5.5
	1997	70.3	66.7	61.8	52.2	42.7	33.5	24.9	17.5	11.9	6.7
	1998	70.8	67.4	62.5	52.8	43.3	34.1	25.4	17.9	12.3	7.7
	2000	70.6	67.0	62.1	52.4	42.8	33.4	23.9	16.8	10.5	5.0
	2001	70.0	…	…	…	…	…	…	…	…	…
	2002	69.8	…	…	…	…	…	…	…	…	…
	2003	69.9	…	…	…	…	…	…	…	…	…
	2004	70.3	66.3	61.4	51.6	42.0	32.7	24.0	16.2	10.3	5.8
	2005	70.3	…	…	…	…	…	…	…	…	…
	2006～07	70.20	66.29	61.37	51.59	42.01	32.70	24.08	16.36	10.29	5.71
女	1989	74.70	…	…	…	…	…	…	…	…	…
	1990	73.39	70.11	65.21	55.42	45.72	36.19	26.93	18.42	13.37	7.20
	1991～92	75.51	72.09	67.17	57.30	47.60	37.98	28.62	20.06	12.70	6.95
	1993～94	74.36	70.91	65.99	56.11	46.42	36.80	27.48	18.87	11.47	5.41
	1996	76.2	72.6	67.6	57.7	47.9	38.3	28.9	20.4	13.0	7.2
	1997	77.3	73.6	68.6	58.7	48.9	39.3	30.0	21.4	14.2	9.0
	1998	78.0	74.5	69.5	59.6	49.9	40.2	30.9	22.3	15.2	10.8
	2000	75.5	71.7	66.8	56.9	47.1	37.4	28.0	19.1	11.4	5.0
	2001	76.1	…	…	…	…	…	…	…	…	…
	2002	75.9	…	…	…	…	…	…	…	…	…
	2003	75.8	…	…	…	…	…	…	…	…	…
	2004	76.4	72.2	67.3	57.4	47.6	37.9	28.5	19.7	12.2	6.5
	2005	76.5	…	…	…	…	…	…	…	…	…
	2006～07	76.60	72.53	67.60	57.72	47.90	38.21	28.84	19.98	12.35	6.41
アゼルバイジャン	（Azerbaijan）										
男	1989	66.60	…	…	…	…	…	…	…	…	…
	1993	65.20	…	…	…	…	…	…	…	…	…
	1994	65.20	…	…	…	…	…	…	…	…	…
	1996	66.3	63.7	58.9	49.3	40.1	31.2	23.2	16.2	11.1	7.4
	1997	66.50	…	…	…	…	…	…	…	…	…
	1998	67.8	64.7	59.9	50.2	40.9	31.9	23.7	16.3	11.0	8.8
	1999	68.1	65.4	60.6	50.9	41.6	32.5	23.9	16.8	11.3	7.0
	2001	68.6	66.3	61.5	51.8	42.4	33.2	24.6	17.2	11.5	7.5
	2002	69.4	66.3	61.5	51.8	42.4	33.2	24.5	16.8	11.3	7.2
	2003	69.5	65.9	61.1	51.4	42.0	32.8	24.1	16.5	10.9	7.2
	2004	69.6	66.1	61.2	51.5	42.1	33.0	24.4	16.7	11.2	7.5
	2005	69.6	…	…	…	…	…	…	…	…	…
	2006	69.6	…	…	…	…	…	…	…	…	…
	2007	69.7	65.9	61.0	51.3	41.9	32.8	24.2	16.6	11.1	7.4
	2008	69.9	65.6	60.7	51.0	41.5	32.3	23.5	15.9	9.9	6.1
	2009	71.0	67.0	62.2	52.4	42.9	33.6	24.8	17.1	10.9	7.1
	2010	70.95	67.03	62.15	52.44	42.90	33.60	24.77	17.12	10.98	6.91
	2012	71.34	67.24	62.33	52.55	43.00	33.66	24.81	17.02	10.68	6.14
	2013	71.64	67.60	62.72	52.97	43.45	34.09	25.28	17.43	10.82	5.94
	2014	72.2	…	…	…	…	…	…	…	…	…

（単位：年）

国名（地域）・性・作成基礎期間		0歳	5	10	20	30	40	50	60	70	80
アゼルバイジャン	（Azerbaijan)										
女	1989	74.20	…	…	…	…	…	…	…	…	…
	1993	73.90	…	…	…	…	…	…	…	…	…
	1994	73.90	…	…	…	…	…	…	…	…	…
	1996	73.8	71.1	66.3	56.5	47.0	37.5	28.4	20.1	13.3	8.2
	1997	74.00	…	…	…	…	…	…	…	…	…
	1998	75.0	71.8	66.9	57.2	47.6	38.1	29.0	20.5	13.9	9.4
	1999	75.1	70.8	66.0	56.2	46.6	37.0	27.8	19.3	12.5	7.4
	2001	75.2	71.3	66.5	56.7	47.0	37.5	28.1	19.6	12.6	7.4
	2002	75.0	71.2	66.5	56.6	47.0	37.4	28.0	19.4	12.4	7.1
	2003	75.1	70.7	65.9	56.1	46.4	36.8	27.5	18.9	11.9	6.6
	2004	75.2	70.9	66.1	56.3	46.6	37.0	27.7	19.0	11.9	6.8
	2005	75.2	…	…	…	…	…	…	…	…	…
	2006	75.1	…	…	…	…	…	…	…	…	…
	2007	75.1	71.2	66.3	56.5	46.8	37.2	27.9	19.2	11.8	6.6
	2008	75.4	71.0	66.1	56.3	46.6	36.9	27.6	19.0	11.6	7.6
	2009	76.1	72.2	67.3	57.5	47.8	38.1	28.7	20.0	12.5	7.5
	2010	76.15	72.25	67.35	57.53	47.79	38.15	28.78	20.08	12.60	7.59
	2012	76.60	72.63	67.70	57.86	48.09	38.44	29.08	20.30	12.59	7.09
	2013	76.84	72.78	67.87	58.06	48.28	38.57	29.11	20.21	12.40	6.59
	2014	77.3	…	…	…	…	…	…	…	…	…
バーレーン	（Bahrain)										
男	1975〜80	65.60	…	…	…	…	…	…	…	…	…
	1980〜85	67.10	…	…	…	…	…	…	…	…	…
	1981〜86	65.90	65.20	60.50	51.00	41.80	32.70	24.20	16.70	10.70	6.50
	1985〜90	68.60	…	…	…	…	…	…	…	…	…
	1986〜91	66.83	…	…	…	…	…	…	…	…	…
	1995〜2000	71.1	…	…	…	…	…	…	…	…	…
	2000〜05	72.1	…	…	…	…	…	…	…	…	…
	2001	73.2	69.3	64.4	54.7	45.2	35.6	26.4	17.8	11.3	…
	2005	73.1	…	…	…	…	…	…	…	…	…
	2010〜15	75.8	…	…	…	…	…	…	…	…	…
女	1975〜80	69.50	…	…	…	…	…	…	…	…	…
	1980〜85	71.40	…	…	…	…	…	…	…	…	…
	1981〜86	68.90	68.30	63.60	54.00	44.60	35.50	26.70	18.60	11.90	6.90
	1985〜90	72.90	…	…	…	…	…	…	…	…	…
	1986〜91	69.43	…	…	…	…	…	…	…	…	…
	1995〜2000	75.3	…	…	…	…	…	…	…	…	…
	2000〜05	76.3	…	…	…	…	…	…	…	…	…
	2001	76.2	72.0	67.1	57.2	47.4	37.7	28.2	19.6	12.9	…
	2005	77.3	…	…	…	…	…	…	…	…	…
	2010〜15	77.4	…	…	…	…	…	…	…	…	…
バングラデシュ	（Bangladesh)										
男	1970〜75	45.60	…	…	…	…	…	…	…	…	…
	1974	45.80	54.40	50.50	42.50	35.40	28.10	20.90	14.40	9.10	…
	1975〜80	47.10	…	…	…	…	…	…	…	…	…
	1981	55.30	61.60	57.50	48.20	39.00	30.00	21.50	14.70	9.00	…
	1984	54.90	62.20	58.80	49.80	41.00	31.90	23.70	16.20	10.60	…
	1986	55.17	61.17	57.05	48.03	39.00	29.90	21.31	14.07	8.87	…
	1988	56.91	62.76	58.73	49.53	40.47	31.58	23.12	15.50	9.63	…
	1994	58.65	61.35	57.27	48.65	40.13	30.83	22.03	15.14	9.05	4.62
	1998	60.7	…	…	…	…	…	…	…	…	…
	2005	64.5	…	…	…	…	…	…	…	…	…
	2006	64.7	…	…	…	…	…	…	…	…	…
	2007	65.4	…	…	…	…	…	…	…	…	…
	2010	66.66	66.02	61.30	51.95	42.59	33.28	24.49	16.87	11.11	7.24
	2011	67.93	65.54	60.82	51.28	41.81	32.56	24.07	16.62	10.00	4.42
	2013	68.8	…	…	…	…	…	…	…	…	…
女	1970〜75	44.10	…	…	…	…	…	…	…	…	…
	1974	46.60	54.20	50.30	42.20	35.10	27.70	20.50	14.10	8.80	…
	1975〜80	46.10	…	…	…	…	…	…	…	…	…
	1981	54.40	60.80	56.80	47.90	39.30	30.80	22.60	16.00	10.40	…
	1984	54.70	61.40	57.80	49.30	40.70	32.10	23.70	16.00	9.70	…
	1986	55.29	60.67	56.47	47.34	38.74	30.19	22.01	14.45	8.41	…
	1988	55.97	61.29	57.26	48.30	39.76	31.44	23.62	15.76	8.00	…
	1994	58.25	60.42	56.57	47.13	38.35	29.95	22.29	14.99	8.63	4.02
	1998	60.9	…	…	…	…	…	…	…	…	…
	2005	65.7	…	…	…	…	…	…	…	…	…
	2006	65.9	…	…	…	…	…	…	…	…	…
	2007	67.9	…	…	…	…	…	…	…	…	…
	2010	68.79	67.41	62.75	53.33	44.01	34.55	25.47	17.95	11.68	7.59
	2011	70.26	67.84	63.07	53.55	44.02	34.68	25.60	17.41	10.35	5.56
	2013	71.4	…	…	…	…	…	…	…	…	…
ブータン	（Bhutan)										
男	1970〜75	43.00	…	…	…	…	…	…	…	…	…
	1975〜80	44.60	…	…	…	…	…	…	…	…	…
	1980〜85	46.60	…	…	…	…	…	…	…	…	…
	1985〜90	46.60	…	…	…	…	…	…	…	…	…
	1990〜95	49.10	…	…	…	…	…	…	…	…	…
	1994	66.0	…	…	…	…	…	…	…	…	…
	1995〜2000	59.5	…	…	…	…	…	…	…	…	…
	2000〜05	62.0	…	…	…	…	…	…	…	…	…
	2005	65.65	…	…	…	…	…	…	…	…	…

（単位：年）

国名（地域）・性・作成基礎期間		0歳	5	10	20	30	40	50	60	70	80
ブータン	（Bhutan）										
	女 1970～75	41.50	…	…	…	…	…	…	…	…	…
	1975～80	43.10	…	…	…	…	…	…	…	…	…
	1980～85	45.10	…	…	…	…	…	…	…	…	…
	1985～90	49.90	…	…	…	…	…	…	…	…	…
	1990～95	52.40	…	…	…	…	…	…	…	…	…
	1994	66.2	…	…	…	…	…	…	…	…	…
	1995～2000	62.0	…	…	…	…	…	…	…	…	…
	2000～05	64.5	…	…	…	…	…	…	…	…	…
	2005	66.85	…	…	…	…	…	…	…	…	…
ブルネイ・ダルサラーム	（Brunei Darussalam）										
	男 1970～72	61.90	62.10	57.70	48.30	39.00	30.00	21.60	14.30	9.10	5.10
	1981	70.13	66.68	61.90	52.44	43.17	33.87	25.06	17.27	10.55	5.68
	1990～95	72.40	…	…	…	…	…	…	…	…	…
	1995～2000	73.4	…	…	…	…	…	…	…	…	…
	2000～05	74.2	…	…	…	…	…	…	…	…	…
	2006	75.9	…	…	…	…	…	…	…	…	…
	2007	75.2	…	…	…	…	…	…	…	…	…
	2008	76.6	…	…	…	…	…	…	…	…	…
	2014	75.9	…	…	…	…	…	…	…	…	…
	女 1970～72	62.10	61.40	56.80	47.30	38.20	29.60	22.00	14.90	9.20	6.10
	1981	72.69	68.96	64.08	54.48	44.87	35.44	26.63	19.19	12.86	7.23
	1990～95	77.10	…	…	…	…	…	…	…	…	…
	1995～2000	78.1	…	…	…	…	…	…	…	…	…
	2000～05	78.9	…	…	…	…	…	…	…	…	…
	2006	77.5	…	…	…	…	…	…	…	…	…
	2007	77.8	…	…	…	…	…	…	…	…	…
	2008	79.8	…	…	…	…	…	…	…	…	…
	2014	78.8	…	…	…	…	…	…	…	…	…
カンボジア	（Cambodia）					(25)	(35)	(45)	(55)	(65)	(75)
	男 1958～59	44.2	50.9	47.6	39.4	35.4	27.5	20.6	14.5	9.2	5.0
	1970～75	39.00	…	…	…	…	…	…	…	…	…
	1975～80	30.00	…	…	…	…	…	…	…	…	…
	1980～85	42.00	…	…	…	…	…	…	…	…	…
	1985～90	47.60	…	…	…	…	…	…	…	…	…
	1990～95	50.10	…	…	…	…	…	…	…	…	…
	1995～2000	51.5	…	…	…	…	…	…	…	…	…
	2000～05	53.6	…	…	…	…	…	…	…	…	…
						(25)	(35)	(45)	(55)	(65)	(75)
	女 1958～59	43.3	50.2	46.4	38.4	34.6	28.1	22.1	15.4	10.7	5.0
	1970～75	41.70	…	…	…	…	…	…	…	…	…
	1975～80	32.50	…	…	…	…	…	…	…	…	…
	1980～85	44.90	…	…	…	…	…	…	…	…	…
	1985～90	50.40	…	…	…	…	…	…	…	…	…
	1990～95	52.90	…	…	…	…	…	…	…	…	…
	1995～2000	55.0	…	…	…	…	…	…	…	…	…
	2000～05	58.6	…	…	…	…	…	…	…	…	…
中華人民共和国	（China）										
	男女 1965～70	50.0	…	…	…	…	…	…	…	…	…
	男 1970～75	62.50	…	…	…	…	…	…	…	…	…
	1975～80	65.50	…	…	…	…	…	…	…	…	…
	1981	66.43	64.94	60.36	50.87	41.54	32.30	23.52	15.72	9.56	5.32
	1980～85	66.70	…	…	…	…	…	…	…	…	…
	1985～90	68.00	…	…	…	…	…	…	…	…	…
	1990	66.85	64.87	60.17	50.65	48.31	32.07	23.29	15.51	9.31	5.06
	1990～95	66.70	…	…	…	…	…	…	…	…	…
	1996	68.7	…	…	…	…	…	…	…	…	…
	2000	69.63	…	…	…	…	…	…	…	…	…
	2005	70.83	…	…	…	…	…	…	…	…	…
	2010	72.38	…	…	…	…	…	…	…	…	…
	2015	73.64	…	…	…	…	…	…	…	…	…
	女 1970～75	63.90	…	…	…	…	…	…	…	…	…
	1975～80	66.20	…	…	…	…	…	…	…	…	…
	1981	69.35	68.01	63.36	53.83	44.52	35.28	26.36	18.19	11.34	6.30
	1980～85	68.90	…	…	…	…	…	…	…	…	…
	1985～90	70.90	…	…	…	…	…	…	…	…	…
	1990	70.49	68.79	64.03	54.45	45.05	35.67	26.62	18.38	11.51	6.53
	1990～95	70.50	…	…	…	…	…	…	…	…	…
	1996	73.0	…	…	…	…	…	…	…	…	…
	2000	73.33	…	…	…	…	…	…	…	…	…
	2005	75.25	…	…	…	…	…	…	…	…	…
	2010	77.37	…	…	…	…	…	…	…	…	…
	2015	79.43	…	…	…	…	…	…	…	…	…
香港	（Hong Kong）										
	男 1961	63.64	62.43	57.72	48.09	38.71	29.59	21.10	14.01	8.82	4.81
	1968	66.74	64.92	60.16	50.47	40.99	31.74	23.06	15.65	10.00	5.45
	1971	67.36	64.31	59.47	49.80	40.43	31.33	22.76	15.45	10.13	6.57
	1973	67.90	65.86	61.09	51.38	41.87	32.58	23.83	16.29	10.46	5.69
	1982	72.69	68.59	63.68	53.90	44.30	34.83	25.96	18.16	11.70	6.87
	1985	73.80	69.54	64.60	54.78	45.08	35.52	26.48	18.44	11.67	6.50

（単位：年）

国名（地域）・性・作成基礎期間			0歳	5	10	20	30	40	50	60	70	80
香港		(Hong Kong)										
	男	1987	74.24	69.94	65.00	55.17	45.44	35.83	26.73	18.59	11.78	6.64
		1989	74.25	69.93	64.98	55.15	45.48	35.93	26.87	18.74	11.89	6.83
		1990	74.60	70.24	65.28	55.47	45.81	36.28	27.14	18.93	12.10	7.00
		1992	74.75	70.21	65.27	55.47	45.83	36.28	27.14	18.89	12.00	6.82
		1993	75.21	70.66	65.71	55.89	46.21	36.65	27.46	19.05	12.13	6.95
		1994	75.84	71.22	66.25	56.43	46.78	37.19	27.96	19.54	12.50	7.18
		1995	76.03	71.47	66.51	56.67	47.02	37.46	28.28	19.94	12.83	7.35
		1996	76.34	71.76	66.80	56.98	47.36	37.76	28.49	19.99	12.86	7.36
		1997	76.8	72.2	67.2	57.4	47.8	38.2	28.9	20.3	13.0	7.4
		1998	77.2	72.5	67.5	57.7	48.0	38.4	29.2	20.6	13.4	7.9
		1999	77.2	72.5	67.5	57.7	48.0	38.4	29.2	20.6	13.4	7.8
		2000	77.0	72.3	67.3	57.5	47.8	38.2	28.9	20.4	13.0	7.3
		2001	78.4	73.7	68.7	58.8	49.2	39.6	30.3	21.7	14.1	8.4
		2002	78.6	…	…	…	…	…	…	…	…	…
		2003	78.5	73.8	68.9	59.0	49.3	39.7	30.5	21.9	14.3	8.8
		2004	79.0	74.3	69.3	59.4	49.7	40.1	30.8	22.0	14.5	8.6
		2005	78.8	74.0	69.1	59.2	49.4	39.9	30.5	21.7	14.1	8.1
		2006	79.4	…	…	…	…	…	…	…	…	…
		2008	79.3	74.6	69.6	59.7	50.0	40.4	31.0	22.2	14.4	8.2
		2009	79.7	74.9	69.9	60.0	50.3	40.7	31.3	22.5	14.6	8.4
		2010	80.06	75.29	70.32	60.43	50.65	41.00	31.59	22.81	15.01	8.70
		2011	80.29	75.49	70.52	60.62	50.84	41.20	31.81	23.00	15.17	8.65
		2012	80.66	75.83	70.87	60.99	51.23	41.58	32.20	23.35	15.43	9.11
		2013	81.08	76.32	71.37	61.46	51.67	42.03	32.62	23.76	15.80	9.30
		2014	81.16	76.32	71.35	61.44	51.63	41.96	32.58	23.73	15.71	9.17
		2015	81.36	76.53	71.56	61.63	51.83	42.13	32.76	23.90	15.91	9.28
	女	1961	70.51	69.27	64.54	54.87	45.39	36.15	27.28	19.12	11.82	6.03
		1968	73.29	71.41	66.64	56.91	47.35	37.98	28.96	20.54	12.88	6.59
		1971	75.01	71.63	66.76	57.03	47.42	38.00	28.97	20.67	13.34	7.56
		1973	74.30	72.20	67.42	57.68	48.08	38.67	29.58	21.06	13.28	6.79
		1982	78.28	74.21	69.27	59.43	49.66	40.05	30.76	21.99	14.37	8.22
		1985	79.19	74.84	69.91	60.04	50.25	40.52	31.10	22.25	14.44	8.07
		1987	79.72	75.36	70.42	60.53	50.71	41.02	31.51	22.59	14.68	8.32
		1989	80.05	75.69	70.74	60.88	51.08	41.40	31.90	22.97	14.94	8.50
		1990	80.28	75.81	70.86	61.02	51.23	41.52	32.01	23.00	15.06	8.69
		1992	80.53	76.00	71.04	61.18	51.34	41.59	32.09	23.05	15.01	8.58
		1993	80.74	76.20	71.23	61.37	51.55	41.82	32.37	23.35	15.25	8.81
		1994	81.16	76.61	71.65	61.79	51.95	42.21	32.69	23.59	15.38	8.82
		1995	81.46	76.90	71.95	62.06	52.25	42.49	32.94	23.81	15.47	8.82
		1996	81.82	77.17	72.21	62.35	52.54	42.79	33.25	24.05	15.66	8.91
		1997	82.2	77.5	72.6	62.7	52.8	43.1	33.5	24.3	15.8	9.0
		1998	82.6	77.9	72.9	63.0	53.2	43.5	34.1	25.1	17.1	10.6
		1999	82.4	77.6	72.6	62.8	52.9	43.1	33.6	24.5	16.3	9.6
		2000	82.2	77.6	72.6	62.7	52.8	43.1	33.6	24.4	16.1	9.4
		2001	84.6	79.9	74.9	65.0	55.2	45.4	35.8	26.5	18.0	11.0
		2002	84.5	…	…	…	…	…	…	…	…	…
		2003	84.3	79.6	74.6	64.7	54.8	45.1	35.5	26.2	17.6	10.4
		2004	84.7	80.0	75.0	65.1	55.3	45.5	35.9	26.6	17.9	10.6
		2005	84.6	79.8	74.8	64.9	55.1	45.3	35.7	26.4	17.7	10.4
		2006	85.5	…	…	…	…	…	…	…	…	…
		2008	85.5	80.8	75.8	65.9	56.0	46.2	36.6	27.4	18.5	11.1
		2009	85.9	81.1	76.2	66.3	56.4	46.6	37.0	27.7	19.0	11.5
		2010	86.00	81.19	76.21	66.28	56.41	46.60	37.01	27.72	18.94	11.22
		2011	86.69	81.88	76.91	66.98	57.10	47.30	37.68	28.41	19.59	11.91
		2012	86.38	81.59	76.64	66.70	56.79	46.99	37.39	28.11	19.27	11.48
		2013	86.72	81.89	76.93	67.01	57.13	47.31	37.69	28.42	19.57	11.70
		2014	86.85	82.10	77.14	67.21	57.31	47.48	37.83	28.54	19.68	11.84
		2015	87.29	82.43	77.46	67.53	57.63	47.81	38.23	28.97	20.17	12.36
マカオ		(Macao)										
	男	1988	75.01	71.20	66.27	56.42	46.63	36.92	27.64	19.78	12.52	6.62
		1990～95	74.30	…	…	…	…	…	…	…	…	…
		1993～96	75.1	70.8	65.8	56.1	46.6	37.1	27.8	19.2	11.9	6.3
		2001～04	77.5	73.1	68.2	58.3	48.8	39.4	30.1	21.2	13.2	7.0
		2002～05	77.6	73.1	68.2	58.3	48.8	39.4	30.2	21.3	13.2	7.1
		2006～09	79.4	74.7	69.7	59.8	50.2	40.8	31.6	23.0	15.6	9.8
		2007～2010	79.5	74.8	69.8	59.9	50.4	41.0	31.8	23.1	15.7	9.9
		2009～2012	79.1	74.5	69.5	59.7	50.1	40.7	31.6	23.0	15.2	9.4
		2011～14	79.6	74.9	70.0	60.1	50.5	41.0	31.9	23.2	15.2	9.1
		2012～15	79.9	75.2	70.3	60.4	50.7	41.2	32.0	23.4	15.5	9.2
	女	1988	80.26	76.20	72.28	61.38	51.55	41.75	32.26	23.32	14.82	7.80
		1990～95	79.30									
		1993～96	80.0	75.6	70.7	60.8	51.0	41.3	31.8	22.7	14.7	8.4
		2001～04	82.1	77.5	72.6	62.7	52.9	43.2	33.6	24.2	15.2	8.1
		2002～05	82.3	77.7	72.7	62.8	53.0	43.3	33.7	24.2	15.2	8.1
		2006～09	85.2	80.5	75.6	65.7	56.0	46.2	36.7	27.5	18.9	11.8
		2007～2010	85.4	80.7	75.8	65.9	56.2	46.5	36.9	27.8	19.1	12.1
		2009～2012	85.7	80.9	75.9	66.1	56.3	46.6	37.0	27.8	19.0	11.8
		2011～14	86.0	81.2	76.2	66.4	56.5	46.8	37.2	28.1	19.3	12.0
		2012～15	86.3	81.5	76.5	66.6	56.8	47.1	37.5	28.3	19.4	12.2
キプロス		(Cyprus)										
	男	1931～46	57.3	60.1	56.0	47.7	39.3	30.9	22.4	14.6	9.5	5.9
		1948～50	63.6	64.9	60.3	50.9	41.8	32.9	25.0	16.9	11.0	5.9
		1970～75	70.0	…	…	…	…	…	…	…	…	…

388

（単位：年）

国名（地域）・性・作成基礎期間			0歳	5	10	20	30	40	50	60	70	80
キプロス		(Cyprus)										
	男	1973	70.0	67.0	62.1	52.3	42.6	33.5	24.5	16.5	9.6	5.6
		1976～77	71.90	68.90	64.00	54.20	44.50	34.70	25.50	17.60	10.70	5.00
		1979～81	72.26	68.72	63.82	54.01	44.21	34.57	25.42	17.28	10.50	5.80
		1983～87	73.90	70.03	65.14	55.47	45.97	36.48	27.41	19.27	12.60	7.67
		1985～89	73.92	70.04	65.16	55.45	46.04	36.51	27.37	19.32	12.97	8.25
		1987～91	74.12	70.18	65.28	55.57	46.19	36.63	27.44	19.41	12.62	7.64
		1992～93	74.64	70.49	65.57	56.03	46.48	36.91	27.70	19.23	12.26	7.27
		1994～95	75.31	71.05	66.08	56.45	47.11	37.67	28.49	20.10	12.89	7.77
		1996～97	75.0	70.7	65.8	56.1	46.8	37.4	28.1	19.5	12.2	7.1
		1998～99	75.3	70.9	65.9	56.3	47.0	37.6	28.3	19.8	12.5	7.1
		2002～03	77.0	72.4	67.5	57.8	48.4	38.8	29.4	20.7	13.0	7.2
		2004～05	77.0	72.4	67.5	57.8	48.3	38.8	29.5	20.7	13.1	6.9
		2006～07	78.3	73.6	68.7	58.9	49.5	39.9	30.5	21.7	13.9	7.8
		2010～11	79.0	74.3	69.3	59.5	49.9	40.3	31.0	22.0	13.9	7.1
		2013	80.0	75.1	70.2	60.4	50.7	41.0	31.6	22.6	14.7	8.2
		2014	80.9	…	…	…	…	…	…	…	…	…
	女	1931～46	59.3	60.7	56.6	47.6	38.9	31.1	23.4	15.9	10.3	6.1
		1948～50	68.8	70.1	65.4	55.8	46.4	37.2	28.2	19.5	11.7	6.3
		1970～75	72.9	…	…	…	…	…	…	…	…	…
		1973	72.9	70.6	65.7	55.8	46.0	36.4	26.9	18.5	10.6	5.6
		1976～77	74.90	71.60	66.70	56.70	46.90	37.20	27.80	19.10	11.70	5.10
		1979～81	75.99	72.13	67.17	57.31	47.46	37.70	28.29	19.51	11.84	6.50
		1983～87	77.82	73.72	68.85	58.99	49.18	39.43	30.00	21.12	13.19	7.25
		1985～89	78.33	74.23	69.32	59.46	49.65	39.91	30.48	21.61	13.76	8.02
		1987～91	78.58	74.49	69.55	59.68	49.84	40.10	30.63	21.72	13.67	7.64
		1992～93	79.05	74.82	69.87	60.00	50.23	40.46	30.94	21.77	13.49	7.42
		1994～95	79.75	75.47	70.54	60.66	50.97	41.26	31.81	22.91	14.63	8.46
		1996～97	80.0	75.7	70.7	60.9	51.1	41.4	31.8	22.7	14.4	8.0
		1998～99	80.4	76.0	71.0	61.2	51.4	41.8	32.3	23.2	15.1	8.8
		2002～03	81.4	76.9	71.9	62.1	52.3	42.5	32.8	23.6	15.1	8.3
		2004～05	81.7	77.0	72.1	62.2	52.4	42.7	33.1	23.8	15.2	8.1
		2006～07	81.9	77.2	72.3	62.5	52.6	42.8	33.1	23.8	15.0	7.8
		2010～11	82.9	78.2	73.2	63.3	53.4	43.6	33.9	24.6	15.5	7.7
		2013	84.8	79.8	74.9	64.9	55.0	45.2	35.4	25.9	17.2	9.5
		2014	84.7	…	…	…	…	…	…	…	…	…
朝鮮民主主義人民共和国												
(Democratic People's Republic of Korea)												
	男女	1965～70	57.7	…	…	…	…	…	…	…	…	…
	男	1970～75	59.20	…	…	…	…	…	…	…	…	…
		1975～80	62.40	…	…	…	…	…	…	…	…	…
		1980～85	64.60	…	…	…	…	…	…	…	…	…
		1985～90	66.20	…	…	…	…	…	…	…	…	…
		1990～95	67.70	…	…	…	…	…	…	…	…	…
		1995～2000	68.9	…	…	…	…	…	…	…	…	…
		2000～05	62.5	…	…	…	…	…	…	…	…	…
		2008	65.6	…	…	…	…	…	…	…	…	…
	女	1970～75	64.00	…	…	…	…	…	…	…	…	…
		1975～80	68.80	…	…	…	…	…	…	…	…	…
		1980～85	71.00	…	…	…	…	…	…	…	…	…
		1985～90	72.70	…	…	…	…	…	…	…	…	…
		1990～95	73.90	…	…	…	…	…	…	…	…	…
		1995～2000	75.1	…	…	…	…	…	…	…	…	…
		2000～05	68.0	…	…	…	…	…	…	…	…	…
		2008	72.7	…	…	…	…	…	…	…	…	…
グルジア		(Georgia)										
	男	1989	68.10	…	…	…	…	…	…	…	…	…
		1990～95	68.50	…	…	…	…	…	…	…	…	…
		1995～2000	68.5	…	…	…	…	…	…	…	…	…
		2000～05	69.5	…	…	…	…	…	…	…	…	…
		2003	69.1	66.2	61.2	51.4	41.9	32.8	24.1	16.8	10.6	6.5
		2004	67.8	64.7	59.9	50.1	40.6	31.8	23.4	16.0	9.6	4.8
		2007	70.5	66.6	61.6	51.8	42.4	33.5	25.3	17.7	11.6	6.7
		2008	69.3	65.7	60.9	51.2	42.0	33.2	25.2	17.7	11.9	7.2
		2009	69.95	65.98	61.08	51.35	42.05	33.02	24.80	17.59	11.68	7.57
		2010	70.19	66.27	61.34	51.60	42.15	33.03	24.67	17.36	11.54	7.55
	女	1989	75.70	…	…	…	…	…	…	…	…	…
		1990～95	76.70	…	…	…	…	…	…	…	…	…
		1995～2000	76.8	…	…	…	…	…	…	…	…	…
		2000～05	77.6	…	…	…	…	…	…	…	…	…
		2003	74.7	71.6	66.6	56.8	47.0	37.4	28.1	19.5	11.7	5.6
		2004	74.9	71.9	67.0	57.1	47.4	37.8	28.4	19.7	12.0	6.1
		2007	79.4	75.5	70.6	60.8	51.1	41.5	32.1	23.2	15.4	9.7
		2008	79.0	75.5	70.6	60.8	51.1	41.6	32.3	23.3	15.7	10.2
		2009	78.73	74.62	69.69	59.85	50.00	40.32	30.97	22.19	14.52	9.01
		2010	78.60	74.48	69.57	59.69	49.89	40.23	30.83	22.01	14.30	8.82
インド		(India)										
	男	1941～50	32.45	40.86	38.97	33.03	26.58	20.53	14.89	10.13	6.51	3.99
		1951～60	41.89	48.72	45.21	36.99	29.03	22.07	16.45	11.77	8.07	5.13
		1961～70	46.40	52.00	48.80	41.10	33.30	25.90	19.20	13.60	9.30	6.00
		1975～80	53.30	…	…	…	…	…	…	…	…	…
		1976～80	52.50	58.80	54.80	45.80	36.90	28.30	20.50	14.10	9.60	…
		1980～85	55.60	…	…	…	…	…	…	…	…	…

389

(単位：年)

国名（地域）・性・作成基礎期間	0歳	5	10	20	30	40	50	60	70	80
インド　（India）										
男　1981～85	55.40	60.12	56.08	46.99	38.09	29.39	21.38	14.61	9.68	...
1986～90	57.70	60.90	56.70	47.50	38.60	29.80	21.70	14.70	9.40	...
1991～95	59.7	61.8	57.5	48.3	39.3	30.5	22.3	15.3	10.0	...
1992～96	60.1	62.1	57.7	48.5	39.5	30.7	22.5	15.3	10.0	...
1993～97	60.4	62.2	57.8	48.5	39.5	30.7	22.5	15.5	10.1	...
1995～99	60.8	...	...	...	...	...	...	...	...	...
1998～02	61.6	...	...	...	...	...	...	...	...	...
2000～04	62.1	63.3	58.8	49.5	40.5	31.8	23.6	16.5	10.8	...
2001～05	62.3	63.5	59.0	49.6	40.6	31.9	23.7	16.4	10.9	...
2002～06	62.6	63.8	59.3	49.9	40.9	32.2	24.0	16.7	10.9	...
2010～14	66.4	...	...	...	...	...	...	...	...	...
2011～15	66.9	...	...	...	...	...	...	...	...	...
女　1941～50	31.66	40.91	39.45	32.90	26.18	21.06	16.15	11.33	7.53	4.77
1951～60	40.55	47.01	43.78	35.63	27.86	22.37	17.46	12.98	9.28	6.02
1961～70	44.70	50.20	47.70	39.90	32.00	25.40	19.70	13.80	9.50	6.00
1975～80	52.40	...	...	...	...	...	...	...	...	...
1976～80	52.10	60.20	56.60	47.80	39.60	31.20	23.00	15.90	10.90	...
1980～85	55.20	...	...	...	...	...	...	...	...	...
1981～85	55.67	61.75	57.98	49.18	40.70	32.12	23.78	16.42	11.01	...
1986～90	58.10	62.50	58.50	49.70	41.10	32.30	23.70	16.10	10.10	...
1991～95	60.9	63.9	59.9	50.8	42.2	33.4	24.8	17.1	11.0	...
1992～96	61.4	64.4	60.2	51.2	42.6	33.8	25.1	17.5	11.4	...
1993～97	61.8	64.6	60.4	51.3	42.7	33.8	25.1	17.5	11.4	...
1995～99	62.5	...	...	...	...	...	...	...	...	...
1998～02	63.3	...	...	...	...	...	...	...	...	...
2000～04	63.7	66.7	62.2	53.1	44.2	35.3	26.5	18.6	12.2	...
2001～05	63.9	67.0	62.5	53.3	44.4	35.5	26.7	18.7	12.3	...
2002～06	64.2	67.4	62.9	53.7	44.8	35.7	26.9	18.9	12.4	...
2010～14	69.6	...	...	...	...	...	...	...	...	...
2011～15	70.0	...	...	...	...	...	...	...	...	...
インドネシア　（Indonesia）										
男　1960	47.5	...	...	...	...	...	...	...	...	...
1970～75	48.00	...	...	...	...	...	...	...	...	...
1975～80	51.50	...	...	...	...	...	...	...	...	...
1980～85	54.50	...	...	...	...	...	...	...	...	...
1985～90	58.50	...	...	...	...	...	...	...	...	...
1990～95	61.0	...	...	...	...	...	...	...	...	...
2010	68.7	...	...	...	...	...	...	...	...	...
2012	67.72	...	...	...	...	...	...	...	...	...
女　1960	47.5	...	...	...	...	...	...	...	...	...
1970～75	50.50	...	...	...	...	...	...	...	...	...
1975～80	54.00	...	...	...	...	...	...	...	...	...
1980～85	58.00	...	...	...	...	...	...	...	...	...
1985～90	62.00	...	...	...	...	...	...	...	...	...
1990～95	64.5	...	...	...	...	...	...	...	...	...
2010	72.6	...	...	...	...	...	...	...	...	...
2012	71.69	...	...	...	...	...	...	...	...	...
イラン　（Iran）										
男女　1965～70	50.0	...	...	...	...	...	...	...	...	...
男　1970～75	56.2	...	...	...	...	...	...	...	...	...
1973～76	57.63	63.39	59.07	49.74	40.43	31.39	23.15	16.08	10.39	6.00
1976	55.75	58.42	53.87	45.19	37.27	29.19	21.46	14.58	8.97	5.02
1975～80	58.20	...	...	...	...	...	...	...	...	...
1986	58.38	60.07	55.67	46.68	38.20	29.79	21.85	14.83	9.11	4.85
1990～95	67.00	...	...	...	...	...	...	...	...	...
1996	66.1	64.6	59.9	50.5	41.4	32.3	23.7	16.2	10.1	5.7
1995～2000	68.5	...	...	...	...	...	...	...	...	...
2000～05	68.8	...	...	...	...	...	...	...	...	...
2001	67.6	...	...	...	...	...	...	...	...	...
2006	71.1	...	...	...	...	...	...	...	...	...
2011	71.5	...	...	...	...	...	...	...	...	...
女　1970～75	55.5	...	...	...	...	...	...	...	...	...
1973～76	57.44	64.98	60.85	51.63	42.55	33.70	25.38	17.90	11.54	6.40
1976	55.04	58.65	54.38	44.97	38.30	30.47	22.46	15.39	9.34	5.24
1975～80	59.00	...	...	...	...	...	...	...	...	...
1986	59.70	61.59	57.26	48.39	40.00	31.76	23.67	16.22	9.97	5.14
1990～95	68.00	...	...	...	...	...	...	...	...	...
1996	68.4	66.8	62.1	52.6	43.5	34.5	25.8	17.8	11.1	6.2
1995～2000	70.0	...	...	...	...	...	...	...	...	...
2000～05	70.8	...	...	...	...	...	...	...	...	...
2001	70.4	...	...	...	...	...	...	...	...	...
2006	73.1	...	...	...	...	...	...	...	...	...
2011	74.0	...	...	...	...	...	...	...	...	...
イラク　（Iraq）										
男女　1965～70	51.60	...	...	...	...	...	...	...	...	...
男　1970～75	56.10	...	...	...	...	...	...	...	...	...
1975～80	60.50	...	...	...	...	...	...	...	...	...
1980～85	61.50	...	...	...	...	...	...	...	...	...
1985～90	63.00	...	...	...	...	...	...	...	...	...
1990	77.43	74.11	69.25	59.52	50.19	40.79	32.39	24.77	18.00	13.11
1990～95	57.60	...	...	...	...	...	...	...	...	...
1997	58.0	...	...	...	...	...	...	...	...	...

（単位：年）

国名（地域）・性・作成基礎期間		0歳	5	10	20	30	40	50	60	70	80
イラク	（Iraq）										
女	1970～75	57.90	…	…	…	…	…	…	…	…	…
	1975～80	62.30	…	…	…	…	…	…	…	…	…
	1980～85	63.30	…	…	…	…	…	…	…	…	…
	1985～90	64.80	…	…	…	…	…	…	…	…	…
	1990	78.22	74.78	69.86	60.17	50.43	40.77	31.12	22.03	12.92	4.21
	1990～95	60.00	…	…	…	…	…	…	…	…	…
	1997	59.0	…	…	…	…	…	…	…	…	…
イスラエル	（Israel）										
男	1961	70.47	67.67	62.83	53.27	43.80	34.26	25.00	16.89	10.58	…
	1966	70.91	67.96	63.08	53.44	43.96	34.45	25.35	17.30	11.00	…
	1967	70.41	67.27	62.41	52.81	43.48	34.04	25.03	16.90	10.53	…
	1968	69.32	66.60	61.77	52.40	43.38	34.14	25.18	17.09	10.80	6.72
	1969	69.19	66.38	61.59	52.20	43.06	33.77	24.89	16.85	10.76	6.62
	1970	69.55	66.63	61.84	52.46	43.33	33.93	25.04	17.00	10.73	6.51
	1971	70.08	67.19	62.38	52.77	43.42	34.03	25.18	17.17	10.80	6.81
	1972	70.14	67.10	62.28	52.74	43.32	33.95	25.09	17.17	10.83	6.75
	1973	70.23	67.33	62.49	52.87	43.30	33.87	24.99	17.11	10.77	6.39
	1974	70.13	67.33	62.51	53.00	43.58	34.11	25.32	17.38	11.01	6.70
	1975	70.3	67.4	62.5	53.1	43.8	34.5	25.5	17.4	10.9	6.6
	1976	71.15	68.03	63.19	53.60	44.10	34.70	25.69	17.74	11.21	6.72
	1978	71.46	68.05	63.21	53.62	44.17	34.69	25.72	17.70	11.29	6.74
	1981	72.70	69.07	64.17	54.48	44.92	35.36	26.35	18.29	11.54	6.65
	1982	72.48	68.72	63.81	54.11	44.58	35.07	25.95	17.86	11.09	6.32
	1983	72.52	68.82	63.90	54.22	44.71	35.19	26.09	18.06	11.28	6.56
	1984	73.10	69.20	64.30	54.60	45.10	35.60	26.50	18.40	11.60	6.30
	1985	73.53	69.64	64.74	55.04	45.51	35.94	26.80	18.70	11.80	6.69
	1987	73.60	69.70	64.80	55.10	45.50	35.90	26.70	18.60	11.90	6.80
	1988	73.87	69.78	64.87	55.16	45.59	36.13	26.99	18.76	11.93	6.71
	1988～92	74.6	70.5	65.6	55.8	46.2	36.7	27.5	19.1	12.0	6.7
	1989	74.54	70.47	65.54	55.76	46.20	36.62	27.40	18.96	11.85	6.59
	1990	74.93	70.88	65.94	56.15	46.59	36.99	27.75	19.28	12.12	6.79
	1991	75.10	70.90	66.00	56.20	46.70	37.10	27.80	19.40	12.60	7.40
	1992	74.75	70.60	65.66	55.92	46.35	36.78	27.55	19.17	12.33	7.17
	1993	75.33	71.11	66.20	56.43	46.88	37.33	28.05	19.62	12.69	7.37
	1994	75.49	71.19	66.25	56.46	46.95	37.39	28.16	19.70	12.60	7.27
	1996	76.1	71.7	66.8	57.0	47.4	37.9	28.6	20.1	13.0	7.6
	1997	76.0	71.7	66.8	57.0	47.6	38.0	28.8	20.3	13.0	7.5
	1995～99	76.09	71.71	66.78	57.02	47.50	37.95	28.72	20.24	13.00	7.49
	1998	76.1	71.8	66.8	57.1	47.5	38.0	28.8	20.4	13.2	7.7
	2000	76.5	72.1	67.2	57.4	47.9	38.4	29.3	20.7	13.4	7.8
	2001	77.3	…	…	…	…	…	…	…	…	…
	2002	77.5	73.1	68.1	58.4	49.0	39.5	30.3	21.6	14.2	8.8
	2003	77.7	73.2	68.3	58.5	48.9	39.4	30.2	21.5	14.0	8.4
	2004	78.1	73.5	68.6	58.8	49.3	39.7	30.5	21.8	14.3	8.5
	2005	78.3	…	…	…	…	…	…	…	…	…
	2002～06	78.0	73.5	68.5	58.7	49.2	39.7	30.4	21.8	14.3	8.6
	2007	78.8	74.2	69.2	59.4	49.8	40.2	30.9	22.2	14.5	8.7
	2004～08	78.3	73.8	68.8	59.0	49.4	39.8	30.5	21.9	14.3	8.2
	2005～09	78.7	74.1	69.1	59.3	49.7	40.1	30.8	22.1	14.5	8.3
	2010	79.7	…	…	…	…	…	…	…	…	…
	2011	79.9	…	…	…	…	…	…	…	…	…
	2012	79.9	…	…	…	…	…	…	…	…	…
	2013	80.3	…	…	…	…	…	…	…	…	…
	2014	80.3	…	…	…	…	…	…	…	…	…
	2010～14	80.0	75.4	70.4	60.6	50.9	41.2	31.8	23.1	15.2	8.8
女	1961	73.62	70.46	65.48	55.84	46.18	36.62	27.41	18.87	11.96	…
	1966	73.73	70.43	65.52	55.75	46.04	36.46	27.33	18.81	11.81	…
	1967	73.59	70.22	65.32	55.58	45.78	36.18	26.97	18.59	11.53	…
	1968	72.88	69.98	65.10	55.36	45.64	36.09	26.85	18.43	11.48	6.60
	1969	72.84	69.74	64.87	55.14	45.43	35.84	26.66	18.34	11.44	6.63
	1970	72.96	69.84	64.97	55.25	45.51	35.92	26.67	18.37	11.45	6.38
	1971	73.44	70.07	65.19	55.44	45.76	36.16	26.95	18.56	11.62	6.57
	1972	72.83	69.64	64.78	55.05	45.35	35.76	26.52	18.13	11.13	6.21
	1973	73.23	70.02	65.15	55.37	45.64	36.07	26.87	18.41	11.44	6.36
	1974	73.27	70.06	65.18	55.47	45.73	36.09	26.83	18.33	11.33	6.19
	1975	73.9	70.8	65.9	56.1	46.4	36.9	27.6	19.2	12.0	6.9
	1976	74.79	71.43	66.54	56.77	47.02	37.38	28.17	19.62	12.38	7.15
	1978	74.98	71.37	66.49	56.76	47.02	37.39	28.06	19.51	12.32	7.09
	1981	75.91	72.19	67.26	57.45	47.65	37.96	28.57	19.91	12.50	7.00
	1982	75.75	71.96	67.03	57.18	47.38	37.68	28.23	19.45	11.98	6.54
	1983	75.92	72.18	67.26	57.41	47.60	37.90	28.46	19.71	12.28	6.70
	1984	76.60	72.80	67.90	58.00	48.20	38.50	29.10	20.40	12.80	7.10
	1985	76.99	73.02	68.09	58.25	48.46	38.75	29.30	20.54	12.97	7.21
	1987	77.00	73.00	68.10	58.20	48.40	38.70	29.20	20.50	12.90	7.20
	1988	77.44	73.34	68.42	58.55	48.73	39.01	29.60	20.74	12.97	7.13
	1988～92	78.2	74.1	69.2	59.3	49.5	39.8	30.3	21.5	13.8	7.9
	1989	78.09	73.97	69.04	59.18	49.40	39.67	30.20	21.32	13.58	7.62
	1990	78.53	74.42	69.49	59.61	49.81	40.08	30.66	21.86	14.19	8.20
	1991		74.30	69.40	59.60	49.70	40.00	30.60	21.70	13.90	8.00
	1992	78.40	74.27	69.33	59.44	49.63	39.88	30.41	21.53	13.77	7.69
	1993	79.10	74.82	69.88	60.00	50.16	40.42	30.95	21.98	14.13	8.05
	1994	79.38	75.06	70.12	60.23	50.41	40.63	31.16	22.22	14.34	8.11
	1996	79.8	75.4	70.4	60.5	50.7	40.9	31.4	22.4	14.5	8.1
	1997	80.4	76.0	71.1	61.2	51.4	41.6	32.1	23.2	15.3	9.0
	1995～99	80.54	76.10	71.15	61.26	51.41	41.65	32.17	23.24	15.36	9.07

(単位：年)

国名（地域）・性・作成基礎期間			0歳	5	10	20	30	40	50	60	70	80
イスラエル	女	(Israel)										
		1998	80.6	76.1	71.2	61.2	51.4	41.6	32.1	23.1	15.1	8.7
		2000	81.1	76.5	71.6	61.7	51.8	42.1	32.6	23.5	15.4	8.9
		2001	81.2	…	…	…	…	…	…	…	…	…
		2002	81.5	77.0	72.1	62.2	52.4	42.6	33.1	24.0	15.7	9.1
		2003	81.9	77.3	72.4	62.5	52.7	42.9	33.3	24.2	15.9	9.2
		2004	82.4	77.9	72.9	63.0	53.2	43.4	33.8	24.7	16.3	9.5
		2005	82.3	…	…	…	…	…	…	…	…	…
		2002～06	82.0	77.5	72.5	62.6	52.8	43.0	33.5	24.4	16.0	9.2
		2007	82.5	77.9	72.9	63.0	53.1	43.3	33.8	24.6	16.1	9.1
		2004～08	82.2	77.6	72.7	62.7	52.9	43.1	33.5	24.4	15.9	8.9
		2005～09	82.5	77.9	72.9	63.0	53.1	43.3	33.8	24.6	16.1	9.0
		2010	83.6	…	…	…	…	…	…	…	…	…
		2011	83.5	…	…	…	…	…	…	…	…	…
		2012	83.6	…	…	…	…	…	…	…	…	…
		2013	83.9	…	…	…	…	…	…	…	…	…
		2014	84.1	…	…	…	…	…	…	…	…	…
		2010～14	83.7	79.1	74.1	64.2	54.3	44.5	34.8	25.6	17.0	9.6
ヨルダン	男	(Jordan)										
		1959～63	52.6	56.7	52.7	44.1	36.4	28.6	21.1	14.4	9.0	5.1
		1970～75	54.90	…	…	…	…	…	…	…	…	…
		1975～80	59.40	…	…	…	…	…	…	…	…	…
		1980～85	61.90	…	…	…	…	…	…	…	…	…
		1985～90	64.20	…	…	…	…	…	…	…	…	…
		1990～95	66.20	…	…	…	…	…	…	…	…	…
		1995～2000	68.9	…	…	…	…	…	…	…	…	…
		2000～05	69.7	…	…	…	…	…	…	…	…	…
		2001	68.8	…	…	…	…	…	…	…	…	…
		2005	70.6	…	…	…	…	…	…	…	…	…
		2007	71.6	…	…	…	…	…	…	…	…	…
		2011	71.6	…	…	…	…	…	…	…	…	…
		2012	72.7	69.14	64.21	54.44	44.83	35.22	25.96	17.77	10.92	5.98
	女	1959～63	52.0	58.5	54.4	46.0	38.4	30.7	22.9	15.7	9.6	5.4
		1970～75	58.30	…	…	…	…	…	…	…	…	…
		1975～80	63.00	…	…	…	…	…	…	…	…	…
		1980～85	65.50	…	…	…	…	…	…	…	…	…
		1985～90	67.80	…	…	…	…	…	…	…	…	…
		1990～95	69.80	…	…	…	…	…	…	…	…	…
		1995～2000	71.5	…	…	…	…	…	…	…	…	…
		2000～05	72.5	…	…	…	…	…	…	…	…	…
		2001	71.1	…	…	…	…	…	…	…	…	…
		2005	72.4	…	…	…	…	…	…	…	…	…
		2007	74.4	…	…	…	…	…	…	…	…	…
		2011	74.4	…	…	…	…	…	…	…	…	…
		2012	76.72	73.09	68.14	58.25	48.44	38.72	29.27	20.34	12.42	6.79
カザフスタン	男	(Kazakhstan)										
		1989	63.90	…	…	…	…	…	…	…	…	…
		1990	63.83	61.32	56.55	47.07	38.19	29.60	21.70	15.12	9.97	6.13
		1996	58.47	55.73	50.90	41.50	33.07	25.22	18.27	12.81	8.63	5.36
		1997	59.0	56.3	51.4	42.0	33.5	25.6	18.6	13.0	8.7	5.4
		2004	60.6	56.9	52.0	42.6	34.2	26.4	19.4	13.6	9.1	5.8
		2005	60.3	56.6	51.8	42.3	33.9	26.3	19.3	13.5	9.0	5.7
		2007	60.7	57.0	52.1	42.6	34.3	26.7	19.6	13.7	9.0	5.5
		2008	61.91	58.62	53.76	44.20	35.63	27.80	20.45	14.14	9.19	5.65
		2012	64.84	61.02	56.14	46.49	37.52	29.29	21.51	14.83	9.60	5.72
	女	1989	73.10	…	…	…	…	…	…	…	…	…
		1990	73.06	70.32	65.48	55.79	46.30	36.88	27.91	19.73	12.92	7.45
		1996	69.95	67.05	62.18	52.51	43.17	34.02	25.43	17.89	11.53	6.83
		1997	70.2	67.2	62.3	52.6	43.3	34.2	25.6	18.0	11.7	6.8
		2004	72.0	68.1	63.2	53.5	44.2	35.0	26.4	18.5	11.8	6.7
		2005	71.8	68.0	63.1	53.4	44.0	35.0	26.3	18.5	11.7	6.5
		2007	72.6	68.8	63.9	54.2	44.8	35.8	27.1	19.2	12.3	7.0
		2008	72.43	69.02	64.14	54.44	45.04	35.92	27.09	18.93	11.90	6.45
		2012	74.33	70.42	65.53	55.74	46.15	36.88	27.92	19.62	12.32	6.60
クウェート	男女	(Kuwait)										
		1965～70	64.4	…	…	…	…	…	…	…	…	…
	男	1970	66.40	65.30	60.80	51.30	41.90	33.00	24.30	16.80	11.70	7.40
		1975～80	67.50	…	…	…	…	…	…	…	…	…
		1980～85	69.60	…	…	…	…	…	…	…	…	…
		1985～90	72.60	…	…	…	…	…	…	…	…	…
		1990～95	73.30	…	…	…	…	…	…	…	…	…
		1992～93	71.77	67.86	62.99	53.57	44.15	34.72	25.62	17.34	10.75	4.37
		1990～95	73.3	…	…	…	…	…	…	…	…	…
	女	1970	71.50	70.90	66.30	56.70	47.10	37.80	28.70	20.40	13.70	8.20
		1975～80	71.70	…	…	…	…	…	…	…	…	…
		1980～85	73.70	…	…	…	…	…	…	…	…	…
		1985～90	76.30	…	…	…	…	…	…	…	…	…
		1990～95	77.20	…	…	…	…	…	…	…	…	…
		1992～93	73.32	69.21	64.31	54.50	44.68	34.95	25.51	16.83	9.95	4.33
		1990～95	77.2	…	…	…	…	…	…	…	…	…

（単位：年）

国名（地域）・性・作成基礎期間		0歳	5	10	20	30	40	50	60	70	80
キルギスタン	（Kyrgyzstan）										
男	1989	64.30	…	…	…	…	…	…	…	…	…
	1991	64.60	62.54	57.72	48.15	39.15	30.67	22.86	15.97	10.07	6.74
	1992	64.23	62.37	57.54	48.00	39.05	30.37	22.57	15.64	9.78	6.30
	1995	61.41	59.29	54.47	44.90	35.99	27.76	20.60	14.37	9.51	5.89
	1996	62.3	59.9	55.1	45.5	36.6	28.2	20.8	14.4	9.2	5.0
	1998	63.1	61.1	56.3	46.8	37.8	29.3	21.6	14.9	9.5	4.9
	1999	63.1	62.4	57.6	47.9	38.8	30.3	22.5	15.8	10.3	5.1
	2000	64.9	62.4	57.5	47.8	38.7	30.2	22.4	15.6	10.1	4.6
	2001	65.0	62.4	57.6	47.9	38.8	30.3	22.5	15.8	10.3	5.1
	2002	64.4	61.5	56.7	47.0	37.9	29.4	21.6	15.0	9.9	5.3
	2004	64.4	61.7	56.8	47.1	38.0	29.5	21.9	15.3	10.6	7.2
	2005	64.2	61.7	56.8	47.1	37.9	29.5	21.8	15.0	10.1	6.5
	2006	63.5	61.0	56.1	46.4	37.3	29.0	21.4	14.9	9.8	7.1
	2007	63.7	61.2	56.3	46.6	37.4	29.0	21.4	14.9	10.0	6.9
	2008	64.5	61.7	56.9	47.2	38.1	29.6	21.9	15.2	9.9	6.9
	2009	65.2	62.3	57.4	47.7	38.5	30.0	22.1	15.3	9.9	6.3
	2010	65.30	62.21	57.31	47.62	38.49	30.18	22.33	15.60	10.16	6.64
	2011	65.69	62.48	57.59	47.90	38.58	30.07	22.18	15.33	9.86	5.86
	2012	66.13	62.84	57.93	48.25	38.96	30.38	22.49	15.51	9.81	6.25
	2013	66.34	63.05	58.14	48.47	39.16	30.52	22.52	15.44	9.40	4.51
	2014	66.53	63.18	58.29	48.61	39.27	30.54	22.43	15.19	9.23	4.89
女	1989	72.40	…	…	…	…	…	…	…	…	…
	1991	72.74	70.23	65.36	55.66	46.24	36.95	28.19	20.11	12.71	8.16
	1992	72.23	69.99	65.14	55.46	46.04	36.75	27.85	19.76	12.40	7.62
	1995	70.38	68.04	63.20	53.48	44.05	34.87	26.29	18.79	12.19	7.49
	1996	71.0	68.3	63.4	53.7	44.3	35.1	26.4	18.6	11.8	6.5
	1998	71.2	68.7	63.9	54.1	44.6	35.4	26.5	18.5	11.7	6.0
	1999	71.1	69.7	64.8	55.0	45.4	36.1	27.1	18.9	11.7	5.5
	2000	72.4	69.5	64.6	54.8	45.2	35.9	26.9	18.6	11.5	4.9
	2001	72.6	69.7	64.8	55.0	45.4	36.1	27.1	18.9	11.7	5.5
	2002	72.1	68.9	64.0	54.2	44.7	35.4	26.5	18.3	11.2	5.6
	2004	72.3	69.3	64.4	54.6	45.0	35.7	26.8	18.8	12.2	7.3
	2005	71.9	69.2	64.3	54.5	45.0	35.7	26.8	18.7	11.9	6.8
	2006	72.1	69.5	64.6	54.8	45.3	36.0	27.1	19.2	12.8	8.4
	2007	72.3	69.6	64.7	54.9	45.3	36.0	27.1	19.0	12.1	7.3
	2008	72.6	69.6	64.7	54.9	45.3	36.1	27.1	19.0	12.0	7.2
	2009	73.2	70.1	65.2	55.4	45.9	36.5	27.5	19.2	12.1	6.8
	2010	73.50	70.24	65.34	55.57	45.97	36.69	27.70	19.37	12.14	6.88
	2011	73.71	70.32	65.40	55.65	46.06	36.75	27.76	19.42	12.27	6.87
	2012	74.05	70.59	65.68	55.90	46.28	36.91	27.89	19.51	12.11	6.75
	2013	74.29	70.83	65.93	56.15	46.49	37.11	28.04	19.61	12.13	6.19
	2014	74.50	71.08	66.17	56.39	46.76	37.36	28.26	19.71	12.21	6.49
ラオス人民民主共和国											
（Lao People's Democratic Republc）											
男	1970〜75	39.10	…	…	…	…	…	…	…	…	…
	1975〜80	42.10	…	…	…	…	…	…	…	…	…
	1980〜85	44.50	…	…	…	…	…	…	…	…	…
	1985〜90	47.00	…	…	…	…	…	…	…	…	…
	1990〜95	49.50	…	…	…	…	…	…	…	…	…
	1995〜2000	52.0	…	…	…	…	…	…	…	…	…
	2000〜05	53.3	…	…	…	…	…	…	…	…	…
	2005	59.0	…	…	…	…	…	…	…	…	…
女	1970〜75	41.80	…	…	…	…	…	…	…	…	…
	1975〜80	45.00	…	…	…	…	…	…	…	…	…
	1980〜85	47.50	…	…	…	…	…	…	…	…	…
	1985〜90	50.00	…	…	…	…	…	…	…	…	…
	1990〜95	52.50	…	…	…	…	…	…	…	…	…
	1995〜2000	54.5	…	…	…	…	…	…	…	…	…
	2000〜05	55.8	…	…	…	…	…	…	…	…	…
	2005	63.0	…	…	…	…	…	…	…	…	…
マレーシア	（Malaysia）										
男	1985〜90	67.50	…	…	…	…	…	…	…	…	…
	1990〜95	68.70	…	…	…	…	…	…	…	…	…
	1996	69.34	65.39	60.53	51.06	41.88	32.71	23.93	16.17	9.74	5.41
	1997	69.6	65.5	60.6	51.2	42.0	32.9	24.1	16.2	9.9	5.4
	1998	69.6	65.6	60.8	51.3	42.2	33.1	24.3	16.5	10.2	5.6
	2002	70.7	66.5	61.7	52.2	43.1	34.0	25.2	17.1	10.7	5.8
	2004	71.7	67.2	…	52.7		34.3		17.4		
	2006	71.5	67.0	62.0	52.4	43.1	34.0	25.2	17.2	10.7	5.8
	2010	71.9	…	…	…	…	…	…	…	…	…
	2011	72.1	…	…	…	…	…	…	…	…	…
	2012	72.2	…	…	…	…	…	…	…	…	…
	2013	72.3	…	…	…	…	…	…	…	…	…
	2014	72.4	…	…	…	…	…	…	…	…	…
	2015	72.4	…	…	…	…	…	…	…	…	…
女	1985〜90	71.60	…	…	…	…	…	…	…	…	…
	1990〜95	73.00	…	…	…	…	…	…	…	…	…
	1996	74.08	70.02	65.12	55.37	45.70	36.13	26.93	18.47	11.24	6.18
	1997	74.5	70.3	65.4	55.6	45.9	36.4	27.1	18.6	11.4	6.2
	1998	74.6	70.5	65.6	55.9	46.2	36.6	27.4	18.8	11.7	6.4
	2002	75.2	71.0	66.1	56.3	46.6	37.0	27.7	19.1	11.9	6.4
	2004	76.1	71.6	…	56.9		37.5		19.5		
	2006	76.2	71.6	66.7	56.9	47.1	37.5	28.2	19.6	12.1	6.6

393

(単位：年)

国名（地域）・性・作成基礎期間		0歳	5	10	20	30	40	50	60	70	80
マレーシア	女	(Malaysia)									
		2010	76.6	…	…	…	…	…	…	…	…	…
		2011	76.8	…	…	…	…	…	…	…	…	…
		2012	76.9	…	…	…	…	…	…	…	…	…
		2013	76.9	…	…	…	…	…	…	…	…	…
		2014	77.0	…	…	…	…	…	…	…	…	…
		2015	77.1	…	…	…	…	…	…	…	…	…
モルディブ	男	(Maldives)									
		1982	53.44	56.12	52.48	43.37	34.84	25.98	17.21	9.22	…	…
		1985	62.20	63.69	59.06	49.66	40.64	31.28	23.30	15.63	8.35	4.88
		1991	66.18	65.27	60.61	51.06	41.46	32.07	23.45	15.47	8.75	5.04
		1992	67.15	65.67	60.96	51.51	42.15	32.93	24.34	16.76	10.51	5.57
		1997	69.2	…	…	…	…	…	…	…	…	…
		1998	70.6	67.8	63.0	53.4	43.8	34.4	25.5	18.0	11.6	6.0
		1999	72.0	68.8	64.0	54.3	44.7	35.3	26.2	18.8	12.7	6.4
		2003	70.4	66.8	62.0	52.2	42.6	32.9	23.6	15.4	8.0	…
		2004	71.1	67.6	62.8	53.1	43.4	33.8	24.4	16.2	9.1	
		2005	71.7	68.0	63.2	53.5	43.7	34.1	24.7	16.2	9.1	
		2009	72.5	68.7	63.8	54.1	44.4	34.7	25.2	16.3	8.8	
		2010	72.64	…	…	…	…	…	…	…	…	…
		2011	72.8	…	…	…	…	…	…	…	…	…
		2014	73.13	…	…	…	…	…	…	…	…	…
	女	1982	49.51	51.86	47.94	39.28	31.74	23.04	15.37	8.21	…	…
		1985	59.48	60.87	56.19	46.91	38.45	29.54	21.75	14.00	8.47	4.59
		1991	65.20	63.50	58.83	49.23	40.11	31.50	22.60	14.10	8.86	4.98
		1992	66.60	63.92	59.30	49.59	40.15	31.50	22.63	15.36	9.40	5.16
		1997	70.2	…	…	…	…	…	…	…	…	…
		1998	71.8	68.9	64.1	54.4	44.8	35.5	26.6	18.6	12.3	6.3
		1999	73.2	69.8	65.0	55.3	45.7	36.3	27.3	19.3	13.0	6.6
		2003	71.3	67.5	62.6	52.8	43.0	33.4	24.0	15.3	7.7	…
		2004	72.1	68.4	63.6	53.8	44.0	34.3	24.8	16.3	8.7	
		2005	72.7	69.0	64.1	54.3	44.5	34.8	25.3	16.5	8.9	
		2009	74.2	70.2	65.3	55.5	45.6	35.8	26.3	17.1	9.1	
		2010	74.43	…	…	…	…	…	…	…	…	…
		2011	74.8	…	…	…	…	…	…	…	…	…
		2014	74.77	…	…	…	…	…	…	…	…	…
モンゴル	男女	(Mongolia)									
		1965～70	57.7	…	…	…	…	…	…	…	…	…
	男	1970～75	52.50	…	…	…	…	…	…	…	…	…
		1975～80	55.00	…	…	…	…	…	…	…	…	…
		1980～85	57.50	…	…	…	…	…	…	…	…	…
		1985～90	60.00	…	…	…	…	…	…	…	…	…
		1990～95	62.30	…	…	…	…	…	…	…	…	…
		1995～2000	64.4	…	…	…	…	…	…	…	…	…
		1996～2000	61.1	60.0	55.3	45.8	38.8	28.2	20.2	13.6	8.5	…
		2000～05	61.9	…	…	…	…	…	…	…	…	…
		1997～2006	62.6	61.2	56.4	46.8	37.9	29.6	22.2	15.8	11.7	
		1998～2007	63.1	61.3	56.5	46.9	38.0	29.7	22.4	16.1	12.0	
		1999～2008	63.7	…	…	…	…	…	…	…	…	…
		2009	64.3	…	…	…	…	…	…	…	…	…
		2010	64.93	…	…	…	…	…	…	…	…	…
		2013	65.43	…	…	…	…	…	…	…	…	…
		2014	65.91	…	…	…	…	…	…	…	…	…
		2006～2015	65.33	62.07	57.26	47.70	38.70	30.34	23.01	16.99	12.34	…
	女	1970～75	55.00	…	…	…	…	…	…	…	…	…
		1975～80	57.50	…	…	…	…	…	…	…	…	…
		1980～85	60.00	…	…	…	…	…	…	…	…	…
		1985～90	62.50	…	…	…	…	…	…	…	…	…
		1990～95	65.00	…	…	…	…	…	…	…	…	…
		1995～2000	67.3	…	…	…	…	…	…	…	…	…
		1996～2000	66.6	65.3	60.5	50.8	41.5	32.9	23.9	16.8	11.3	…
		2000～05	65.9	…	…	…	…	…	…	…	…	…
		1997～2006	69.4	67.6	62.7	53.0	43.6	34.5	26.0	18.5	13.3	
		1998～2007	70.2	68.9	64.0	54.2	44.8	35.7	27.2	19.7	14.3	
		1999～2008	71.0	…	…	…	…	…	…	…	…	…
		2009	71.8	…	…	…	…	…	…	…	…	…
		2010	72.26	…	…	…	…	…	…	…	…	…
		2013	75.01	…	…	…	…	…	…	…	…	…
		2014	75.49	…	…	…	…	…	…	…	…	…
		2006～2015	74.76	71.37	66.51	56.78	47.22	37.90	29.18	21.36	15.05	…
ミャンマー	男	(Myanmar)									
		1954	40.8	49.10	45.50	36.80	28.60	21.10	14.10	10.60	6.30	3.00
		1970～75	51.0	…	…	…	…	…	…	…	…	…
		1974	56.30	57.50	53.50	44.70	36.60	28.20	21.00	14.80	9.20	6.10
		1978	58.93	59.05	54.87	45.86	37.27	28.88	21.32	14.63	9.20	5.05
		1986	57.89	59.16	54.96	45.54	36.58	28.37	20.48	14.10	9.34	4.98
		1990～95	56.00	…	…	…	…	…	…	…	…	…
		1990	50.2	54.6	51.6	43.1	35.2	28.0	21.0	14.3	9.1	…
		1995～2000	58.5	…	…	…	…	…	…	…	…	…
		2000～05	53.8	…	…	…	…	…	…	…	…	…
		2005	62.5	65.2	60.7	51.2	41.8	32.6	23.9	16.5	10.7	6.8
		2007	64.0	65.0	60.4	51.0	41.6	32.4	23.8	17.2	11.6	6.9
		2008	64.3	61.0	56.9	46.9	38.2	30.9	24.0	17.4	10.9	5.9
		2009	65.48	65.04	60.47	51.14	41.87	33.04	24.61	17.82	12.04	6.24
		2010	64.62	63.97	59.31	49.77	40.39	31.27	22.57	15.68	10.22	6.28

（単位：年）

国名（地域）・性・作成基礎期間			0歳	5	10	20	30	40	50	60	70	80
ミャンマー		(Myanmar)										
	男	2011	65.92	67.37	62.47	52.80	43.67	35.35	27.62	20.26	13.64	9.72
		2013	65.46	63.09	58.32	48.82	39.92	32.09	24.79	17.85	11.88	7.73
	女	1954	43.8	50.30	47.00	38.30	30.70	23.70	18.80	12.40	7.30	3.70
		1970～75	54.1	…	…	…	…	…	…	…	…	…
		1974	60.20	61.60	57.80	48.80	40.30	32.00	24.10	16.80	10.60	6.10
		1978	63.66	63.58	59.42	50.30	41.65	33.07	24.88	17.40	10.87	5.95
		1986	63.14	63.96	59.70	50.27	41.17	32.49	24.08	16.98	11.18	6.61
		1990～95	59.30	…	…	…	…	…	…	…	…	…
		1990	54.7	58.7	55.7	47.9	39.5	31.4	23.2	15.4	9.4	…
		1995～2000	61.8	…	…	…	…	…	…	…	…	…
		2000～05	58.8	…	…	…	…	…	…	…	…	…
		2005	66.6	68.5	63.9	54.3	44.7	35.4	26.3	18.1	11.5	6.8
		2007	69.0	69.8	65.3	56.0	46.6	37.4	28.5	20.4	13.2	6.6
		2008	68.3	65.0	60.4	51.0	42.2	33.9	25.8	18.1	10.9	5.3
		2009	70.67	70.93	66.38	56.98	47.54	38.14	29.00	20.97	13.96	7.17
		2010	68.59	68.03	63.56	54.06	44.60	35.09	25.77	17.76	11.12	5.72
		2011	70.89	74.81	69.93	60.17	50.74	41.52	32.52	23.88	16.45	11.88
		2013	69.14	69.66	64.89	55.34	46.04	37.02	28.28	20.14	13.13	8.23
ネパール		(Nepal)										
	男女	1965～70	40.6	…	…	…	…	…	…	…	…	…
	男	1970～75	44.00	…	…	…	…	…	…	…	…	…
		1975～80	46.50	…	…	…	…	…	…	…	…	…
		1980～85	49.00	…	…	…	…	…	…	…	…	…
		1981	50.88	55.76	51.67	43.13	35.30	27.58	20.30	13.82	8.52	4.49
		1990～95	55.10	…	…	…	…	…	…	…	…	…
		1995～2000	57.6	…	…	…	…	…	…	…	…	…
		2000～05	60.1	…	…	…	…	…	…	…	…	…
		2005	62.3	…	…	…	…	…	…	…	…	…
		2006	62.9	…	…	…	…	…	…	…	…	…
		2007	63.6	…	…	…	…	…	…	…	…	…
		2008	63.6	…	…	…	…	…	…	…	…	…
		2011	65.4	…	…	…	…	…	…	…	…	…
	女	1970～75	42.50	…	…	…	…	…	…	…	…	…
		1975～80	45.00	…	…	…	…	…	…	…	…	…
		1980～85	47.50	…	…	…	…	…	…	…	…	…
		1981	48.10	54.73	50.98	43.01	35.68	28.64	21.19	14.42	8.81	4.54
		1990～95	54.10	…	…	…	…	…	…	…	…	…
		1995～2000	57.1	…	…	…	…	…	…	…	…	…
		2000～05	59.6	…	…	…	…	…	…	…	…	…
		2005	63.1	…	…	…	…	…	…	…	…	…
		2006	63.7	…	…	…	…	…	…	…	…	…
		2007	64.5	…	…	…	…	…	…	…	…	…
		2008	64.5	…	…	…	…	…	…	…	…	…
		2011	67.9	…	…	…	…	…	…	…	…	…
パレスチナ自治政府												
(Occupied Palestinian Territory)												
	男	2001	70.5	67.5	62.7	53.1	43.6	34.2	25.2	17.2	10.7	6.1
		2007	70.0	…	…	…	…	…	…	…	…	…
		2008	70.2	…	…	…	…	…	…	…	…	…
		2011	71.0	…	…	…	…	…	…	…	…	…
		2014	71.8	…	…	…	…	…	…	…	…	…
	女	2001	73.6	70.3	65.5	55.7	46.1	36.6	27.5	19.0	11.7	6.4
		2007	72.6	…	…	…	…	…	…	…	…	…
		2008	72.9	…	…	…	…	…	…	…	…	…
		2011	73.9	…	…	…	…	…	…	…	…	…
		2014	74.7	…	…	…	…	…	…	…	…	…
オマーン		(Oman)										
	男	1970～75	47.80	…	…	…	…	…	…	…	…	…
		1975～80	51.50	…	…	…	…	…	…	…	…	…
		1980～85	57.20	…	…	…	…	…	…	…	…	…
		1985～90	66.20	…	…	…	…	…	…	…	…	…
		1990～95	67.70	…	…	…	…	…	…	…	…	…
		1995～2000	68.9	…	…	…	…	…	…	…	…	…
		2000～05	70.2	…	…	…	…	…	…	…	…	…
		2002	72.2	…	…	…	…	…	…	…	…	…
		2003	73.1	…	…	…	…	…	…	…	…	…
		2004	73.2	…	…	…	…	…	…	…	…	…
		2005	73.2	…	…	…	…	…	…	…	…	…
		2006	73.2	…	…	…	…	…	…	…	…	…
		2008	72.16	68.07	63.21	53.56	44.10	34.57	25.24	16.80	10.08	7.16
		2011	73.10	…	…	…	…	…	…	…	…	…
		2012	74.5	…	…	…	…	…	…	…	…	…
		2013	74.84	70.85	65.97	56.42	47.14	37.64	28.53	20.45	13.59	…
		2014	74.8	…	…	…	…	…	…	…	…	…
	女	1970～75	50.20	…	…	…	…	…	…	…	…	…
		1975～80	54.50	…	…	…	…	…	…	…	…	…
		1980～85	60.80	…	…	…	…	…	…	…	…	…
		1985～90	69.80	…	…	…	…	…	…	…	…	…
		1990～95	71.80	…	…	…	…	…	…	…	…	…
		1995～2000	73.3	…	…	…	…	…	…	…	…	…
		2000～05	73.2	…	…	…	…	…	…	…	…	…
		2002	75.4	…	…	…	…	…	…	…	…	…
		2003	75.4	…	…	…	…	…	…	…	…	…

395

（単位：年）

国名（地域）・性・作成基礎期間			0歳	5	10	20	30	40	50	60	70	80
オマーン	女	(Oman)										
		2004	75.4	…	…	…	…	…	…	…	…	…
		2005	74.4	…	…	…	…	…	…	…	…	…
		2006	75.4	…	…	…	…	…	…	…	…	…
		2008	75.70	71.46	66.58	56.75	46.92	37.17	27.72	19.31	12.65	9.35
		2011	77.70	…	…	…	…	…	…	…	…	…
		2012	78.0	…	…	…	…	…	…	…	…	…
		2013	78.46	74.31	69.38	59.52	49.69	39.94	30.47	21.59	13.75	…
		2014	78.5									
パキスタン	男	(Pakistan)										
		1962	53.72	60.80	56.98	47.76	39.22	30.79	22.77	15.61	9.60	4.10
		1970〜75	50.00	…	…	…	…	…	…	…	…	…
		1975〜80	52.00	…	…	…	…	…	…	…	…	…
		1976〜78	59.04	65.24	61.34	52.30	43.39	34.77	26.55	19.25	13.08	7.44
		1985〜90	58.10	…	…	…	…	…	…	…	…	…
		1990〜95	60.60	…	…	…	…	…	…	…	…	…
		1995〜2000	62.9	…	…	…	…	…	…	…	…	…
		2000〜05	61.2	…	…	…	…	…	…	…	…	…
		2001	64.5	66.2	61.6	52.2	43.2	34.6	26.3	18.8	12.4	7.9
		2003	64.7	66.6	61.9	52.4	43.1	34.1	25.6	18.5	11.9	…
		2005	64.0	…	…	…	…	…	…	…	…	…
		2007	63.55	65.27	60.72	51.25	42.20	33.26	24.95	18.07	12.74	9.18
	女	1962	48.80	54.81	51.68	42.85	35.38	27.74	21.61	15.46	10.78	5.21
		1970〜75	48.00	…	…	…	…	…	…	…	…	…
		1975〜80	51.00	…	…	…	…	…	…	…	…	…
		1976〜78	59.20	64.81	60.68	51.98	43.62	35.23	27.03	19.27	12.72	7.12
		1985〜90	60.10	…	…	…	…	…	…	…	…	…
		1990〜95	62.60	…	…	…	…	…	…	…	…	…
		1995〜2000	65.1	…	…	…	…	…	…	…	…	…
		2000〜05	60.9	…	…	…	…	…	…	…	…	…
		2001	66.1	67.7	63.3	54.2	45.2	36.3	27.6	20.1	14.4	9.1
		2003	65.6	67.2	62.4	52.6	43.4	34.4	25.7	18.5	12.9	…
		2005	65.0	…	…	…	…	…	…	…	…	…
		2007	67.62	68.57	64.08	54.92	45.66	36.47	27.70	19.62	13.44	8.60
フィリピン	男	(Philippines)										
		1946〜49	48.81	58.33	54.64	45.98	38.42	31.14	24.09	17.72	11.76	6.61
		1970〜75	56.40	…	…	…	…	…	…	…	…	…
		1975〜80	58.30	…	…	…	…	…	…	…	…	…
		1980〜85	60.20	…	…	…	…	…	…	…	…	…
		1986	61.60	61.89	57.36	48.19	39.45	30.75	22.54	15.30	9.39	5.03
		1987	61.90	62.07	57.52	48.34	39.57	30.85	22.61	15.34	9.42	5.05
		1988	62.20	62.24	57.69	48.48	39.69	30.94	22.68	15.39	9.45	5.07
		1989	62.50	62.42	57.85	48.63	39.81	31.04	22.75	15.44	9.48	5.09
		1990	62.20	62.67	58.09	48.76	40.18	31.85	23.99	16.98	10.97	6.07
		1991	63.10	62.80	58.20	48.90	40.10	31.20	22.90	15.50	9.50	5.10
	女	1946〜49	53.36	60.34	56.22	47.27	39.45	32.26	25.15	18.45	12.14	7.03
		1970〜75	59.40	…	…	…	…	…	…	…	…	…
		1975〜80	61.50	…	…	…	…	…	…	…	…	…
		1980〜85	63.70	…	…	…	…	…	…	…	…	…
		1986	65.20	64.81	60.23	50.96	42.07	33.31	24.84	17.02	10.39	5.52
		1987	65.50	64.99	60.40	51.11	42.19	33.41	24.91	17.08	10.42	5.54
		1988	65.80	65.18	60.57	51.26	42.31	33.51	24.99	17.14	10.46	5.57
		1989	66.10	65.36	60.74	51.41	42.44	33.60	25.06	17.19	10.49	5.59
		1990	67.45	68.03	63.46	54.04	44.81	35.75	27.04	19.02	11.85	6.34
		1991	66.70	65.70	61.10	51.70	42.70	33.80	25.20	17.30	10.60	5.60
カタール	男	(Qatar)										
		1975〜80	63.50	…	…	…	…	…	…	…	…	…
		1980〜85	65.40	…	…	…	…	…	…	…	…	…
		1985〜90	67.60	…	…	…	…	…	…	…	…	…
		1990〜95	68.80	…	…	…	…	…	…	…	…	…
		1995〜2000	70.0	…	…	…	…	…	…	…	…	…
		2000〜05	69.4	…	…	…	…	…	…	…	…	…
		2004	76.1	57.5	52.8	43.2	33.6	24.2	15.6	9.0	4.6	…
		2003〜05	75.1	71.1	66.2	56.7	47.3	37.7	28.2	19.0	11.4	5.6
		2006	76.7	72.5	67.6	58.2	49.1	39.6	30.2	21.1	13.6	8.2
		2007	81.0	76.9	72.0	62.7	53.1	43.5	34.0	25.1	17.6	12.5
		2008	77.9	73.7	68.8	59.1	49.4	39.8	30.3	21.2	13.3	7.1
		2010	78.04	…	…	…	…	…	…	…	…	…
		2011	76.47	…	…	…	…	…	…	…	…	…
	女	1975〜80	67.60	…	…	…	…	…	…	…	…	…
		1980〜85	69.80	…	…	…	…	…	…	…	…	…
		1985〜90	73.00	…	…	…	…	…	…	…	…	…
		1990〜95	74.20	…	…	…	…	…	…	…	…	…
		1995〜2000	75.4	…	…	…	…	…	…	…	…	…
		2000〜05	72.1	…	…	…	…	…	…	…	…	…
		2004	75.6	56.5	51.6	41.7	31.9	22.6	14.2	8.3	7.0	…
		2003〜05	75.6	71.4	66.5	56.6	46.8	36.9	27.2	18.3	11.5	7.3
		2006	76.7	72.4	67.5	57.7	47.9	38.0	28.3	19.0	12.0	9.2
		2007	79.2	74.9	70.0	60.2	50.4	40.6	30.9	21.7	14.6	9.1
		2008	78.1	73.9	68.9	59.1	49.2	39.3	29.6	20.5	13.2	7.8
		2010	78.77	…	…	…	…	…	…	…	…	…
		2011	80.95	…	…	…	…	…	…	…	…	…

（単位：年）

国名（地域）・性・作成基礎期間			0歳	5	10	20	30	40	50	60	70	80
大韓民国		(Republic of Korea)										
	男	1955〜60	51.12	54.88	50.64	41.74	33.39	25.73	18.81	12.77	7.89	4.50
		1966	59.74	59.44	55.54	46.47	37.66	28.86	20.19	14.10	8.89	4.76
		1970	63.00	63.00	58.00	49.00	40.00	31.00	23.00	16.00	10.00	5.00
		1978〜79	62.70	60.30	55.62	46.21	37.17	28.13	19.94	12.74	7.69	4.49
		1989	66.92	62.96	58.18	48.58	39.34	30.34	22.16	14.92	9.04	5.01
		1991	67.66	63.60	58.80	49.21	39.93	30.94	22.76	15.48	9.48	5.19
		1995	69.5	65.3	60.5	50.9	41.5	32.4	24.0	16.5	10.3	5.8
		1997	70.6	66.3	61.4	51.7	42.3	33.2	24.6	17.0	10.6	6.0
		1999	71.7	67.3	62.4	52.7	43.2	33.9	25.3	17.5	11.0	6.2
		2000	72.25	67.85	62.94	53.19	43.63	34.31	25.66	17.82	11.22	6.47
		2001	72.82	68.41	63.50	53.71	44.12	34.75	26.03	18.11	11.37	6.44
		2002	73.40	68.96	64.04	54.24	44.62	35.23	26.46	18.47	11.64	6.63
		2003	73.87	69.40	64.48	54.67	45.03	35.60	26.80	18.76	11.84	6.73
		2004	74.51	70.03	65.10	55.28	45.63	36.17	27.30	19.17	12.12	6.87
		2005	75.14	70.63	65.70	55.87	46.21	36.72	27.79	19.56	12.39	7.00
		2009	77.0	72.3	67.4	57.6	47.9	38.4	29.4	21.0	13.4	7.5
		2010	76.8	…	…	…	…	…	…	…	…	…
		2011	77.6	…	…	…	…	…	…	…	…	…
		2012	77.9	…	…	…	…	…	…	…	…	…
		2013	78.5	…	…	…	…	…	…	…	…	…
		2014	78.6	…	…	…	…	…	…	…	…	…
		2015	79.0	…	69.3	59.4	49.7	40.1	30.8	22.2	14.3	8.0
	女	1955〜60	53.73	56.58	52.31	43.51	35.20	27.53	20.51	13.91	8.48	4.52
		1966	64.07	64.00	60.18	51.17	42.44	33.76	25.03	16.99	10.07	5.85
		1970	67.00	66.00	61.00	52.00	43.00	34.00	25.00	17.00	11.00	6.00
		1978〜79	69.07	68.23	63.46	53.86	44.43	35.04	26.18	17.87	10.77	5.87
		1989	74.96	71.03	66.23	56.54	46.97	37.51	28.43	19.89	12.36	6.60
		1991	75.67	71.64	66.80	57.06	47.45	37.93	28.77	20.12	12.46	6.70
		1995	77.4	73.2	68.3	58.5	48.8	39.2	29.9	21.0	13.1	7.0
		1997	78.1	73.8	68.9	59.1	49.4	39.8	30.4	21.5	13.4	7.1
		1999	79.2	74.8	69.9	60.1	50.3	40.7	31.2	22.2	14.0	7.7
		2000	79.60	75.17	70.25	60.41	50.64	40.98	31.53	22.46	14.22	7.89
		2001	80.04	75.58	70.66	60.80	51.02	41.33	31.86	22.75	14.41	7.92
		2002	80.45	75.97	71.04	61.17	51.39	41.69	32.20	23.06	14.66	8.08
		2003	80.82	76.31	71.38	61.50	51.70	42.00	32.50	23.33	14.87	8.18
		2004	81.35	76.84	71.90	62.02	52.24	42.54	33.03	23.83	15.29	8.45
		2005	81.89	77.36	72.42	62.53	52.77	43.07	33.56	24.32	15.70	8.72
		2009	83.8	79.1	74.2	64.3	54.5	44.9	35.3	26.0	17.2	9.8
		2010	83.6	…	…	…	…	…	…	…	…	…
		2011	84.5	…	…	…	…	…	…	…	…	…
		2012	84.6	…	…	…	…	…	…	…	…	…
		2013	85.1	…	…	…	…	…	…	…	…	…
		2014	85.0	…	…	…	…	…	…	…	…	…
		2015	85.2	…	75.5	65.5	55.7	46.0	36.4	27.0	17.9	10.1
サウジアラビア		(Saudi Arabia)										
	男女	1965〜70	42.3	…	…	…	…	…	…	…	…	…
	男	1970〜75	52.40	…	…	…	…	…	…	…	…	…
		1975〜80	56.20	…	…	…	…	…	…	…	…	…
		1980〜85	59.20	…	…	…	…	…	…	…	…	…
		1985〜90	66.40	…	…	…	…	…	…	…	…	…
		1990〜95	68.40	…	…	…	…	…	…	…	…	…
		1995〜2000	69.9	…	…	…	…	…	…	…	…	…
		2000〜05	71.1	…	…	…	…	…	…	…	…	…
		2009	72.5	…	…	…	…	…	…	…	…	…
		2012	72.8	…	…	…	…	…	…	…	…	…
		2015	73.1	…	…	…	…	…	…	…	…	…
	女	1970〜75	55.50	…	…	…	…	…	…	…	…	…
		1975〜80	59.70	…	…	…	…	…	…	…	…	…
		1980〜85	62.70	…	…	…	…	…	…	…	…	…
		1985〜90	69.10	…	…	…	…	…	…	…	…	…
		1990〜95	71.40	…	…	…	…	…	…	…	…	…
		1995〜2000	73.4	…	…	…	…	…	…	…	…	…
		2000〜05	73.7	…	…	…	…	…	…	…	…	…
		2009	74.7	…	…	…	…	…	…	…	…	…
		2012	75.2	…	…	…	…	…	…	…	…	…
		2015	75.7	…	…	…	…	…	…	…	…	…
シンガポール		(Singapore)										
	男女	1965〜70	68.2	…	…	…	…	…	…	…	…	…
	男	1970	65.10	62.00	57.10	47.50	38.20	28.80	20.20	12.90	7.10	…
		1980	68.70	64.80	59.90	50.20	40.70	31.30	22.60	15.20	9.70	5.60
		1991	73.45	68.97	64.05	58.29	44.68	35.11	25.99	17.94	11.63	6.67
		1992	73.70	69.20	64.28	54.52	44.92	35.34	26.14	18.08	11.75	6.74
		1993	74.02	69.47	64.53	54.76	45.14	35.54	26.36	18.20	11.79	6.83
		1994	74.20	69.60	64.60	54.90	45.20	35.60	26.50	18.20	11.80	6.80
		1995	74.20	69.60	64.70	54.90	45.30	35.70	26.50	18.30	11.80	6.70
		1996	74.40	69.80	64.90	55.10	45.40	35.90	26.60	18.40	11.80	6.70
		1997	75.00	70.30	65.40	55.60	46.00	36.40	27.10	18.80	12.10	6.90
		1998	75.2	70.6	65.7	55.8	46.2	38.6	27.3	18.9	12.2	6.9
		1999	75.6	…	…	…	…	…	…	…	…	…
		2000	76.0	71.3	66.4	56.5	46.9	37.3	28.0	19.4	12.4	6.7
		2001	76.4	71.7	66.7	56.9	47.2	37.6	28.3	19.8	12.6	6.8

397

(単位：年)

国名（地域）・性・作成基礎期間		0歳	5	10	20	30	40	50	60	70	80
シンガポール	（Singapore）										
男	2002	76.6	71.9	67.0	57.1	47.5	37.8	28.5	20.0	12.8	6.9
	2003	77.0	72.3	67.3	57.5	47.8	38.1	28.8	20.2	12.9	7.0
	2004	77.4	72.6	67.7	57.8	48.1	38.5	29.1	20.5	13.2	7.2
	2005	77.9	73.1	68.1	58.3	48.5	38.9	29.5	20.9	13.5	7.4
	2007	78.1	73.3	68.4	58.5	48.8	39.1	29.8	21.1	13.7	8.1
	2008	78.4	73.7	68.7	58.8	49.1	39.4	30.1	21.4	13.9	8.2
	2010	79.3	74.6	69.6	59.8	50.0	40.3	30.9	22.2	14.5	8.5
	2011	79.5	74.7	69.7	59.9	50.1	40.4	30.9	22.2	14.5	8.5
	2012	79.8	75.0	70.1	60.2	50.4	40.7	31.3	22.5	14.7	8.7
	2013	80.1	75.3	70.3	60.4	50.6	40.9	31.5	22.7	14.8	8.7
	2014	80.3	75.6	70.6	60.7	50.9	41.2	31.7	22.9	15.1	8.9
	2015	80.5	75.7	70.8	60.9	51.1	41.3	31.9	23.0	15.1	8.9
女	1970	70.00	66.60	61.80	52.00	42.40	32.90	23.90	15.60	8.20	･･･
	1980	74.00	70.10	65.20	55.40	45.70	36.20	27.00	18.80	11.80	6.50
	1991	77.95	73.42	68.47	58.62	48.83	39.13	29.76	21.08	13.51	7.39
	1992	78.27	73.72	68.77	58.94	49.14	39.42	30.00	21.28	13.68	7.53
	1993	78.33	73.76	68.80	58.94	49.11	39.39	29.96	21.27	13.64	7.54
	1994	78.50	73.90	68.90	59.00	49.20	39.50	30.00	21.30	13.60	7.60
	1995	78.70	74.00	69.10	59.20	49.40	39.70	30.20	21.40	13.70	7.60
	1996	78.90	74.20	69.30	59.40	49.60	39.90	30.40	21.60	13.80	7.60
	1997	79.20	74.50	69.50	59.70	49.90	40.10	30.60	21.70	13.90	7.60
	1998	79.3	74.7	69.7	59.8	50.0	40.2	30.7	21.8	14.1	7.6
	1999	79.7	･･･	･･･	･･･	･･･	･･･	･･･	･･･	･･･	･･･
	2000	80.0	75.3	70.4	60.5	50.6	40.9	31.4	22.3	14.3	7.6
	2001	80.3	75.6	70.6	60.8	50.9	41.2	31.6	22.6	14.4	7.7
	2002	80.7	75.9	70.9	61.0	51.2	41.4	31.8	22.8	14.6	7.7
	2003	80.9	76.2	71.2	61.3	51.5	41.7	32.1	23.0	14.8	7.7
	2004	81.3	76.5	71.6	61.7	51.8	42.0	32.4	23.3	15.0	7.8
	2005	81.6	76.8	71.9	62.0	52.1	42.3	32.7	23.6	15.3	7.9
	2007	82.9	78.1	73.1	63.2	53.4	43.6	34.0	24.9	16.5	9.9
	2008	83.3	78.4	73.5	63.6	53.7	43.9	34.3	25.1	16.7	10.0
	2010	84.1	79.3	74.3	64.4	54.5	44.7	35.1	25.9	17.4	10.3
	2011	84.1	79.3	74.4	64.4	54.6	44.8	35.2	26.0	17.5	10.4
	2012	84.3	79.5	74.5	64.6	54.7	44.9	35.3	26.1	17.6	10.4
	2013	84.5	79.7	74.7	64.8	54.9	45.1	35.5	26.3	17.7	10.5
	2014	84.8	80.0	75.0	65.1	55.2	45.3	35.7	26.5	17.8	10.5
	2015	85.1	80.3	75.3	65.4	55.5	45.6	36.0	26.8	18.1	10.7
スリランカ	（Sri Lanka）										
男	1945～47	46.79	54.14	50.27	42.36	34.64	27.28	20.47	14.31	9.05	5.06
	1946	43.9	52.8	49.5	41.3	33.7	26.4	19.7	13.8	8.9	4.8
	1947	52.65	58.60	54.82	46.14	38.04	30.23	22.82	16.18	10.40	5.45
	1948	54.88	60.53	56.72	47.91	39.53	31.43	23.70	16.74	10.72	5.57
	1949	56.07	61.14	57.26	48.32	39.83	31.56	23.63	16.40	10.13	5.15
	1950	56.36	61.68	57.95	48.82	40.01	31.48	23.31	15.87	9.42	4.00
	1951	56.09	61.40	59.92	48.87	40.00	31.46	23.31	15.86	9.37	3.64
	1952	57.6	62.3	58.7	49.5	40.6	32.0	23.6	16.0	9.3	3.4
	1953	58.8	62.5	58.6	50.1	41.1	32.4	24.1	16.3	9.6	3.5
	1954	60.3	64.2	60.2	51.0	41.9	33.1	24.5	16.6	9.6	3.3
	1955	58.1	61.7	57.7	48.5	39.6	30.8	22.4	14.6	8.0	･･･
	1960	61.9	63.5	59.2	49.9	40.8	31.9	23.2	15.1	8.3	･･･
	1962	61.9	62.7	58.3	49.0	40.0	31.0	22.4	14.4	7.4	･･･
	1967	64.8	65.0	60.5	51.2	42.2	33.2	24.8	17.0	10.6	･･･
	1970～75	64.00	･･･	･･･	･･･	･･･	･･･	･･･	･･･	･･･	･･･
	1975～80	65.00	･･･	･･･	･･･	･･･	･･･	･･･	･･･	･･･	･･･
	1980～85	67.00	･･･	･･･	･･･	･･･	･･･	･･･	･･･	･･･	･･･
	1981	67.78	65.69	60.99	51.64	42.77	33.19	25.39	17.74	11.07	5.81
	1990～95	69.70	･･･	･･･	･･･	･･･	･･･	･･･	･･･	･･･	･･･
	1995～2000	70.9	･･･	･･･	･･･	･･･	･･･	･･･	･･･	･･･	･･･
	2000～02	68.8	･･･	･･･	･･･	･･･	･･･	･･･	･･･	･･･	･･･
女	1945～47	44.72	51.87	48.25	40.86	34.52	28.18	21.24	14.48	8.89	4.42
	1946	41.6	50.1	41.7	39.3	33.3	26.9	20.2	13.8	8.3	4.5
	1947	51.02	56.55	52.87	44.63	37.78	30.85	23.40	16.15	9.73	4.84
	1948	53.26	58.48	54.61	46.03	38.94	31.55	23.79	16.31	9.68	4.38
	1949	54.79	59.49	55.76	47.03	39.38	31.64	23.62	15.88	9.07	3.27
	1950	54.83	59.62	56.25	47.31	39.48	31.54	23.34	15.55	8.72	2.67
	1951	53.98	58.88	55.57	46.72	38.89	30.98	22.86	15.02	7.97	2.47
	1952	55.5	59.7	56.2	47.2	39.3	31.3	23.0	14.9	7.7	2.4
	1953	57.5	60.8	57.1	48.2	40.0	31.7	23.2	15.0	7.5	2.2
	1954	59.4	63.0	59.3	50.3	42.0	33.6	25.0	16.8	9.5	5.8
	1955	57.1	60.5	56.6	47.4	39.1	30.8	22.3	14.2	7.1	･･･
	1960	61.4	62.7	58.5	49.2	40.6	32.0	23.2	14.8	7.3	･･･
	1962	61.4	61.9	57.6	48.4	39.8	31.2	24.0	13.9	6.4	･･･
	1967	66.9	66.8	62.4	53.0	44.0	35.0	26.2	17.8	11.1	･･･
	1970～75	66.00	･･･	･･･	･･･	･･･	･･･	･･･	･･･	･･･	･･･
	1975～80	68.50	･･･	･･･	･･･	･･･	･･･	･･･	･･･	･･･	･･･
	1980～85	71.00	･･･	･･･	･･･	･･･	･･･	･･･	･･･	･･･	･･･
	1981	71.66	69.46	64.75	55.36	46.20	36.96	28.01	19.57	12.19	6.43
	1990～95	74.20	･･･	･･･	･･･	･･･	･･･	･･･	･･･	･･･	･･･
	1995～2000	75.4	･･･	･･･	･･･	･･･	･･･	･･･	･･･	･･･	･･･
	2000～02	77.2	･･･	･･･	･･･	･･･	･･･	･･･	･･･	･･･	･･･

（単位：年）

国名（地域）・性・作成基礎期間		0歳	5	10	20	30	40	50	60	70	80
シリア・アラブ共和国(Syrian Arab Republic)											
男女	1965〜70	52.8	…	…	…	…	…	…	…	…	…
男	1970	54.49	60.69	56.43	47.44	38.98	30.53	22.45	15.15	9.04	4.83
	1975	54.94	60.70	56.43	47.44	38.98	30.53	22.45	15.15	9.04	4.83
	1977	63.01	64.27	59.86	50.76	41.82	32.94	24.06	16.04	9.96	4.43
	1981	64.42	65.89	61.18	51.69	42.42	33.28	24.53	16.61	9.74	4.45
	1990〜95	65.20	…	…	…	…	…	…	…	…	…
	1995〜2000	66.7	…	…	…	…	…	…	…	…	…
	2000〜05	70.6	…	…	…	…	…	…	…	…	…
女	1970	58.73	63.84	59.54	50.52	41.90	33.28	24.76	17.31	9.91	5.26
	1975	58.73	63.84	59.54	50.52	41.90	33.28	24.76	17.31	9.91	5.26
	1977	65.38	65.86	61.26	52.50	43.97	35.30	26.67	18.54	11.02	4.58
	1981	68.05	69.16	64.12	54.85	45.40	36.07	26.97	18.32	10.61	4.59
	1990〜95	69.20	…	…	…	…	…	…	…	…	…
	1995〜2000	71.2	…	…	…	…	…	…	…	…	…
	2000〜05	73.1	…	…	…	…	…	…	…	…	…
タジキスタン	(Tajikistan)										
男	1989	66.80	…	…	…	…	…	…	…	…	…
	1991	67.62	67.00	62.21	52.60	43.12	34.11	25.62	18.16	12.17	8.83
	1992	65.4	…	60.5	50.9	42.0	33.3	25.0	17.7	11.7	7.3
	2005	68.1	67.0	62.1	52.4	42.9	33.8	25.0	17.3	11.5	7.4
	2008	69.7	67.9	63.0	53.3	43.7	34.6	25.7	17.9	12.2	9.2
	2009	70.5	…	…	…	…	…	…	…	…	…
	2011	70.9	…	…	…	…	…	…	…	…	…
	2014	71.6	…	…	…	…	…	…	…	…	…
女	1989	71.70	…	…	…	…	…	…	…	…	…
	1991	73.18	72.22	67.37	57.65	48.25	38.96	30.15	22.06	15.18	10.79
	1992	71.1	…	65.7	56.0	46.6	37.4	28.4	20.4	13.5	8.5
	2005	73.2	71.7	66.8	57.0	47.4	37.9	28.8	20.6	14.2	10.2
	2008	74.8	72.5	67.6	57.8	48.1	38.6	29.4	21.0	14.7	11.1
	2009	75.3	…	…	…	…	…	…	…	…	…
	2011	74.1	…	…	…	…	…	…	…	…	…
	2014	75.4	…	…	…	…	…	…	…	…	…
タイ	(Thailand)										
男	1947〜48	48.69	51.27	47.87	39.81	32.53	25.56	19.00	12.69	6.34	…
	1960	53.6	…	…	…	…	…	…	…	…	…
	1970〜75	57.70	…	…	…	…	…	…	…	…	…
	1974〜75	57.63	60.38	56.17	47.16	38.40	30.25	22.43	15.88	10.77	7.83
	1975〜80	59.30	…	…	…	…	…	…	…	…	…
	1980〜85	60.70	…	…	…	…	…	…	…	…	…
	1985〜86	63.82	62.88	58.28	48.86	40.01	31.34	22.99	15.52	9.69	5.20
	1990〜95	66.40	…	…	…	…	…	…	…	…	…
	1991	67.74	66.21	61.58	52.28	43.22	34.44	26.08	18.79	12.81	9.30
	1995〜96	69.9	…	…	…	…	…	…	…	…	…
	1999	69.9	…	…	…	…	…	…	…	…	…
	2000〜05	67.9	…	…	…	…	…	…	…	…	…
	2000	69.9	…	…	…	…	…	…	…	…	…
	2001	69.9	…	…	…	…	…	…	…	…	…
	2002	69.9	…	…	…	…	…	…	…	…	…
	2005〜06	69.9	…	…	…	…	…	…	…	…	…
	2011	69.5	…	…	…	…	…	…	19.4	…	…
	2012	69.6	…	…	…	…	…	…	19.1	…	…
	2013	71.1	…	…	…	…	…	…	19.9	…	…
	2014	71.3	…	…	…	…	…	…	20.0	…	…
	2015	71.6	…	…	…	…	…	…	20.1	…	…
女	1947〜48	51.90	54.30	50.90	42.71	35.44	28.43	21.30	14.20	7.42	…
	1960	58.7	…	…	…	…	…	…	…	…	…
	1970〜75	61.60	…	…	…	…	…	…	…	…	…
	1974〜75	63.56	64.98	60.76	51.72	42.66	34.33	26.73	18.89	12.08	6.87
	1975〜80	63.20	…	…	…	…	…	…	…	…	…
	1980〜85	64.80	…	…	…	…	…	…	…	…	…
	1985〜86	68.85	67.27	62.68	53.43	44.24	35.05	26.23	18.56	12.03	6.17
	1990〜95	71.70	…	…	…	…	…	…	…	…	…
	1991	72.49	71.09	66.42	56.92	47.66	38.55	29.72	21.95	14.79	9.01
	1995〜96	74.9	…	…	…	…	…	…	…	…	…
	1999	74.9	…	…	…	…	…	…	…	…	…
	2000〜05	73.8	…	…	…	…	…	…	…	…	…
	2000	74.9	…	…	…	…	…	…	…	…	…
	2001	74.9	…	…	…	…	…	…	…	…	…
	2002	74.9	…	…	…	…	…	…	…	…	…
	2005〜06	77.6	…	…	…	…	…	…	…	…	…
	2011	76.3	…	…	…	…	…	…	21.9	…	…
	2012	76.9	…	…	…	…	…	…	22.2	…	…
	2013	78.1	…	…	…	…	…	…	23.1	…	…
	2014	78.2	…	…	…	…	…	…	23.2	…	…
	2015	78.4	…	…	…	…	…	…	23.3	…	…

（単位：年）

国名（地域）・性・作成基礎期間			0歳	5	10	20	30	40	50	60	70	80
トルコ		(Turkey)										
	男女	1960	52.7	…	…	…	…	…	…	…	…	…
		1966	53.7	…	…	…	…	…	…	…	…	…
	男	1970〜75	55.90	…	…	…	…	…	…	…	…	…
		1975〜80	58.00	…	…	…	…	…	…	…	…	…
		1980〜85	60.00	…	…	…	…	…	…	…	…	…
		1985〜90	62.80	…	…	…	…	…	…	…	…	…
		1989	63.26	60.27	58.36	49.81	40.52	31.64	23.44	16.17	10.11	…
		1990〜95	65.00	…	…	…	…	…	…	…	…	…
		1995〜2000	66.5	…	…	…	…	…	…	…	…	…
		2000〜05	68.0	…	…	…	…	…	…	…	…	…
		2000	68.1	…	…	…	…	…	…	…	…	…
		2001	68.2	…	…	…	…	…	…	…	…	…
		2002	68.4	…	…	…	…	…	…	…	…	…
		2003	68.6	…	…	…	…	…	…	…	…	…
		2004	68.8	…	…	…	…	…	…	…	…	…
		2006	69.1	…	…	…	…	…	…	…	…	…
		2008	71.4	…	…	…	…	…	…	…	…	…
		2009	71.5	…	…	…	…	…	…	…	…	…
		2011	72.0	…	…	…	…	…	…	…	…	…
		2013	73.7	69.9	65.0	55.3	45.8	36.2	27.0	18.7	11.6	6.5
		2014	75.29	71.41	66.51	56.80	47.18	37.57	28.31	19.92	12.79	7.36
	女	1970〜75	60.00	…	…	…	…	…	…	…	…	…
		1975〜80	62.50	…	…	…	…	…	…	…	…	…
		1980〜85	63.30	…	…	…	…	…	…	…	…	…
		1985〜90	68.00	…	…	…	…	…	…	…	…	…
		1989	66.01	66.58	61.70	52.12	42.86	33.69	25.13	17.53	11.30	…
		1990〜95	69.60	…	…	…	…	…	…	…	…	…
		1995〜2000	71.7	…	…	…	…	…	…	…	…	…
		2000〜05	73.2	…	…	…	…	…	…	…	…	…
		2000	72.8	…	…	…	…	…	…	…	…	…
		2001	73.0	…	…	…	…	…	…	…	…	…
		2002	73.2	…	…	…	…	…	…	…	…	…
		2003	73.4	…	…	…	…	…	…	…	…	…
		2004	73.6	…	…	…	…	…	…	…	…	…
		2006	74.0	…	…	…	…	…	…	…	…	…
		2008	75.8	…	…	…	…	…	…	…	…	…
		2009	76.1	…	…	…	…	…	…	…	…	…
		2011	77.1	…	…	…	…	…	…	…	…	…
		2013	79.4	75.6	70.7	60.9	51.1	41.4	31.8	22.7	14.6	8.2
		2014	80.73	76.78	71.87	62.03	52.20	42.43	32.87	23.72	15.41	8.90
アラブ首長国連邦		(United Arab Emirates)										
	男	1975〜80	64.70	…	…	…	…	…	…	…	…	…
		1980〜85	67.10	…	…	…	…	…	…	…	…	…
		1985〜90	71.70	…	…	…	…	…	…	…	…	…
		1990〜95	72.90	…	…	…	…	…	…	…	…	…
		1995〜2000	73.9	…	…	…	…	…	…	…	…	…
		2000〜05	74.1	…	…	…	…	…	…	…	…	…
		2006	76.68	72.50	67.60	57.90	48.30	38.66	29.26	20.70	13.76	10.23
	女	1975〜80	68.90	…	…	…	…	…	…	…	…	…
		1980〜85	71.40	…	…	…	…	…	…	…	…	…
		1985〜90	73.80	…	…	…	…	…	…	…	…	…
		1990〜95	75.30	…	…	…	…	…	…	…	…	…
		1995〜2000	76.5	…	…	…	…	…	…	…	…	…
		2000〜05	78.4	…	…	…	…	…	…	…	…	…
		2006	78.80	74.46	69.53	59.68	49.85	40.01	30.42	21.59	15.39	14.53
ウズベキスタン		(Uzbekistan)										
	男	1989	66.00	…	…	…	…	…	…	…	…	…
		1990〜95	64.30	…	…	…	…	…	…	…	…	…
		1995〜2000	64.3	…	…	…	…	…	…	…	…	…
		2000〜05	66.8	…	…	…	…	…	…	…	…	…
	女	1989	72.10	…	…	…	…	…	…	…	…	…
		1990〜95	70.70	…	…	…	…	…	…	…	…	…
		1995〜2000	70.7	…	…	…	…	…	…	…	…	…
		2000〜05	72.5	…	…	…	…	…	…	…	…	…
ベトナム		(Viet Nam)										
	男	1970〜75	47.70	…	…	…	…	…	…	…	…	…
		1975〜80	53.70	…	…	…	…	…	…	…	…	…
		1979	63.66	63.77	59.66	50.39	41.30	32.33	23.63	16.02	10.14	6.15
		1980〜85	60.60	…	…	…	…	…	…	…	…	…
		1990〜95	62.90	…	…	…	…	…	…	…	…	…
		1995〜2000	64.9	…	…	…	…	…	…	…	…	…
		2000〜05	66.9	…	…	…	…	…	…	…	…	…
		2008	70.6	67.7	62.9	53.3	43.8	34.5	25.8	18.2	12.3	8.3
		2009	70.2	…	…	…	…	…	…	…	…	…
		2011	70.42	67.59	62.73	53.19	43.74	34.42	25.72	18.18	12.22	8.27
		2012	70.45	67.61	62.75	53.21	43.76	34.43	25.73	18.18	12.23	8.27
		2013	70.5	67.6	62.8	53.2	43.8	34.5	25.7	18.2	12.2	8.3
		2014	70.64	67.74	62.88	53.32	43.86	34.52	25.79	18.23	12.25	8.29

(単位：年)

国名（地域）・性・作成基礎期間			0歳	5	10	20	30	40	50	60	70	80
ベトナム		(Viet Nam)										
	女	1970〜75	53.10	…	…	…	…	…	…	…	…	…
		1975〜80	58.10	…	…	…	…	…	…	…	…	…
		1979	67.89	68.01	63.85	54.57	45.33	36.33	27.60	19.39	12.72	7.60
		1980〜85	64.80	…	…	…	…	…	…	…	…	…
		1990〜95	67.30	…	…	…	…	…	…	…	…	…
		1995〜2000	69.6	…	…	…	…	…	…	…	…	…
		2000〜05	71.6	…	…	…	…	…	…	…	…	…
		2008	76.0	72.1	67.2	57.4	47.7	38.1	29.0	20.6	13.6	8.9
		2009	75.6	…	…	…	…	…	…	…	…	…
		2011	75.78	72.00	67.06	57.25	47.54	37.99	28.87	20.49	13.55	8.88
		2012	75.80	72.02	67.08	57.27	47.55	38.00	28.88	20.50	13.56	8.89
		2013	75.8	72.0	67.1	57.3	47.6	38.0	28.9	20.5	13.6	8.9
		2014	75.98	72.16	67.22	57.39	47.67	38.11	28.97	20.56	13.60	8.91
イエメン		(Yemen)										
	男女	1965〜70	42.3	…	…	…	…	…	…	…	…	…
	男	1970〜75	42.50	…	…	…	…	…	…	…	…	…
		1975〜80	44.70	…	…	…	…	…	…	…	…	…
		1980〜85	46.90	…	…	…	…	…	…	…	…	…
		1985〜90	52.40	…	…	…	…	…	…	…	…	…
		1990〜95	54.90	…	…	…	…	…	…	…	…	…
		1995〜2000	57.4	…	…	…	…	…	…	…	…	…
		2000〜05	60.7	…	…	…	…	…	…	…	…	…
		2004	60.17	…	…	…	…	…	…	…	…	…
	女	1970〜75	44.30	…	…	…	…	…	…	…	…	…
		1975〜80	47.10	…	…	…	…	…	…	…	…	…
		1980〜85	49.90	…	…	…	…	…	…	…	…	…
		1985〜90	53.40	…	…	…	…	…	…	…	…	…
		1990〜95	55.90	…	…	…	…	…	…	…	…	…
		1995〜2000	58.4	…	…	…	…	…	…	…	…	…
		2000〜05	62.9	…	…	…	…	…	…	…	…	…
		2004	62.03	…	…	…	…	…	…	…	…	…
ヨーロッパ	**(EUROPE)**											
オーランド諸島		(Aland Island)										
	男	2005	78.8	74.3	69.3	59.7	49.7	40.0	31.0	21.5	13.5	7.3
		2007	79.4	74.4	69.4	59.4	49.8	40.0	30.2	20.9	14.2	7.2
		2009	79.40	74.40	69.40	59.40	49.83	40.14	31.38	22.41	14.19	7.60
		2011	79.45	74.45	69.45	59.80	49.80	40.55	30.72	22.07	13.73	7.70
		2013	78.90	73.90	68.90	59.25	49.25	39.46	30.11	21.38	13.48	8.48
	女	2005	81.1	77.2	72.2	62.2	52.6	43.0	33.9	24.7	16.7	10.2
		2007	85.1	80.1	75.1	65.1	55.7	45.7	35.9	26.4	17.7	9.9
		2009	84.13	79.13	74.13	64.13	54.84	44.84	35.63	26.41	17.85	10.84
		2011	84.75	79.75	74.75	64.75	54.75	44.75	34.75	25.54	17.46	9.63
		2013	85.82	80.82	75.82	66.25	56.25	46.25	36.25	26.39	17.93	10.04
アルバニア		(Albania)										
	男	1955〜56	57.20	63.75	59.78	50.57	41.68	32.92	24.53	17.17	10.69	5.67
		1960〜61	63.69	66.74	62.27	52.82	43.51	34.33	25.56	18.09	11.65	6.63
		1963〜64	63.7	66.6	62.1	52.7	43.4	34.2	25.3	17.7	11.6	7.1
		1965〜66	64.9	67.5	62.8	53.3	43.9	34.6	25.8	18.1	12.4	8.2
		1970〜75	66.00	…	…	…	…	…	…	…	…	…
		1975〜80	66.80	…	…	…	…	…	…	…	…	…
		1980〜85	68.00	…	…	…	…	…	…	…	…	…
		1984〜85	68.51	…	…	…	…	…	…	…	…	…
		1985〜86	68.48	…	…	…	…	…	…	…	…	…
		1987〜88	69.40	…	…	…	…	…	…	…	…	…
		1988〜89	69.60	…	…	…	…	…	…	…	…	…
		1990〜95	68.00	…	…	…	…	…	…	…	…	…
		1995〜2000	69.9	…	…	…	…	…	…	…	…	…
		2000	72.5	69.5	64.8	55.1	45.8	36.4	27.3	18.6	11.3	6.0
		2000〜05	70.9	…	…	…	…	…	…	…	…	…
		2004	72.47	69.52	64.77	55.13	45.76	36.41	27.25	18.64	11.27	5.97
		2013	76.01	71.86	66.95	57.25	47.72	38.32	29.20	20.57	12.87	6.87
	女	1955〜56	58.58	67.03	63.01	53.91	45.25	36.68	28.07	19.92	12.98	7.60
		1960〜61	66.00	70.54	66.19	56.66	47.40	38.26	29.21	20.67	13.34	7.56
		1963〜64	66.0	70.5	66.0	56.4	47.1	37.9	28.8	20.3	13.2	8.2
		1965〜66	67.0	70.8	66.1	56.5	47.1	37.8	28.7	20.0	12.9	7.1
		1970〜75	69.50	…	…	…	…	…	…	…	…	…
		1975〜80	71.20	…	…	…	…	…	…	…	…	…
		1980〜85	73.00	…	…	…	…	…	…	…	…	…
		1984〜85	73.78	…	…	…	…	…	…	…	…	…
		1985〜86	73.94	…	…	…	…	…	…	…	…	…
		1987〜88	74.90	…	…	…	…	…	…	…	…	…
		1988〜89	75.50	…	…	…	…	…	…	…	…	…
		1990〜95	74.00	…	…	…	…	…	…	…	…	…
		1995〜2000	75.8	…	…	…	…	…	…	…	…	…
		2000	77.3	74.4	69.5	59.8	50.0	40.3	30.8	21.6	13.2	6.4
		2000〜05	76.7	…	…	…	…	…	…	…	…	…
		2004	77.26	74.39	69.54	59.76	50.01	40.32	30.78	21.60	13.18	6.43
		2013	80.28	75.95	71.04	61.26	51.51	41.78	32.23	23.01	14.35	7.44

401

（単位：年）

国名（地域）・性・作成基礎期間	0歳	5	10	20	30	40	50	60	70	80
オーストリア　　　　（Austria）										
男　　1949～51	61.91	62.70	58.02	48.68	39.71	30.74	22.31	15.12	9.27	5.05
1959～61	65.60	63.91	59.11	49.60	40.54	31.42	22.70	15.25	9.46	5.24
1966	66.82	64.34	59.54	50.03	40.81	31.72	23.03	15.41	9.67	5.45
1967	66.57	63.94	59.14	49.67	40.46	31.36	22.68	15.01	9.27	5.21
1968	66.73	63.98	59.13	49.61	40.39	31.27	22.64	14.98	9.23	5.22
1969	66.46	63.77	58.96	49.44	40.19	31.08	22.48	14.76	9.08	5.31
1970	66.34	63.60	58.80	49.36	40.17	31.08	22.50	14.84	9.10	5.23
1971	66.57	63.88	59.02	49.60	40.49	31.41	22.84	15.18	9.26	5.24
1972	66.8	…	64.0	54.3	45.3	36.0	27.2	19.0	12.2	…
1973	67.4	…	59.7	50.3	41.1	32.0	23.4	15.7	9.6	…
1974	67.4	…	59.7	50.2	41.0	31.8	23.3	15.7	9.5	…
1975	67.7	…	59.7	50.2	41.0	31.8	23.3	15.6	9.4	…
1976	68.07	…	59.89	50.43	41.19	31.98	23.44	15.74	9.52	…
1977	68.54	…	60.13	50.70	41.48	32.26	23.74	16.09	9.81	…
1978	68.52	64.94	59.99	50.50	41.33	32.12	23.58	15.93	9.66	5.43
1979	68.86	65.19	60.28	50.76	41.58	32.33	23.81	16.24	9.90	5.00
1980	68.97	65.28	60.43	51.00	41.79	32.54	23.97	16.39	10.02	5.70
1981	69.18	65.40	60.56	51.12	41.86	32.59	23.99	16.34	10.00	5.64
1982	69.39	…	…	…	…	…	…	…	…	…
1983	69.51	65.60	60.73	51.20	41.95	32.71	24.08	16.48	10.11	5.63
1984	70.07	66.13	61.23	51.67	42.47	33.23	24.56	16.98	10.52	5.87
1985	70.40	66.50	61.57	51.99	42.72	33.41	24.70	17.02	10.52	5.77
1987	71.53	67.42	62.50	52.88	43.53	34.24	25.43	17.62	11.11	6.23
1988	72.03	67.78	62.86	53.26	43.89	34.57	25.76	17.86	11.30	6.31
1989	72.09	67.89	62.99	53.35	44.00	34.66	25.81	17.92	11.40	6.37
1990	72.50	68.25	63.32	53.64	44.24	34.90	26.10	18.09	11.57	6.57
1991	72.61	68.34	63.41	53.73	44.38	35.04	26.24	18.28	11.71	6.64
1992	72.87	68.60	63.65	53.98	44.57	35.22	26.38	18.39	11.83	6.74
1994	73.34	68.96	64.02	54.39	45.03	35.65	26.74	18.62	11.89	6.70
1995	73.54	69.08	64.13	54.47	45.07	35.69	26.77	18.67	11.93	6.62
1996	73.93	69.42	64.47	54.78	45.32	35.89	26.97	18.85	12.07	6.73
1997	74.3	69.7	64.8	55.1	45.7	36.2	27.2	19.0	12.2	6.8
1998	74.7	70.2	65.3	55.5	46.0	36.5	27.5	19.4	12.4	7.0
1999	75.1	70.5	65.6	55.8	46.3	36.8	27.8	19.5	12.5	7.1
2000	75.41	…	…	…	…	…	…	…	…	…
2001	75.9	71.4	66.5	56.7	47.2	37.7	28.6	20.4	13.2	7.5
2002	75.8	71.2	66.3	56.5	47.0	37.5	28.4	20.2	12.8	7.1
2003	75.9	71.4	66.4	56.7	47.2	37.6	28.5	20.2	12.9	7.2
2004	76.4	71.8	66.9	57.2	47.6	38.1	28.9	20.7	13.3	7.4
2005	75.5	72.1	67.1	57.4	47.8	38.3	29.1	20.8	13.4	7.5
2006	75.5	72.5	67.6	57.8	48.2	38.6	29.4	21.0	13.6	7.6
2008	77.6	73.0	68.0	58.3	48.7	39.0	29.8	21.3	13.9	7.6
2009	77.4	72.8	67.8	58.1	48.4	38.8	29.6	21.2	13.9	7.7
2010	77.66	…	…	…	…	…	…	…	…	…
2011	78.08	…	…	…	…	…	…	…	…	…
2012	78.26	…	…	…	…	…	…	…	…	…
2013	78.45	…	…	…	…	…	…	…	…	…
2014	78.91	…	…	…	…	…	…	…	…	…
2015	78.63	…	…	…	…	…	…	…	…	…
女　　1949～51	66.97	66.89	62.15	52.62	43.37	34.20	25.42	17.27	10.37	5.57
1959～61	72.03	69.85	65.00	55.26	45.64	36.19	27.11	18.67	11.30	5.98
1966	73.54	70.65	65.71	55.95	46.26	36.76	27.62	19.12	11.71	6.31
1967	73.41	70.33	65.40	55.75	46.04	36.52	27.43	18.93	11.46	6.14
1968	73.50	70.43	65.56	55.86	46.17	36.62	27.48	18.94	11.53	6.14
1969	73.34	70.20	65.33	55.59	45.87	36.35	27.24	18.77	11.43	6.20
1970	73.52	70.47	65.57	55.81	46.07	36.51	27.40	18.86	11.47	6.19
1971	73.72	70.63	65.67	56.00	46.30	36.76	27.67	19.05	11.58	6.09
1972	74.1	…	71.0	61.2	51.6	41.9	32.5	23.6	15.4	…
1973	74.7	…	66.5	56.8	47.1	37.5	28.3	19.8	12.2	…
1974	74.7	…	66.5	56.7	47.1	34.5	28.3	19.8	12.1	…
1975	74.9	…	66.5	56.7	47.1	37.4	28.2	19.6	12.0	…
1976	75.05	…	66.56	56.84	47.16	37.57	28.38	19.74	12.05	…
1977	75.60	…	66.95	57.22	47.45	37.88	28.69	20.06	12.39	…
1978	75.81	72.00	66.99	57.20	47.47	37.91	28.67	19.99	12.27	6.45
1979	76.11	72.32	67.45	57.63	47.90	38.32	29.07	20.39	12.60	6.71
1980	76.15	72.27	67.34	57.66	47.95	38.35	29.08	20.41	12.61	6.73
1981	76.59	72.60	67.60	57.75	48.02	38.46	29.23	20.45	12.68	6.72
1982	76.59	…	…	…	…	…	…	…	…	…
1983	76.83	72.75	67.78	57.93	48.18	38.62	29.34	20.68	12.81	6.77
1984	77.25	73.18	68.24	58.44	48.69	39.08	29.82	21.06	13.22	7.03
1985	77.36	73.21	68.27	58.44	48.68	39.05	29.78	21.01	13.10	6.92
1987	78.13	73.94	69.00	59.16	49.38	39.74	30.43	21.58	13.57	7.26
1988	78.63	74.31	69.36	59.51	49.73	40.08	39.76	21.85	13.87	7.41
1989	78.78	74.49	69.55	59.70	49.91	40.26	30.92	22.04	13.99	7.52
1990	79.02	74.71	69.76	59.90	50.11	40.43	31.11	22.28	14.19	7.59
1991	79.18	74.81	69.86	59.99	50.21	40.54	31.22	22.34	14.24	7.71
1992	79.35	74.99	70.04	60.18	50.40	40.73	31.40	22.49	14.37	7.80
1994	79.73	75.28	70.32	60.50	50.72	41.04	31.73	22.79	14.61	7.95
1995	80.05	75.53	70.56	60.71	50.90	41.20	31.85	22.93	14.72	7.94
1996	80.19	75.65	70.72	60.83	51.00	41.32	31.93	23.03	14.81	8.03
1997	80.6	76.1	71.1	61.3	51.4	41.7	32.3	23.3	15.0	8.2
1998	80.9	76.4	71.4	61.5	51.7	42.0	32.5	23.6	15.2	8.3
1999	81.0	76.4	71.4	61.5	51.7	42.0	32.6	23.6	15.3	8.3
2000	81.21	…	…	…	…	…	…	…	…	…
2001	81.7	77.0	72.1	62.2	52.4	42.6	33.2	24.2	15.8	8.7

（単位：年）

国名（地域）・性・作成基礎期間			0歳	5	10	20	30	40	50	60	70	80
オーストリア	女	（Austria）										
		2002	81.7	77.0	72.0	62.2	52.4	42.6	33.1	24.2	15.7	8.6
		2003	81.6	77.0	72.0	62.2	52.3	42.6	33.1	24.1	15.7	8.5
		2004	82.1	77.5	72.6	62.7	52.9	43.1	33.6	24.6	16.1	8.8
		2005	81.5	77.6	72.7	62.8	53.0	43.2	33.7	24.7	16.2	8.9
		2006	81.5	78.0	73.0	63.2	53.3	43.5	34.0	24.9	16.4	9.0
		2008	83.0	78.3	73.3	63.4	53.6	43.8	34.2	25.1	16.6	9.1
		2009	82.9	78.2	73.3	63.4	53.5	43.7	34.2	25.1	16.6	9.2
		2010	83.13	…	…	…	…	…	…	…	…	…
		2011	83.43	…	…	…	…	…	…	…	…	…
		2012	83.29	…	…	…	…	…	…	…	…	…
		2013	83.56	…	…	…	…	…	…	…	…	…
		2014	83.74	…	…	…	…	…	…	…	…	…
		2015	83.59	…	…	…	…	…	…	…	…	…
ベラルーシ	男	（Belarus）										
		1967～68	69.00	…	…	…	…	…	…	…	…	…
		1970～71	68.00	…	…	…	…	…	…	…	…	…
		1985～86	66.66	62.96	58.13	48.50	39.35	30.60	22.72	15.77	10.00	…
		1986～87	67.33	…	…	…	…	…	…	…	…	…
		1988	66.98	63.29	58.44	48.85	39.70	30.85	22.82	15.81	9.87	5.81
		1989	66.80	…	…	…	…	…	…	…	…	…
		1991	65.54	61.70	56.90	47.36	38.43	29.83	22.08	15.47	9.86	5.96
		1992	64.92	61.09	56.23	46.70	37.91	29.43	21.85	15.37	10.04	5.96
		1993	63.75	59.89	55.01	45.42	36.56	28.16	20.77	14.64	9.50	5.51
		1994	63.48	59.60	54.77	45.22	36.44	28.09	20.73	14.64	9.60	5.65
		1995	62.87	59.06	54.19	44.62	35.82	27.50	20.18	14.29	9.42	5.48
		1996	62.98	59.09	54.19	44.59	35.80	27.46	20.11	14.19	9.30	5.41
		1997	62.9	59.0	54.1	44.5	35.7	27.4	20.0	14.0	9.2	5.5
		1998	62.7	58.8	53.9	44.3	35.5	27.2	19.8	13.9	9.2	5.4
		1999	62.2	58.3	53.4	43.8	35.2	27.0	19.7	13.8	9.0	5.2
		2002	62.3	58.0	53.1	43.4	34.7	26.5	19.2	13.4	8.9	5.4
		2003	62.7	58.4	53.5	43.8	35.0	26.8	19.5	13.5	9.0	5.5
		2004	63.2	58.9	53.9	44.2	35.3	27.1	19.8	13.7	9.2	5.6
		2006	63.6	59.2	54.2	44.5	35.6	27.4	20.0	13.8	9.3	5.7
		2007	64.5	60.1	55.2	45.5	36.5	28.1	20.5	14.2	9.5	5.7
		2008	64.7	60.1	55.2	45.5	36.4	28.1	20.5	14.2	9.5	5.8
		2009	64.7	60.2	55.3	45.6	36.5	28.1	20.5	14.2	9.4	5.8
		2010	64.60	59.96	55.03	45.31	36.25	27.92	20.44	14.16	9.42	5.79
		2011	64.71	60.08	55.16	45.41	36.31	28.04	20.56	14.39	9.69	5.89
		2012	66.59	61.94	56.99	47.24	38.01	29.45	21.64	14.97	9.83	5.89
		2013	67.25	62.59	57.66	47.86	38.59	29.97	22.04	15.27	9.99	5.96
	女	1967～68	76.00	…	…	…	…	…	…	…	…	…
		1970～71	76.00	…	…	…	…	…	…	…	…	…
		1985～86	75.52	71.65	66.76	56.97	47.25	37.72	28.63	20.19	13.05	…
		1986～87	75.98	…	…	…	…	…	…	…	…	…
		1988	75.93	71.99	67.09	57.32	47.61	38.05	28.87	20.34	12.99	7.58
		1989	76.40	…	…	…	…	…	…	…	…	…
		1991	75.48	71.46	66.57	56.82	47.15	37.64	28.53	20.12	12.62	7.18
		1992	75.45	71.41	66.51	56.75	47.08	37.60	28.58	20.25	12.94	7.46
		1993	74.43	70.39	65.47	55.71	46.06	36.56	27.64	19.38	12.06	6.59
		1994	74.30	70.38	65.47	55.68	46.00	36.53	27.60	19.36	12.00	6.44
		1995	74.27	70.29	65.39	55.61	45.98	36.53	27.58	19.46	12.22	6.69
		1996	74.29	70.28	65.36	55.58	45.95	36.48	27.52	19.29	12.11	6.65
		1997	74.3	70.3	65.4	55.6	46.0	36.5	27.5	19.4	12.1	6.8
		1998	74.4	70.2	65.3	55.5	45.9	36.4	27.5	19.4	12.1	6.7
		1999	73.9	69.8	64.9	55.1	45.5	36.1	27.2	19.1	11.9	6.4
		2002	74.1	69.8	64.9	55.1	45.5	36.1	27.1	19.1	12.0	6.5
		2003	74.7	70.3	65.4	55.5	45.9	36.5	27.5	19.4	12.2	6.7
		2004	75.0	70.5	65.6	55.8	46.2	36.8	27.8	19.7	12.4	6.8
		2006	75.5	71.1	66.1	56.3	46.6	37.3	28.2	20.0	12.7	7.0
		2007	76.2	71.6	66.7	56.9	47.2	37.8	28.7	20.4	13.0	7.1
		2008	76.5	71.8	66.9	57.0	47.3	37.9	28.8	20.5	13.1	7.2
		2009	76.4	71.8	66.9	57.0	47.3	38.0	28.9	20.5	13.1	7.1
		2010	76.46	71.85	66.93	57.08	47.37	37.98	28.92	20.55	13.05	7.03
		2011	76.73	72.07	67.12	57.27	47.57	38.19	29.17	20.87	13.38	7.35
		2012	77.62	72.92	67.98	58.13	48.41	38.96	29.83	21.25	13.59	7.36
		2013	77.85	73.16	68.21	58.34	48.61	39.13	29.97	21.37	13.61	7.39
ベルギー	男	（Belgium）										
		1946～49	62.04	62.01	57.36	48.02	39.30	30.61	22.52	15.45	9.50	5.18
		1959～63	67.73	64.70	59.87	50.26	40.94	31.66	22.93	15.52	9.70	5.29
		1968～72	67.79	64.71	59.86	50.29	40.93	31.58	22.79	15.22	9.47	5.41
		1972～76	68.60	65.17	60.31	50.74	41.38	32.02	23.19	15.50	9.59	5.53
		1975～80	69.1	…	…	…	…	…	…	…	…	…
		1979～82	70.04	66.15	61.26	51.64	42.32	32.98	24.09	16.26	10.03	5.74
		1988～90	72.43	68.14	63.21	53.54	44.16	34.78	25.79	17.60	10.91	6.13
		1994	73.88	69.50	64.57	54.84	45.52	36.14	27.15	18.88	11.87	6.67
		1999	74.4	69.9	64.9	55.2	45.8	36.3	27.3	19.1	12.0	6.6
		2000	74.6	70.1	65.1	55.4	46.0	36.6	27.5	19.3	12.1	6.7
		2004	76.5	71.8	66.9	57.1	47.6	38.1	29.0	20.6	13.2	7.3
		2006	77.0	71.4	66.5	56.7	47.1	37.7	28.6	20.3	12.9	7.1
		2014	78.6	…	…	…	…	…	…	…	…	…
	女	1946～49	67.26	66.42	61.71	52.27	43.22	34.20	25.47	17.45	10.66	5.79
		1959～63	73.51	70.18	65.32	55.53	45.86	36.34	27.20	18.69	11.36	6.07
		1968～72	74.21	70.77	65.88	56.11	46.43	36.86	27.69	19.19	11.77	6.33

403

（単位：年）

国名（地域）・性・作成基礎期間		0歳	5	10	20	30	40	50	60	70	80
ベルギー	（Belgium）										
	女										
	1972～76	75.08	71.43	66.53	56.75	47.04	37.46	28.27	19.73	12.14	6.54
	1975～80	75.7	…	…	…	…	…	…	…	…	…
	1979～82	76.79	72.78	67.88	58.08	48.39	38.82	29.58	20.93	13.16	7.11
	1988～90	79.13	74.71	69.79	59.95	50.22	40.61	31.32	22.48	14.41	7.88
	1994	80.61	76.12	71.17	61.33	51.57	41.91	32.60	23.73	15.49	8.65
	1999	80.8	76.2	71.3	61.4	51.6	41.9	32.6	23.7	15.3	8.3
	2000	80.8	76.3	71.3	61.4	51.7	42.0	32.7	23.8	15.4	8.4
	2004	82.4	77.7	72.8	62.9	53.0	43.3	33.9	25.0	16.5	9.2
	2006	82.7	77.0	72.1	62.2	52.4	42.6	33.2	24.3	16.0	8.8
	2014	83.5	…	…	…	…	…	…	…	…	…
ボスニア・ヘルツェゴビナ（Bosnia and Herzegovina）											
	男										
	1985～90	69.20	…	…	…	…	…	…	…	…	…
	1988～89	69.2	65.8	61.0	51.2	41.7	32.4	23.7	16.4	10.5	6.1
	1990～95	69.50	…	…	…	…	…	…	…	…	…
	1995～2000	70.5	…	…	…	…	…	…	…	…	…
	2000～05	71.3	…	…	…	…	…	…	…	…	…
	2003	71.3	…	…	…	…	…	…	…	…	…
	女										
	1985～90	74.50	…	…	…	…	…	…	…	…	…
	1988～89	74.6	71.0	66.1	56.3	46.5	36.9	27.6	19.1	11.9	6.6
	1990～95	75.10	…	…	…	…	…	…	…	…	…
	1995～2000	75.9	…	…	…	…	…	…	…	…	…
	2000～05	76.7	…	…	…	…	…	…	…	…	…
	2003	76.7	…	…	…	…	…	…	…	…	…
ブルガリア	（Bulgaria）										
	男										
	1956～57	64.17	65.99	61.29	51.85	42.64	33.46	24.62	16.74	10.54	6.19
	1960～62	67.82	66.56	61.80	52.32	43.00	33.77	24.88	16.91	10.61	6.25
	1965～67	68.81	66.72	61.95	52.40	43.06	33.78	24.90	16.83	10.46	5.99
	1969～71	68.58	…	…	…	…	…	…	…	…	…
	1974～76	68.68	65.88	61.06	51.46	42.09	32.84	24.07	16.22	9.78	5.52
	1975～80	68.7	…	…	…	…	…	…	…	…	…
	1978～80	68.35	65.37	60.53	50.91	41.50	32.29	23.62	15.92	9.98	5.67
	1987～89	68.33	64.73	59.90	50.27	40.87	31.71	23.26	15.86	9.87	5.39
	1988～90	68.12	64.62	59.78	50.14	40.77	31.66	23.26	15.97	9.90	5.53
	1991～92	67.61	64.11	59.26	49.63	40.29	31.21	22.91	15.62	9.64	5.25
	1991～93	67.71	64.26	59.42	49.79	40.47	31.42	23.19	16.01	10.02	5.54
	1992～94	67.32	63.83	58.99	49.36	40.05	31.03	22.85	15.85	9.97	5.30
	1993～95	67.11	63.57	58.72	49.09	39.77	30.76	22.64	15.70	9.87	5.19
	1995～97	67.1	63.6	58.7	49.1	39.7	30.6	22.4	15.4	9.5	5.2
	2000	68.5	64.7	59.8	50.1	40.6	31.4	23.0	15.9	10.0	5.7
	2002	68.5	64.8	59.9	50.2	40.8	31.5	23.2	16.0	10.2	5.8
	2003～05	69.0	65.1	60.2	50.5	41.0	31.8	23.3	16.2	10.4	5.8
	2004～06	69.1	65.0	60.1	50.4	40.9	31.6	23.2	16.1	10.3	5.8
	2005～07	69.2	65.1	60.2	50.5	41.0	31.7	23.2	16.2	10.4	5.9
	2006～08	69.5	65.3	60.4	50.7	41.3	31.9	23.4	16.3	10.4	5.8
	2007～09	69.9	65.7	60.8	51.1	41.6	32.3	23.7	16.6	10.6	6.0
	2008～2010	70.00	65.87	60.98	51.25	41.79	32.46	23.91	16.71	10.77	6.02
	2009～2011	70.37	66.21	61.29	51.57	42.07	32.72	24.15	16.90	10.89	6.10
	2010～12	70.62	66.47	61.53	51.79	42.28	32.90	24.24	16.97	10.93	6.18
	女										
	1956～57	67.65	68.82	64.09	54.47	45.05	35.76	26.72	18.23	11.24	6.61
	1960～62	71.35	69.68	64.84	55.16	45.60	36.16	27.05	18.54	11.34	6.66
	1965～67	72.67	70.24	65.40	55.64	45.99	36.47	27.26	18.64	11.34	6.31
	1969～71	73.86	…	…	…	…	…	…	…	…	…
	1974～76	73.91	70.80	65.93	56.16	46.48	36.93	27.67	19.06	11.72	6.86
	1975～80	73.8	…	…	…	…	…	…	…	…	…
	1978～80	73.55	70.27	65.40	55.64	45.94	36.32	27.06	18.41	11.32	6.09
	1987～89	74.70	70.89	66.01	56.22	46.53	36.94	27.68	19.04	11.50	5.98
	1988～90	74.77	71.00	66.12	56.35	46.64	37.06	27.81	19.18	11.61	6.16
	1991～92	74.39	70.69	65.81	56.04	46.33	36.75	27.52	18.88	11.37	5.87
	1991～93	74.72	71.04	66.17	56.41	46.71	37.14	27.90	19.28	11.77	6.26
	1992～94	74.88	71.22	66.33	56.56	46.87	37.32	28.09	19.48	11.96	5.99
	1993～95	74.85	71.15	66.26	56.48	46.79	37.24	28.02	19.41	11.88	5.89
	1995～97	74.3	70.7	65.8	56.0	46.3	36.8	27.6	19.0	11.5	6.0
	2000	75.1	71.2	66.3	56.4	47.1	37.1	27.9	19.3	11.7	6.1
	2002	75.4	71.6	66.7	56.8	47.1	37.5	28.4	19.7	12.1	6.4
	2003～05	76.3	72.3	67.3	57.5	47.7	38.2	29.0	20.3	12.6	6.7
	2004～06	76.3	72.1	67.2	57.4	47.6	38.0	28.8	20.2	12.4	6.5
	2005～07	76.3	72.2	67.3	57.5	47.7	38.1	28.9	20.3	12.5	6.6
	2006～08	76.6	72.4	67.5	57.6	47.9	38.2	29.0	20.4	12.5	6.5
	2007～09	77.1	72.8	67.9	58.1	48.3	38.7	29.4	20.8	12.8	6.7
	2008～2010	77.24	73.02	68.09	58.27	48.50	38.88	29.63	20.97	13.06	6.88
	2009～2011	77.37	73.05	68.12	58.29	48.53	38.91	29.70	21.03	13.11	6.80
	2010～12	77.55	73.25	68.32	58.50	48.70	39.08	29.84	21.16	13.21	6.87
クロアチア	（Croatia）										
	男										
	1988～90	68.25	64.34	59.45	49.75	40.44	31.28	22.80	15.66	9.76	5.38
	1989～90	68.59	64.59	59.71	49.99	40.68	31.53	23.05	15.91	10.01	5.59
	1990～95	67.10	…	…	…	…	…	…	…	…	…
	1995～2000	68.8	…	…	…	…	…	…	…	…	…
	女										
	1988～90	75.87	71.42	66.51	56.68	46.93	37.32	28.10	19.48	11.87	6.36
	1989～90	75.95	71.82	66.90	57.07	47.31	37.68	28.42	19.77	12.13	6.41
	1990～95	75.70	…	…	…	…	…	…	…	…	…
	1995～2000	76.5	…	…	…	…	…	…	…	…	…

(単位：年)

国名（地域）・性・作成基礎期間	0歳	5	10	20	30	40	50	60	70	80
旧チェコスロバキア（Czechoslovakia）										
男　1949～51	60.93	62.39	57.70	48.46	39.65	...	22.37	15.17	9.38	...
1955	66.24	64.35	59.57	50.07	40.87	...	23.03	15.69	9.94	5.79
1956	66.65	64.48	59.69	50.17	40.97	...	23.01	15.59	9.81	5.70
1957	66.00	64.03	59.27	49.82	40.63	...	22.66	15.24	9.53	...
1958	67.23	64.91	60.11	50.59	41.36	...	23.30	15.75	9.93	5.77
1960	67.81	65.01	60.16	50.63	41.44	...	23.46	15.89	10.06	...
1960～61	67.64	64.81	59.98	50.43	41.21	...	23.17	15.49	9.57	5.25
1962	67.21	64.30	59.49	49.92	40.67	...	22.59	14.95	9.11	...
1963	67.54	...	...	...	...	...	...	...	...	...
1964	67.76	64.77	59.96	50.38	41.15	...	23.13	15.40	9.60	5.39
1966	67.33	64.53	59.71	50.16	40.93	...	22.98	15.28	9.50	5.35
1969	66.21	63.27	58.45	48.95	39.78	...	22.13	14.59	9.07	5.38
1970	66.23	63.27	58.42	49.88	39.66	...	22.06	14.63	9.08	5.54
1973	66.53	...	...	...	...	...	...	...	...	...
1976	66.99	...	...	...	...	...	...	...	...	...
1977	66.99	63.84	58.98	49.35	39.95	...	22.29	14.99	9.24	5.47
1978	67.08	...	...	...	...	...	...	...	...	...
1980	66.78	63.35	58.49	48.82	39.42	...	21.72	14.57	8.77	4.80
1981	67.00	63.62	58.77	49.11	39.71	...	22.08	14.93	9.24	5.45
1982	67.14	63.75	58.87	49.20	39.76	...	22.05	14.87	9.22	5.41
1983	66.87	63.35	58.47	48.79	39.38	...	21.76	14.65	9.16	5.37
1984	67.11	63.57	58.68	48.97	39.50	...	21.89	14.81	9.30	5.49
1985	67.25	63.46	58.57	48.88	39.45	...	21.80	14.63	9.01	4.88
1986	67.31	63.51	58.61	48.91	39.47	...	21.73	14.58	9.00	4.83
1988	67.76	63.84	58.92	49.21	39.73	30.49	22.05	14.87	9.34	5.21
1990	67.25	63.39	58.49	48.76	39.33	30.15	21.84	14.88	9.57	5.71
女　1949～51	65.53	66.25	61.49	52.06	42.95	33.88	25.08	16.96	10.16	...
1955	71.15	68.75	63.89	54.17	44.63	35.24	26.22	17.90	10.88	6.16
1956	71.63	69.06	64.20	54.46	44.90	35.49	26.43	18.07	11.01	6.13
1957	71.07	68.65	63.80	54.08	44.51	35.08	26.00	17.62	10.63	...
1958	72.30	69.51	64.64	54.90	45.27	35.79	26.70	18.22	11.05	6.06
1960	73.18	70.01	65.12	55.34	45.70	36.17	27.01	18.56	11.30	...
1960～61	73.12	69.90	65.02	55.23	45.36	36.03	26.87	18.36	11.04	5.78
1962	72.83	69.59	64.72	54.93	45.23	35.72	26.53	17.98	10.71	...
1963	73.41	...	...	...	...	...	...	...	...	...
1964	73.56	70.24	65.36	55.56	45.84	36.28	27.11	18.59	11.26	5.93
1966	73.57	70.35	65.46	55.68	45.97	36.40	27.17	18.64	11.28	5.95
1969	73.16	69.93	65.06	55.28	45.57	36.00	26.85	18.38	11.17	6.06
1970	72.94	69.82	64.93	55.18	45.46	35.92	26.76	18.32	11.13	6.27
1973	73.49	...	...	...	...	...	...	...	...	...
1976	74.05	...	...	...	...	...	...	...	...	...
1977	74.12	70.75	65.85	56.04	46.28	36.66	27.45	18.92	11.60	6.36
1978	74.12	...	...	...	...	...	...	...	...	...
1980	73.96	70.23	65.34	55.51	45.73	36.10	26.87	18.37	11.04	5.71
1981	74.34	70.79	65.88	56.05	46.36	36.67	27.43	18.96	11.63	6.41
1982	74.44	70.81	65.90	56.08	46.30	36.66	27.44	18.90	11.64	6.43
1983	74.29	70.56	65.65	55.83	46.04	36.41	27.20	18.70	11.50	6.31
1984	74.31	70.82	65.90	56.07	46.27	36.64	27.40	18.89	11.68	6.39
1985	74.71	70.72	65.80	55.95	46.17	36.51	27.27	18.74	11.38	5.89
1986	74.69	70.65	65.72	55.88	46.09	36.46	27.25	18.71	11.36	5.90
1988	75.29	71.20	66.27	56.41	46.62	36.98	27.74	19.17	11.81	6.17
1990	75.81	71.71	66.77	56.95	47.16	37.51	28.25	19.64	12.15	6.56
チェコ（Czech Republic）										
男　1993	69.28	65.07	60.16	50.45	41.02	31.71	23.08	15.67	9.78	5.53
1994	69.53	65.34	60.43	50.73	41.31	32.00	23.39	15.99	10.12	6.05
1995	70.00	...	...	...	...	...	...	...	...	...
1996	70.37	65.92	61.00	51.27	41.75	32.41	23.71	16.25	10.28	5.94
1997	70.5	66.1	61.1	51.4	41.9	32.6	23.9	16.4	10.4	6.0
1998	71.13	66.63	61.70	51.96	42.43	33.01	24.29	16.72	10.52	6.07
1999	71.4	66.8	61.9	52.1	42.6	33.2	24.4	16.8	10.6	6.0
2001	72.1	67.5	62.6	52.8	43.3	33.9	25.0	17.4	11.0	6.2
2002	72.1	67.5	62.6	52.8	43.3	33.8	25.0	17.3	10.9	6.0
2003	72.0	67.4	62.5	52.7	43.2	33.8	24.9	17.2	10.8	5.9
2004	72.55	67.90	62.96	53.18	43.66	34.21	25.32	17.59	11.16	6.12
2005	72.88	68.22	63.27	53.47	43.94	34.48	25.56	17.77	11.25	6.13
2006	73.4	68.8	63.9	54.1	44.5	35.0	26.0	18.2	11.7	6.4
2007	73.7	69.0	64.0	54.3	44.7	35.3	26.2	18.4	11.8	6.6
2008	74.0	69.3	64.3	54.5	44.9	35.4	26.4	18.5	12.0	6.6
2009	74.2	69.5	64.5	54.7	45.1	35.6	26.5	18.6	12.0	6.7
2010	74.37	69.64	64.68	54.86	45.27	35.73	26.65	18.69	12.11	6.62
2011	74.69	69.98	65.02	55.19	45.59	36.05	26.94	18.94	12.31	6.84
2012	75.00	70.27	65.30	55.48	45.84	36.31	27.20	19.09	12.45	6.97
2013	75.23	70.49	65.53	55.71	46.11	36.55	27.42	19.21	12.54	7.19
2014	75.78	71.02	66.06	56.24	46.61	37.02	27.87	19.59	12.84	7.33
2015	75.82	71.09	66.12	56.26	46.64	37.08	27.90	19.58	12.81	7.49
女　1993	76.35	72.01	57.06	57.21	47.44	37.79	28.49	19.79	12.22	6.40
1994	76.55	72.42	67.49	57.64	47.86	38.18	28.88	20.16	12.61	6.96
1995	77.00	...	...	...	...	...	...	...	...	...
1996	77.27	72.83	67.88	58.00	48.19	38.49	29.15	20.39	12.65	6.74
1997	77.5	73.0	68.1	58.2	48.4	38.7	29.4	20.7	12.9	7.0
1998	78.06	73.51	68.55	58.70	48.87	39.13	29.75	21.00	13.18	7.15
1999	78.1	73.5	68.6	58.7	48.9	39.2	29.8	21.0	13.2	7.0
2001	78.5	73.8	68.8	59.0	49.1	39.4	30.0	21.3	13.3	7.0

（単位：年）

国名（地域）・性・作成基礎期間			0歳	5	10	20	30	40	50	60	70	80
チェコ	女	(Czech Republic)										
		2002	78.5	73.9	68.9	59.1	49.3	39.5	30.1	21.3	13.3	6.9
		2003	78.5	73.8	68.9	59.0	49.2	39.4	30.0	21.3	13.3	6.9
		2004	79.04	74.36	69.40	59.52	49.67	39.92	30.51	21.64	13.60	7.08
		2005	79.10	74.38	69.42	59.56	49.72	39.97	30.56	21.70	13.65	7.06
		2006	79.7	74.9	70.0	60.1	50.2	40.4	31.0	22.1	14.1	7.4
		2007	79.9	75.2	70.2	60.3	50.4	40.7	31.2	22.3	14.2	7.5
		2008	80.1	75.4	70.4	60.5	50.7	40.9	31.4	22.6	14.4	7.6
		2009	80.1	75.4	70.4	60.5	50.7	40.9	31.5	22.5	14.4	7.5
		2010	80.60	75.85	70.89	60.99	51.14	41.35	31.87	22.91	14.77	7.91
		2011	80.74	75.97	71.00	61.11	51.27	41.50	32.00	23.02	14.87	7.94
		2012	80.88	76.10	71.14	61.24	51.38	41.60	32.10	23.11	14.94	7.97
		2013	81.13	76.34	71.37	61.45	51.60	41.81	32.28	23.28	15.15	8.20
		2014	81.69	76.91	71.94	62.01	52.15	42.36	32.83	23.78	15.54	8.47
		2015	81.45	76.64	71.68	61.77	51.92	42.12	32.57	23.51	15.26	8.24
デンマーク	男	(Denmark)										
		1941～45	65.62	65.16	60.46	51.12	42.20	33.16	24.51	16.69	10.13	5.40
		1946～50	67.75	66.50	61.37	52.20	43.00	33.81	25.05	17.11	10.44	5.55
		1951～55	69.79	67.48	62.65	53.01	43.65	34.30	25.37	17.40	10.70	5.80
		1956～60	70.38	67.61	62.77	53.12	43.66	34.25	25.25	17.31	10.71	5.81
		1962～63	70.3	67.3	62.4	52.8	43.3	33.8	24.9	17.0	10.5	5.7
		1963～64	70.3	67.2	62.4	52.7	43.2	33.8	24.8	16.9	10.5	5.7
		1964～65	70.2	67.1	62.2	52.6	43.1	33.6	24.7	16.8	10.5	5.7
		1965～66	70.1	66.9	62.1	52.5	42.9	33.5	24.5	16.6	10.3	5.6
		1967～68	70.6	67.2	62.4	52.8	43.2	33.8	24.8	16.9	10.7	6.0
		1968～69	70.7	67.3	62.5	52.9	43.3	33.9	25.0	17.0	10.7	6.1
		1969～70	70.8	67.3	62.5	52.8	43.3	33.9	25.0	17.1	10.8	6.2
		1970～71	70.7	67.2	62.4	52.8	43.3	33.8	25.0	17.1	10.8	6.1
		1971～72	70.7	67.1	62.3	52.7	43.2	33.8	24.9	17.0	10.8	6.2
		1972～73	70.8	67.0	62.2	52.6	43.1	33.7	24.8	17.0	10.8	6.3
		1975～76	71.1	67.1	62.3	52.6	43.2	33.7	24.9	17.1	10.7	6.2
		1977～78	71.5	67.5	62.6	52.9	43.5	34.0	25.2	17.3	11.0	6.5
		1979～80	71.20	67.00	62.10	52.50	43.10	33.70	24.80	17.00	10.70	6.20
		1980～81	71.10	67.00	62.10	52.40	43.00	33.70	24.80	17.00	10.70	6.30
		1981～82	71.40	67.20	62.30	52.60	43.20	33.80	24.80	17.10	10.80	6.30
		1982～83	71.50	67.30	62.40	52.70	43.20	33.90	25.00	17.20	10.90	6.30
		1983～84	71.50	67.30	62.40	52.70	43.20	33.90	25.00	17.20	10.90	6.30
		1984～85	71.60	67.40	62.40	52.70	43.30	34.00	25.00	17.20	10.90	6.40
		1985～86	71.60	67.40	62.50	52.80	43.30	34.00	25.10	17.30	11.00	6.40
		1986～87	71.80	67.50	62.60	52.90	43.40	34.10	25.20	17.40	11.10	6.50
		1987～88	71.80	67.70	62.70	53.00	43.60	34.20	25.30	17.50	11.20	6.40
		1989～90	71.98	67.80	62.80	53.10	43.60	34.30	25.40	17.50	11.20	6.50
		1990～91	72.18	67.96	63.05	53.28	43.78	34.45	25.55	17.61	11.10	6.41
		1991～92	72.35	68.08	63.16	53.41	43.90	34.59	25.68	17.70	11.24	6.58
		1992～93	72.49	68.13	63.20	53.45	43.90	34.59	25.67	17.58	11.07	6.33
		1994～95	72.62	68.15	63.22	53.45	43.95	34.63	25.73	17.61	11.15	6.44
		1996～97	73.3	68.8	63.9	54.1	44.5	35.2	26.2	18.0	11.4	6.5
		1999～2000	74.34	69.78	64.83	55.06	45.51	36.02	27.01	18.75	11.81	6.70
		1999	74.2	79.7	64.7	54.9	45.4	35.9	26.9	18.6	11.7	6.6
		2000	74.5	70.0	65.0	55.3	45.7	36.2	27.2	18.9	11.9	6.8
		2001	74.6	70.1	65.2	55.4	45.8	36.3	27.3	19.0	12.0	6.7
		2002～03	74.9	70.3	65.4	55.6	46.0	36.5	27.5	19.2	12.1	6.8
		2003～04	75.2	70.6	65.7	55.9	46.2	36.7	27.7	19.4	12.3	6.9
		2004～05	75.64	…	66.12	56.31	46.69	37.15	28.07	19.75	12.53	6.98
		2005～06	75.9	71.3	66.4	56.5	46.9	37.3	28.2	19.9	12.7	7.1
		2006～07	75.9	71.4	66.4	56.6	47.0	37.4	28.3	20.1	12.8	7.2
		2007～08	76.3	71.7	66.7	56.9	47.3	37.7	28.6	20.3	13.0	7.3
		2008～09	76.5	71.9	66.9	57.1	47.4	37.9	28.7	20.4	13.0	7.2
		2012～13	78.00	73.31	68.34	58.44	48.67	39.00	29.71	21.26	13.78	7.53
		2013～14	78.51	73.87	68.88	59.00	49.23	39.59	30.26	21.73	14.19	7.92
		2014～15	78.61	74.00	69.03	59.11	49.36	39.68	30.33	21.73	14.23	7.91
		2015～16	78.82	74.19	69.21	59.28	49.56	39.86	30.55	21.96	14.38	7.98
	女	1941～45	67.70	66.27	61.52	52.03	42.91	33.88	25.16	17.14	10.38	5.56
		1946～50	70.14	68.14	63.29	53.62	44.22	35.00	26.13	17.88	10.90	5.88
		1951～55	72.60	69.66	64.78	54.99	45.34	35.89	26.85	18.44	11.17	6.01
		1956～60	73.76	70.50	65.60	55.79	46.08	36.59	27.47	18.97	11.53	6.14
		1962～63	74.4	71.0	66.1	56.3	46.5	37.0	27.9	19.3	11.8	6.3
		1963～64	74.6	71.1	66.2	56.4	46.6	37.1	28.0	19.4	11.8	6.3
		1964～65	74.7	71.1	66.3	56.4	46.7	37.2	28.0	19.4	11.9	6.3
		1965～66	74.7	71.1	66.2	56.4	46.6	37.1	28.0	19.4	11.9	6.3
		1967～68	75.4	71.6	66.7	56.9	47.1	37.6	28.5	20.0	12.4	6.7
		1968～69	75.6	71.8	66.9	57.1	47.4	37.8	28.8	20.2	12.7	6.9
		1969～70	75.7	71.8	67.0	57.2	47.5	37.9	28.9	20.4	12.9	7.1
		1970～71	75.9	72.1	67.2	57.4	47.7	38.1	29.1	20.6	13.1	7.2
		1971～72	76.1	72.2	67.3	57.5	47.7	38.2	29.1	20.7	13.2	7.2
		1972～73	76.3	72.3	67.4	57.6	47.8	38.3	29.2	20.8	13.2	7.3
		1975～76	76.8	72.6	67.7	57.9	48.1	38.5	29.5	21.1	13.5	7.4
		1977～78	77.5	73.2	68.3	58.5	48.7	39.1	30.0	21.6	13.9	7.8
		1979～80	77.30	73.00	68.00	58.20	48.50	38.90	29.80	21.40	13.90	7.70
		1980～81	77.20	72.90	68.00	58.20	48.40	38.90	29.80	21.50	13.90	7.70
		1981～82	77.40	73.10	68.20	58.40	48.60	39.00	29.90	21.60	14.00	7.90
		1982～83	77.50	73.20	68.30	58.40	48.70	39.10	30.00	21.60	14.10	7.90
		1983～84	77.50	73.20	68.20	58.40	48.60	39.10	30.00	21.60	14.10	7.90
		1984～85	77.50	73.20	68.20	58.40	48.60	39.10	29.90	21.60	14.10	7.90
		1985～86	77.50	73.20	68.20	58.40	48.60	39.00	29.90	21.60	14.20	8.00

（単位：年）

国名（地域）・性・作成基礎期間		0歳	5	10	20	30	40	50	60	70	80
デンマーク	（Denmark）										
女	1986～87	77.60	73.30	68.40	58.50	48.70	39.10	30.00	21.70	14.30	8.10
	1987～88	77.70	73.40	68.40	58.60	48.80	39.20	30.00	21.70	14.40	8.20
	1989～90	77.70	73.40	68.40	58.60	48.80	39.20	30.10	21.70	14.40	8.20
	1990～91	77.74	73.36	68.43	58.57	48.78	39.14	29.94	21.60	14.21	8.04
	1991～92	77.78	73.36	68.41	58.55	48.75	39.14	29.93	21.53	14.22	8.14
	1992～93	77.76	73.29	68.34	58.47	48.66	39.04	29.82	21.38	14.04	7.92
	1994～95	77.82	73.27	68.33	58.45	48.65	39.03	29.86	21.38	14.15	8.15
	1996～97	78.4	73.8	68.8	59.0	49.1	39.5	30.3	21.7	14.4	8.3
	1999～2000	78.98	74.37	69.40	59.52	49.69	39.99	30.69	22.03	14.58	8.47
	1999	79.0	74.2	69.4	59.5	49.6	39.9	30.7	22.0	14.6	8.5
	2000	79.3	74.7	69.7	59.8	50.0	40.3	30.9	22.3	14.8	8.8
	2001	79.2	74.7	69.7	59.8	50.0	40.3	31.0	22.3	14.6	8.5
	2002～03	79.5	74.9	69.9	60.0	50.2	40.5	31.1	22.4	14.7	8.5
	2003～04	79.9	75.3	70.3	60.4	50.6	40.8	31.5	22.8	14.9	8.6
	2004～05	80.24	…	70.66	60.75	50.90	41.15	31.78	23.02	15.14	8.82
	2005～06	80.4	75.8	70.8	60.9	51.0	41.3	31.9	23.1	15.2	8.8
	2006～07	80.5	75.8	70.9	61.0	51.1	41.3	31.9	23.2	15.2	8.8
	2007～08	80.7	76.0	71.0	61.1	51.3	41.5	32.1	23.4	15.4	8.9
	2008～09	80.8	76.1	71.1	61.2	51.4	41.6	32.2	23.4	15.4	8.8
	2012～13	81.94	77.29	72.31	62.38	52.50	42.69	33.13	24.24	16.05	9.17
	2013～14	82.72	78.05	73.07	63.12	53.24	43.42	33.87	24.86	16.64	9.58
	2014～15	82.53	77.88	72.90	62.97	53.07	43.26	33.69	24.70	16.53	9.49
	2015～16	82.83	78.11	73.14	63.20	53.31	43.51	33.92	24.89	16.66	9.52
エストニア	（Estonia）										
男	1990	64.72	60.95	56.16	46.74	37.88	29.22	21.47	14.77	9.71	5.58
	1992	64.05	60.39	55.60	46.08	37.32	28.84	21.12	14.43	9.31	5.37
	1993	62.49	58.80	53.93	44.48	35.80	27.55	20.21	14.20	9.48	5.41
	1996	64.47	60.40	55.53	45.92	36.86	28.38	20.95	14.78	9.80	5.81
	1997	64.8	60.6	55.8	46.3	37.4	29.0	21.6	15.3	10.3	6.3
	2000	65.1	61.0	56.1	46.4	37.5	28.8	21.6	15.3	10.2	6.2
	2002	64.8	60.5	55.7	46.0	37.1	28.6	21.4	15.3	10.2	6.2
	2003	66.1	61.8	56.9	47.2	38.2	29.5	21.9	15.5	10.2	6.0
	2005	67.2	62.7	57.8	48.1	39.1	30.2	22.3	15.8	10.5	6.3
	2006	67.4	62.8	57.9	48.3	39.2	30.4	22.4	15.9	10.6	6.3
	2007	67.1	62.7	57.7	48.0	39.2	30.3	22.4	15.9	10.7	6.7
	2008	68.6	64.1	59.2	49.5	40.4	31.4	23.2	16.4	11.0	6.9
	2010	70.62	65.97	61.06	51.40	42.28	33.46	25.14	17.79	11.75	7.23
	2011	71.16	66.37	61.44	51.71	42.44	33.58	25.18	17.71	11.57	7.00
	2012	71.44	66.69	61.76	52.05	42.88	34.06	25.64	18.06	11.79	7.10
	2013	72.68	67.87	62.92	53.10	43.65	34.55	25.80	18.10	12.08	7.16
女	1990	74.94	71.00	66.12	56.40	46.76	37.22	28.15	19.59	12.21	6.79
	1992	75.03	71.20	66.34	56.60	46.92	37.40	28.28	19.82	12.36	6.34
	1993	73.93	70.22	65.37	55.62	45.99	36.54	27.66	19.41	12.19	6.52
	1996	75.48	71.22	66.34	56.56	46.82	37.40	28.42	20.07	12.68	7.11
	1997	76.0	72.0	67.0	57.2	47.5	37.9	29.0	20.6	13.3	7.4
	2000	76.2	71.9	67.0	57.2	47.5	38.0	29.2	20.9	13.3	7.6
	2002	76.3	72.1	67.2	57.4	47.7	38.2	29.3	21.3	13.6	7.4
	2003	77.1	72.7	67.7	58.0	48.2	38.7	29.6	21.3	13.6	7.4
	2005	78.1	73.7	68.8	58.9	49.2	39.6	30.5	22.1	14.2	7.6
	2006	78.5	73.9	68.9	59.1	49.4	39.8	30.5	22.1	14.4	7.9
	2007	78.7	74.3	69.3	59.5	49.8	40.2	31.0	22.5	14.7	8.2
	2008	79.2	74.7	69.7	59.7	50.1	40.5	31.2	22.6	14.7	8.1
	2010	80.52	75.72	70.73	60.82	51.13	41.54	32.06	23.01	14.91	8.47
	2011	81.09	76.29	71.29	61.41	51.85	42.37	32.88	23.65	15.25	8.49
	2012	81.29	76.65	71.68	61.98	52.49	43.02	33.57	24.37	15.92	9.00
	2013	81.29	76.60	71.66	61.81	52.00	42.36	32.89	24.06	15.84	8.83
フェロー諸島	（Faeroe Islands）										
男	2008	76.8	72.5	67.7	57.9	48.1	38.5	29.3	20.8	13.4	7.6
女	2008	82.3	77.8	72.8	62.9	53.0	43.2	33.4	24.3	15.9	9.2
フィンランド	（Finland）										
男	1941～45	54.62	55.41	51.27	42.90	35.36	27.52	20.16	13.78	8.80	5.48
	1946～50	58.59	57.97	53.44	44.40	36.30	28.02	20.28	13.75	8.65	4.98
	1951～53	62.89	60.88	56.15	46.67	37.74	28.94	20.79	13.94	8.59	4.80
	1951～55	63.4	61.3	56.5	47.0	38.0	29.2	21.0	14.1	8.7	4.8
	1956～60	64.90	62.15	57.37	47.81	38.63	29.72	21.41	14.38	8.91	5.04
	1961～65	65.4	62.1	57.3	47.8	38.5	29.5	21.2	14.3	8.9	4.9
	1966～70	65.88	62.19	57.39	47.78	38.46	29.44	21.23	14.25	8.77	4.86
	1971	65.89	66.16	61.32	51.66	38.36	29.34		14.29	8.86	4.92
	1972	66.57	62.72	57.90	48.37	39.12	30.11	21.91	14.85	9.29	5.10
	1974	66.90	62.93	58.07	48.51	39.23	30.14	21.91	14.87	9.22	5.07
	1975	67.38	63.34	58.49	48.93	39.74	30.62	22.27	15.04	9.46	5.26
	1978	68.49	64.21	59.34	49.69	40.32	31.14	26.14	15.41	9.58	5.32
	1980	69.16	64.87	59.97	50.27	40.94	31.76	23.07	15.64	9.75	5.38
	1981	69.53	65.16	60.27	51.21	41.21	32.04	23.38	15.99	10.03	5.60
	1983	70.16	65.74	60.83	51.13	41.71	32.48	23.73	16.13	10.01	5.58
	1984	70.44	66.05	61.14	51.42	42.02	32.81	24.08	16.51	10.49	6.16
	1985	70.07	65.63	60.71	51.03	41.61	32.40	23.71	16.12	10.05	5.67
	1986	70.49	66.05	61.12	51.42	42.05	32.87	24.26	16.66	10.53	6.11
	1987	70.66	66.24	61.31	51.64	42.25	33.14	24.43	16.71	10.59	6.05
	1989	70.85	66.41	61.48	51.87	42.55	33.43	24.81	17.08	10.85	6.20
	1990	70.93	66.42	61.49	51.85	42.57	33.49	24.89	17.09	10.74	6.05

（単位：年）

国名（地域）・性・作成基礎期間		0歳	5	10	20	30	40	50	60	70	80
フィンランド	（Finland）										
男	1994	72.82	68.25	63.29	53.59	44.21	34.95	26.27	18.16	11.42	6.49
	1995	72.79	68.17	63.23	53.53	44.07	34.83	26.11	18.08	11.35	6.42
	1996	73.02	68.40	63.45	53.70	44.31	35.07	26.36	18.29	11.46	6.47
	1997	73.4	68.8	63.9	54.1	44.7	35.4	26.7	18.6	11.7	6.6
	1998	73.5	68.9	64.0	54.2	44.7	35.4	26.6	18.6	11.7	6.5
	1999	73.8	69.1	64.2	54.4	45.0	35.7	26.9	18.8	11.8	6.6
	2000	74.1	…	…	…	…	…	…	…	…	…
	2001	74.6	69.9	65.0	55.2	45.8	36.5	27.6	19.5	12.2	6.8
	2002	74.8	70.2	65.2	55.4	46.0	36.6	27.7	19.5	12.3	6.8
	2003	75.1	70.4	65.5	55.7	46.3	36.9	28.0	19.9	12.6	7.0
	2004	75.3	70.7	65.7	56.0	46.5	37.1	28.2	20.2	13.0	7.3
	2005	75.5	70.9	65.9	56.1	46.6	37.2	28.4	20.4	13.3	7.4
	2006	75.8	71.1	66.1	56.4	46.9	37.5	28.6	20.5	13.3	7.4
	2007	75.8	71.1	66.2	56.4	47.0	37.6	28.7	20.6	13.4	7.5
	2008	76.3	71.6	66.7	56.9	47.4	38.0	29.1	21.0	13.8	7.8
	2009	76.5	71.7	66.7	56.9	47.5	38.1	29.1	20.9	13.7	7.6
	2010	76.71	71.96	66.99	57.17	47.76	38.32	29.26	21.05	13.75	7.62
	2011	77.17	72.43	67.46	57.65	48.16	38.70	29.59	21.35	13.97	7.78
	2012	77.50	72.73	67.76	57.93	48.41	38.94	29.85	21.43	14.06	7.76
	2013	77.84	73.03	68.06	58.20	48.67	39.23	30.08	21.64	14.26	7.97
	2014	78.17	73.40	68.43	58.58	49.04	39.54	30.34	21.82	14.33	8.03
	2015	78.53	73.71	68.72	58.86	49.28	39.75	30.51	21.96	14.47	8.10
女	1941～45	61.14	61.61	57.42	48.91	40.96	32.68	24.41	16.58	10.03	5.59
	1946～50	65.87	64.82	60.18	51.02	42.36	33.59	24.88	16.79	10.04	5.42
	1951～53	69.12	66.87	62.08	52.46	43.13	33.93	24.97	16.75	9.90	5.23
	1951～55	69.8	67.3	62.5	52.8	43.4	34.2	25.2	16.9	10.0	5.6
	1956～60	71.57	68.54	63.68	53.94	44.35	34.96	25.92	17.51	10.36	5.46
	1961～65	72.6	69.0	64.2	54.4	44.7	35.2	26.0	17.5	10.3	5.3
	1966～70	73.57	69.73	64.86	55.07	45.35	35.79	26.60	18.01	10.62	5.42
	1971	74.21	70.19	65.31	55.54	45.83	36.25	27.01	18.33	10.86	5.56
	1972	74.87	70.75	65.87	56.11	46.39	36.81	27.52	18.81	11.21	5.63
	1974	75.41	71.35	66.46	56.69	46.95	37.33	28.08	19.36	11.69	5.89
	1975	75.93	71.72	66.83	57.02	47.28	37.66	28.38	19.70	11.97	6.11
	1978	77.12	72.74	67.81	57.98	48.19	38.56	29.18	20.35	12.47	6.44
	1980	77.58	73.19	68.25	58.40	48.62	38.95	29.54	20.66	12.72	6.52
	1981	77.77	73.28	68.36	58.48	48.70	39.00	29.61	20.67	12.80	6.52
	1983	77.98	73.53	68.59	58.73	48.97	39.31	29.93	21.06	13.00	6.74
	1984	78.76	74.30	69.36	59.52	49.74	40.02	30.62	21.64	13.70	7.54
	1985	78.49	74.00	69.07	59.21	49.40	39.71	30.29	21.34	13.36	7.20
	1986	78.42	74.16	69.19	59.33	49.59	39.94	30.57	21.62	13.63	7.47
	1987	78.68	74.20	69.25	59.40	49.63	39.99	30.57	21.67	13.73	7.49
	1989	78.90	74.44	69.48	59.62	49.83	40.19	30.84	21.89	13.79	7.45
	1990	78.87	74.39	69.45	59.64	49.90	40.22	30.88	21.91	13.82	7.48
	1994	80.15	75.55	70.60	60.73	50.97	41.29	31.87	22.85	14.54	7.89
	1995	80.21	75.58	70.62	60.73	50.93	41.25	31.86	22.89	14.55	7.87
	1996	80.52	75.87	70.92	61.05	51.22	41.54	32.15	23.09	14.70	7.92
	1997	80.5	75.9	70.9	61.1	51.2	41.6	32.2	23.2	14.8	8.0
	1998	80.8	76.2	71.2	61.4	51.6	41.9	32.5	23.5	15.0	8.2
	1999	81.0	76.3	71.4	61.5	51.7	42.0	32.6	23.5	15.1	8.0
	2000	81.0	…	…	…	…	…	…	…	…	…
	2001	81.5	76.8	71.8	61.9	52.1	42.4	33.0	24.0	15.5	8.5
	2002	81.5	76.8	71.8	62.0	52.1	42.5	33.0	24.0	15.5	8.3
	2003	81.8	77.1	72.1	62.2	52.4	42.7	33.2	24.2	15.7	8.5
	2004	82.3	77.5	72.6	62.7	52.9	43.2	33.8	24.8	16.3	9.0
	2005	82.3	77.6	72.7	62.8	53.0	43.3	33.9	25.0	16.5	9.1
	2006	82.8	78.1	73.1	63.2	53.4	43.7	34.2	25.2	16.7	9.2
	2007	82.9	78.1	73.1	63.3	53.5	43.7	34.3	25.3	16.8	9.3
	2008	83.0	78.2	73.3	63.4	53.6	43.8	34.3	25.4	16.8	9.3
	2009	83.1	78.4	73.4	63.5	53.7	44.0	34.5	25.5	17.0	9.4
	2010	83.23	78.45	73.49	63.57	53.80	44.03	34.55	25.50	16.95	9.42
	2011	83.53	78.75	73.78	63.88	54.08	44.32	34.71	25.70	17.21	9.56
	2012	83.39	78.64	73.69	63.80	54.03	44.27	34.71	25.61	17.11	9.54
	2013	83.81	78.99	74.01	64.12	54.29	44.51	34.98	25.83	17.29	9.71
	2014	83.87	79.07	74.11	64.19	54.36	44.61	34.96	25.81	17.26	9.69
	2015	84.13	79.30	74.32	64.42	54.56	44.77	35.17	25.97	17.40	9.73
フランス	（France）										
男	1946～49	61.87	62.30	57.61	48.28	39.44	30.69	22.53	15.31	9.28	5.00
	1950～51	63.6	62.7	57.9	48.4	39.3	30.4	22.2	15.1	9.1	4.8
	1952～56	65.04	63.31	58.48	48.90	39.69	30.68	22.36	15.24	9.26	4.90
	1957	65.7	63.3	58.5	49.0	39.8	30.8	22.4	15.3	9.4	…
	1958	67.0	64.5	59.6	50.0	40.8	31.8	23.2	15.9	9.8	…
	1959	67.0	64.3	59.5	49.9	40.7	31.4	23.1	15.8	9.8	…
	1960	67.2	64.4	59.5	49.9	40.5	31.4	22.9	15.6	9.6	…
	1961	67.6	64.6	59.8	50.2	40.9	31.8	23.3	16.0	10.0	…
	1962	67.29	64.30	59.45	49.86	40.54	31.47	22.97	15.68	9.75	5.28
	1963	67.2	64.1	59.3	49.7	40.4	31.3	22.8	15.5	9.6	5.3
	1964	68.0	64.8	59.9	50.3	41.1	31.9	23.4	16.0	10.1	5.6
	1965	67.8	64.5	59.6	50.0	40.7	31.6	23.1	15.8	9.9	5.5
	1966	68.2	64.8	60.0	50.4	41.1	32.0	23.5	16.1	10.2	5.8
	1968	68.0	64.6	59.7	50.2	40.9	31.7	23.3	15.9	10.0	5.6
	1969	67.6	64.1	59.3	49.8	40.5	31.4	22.9	15.5	9.8	5.5
	1970	68.6	65.0	60.2	50.6	41.4	32.2	23.7	16.2	10.2	5.8
	1971	68.54	64.88	60.03	50.53	41.29	32.13	23.68	16.21	10.18	5.73
	1972	68.68	64.95	60.09	50.59	41.39	32.26	23.82	16.35	10.30	5.91

408

（単位：年）

国名（地域）・性・作成基礎期間		0歳	5	10	20	30	40	50	60	70	80
フランス	（France）										
男	1973	68.88	65.10	60.24	50.75	41.51	32.34	23.89	16.40	10.25	5.76
	1974	69.10	65.29	60.42	50.91	41.64	32.45	24.00	16.53	10.38	5.93
	1975	69.00	65.27	60.41	50.87	41.59	32.37	23.95	16.49	10.33	5.85
	1976	69.18	65.35	60.48	50.95	41.71	32.50	24.07	16.65	10.44	5.92
	1977	69.73	65.85	60.97	51.44	42.19	32.96	24.51	17.05	10.75	6.17
	1978～80	70.05	66.05	61.17	51.63	42.40	33.14	24.63	17.14	10.79	6.09
	1981	70.41	66.37	61.49	51.91	42.69	33.43	24.84	17.33	10.89	6.05
	1982	70.73	66.65	61.76	52.18	42.97	33.73	25.13	17.64	11.16	6.25
	1982～84	70.86	66.75	61.85	52.24	43.04	33.81	25.19	17.69	11.19	6.23
	1983～85	71.04	66.89	61.99	52.37	43.15	33.92	25.28	17.76	11.24	6.22
	1984～86	71.31	67.13	62.22	52.58	43.35	34.12	25.46	17.92	11.38	6.32
	1987	72.03	67.83	62.91	53.24	43.97	34.76	26.05	18.41	11.8	6.61
	1988	72.33	68.12	63.20	53.53	44.27	35.08	26.37	18.69	12.03	6.75
	1990	72.75	68.49	63.56	53.87	44.65	35.51	26.81	19.02	12.29	6.85
	1991	72.91	68.64	63.71	54.03	44.82	35.71	27.03	19.18	12.47	6.99
	1992	72.94	68.67	63.74	54.04	44.82	35.71	27.02	19.18	12.46	6.98
	1993	73.29	68.95	64.02	54.31	45.06	35.98	27.31	19.39	12.63	7.07
	1995	73.92	69.41	64.47	54.74	45.43	36.32	27.65	19.67	12.84	7.27
	1996	74.2	69.7	64.7	55.0	45.6	36.4	27.7	19.7	12.9	7.3
	1997	74.6	…	…	55.4	…	36.7	…	19.9	…	…
	1998	74.8	70.2	65.3	55.5	46.1	36.8	28.1	20.0	13.0	7.4
	1999	75.0	…	…	55.7	…	37.0	…	20.2	…	…
	2000	75.3	…	…	56.1	…	37.3	…	20.5	…	…
	2001	75.5	…	…	56.3	…	37.5	…	20.7	…	…
	2002	75.8	…	…	56.5	…	37.6	…	20.8	…	…
	2003	75.9	…	…	56.6	…	37.7	…	20.8	…	…
	2004	76.7	72.1	67.2	57.4	47.9	38.4	29.6	21.5	14.1	8.1
	2005	76.81	72.18	67.21	57.42	47.88	38.44	29.55	21.48	14.10	8.04
	2004～06	76.93	72.32	67.35	57.55	48.01	38.56	29.68	21.60	14.22	8.14
	2006	77.24	72.63	67.66	57.86	48.29	38.83	29.91	21.85	14.45	8.29
	2006～08	77.42	72.8	67.84	58.02	48.46	38.99	30.03	21.94	14.52	8.23
	2009	77.7	…	…	58.3	…	39.3	…	22.2	…	…
	2010	78.0	…	…	58.6	…	39.5	…	22.4	…	…
	2011	78.4	…	…	59.0	…	39.9	…	22.7	…	…
	2012	78.5	…	…	59.0	…	39.9	…	22.6	…	…
	2013	78.7	…	…	59.3	…	40.1	…	22.8	…	…
	2014	79.2	…	…	59.8	…	40.6	…	23.1	…	…
	2015	79.0	…	…	59.6	…	40.4	…	22.9	…	…
女	1946～49	67.43	67.09	62.36	52.92	43.92	34.97	26.24	18.13	11.08	5.95
	1950～51	69.3	67.8	63.0	53.4	44.1	35.0	26.2	18.1	11.1	5.9
	1952～56	71.15	68.95	64.09	54.36	44.84	35.58	26.73	18.54	11.31	5.95
	1957	72.4	69.7	64.9	55.1	45.5	36.2	27.3	19.0	11.7	…
	1958	73.4	70.6	65.7	56.0	46.3	36.9	27.9	19.5	12.0	…
	1959	73.6	70.6	65.7	55.9	46.4	37.0	28.0	19.5	12.1	…
	1960	73.8	70.6	65.7	55.9	46.4	36.9	27.9	19.5	12.0	…
	1961	74.5	71.2	66.4	56.6	47.0	37.5	28.5	20.0	12.5	…
	1962	74.14	70.83	65.95	56.19	46.56	37.13	28.08	19.61	12.10	6.41
	1963	74.1	70.8	65.9	56.1	46.5	37.1	28.0	19.6	12.0	6.4
	1964	75.1	71.6	66.7	56.9	47.3	37.8	28.8	20.3	12.7	6.9
	1965	75.0	71.4	66.5	56.7	47.1	37.6	28.6	20.1	12.5	6.7
	1966	75.4	71.8	66.9	57.1	47.5	38.0	29.0	20.5	12.8	7.0
	1968	75.5	71.8	67.0	57.2	47.6	38.1	29.0	20.4	12.8	6.9
	1969	75.3	71.6	66.7	57.0	47.3	37.8	28.8	20.3	12.7	7.0
	1970	76.1	72.3	67.4	57.6	48.0	38.5	29.4	20.8	13.1	7.2
	1971	76.10	72.27	67.38	57.64	48.00	38.49	29.39	20.83	13.07	7.07
	1972	76.39	72.48	67.59	57.86	48.23	38.73	29.64	21.06	13.30	7.26
	1973	76.50	72.56	67.68	57.94	48.29	38.77	29.64	21.02	13.21	7.13
	1974	76.89	72.89	68.00	58.25	48.58	39.04	29.90	21.30	13.42	7.28
	1975	76.86	72.97	68.06	58.31	48.64	39.09	29.94	21.32	13.44	7.26
	1976	77.22	73.22	68.32	58.57	48.90	39.34	30.18	21.54	13.59	7.35
	1977	77.85	73.78	68.88	59.13	49.48	39.92	30.73	22.04	14.02	7.67
	1978～80	78.20	74.05	69.14	59.38	49.70	40.14	30.92	22.21	14.14	7.66
	1981	78.47	74.27	69.36	59.61	49.92	40.35	31.10	22.33	14.22	7.63
	1982	78.85	74.62	69.71	59.94	50.26	40.70	31.44	22.65	14.52	7.89
	1982～84	78.99	74.25	69.84	60.05	50.37	40.80	31.53	22.73	14.55	7.85
	1983～85	79.19	74.92	70.00	60.20	50.52	40.94	31.65	22.84	14.64	7.88
	1984～86	79.49	75.19	70.27	60.47	50.78	41.19	31.89	23.06	14.83	8.01
	1987	80.27	75.91	70.99	61.16	51.44	41.84	32.53	23.67	15.39	8.43
	1988	80.46	76.12	71.19	61.36	51.65	42.05	32.75	23.87	15.56	8.56
	1990	80.94	76.55	71.61	61.77	52.05	42.45	33.11	24.19	15.80	8.68
	1991	81.13	76.75	71.81	61.97	52.27	42.66	33.33	24.38	16.01	8.84
	1992	81.15	76.74	71.81	61.97	52.26	42.66	33.32	24.38	16.00	8.83
	1993	81.42	76.95	72.00	62.17	52.46	42.86	33.54	24.60	16.21	8.97
	1995	81.86	77.30	72.35	62.51	52.79	43.20	33.88	24.89	16.48	9.21
	1996	82.0	77.4	72.5	62.6	52.9	43.3	33.9	25.0	16.5	9.2
	1997	82.3	…	…	62.9	…	43.5	…	25.2	…	…
	1998	82.4	77.8	72.8	63.0	53.2	43.6	34.2	25.2	16.7	9.4
	1999	82.5	…	…	63.1	…	43.7	…	25.3	…	…
	2000	82.8	…	…	63.4	…	43.9	…	25.6	…	…
	2001	82.9	…	…	63.5	…	44.1	…	25.7	…	…
	2002	83.0	…	…	63.6	…	44.1	…	25.8	…	…
	2003	82.9	…	…	63.4	…	43.9	…	25.6	…	…
	2004	83.8	79.2	74.2	64.3	54.5	44.8	35.5	26.5	17.9	10.3
	2005	83.8	79.1	74.2	64.3	54.4	44.7	35.4	26.4	17.8	10.1
	2004～06	83.9	79.3	74.3	64.4	54.6	44.9	35.5	26.5	17.9	10.3

（単位：年）

国名（地域）・性・作成基礎期間		0歳	5	10	20	30	40	50	60	70	80
フランス	（France）										
女	2006	84.2	79.5	74.5	64.6	54.8	45.1	35.7	26.7	18.1	10.5
	2006〜08	84.34	79.66	74.70	64.79	54.96	45.23	35.84	26.84	18.21	10.49
	2009	84.4	…	…	64.9	…	45.3	…	27.0	…	…
	2010	84.6	…	…	65.1	…	45.5	…	27.1	…	…
	2011	85.0	…	…	65.4	…	45.8	…	27.4	…	…
	2012	84.8	…	…	65.3	…	45.7	…	27.2	…	…
	2013	85.0	…	…	65.5	…	45.9	…	27.4	…	…
	2014	85.4	…	…	65.8	…	46.2	…	27.7	…	…
	2015	85.1	…	…	65.6	…	45.9	…	27.4	…	…
ドイツ連邦共和国　　　　（旧西ドイツ） （Germany, Federal Republic of）											
男	1949〜51	64.56	64.47	59.76	50.34	41.32	32.32	23.75	16.20	9.84	5.24
	1957〜58	66.21	64.41	59.63	50.12	40.98	31.78	23.00	15.44	9.41	5.04
	1958〜59	66.75	64.88	60.08	50.56	41.39	32.18	23.35	15.74	9.66	5.19
	1959〜60	66.69	64.71	59.92	50.38	41.21	31.98	23.16	15.53	9.54	5.11
	1960〜62	66.86	64.68	59.88	50.34	41.14	31.91	23.10	15.49	9.60	5.24
	1961〜63	67.05	64.69	59.89	50.34	41.11	31.86	23.06	15.43	9.58	5.23
	1962〜64	67.21	64.69	59.89	50.34	41.11	31.86	23.06	15.42	9.59	5.29
	1963〜65	67.41	64.70	59.89	50.35	41.10	31.85	23.04	15.39	9.57	5.31
	1964〜66	67.58	64.77	59.96	50.44	41.17	31.93	23.13	15.46	9.46	5.41
	1965〜67	67.62	64.75	59.94	50.41	41.13	31.89	23.10	15.41	9.57	5.36
	1966〜68	67.55	64.64	59.84	50.32	41.04	31.79	23.01	15.29	9.45	5.28
	1967〜69	67.39	64.47	59.67	50.16	40.87	31.61	22.85	15.12	9.30	5.25
	1968〜70	67.24	64.33	59.52	50.03	40.75	31.51	22.76	15.02	9.20	5.24
	1969〜71	67.25	64.36	59.55	50.08	40.84	31.60	22.87	15.13	9.27	5.32
	1970〜72	67.41	64.49	59.68	50.21	41.00	31.77	23.05	15.31	9.35	5.36
	1971〜73	67.61	64.66	59.84	50.36	41.12	31.88	23.16	15.42	9.39	5.36
	1972〜74	67.87	64.86	60.03	50.53	41.24	31.99	23.27	15.52	9.43	5.40
	1973〜75	68.04	64.94	60.10	50.59	41.27	32.01	23.30	15.54	9.42	5.37
	1974〜76	68.30	65.05	60.21	50.69	41.36	32.09	23.40	15.64	9.47	5.40
	1975〜77	68.61	65.21	60.35	50.84	41.53	32.26	23.56	15.80	9.58	5.47
	1976〜78	68.99	65.45	60.60	51.07	41.76	32.49	23.78	16.00	9.72	5.57
	1977〜79	69.36	65.72	60.86	51.31	42.01	32.71	24.00	16.22	9.88	5.71
	1978〜80	69.60	65.87	60.01	51.44	42.11	32.80	24.08	16.33	9.95	5.74
	1979〜81	69.93	66.11	61.24	51.65	42.30	32.96	24.22	16.44	10.05	5.78
	1980〜82	70.18	66.28	61.40	51.79	42.42	33.07	24.30	16.51	10.09	5.73
	1981〜83	70.46	66.49	61.59	51.97	42.58	33.22	24.41	16.61	10.16	5.73
	1983〜85	71.18	67.09	62.18	52.50	43.05	33.64	24.77	16.92	10.42	5.87
	1984〜86	71.54	67.41	62.49	52.79	43.30	33.88	24.98	17.10	10.55	5.94
	1985〜87	71.81	67.65	62.73	53.01	43.51	34.07	25.15	17.26	10.67	5.99
	1986〜88	72.21	68.02	63.01	53.37	43.88	34.46	25.50	17.55	10.90	6.06
	1991〜93	73.11	68.73	63.79	54.04	44.54	35.15	26.18	18.09	11.39	6.34
	1992〜94	73.37	68.95	64.01	54.26	44.75	35.35	26.37	18.25	11.53	6.45
女	1949〜51	68.48	67.61	62.84	53.24	43.89	34.67	25.75	17.46	10.42	5.57
	1957〜58	71.34	69.03	64.19	54.55	44.84	35.42	26.36	17.91	10.67	5.48
	1958〜59	71.88	69.53	64.67	54.91	45.30	35.86	26.77	18.27	10.91	5.71
	1959〜60	71.94	69.51	64.65	54.89	45.27	35.83	26.74	18.22	10.86	5.63
	1960〜62	72.39	69.78	64.93	55.17	45.53	36.09	27.00	18.48	11.12	5.85
	1961〜63	72.70	69.94	65.08	55.32	45.68	36.21	27.12	18.58	11.18	5.87
	1962〜64	73.00	70.08	65.23	55.46	45.80	36.32	27.23	18.71	11.32	5.98
	1963〜65	73.22	70.17	65.31	55.53	45.86	36.38	27.28	18.76	11.39	6.04
	1964〜66	73.48	70.34	65.47	55.71	46.03	36.55	27.44	18.92	11.54	6.15
	1965〜67	73.57	70.36	65.50	55.73	46.06	36.55	27.45	18.92	11.52	6.13
	1966〜68	73.58	70.33	65.47	55.71	46.04	36.52	27.41	18.88	11.46	6.05
	1967〜69	73.51	70.25	65.39	55.64	45.96	36.44	27.34	18.81	11.42	6.04
	1968〜70	73.44	70.18	65.32	55.58	45.90	36.38	27.29	18.77	11.36	6.01
	1969〜71	73.56	70.32	65.46	55.72	46.05	36.53	27.44	18.92	11.49	6.09
	1970〜72	73.83	70.56	65.70	55.97	46.30	36.77	27.65	19.12	11.63	6.16
	1971〜73	74.09	70.79	65.93	56.19	46.52	36.98	27.85	19.30	11.77	6.23
	1972〜74	74.36	71.01	66.14	56.39	46.70	37.15	28.01	19.46	11.88	6.30
	1973〜75	74.54	71.12	66.25	56.49	46.80	37.24	28.10	19.53	11.92	6.37
	1974〜76	74.81	71.29	66.40	56.65	46.95	37.39	28.23	19.66	12.02	6.37
	1975〜77	75.21	71.55	66.67	56.92	47.23	37.66	28.49	19.91	12.22	6.50
	1976〜78	75.64	71.88	66.99	57.23	47.55	37.98	28.79	20.19	12.46	6.67
	1977〜79	76.07	72.22	67.33	57.56	47.88	38.30	29.10	20.48	12.71	6.89
	1978〜80	76.36	72.45	67.55	57.77	48.07	38.48	29.26	20.60	12.82	6.95
	1979〜81	76.65	72.67	67.76	57.97	48.25	38.67	29.42	20.75	12.95	7.03
	1980〜82	76.85	72.81	67.90	58.10	48.37	37.78	29.52	20.82	12.99	6.98
	1981〜83	77.09	72.99	68.07	58.27	48.54	38.93	29.65	20.93	13.09	7.03
	1983〜85	77.79	73.58	68.66	58.83	49.07	39.44	30.12	21.36	13.46	7.26
	1984〜86	78.10	73.85	68.92	59.08	49.31	39.67	30.34	21.55	13.63	7.36
	1985〜87	78.37	74.08	69.15	59.30	49.52	39.87	30.53	21.72	13.78	7.46
	1986〜88	78.68	74.35	69.40	59.55	49.77	40.11	30.78	21.95	13.96	7.57
	1991〜93	79.48	75.00	70.06	60.19	50.40	40.74	31.41	22.51	14.45	7.88
	1992〜94	79.69	75.19	70.23	60.37	50.57	40.90	31.57	22.66	14.57	7.98
（旧東ドイツ）											
男	1952〜53	65.06	64.87	60.12	50.66	41.50	32.31	23.60	15.99	9.65	5.03
	1954〜55	66.20	65.57	60.82	51.28	42.04	32.78	24.00	16.32	9.95	5.24
	1955〜56	66.33	65.51	60.75	51.25	42.05	32.81	24.01	16.28	9.94	5.27
	1956〜57	66.34	65.56	60.81	51.28	42.07	32.85	23.99	16.23	9.91	5.25
	1955〜58	66.13	65.24	60.48	50.96	41.74	32.50	23.67	15.97	9.75	5.18
	1960〜61	67.31	65.43	60.62	51.09	41.85	32.59	23.73	15.95	9.83	5.21
	1963〜64	68.27	65.94	61.12	51.57	42.33	33.02	24.26	16.57	10.48	6.28

（単位：年）

国名（地域）・性・作成基礎期間			0歳	5	10	20	30	40	50	60	70	80
		（旧東ドイツ）										
	男	1963〜66	68.49	65.86	61.04	51.47	42.25	32.94	24.09	16.42	10.36	6.14
		1965〜66	68.72	65.86	61.04	51.46	42.26	32.91	24.01	16.37	10.32	6.07
		1967〜68	69.16	66.12	61.31	51.74	42.46	33.17	24.23	16.43	10.31	5.96
		1969〜70	68.85	65.58	60.75	51.19	41.94	32.66	23.85	16.12	10.13	5.96
		1976	68.82	65.19	60.35	50.77	41.16	32.18	23.44	15.88	9.26	5.06
		1977	69.01	65.32	60.45	50.91	41.58	32.31	23.60	15.80	9.46	5.21
		1978	68.78	65.07	60.22	50.63	41.32	32.06	23.40	15.60	9.32	5.08
		1981	68.96	65.18	60.30	50.70	41.35	32.06	23.39	15.65	9.32	5.00
		1982	69.09	65.26	60.39	50.78	41.44	32.16	23.45	15.73	9.41	5.08
		1983	69.46	65.54	60.65	51.02	41.66	32.36	23.58	15.89	9.55	5.15
		1984	69.64	65.63	60.73	51.07	41.69	32.40	23.62	15.95	9.58	5.15
		1985	69.52	65.49	60.60	50.94	41.56	32.26	23.48	15.77	9.43	4.98
		1986〜87	69.73	65.61	60.70	51.01	41.57	32.29	23.52	15.91	9.62	5.16
		1987〜88	69.81	65.68	60.77	51.09	41.67	32.42	23.66	16.09	9.77	5.31
		1988〜89	70.03	65.81	60.90	51.19	41.73	32.49	23.76	16.16	9.84	5.34
		1991〜93	69.86	65.52	60.60	50.95	41.54	32.59	24.05	16.50	10.28	5.65
		1992〜94	70.31	65.94	61.01	51.35	42.00	32.93	24.39	16.76	10.53	5.82
	女	1952〜53	69.07	68.00	63.22	53.59	44.20	34.99	26.09	17.75	10.52	5.48
		1954〜55	70.15	68.62	64.00	54.30	44.84	35.56	26.60	18.18	10.83	5.62
		1955〜56	70.64	69.17	64.33	54.62	45.11	35.82	26.84	18.38	11.02	5.80
		1956〜57	71.03	69.43	64.59	54.85	45.31	35.96	26.95	18.46	11.05	5.85
		1955〜58	70.68	69.11	64.26	54.56	45.03	35.70	26.71	18.27	10.93	5.78
		1960〜61	72.18	69.75	64.89	55.11	45.51	36.08	27.03	18.51	11.05	5.73
		1963〜64	73.34	70.52	65.64	55.89	46.26	36.83	27.87	19.42	12.10	6.93
		1963〜66	73.53	70.51	65.64	55.87	46.24	36.79	27.75	19.31	11.95	6.71
		1965〜66	73.66	70.48	65.61	55.83	46.21	36.76	27.67	19.27	11.91	6.65
		1967〜68	74.38	71.01	66.14	56.35	46.70	37.17	28.03	19.55	12.07	6.62
		1969〜70	74.19	70.68	65.81	56.05	46.37	36.86	27.77	19.30	11.91	6.63
		1976	74.42	70.52	65.62	55.85	46.15	36.56	27.39	18.81	11.26	5.79
		1977	74.87	70.93	66.03	56.24	46.52	36.91	27.73	19.12	11.53	6.00
		1978	74.74	70.76	65.86	56.06	46.32	36.74	27.58	18.99	11.43	5.91
		1981	74.83	70.79	65.88	56.08	46.35	36.75	27.58	19.00	11.47	5.94
		1982	75.10	71.02	66.10	56.29	46.57	36.97	27.75	19.17	11.62	6.00
		1983	75.42	71.27	66.35	56.53	46.80	37.20	27.93	19.30	11.74	6.17
		1984	75.42	71.28	66.37	56.55	46.84	37.23	27.98	19.35	11.81	6.10
		1985	75.42	71.23	66.31	56.48	46.76	37.16	27.88	19.24	11.69	6.00
		1986〜87	75.74	71.46	66.54	56.70	46.96	37.33	28.07	19.44	11.86	6.15
		1987〜88	75.91	71.60	66.67	56.83	47.08	37.46	28.20	19.55	11.99	6.26
		1988〜89	76.23	71.91	66.97	57.13	47.36	37.73	28.45	19.79	12.14	6.40
		1991〜93	77.18	72.75	67.81	58.00	48.25	38.66	29.42	20.70	12.99	7.04
		1992〜94	77.72	73.28	68.34	58.52	48.74	39.14	29.87	21.11	13.32	7.27
ドイツ	男	（Germany）										
		1991〜93	72.47	68.09	63.15	53.43	43.97	34.65	25.76	17.79	11.19	6.21
		1992〜94	72.77	68.36	63.42	53.69	44.20	34.87	25.99	17.97	11.35	6.33
		1993〜95	72.99	68.55	63.60	53.87	44.37	35.02	26.13	18.08	11.44	6.38
		1994〜96	73.29	68.82	63.87	54.14	44.63	35.26	26.36	18.28	11.61	6.52
		1995〜97	73.62	…	…	54.44	…	35.52	…	18.48	…	6.63
		1996〜98	74.04	…	…	54.82	…	35.84	…	18.73	…	6.75
		1997〜99	74.44	…	…	55.21	…	36.18	…	19.01	…	6.91
		1999	74.7	70.2	65.2	55.5	45.9	36.4	27.4	19.2	12.2	6.8
		2001〜03	75.38	…	…	56.06	…	36.94	…	19.68	…	7.09
		2002〜03	75.59	…	…	56.27	…	37.12	…	19.84	…	7.14
		2002〜04	75.9	71.3	66.4	56.6	46.9	37.4	28.3	20.0	12.8	7.2
		2003〜05	76.2	71.6	66.7	56.8	47.2	37.6	28.6	20.3	13.0	7.3
		2004〜06	76.64	72.03	67.07	57.24	47.58	37.98	28.88	20.58	13.25	7.51
		2005〜07	76.89	72.29	67.33	57.49	47.82	38.20	29.06	20.75	13.38	7.56
		2009〜2011	77.72	73.08	68.11	58.25	48.56	38.93	29.67	21.31	13.89	7.77
		2010〜12	77.72	…	…	58.24	…	38.92	…	21.28	…	7.68
		2011〜13	77.90	…	…	58.41	…	39.06	…	21.38	…	7.70
		2012〜14	78.13	…	…	58.61	…	39.24	…	21.51	…	7.79
		2013〜15	78.18	73.51	68.54	58.66	48.92	39.29	29.97	21.52	13.44	7.81
	女	1991〜93	79.01	74.54	69.60	59.75	49.96	40.31	31.00	22.14	14.15	7.72
		1992〜94	79.30	74.80	69.85	60.00	50.21	40.55	31.23	22.35	14.33	7.84
		1993〜95	79.49	74.97	70.02	60.16	50.36	40.70	31.37	22.49	14.44	7.92
		1994〜96	79.72	75.18	70.23	60.37	50.57	40.89	31.56	22.66	14.58	8.02
		1995〜97	79.98	…	…	60.60	…	41.11	…	22.85	…	8.12
		1996〜98	80.27	…	…	60.86	…	41.35	…	23.06	…	8.23
		1997〜99	80.57	…	…	61.15	…	41.62	…	23.30	…	8.37
		1999	80.7	76.1	71.2	61.3	51.5	41.8	32.4	23.4	15.2	8.3
		2001〜03	81.22	…	…	61.76	…	42.19	…	23.84	…	8.58
		2002〜03	81.34	…	…	61.87	…	42.28	…	23.92	…	8.57
		2002〜04	81.5	76.9	72.0	62.1	52.2	42.5	33.0	24.1	15.7	8.6
		2003〜05	81.8	77.1	72.2	62.3	52.4	42.7	33.2	24.3	15.8	8.7
		2004〜06	82.08	77.43	72.46	62.56	52.70	42.92	33.47	24.49	16.03	8.87
		2005〜07	82.25	77.59	72.62	62.72	52.86	43.08	33.60	24.61	16.15	8.92
		2009〜2011	82.73	78.04	73.07	63.16	53.29	43.50	33.98	24.96	16.53	9.13
		2010〜12	82.80	…	…	63.22	…	43.57	…	25.03	…	9.17
		2011〜13	82.88	…	…	63.29	…	43.63	…	25.07	…	9.20
		2012〜14	83.05	…	…	63.45	…	43.77	…	25.19	…	9.29
		2013〜15	83.06	78.36	73.38	63.46	53.59	43.79	34.23	25.19	16.00	9.30
ジブラルタル	男	（Gibraltar）										
		2001	78.5	73.5	68.5	58.5	…	…	…	…	…	…
	女	2001	83.3	79.5	75.0	65.0	…	…	…	…	…	…

411

(単位：年)

国名（地域）・性・作成基礎期間			0歳	5	10	20	30	40	50	60	70	80
ギリシャ		(Greece)										
	男	1955～59	66.36	66.62	61.89	52.34	42.93	33.59	24.68	16.75	10.28	5.70
		1960～62	67.46	67.30	62.53	52.90	43.45	34.04	25.02	17.00	10.40	5.73
		1970	70.13	68.66	63.81	54.09	44.58	35.14	25.92	17.54	10.64	5.78
		1975～80	71.30	…	…	…	…	…	…	…	…	…
		1980	72.15	69.02	64.13	54.48	45.01	35.58	26.42	18.17	11.48	6.68
		1990～91	74.61	…	…	…	…	…	…	…	…	…
		1995	75.02	70.77	65.83	56.13	46.74	37.35	28.27	19.87	12.77	7.29
		1997	75.3	70.9	66.0	56.3	46.9	37.5	28.4	20.1	12.8	7.4
		1998	75.3	70.9	66.0	56.3	46.9	37.4	28.4	20.0	12.8	7.8
		2003	76.5	71.9	66.9	57.2	47.7	38.2	29.1	20.7	13.2	7.5
		2005	76.8	72.2	67.2	57.5	48.1	38.6	29.5	21.1	13.6	7.7
		2006	77.09	72.43	67.48	57.73	48.29	38.84	29.70	21.30	13.82	7.91
		2007	77.01	72.37	67.41	57.65	48.26	38.78	29.68	21.29	13.82	7.93
		2008	77.54	72.83	67.87	58.08	48.63	39.14	30.00	21.57	14.07	8.02
		2009	77.72	73.08	68.11	58.25	48.56	38.93	29.67	21.31	13.89	7.77
		2011	78.26	73.59	68.64	58.82	49.25	39.68	30.49	22.03	14.49	8.33
		2012	77.92	73.22	68.26	58.43	48.83	39.30	30.09	21.73	14.29	8.06
	女	1955～59	69.74	69.69	64.91	55.24	45.69	36.23	27.03	18.63	11.57	6.31
		1960～62	70.70	70.29	65.48	55.76	46.15	36.63	27.36	18.85	11.65	6.30
		1970	73.64	71.74	66.86	57.05	47.38	37.77	28.26	19.33	11.66	6.19
		1975～80	75.00	…	…	…	…	…	…	…	…	…
		1980	76.35	73.15	68.24	58.43	48.66	38.95	29.46	20.63	13.17	7.58
		1990～91	79.96	…	…	…	…	…	…	…	…	…
		1995	80.20	75.85	70.90	61.40	51.23	41.51	31.98	22.78	14.37	7.75
		1997	80.6	76.2	71.3	61.4	51.6	41.8	32.3	23.1	14.6	7.9
		1998	80.5	76.1	71.2	61.3	51.5	41.8	32.3	23.1	14.6	7.8
		2003	81.3	76.6	71.7	61.8	51.9	42.2	32.6	23.4	14.6	7.5
		2005	81.7	77.1	72.2	62.3	52.5	42.7	33.2	23.9	15.1	7.9
		2006	81.97	77.35	72.39	62.48	52.62	42.83	33.26	24.03	15.28	8.06
		2007	81.99	77.32	72.36	62.45	52.64	42.88	33.33	24.07	15.30	8.03
		2008	82.46	77.71	72.75	62.84	53.00	43.21	33.63	24.40	15.63	8.32
		2009	82.73	78.04	73.07	63.16	53.29	43.50	33.98	24.96	16.53	9.13
		2011	83.10	78.40	73.44	63.55	53.71	43.93	34.35	25.11	16.32	8.80
		2012	82.97	78.24	73.28	63.36	53.49	43.70	34.14	24.95	16.23	8.87
ハンガリー		(Hungary)										
	男	1948～49	58.75	61.62	57.08	47.95	39.53	31.07	23.02	15.78	9.67	5.22
		1954	63.50	63.71	58.94	49.48	40.31	31.17	22.57	15.05	8.95	4.62
		1955	64.96	64.89	60.11	50.64	41.45	32.28	23.56	15.88	9.65	5.05
		1958	65.14	65.14	60.35	50.81	41.58	32.40	23.64	15.96	9.74	…
		1959～60	65.18	64.49	59.67	50.16	40.90	31.72	22.93	15.30	9.20	4.86
		1964	67.00	65.43	60.57	50.98	41.74	32.53	23.72	15.88	9.75	5.27
		1968	66.63	64.65	59.79	50.21	40.94	31.82	23.14	15.33	9.26	4.93
		1970	66.28	…	…	…	…	…	…	…	…	…
		1972	66.87	64.63	59.77	50.14	40.86	31.76	23.25	15.59	9.47	5.23
		1974	66.54	64.38	59.51	49.88	40.56	31.45	23.01	15.46	9.38	5.26
		1978	66.62	63.65	58.78	49.14	39.78	30.79	22.55	15.32	9.43	5.47
		1979	66.65	63.64	58.76	49.14	39.81	30.81	22.59	15.47	9.62	5.69
		1981	65.98	62.69	57.80	48.17	38.91	29.98	21.98	15.18	9.51	5.67
		1982	66.14	62.81	57.91	48.26	38.92	29.98	21.97	15.19	9.54	5.53
		1983	65.59	62.16	57.26	47.61	38.34	29.47	21.69	15.02	9.43	5.53
		1984	65.55	62.19	57.27	47.58	38.31	29.48	21.63	15.05	9.55	5.58
		1985	65.60	62.23	57.32	47.62	38.38	29.58	21.76	15.12	9.61	5.55
		1986	65.30	61.88	56.98	47.25	37.93	29.12	21.26	14.64	9.25	5.18
		1987	65.67	62.16	57.24	47.54	38.22	29.36	21.45	14.83	9.44	5.28
		1988	66.16	62.46	57.56	47.86	38.50	29.61	21.69	15.05	9.63	5.39
		1989	65.44	61.73	56.83	47.13	37.84	29.07	21.29	14.79	9.55	5.36
		1990	65.13	61.36	56.45	46.78	37.53	28.84	21.12	14.72	9.47	5.27
		1991	65.02	61.32	56.42	46.70	37.43	28.72	21.10	14.74	9.49	5.35
		1992	64.55	60.68	55.76	46.04	36.74	28.15	20.69	14.52	9.48	5.34
		1993	64.53	60.56	55.64	45.88	36.50	27.92	20.57	14.45	9.42	5.35
		1994	64.84	60.80	55.87	46.12	36.70	28.08	20.77	14.66	9.57	5.48
		1995	65.25	61.16	56.24	46.49	37.02	28.34	20.94	14.77	9.65	5.50
		1996	66.06	61.93	57.00	47.22	37.70	28.82	21.25	14.88	9.63	5.55
		1997	66.4	62.2	57.3	47.5	38.0	29.0	21.4	15.0	9.7	5.6
		1998	66.1	62.0	57.1	47.3	37.8	28.9	21.3	15.0	9.8	5.6
		1999	66.3	62.1	57.1	47.4	37.8	28.9	21.3	14.9	9.6	5.6
		2000	67.11	…	…	…	…	…	…	…	…	…
		2001	68.2	63.8	58.9	49.1	39.5	30.4	22.6	16.0	10.4	6.0
		2002	68.3	63.9	58.9	49.2	39.6	30.4	22.6	16.0	10.4	6.0
		2003	68.3	63.9	59.0	49.2	39.6	30.3	22.4	15.8	10.2	5.9
		2004	68.6	64.2	59.2	49.4	39.9	30.6	22.7	16.1	10.5	6.0
		2005	68.6	64.2	59.2	49.4	39.8	30.5	22.6	16.0	10.4	6.0
		2006	69.0	64.6	59.6	49.6	40.2	30.9	22.8	16.3	10.7	6.1
		2007	69.2	64.7	59.7	49.9	40.3	31.0	22.9	16.3	10.6	6.1
		2008	69.8	65.3	60.3	50.5	40.9	31.5	23.2	16.6	10.9	6.2
		2009	70.1	65.5	60.5	50.7	41.1	31.6	23.3	16.6	11.0	6.2
		2010	70.50	65.95	60.99	51.15	41.46	31.99	23.53	16.79	11.05	6.31
		2011	70.93	66.36	61.39	51.55	41.87	32.32	23.70	16.88	11.14	6.40
		2012	71.45	66.84	61.87	52.04	42.39	32.85	24.16	17.14	11.23	6.35
		2013	72.01	67.49	62.52	52.66	42.94	33.36	24.55	17.39	11.37	6.35

（単位：年）

国名（地域）・性・作成基礎期間		0歳	5	10	20	30	40	50	60	70	80
ハンガリー	(Hungary)										
女	1948～49	63.24	65.06	60.48	51.34	42.70	33.89	25.27	17.32	10.55	5.74
	1954	67.32	66.87	62.03	52.36	42.97	33.70	24.80	16.57	9.66	5.03
	1955	68.87	68.00	63.19	53.51	44.04	34.73	25.76	17.49	10.55	5.62
	1958	69.36	68.52	63.66	53.97	44.44	35.07	26.08	17.68	10.57	…
	1959～60	69.57	68.38	63.52	53.79	44.22	34.80	25.80	17.40	10.30	5.40
	1964	71.83	69.81	64.94	55.13	45.45	35.96	26.84	18.33	10.99	5.76
	1968	71.89	69.54	64.66	54.89	45.20	35.68	26.55	18.05	10.76	5.53
	1970	72.05	…	…	…	…	…	…	…	…	…
	1972	72.59	70.00	65.10	55.31	45.59	36.09	27.01	18.61	11.28	6.05
	1974	72.42	69.96	65.08	55.31	45.60	36.11	27.66	18.67	11.37	6.01
	1978	73.26	69.97	65.05	55.25	45.55	36.07	27.10	18.74	11.49	6.30
	1979	73.56	70.25	65.33	55.50	45.78	36.31	27.33	19.08	11.87	6.57
	1981	73.40	69.87	64.94	55.13	45.46	36.05	27.15	18.98	11.82	6.61
	1982	73.68	70.10	65.18	55.37	45.66	36.22	27.28	19.05	11.87	6.51
	1983	73.49	69.86	64.95	55.14	45.45	36.05	27.13	18.95	11.80	6.49
	1984	73.66	70.15	65.21	55.39	45.69	36.29	27.38	19.17	12.01	6.65
	1985	73.57	70.07	65.15	55.32	45.61	36.22	27.34	19.15	11.98	6.60
	1986	73.21	69.57	64.64	54.82	45.13	35.75	26.83	18.64	11.51	6.08
	1987	73.74	69.97	65.05	55.22	45.51	36.11	27.17	18.94	11.77	6.29
	1988	74.03	70.22	65.28	55.44	45.74	36.32	27.39	19.15	11.91	6.36
	1989	73.79	70.00	65.08	55.25	45.55	36.17	27.31	19.16	11.95	6.32
	1990	73.71	69.82	64.91	55.10	45.41	36.05	27.21	19.02	11.81	6.27
	1991	73.83	69.98	65.06	55.23	45.51	36.17	27.32	19.15	11.98	6.33
	1992	73.73	69.79	64.86	55.03	45.31	35.99	27.21	19.10	11.92	6.34
	1993	73.81	69.76	64.82	54.99	45.25	35.97	27.24	19.18	12.04	6.36
	1994	74.23	70.11	65.18	55.31	45.55	36.19	27.44	19.32	12.12	6.51
	1995	74.50	70.30	65.36	55.51	45.74	36.36	27.58	19.47	12.28	6.51
	1996	74.70	70.58	65.65	55.79	46.02	36.58	27.73	19.44	12.15	6.37
	1997	75.1	70.8	65.9	56.0	46.2	36.8	27.9	19.7	12.4	6.6
	1998	75.2	70.9	66.0	56.1	46.3	36.8	28.0	19.8	12.4	6.7
	1999	75.1	70.8	65.8	56.0	46.2	36.7	27.9	19.6	12.3	6.5
	2000	75.59	…	…	…	…	…	…	…	…	…
	2001	76.5	72.1	67.2	57.3	47.9	37.9	29.0	20.6	13.1	7.0
	2002	76.6	72.2	67.2	57.4	47.6	38.0	29.1	20.7	13.1	7.0
	2003	76.5	72.1	67.2	57.3	47.5	37.8	28.9	20.6	13.0	6.9
	2004	76.9	72.4	67.5	57.6	47.7	38.1	29.1	20.9	13.2	7.0
	2005	76.9	72.4	67.5	57.6	47.8	38.1	29.1	20.9	13.2	7.0
	2006	77.4	72.8	67.9	58.0	48.1	38.5	29.4	21.1	13.5	7.2
	2007	77.3	72.9	67.9	58.0	48.2	38.5	29.5	21.2	13.6	7.2
	2008	77.8	73.2	68.3	58.4	48.5	38.8	29.7	21.4	13.8	7.3
	2009	77.9	73.3	68.4	58.5	48.6	38.9	29.8	21.5	13.8	7.4
	2010	78.11	73.57	68.60	58.69	48.83	39.09	29.89	21.56	13.82	7.36
	2011	78.23	73.67	68.70	58.79	48.94	39.19	29.98	21.64	13.96	7.45
	2012	78.38	73.83	68.87	58.96	49.09	39.34	30.08	21.66	13.93	7.37
	2013	78.73	74.12	69.15	59.25	49.39	39.63	30.33	21.85	14.12	7.48
アイスランド	(Iceland)										
男	1941～50	66.1	64.1	59.5	50.5	42.4	34.3	26.0	18.2	11.6	6.5
	1951～60	70.7	67.6	62.8	53.3	44.3	35.2	26.5	18.6	11.6	6.2
	1961～65	70.8	67.6	62.7	53.2	44.1	34.9	26.3	18.0	11.6	6.3
	1966～70	70.7	67.2	62.4	52.9	43.8	34.6	25.8	18.0	11.3	6.0
	1971～75	71.6	67.8	62.9	53.4	44.1	35.0	26.2	18.6	11.9	6.6
	1975～76	73.0	69.1	64.2	54.6	45.2	35.9	27.1	19.4	12.7	7.4
	1977～78	73.4	69.5	64.7	55.3	45.9	36.6	27.8	19.7	12.9	7.6
	1979～80	73.7	69.5	64.7	55.2	45.9	36.4	27.6	19.4	12.5	7.0
	1981～82	73.91	69.56	64.61	54.96	45.65	36.16	27.08	18.93	12.37	7.08
	1983～84	73.96	69.49	64.62	55.01	45.62	36.21	27.20	19.20	12.52	7.54
	1984～85	74.74	70.31	65.38	55.76	46.43	37.06	27.89	19.48	12.57	7.56
	1985～86	75.04	70.50	65.62	55.96	46.57	37.11	28.08	19.69	12.65	7.38
	1987～88	74.58	70.16	65.27	55.72	46.38	36.81	27.60	19.37	12.20	7.16
	1988～89	75.23	70.73	65.79	56.12	46.74	37.08	27.89	19.50	12.47	7.14
	1989～90	75.71	71.26	66.32	56.66	47.32	37.74	28.54	20.01	12.76	7.36
	1991～92	75.74	71.30	66.33	56.66	47.19	37.63	28.27	19.83	12.68	7.12
	1992～93	76.85	72.44	67.45	57.69	48.04	38.45	29.15	20.51	13.18	7.61
	1994	76.49	72.04	67.12	57.39	47.87	38.32	29.09	20.47	12.77	7.36
	1995～96	76.20	71.75	66.81	57.14	47.64	38.00	28.68	20.10	12.59	7.09
	1996～97	76.4	71.9	67.0	57.2	47.6	38.0	28.8	20.0	12.8	7.3
	1996～2000	77.14	72.52	67.6	57.85	48.29	38.74	29.38	20.71	13.13	7.35
	1999～2000	77.6	…	…	…	…	…	…	…	…	…
	1999	77.8	73.0	68.1	58.3	48.7	39.1	29.6	20.9	13.2	7.1
	2000	78.0	73.4	68.5	58.8	49.4	40.0	30.8	22.2	14.4	8.4
	2001	78.4	73.7	68.7	58.9	49.5	39.8	30.4	21.7	13.7	7.7
	2001～05	78.9	…	…	…	…	…	30.7	…	…	7.7
	2002～03	79.0	74.3	69.3	59.4	49.8	40.1	30.7	21.9	13.9	7.7
	2004～05	79.2	74.4	69.4	59.7	50.1	40.3	30.9	22.3	14.1	7.7
	2005～06	79.4	74.7	69.7	59.9	50.4	40.7	31.1	22.3	14.5	7.8
	2006～07	79.40	74.64	69.65	59.86	50.38	40.71	31.28	22.36	14.37	7.84
	2007～08	79.60	74.92	69.95	60.12	50.53	40.81	31.38	22.38	14.24	7.93
	2009	79.7	75.0	70.0	60.2	50.5	40.9	31.4	22.5	14.5	8.1
	2010	79.7	74.9	69.9	60.1	50.4	40.9	31.5	22.6	14.5	7.8
	2011	80.1	75.3	70.3	60.5	50.9	41.3	31.9	22.7	14.5	8.0
	2012	80.8	76.0	71.0	61.2	51.5	41.9	32.5	23.4	15.3	8.4
	2013	80.8	75.9	70.9	61.0	51.3	41.8	32.4	23.4	15.3	8.2
	2014	80.6	75.8	70.9	61.0	51.3	41.7	32.2	23.3	15.0	8.2
	2015	81.0	76.3	71.3	61.5	51.7	42.1	32.6	23.8	15.3	8.4

413

（単位：年）

国名（地域）・性・作成基礎期間	0歳	5	10	20	30	40	50	60	70	80
アイスランド（Iceland）										
女 1941～50	70.3	67.9	63.2	54.0	45.3	36.5	28.0	19.6	12.5	7.0
1951～60	75.0	71.6	66.8	57.0	47.4	38.0	28.9	20.4	12.9	7.1
1961～65	76.2	72.6	67.8	57.9	48.2	38.7	29.5	20.9	13.0	7.1
1966～70	76.3	72.3	67.3	57.5	47.7	38.2	29.0	20.5	12.8	6.5
1971～75	77.5	73.4	68.5	58.7	48.9	39.4	30.1	21.7	14.0	7.7
1975～76	79.2	75.1	70.2	60.3	50.5	40.8	31.5	22.7	15.0	8.4
1977～78	79.3	75.2	70.3	60.4	50.6	41.1	31.6	23.0	15.1	8.1
1979～80	79.7	75.2	70.3	60.4	50.7	41.0	31.6	23.0	15.5	8.9
1981～82	79.45	74.98	70.09	60.29	50.40	40.77	31.44	22.47	14.61	8.37
1983～84	80.20	75.78	70.89	61.01	51.18	41.51	32.13	23.09	15.14	8.90
1984～85	80.22	75.76	70.81	60.95	51.07	41.39	31.94	22.85	14.94	8.84
1985～86	80.38	75.99	71.03	61.21	51.40	41.69	32.29	23.25	15.03	8.72
1987～88	79.74	75.40	70.42	60.56	50.74	41.03	31.50	22.82	14.98	8.62
1988～89	79.93	75.50	70.57	60.68	50.91	41.15	31.69	22.85	14.93	8.45
1989～90	80.29	75.75	70.82	60.98	51.17	41.43	32.08	23.29	15.33	8.98
1991～92	80.89	76.36	71.38	61.53	51.65	41.93	32.50	23.61	15.47	8.74
1992～93	80.75	76.11	71.12	61.23	51.37	41.57	32.23	23.29	15.11	8.55
1994	80.63	76.02	71.11	61.32	51.47	41.77	32.33	23.59	15.30	8.71
1995～96	80.59	76.04	71.08	61.35	51.50	41.74	32.28	23.45	15.17	8.58
1996～97	81.3	76.6	71.7	61.8	52.0	42.2	32.6	23.8	15.6	8.8
1996～2000	81.39	76.69	71.73	61.90	52.08	42.25	32.68	23.79	15.63	8.61
1999～2000	81.4	…	…	…	…	…	…	…	…	…
1999	81.5	76.7	71.7	61.9	52.1	42.3	32.7	23.5	15.2	7.9
2000	81.4	76.6	71.7	61.8	51.9	42.1	32.6	23.7	15.7	8.8
2001	82.6	77.8	72.9	63.0	53.2	48.4	38.7	29.4	20.7	12.8
2001～05	82.8	…	…	…	…	…	34.0	…	…	9.2
2002～03	82.4	77.6	72.7	62.8	53.0	43.3	33.7	24.7	16.2	8.8
2004～05	83.3	78.5	73.5	63.6	53.7	43.8	34.2	25.2	16.6	9.1
2005～06	83.0	78.2	73.2	63.4	53.5	43.7	34.1	25.0	16.6	9.4
2006～07	82.88	78.09	73.13	63.23	53.37	43.57	33.94	24.88	16.60	9.64
2007～08	81.31	76.60	71.62	61.73	52.00	42.23	32.73	23.63	15.36	8.76
2009	83.3	78.5	73.5	63.5	53.7	43.9	34.3	25.0	16.3	9.3
2010	83.7	78.9	73.9	64.0	54.1	44.4	34.8	25.4	16.7	9.5
2011	83.8	79.0	74.0	64.2	54.3	44.5	34.9	25.5	17.0	9.7
2012	83.9	79.0	74.0	64.1	54.2	44.4	34.7	25.4	17.1	9.6
2013	83.7	78.9	73.9	64.0	54.1	44.3	34.6	25.3	16.9	9.5
2014	83.6	79.1	74.1	64.2	54.3	44.5	34.9	25.6	17.1	9.8
2015	83.6	79.1	74.1	64.2	54.3	44.5	34.9	25.7	17.2	9.7
アイルランド（Ireland）										
男 1945～47	60.47	61.50	56.89	47.77	39.22	30.60	22.43	15.12	9.21	5.27
1950～52	64.53	63.55	58.81	49.31	40.25	31.31	22.84	15.40	9.23	4.98
1960～62	68.13	65.67	60.83	51.14	41.66	32.35	23.50	15.83	9.70	5.06
1965～67	68.58	65.70	60.84	51.15	41.65	32.24	23.35	15.63	9.65	5.23
1970～72	68.77	65.46	60.62	50.97	41.52	32.06	23.28	15.60	9.66	5.35
1975～80	69.6	…	…	…	…	…	…	…	…	…
1978～80	69.47	65.68	60.80	51.14	41.70	32.23	23.30	15.66	9.47	5.29
1980～82	70.14	66.13	61.25	51.58	42.12	32.63	23.64	15.90	9.65	5.36
1985～87	71.01	66.80	61.88	52.18	42.65	33.12	23.98	15.98	9.71	5.31
1990～92	72.30	68.02	63.09	53.35	43.92	34.40	25.22	16.95	10.39	5.74
1995～97	72.97	68.57	63.62	53.91	44.54	35.08	25.84	17.45	10.61	5.85
1999	73.9	69.4	64.5	54.7	45.2	35.7	26.5	18.0	10.9	5.9
2000	74.2	69.8	64.8	55.1	45.6	36.1	26.8	18.3	11.2	6.2
2001～03	75.07	70.65	65.70	55.96	46.53	37.02	27.76	19.20	11.91	6.45
2002	75.07	70.65	65.70	55.96	46.53	37.02	27.76	19.20	11.91	6.45
2005～07	76.81	72.18	67.22	57.49	48.03	38.50	29.23	20.56	12.95	7.08
女 1945～47	62.43	62.51	57.90	48.84	40.53	32.10	23.88	16.41	10.19	5.99
1950～52	67.08	65.38	60.61	51.15	42.16	33.28	24.68	16.83	10.17	5.64
1960～62	71.86	68.97	64.11	54.31	44.65	35.28	26.28	18.10	11.00	5.87
1965～67	72.85	69.63	64.75	54.93	45.21	35.68	26.64	18.37	11.18	6.06
1970～72	73.52	70.00	65.11	55.32	45.62	36.04	26.96	18.68	11.54	6.19
1975～80	74.6	…	…	…	…	…	…	…	…	…
1978～80	74.95	70.99	66.08	56.24	46.47	36.81	27.62	19.19	11.89	6.42
1980～82	75.62	71.50	66.58	56.75	46.95	37.26	28.00	19.54	12.20	6.65
1985～87	76.70	72.41	67.46	57.60	47.76	38.05	28.68	20.06	12.61	6.78
1990～92	77.87	73.53	68.58	58.72	48.92	39.20	29.84	21.09	13.46	7.35
1995～97	78.52	74.08	69.12	59.26	49.47	39.75	30.34	21.48	13.65	7.48
1999	79.1	74.6	69.6	59.7	49.9	40.2	30.8	21.8	13.8	7.5
2000	79.2	74.6	69.7	59.8	50.0	40.3	30.8	21.9	13.9	7.5
2001～03	80.25	75.74	70.78	60.91	51.10	41.37	31.90	22.93	14.79	8.16
2002	80.25	75.74	70.78	60.91	51.10	41.37	31.90	22.93	14.79	8.16
2005～07	81.57	76.93	71.96	62.11	52.30	42.53	33.06	24.04	15.76	8.75
マン島（Isle of Man）										
男 1996	73.62	68.62	63.62	53.62	44.64	35.84	26.67	18.37	12.00	7.46
女 1996	79.92	75.12	70.12	60.12	50.12	40.20	30.65	21.99	14.45	8.63
イタリア（Italy）										
男 1950～53	63.75	64.49	59.80	50.37	41.18	32.07	23.52	16.01	9.58	5.04
1954～57	65.75	65.27	60.53	51.04	41.74	32.52	23.80	16.23	9.87	5.17
1960～62	67.24	65.97	61.19	51.67	42.32	33.06	24.29	16.65	10.44	5.70
1964～67	67.87	65.97	61.15	51.57	42.14	32.84	24.07	16.35	10.29	5.69
1970～72	68.97	66.40	61.56	52.00	42.55	33.18	24.41	16.66	10.34	5.82
1974～77	69.69	66.48	61.61	51.99	42.49	33.05	24.25	16.54	10.20	5.57
1977～79	70.61	…	…	…	…	…	…	…	…	…

414

（単位：年）

国名（地域）・性・作成基礎期間			0歳	5	10	20	30	40	50	60	70	80
イタリア		(Italy)										
	男	1981	71.05	67.29	62.38	52.76	43.25	33.75	24.78	16.97	10.47	5.84
		1983	71.43	67.50	62.58	52.92	43.41	33.90	24.89	17.04	10.54	5.85
		1985	72.01	63.04	63.13	53.44	43.89	34.36	25.32	17.43	10.98	6.21
		1988	73.18	69.03	64.09	54.37	44.88	35.36	26.23	18.07	11.38	6.29
		1989	73.50	69.27	64.33	54.63	45.18	35.69	26.54	18.31	11.57	6.41
		1992	73.79	69.53	64.60	54.91	45.54	36.18	27.03	18.74	11.93	6.65
		1993	74.06	69.77	64.84	55.14	45.73	36.37	27.21	18.88	12.02	6.72
		1994	74.34	70.00	65.06	55.35	45.90	36.56	27.39	19.03	12.11	6.80
		1995	74.6	70.3	65.3	55.6	46.1	36.8	27.6	19.2	12.2	6.9
		1997	75.35	…	…	…	…	…	…	…	…	…
		1998	75.6									
		1999	76.0	71.5	71.5	61.6	52.0	42.5	33.1	24.2	16.2	9.7
		2000	76.5	72.0	67.0	57.3	47.8	38.3	29.0	20.4	13.0	7.3
		2002	77.11	72.53	67.58	57.81	48.28	38.74	29.44	20.81	13.29	7.51
		2003	77.16	72.56	67.60	57.83	48.27	38.70	29.38	20.75	13.19	7.34
		2004	77.92	73.30	68.34	58.55	48.99	39.40	30.08	21.38	13.78	7.84
		2005	78.09	73.45	68.49	58.69	49.11	39.51	30.16	21.43	13.75	7.70
		2006	78.44	73.81	68.84	59.03	49.44	39.84	30.49	21.76	14.04	7.88
		2007	78.67	74.02	69.06	59.24	49.63	40.02	30.65	21.89	14.12	7.87
		2008	78.73	74.05	69.09	59.27	49.64	40.01	30.64	21.86	14.05	7.71
		2009	78.90	74.22	69.26	59.44	49.79	40.16	30.78	21.99	14.18	7.79
		2010	79.25	74.58	69.61	59.78	50.11	40.47	31.07	22.25	14.40	7.91
		2011	79.47	74.79	69.82	59.99	50.29	40.64	31.23	22.40	14.55	8.04
		2012	79.57	74.88	69.91	60.05	50.34	40.67	31.25	22.40	14.52	7.98
		2013	79.81	75.13	70.17	60.31	50.59	40.91	31.49	22.64	14.73	8.16
		2014	80.28	75.59	70.63	60.75	51.02	41.33	31.89	23.01	15.06	8.42
		2015	80.12	75.43	70.46	60.59	50.84	41.15	31.70	22.81	14.85	8.19
	女	1950～53	67.25	67.62	62.88	53.32	43.97	34.73	25.80	17.48	10.36	5.55
		1954～57	70.02	69.15	64.37	54.68	45.14	35.76	26.67	18.20	10.90	5.75
		1960～62	72.27	70.63	65.80	56.07	46.43	36.97	27.82	19.27	11.79	6.35
		1964～67	73.36	71.08	66.22	56.45	46.77	37.23	28.06	19.46	11.92	6.38
		1970～72	74.88	72.01	67.13	57.34	47.63	38.05	28.81	20.16	12.44	6.71
		1974～77	75.91	72.46	67.56	57.75	48.00	38.35	29.05	20.34	12.52	6.53
		1977～79	77.19	…	…	…	…	…	…	…	…	…
		1981	77.78	73.85	68.93	59.09	49.30	39.62	30.24	21.40	13.44	7.28
		1983	78.14	74.12	69.19	59.34	49.53	38.83	30.42	21.54	13.53	7.32
		1985	78.61	74.50	69.57	59.72	49.90	40.18	30.77	21.88	13.90	7.48
		1988	79.70	75.45	70.50	60.63	50.82	41.09	31.63	22.65	14.49	7.82
		1989	80.03	75.77	70.78	60.90	51.09	41.37	31.91	22.90	14.69	7.96
		1992	80.36	76.01	71.05	61.20	51.41	41.70	32.22	23.18	14.91	8.08
		1993	80.53	76.16	71.22	61.35	51.56	41.87	32.38	23.34	15.04	8.19
		1994	80.74	76.33	71.39	61.52	51.73	42.03	32.54	23.48	15.16	8.29
		1995	81.0	76.6	71.6	61.7	51.9	42.2	32.8	23.7	15.3	8.4
		1997	81.73	…	…	…	…	…	…	…	…	…
		1998	81.8	…	…	…	…	…	…	…	…	…
		1999	82.1	77.6	77.6	67.7	57.9	48.1	38.4	29.1	20.2	12.3
		2000	82.5	77.9	73.0	63.1	53.3	43.5	34.0	24.9	16.4	9.2
		2002	82.96	78.34	73.38	63.49	53.66	43.89	34.34	25.21	16.66	9.37
		2003	82.84	78.21	73.24	63.34	53.49	43.71	34.15	24.99	16.42	9.11
		2004	83.72	79.06	74.10	64.20	54.34	44.56	34.99	25.81	17.21	9.79
		2005	83.66	79.00	74.03	64.12	54.26	44.46	34.89	25.69	17.06	9.58
		2006	83.98	79.30	74.33	64.42	54.56	44.76	35.18	25.97	17.32	9.82
		2007	84.04	79.35	74.38	64.47	54.60	44.79	35.20	25.98	17.32	9.78
		2008	83.93	79.22	74.25	64.34	54.46	44.65	35.04	25.82	17.15	9.55
		2009	83.98	79.28	74.31	64.40	54.52	44.70	35.10	25.89	17.23	9.63
		2010	84.30	79.60	74.62	64.71	54.83	45.01	35.41	26.17	17.45	9.79
		2011	84.38	79.67	74.70	64.78	54.90	45.08	35.47	26.24	17.55	9.89
		2012	84.41	79.69	74.72	64.80	54.90	45.08	35.47	26.21	17.51	9.82
		2013	84.62	79.90	74.93	65.00	55.11	45.30	35.68	26.44	17.74	10.04
		2014	84.99	80.26	75.29	65.36	55.47	45.65	36.02	26.75	18.03	10.28
		2015	84.61	79.88	74.90	64.97	55.07	45.25	35.62	26.36	17.63	9.90
ラトビア		(Latvia)										
	男	1989	65.30	…	…	…	…	…	…	…	…	…
		1989～90	64.73	60.95	56.22	46.85	38.02	29.45	21.71	15.08	9.83	5.71
		1992	63.25	59.74	54.92	45.46	36.72	28.70	21.34	14.83	9.53	5.67
		1993	61.61	58.02	53.19	43.79	35.16	27.41	20.50	14.49	9.53	5.81
		1994	60.72	57.47	52.69	43.31	34.75	27.38	21.25	16.24	12.15	8.82
		1995	60.76	57.21	52.34	42.82	34.09	26.44	19.83	14.19	9.50	5.87
		1996	63.94	60.23	55.33	45.66	36.71	28.65	21.36	14.83	9.36	5.31
		1997	64.2	60.4	55.6	46.1	37.3	28.6	20.8	14.2	9.0	5.3
		1998	64.1	60.4	55.6	45.9	36.9	28.7	21.1	14.3	8.7	4.7
		1999	64.9	60.8	55.9	46.3	37.6	28.9	20.9	14.1	8.8	5.1
		2000	64.9	60.9	56.0	46.4	37.4	29.1	21.6	14.8	9.3	5.3
		2001	65.2	61.1	56.2	46.6	37.5	29.3	21.9	15.4	9.8	5.7
		2002	65.4	61.4	56.5	46.7	37.6	29.4	21.9	15.1	9.3	5.1
		2003	65.9	61.9	56.9	47.2	38.0	29.5	21.9	15.1	9.6	5.5
		2004	67.1	62.9	58.0	48.2	39.0	30.4	22.7	15.9	10.2	5.9
		2005	65.6	61.3	56.4	46.7	37.5	29.0	21.5	15.0	9.7	5.7
		2006	65.9	61.5	56.6	46.9	37.6	29.1	21.6	15.0	9.5	5.3
		2007	65.8	61.4	56.6	46.9	37.8	29.2	21.6	15.3	10.3	6.3
		2008	67.2	62.9	58.0	48.2	39.1	30.3	22.4	15.6	10.3	6.0
		2009	68.31	63.94	59.05	49.32	40.05	31.21	22.95	16.07	10.67	6.40
		2010	68.82	64.27	59.37	49.62	40.23	31.18	23.01	16.08	10.55	6.34
		2012	69.07	64.61	59.69	49.89	40.49	31.59	23.42	16.43	10.88	6.23
		2013	69.50	64.94	60.03	50.23	40.72	31.85	23.68	16.76	11.17	6.53

（単位：年）

国名（地域）・性・作成基礎期間		0歳	5	10	20	30	40	50	60	70	80
ラトビア	（Latvia）										
女	1989	75.20	…	…	…	…	…	…	…	…	…
	1989～90	74.87	70.88	66.01	56.32	46.71	37.23	28.27	19.87	12.45	6.91
	1992	74.83	71.23	66.33	56.61	46.99	37.58	28.66	20.57	13.69	8.38
	1993	73.84	70.13	65.24	55.55	45.99	36.71	27.98	20.11	13.48	8.36
	1994	72.87	69.30	64.43	54.72	45.22	36.03	27.42	19.71	13.23	8.26
	1995	73.00	69.49	64.62	54.94	45.35	36.02	27.24	19.33	12.71	7.68
	1996	75.62	71.96	67.05	57.28	47.61	38.22	29.31	21.22	14.30	8.89
	1997	75.9	72.1	67.2	57.4	47.8	38.4	29.4	21.3	14.3	8.8
	1998	75.5	71.7	66.8	57.0	47.4	38.0	29.1	20.9	14.0	8.6
	1999	76.2	72.3	67.4	57.6	48.0	38.6	29.7	21.5	14.5	9.0
	2000	76.0	72.2	67.4	57.6	48.0	38.6	29.6	21.3	14.1	8.5
	2001	76.6	72.6	67.6	57.9	48.2	38.7	29.7	21.5	14.5	9.0
	2002	76.8	72.8	67.9	58.1	48.5	39.0	30.0	21.8	14.7	9.1
	2003	76.9	72.7	67.8	58.0	48.3	38.8	29.7	21.5	14.4	8.9
	2004	77.2	73.2	68.2	58.5	48.8	39.2	30.1	21.6	14.4	8.7
	2005	77.4	73.1	68.2	58.4	48.7	39.2	30.1	21.8	14.6	9.0
	2006	76.8	72.8	67.9	58.0	48.3	38.8	29.8	21.5	14.4	8.8
	2007	76.5	72.3	67.3	57.5	47.8	38.3	29.4	21.1	13.5	7.4
	2008	77.9	73.4	68.4	58.6	48.8	39.3	30.2	21.7	14.0	7.7
	2009	78.1	73.8	68.8	59.0	49.2	39.6	30.5	22.0	14.3	7.8
	2010	78.42	73.94	68.98	59.17	49.37	39.78	30.59	22.02	14.34	7.83
	2012	78.93	74.47	69.50	59.60	49.84	40.25	31.04	22.35	14.56	7.78
	2013	78.99	74.38	69.41	59.52	49.74	40.23	31.16	22.54	14.69	8.03
リヒテンシュタイン	（Liechtenstein）										
男	1980～84	66.07	61.95	57.07	47.56	38.68	30.57	22.47	15.17	9.42	5.74
女	1980～84	72.94	69.31	64.31	54.77	45.06	35.71	27.44	19.00	11.20	6.23
リトアニア	（Lithuania）										
男	1990	66.55	62.53	57.69	48.14	39.16	30.61	22.96	16.28	10.63	6.51
	1992	64.92	61.35	56.55	47.01	38.11	29.81	22.36	15.94	10.69	6.71
	1993	63.27	59.55	54.70	45.20	36.44	28.30	21.30	15.22	10.14	6.22
	1995	63.59	59.66	54.78	45.22	36.36	28.19	21.42	15.60	10.66	6.93
	1997	65.9	61.9	57.0	47.4	38.6	30.1	22.6	16.2	10.8	7.1
	1998	66.5	62.4	57.5	47.8	39.0	30.4	23.0	16.4	10.8	6.8
	1999	67.1	62.8	58.0	48.4	39.5	30.9	23.2	16.5	11.0	7.4
	2001	65.9	61.7	56.8	47.3	38.5	30.0	22.4	16.1	10.7	6.4
	2002	66.2	61.9	57.0	47.4	38.6	30.1	22.5	16.1	10.8	6.5
	2003	66.5	62.1	57.2	47.5	38.6	30.1	22.5	16.2	10.8	6.5
	2004	66.4	62.0	57.1	47.5	38.6	30.1	22.5	16.2	10.9	6.6
	2005	65.36	61.01	56.15	46.49	37.64	29.28	21.80	15.65	10.64	6.26
	2006	65.31	60.90	56.02	46.36	37.38	28.95	21.51	15.55	10.64	6.33
	2007	64.87	60.35	55.43	45.82	36.89	28.62	21.34	15.40	10.51	6.18
	2008	66.30	61.76	56.87	47.15	38.13	29.73	22.08	15.98	10.84	6.27
	2009	67.51	62.99	58.06	48.45	39.29	30.64	22.72	16.04	10.90	6.27
	2010	67.98	63.37	58.41	48.72	39.45	30.81	22.86	16.22	10.93	6.31
	2011	68.05	63.47	58.54	48.85	39.72	31.03	23.28	16.60	11.41	6.83
	2012	68.39	63.75	58.81	49.09	39.94	31.39	23.46	16.75	11.52	6.88
	2013	68.53	63.87	58.90	49.19	40.05	31.43	23.64	16.87	11.48	6.70
女	1990	76.22	72.14	67.26	57.51	47.78	38.30	29.36	20.84	13.40	7.46
	1992	76.02	72.30	67.41	57.64	47.95	38.48	29.61	21.15	13.65	7.74
	1993	75.04	71.21	66.33	56.56	46.90	37.49	28.64	20.42	12.96	7.12
	1995	75.19	71.24	66.34	56.57	46.92	37.55	28.84	20.69	13.27	7.54
	1997	76.8	72.6	67.7	57.9	48.2	38.8	29.8	21.4	13.6	7.7
	1998	76.9	72.6	67.8	58.0	48.3	38.8	29.8	21.4	13.6	7.9
	1999	77.4	73.2	68.3	58.5	48.9	39.4	30.3	21.8	14.0	8.2
	2001	77.4	73.0	68.1	58.2	48.6	39.1	30.1	21.7	13.9	7.5
	2002	77.6	73.2	68.3	58.5	48.8	39.3	30.2	21.8	14.1	7.9
	2003	77.8	73.4	68.5	58.7	49.0	39.5	30.5	22.1	14.3	8.0
	2004	77.7	73.4	68.5	58.7	48.9	39.3	30.3	21.9	14.2	7.8
	2005	77.42	72.96	68.03	58.20	48.48	38.99	29.97	21.66	13.86	7.40
	2006	77.06	72.69	67.76	57.93	48.22	38.82	29.85	21.55	13.88	7.41
	2007	77.20	72.75	67.82	58.01	48.30	38.89	29.96	21.73	14.06	7.55
	2008	77.57	73.03	68.10	58.30	48.56	39.07	30.09	21.90	14.20	7.59
	2009	78.56	73.95	68.99	59.15	49.38	39.85	30.73	22.22	14.40	7.72
	2010	78.78	74.16	69.21	59.32	49.54	39.96	30.81	22.31	14.39	7.59
	2011	79.14	74.53	69.57	59.66	49.90	40.42	31.36	22.89	15.05	8.24
	2012	79.45	74.76	69.83	59.94	50.14	40.62	31.54	23.01	15.11	8.24
	2013	79.38	74.68	69.77	59.93	50.18	40.63	31.54	22.97	15.11	8.19
ルクセンブルグ	（Luxembourg）										
男	1946～48	61.69	61.95	57.36	48.04	39.03	30.26	22.21	15.08	9.27	5.05
	1971～73	67.0	…	58.80	49.20	39.90	30.80	22.10	14.70	9.40	…
	1976～78	68.00		58.20	49.80	40.60	31.30	22.70	14.10	9.10	…
	1979	66.80	…	…	…	…	…	…	…	…	…
	1980～82	70.00	…	60.20	50.90	41.80	32.40	23.60	16.00	9.90	…
	1985～87	70.61	66.24	61.37	51.86	42.62	33.19	24.24	16.44	10.09	5.32
	1990～95	72.10	…	…	…	…	…	…	…	…	…
	1995～2000	73.3	…	…	…	…	…	…	…	…	…
	1999	74.7	70.2	65.2	55.5	46.1	36.6	27.4	19.1	11.9	6.9
	2000	74.8	70.4	65.4	55.7	46.3	36.9	27.8	19.5	12.5	7.0
	2000～2002	74.8	70.4	65.4	55.7	46.3	36.9	27.8	19.5	12.5	7.0
	2005～07	77.59	72.91	67.93	58.04	48.46	38.95	29.76	21.35	14.07	8.14
	2010～12	79.50	74.70	69.71	59.83	50.16	40.51	31.13	22.57	14.94	8.48
	2011～13	79.87	75.06	70.09	60.23	50.52	40.83	31.39	22.87	15.27	8.70

(単位：年)

国名（地域）・性・作成基礎期間	0歳	5	10	20	30	40	50	60	70	80
ルクセンブルグ　（Luxembourg）										
女　1946～48	65.75	65.52	60.78	51.51	42.56	33.43	24.72	16.87	10.26	5.49
1971～73	73.9	…	65.30	55.60	45.90	36.40	27.40	19.00	11.80	…
1976～78	75.10	…	65.20	56.60	46.60	37.10	27.90	19.80	11.90	…
1979	72.80	…	…	…	…	…	…	…	…	…
1980～82	76.70	…	67.10	57.40	47.80	38.40	29.20	20.70	13.00	…
1985～87	77.87	73.56	68.63	58.82	49.02	39.38	30.08	21.31	13.32	6.75
1990～95	79.00	…	…	…	…	…	…	…	…	…
1995～2000	79.9	…	…	…	…	…	…	…	…	…
1999	81.2	76.5	71.6	61.7	51.8	42.1	32.8	23.8	15.5	8.7
2000	81.0	76.5	71.5	61.6	51.9	42.2	32.8	23.8	15.8	9.1
2000～2002	81.0	76.5	71.5	61.6	51.9	42.2	32.8	23.8	15.8	9.1
2005～07	82.74	78.03	73.03	63.14	53.39	43.64	34.16	25.19	16.90	9.71
2010～12	84.26	79.41	74.42	64.51	54.65	44.86	35.30	26.22	17.81	10.26
2011～13	84.31	79.45	74.46	64.58	54.71	44.94	35.38	26.30	17.89	10.33
マルタ　　　（Malta）										
男　1946～48	55.69	61.81	57.50	48.45	39.68	30.75	22.36	15.86	10.48	6.20
1955～57	65.7	64.4	59.7	50.0	40.6	31.2	22.4	14.7	9.0	4.7
1957～59	66.34	64.72	59.90	50.24	40.79	31.37	22.57	15.11	9.28	5.66
1959～61	66.8	64.7	59.7	49.9	40.5	31.2	22.3	14.8	9.0	5.0
1961～63	67.03	64.81	59.83	50.16	40.77	31.39	22.55	14.91	9.13	5.00
1962～64	68.32	…	…	…	…	…	…	…	…	…
1963～65	67.08	64.98	60.09	50.38	40.74	31.26	22.46	14.77	9.20	5.43
1964～66	67.51	65.27	60.36	50.61	40.89	31.46	22.57	14.92	9.35	5.69
1965～67	67.53	65.27	60.37	50.66	40.95	31.49	22.63	14.98	9.23	5.51
1967～69	68.45	65.82	60.91	51.16	41.49	31.95	22.99	15.26	9.22	5.37
1968～70	68.40	65.26	60.70	51.00	41.42	31.89	22.93	15.24	9.33	5.37
1969～71	68.21	65.28	60.38	50.69	41.19	31.71	22.68	15.04	9.33	5.25
1970～72	68.64	65.47	60.59	50.87	41.35	31.88	22.84	15.29	9.53	5.60
1973	68.10	65.20	60.25	50.47	40.76	31.36	22.27	14.35	8.72	4.47
1976	68.27	64.79	59.87	50.02	40.45	31.03	22.27	14.42	8.84	3.92
1979	69.36	65.75	60.80	50.99	…	…	…	…	…	…
1982	69.61	65.87	60.89	51.05	41.28	31.52	22.39	14.69	7.99	3.73
1983	70.38	66.88	61.90	52.05	42.40	32.82	23.70	15.97	9.40	5.16
1984	70.74	66.72	61.79	51.98	42.99	32.69	23.39	15.41	8.99	4.98
1985	70.76	67.21	62.30	52.46	42.77	33.03	23.65	15.63	9.51	5.36
1986	72.25	68.10	63.31	53.53	43.98	34.33	25.07	16.93	10.40	…
1987	72.54	68.28	63.37	53.55	44.07	34.39	25.07	16.81	10.00	5.20
1988	72.84	68.33	63.38	53.51	43.95	34.26	25.16	17.18	10.48	6.06
1989	73.79	69.72	64.77	55.05	45.36	35.74	26.60	18.22	11.52	6.69
1992	72.99	69.32	64.43	54.66	45.15	35.71	26.37	17.75	10.95	5.84
1994	74.86	70.73	65.76	55.89	46.50	37.03	27.60	18.55	11.59	6.73
1995	74.88	70.87	65.89	56.24	46.70	37.14	27.80	19.22	12.03	6.49
1996	74.94	70.74	65.77	55.97	46.39	36.96	27.45	18.51	11.69	6.98
1998	74.4	70.1	65.2	55.4	45.8	36.4	27.1	18.5	11.3	6.2
2001	76.1	71.6	66.6	56.8	47.3	37.7	28.3	19.6	12.0	7.1
2002	75.8	71.3	66.4	56.6	47.0	37.3	27.8	19.1	11.7	6.2
2003	76.4	72.0	67.1	57.2	47.6	37.9	28.7	19.7	12.1	6.8
2004	76.6	72.9	68.0	58.2	48.5	38.8	29.2	20.4	12.7	7.4
2005	77.7	73.2	68.2	58.4	48.8	39.1	29.5	20.7	13.2	8.0
2006	76.83	72.39	67.39	57.60	47.92	38.30	28.94	20.17	12.46	6.87
2007	77.23	72.76	67.79	58.00	48.51	38.90	29.44	20.59	12.96	7.24
2008	76.74	73.45	68.45	58.57	48.88	39.34	30.07	21.39	13.87	8.03
2009	77.72	73.27	68.30	58.48	48.92	39.34	29.77	20.88	13.11	7.20
2010	78.86	74.44	69.44	59.57	49.86	40.31	30.90	22.03	14.12	7.48
2011	78.44	73.93	68.96	59.12	49.46	39.82	30.37	21.38	13.40	7.04
2012	78.02	73.47	68.50	58.55	48.83	39.27	29.99	21.17	13.37	6.97
2013	79.6	75.2	70.2	60.3	50.5	40.9	31.4	22.5	14.6	8.2
女　1946～48	57.72	63.52	58.85	49.62	40.74	32.20	23.88	16.70	11.08	7.09
1955～57	68.9	67.1	62.3	52.6	43.1	33.7	24.6	16.4	10.1	5.4
1957～59	70.29	68.06	63.16	53.29	43.59	34.19	25.08	17.07	10.60	6.13
1959～61	70.9	68.3	63.3	53.6	43.8	34.2	25.1	16.9	10.3	5.7
1961～63	70.60	68.13	63.17	53.33	43.53	34.01	24.85	16.63	10.03	5.24
1962～64	70.93	…	…	…	…	…	…	…	…	…
1963～65	70.96	68.41	63.47	53.60	43.88	34.36	25.13	16.76	10.11	5.09
1964～66	71.05	68.54	63.59	53.71	43.97	34.46	25.16	16.81	10.25	5.10
1965～67	71.64	68.54	63.61	53.73	43.97	34.44	25.18	16.79	10.14	5.08
1967～69	72.20	69.12	64.21	54.38	44.52	34.85	25.68	17.20	10.32	5.63
1968～70	72.56	69.51	64.57	54.75	44.84	34.12	25.85	17.30	10.37	5.70
1969～71	72.66	69.48	64.55	54.71	44.84	35.15	25.85	17.33	10.51	5.78
1970～72	73.06	69.69	64.82	55.02	45.17	35.50	26.15	17.65	10.75	5.68
1973	72.02	68.69	63.80	53.93	44.10	34.41	25.06	16.49	9.67	4.38
1976	73.10	68.99	64.11	54.27	44.39	34.66	25.24	16.60	9.82	4.40
1979	73.42	69.44	64.50	54.63	…	…	…	…	…	…
1982	72.93	69.21	64.34	54.49	44.79	35.19	25.64	16.98	9.92	5.59
1983	73.82	69.80	64.82	55.06	45.23	35.49	26.37	17.54	10.24	5.05
1984	75.02	71.09	66.20	56.25	46.32	36.65	27.13	18.59	11.23	6.44
1985	76.01	71.91	67.02	57.13	47.30	37.56	28.04	19.24	11.42	6.23
1986	76.76	72.69	67.69	57.79	48.03	38.23	28.81	19.86	12.08	…
1987	77.01	72.61	67.64	57.70	47.92	38.12	28.72	19.63	11.99	6.42
1988	77.63	73.65	68.75	58.78	48.85	39.21	29.65	20.75	12.90	7.10
1989	78.04	73.78	68.80	58.85	48.99	39.26	29.70	20.73	12.95	7.11
1992	77.81	73.53	68.53	58.67	48.86	39.07	29.65	20.86	12.84	7.16
1994	79.11	74.87	69.90	59.95	49.99	40.15	30.63	21.59	13.76	7.77
1995	79.49	75.06	70.09	60.21	50.35	40.46	30.89	21.82	13.67	7.51

417

（単位：年）

国名（地域）・性・作成基礎期間		0歳	5	10	20	30	40	50	60	70	80
マルタ	（Malta）										
女	1996	79.81	75.89	70.92	60.99	51.13	41.39	31.80	22.65	14.71	8.34
	1998	80.1	75.4	70.4	60.6	50.7	40.9	31.3	22.0	13.9	7.5
	2001	80.9	76.2	71.3	61.3	51.4	41.6	32.0	22.9	14.5	8.0
	2002	80.5	75.8	71.1	61.2	51.3	41.6	32.0	23.2	14.9	8.6
	2003	80.4	76.1	71.1	61.2	51.4	41.7	32.1	22.9	14.6	7.9
	2004	80.5	76.5	71.5	61.6	51.8	42.0	32.4	23.3	14.8	8.3
	2005	81.4	77.4	72.4	62.5	52.6	42.7	33.2	24.1	15.7	8.9
	2006	81.20	76.99	72.20	62.32	52.35	42.51	33.06	23.82	15.44	8.42
	2007	81.75	77.47	72.76	62.84	52.90	43.16	33.52	24.43	15.87	9.06
	2008	82.34	78.10	73.36	63.41	53.57	43.72	34.05	24.86	16.48	9.62
	2009	82.22	78.08	73.24	63.35	53.62	43.78	34.11	24.90	16.42	9.26
	2010	83.10	78.56	73.56	63.68	53.80	43.87	34.16	24.85	16.25	8.79
	2011	82.68	78.38	73.42	63.50	53.69	43.83	34.25	24.99	16.28	8.64
	2012	82.24	77.77	72.77	62.88	53.00	43.27	33.71	24.50	15.95	8.67
	2013	84.0	79.6	74.6	64.7	54.8	44.9	35.2	25.9	17.1	9.8
オランダ	（Netherlands）										
男	1947～49	69.4	67.4	62.7	53.2	43.8	34.5	25.6	17.5	10.7	5.8
	1950～52	70.6	68.1	63.4	53.7	44.3	34.9	25.9	17.8	10.9	5.8
	1951～55	70.9	68.2	63.4	53.8	44.3	34.8	25.8	17.7	10.9	5.8
	1953～55	71.0	68.2	63.4	53.7	44.2	34.8	25.7	17.8	10.8	5.8
	1956～60	71.4	68.2	63.4	53.7	44.2	34.7	25.7	17.7	10.9	5.9
	1961～65	71.1	67.8	63.0	53.3	43.8	34.3	25.3	17.4	11.0	6.0
	1966	71.1	67.5	62.7	53.1	43.6	34.1	25.1	17.2	10.9	6.1
	1967	71.0	67.5	62.7	53.1	43.6	34.2	25.2	17.3	11.0	6.4
	1968	71.0	67.3	62.5	52.9	43.4	33.9	24.9	17.0	10.7	6.0
	1970	70.7	67.1	62.3	52.7	43.2	33.7	24.7	16.8	10.7	6.2
	1971	71.0	67.3	62.4	52.8	43.3	33.8	24.8	16.9	10.7	6.2
	1972	70.8	67.0	62.2	52.6	43.1	33.6	24.6	16.7	10.5	6.1
	1973	71.2	67.4	62.6	53.0	43.5	34.0	25.0	17.0	10.7	6.2
	1971～75	71.2	67.4	62.6	52.9	43.4	33.9	24.9	17.0	10.7	6.2
	1976	71.5	67.6	62.7	53.0	43.5	33.9	24.9	16.9	10.6	6.2
	1977	72.0	68.0	63.2	53.5	44.0	34.4	25.4	17.4	11.0	6.6
	1978	71.9	67.9	63.1	53.4	43.8	34.3	25.2	17.2	10.8	6.4
	1979	72.4	68.3	63.5	53.8	44.2	34.6	25.5	17.4	11.0	6.5
	1980	72.4	68.3	63.4	53.7	44.2	34.6	25.5	17.4	11.0	6.5
	1981	72.7	68.6	63.7	53.9	44.3	34.8	25.6	17.5	11.0	6.5
	1982	72.7	68.6	63.7	53.9	44.3	34.8	25.6	17.5	11.0	6.5
	1982～83	72.75	68.60	63.69	53.96	44.35	34.79	25.64	17.49	10.97	6.39
	1984	72.96	68.32	63.41	53.67	44.06	34.50	25.35	17.26	10.74	6.25
	1985	73.07	68.36	63.43	53.69	44.06	34.48	25.37	17.21	10.70	6.15
	1986	73.09	68.36	63.44	53.67	44.05	34.47	25.34	17.21	10.70	6.16
	1987	73.51	68.79	63.85	54.10	44.44	34.87	25.70	17.55	10.96	6.31
	1988	73.68	68.92	63.99	54.22	44.60	35.01	25.82	17.57	10.93	6.28
	1988～89	73.66	68.86	64.47	54.69	45.07	35.48	26.25	17.94	11.20	6.40
	1989	73.67	68.86	63.93	54.15	44.52	34.94	25.73	17.52	10.80	6.12
	1989～90	73.67	69.37	64.44	54.66	45.03	35.44	26.21	17.91	11.06	6.23
	1990～91	73.95	69.66	64.73	54.94	45.29	35.74	26.52	18.13	11.28	6.43
	1991～92	74.20	69.90	64.98	55.18	45.55	35.97	26.72	18.28	11.34	6.38
	1992～93	74.21	69.82	64.88	55.09	45.45	35.90	26.68	18.24	11.32	6.36
	1993～94	74.19	69.82	64.88	55.10	45.47	35.91	26.68	18.23	11.31	6.28
	1994～95	74.63	70.21	65.27	55.48	45.82	36.25	27.01	18.50	11.50	6.44
	1995～96	74.52	70.07	65.13	55.33	45.68	36.10	26.88	18.36	11.29	6.27
	1997～98	75.4	70.9	65.9	56.1	46.5	36.9	27.6	19.0	11.8	6.6
	1999	75.3	70.8	65.9	56.1	46.4	36.8	27.6	19.0	11.8	6.4
	2001	75.8	71.8	66.9	57.1	47.4	37.8	28.5	19.8	12.4	6.9
	2002	76.0	71.0	66.0	56.3	46.6	37.0	27.7	19.1	11.8	6.4
	2003	76.2	…	…	…	…	…	…	…	…	…
	2004	76.9	72.3	67.4	57.5	47.8	38.2	28.8	20.2	12.7	7.0
	2005	77.2	72.7	67.7	57.9	48.1	38.5	29.1	20.4	12.8	7.0
	2006	77.41	73.37	68.42	58.55	48.81	39.13	29.72	20.96	13.25	7.29
	2007	78.01	73.44	68.47	58.61	48.87	39.20	29.77	21.00	13.28	7.28
	2008	78.32	77.64	72.66	62.75	52.89	43.11	33.63	24.70	16.37	9.13
	2009	78.53	73.80	68.84	58.96	49.21	39.52	30.11	21.36	13.59	7.46
	2010	78.8	…	…	…	…	…	…	…	…	…
	2011	79.2	…	…	…	…	…	…	…	…	…
	2012	79.1	…	…	…	…	…	…	…	…	…
	2013	79.4	…	…	…	…	…	…	…	…	…
	2014	79.9	…	…	…	…	…	…	…	…	…
	2015	79.7	…	…	…	…	…	…	…	…	…
女	1947～49	71.5	69.0	64.1	54.5	45.0	35.6	26.5	18.2	11.1	6.1
	1950～52	72.9	70.0	65.1	55.4	45.7	36.3	27.1	18.6	11.3	6.1
	1951～55	73.5	70.4	65.6	55.8	46.1	36.6	27.4	18.8	11.5	6.1
	1953～55	73.9	70.6	65.7	56.0	46.2	36.7	27.5	18.9	11.5	6.1
	1956～60	74.8	71.3	66.5	56.7	46.9	37.3	28.1	19.5	11.8	6.2
	1961～65	75.9	72.2	67.3	57.5	47.7	38.1	28.8	20.1	12.3	6.6
	1966	76.1	72.3	67.4	57.6	47.9	38.3	29.0	20.3	12.5	6.7
	1967	76.5	72.7	67.8	58.0	48.3	38.6	29.4	20.6	12.9	7.0
	1968	76.4	72.5	67.7	57.9	48.1	38.5	29.2	20.5	12.7	6.8
	1970	76.5	72.6	67.7	57.9	48.1	38.5	29.2	20.5	12.8	6.9
	1971	76.7	72.8	67.9	58.1	48.3	38.7	29.4	20.6	12.8	6.9
	1972	76.8	72.8	67.9	58.1	48.3	38.7	29.4	20.7	12.8	6.8
	1973	77.2	73.1	68.2	58.4	48.7	39.1	29.8	21.1	13.2	7.1
	1971～75	77.2	73.1	68.3	58.5	48.7	39.0	29.8	21.0	13.1	7.1
	1976	78.0	73.8	68.9	59.1	49.4	39.7	30.4	21.6	13.6	7.4

（単位：年）

国名（地域）・性・作成基礎期間		0歳	5	10	20	30	40	50	60	70	80
オランダ		(Netherlands)									
	女	1977	78.4	74.3	69.4	59.6	49.8	40.2	30.9	22.1	14.1	7.9
		1978	78.5	74.3	69.4	59.6	49.8	40.2	30.9	22.1	14.0	7.7
		1979	78.9	74.7	69.7	59.9	50.1	40.4	31.1	22.4	14.4	8.0
		1980	79.2	74.9	70.0	60.2	50.4	40.7	31.3	22.5	14.5	8.1
		1981	79.3	75.0	70.1	60.3	50.5	40.8	31.4	22.6	14.6	8.1
		1982	79.4	75.1	70.2	60.4	50.6	40.9	31.5	22.7	14.6	8.2
		1982~83	79.48	75.20	70.27	60.43	50.64	40.95	31.60	22.77	14.69	8.13
		1984	79.67	74.86	69.92	60.06	50.25	40.57	31.21	22.41	14.42	7.98
		1985	79.66	74.86	69.90	60.03	50.21	40.55	31.16	22.39	14.38	7.93
		1986	79.61	74.80	69.86	60.00	50.20	40.55	31.18	22.42	14.40	7.86
		1987	80.06	75.20	70.26	60.41	50.61	40.93	31.58	22.77	14.76	8.21
		1988	80.24	75.29	70.36	60.48	50.66	40.98	31.63	22.76	14.72	8.13
		1988~89	80.23	75.78	70.83	60.97	51.15	41.46	32.07	23.22	15.09	8.42
		1989	79.91	74.99	70.04	60.21	50.40	40.73	31.37	22.59	14.56	8.00
		1989~90	79.88	75.48	70.53	60.70	50.91	41.21	31.81	22.96	14.88	8.21
		1990~91	80.18	75.77	70.83	60.97	51.16	41.48	32.09	23.18	15.12	8.37
		1991~92	80.18	75.70	70.76	60.91	51.08	41.40	32.05	23.15	15.11	8.41
		1992~93	80.20	75.75	70.80	60.93	51.12	41.43	32.04	23.15	15.09	8.34
		1993~94	80.04	75.55	70.61	60.75	50.93	41.26	31.91	23.05	14.96	8.22
		1994~95	80.41	75.90	70.94	61.07	51.25	41.57	32.19	23.30	15.21	8.44
		1995~96	80.20	75.64	70.68	60.81	51.00	41.32	31.95	23.06	15.02	8.28
		1997~98	80.7	76.1	71.2	61.3	51.5	41.8	32.4	23.5	15.4	8.5
		1999	80.5	75.9	71.0	61.1	51.3	41.6	32.2	23.3	15.2	8.4
		2001	80.7	76.6	71.7	61.8	52.0	42.2	32.8	24.0	15.7	8.8
		2002	80.7	75.6	70.7	60.8	51.0	41.2	31.9	23.1	14.9	8.2
		2003	80.9	...	...	...	...	...	...	...	...	...
		2004	81.4	76.8	71.8	61.9	52.1	42.3	33.0	24.1	15.8	8.8
		2005	81.6	77.0	72.1	62.2	52.3	42.6	33.2	24.3	15.9	8.9
		2006	81.75	77.66	72.69	62.78	52.91	43.16	33.70	24.76	16.39	9.23
		2007	82.31	77.64	72.68	62.77	52.91	43.14	33.67	24.73	16.38	9.20
		2008	82.28	77.64	72.66	62.75	52.89	43.11	33.63	24.70	16.37	9.13
		2009	82.65	77.82	72.85	62.93	53.07	43.28	33.81	24.87	16.51	9.23
		2010	82.7	...	...	...	...	...	...	...	...	...
		2011	82.9	...	...	...	...	...	...	...	...	...
		2012	82.8	...	...	...	...	...	...	...	...	...
		2013	83.0	...	...	...	...	...	...	...	...	...
		2014	83.3	...	...	...	...	...	...	...	...	...
		2015	83.1	...	...	...	...	...	...	...	...	...
ノルウェー		(Norway)										
	男	1945~48	67.76	66.08	61.52	52.32	43.72	34.99	26.44	18.46	11.54	6.41
		1946~50	69.25	67.30	62.63	53.25	44.22	35.16	26.43	18.39	11.43	6.30
		1951~55	71.11	68.40	63.65	54.11	44.81	35.54	26.60	18.52	11.60	6.39
		1956~60	71.32	68.29	63.50	53.93	44.57	35.19	26.21	18.12	11.38	6.28
		1961~65	71.03	67.74	62.94	53.34	43.93	34.58	25.62	17.60	11.04	6.12
		1966~70	71.09	67.51	62.69	53.08	43.61	34.22	25.32	17.33	10.87	6.14
		1971~72	71.24	67.55	62.72	53.12	43.67	34.32	25.38	17.39	10.86	6.16
		1972~73	71.32	67.55	62.72	53.13	43.68	34.31	25.34	17.37	10.82	6.14
		1973~74	71.50	67.69	62.85	53.27	43.81	34.40	25.44	17.49	10.89	6.19
		1975~76	71.85	67.92	63.05	53.44	43.98	34.54	25.55	17.55	11.00	6.26
		1976~77	72.12	68.11	63.23	53.59	44.10	34.67	25.68	17.71	11.10	6.34
		1977~78	72.31	68.22	63.34	53.69	44.20	34.73	25.79	17.80	11.14	6.40
		1978~79	72.27	68.16	63.29	53.62	44.15	34.67	25.71	17.71	11.10	6.38
		1979~80	72.25	68.11	63.24	53.59	44.15	34.70	25.71	17.70	11.16	6.43
		1980~81	72.49	68.29	63.39	53.73	44.29	34.82	25.80	17.77	11.22	6.39
		1981~82	72.64	68.44	63.54	53.90	44.43	34.91	25.92	17.88	11.26	6.42
		1982~83	72.69	68.51	63.60	53.97	44.53	35.01	26.00	17.97	11.35	6.54
		1984~85	72.80	68.64	63.72	54.05	44.57	35.10	26.05	17.93	11.23	6.47
		1986	72.87	68.85	63.74	54.12	44.69	35.21	26.19	18.01	11.34	6.51
		1987	72.75	68.58	63.66	53.96	44.54	35.08	26.02	17.94	11.27	6.40
		1988	73.05	68.88	63.97	54.27	44.81	35.34	26.31	18.16	11.35	6.48
		1989	73.34	69.13	64.21	54.50	44.99	35.54	26.46	18.26	11.48	6.46
		1990	73.44	69.19	64.27	54.58	45.07	35.66	26.56	18.24	11.37	6.41
		1991	74.00	69.65	64.70	54.94	45.43	35.98	26.82	18.54	11.62	6.53
		1992	74.16	69.76	64.81	55.11	45.64	36.17	27.03	18.67	11.65	6.53
		1993	74.24	69.77	64.83	55.10	45.52	36.08	26.93	18.46	11.45	6.35
		1994	74.88	70.41	65.45	55.70	46.13	36.62	27.45	18.98	11.96	6.66
		1995	74.80	70.25	65.31	55.60	46.06	36.57	27.40	18.93	11.80	6.48
		1996	75.37	70.81	65.86	56.09	46.56	37.05	27.84	19.29	12.03	6.74
		1997	75.45	70.89	65.96	56.20	46.66	37.15	27.95	19.35	12.06	6.64
		1998	75.54	70.94	65.99	56.21	46.77	37.31	28.10	19.57	12.25	6.78
		1999	75.62	71.08	66.11	56.36	46.91	37.40	28.16	19.55	12.20	6.64
		2000	75.96	71.37	66.42	56.68	47.28	37.86	28.65	20.06	12.54	6.80
		2001	76.2	71.6	66.7	56.9	47.5	38.0	28.8	20.1	12.6	6.8
		2002	76.4	71.8	66.8	57.1	47.6	38.2	28.9	20.2	12.7	6.9
		2003	77.0	72.4	67.4	57.7	48.2	38.7	29.4	20.7	13.1	7.1
		2004	77.5	72.8	67.9	58.1	48.6	39.1	29.8	21.1	13.4	7.3
		2005	77.72	73.06	68.11	58.30	48.80	39.26	29.93	21.18	13.42	7.31
		2006	78.1	73.5	68.5	58.7	49.2	39.6	30.3	21.5	13.8	7.5
		2007	78.2	73.5	68.6	58.7	49.2	39.6	30.3	21.4	13.7	7.4
		2008	78.3	73.6	68.7	58.9	49.3	39.7	30.4	21.6	13.8	7.5
		2009	78.6	73.9	69.0	59.2	49.6	40.0	30.7	21.9	14.1	7.7
		2010	78.9	74.1	69.2	59.3	49.8	40.2	30.8	22.0	14.2	7.8
		2011	79.0	74.3	69.3	59.5	49.9	40.4	31.0	22.2	14.3	7.9
		2012	79.4	74.7	69.7	59.8	50.2	40.6	31.2	22.3	14.4	7.8
		2013	79.7	74.9	69.9	60.0	50.4	40.8	31.4	22.5	14.6	8.0
		2014	80.0	75.3	70.3	60.4	50.8	41.2	31.7	22.8	14.8	8.2
		2015	80.4	75.6	70.6	60.8	51.1	41.4	31.9	23.0	14.9	8.2

（単位：年）

国名（地域）・性・作成基礎期間	0歳	5	10	20	30	40	50	60	70	80
ノルウェー　　　　（Norway）										
女										
1945〜48	71.68	69.37	64.66	55.20	46.10	36.98	28.12	19.70	12.35	6.76
1946〜50	72.65	70.03	65.24	55.64	46.29	36.96	27.95	19.45	12.03	6.51
1951〜55	74.70	71.57	66.72	56.96	47.31	37.79	28.57	19.93	12.30	6.60
1956〜60	75.57	72.17	67.30	57.49	47.74	38.14	28.84	20.06	12.36	6.64
1961〜65	75.97	72.37	67.49	57.66	47.87	38.22	28.88	20.06	12.29	6.53
1966〜70	76.83	72.99	68.10	58.28	48.49	38.81	29.47	20.64	12.83	6.97
1971〜72	77.43	73.40	68.52	58.69	48.90	39.24	29.87	21.00	13.04	7.03
1972〜73	77.60	73.54	68.66	58.82	49.02	39.33	29.96	21.09	13.11	7.06
1973〜74	77.83	73.72	68.83	59.00	49.19	39.51	30.14	21.26	13.25	7.17
1975〜76	78.12	74.03	69.12	59.32	49.53	39.81	30.39	21.57	13.57	7.32
1976〜77	78.42	74.26	69.35	59.53	49.73	40.03	30.60	21.78	13.76	7.47
1977〜78	78.65	74.40	69.49	59.67	49.87	40.17	30.76	21.90	13.88	7.60
1978〜79	78.73	74.46	69.55	59.71	49.91	40.19	30.79	21.92	13.91	7.59
1979〜80	79.00	74.67	69.73	59.90	50.10	40.38	30.98	22.07	14.05	7.68
1980〜81	79.23	74.88	69.94	60.11	50.80	40.59	31.18	22.27	14.20	7.77
1981〜82	79.41	75.08	70.14	60.31	50.49	40.78	31.35	22.45	14.40	7.92
1982〜83	79.54	75.25	70.31	60.47	50.64	40.94	31.51	22.62	14.55	8.05
1984〜85	79.51	75.26	70.32	60.47	50.66	40.95	31.56	22.65	14.54	8.01
1986	79.74	75.43	70.50	60.66	50.85	41.13	31.74	22.93	14.79	8.18
1987	79.55	75.26	70.32	60.47	50.67	40.93	31.54	22.70	14.62	8.11
1988	79.57	75.27	70.31	60.42	50.62	40.90	31.58	22.70	14.63	8.05
1989	79.85	75.51	70.55	60.67	50.87	41.19	31.76	22.87	14.77	8.12
1990	79.81	75.36	70.42	60.58	50.78	41.10	31.69	22.73	14.62	8.08
1991	80.09	75.70	70.77	60.90	51.01	41.41	31.98	23.04	14.91	8.25
1992	80.34	75.87	70.93	61.04	51.23	41.52	32.09	23.17	15.04	8.34
1993	80.25	75.72	70.76	60.90	51.07	41.35	31.91	22.94	14.83	8.10
1994	80.64	76.12	71.17	61.32	51.49	41.76	32.33	23.42	15.25	8.44
1995	80.82	76.15	71.20	61.33	51.49	41.78	32.33	23.33	15.19	8.42
1996	81.07	76.42	71.45	61.57	51.74	42.02	32.58	23.68	15.48	8.57
1997	80.97	76.38	71.43	61.55	51.74	42.00	32.55	23.64	15.39	8.48
1998	81.28	76.63	71.66	61.80	51.98	42.28	32.82	23.89	15.57	8.61
1999	81.13	76.48	71.53	61.69	51.87	42.14	32.69	23.70	15.49	8.51
2000	81.38	76.72	71.77	61.91	52.12	42.41	32.93	23.96	15.64	8.64
2001	81.5	76.9	71.9	62.0	52.2	42.5	33.0	24.0	15.8	8.7
2002	81.5	76.9	71.9	62.1	52.3	42.5	33.0	24.1	15.8	8.7
2003	81.9	77.3	72.3	62.4	52.6	42.9	33.4	24.4	16.0	8.9
2004	82.3	77.6	72.7	62.8	53.0	43.3	33.8	24.8	16.4	9.2
2005	82.52	77.80	72.83	62.94	53.16	43.43	33.93	24.90	16.54	9.33
2006	82.7	77.9	73.0	63.1	53.2	43.5	34.0	24.9	16.5	9.2
2007	82.7	78.0	73.0	63.1	53.3	43.5	34.0	24.9	16.5	9.2
2008	83.0	78.2	73.2	63.3	53.5	43.8	34.2	25.1	16.7	9.4
2009	83.05	78.30	73.34	63.46	53.65	43.88	34.30	25.20	16.77	9.39
2010	83.2	78.4	73.4	63.5	53.7	44.0	34.4	25.3	16.9	9.6
2011	83.5	78.6	73.7	63.8	54.0	44.2	34.6	25.5	17.1	9.6
2012	83.4	78.6	73.7	63.8	53.9	44.1	34.5	25.3	16.9	9.5
2013	83.6	78.9	73.9	64.0	54.1	44.3	34.7	25.6	17.1	9.7
2014	84.1	79.3	74.3	64.4	54.5	44.7	35.1	25.9	17.4	9.9
2015	84.2	79.4	74.4	64.4	54.6	44.8	35.1	25.9	17.3	9.9
ポーランド　　　　（Poland）										
男										
1948	55.6	60.2	55.7	46.8	38.6	30.2	22.2	15.3	9.8	5.9
1952〜53	58.6	61.4	56.8	47.6	38.9	30.1	21.8	14.7	9.1	5.4
1955〜56	61.8	63.3	58.7	49.2	40.2	31.3	22.8	15.4	9.7	
1956	62.4	63.2	58.5	49.0	40.0	31.0	22.5	15.0	9.1	5.4
1957	61.9	63.2	58.5	49.1	40.1	31.1	22.6	15.3	9.7	6.0
1958	62.8	64.2	59.4	49.9	40.6	31.7	23.1	15.6	9.7	6.0
1960〜61	64.8	64.5	59.7	50.1	41.1	32.0	23.4	15.8	9.8	
1963〜65	67.5	66.4	61.6	52.0	42.9	33.9	25.3	17.8	11.8	7.6
1965〜66	66.85	65.35	60.52	50.89	41.68	32.61	23.93	16.07	9.95	5.87
1970〜72	66.83	64.27	59.44	49.84	40.65	31.63	23.11	15.48	9.50	5.64
1975〜76	67.30	…	…	…	39.24	…	…	15.18	…	…
1980	66.01	…	…	…	39.24	…	…	15.18	…	…
1981	67.10	63.91	59.05	49.46	40.26	31.25	22.95	15.79	9.83	5.57
1982	67.24	64.01	59.17	49.54	40.34	31.32	22.99	15.83	9.86	5.52
1983	67.04	63.73	58.86	49.24	40.04	31.04	22.80	15.67	9.74	5.45
1984	66.84	63.45	58.57	48.91	39.66	31.68	22.52	15.54	9.70	5.37
1985	66.50	63.05	58.16	48.49	39.21	30.24	22.10	15.14	9.39	5.15
1985〜86	66.86	63.42	58.53	48.85	39.54	30.54	22.33	15.31	9.61	5.13
1987	66.81	63.29	58.39	48.71	39.38	30.38	22.20	15.27	9.65	5.45
1988	67.15	63.54	58.65	48.96	39.60	30.60	22.41	15.47	9.86	5.71
1989	66.76	…	…	…	39.34	…	…	15.42	…	…
1990	66.51	62.87	57.97	48.32	39.10	30.22	22.15	15.31	9.80	5.59
1991	66.11	62.39	57.48	47.83	38.62	29.76	21.79	15.09	9.68	5.51
1992	66.71	…	…	…	39.08	…	…	15.40	…	…
1993	67.37	63.50	58.59	48.90	39.56	30.56	22.40	15.48	9.93	5.70
1994	67.51	…	…	…	39.84	…	…	15.76	…	…
1995	67.62	…	…	…	39.81	…	…	15.84	…	…
1996	68.12	64.17	59.25	49.54	40.18	31.13	22.91	15.93	10.26	6.00
1997	68.4	64.3	59.4	49.7	40.4	31.3	23.2	16.2	10.5	6.2
1998	68.87	…	…	…	40.69	…	…	16.38	…	…
1999	68.8	64.6	59.7	50.0	40.6	31.5	23.3	16.3	10.6	6.4
2000	69.7	65.4	60.5	50.8	41.3	32.2	23.9	16.7	10.9	6.5
2003	70.5	66.2	61.2	51.4	42.0	32.8	24.4	17.1	11.2	6.6
2004	70.67	66.28	61.34	51.56	42.12	32.93	24.55	17.38	11.41	6.76
2005	70.81	66.38	61.44	51.67	42.23	33.04	24.68	17.51	11.54	6.87
2006	70.40	61.54	56.61	47.05	37.64	28.79	21.06	14.51	9.09	5.16

420

（単位：年）

国名（地域）・性・作成基礎期間	0歳	5	10	20	30	40	50	60	70	80
ポーランド　　　　（Poland）										
男　　2007	70.96	66.51	61.56	51.81	42.35	33.15	24.81	17.69	11.69	6.95
2009	71.53	67.03	62.08	52.32	42.86	33.62	25.14	17.90	11.84	6.94
2010	72.10	67.55	62.59	52.82	43.34	34.07	25.54	18.25	12.13	7.23
2011	72.44	67.88	62.92	53.15	43.67	34.41	25.85	18.52	12.38	7.37
2012	72.71	68.14	63.18	53.40	43.92	34.60	25.99	18.59	12.42	7.39
2013	73.06	68.48	63.52	53.75	44.25	34.91	26.22	18.73	12.53	7.48
2014	73.75	69.14	64.17	54.37	44.87	35.52	26.77	19.17	12.86	7.72
2015	73.58	68.96	63.99	54.19	44.69	35.33	26.57	18.98	12.73	7.63
女　　1948	62.5	65.3	60.7	51.6	42.9	34.2	25.6	17.7	11.0	6.2
1952〜53	64.2	66.1	61.4	52.0	43.0	34.0	25.3	17.3	10.6	6.1
1955〜56	67.8	68.5	63.7	54.1	44.8	35.6	26.7	18.5	11.8	…
1956	67.8	68.1	63.3	53.7	44.3	35.1	26.2	18.0	11.1	6.1
1957	68.0	68.6	63.8	54.2	44.8	35.6	26.7	18.5	11.8	7.3
1958	68.9	69.6	64.7	54.9	45.2	35.8	26.9	18.8	11.8	7.3
1960〜61	70.5	69.6	64.7	55.0	45.5	36.1	27.1	18.6	11.4	…
1963〜65	72.9	71.3	66.4	56.6	47.0	37.6	28.6	20.1	13.0	8.1
1965〜66	72.83	70.76	65.89	56.11	46.46	36.97	27.85	19.27	11.83	6.73
1970〜72	73.76	70.84	65.96	56.18	46.49	36.96	27.80	19.26	11.81	6.57
1975〜76	75.00	…	…	…	…	…	…	…	…	…
1980	74.44	…	…	…	46.55	…	…	19.38	…	…
1981	75.24	71.74	66.85	57.03	47.30	37.74	28.57	20.07	12.55	6.77
1982	75.20	71.74	66.84	57.04	47.31	37.74	28.55	20.07	12.57	6.79
1983	75.16	71.60	66.69	56.89	47.15	37.59	28.41	19.92	12.41	6.67
1984	74.97	71.39	66.47	56.65	46.90	37.36	28.20	19.70	12.25	6.54
1985	74.81	71.16	66.24	56.40	46.65	37.08	27.95	19.49	12.10	6.46
1985〜86	75.33	71.68	66.76	56.92	47.16	37.57	28.41	19.90	12.50	6.69
1987	75.20	71.46	66.54	56.69	46.92	37.35	28.23	19.77	12.41	6.71
1988	75.67	71.85	66.92	57.07	47.29	37.71	28.56	20.08	12.71	6.99
1989	75.45	…	…	…	47.13	…	…	19.92	…	…
1990	75.49	71.68	66.76	56.93	47.16	37.58	28.47	19.96	12.56	6.84
1991	75.27	71.39	66.47	56.65	46.88	37.33	28.25	19.74	12.35	6.62
1992	75.70	…	…	…	47.24	…	…	20.03	…	…
1993	76.00	72.01	67.08	57.24	47.44	37.84	28.69	20.10	12.56	6.77
1994	76.08	…	…	…	47.69	…	…	20.35	…	…
1995	76.39	…	…	…	47.87	…	…	20.52	…	…
1996	76.57	72.54	67.60	57.76	47.95	38.31	29.14	20.52	12.87	6.96
1997	77.0	72.8	67.9	58.0	48.2	38.6	29.4	20.8	13.1	7.2
1998	77.34	…	…	…	48.51	…	…	21.04	…	…
1999	77.5	73.2	68.3	58.4	48.6	38.9	29.7	21.1	13.4	7.4
2000	77.9	73.6	68.6	58.7	48.9	39.2	30.0	21.4	13.6	7.4
2003	78.9	74.5	69.5	59.7	49.8	40.1	30.8	22.2	14.2	7.9
2004	79.23	74.79	69.83	59.96	50.13	40.40	31.12	22.48	14.52	8.04
2005	79.40	74.94	70.00	60.12	50.27	40.57	31.28	22.65	14.68	8.16
2006	79.04	70.17	65.22	55.37	45.56	36.02	27.06	18.76	11.31	5.92
2007	79.74	75.24	70.28	60.41	50.58	40.85	31.55	22.94	15.00	8.35
2009	80.05	75.52	70.57	60.70	50.85	41.13	31.79	23.15	15.19	8.46
2010	80.59	76.02	71.06	61.16	51.30	41.56	32.18	23.47	15.49	8.71
2011	80.90	76.30	71.34	61.46	51.61	41.87	32.47	23.76	15.79	8.95
2012	80.98	76.37	71.41	61.52	51.65	41.90	32.49	23.77	15.83	9.02
2013	81.14	76.54	71.57	61.69	51.83	42.06	32.62	23.86	15.94	9.10
2014	81.61	76.99	72.02	62.14	52.28	42.51	33.06	24.27	16.30	9.36
2015	81.57	76.92	71.95	62.05	52.18	42.41	32.95	24.14	16.19	9.30
ポルトガル　　　　（Portugal）										
男　　1949〜52	55.52	60.53	56.13	47.02	38.62	30.26	22.35	15.12	9.06	4.97
1955〜56	58.8	62.5	57.9	48.5	39.3	30.5	22.2	14.8	8.7	4.5
1957	58.7	62.5	57.9	48.5	39.4	30.5	22.1	14.8	8.5	4.3
1957〜58	59.8	63.5	58.9	49.4	40.3	31.4	22.9	15.4	9.1	4.7
1959〜62	60.73	63.94	59.33	49.88	40.72	31.81	23.33	15.71	9.49	5.07
1970	65.30	65.49	60.78	51.34	42.03	32.80	24.26	16.16	10.14	5.76
1971	63.69	63.27	58.61	49.21	40.05	31.07	22.64	15.06	8.85	4.73
1974	65.29	63.79	59.04	49.63	40.50	31.51	23.06	15.36	8.99	4.62
1975	65.09	63.53	58.77	49.36	40.30	31.36	23.08	15.57	9.44	…
1975〜80	66.1	…	…	…	…	…	…	…	…	…
1979〜82	68.35	65.47	60.66	51.31	42.24	33.09	24.49	16.74	10.16	5.31
1990	70.13	66.28	61.41	51.97	42.82	33.73	25.03	17.21	10.64	5.65
1990〜91	70.03	66.11	61.26	51.82	42.70	33.66	24.98	17.13	10.59	5.60
1992〜93	70.77	66.71	61.84	52.34	43.29	34.31	25.58	17.67	10.94	5.83
1993〜94	71.18	67.01	62.14	52.61	43.51	34.50	25.71	17.73	10.95	5.75
1994〜95	71.51	67.26	62.38	52.84	43.79	34.82	26.06	17.98	11.14	5.90
1995〜96	71.27	66.99	62.11	52.55	43.54	34.62	25.92	17.87	11.03	5.71
1996〜97	71.5	67.2	62.3	52.7	43.7	34.8	26.1	18.0	11.2	5.9
1999	72.0	67.6	62.7	53.0	43.9	34.9	26.2	18.0	11.0	5.5
2000	72.7	68.3	63.4	53.7	44.5	35.4	26.7	18.5	11.4	5.8
2003〜04	74.5	69.9	65.0	55.3	45.8	36.7	28.0	19.8	12.5	6.9
2004〜05	74.9	70.3	65.4	55.6	46.1	37.0	28.2	20.0	12.6	7.0
2005〜06	75.18	70.54	65.60	55.86	46.34	37.11	28.35	20.17	12.78	7.04
2005〜07	75.2	70.5	65.6	55.8	46.3	37.0	28.2	20.0	12.5	6.4
2006〜08	75.5	70.8	65.9	56.1	46.5	37.2	28.4	20.1	12.6	6.4
2007〜09	75.8	71.1	66.2	56.4	46.8	37.4	28.5	20.2	12.7	6.4
2008〜2010	76.14	71.49	66.53	56.70	47.08	37.65	28.76	20.51	12.98	6.69
2009〜2011	76.43	71.73	66.77	56.94	47.29	37.82	28.91	20.68	13.13	6.75
2010〜12	76.67	71.96	67.00	57.16	47.50	38.02	29.07	20.85	13.25	6.80
2011〜13	76.91	72.24	67.27	57.42	47.74	38.22	29.23	21.00	13.37	6.83

(単位：年)

国名（地域）・性・作成基礎期間		0歳	5	10	20	30	40	50	60	70	80
ポルトガル	（Portugal）										
女	1949～52	60.50	65.36	60.97	51.83	43.18	34.45	25.83	17.66	10.64	5.65
	1955～56	63.8	67.4	62.8	53.3	43.9	34.8	25.9	17.6	10.3	5.1
	1957	63.9	67.3	62.7	53.2	43.9	34.7	25.8	17.4	10.1	5.0
	1957～58	65.0	68.3	63.7	54.1	44.8	35.5	26.6	18.1	10.7	5.3
	1959～62	66.35	69.13	64.48	54.85	45.40	36.12	27.07	18.56	11.13	5.85
	1970	71.02	70.89	66.12	56.40	46.74	37.19	28.10	19.23	11.87	6.64
	1971	70.27	69.35	64.61	54.90	45.43	35.95	26.85	18.29	10.80	5.57
	1974	72.03	70.06	65.29	55.60	45.94	36.49	27.33	18.71	11.09	5.89
	1975	72.86	70.99	66.19	56.46	46.83	37.32	28.18	19.59	12.05	…
	1975～80	72.9	…	…	…	…	…	…	…	…	…
	1979～82	75.20	72.02	67.17	57.46	47.79	38.27	29.05	20.29	12.38	6.31
	1990	77.17	73.18	68.30	58.53	48.83	39.25	29.98	21.15	13.10	6.73
	1990～91	77.26	73.17	68.28	58.51	48.81	39.22	29.96	21.14	13.10	6.69
	1992～93	78.01	73.79	68.89	59.08	49.39	39.80	30.51	21.65	13.48	7.03
	1993～94	78.23	73.98	69.08	59.29	49.58	40.00	30.68	21.78	13.57	7.02
	1994～95	78.60	74.30	69.41	59.61	49.91	40.31	30.96	22.01	13.75	7.13
	1995～96	78.57	74.21	69.30	59.50	49.79	40.21	30.87	21.91	13.64	6.95
	1996～97	78.7	74.3	69.4	59.6	49.9	40.4	31.0	22.1	13.8	7.0
	1999	79.1	74.6	69.6	59.8	50.1	40.5	31.1	22.1	13.8	6.8
	2000	79.7	75.2	70.3	60.4	50.6	41.0	31.6	22.6	14.2	7.2
	2003～04	81.0	76.4	71.4	61.6	51.8	42.2	32.7	23.7	15.2	8.1
	2004～05	81.4	76.7	71.8	61.9	52.1	42.4	33.0	23.9	15.4	8.3
	2005～06	81.75	77.06	72.12	62.24	52.42	42.74	33.29	24.17	15.61	8.43
	2005～07	81.6	76.9	71.9	62.0	52.2	42.5	33.1	23.9	15.3	7.8
	2006～08	81.7	77.0	72.1	62.2	52.4	42.7	33.2	24.1	15.4	7.9
	2007～09	81.8	77.1	72.2	62.3	52.5	42.7	33.3	24.1	15.4	7.9
	2008～2010	82.05	77.36	72.39	62.50	52.66	42.95	33.48	24.32	15.63	8.02
	2009～2011	82.30	77.57	72.61	62.70	52.87	43.15	33.68	24.51	15.78	8.12
	2010～12	82.59	77.85	72.90	62.99	53.15	43.40	33.91	24.73	15.95	8.24
	2011～13	82.79	78.09	73.13	63.21	53.34	43.58	34.07	24.86	16.09	8.32
モルドヴァ	（Republic of Moldova）										
男	1989	65.50	…	…	…	…	…	…	…	…	…
・	1991	64.28	61.01	56.28	46.69	37.76	29.20	21.42	14.78	9.14	5.18
	1994	62.29	59.25	54.49	44.99	36.05	27.59	20.11	13.83	8.75	4.66
	1997	62.9	59.7	54.9	45.3	36.3	27.7	20.2	13.7	8.6	4.7
	1998	63.7	60.3	55.5	45.9	36.9	28.3	20.6	14.0	8.8	4.7
	1999	63.7	60.3	55.5	45.9	36.9	28.3	20.6	14.0	8.8	4.7
	2001	64.5	61.0	56.2	46.6	37.4	28.7	21.1	14.5	9.3	5.4
	2002	64.4	60.8	55.9	46.3	37.1	28.4	20.7	14.1	9.0	5.2
	2003	64.5	60.8	55.9	46.2	36.9	28.2	20.5	14.0	8.9	5.2
	2004	64.5	60.8	56.0	46.2	36.9	28.2	20.6	14.1	9.2	5.5
	2006	64.57	60.62	55.75	46.07	36.71	28.09	20.62	14.36	9.30	5.71
	2007	65.04	61.08	56.18	46.50	37.21	28.52	21.00	14.84	9.67	6.13
	2009	65.31	61.38	56.51	46.79	37.43	28.75	21.06	14.84	9.67	6.25
	2010	65.00	61.06	56.15	46.43	37.11	28.52	20.97	14.80	9.75	6.84
	2012	67.24	63.06	58.15	48.49	39.04	30.10	22.20	15.54	10.17	7.10
女	1989	72.30	…	…	…	…	…	…	…	…	…
	1991	70.99	67.53	62.68	52.98	43.35	33.96	25.30	17.58	10.89	6.07
	1994	69.79	66.50	61.65	51.93	42.27	32.90	24.21	16.55	10.10	5.42
	1997	70.3	66.8	62.0	52.2	42.6	33.2	24.4	16.7	10.3	5.5
	1998	71.0	67.5	62.7	52.9	43.2	33.8	25.0	17.1	10.4	5.4
	1999	71.0	67.5	62.7	52.9	43.2	33.8	25.0	17.1	10.4	5.4
	2001	71.8	68.2	63.3	53.5	43.8	34.3	25.4	17.6	11.0	6.1
	2002	71.7	67.9	63.0	53.2	43.5	34.0	25.2	17.3	10.9	5.9
	2003	71.6	67.8	62.9	53.0	43.3	33.9	25.0	17.1	10.7	5.9
	2004	72.2	68.4	63.5	53.7	43.9	34.5	25.5	17.5	11.2	6.2
	2006	72.2	68.3	63.3	53.6	43.8	34.3	25.5	17.6	11.2	6.5
	2007	72.56	68.63	63.68	53.89	44.20	34.77	25.82	17.98	11.32	6.54
	2009	73.4	69.3	64.4	54.6	44.8	35.3	26.4	18.4	11.7	6.9
	2010	73.41	69.22	64.32	54.51	44.75	35.27	26.32	18.24	11.65	6.82
	2012	74.99	70.90	65.97	56.14	46.35	36.83	27.68	19.32	12.23	7.35
ルーマニア	（Romania）										
男	1956	61.48	63.55	58.92	49.61	40.54	31.49	22.85	15.30	9.34	5.40
	1961	64.19	…	…	…	…	…	…	…	…	…
	1963	65.35	66.08	61.34	51.88	42.66	33.54	24.78	17.09	10.93	7.26
	1964～67	66.45	65.56	60.79	51.30	42.04	32.86	24.08	16.16	9.83	5.48
	1968	65.50	…	60.89	51.37	…	32.92	…	16.31	…	…
	1970～72	66.27	…	…	…	…	…	…	…	…	…
	1972～74	66.83	…	…	…	…	…	…	…	…	…
	1973～75	67.29	…	…	…	…	…	…	…	…	…
	1974～76	67.37	…	…	…	…	…	…	…	…	…
	1975～77	67.45	…	…	…	…	…	…	…	…	…
	1976～78	67.42	…	…	…	…	…	…	…	…	…
	1975～80	67.5	…	…	…	…	…	…	…	…	…
	1987～89	66.51	64.10	59.34	49.76	40.45	31.48	23.26	16.09	10.00	5.40
	1988～89	66.56	64.12	59.35	49.80	40.53	31.58	23.37	16.19	10.10	5.42
	1989～91	66.59	64.05	59.27	49.71	40.44	31.54	23.37	16.26	10.23	5.55
	1992～94	65.88	63.03	58.24	48.62	39.30	30.46	22.54	15.78	10.01	5.60
	1993～95	65.70	62.79	59.05	48.42	39.08	30.29	22.47	15.80	10.09	5.71
	1995～97	65.2	62.1	57.4	47.8	38.5	29.7	22.0	15.4	9.8	5.5
	1996～98	65.5	62.4	57.7	48.0	38.7	29.9	22.2	15.6	10.0	5.6
	2000	67.7	64.4	59.6	50.0	40.5	31.5	23.4	16.4	10.6	6.1
	2002	67.6	64.2	59.4	49.8	40.3	31.2	23.2	16.3	10.6	6.2

（単位：年）

国名（地域）・性・作成基礎期間			0歳	5	10	20	30	40	50	60	70	80
ルーマニア	男	(Romania)										
		2003	67.4	64.0	59.1	49.5	40.0	30.9	22.9	16.0	10.4	6.0
		2005	68.2	64.7	59.8	50.1	40.6	31.4	23.3	16.4	10.6	6.1
		2004～06	68.7	65.2	60.3	50.6	41.0	31.8	23.6	16.6	10.7	6.1
		2005～07	69.2	65.5	60.6	50.9	41.3	32.1	23.8	16.7	10.8	6.1
		2006～08	69.5	65.6	60.8	51.1	41.5	32.2	23.9	16.9	11.0	6.3
		2007～09	69.7	65.7	60.8	51.1	41.6	32.3	24.0	17.0	11.1	6.4
		2008～2010	69.76	65.71	60.81	51.10	41.57	32.29	23.94	17.01	11.08	6.39
		2009～2011	70.11	66.03	61.12	51.39	41.85	32.53	24.09	17.08	11.13	6.40
		2010～12	70.72	66.61	61.69	51.95	42.38	32.99	24.41	17.27	11.21	6.43
		2011～13	71.24	67.08	62.15	52.42	42.83	33.41	24.74	17.52	11.41	6.60
	女	1956	64.99	66.60	61.93	52.43	43.15	34.03	25.19	17.05	10.34	6.15
		1961	67.70	…	…	…	…	…	…	…	…	…
		1963	70.25	69.66	64.87	55.18	45.65	36.28	27.27	18.93	11.91	7.63
		1964～67	70.51	69.18	64.36	54.66	45.09	35.68	26.61	18.13	10.84	5.92
		1968	69.82	…	64.51	54.80	…	35.84	…	18.25	…	…
		1970～72	70.85	…	…	…	…	…	…	…	…	…
		1972～74	71.29	…	…	…	…	…	…	…	…	…
		1973～75	71.82	…	…	…	…	…	…	…	…	…
		1974～76	71.97	…	…	…	…	…	…	…	…	…
		1975～77	72.06	…	…	…	…	…	…	…	…	…
		1976～78	72.18	…	…	…	…	…	…	…	…	…
		1975～80	72.2	…	…	…	…	…	…	…	…	…
		1987～89	72.41	69.71	64.89	55.16	45.56	36.14	27.09	18.66	11.26	5.68
		1988～89	72.65	69.91	65.10	55.36	45.76	36.34	27.28	18.82	11.40	5.77
		1989～91	73.05	70.21	65.38	55.63	45.99	36.54	27.48	19.01	11.59	5.95
		1992～94	73.32	70.22	65.36	55.58	45.88	36.42	27.42	19.03	11.62	6.11
		1993～95	73.36	70.24	65.42	55.64	45.94	36.47	27.50	19.16	11.77	6.30
		1995～97	73.0	69.8	65.0	55.2	45.5	36.1	27.1	18.8	11.5	6.0
		1996～98	73.3	70.0	65.3	55.5	45.8	36.4	27.4	19.1	11.7	6.2
		2000	74.6	71.2	66.3	56.5	46.8	37.2	28.2	19.7	12.1	6.4
		2002	74.9	71.4	66.5	56.7	46.9	37.4	28.3	19.9	12.4	6.8
		2003	74.8	71.2	66.3	56.5	46.8	37.2	28.1	19.7	12.2	6.5
		2005	75.5	71.8	66.8	57.1	47.3	37.7	28.6	20.1	12.5	6.6
		2004～06	75.8	72.0	67.1	57.3	47.5	37.9	28.8	20.2	12.6	6.7
		2005～07	76.1	72.3	67.4	57.6	47.8	38.1	29.0	20.4	12.7	6.7
		2006～08	76.7	72.7	67.8	58.0	48.2	38.5	29.3	20.8	13.0	7.0
		2007～09	77.1	73.0	68.1	58.3	48.4	38.8	29.6	21.0	13.3	7.1
		2008～2010	77.30	73.14	68.21	58.39	48.59	38.91	29.69	21.13	13.36	7.18
		2009～2011	77.53	73.34	68.41	58.58	48.77	39.09	29.83	21.20	13.41	7.16
		2010～12	77.86	73.65	68.71	58.86	49.05	39.35	30.03	21.35	13.52	7.20
		2011～13	78.28	74.03	69.09	59.23	49.41	39.71	30.35	21.66	13.77	7.42
旧ソ連	男女	(USSR)										
		1960～61	70	68	63	54	45	36	27	19	13	7
		1964～65	70	68	63	54	45	36	27	19	13	8
		1965～66	70	68	63	54	45	36	27	19	13	8
		1966～67	70	68	63	54	44	36	27	19	13	8
		1967～68	70	68	63	53	44	35	27	19	13	7
	男	1954～55	61	…	…	…	…	…	…	…	…	…
		1955～56	63	…	…	…	…	…	…	…	…	…
		1957～58	64	…	…	…	…	…	…	…	…	…
		1958～59	64.42	63.46	58.85	49.53	40.71	32.16	24.05	17.02	11.28	…
		1962～63	65	…	…	…	…	…	…	…	…	…
		1964～65	66	…	…	…	…	…	…	…	…	…
		1965～66	66	…	…	…	…	…	…	…	…	…
		1967～68	65	…	…	…	…	…	…	…	…	…
		1968～69	65	…	…	…	…	…	…	…	…	…
		1970～71	65	…	…	…	…	…	…	…	…	…
		1971～72	64	…	…	…	…	…	…	…	…	…
		1975～80	65	…	…	…	…	…	…	…	…	…
		1984～85	62.87	60.44	55.66	46.12	37.25	28.86	21.29	14.79	9.58	5.66
		1985～86	64.15	61.73	56.94	47.39	38.37	29.73	21.88	15.14	9.84	…
		1986～87	65.04	…	…	…	…	…	…	…	…	…
		1989～90	64.60	61.84	57.24	47.53	38.62	30.03	22.14	15.37	9.89	5.97
	女	1954～55	67	…	…	…	…	…	…	…	…	…
		1955～56	69	…	…	…	…	…	…	…	…	…
		1957～58	71	…	…	…	…	…	…	…	…	…
		1958～59	71.68	70.55	65.87	56.37	47.07	37.89	28.99	20.64	13.35	…
		1962～63	73	…	…	…	…	…	…	…	…	…
		1964～65	74	…	…	…	…	…	…	…	…	…
		1965～66	74	…	…	…	…	…	…	…	…	…
		1967～68	74	…	…	…	…	…	…	…	…	…
		1968～69	74	…	…	…	…	…	…	…	…	…
		1970～71	74	…	…	…	…	…	…	…	…	…
		1971～72	74	…	…	…	…	…	…	…	…	…
		1975～80	74.30	…	…	…	…	…	…	…	…	…
		1984～85	72.73	70.12	65.29	55.55	45.96	36.58	27.64	19.40	12.14	6.72
		1985～86	73.27	70.64	65.80	56.05	46.44	37.00	27.97	19.64	12.39	…
		1986～87	73.78	…	…	…	…	…	…	…	…	…
		1989～90	73.95	70.96	66.10	56.38	46.78	37.31	28.25	19.84	12.47	6.99

国名（地域）・性・作成基礎期間			0歳	5	10	20	30	40	50	60	70	80

（単位：年）

国名（地域）・性・作成基礎期間		0歳	5	10	20	30	40	50	60	70	80
ロシア	男	(Russian Federation)									
		1989	64.20	…	…	…	…	…	…	…	…	…
		1991	63.46	60.06	55.29	45.87	37.16	28.85	21.24	14.73	9.42	5.74
		1992	62.02	58.60	53.81	44.39	35.85	27.82	20.64	14.46	9.33	5.69
		1993	58.91	55.57	50.77	41.39	33.01	25.35	18.76	13.20	8.56	5.26
		1994	57.59	54.09	49.27	39.87	31.54	24.03	17.76	12.62	8.36	5.17
		1995	58.27	54.78	49.97	40.64	32.40	24.85	18.43	13.13	8.74	5.47
		1999	59.9	56.4	51.5	42.2	34.0	26.2	19.3	13.5	9.0	5.8
		2004	58.9	54.9	50.0	40.5	32.3	24.8	18.4	13.2	8.9	5.7
		2006	60.4	56.3	51.4	41.8	33.6	26.1	19.4	13.8	9.3	5.9
		2007	61.4	57.2	52.3	42.8	34.5	26.9	19.9	14.1	9.5	6.0
		2008	61.8	57.6	52.7	43.1	34.6	27.0	20.0	14.2	9.5	6.0
		2009	62.8	58.5	53.6	44.0	35.4	27.7	20.4	14.4	9.6	6.2
		2010	63.09	…	…	…	…	…	…	…	…	…
		2011	64.04	…	…	…	…	…	…	…	…	…
		2012	64.56	…	…	…	…	…	…	…	…	…
		2013	65.13	…	…	…	…	…	…	…	…	…
		2014	65.29	…	…	…	…	…	…	…	…	…
	女	1989	74.50	…	…	…	…	…	…	…	…	…
		1991	74.27	70.66	65.80	56.10	46.16	37.06	28.06	19.67	12.26	6.90
		1992	73.75	70.13	65.27	55.58	46.04	36.67	27.81	19.54	12.21	6.90
		1993	71.88	68.44	63.59	53.92	44.44	35.22	26.61	18.67	11.59	6.44
		1994	71.18	67.57	62.71	53.04	43.58	34.43	25.98	18.25	11.34	6.31
		1995	71.70	68.11	63.25	53.60	44.17	35.00	26.47	18.62	11.56	6.46
		1999	72.4	68.7	63.8	54.2	44.8	35.5	26.7	18.6	11.8	6.8
		2004	72.3	68.2	63.3	53.6	44.2	35.2	26.6	18.9	11.9	6.5
		2006	73.2	69.1	64.2	54.4	45.0	36.0	27.3	19.4	12.2	6.7
		2007	73.9	69.7	64.7	55.0	45.6	36.5	27.8	19.7	12.4	6.8
		2008	74.2	69.9	65.0	55.2	45.8	36.7	27.9	19.9	12.6	6.8
		2009	74.7	70.3	65.4	55.7	46.2	37.1	28.3	20.1	12.8	7.0
		2010	74.88	…	…	…	…	…	…	…	…	…
		2011	75.61	…	…	…	…	…	…	…	…	…
		2012	75.86	…	…	…	…	…	…	…	…	…
		2013	76.30	…	…	…	…	…	…	…	…	…
		2014	76.47	…	…	…	…	…	…	…	…	…
サンマリノ	男	(San Marino)									
		1977～86	73.16	69.02	64.07	54.26	44.69	35.12	26.90	17.78	11.10	6.14
		2000	78.03	73.60	68.60	59.08	49.57	39.86	30.36	21.52	13.64	7.66
		2012	81.55	76.74	71.78	62.05	52.38	42.52	32.80	23.89	15.56	8.64
		2013	81.72	76.91	71.96	62.22	52.51	42.67	32.98	24.07	15.69	8.63
	女	1977～86	79.12	75.05	70.52	60.27	50.46	40.66	31.08	22.05	13.54	7.05
		2000	84.57	80.08	75.15	65.20	55.26	45.46	35.86	26.42	17.69	9.59
		2012	86.12	81.29	76.29	66.40	56.47	46.59	36.95	27.59	18.62	10.59
		2013	86.38	81.49	76.49	66.59	56.64	46.72	37.10	27.74	18.80	10.80
セルビア	男	(Serbia)									
		2006	70.56	66.24	61.32	51.52	42.01	32.60	23.84	16.44	10.35	5.92
		2007	70.70	66.36	61.42	51.65	42.21	32.81	24.04	16.60	10.45	5.90
		2008	71.1	66.7	61.7	51.9	42.4	33.0	24.3	16.8	10.6	6.0
		2009	71.11	66.74	61.79	51.99	42.46	33.08	24.30	16.78	10.60	6.00
		2010	71.43	67.07	62.11	52.30	42.70	33.24	24.38	16.88	10.66	6.04
		2011	71.64	67.19	62.22	52.40	42.79	33.34	24.47	16.90	10.69	6.01
		2012	72.22	67.75	62.79	52.97	43.38	33.93	25.01	17.36	10.91	5.99
		2013	72.46	68.04	63.08	53.26	43.62	34.17	25.21	17.51	11.10	6.08
	女	2006	75.88	71.45	66.49	56.60	46.80	37.12	27.86	19.30	11.76	6.21
		2007	76.16	71.67	66.72	56.83	47.01	37.29	28.00	19.42	11.84	6.26
		2008	76.28	71.83	66.87	56.96	47.15	37.46	28.18	19.60	11.92	6.23
		2009	76.40	71.94	66.98	57.11	47.27	37.59	28.29	19.70	11.95	6.28
		2010	76.62	72.14	67.18	57.29	47.47	37.76	28.44	19.80	12.13	6.33
		2011	76.83	72.32	67.37	57.50	47.68	37.98	28.62	19.95	12.21	6.39
		2012	77.29	72.80	67.83	57.92	48.09	38.37	29.05	20.39	12.52	6.48
		2013	77.68	73.15	68.19	58.29	48.45	38.74	29.36	20.67	12.79	6.62
スロバキア	男	(Slovakia)									
		1990	66.64	62.71	57.80	48.09	38.70	29.64	21.64	15.01	9.77	5.59
		1994	68.34	64.42	59.50	49.79	40.33	31.13	22.81	15.80	10.40	6.34
		1995	68.40	68.29	64.41	54.59	45.04	35.64	26.80	19.60	12.84	8.13
		1999	69.0	64.8	59.8	50.0	40.5	31.3	22.8	15.8	10.2	6.2
		2000	69.2	65.0	60.1	50.3	40.8	31.5	23.1	15.9	10.3	6.2
		2001	69.5	65.1	60.1	50.3	40.6	31.1	22.1	14.1	7.7	3.2
		2002	69.9	65.5	60.4	50.6	40.9	31.4	22.4	14.5	8.0	3.2
		2004	70.3	65.9	61.0	51.2	41.6	32.3	23.8	16.4	10.5	6.0
		2005	70.1	65.7	60.8	51.0	41.4	32.1	23.6	16.3	10.4	5.8
		2006	70.40	66.02	61.10	51.30	41.77	32.44	23.89	16.54	10.52	6.08
		2007	70.51	66.08	61.14	51.36	41.77	32.44	23.89	16.56	10.56	5.85
		2008	70.85	66.42	61.48	51.73	42.23	32.89	24.30	17.00	10.87	6.35
		2009	71.27	66.87	61.93	52.12	42.57	33.13	24.44	17.04	10.95	6.10
		2010	71.62	67.15	62.20	52.40	42.81	33.38	24.61	17.07	10.90	5.99
		2011	72.17	67.66	62.74	52.95	43.37	33.92	25.15	17.59	11.33	6.38
		2012	72.47	68.00	63.05	53.27	43.72	34.26	25.45	17.79	11.51	6.46
		2013	72.90	68.39	63.44	53.63	44.02	34.54	25.61	17.91	11.58	6.68

（単位：年）

国名（地域）・性・作成基礎期間			0歳	5	10	20	30	40	50	60	70	80
スロバキア	女	(Slovakia)										
		1990	75.44	71.35	66.42	56.60	46.83	37.23	28.08	19.63	12.26	6.53
		1994	76.48	72.49	67.55	57.71	47.89	38.25	28.99	20.37	12.90	7.33
		1995	76.33	76.26	72.40	62.52	52.68	42.93	33.42	24.46	16.36	9.79
		1999	77.0	72.7	67.8	57.9	48.1	38.4	29.1	20.4	12.7	6.8
		2000	77.4	73.0	68.1	58.3	48.4	38.7	29.3	20.6	12.8	6.9
		2001	77.5	73.0	68.0	58.1	48.2	38.5	28.9	19.8	11.5	4.7
		2002	77.6	73.4	68.3	58.4	48.6	38.8	29.2	20.0	11.7	4.9
		2004	77.8	73.4	68.4	58.6	48.7	39.0	29.7	20.9	13.1	6.9
		2005	77.9	73.4	68.5	58.6	48.7	39.0	29.7	20.9	13.0	6.7
		2006	78.20	73.73	68.79	58.89	49.02	39.28	29.91	21.18	13.23	6.93
		2007	78.08	73.62	68.70	58.82	48.98	39.28	29.99	21.23	13.24	6.77
		2008	78.73	74.22	69.26	59.38	49.51	39.75	30.38	21.60	13.65	7.26
		2009	78.74	74.22	69.26	59.39	49.54	44.63	30.43	21.67	13.63	7.06
		2010	78.84	74.34	69.39	59.50	49.64	39.90	30.47	21.62	13.53	6.91
		2011	79.35	74.79	69.84	59.95	50.11	40.36	30.94	22.14	13.99	7.18
		2012	79.45	74.91	69.94	60.04	50.18	40.42	30.98	22.12	14.02	7.15
		2013	79.61	75.10	70.16	60.28	50.42	40.68	31.26	22.36	14.22	7.24
スロベニア	男	(Slovenia)										
		1990～91	69.54	65.38	60.46	50.78	41.48	32.27	23.70	16.38	10.36	5.84
		1993～94	69.58	65.19	60.26	50.62	41.42	32.31	23.79	16.37	10.44	5.83
		1994～95	70.27	65.82	60.90	51.26	41.96	32.74	24.18	16.64	10.66	5.98
		1995～96	70.79	66.32	61.38	51.72	42.35	33.06	24.46	16.81	10.81	6.38
		1997～98	71.0	66.6	61.7	52.0	42.6	33.4	24.7	17.0	10.9	6.0
		1998～99	71.4	66.9	61.9	52.3	42.8	33.6	24.9	17.2	11.0	6.0
		2000	72.1	67.6	62.6	52.9	43.5	34.1	25.4	17.7	11.2	6.4
		2001	72.1	67.6	62.6	52.9	43.5	34.1	25.4	17.7	11.2	6.4
		2002	73.2	68.6	63.6	53.8	44.3	34.9	26.1	18.4	11.8	6.9
		2003～04	73.5	68.9	63.9	54.2	44.7	35.4	26.5	18.7	12.0	6.9
		2004～05	74.1	69.5	64.5	54.8	45.3	35.8	27.0	19.1	12.2	7.3
		2005～06	74.84	70.17	65.21	55.42	45.97	36.53	27.68	19.70	12.72	7.41
		2006～07	74.98	70.29	65.32	55.50	46.14	36.65	27.76	19.88	13.06	7.72
		2008	75.76	70.98	66.03	56.18	46.64	37.09	28.06	19.93	12.92	7.27
		2010	76.30	71.50	66.54	56.66	47.02	37.46	28.36	20.27	13.07	7.35
		2011	76.61	71.94	66.97	57.13	47.46	37.87	28.74	20.49	13.24	7.40
		2012	76.96	72.13	67.18	57.28	47.65	38.02	28.78	20.61	13.39	7.43
		2013	76.98	72.26	67.28	57.43	47.83	38.25	28.97	20.67	13.56	7.51
	女	1990～91	77.38	72.96	68.03	58.17	48.40	38.72	29.44	20.76	12.88	6.84
		1993～94	77.38	72.95	68.02	58.16	48.43	38.81	29.55	20.85	13.00	6.83
		1994～95	77.76	73.28	68.37	58.53	48.77	39.13	29.89	21.15	13.27	6.96
		1995～96	78.25	73.64	68.69	58.84	49.07	39.42	30.19	21.45	13.52	7.12
		1997～98	78.7	74.1	69.1	59.3	49.5	39.8	30.5	21.7	13.6	7.0
		1998～99	78.8	74.2	69.2	59.3	49.5	39.8	30.5	21.8	13.7	7.0
		2000	79.6	74.9	70.0	60.1	50.3	40.5	31.2	22.4	14.3	7.4
		2001	79.6	74.9	70.0	60.1	50.3	40.5	31.2	22.4	14.3	7.4
		2002	80.7	76.0	71.0	61.2	51.3	41.6	32.2	23.4	15.2	8.5
		2003～04	81.1	76.4	71.4	61.5	51.8	42.0	32.7	23.8	15.6	8.8
		2004～05	81.3	76.7	71.8	61.9	52.0	42.3	33.0	24.1	15.8	8.8
		2005～06	81.89	77.25	72.28	62.37	52.53	42.77	33.25	24.30	15.95	8.91
		2006～07	82.30	77.61	72.64	62.78	52.94	43.11	33.64	24.72	16.27	9.14
		2008	82.31	77.56	72.61	62.70	52.82	43.01	33.47	24.47	15.98	8.77
		2010	82.65	78.00	73.06	63.13	53.21	43.43	33.91	24.88	16.34	9.02
		2011	82.90	78.16	73.18	63.24	53.35	43.52	34.04	24.99	16.55	9.12
		2012	82.89	78.09	73.09	63.20	53.31	43.49	33.91	24.89	16.44	9.04
		2013	83.17	78.44	73.46	63.55	53.67	43.88	34.31	25.21	16.68	9.18
スペイン	男	(Spain)										
		1950	58.76	60.99	56.54	47.50	39.10	36.65	22.47	15.18	9.07	4.80
		1960	67.32	65.74	60.96	51.41	42.05	32.85	24.08	16.28	9.82	5.08
		1970	69.69	66.83	62.00	52.36	42.96	33.73	24.87	16.98	10.50	5.99
		1975	70.41	67.13	62.28	52.63	43.18	33.82	24.96	17.06	10.51	5.87
		1975～80	70.60	…	…	…	…	…	…	…	…	…
		1980	72.55	68.87	64.01	50.36	44.91	35.51	26.65	18.63	11.92	7.07
		1980～82	72.52	68.74	63.88	54.20	44.75	35.35	26.42	18.39	11.54	6.59
		1985～86	73.27	69.16	64.26	54.57	45.16	35.76	26.79	18.69	11.82	6.66
		1990～91	73.40	69.17	64.26	54.62	45.48	36.27	27.32	19.20	12.21	6.89
		1994～95	74.3	69.9	65.0	55.2	45.9	36.9	28.0	19.8	12.7	7.2
		1995～96	74.44	…	…	…	…	…	…	…	…	…
		1996～97	74.7	70.3	65.4	55.6	46.2	37.1	28.1	19.8	12.7	7.0
		1998	75.2	70.7	65.8	56.0	46.5	37.2	28.2	19.9	12.7	7.0
		2001	76.4	71.8	66.8	57.1	47.5	38.1	29.1	20.8	13.4	7.6
		2001～02	76.3	71.7	66.8	57.0	47.4	38.0	29.0	20.7	13.3	7.5
		2003～04	76.7	72.1	67.1	57.4	47.8	38.3	29.3	20.9	13.5	7.5
		2004	77.2	…	…	…	…	…	…	…	…	…
		2004～05	77.0	72.4	67.4	57.6	48.0	38.5	29.5	21.1	13.6	7.6
		2008	78.87	74.24	69.29	59.47	49.79	40.19	31.07	22.65	15.07	8.94
		2009	78.55	73.88	68.91	59.06	49.33	39.69	30.49	22.01	14.43	8.17
		2010	79.05	74.36	69.39	59.53	49.77	40.10	30.85	22.36	14.67	8.29
		2011	79.31	74.62	69.65	59.77	50.01	40.32	31.03	22.51	14.82	8.40
		2012	79.37	74.67	69.71	59.82	50.04	40.35	31.04	22.47	14.77	8.31
		2013	79.95	75.21	70.25	60.34	50.55	40.82	31.47	22.89	15.18	8.66
		2014	80.13	75.42	70.45	60.54	50.75	40.82	31.65	23.04	15.31	8.78
		2015	79.93	75.20	70.23	60.33	50.54	40.81	31.40	22.78	15.05	8.51

425

（単位：年）

国名（地域）・性・作成基礎期間	0歳	5	10	20	30	40	50	60	70	80
スペイン （Spain）										
女 1950	63.50	65.59	61.16	52.03	43.34	34.55	25.89	17.69	10.62	5.66
1960	71.90	69.83	65.03	55.31	45.77	36.37	27.31	18.77	11.31	5.63
1970	74.96	71.79	66.92	57.13	47.45	37.97	28.74	20.11	12.44	6.80
1975	76.21	72.68	67.80	57.99	48.24	38.62	29.32	20.56	12.67	6.69
1975～80	76.50	…	…	…	…	…	…	…	…	…
1980	78.59	74.79	69.79	59.98	50.22	40.56	31.20	22.29	14.22	7.88
1980～82	78.61	74.62	69.73	59.91	50.13	40.46	31.07	22.13	14.02	7.63
1985～86	79.69	75.45	70.53	60.70	50.92	41.22	31.76	22.71	14.42	7.73
1990～91	80.49	76.19	71.26	61.44	51.71	42.04	32.55	23.49	15.07	8.18
1994～95	81.6	77.1	72.2	62.3	52.6	43.0	33.6	24.4	15.9	8.8
1995～96	81.63	…	…	…	…	…	…	…	…	…
1996～97	81.9	77.4	72.4	62.5	52.8	43.1	33.6	24.4	15.8	8.5
1998	82.2	77.6	72.6	62.8	53.0	43.2	33.8	24.5	15.8	8.5
2001	83.1	78.5	73.6	63.7	53.8	44.1	34.6	25.4	16.7	9.2
2001～02	83.0	78.4	73.4	63.5	53.7	44.0	34.5	25.2	16.5	9.1
2003～04	83.2	78.6	73.6	63.7	53.9	44.1	34.6	25.4	16.7	9.1
2004	83.8	…	…	…	…	…	…	…	…	…
2004～05	83.5	78.8	73.9	64.0	54.1	44.4	34.8	25.6	16.8	9.3
2008	85.04	80.37	75.40	65.51	55.63	45.85	36.33	27.12	18.26	10.55
2009	84.56	79.86	74.90	64.98	55.11	45.30	35.76	26.52	17.64	9.83
2010	85.04	80.35	75.38	65.45	55.56	45.74	36.17	26.94	18.04	10.20
2011	85.15	80.44	75.47	65.56	55.66	45.85	36.27	27.05	18.17	10.28
2012	85.12	80.40	75.43	65.50	55.61	45.79	36.19	26.94	18.06	10.13
2013	85.56	80.82	75.85	65.92	56.01	46.18	36.58	27.36	18.48	10.52
2014	85.66	80.92	75.95	66.02	56.12	46.28	36.68	27.43	18.55	10.58
2015	85.42	80.66	75.69	65.75	55.84	45.99	36.37	27.15	18.27	10.27
スウェーデン （Sweden）										
男 1941～45	67.06	65.07	60.45	51.23	42.57	33.64	25.02	17.19	10.52	5.61
1946～50	69.04	66.35	61.62	52.14	43.02	33.84	24.99	17.05	10.40	5.50
1951～55	70.49	67.45	62.67	53.10	43.74	34.42	25.45	17.38	10.63	5.65
1956～60	71.32	67.88	63.07	53.47	44.04	34.66	25.62	17.46	10.70	5.74
1961～65	71.60	68.03	63.20	53.57	44.12	34.72	25.65	17.45	10.71	5.82
1962	71.32	…	…	…	…	…	…	…	…	…
1967	71.85	68.05	63.18	53.48	44.04	34.70	24.74	17.56	10.86	6.05
1968	71.69	…	…	…	…	…	…	…	…	…
1969	71.69	67.89	63.04	53.40	43.49	34.57	25.60	17.40	10.70	5.95
1970	72.20	68.30	63.45	53.82	44.36	34.98	26.00	17.82	11.06	6.10
1971	71.97	…	…	…	…	…	…	…	…	…
1972	71.97	68.03	63.17	53.53	44.10	34.73	25.82	17.68	10.87	6.04
1973	72.12	68.04	63.15	53.49	44.04	34.67	25.73	17.58	10.85	6.02
1974	72.19	68.10	63.21	53.55	44.06	34.70	25.78	17.68	10.92	6.12
1975	72.12	67.98	63.10	53.44	44.03	34.67	25.78	17.63	10.90	6.06
1976	72.12	67.91	63.02	53.35	43.90	34.53	25.59	17.51	10.76	5.98
1977	72.37	68.17	63.26	53.55	44.11	34.75	25.86	17.77	11.03	6.12
1978	72.41	68.16	63.27	53.59	44.17	34.79	25.86	17.76	11.00	6.13
1979	72.48	68.23	63.32	53.61	44.15	34.80	25.86	17.79	10.97	6.13
1980	72.76	68.45	63.54	53.79	44.34	34.94	26.01	17.87	11.09	6.12
1981	73.05	68.68	63.76	54.02	44.52	35.09	26.10	17.95	11.15	6.16
1982	73.4	…	…	…	…	…	…	…	…	…
1983	73.62	69.23	64.31	54.55	45.05	35.58	26.51	18.29	11.40	6.30
1984	73.84	69.44	64.50	54.74	45.25	35.82	26.73	18.47	11.54	6.46
1985	73.79	69.41	64.48	54.70	45.16	35.70	26.60	18.34	11.42	6.28
1986	73.97	69.54	64.61	54.87	45.37	35.93	26.83	18.53	11.53	6.37
1987	74.16	69.75	64.80	55.06	45.57	36.12	26.99	18.73	11.65	6.46
1988	74.15	69.72	64.78	55.03	45.53	36.11	26.99	18.63	11.62	6.34
1989	74.79	70.37	65.42	55.68	46.15	36.73	27.56	19.17	12.04	6.69
1990	74.81	70.41	65.47	55.70	46.16	36.66	27.50	19.08	11.86	6.56
1991	74.94	70.51	65.56	55.78	46.22	36.75	27.60	19.19	12.02	6.62
1992	75.35	70.89	65.94	56.12	46.52	37.03	27.82	19.32	12.14	6.68
1993	75.49	70.98	66.05	56.24	46.62	37.12	27.91	19.41	12.11	6.60
1994	76.08	71.53	66.57	56.74	47.12	37.63	28.43	19.88	12.54	6.98
1995	76.17	71.59	66.63	56.81	47.16	37.62	28.42	19.83	12.48	6.86
1996	76.51	71.91	66.95	57.09	47.44	37.88	28.61	19.98	12.60	6.86
1997	76.7	72.1	67.1	57.3	47.6	38.0	28.8	20.1	12.7	7.0
1998	76.87	…	…	…	…	…	28.94	…	…	…
1999	77.1	72.4	67.5	57.6	48.0	38.4	29.1	20.4	12.8	7.0
2000	77.38	…	…	…	…	…	29.41	…	…	…
2001	77.6	72.9	67.9	58.1	48.5	38.9	29.6	20.9	13.2	7.2
2002	77.7	73.1	68.1	58.3	48.6	39.0	29.6	20.9	13.2	7.2
2003	77.91	…	…	…	…	…	29.83	…	…	…
2004	78.4	73.6	68.7	58.8	49.2	39.6	30.2	21.4	13.7	7.5
2005	78.29	…	…	…	…	…	…	…	…	…
2006	78.7	74.0	69.0	59.2	49.6	39.9	30.5	21.7	13.9	7.6
2007	78.9	74.2	69.2	59.4	49.8	40.1	30.7	21.9	14.1	7.7
2008	79.1	74.3	69.4	59.5	49.9	40.3	30.8	22.0	14.2	7.7
2009	79.4	74.6	69.7	59.8	50.2	40.5	31.1	22.3	14.3	7.8
2010	79.52	…	…	…	…	…	31.17	…	…	…
2011	79.79	…	…	…	…	…	31.41	…	…	…
2012	79.87	…	…	…	…	…	31.51	…	…	…
2013	80.09	…	…	…	…	…	31.75	…	…	…
2014	80.35	…	…	…	…	…	31.99	…	…	…
2015	80.31	…	…	…	…	…	31.98	…	…	…

（単位：年）

国名（地域）・性・作成基礎期間	0歳	5	10	20	30	40	50	60	70	80
スウェーデン　女　（Sweden）										
1941～45	69.71	67.12	62.40	53.02	44.01	34.97	26.20	18.04	11.00	5.91
1946～50	71.58	68.42	63.58	53.95	44.57	35.29	26.32	18.03	10.89	5.76
1951～55	73.43	69.99	65.12	55.36	45.72	36.22	27.07	18.61	11.28	5.98
1956～60	74.72	71.03	66.14	56.36	46.63	37.07	27.83	19.19	11.66	6.20
1961～65	75.70	71.86	66.98	57.18	47.45	37.84	28.56	19.84	12.13	6.44
1962	75.39	…	…	…	…	…	…	…	…	…
1967	76.54	72.55	67.64	57.81	48.10	38.50	29.22	20.42	12.57	6.77
1968	76.28	…	…	…	…	…	…	…	…	…
1969	76.50	73.36	67.46	57.66	47.91	38.31	29.07	20.30	12.45	6.55
1970	77.06	72.91	68.04	58.25	48.51	38.90	29.62	20.85	12.97	6.85
1971	77.26	…	…	…	…	…	…	…	…	…
1972	77.41	73.23	68.33	58.51	48.78	39.16	29.85	21.06	13.13	7.07
1973	77.66	73.47	68.56	58.76	49.01	39.41	30.09	21.28	13.33	7.23
1974	77.84	73.63	68.73	58.92	49.16	39.53	30.22	21.42	13.47	7.36
1975	77.87	73.57	68.66	58.88	49.12	39.50	30.23	21.43	13.47	7.32
1976	77.90	73.58	68.67	58.88	49.16	39.57	30.25	21.43	13.45	7.21
1977	78.50	74.14	69.20	59.39	49.63	39.99	30.71	21.91	13.88	7.55
1978	78.60	74.24	69.31	59.49	49.73	40.09	30.76	21.91	13.84	7.54
1979	78.67	74.30	69.37	59.54	49.79	40.15	30.82	22.04	13.99	7.59
1980	78.81	74.36	69.42	59.58	49.82	40.18	30.88	22.06	14.03	7.62
1981	79.08	74.60	69.71	59.86	50.07	40.40	31.04	22.15	14.07	7.63
1982	79.4	…	…	…	…	…	…	…	…	…
1983	79.61	75.24	70.29	60.42	50.64	40.96	31.59	22.69	14.57	7.97
1984	79.89	75.40	70.45	60.57	50.79	41.11	31.72	22.81	14.67	8.07
1985	79.68	75.27	70.31	60.46	50.67	41.03	31.59	22.70	14.57	7.98
1986	79.99	75.52	70.56	60.68	50.90	41.22	31.84	22.90	14.76	8.05
1987	80.15	75.69	70.73	60.86	51.07	41.39	31.99	23.07	14.94	8.27
1988	79.96	75.44	70.49	60.62	50.86	41.18	31.85	22.90	14.77	8.10
1989	80.57	76.06	71.10	61.24	51.44	41.76	32.37	23.41	15.19	8.40
1990	80.41	75.90	70.95	61.09	51.30	41.60	32.20	23.27	15.06	8.29
1991	80.54	76.08	71.12	61.25	51.44	41.75	32.34	23.40	15.24	8.43
1992	80.79	76.22	71.27	61.39	51.56	41.84	32.42	23.47	15.32	8.51
1993	80.79	76.20	71.24	61.38	51.57	41.86	32.40	23.41	15.22	8.36
1994	81.38	76.75	71.78	61.89	52.06	42.35	32.92	23.97	15.72	8.73
1995	81.45	76.79	71.82	61.93	52.10	42.36	32.90	23.91	15.69	8.73
1996	81.53	76.88	71.92	62.02	52.18	42.43	32.95	23.99	15.71	8.75
1997	81.8	77.2	72.2	62.3	52.5	42.7	33.2	24.2	15.9	8.9
1998	81.94	…	…	…	…	…	33.30	…	…	…
1999	81.9	77.2	72.2	62.3	52.5	42.7	33.2	24.2	15.9	8.8
2000	82.03	…	…	…	…	…	33.30	…	…	…
2001	82.1	77.4	72.4	62.6	52.7	42.9	33.4	24.4	16.0	8.9
2002	82.1	77.4	72.4	62.5	52.7	42.9	33.4	24.3	16.0	8.8
2003	82.43	…	…	…	…	…	33.67	…	…	…
2004	82.7	78.0	73.0	63.1	53.3	43.5	33.9	24.8	16.5	9.3
2005	82.58	…	…	…	…	…	…	…	…	…
2006	82.9	78.2	73.2	63.3	53.5	43.7	34.1	25.0	16.6	9.4
2007	83.0	78.3	73.3	63.4	53.5	43.7	34.1	25.0	16.6	9.3
2008	83.2	78.4	73.4	63.5	53.7	43.9	34.3	25.2	16.7	9.3
2009	83.4	78.6	73.7	63.7	53.9	44.1	34.5	25.4	16.9	9.6
2010	83.49	…	…	…	…	…	34.55	…	…	…
2011	83.67	…	…	…	…	…	34.73	…	…	…
2012	83.54	…	…	…	…	…	34.60	…	…	…
2013	83.71	…	…	…	…	…	34.77	…	…	…
2014	84.05	…	…	…	…	…	35.07	…	…	…
2015	84.01	…	…	…	…	…	35.02	…	…	…
スイス　男　（Switzerland）										
1948～53	66.36	64.38	59.64	50.16	41.01	31.88	23.22	15.69	9.53	5.24
1959～61	69.50	66.70		52.30	43.00	33.70	24.80	17.10	10.90	
1958～63	68.72	65.81	61.00	51.45	42.17	32.84	23.99	16.24	10.02	5.47
1959～61	69.5	…	…	…	…	…	…	…	…	…
1960～70	69.21	66.30	61.23	51.65	42.33	32.99	24.11	16.30	10.06	…
1969～72	70.15	66.66	61.86	52.33	43.00	33.59	24.66	16.71	10.36	…
1968～73	70.29	66.77	61.97	52.39	43.06	33.64	24.69	16.74	10.35	5.78
1977～78	72.00	67.90	63.10	53.50	44.20	34.80	25.80	17.80	11.20	6.40
1980～81	72.4	…	…	…	…	…	…	…	…	…
1981～82	72.70	68.50	63.60	53.90	44.70	35.30	26.20	18.10	11.40	6.50
1982～83	72.8	…	…	…	…	…	…	…	…	…
1984～85	73.50	69.20	64.30	54.70	45.40	36.00	26.80	18.60	11.90	6.90
1985～86	73.60	69.30	64.40	54.80	45.50	36.00	26.90	18.60	11.90	6.70
1986～87	73.80	69.50	64.60	54.90	45.70	36.20	27.10	18.80	12.00	6.90
1987～89	73.90	…	64.70	55.00	45.80	36.40	27.30	19.00	12.10	6.90
1988～93	74.19	69.86	64.94	55.26	46.08	36.76	27.64	19.52	12.17	6.78
1989～90	74.00	69.70	64.80	55.10	46.00	36.60	27.50	19.10	12.10	6.80
1990～91	74.30	70.00	65.00	55.30	46.20	36.90	27.80	19.40	12.40	6.90
1992～93	74.70	70.30	65.40	55.60	46.40	37.20	28.00	19.60	12.50	7.10
1993～94	75.10	70.60	65.70	55.90	46.70	37.40	28.30	19.80	12.60	7.10
1994～95	75.30	70.70	65.80	56.20	46.90	37.60	28.50	20.00	12.70	7.20
1995～96	75.70	71.20	66.20	56.50	47.20	37.80	28.70	20.20	12.80	7.20
1998	76.5	…	…	…	…	…	…	…	…	…
1999	76.8	72.3	67.4	57.6	48.1	38.6	29.3	20.7	13.2	7.3
2000	76.9	72.4	67.5	57.7	48.2	38.7	29.5	20.9	13.3	7.4
2001	77.4	…	…	…	48.7	…	29.9	…	…	7.6
2002	77.8	…	…	…	49.0	…	30.1	…	…	7.7
2003	78.0	…	…	…	49.1	…	30.2	…	…	7.6
2004	78.2	73.7	68.7	58.9	49.4	39.8	30.4	21.8	14.1	7.8

（単位：年）

国名（地域）・性・作成基礎期間			0歳	5	10	20	30	40	50	60	70	80
スイス		(Switzerland)										
	男	2004～05	78.6	74.1	69.1	59.3	49.7	40.1	30.8	22.1	14.3	8.0
		2005	78.7	…	…	…	49.7	…	30.8	…	…	7.9
		2005～06	78.88	74.33	69.38	59.56	49.93	40.32	30.98	22.26	14.42	8.05
		2007	79.2	74.6	69.7	59.9	50.2	40.6	31.2	22.5	14.6	8.2
		2008	79.7	75.1	70.1	60.3	50.6	41.0	31.6	22.8	14.9	8.3
		2009	79.8	75.2	70.2	60.4	50.7	41.1	31.7	22.9	14.9	8.4
		2010	80.2	75.5	70.5	60.7	50.9	41.2	31.8	23.0	15.1	8.4
		2011	80.3	75.7	70.7	60.9	51.1	41.4	32.0	23.1	15.1	8.4
		2012	80.5	75.8	70.9	61.0	51.2	41.5	32.1	23.2	15.2	8.4
		2013	80.5	75.9	71.0	61.1	51.4	41.6	32.2	23.3	15.3	8.4
		2014	81.0	76.4	71.4	61.5	51.7	42.0	32.5	23.6	15.6	8.6
		2015	80.7	76.1	71.2	61.3	51.6	41.8	32.3	23.4	15.3	8.5
	女	1948～53	70.85	68.36	63.55	53.86	44.36	35.02	26.04	17.77	10.72	5.74
		1959～61	74.8	71.50	…	56.80	47.20	37.60	28.40	19.80	12.40	…
		1958～63	74.13	70.84	65.98	56.20	46.52	36.96	27.75	19.15	11.67	6.10
		1959～61	74.80	…	…	…	…	…	…	…	…	…
		1960～70	75.03	71.53	66.67	56.87	47.15	37.54	28.28	19.62	12.01	…
		1969～72	76.17	72.38	67.51	57.74	48.01	38.38	29.09	20.38	12.57	…
		1968～73	76.22	72.43	67.56	57.79	48.05	38.41	29.11	20.39	12.60	6.68
		1977～78	78.70	74.40	69.50	59.70	50.00	40.30	30.90	22.10	14.00	7.60
		1980～81	79.0	…	…	…	…	…	…	…	…	…
		1981～82	79.60	75.30	70.30	60.50	50.80	41.20	31.80	22.90	14.70	8.30
		1982～83	79.5	…	…	…	…	…	…	…	…	…
		1984～85	80.00	75.60	70.70	60.90	51.10	41.50	32.10	23.10	14.90	8.10
		1985～86	80.30	75.90	70.90	61.10	51.40	41.70	32.30	23.30	15.10	8.30
		1986～87	80.50	76.10	71.20	61.40	51.70	42.00	32.50	23.50	15.30	8.40
		1987～89	80.70	…	71.40	61.60	51.80	42.20	32.70	23.70	15.50	8.60
		1988～93	81.05	76.63	71.68	61.84	52.14	42.47	33.03	24.02	15.64	8.62
		1989～90	80.00	76.50	71.50	61.70	52.00	42.30	32.90	23.90	15.50	8.50
		1990～91	81.20	76.80	71.80	62.00	52.30	42.60	33.20	24.20	15.80	8.70
		1992～93	81.40	76.90	72.00	62.20	52.40	42.80	33.30	24.30	15.90	8.80
		1993～94	81.60	77.10	72.20	62.30	52.60	43.00	33.50	24.50	16.10	9.00
		1994～95	81.70	77.10	72.20	62.40	52.60	43.00	33.60	24.50	16.20	9.00
		1995～96	81.90	77.30	72.30	62.50	52.70	43.10	33.60	24.60	16.20	9.00
		1998	82.5	…	…	…	…	…	…	…	…	…
		1999	82.5	77.9	73.0	63.1	53.3	43.6	34.1	25.0	16.4	9.1
		2000	82.6	78.0	73.0	63.1	53.3	43.6	34.1	25.0	16.5	9.1
		2001	83.1	…	…	…	53.8	…	34.5	…	…	9.4
		2002	83.1	…	…	…	53.8	…	34.6	…	…	9.4
		2003	83.2	…	…	…	53.8	…	34.5	…	…	9.3
		2004	83.3	78.7	73.8	63.9	54.0	44.3	34.8	25.6	17.0	9.5
		2004～05	83.7	79.1	74.1	64.2	54.4	44.6	35.1	25.9	17.3	9.7
		2005	83.9	…	…	…	54.5	…	35.2	…	…	9.7
		2005～06	83.90	79.27	74.30	64.42	54.59	44.81	35.27	26.09	17.47	9.88
		2007	84.1	79.5	74.5	64.6	54.8	45.0	35.4	26.3	17.6	10.0
		2008	84.4	79.7	74.7	64.8	55.0	45.2	35.6	26.4	17.7	10.0
		2009	84.4	79.8	74.8	64.9	55.0	45.2	35.5	26.4	17.7	10.0
		2010	84.6	80.0	75.0	65.1	55.2	45.4	35.8	26.6	17.9	10.2
		2011	84.7	80.1	75.1	65.2	55.3	45.5	35.9	26.6	17.9	10.1
		2012	84.7	80.0	75.0	65.1	55.2	45.4	35.7	26.5	17.8	10.0
		2013	84.8	80.1	75.1	65.2	55.3	45.5	35.8	26.6	17.9	10.0
		2014	85.2	80.5	75.5	65.6	55.7	45.8	36.2	26.9	18.1	10.3
		2015	84.9	80.2	75.3	65.3	55.4	45.6	35.9	26.6	17.9	10.1
マケドニア(The Former Yugoslav Republic of Macedonia)												
	男	2005	71.63	67.72	62.77	52.97	43.33	33.77	24.76	17.00	10.35	5.53
		2006	71.70	67.70	62.75	52.94	43.32	33.74	24.70	16.93	10.26	5.48
		2007	71.95	67.89	62.93	53.10	43.48	33.90	24.86	16.99	10.33	5.53
		2008	72.12	68.08	63.14	53.32	43.69	34.12	25.06	17.11	10.45	5.62
		2009	72.50	68.38	63.44	53.61	43.94	34.35	25.29	17.31	10.64	5.65
		2011	72.97	68.70	63.75	53.92	44.19	34.58	25.48	17.45	10.70	5.47
	女	2005	75.90	72.22	67.27	57.39	47.54	37.81	28.46	19.68	12.01	6.43
		2006	75.87	71.78	66.83	56.93	47.11	37.37	27.99	19.26	11.53	5.84
		2007	76.14	71.96	67.02	57.12	47.28	37.55	28.14	19.41	11.69	5.99
		2008	76.29	72.13	67.18	57.29	47.44	37.69	28.27	19.53	11.76	6.00
		2009	76.73	72.49	67.53	57.63	47.76	38.01	28.57	19.80	11.97	6.13
		2011	77.05	72.73	67.76	57.86	47.98	38.22	28.79	19.96	12.05	6.11
ウクライナ		(Ukraine)										
	男女	1965～66	72	68	64	54	36	27	19	12	…	…
		1966～67	72	68	63	54	35	27	19	12	…	…
		1967～68	71	68	63	54	35	27	19	12	…	…
		1968～69	71	68	63	54	35	27	19	12	…	…
		1969～70	71	68	63	53	35	26	18	11	…	…
		1970～71	71	68	63	53	35	26	18	12	…	…
	男	1958～59	66	…	…	…	…	…	…	…	…	…
		1963～64	68	…	…	…	…	…	…	…	…	…
		1965～66	68	…	…	…	…	…	…	…	…	…
		1966～67	68	…	…	…	…	…	…	…	…	…
		1967～68	67	…	…	…	…	…	…	…	…	…
		1968～69	67	…	…	…	…	…	…	…	…	…
		1969～70	66	…	…	…	…	…	…	…	…	…
		1970～71	67	…	…	…	…	…	…	…	…	…
		1985～86	65.90	62.38	57.56	47.95	38.82	30.05	22.13	15.23	9.74	…

（単位：年）

国名（地域）・性・作成基礎期間		0歳	5	10	20	30	40	50	60	70	80
ウクライナ	（Ukraine）										
男	1986～87	66.54	…	…	…	…	…	…	…	…	…
	1988～89	66.42	62.84	58.01	48.42	39.28	30.47	22.37	15.37	9.80	5.57
	1989	66.10	…	…	…	…	…	…	…	…	…
	1989～90	65.87	62.14	57.31	47.77	38.81	30.14	22.24	15.43	9.94	5.77
	1992～93	63.50	59.86	55.02	45.48	36.62	28.27	20.82	14.53	9.40	5.36
	1993～94	62.78	59.15	54.31	44.79	35.96	27.70	20.36	14.21	9.18	5.25
	1997～99	62.7	59.0	54.2	44.6	35.7	27.5	20.2	14.2	9.4	5.6
	1998～99	63.0	59.2	54.3	44.7	35.9	27.7	20.4	14.3	9.4	5.6
	2002～03	62.6	58.6	53.8	44.1	35.3	27.3	20.2	14.3	9.4	5.6
	2003～04	62.6	58.5	53.6	44.0	35.1	27.1	20.2	14.3	9.5	5.7
	2005～06	62.4	58.3	53.4	43.7	34.9	27.0	20.1	14.3	9.5	5.8
	2006～07	62.5	58.5	53.6	43.9	35.1	27.2	20.3	14.5	9.5	5.9
	2007～08	62.5	58.4	53.5	43.9	35.0	27.3	20.4	14.6	9.7	6.0
	2009～2010	65.28	61.09	56.19	46.45	37.38	29.20	21.66	15.16	9.97	6.05
	2011	65.98	61.77	56.86	47.14	38.00	29.71	22.01	15.37	10.11	6.22
	2012	66.11	61.85	56.93	47.20	38.07	29.76	22.05	15.42	10.20	6.35
	2013	66.34	62.04	57.10	47.37	38.19	29.87	22.15	15.50	10.33	6.43
女	1958～59	73	…	…	…	…	…	…	…	…	…
	1963～64	74	…	…	…	…	…	…	…	…	…
	1965～66	75	…	…	…	…	…	…	…	…	…
	1966～67	75	…	…	…	…	…	…	…	…	…
	1967～68	75	…	…	…	…	…	…	…	…	…
	1968～69	75	…	…	…	…	…	…	…	…	…
	1969～70	74	…	…	…	…	…	…	…	…	…
	1970～71	74	…	…	…	…	…	…	…	…	…
	1985～86	74.45	70.73	65.86	56.11	46.42	36.91	27.81	19.39	12.06	…
	1986～87	74.93	…	…	…	…	…	…	…	…	…
	1988～89	74.80	71.03	66.16	56.41	46.73	37.20	28.05	19.55	12.04	6.75
	1989	75.20	…	…	…	…	…	…	…	…	…
	1989～90	75.03	71.10	66.22	56.47	46.80	37.28	28.19	19.74	12.32	6.75
	1992～93	73.70	69.87	64.99	55.24	45.63	36.18	27.23	18.98	11.77	6.36
	1993～94	73.15	69.34	64.46	54.72	45.13	35.72	26.81	18.64	11.49	6.14
	1997～99	73.5	69.6	64.7	54.9	45.4	36.0	27.0	18.9	11.7	6.3
	1998～99	73.7	69.8	64.9	55.1	45.5	36.2	27.2	19.0	11.8	6.4
	2002～03	74.1	69.9	65.0	55.2	45.7	36.4	27.5	19.4	12.2	6.6
	2003～04	74.1	69.9	65.0	55.2	45.6	36.4	27.6	19.5	12.3	6.6
	2005～06	74.1	69.9	65.0	55.2	45.6	36.5	27.7	19.6	12.4	6.8
	2006～07	74.2	70.1	65.2	55.4	45.8	36.7	27.9	19.8	12.5	6.8
	2007～08	74.3	70.1	65.2	55.4	45.9	36.8	28.1	19.9	12.6	6.9
	2009～2010	75.50	71.25	66.32	56.50	46.87	37.64	28.70	20.29	12.80	6.99
	2011	75.88	71.59	66.66	56.83	47.17	37.88	28.87	20.38	12.85	7.02
	2012	76.02	71.70	66.78	56.94	47.29	38.00	29.01	20.53	12.99	7.11
	2013	76.22	71.84	66.90	57.06	47.39	38.10	29.13	20.63	13.08	7.16
イギリス	（United Kingdom）										
男	1986～89	72.15	68.04	63.11	53.38	43.80	34.25	25.12	17.02	10.64	6.16
	1987～89	72.42	68.28	63.35	53.63	44.05	34.51	25.36	17.21	10.77	6.26
	1988～90	72.73	68.54	63.61	53.88	44.31	34.78	25.61	17.40	10.90	6.36
	1992	73.52	69.17	64.23	54.47	44.92	35.40	26.23	17.93	11.24	6.48
	1993	73.6	69.2	64.2	54.5	44.9	35.4	26.2	17.8	11.1	6.4
	1994	74.17	69.77	64.82	55.04	45.45	35.92	26.70	18.32	11.50	6.64
	1995	74.06	69.65	64.71	54.95	45.41	35.89	26.70	18.31	11.44	6.56
	1996	74.31	69.92	64.96	55.20	45.45	36.13	26.94	18.53	11.59	6.63
	1997	74.7	70.2	65.3	55.5	46.0	36.4	27.2	18.8	11.8	6.7
	1999	75.13	70.69	65.73	55.95	46.40	36.88	27.67	19.20	12.08	6.92
	2000	75.3	70.9	65.9	56.1	46.6	37.1	27.9	19.5	12.2	7.0
	2002～04	76.26	71.77	66.81	57.00	47.43	37.93	28.75	20.21	12.86	7.27
	2003～05	76.62	72.12	67.16	57.35	47.75	38.24	29.04	20.49	13.09	7.39
	2006～08	77.4	72.9	67.9	58.1	48.5	39.1	29.9	21.3	13.8	7.8
	2007～09	77.68	73.15	68.19	58.37	48.77	39.29	30.08	21.49	13.90	7.80
	2008～2010	78.01	73.46	68.49	58.66	49.04	39.55	30.34	21.73	14.09	7.93
	2009～2011	78.41	73.85	68.89	59.04	49.39	39.88	30.66	22.03	14.33	8.10
	2010～12	78.71	74.14	69.18	59.32	49.64	40.11	30.87	22.20	14.45	8.17
	2011～13	78.91	74.33	69.37	59.50	49.81	40.27	31.03	22.33	14.54	8.20
	2012～14	79.07	74.47	69.50	59.64	49.94	40.40	31.16	22.44	14.64	8.25
	2013～15	79.09	74.49	69.52	59.65	49.96	40.42	31.18	22.47	14.66	8.25
女	1986～89	77.88	73.61	68.67	58.81	48.99	39.31	29.98	21.34	13.90	7.91
	1987～89	78.03	73.74	68.79	58.94	49.13	39.44	30.10	21.44	13.99	8.00
	1988～90	78.27	73.94	68.99	59.13	49.32	39.63	30.27	21.57	14.09	8.09
	1992	79.05	74.59	69.64	59.77	49.96	40.27	30.88	22.11	14.52	8.50
	1993	78.9	74.4	69.5	59.6	49.8	40.1	30.7	21.9	14.3	8.3
	1994	79.44	74.95	69.99	60.10	50.28	40.57	31.19	22.38	14.70	8.58
	1995	79.32	74.82	69.87	60.00	50.19	40.49	31.11	22.31	14.57	8.48
	1996	79.48	74.97	70.01	60.15	50.34	40.65	31.24	22.42	14.63	8.49
	1997	79.6	75.1	70.2	60.3	50.5	40.8	31.4	22.5	14.7	8.5
	1999	79.98	75.46	70.49	60.61	50.81	41.09	31.70	22.83	14.91	8.63
	2000	80.1	75.6	70.6	60.8	51.0	41.2	31.8	23.0	15.0	8.6
	2002～04	80.73	76.17	71.21	61.32	51.50	41.79	32.37	23.44	15.34	8.74
	2003～05	80.95	76.40	71.43	61.54	51.72	42.00	32.58	23.64	15.51	8.83
	2006～08	81.63	77.06	72.09	62.20	52.37	42.65	33.21	24.26	16.05	9.18
	2007～09	81.84	77.25	72.29	62.39	52.55	42.84	33.39	24.42	16.18	9.24
	2008～2010	82.08	77.48	72.52	62.62	52.78	43.06	33.61	24.63	16.36	9.36
	2009～2011	82.43	77.81	72.84	62.94	53.09	43.37	33.91	24.92	16.61	9.55
	2010～12	82.58	77.94	72.97	63.06	53.21	43.48	34.01	25.00	16.67	9.57
	2011～13	82.71	78.06	73.09	63.17	53.32	43.58	34.10	25.07	16.72	9.59
	2012～14	82.81	78.15	73.18	63.26	53.41	43.67	34.19	25.15	16.78	9.61
	2013～15	82.82	78.16	73.18	63.27	53.41	43.69	34.21	25.16	16.78	9.59

429

（単位：年）

国名（地域）・性・作成基礎期間		0歳	5	10	20	30	40	50	60	70	80
オセアニア（OCEANIA）											
アメリカ領サモア	(American Samoa)										
男	1990	68.53	65.21	60.32	50.86	41.84	32.91	24.37	17.19	11.82	7.93
	2006	68.5	…	…	…	…	…	…	…	…	…
女	1990	76.16	72.48	67.61	57.87	48.11	38.53	29.47	21.45	14.37	9.39
	2006	76.2	…	…	…	…	…	…	…	…	…
オーストラリア	(Australia)										
男	1946～48	66.07	63.77	59.04	49.64	40.40	31.23	22.67	15.36	9.55	5.36
	1953～55	67.14	64.32	59.53	50.10	40.90	31.65	22.92	15.47	9.59	5.47
	1960～62	67.92	64.77	59.93	50.40	41.12	31.84	23.13	15.60	9.77	5.57
	1965～67	67.63	64.36	59.50	49.98	40.72	31.44	22.76	15.77	9.52	5.51
	1979	70.79	66.87	61.97	52.42	43.18	33.76	24.86	17.06	10.76	6.27
	1981	71.38	67.36	62.47	52.89	43.59	34.14	25.19	17.32	10.87	6.32
	1983	72.09	68.03	63.12	53.52	44.23	34.74	25.66	17.68	11.13	6.37
	1984	72.59	68.52	63.59	53.95	44.60	35.13	26.03	17.95	11.32	6.54
	1985	72.32	68.29	63.39	53.78	44.50	35.02	25.91	17.80	11.19	6.32
	1986	72.77	68.66	63.74	54.13	44.84	35.39	26.27	18.10	11.46	6.56
	1987	73.03	68.90	63.97	54.35	45.05	35.60	26.45	18.27	11.52	6.56
	1989	73.30	69.09	64.16	54.52	45.23	35.85	26.65	18.34	11.49	6.51
	1990	73.86	69.68	64.76	55.09	45.79	36.38	27.19	18.82	11.95	6.80
	1991	74.35	70.05	65.12	55.44	46.09	36.68	27.50	19.07	12.10	6.84
	1992	74.99	70.64	65.70	55.98	46.60	37.20	27.97	19.49	12.38	7.03
	1993	74.99	70.64	65.70	55.98	46.60	37.20	27.97	19.49	12.38	7.03
	1994	75.04	70.64	65.70	56.00	46.60	37.21	27.99	19.43	12.29	6.95
	1994～96	75.22	70.81	65.86	56.15	46.79	37.41	28.18	19.62	12.45	7.04
	1996～98	75.86	…	66.48	56.77	47.43	38.05	28.80	20.18	12.86	7.32
	1997～99	76.2	71.8	66.8	57.1	47.8	38.4	29.2	20.5	13.1	7.5
	1998～2000	76.6	72.1	67.2	57.4	48.1	38.7	29.5	20.8	13.3	7.6
	1999	77.0	72.6	67.6	57.9	48.5	39.1	29.9	21.2	13.6	7.8
	2000～02	77.4	72.9	68.0	58.2	48.8	39.4	30.1	21.4	13.7	7.8
	2001～03	77.8	73.3	68.3	58.6	49.1	39.6	30.4	21.6	13.9	7.9
	2003～05	78.5	74.0	69.0	59.2	49.7	40.2	31.0	22.2	14.4	8.2
	2005～07	79.02	74.52	69.55	59.75	50.20	40.72	31.44	22.63	14.75	8.33
	2006～08	79.16	74.64	69.68	59.86	50.30	40.80	31.52	22.71	14.78	8.32
	2007～09	79.34	74.80	69.84	60.02	50.44	40.95	31.67	22.87	14.92	8.41
	2008～2010	79.5	75.0	70.0	60.2	50.6	41.0	31.7	23.0	15.0	8.5
	2009～2011	79.7	75.2	70.2	60.4	50.8	41.3	32.0	23.2	15.2	8.6
	2010～12	79.9	75.3	70.4	60.5	50.9	41.4	32.1	23.3	15.3	8.6
	2011～13	80.1	75.5	70.5	60.7	51.0	41.5	32.2	23.4	15.3	8.6
	2012～14	80.3	75.6	70.7	60.8	51.2	41.6	32.4	23.5	15.5	8.7
	2013～15	80.4	75.7	70.8	60.9	51.3	41.7	32.5	23.7	15.6	8.8
女	1946～48	70.63	67.91	63.11	53.47	44.08	34.91	26.14	18.11	11.14	6.02
	1953～55	72.75	69.61	64.78	55.06	45.43	36.00	27.03	18.78	11.62	6.30
	1960～62	74.18	70.78	65.92	56.16	46.49	36.99	27.92	19.51	12.19	6.68
	1965～67	74.15	70.64	65.75	56.00	46.34	36.85	27.83	19.52	12.23	6.72
	1979	77.76	73.72	68.81	59.01	49.31	39.66	30.40	21.78	14.09	7.83
	1981	78.42	74.26	69.33	59.52	49.79	40.11	30.81	22.09	14.33	8.05
	1983	78.72	74.55	69.61	59.78	50.05	40.37	31.02	22.31	14.53	8.19
	1984	79.09	74.84	69.90	60.08	50.35	40.66	31.30	22.53	14.70	8.28
	1985	78.76	74.60	69.67	59.85	50.13	40.44	31.07	22.32	14.42	8.07
	1986	79.13	74.88	69.94	60.13	50.41	40.71	31.33	22.54	14.62	8.30
	1987	79.46	75.15	70.22	60.40	50.67	40.97	31.59	22.76	14.81	8.38
	1989	79.55	75.25	70.31	60.48	50.74	41.04	31.63	22.76	14.82	8.36
	1990	80.01	75.71	70.76	60.93	51.19	41.49	32.04	23.14	15.12	8.56
	1991	80.29	75.89	70.94	61.10	51.37	41.68	32.22	23.30	15.26	8.68
	1992	80.86	76.39	71.44	61.60	51.82	42.13	32.65	23.68	15.55	8.86
	1993	80.86	76.39	71.44	61.60	51.82	42.13	32.65	23.68	15.55	8.86
	1994	80.94	76.85	71.91	62.04	52.25	42.52	33.03	24.01	15.70	8.80
	1994～96	81.05	76.55	71.60	61.76	51.98	42.28	32.80	23.83	15.67	8.92
	1996～98	81.52	…	72.04	62.20	52.43	42.73	33.25	24.25	16.01	9.13
	1997～99	81.8	77.3	72.3	62.5	52.7	43.0	33.5	24.5	16.2	9.3
	1998～2000	82.0	77.5	72.6	62.7	53.0	43.3	33.8	24.7	16.4	9.4
	1999	82.4	77.9	72.9	63.1	53.3	43.6	34.1	25.0	16.6	9.5
	2000～02	82.6	78.0	73.1	63.2	53.4	43.7	34.2	25.2	16.7	9.6
	2001～03	82.8	78.3	73.3	63.4	53.6	43.9	34.4	25.3	16.9	9.7
	2003～05	83.3	78.8	73.8	63.9	54.1	44.4	34.9	25.7	17.2	9.9
	2005～07	83.69	79.12	74.16	64.27	54.45	44.71	35.19	26.00	17.44	10.00
	2006～08	83.73	79.16	74.19	64.30	54.48	44.74	35.21	26.02	17.44	9.97
	2007～09	83.89	79.28	74.31	64.42	54.59	44.85	35.33	26.14	17.55	10.03
	2008～2010	84.0	79.4	74.4	64.5	54.7	44.9	35.4	26.2	17.6	10.1
	2009～2011	84.2	79.6	74.6	64.7	54.9	45.1	35.6	26.4	17.8	10.2
	2010～12	84.3	79.6	74.6	64.7	54.9	45.2	35.6	26.4	17.8	10.2
	2011～13	84.3	79.7	74.7	64.8	55.0	45.2	35.7	26.5	17.9	10.2
	2012～14	84.4	79.7	74.8	64.9	55.0	45.3	35.8	26.6	17.9	10.3
	2013～15	84.5	79.8	74.9	65.0	55.1	45.4	35.9	26.7	18.0	10.4
クック諸島	(Cook Island)										
男	2001	68.0	…	…	…	…	…	…	…	…	…
	2006	69.5	66.0	61.3	52.0	42.8	33.6	24.8	17.5	11.4	7.3
女	2001	74.0	…	…	…	…	…	…	…	…	…
	2006	76.2	72.4	67.4	57.4	48.0	38.4	29.1	20.4	12.6	6.9

430

（単位：年）

国名（地域）・性・作成基礎期間			0歳	5	10	20	30	40	50	60	70	80
フィジー		(Fiji)										
	男女	1965～70	68.1	...	...	...	...	...	...	...	...	...
	男	1970～75	56.30	...	...	...	...	...	...	...	...	...
		1976	60.72	60.01	55.51	46.46	37.97	29.50	21.34	13.94	7.99	4.15
		1985～90	68.3	...	...	...	...	...	...	...	...	...
		1990～95	69.5	...	...	...	...	...	...	...	...	...
		1996	64.5	...	...	...	...	...	...	...	...	...
		1995～2000	70.6	...	...	...	...	...	...	...	...	...
		2000～05	68.1	...	...	...	...	...	...	...	...	...
		2007	65.3	...	...	...	...	...	...	...	...	...
	女	1970～75	60.0	...	...	...	...	...	...	...	...	...
		1976	63.87	62.29	57.70	48.47	39.70	30.96	22.49	14.73	8.35	4.20
		1985～90	72.5	...	...	...	...	...	...	...	...	...
		1990～95	73.7	...	...	...	...	...	...	...	...	...
		1996	68.7	...	...	...	...	...	...	...	...	...
		1995～2000	74.9	...	...	...	...	...	...	...	...	...
		2000～05	71.5	...	...	...	...	...	...	...	...	...
		2007	69.6	...	...	...	...	...	...	...	...	...
フランス領ポリネシア		(French Polynesia)										
	男	2006	73.0	68.9	63.9	54.3	45.0	35.8	26.8	18.7	11.9	6.5
		2008	73.0	68.9	63.9	54.2	45.2	35.7	26.7	18.2	11.4	6.5
		2010	73.2	69.1	64.1	54.6	45.3	35.8	26.8	19.0	12.4	7.2
		2012	73.3	...	...	...	...	...	...	...	...	...
	女	2006	76.9	72.5	67.6	57.8	48.1	38.7	29.8	21.1	13.6	7.3
		2008	78.2	73.8	68.9	59.0	49.3	39.6	30.4	22.0	14.0	7.6
		2010	78.3	74.2	69.3	59.4	49.6	40.0	30.6	22.1	14.3	7.8
		2012	78.2	...	...	...	...	...	...	...	...	...
グアム		(Guam)										
	男	2004	75.1	...	...	...	...	...	...	...	...	...
		2008	75.86	...	...	...	...	...	...	...	...	...
		2013	75.6	...	...	...	...	...	...	...	...	...
		2014	75.8	...	...	...	...	...	...	...	...	...
	女	2004	81.3	...	...	...	...	...	...	...	...	...
		2008	82.19	...	...	...	...	...	...	...	...	...
		2013	81.9	...	...	...	...	...	...	...	...	...
		2014	82.1	...	...	...	...	...	...	...	...	...
キリバス												
	男	1995～2000	58.2	...	...	...	...	...	...	...	...	...
		2005	58.9	58.2	53.6	44.4	35.6	27.1	19.4	13.0	8.3	5.3
	女	1995～2000	67.3	...	...	...	...	...	...	...	...	...
		2005	63.1	62.6	57.9	48.6	39.7	31.2	23.2	16.1	10.4	6.2
マーシャル諸島		(Marshall Islands)										
	男	1989	59.06	...	60.95	51.95	43.47	35.09	26.79	18.96	12.07	6.78
		1999	65.7	...	...	...	...	...	...	...	...	...
		2004	67.0	...	...	...	...	...	...	...	...	...
	女	1989	62.96	...	63.65	54.53	45.85	37.24	28.71	20.58	13.27	7.45
		1999	69.4	...	...	...	...	...	...	...	...	...
		2004	70.6	...	...	...	...	...	...	...	...	...
ミクロネシア		(Micronesia (Federated States of))										
	男	1991～92	64.4	63.6	59.0	49.6	40.7	31.8	23.3	15.9	9.9	5.6
		2000	66.5	...	...	...	...	...	...	...	...	...
	女	1991～92	66.8	65.9	61.2	51.9	42.8	34.0	25.4	17.5	10.8	6.0
		2000	67.5	...	...	...	...	...	...	...	...	...
ナウル		(Nauru)										
	男	2000	57.0	...	...	...	...	...	...	...	...	...
		1997～2002	52.5	...	...	...	...	...	...	...	...	...
		2006	55.2	...	...	...	...	...	...	...	...	...
	女	2000	64.0	...	...	...	...	...	...	...	...	...
		1997～2002	58.2	...	...	...	...	...	...	...	...	...
		2006	57.1	...	...	...	...	...	...	...	...	...
ニューカレドニア		(New Caledonia)										
	男	2003	71.3	67.0	62.1	52.4	43.3	34.2	25.4	17.4	11.0	7.1
		2007	71.8	67.7	62.8	53.4	44.4	35.2	26.6	18.5	12.0	7.0
		2010	74.4	69.8	65.0	55.3	46.3	37.3	28.4	20.3	13.9	8.3
	女	2003	77.3	72.7	67.8	58.1	48.5	39.0	29.8	21.5	14.3	8.5
		2007	80.3	75.8	70.8	61.0	51.2	41.7	32.3	23.4	15.1	8.7
		2010	80.7	76.2	71.2	61.3	51.8	42.1	32.6	23.9	15.6	9.0

（単位：年）

国名（地域）・性・作成基礎期間		0歳	5	10	20	30	40	50	60	70	80
ニュージーランド	（New Zealand）										
男	1950～52	67.19	64.85	60.11	50.75	41.59	32.44	23.67	16.10	10.02	5.53
	1955～57	68.20	65.56	60.77	51.29	42.10	32.82	23.95	16.11	10.05	5.70
	1960～62	68.44	65.55	60.72	51.17	41.83	32.51	23.71	16.00	9.94	5.49
	1965～67	68.19	…	…	…	…	…	…	…	…	…
	1970～72	68.55	…	…	…	…	…	…	…	…	…
	1975～77	69.01	65.45	60.60	51.17	41.94	32.56	23.77	16.09	9.97	5.66
	1982	70.67	66.78	61.88	52.34	43.13	33.73	24.77	16.85	10.65	6.12
	1983	70.81	66.96	62.07	52.53	43.30	33.83	24.88	16.95	10.63	6.18
	1984	71.19	67.37	62.48	52.94	43.61	34.21	25.20	17.28	10.80	6.26
	1985	70.97	66.99	62.10	52.02	43.46	33.86	24.87	16.93	10.54	5.92
	1986～88	71.03	67.14	62.24	52.75	43.50	34.09	25.06	17.12	10.70	6.17
	1987～89	71.57	67.58	62.68	53.21	44.07	34.69	25.60	17.54	11.03	6.51
	1988～90	71.94	67.94	63.04	53.55	44.43	35.04	25.95	17.80	11.22	6.68
	1989～91	72.44	68.37	63.47	53.98	44.86	35.49	26.40	18.21	11.57	6.81
	1990～92	72.86	68.71	63.80	54.27	45.13	35.76	26.64	18.43	11.65	6.64
	1992～94	73.44	69.16	64.23	54.66	45.48	36.11	26.97	18.71	11.85	6.82
	1995～97	74.3	69.6	65.0	55.4	46.2	36.8	27.6	19.2	12.1	6.8
	1997～99	75.2	70.9	65.1	56.3	47.0	37.6	28.4	19.9	12.7	7.2
	1998～2000	75.7	71.3	66.4	56.7	47.4	38.0	28.7	20.2	12.9	7.4
	2000	76.0	71.6	66.6	57.0	47.6	38.2	28.9	20.3	13.0	7.4
	2000～02	76.3	71.9	67.0	57.3	47.9	38.5	29.2	20.6	13.1	7.4
	2001～03	76.7	72.2	67.3	57.6	48.2	38.8	29.5	20.8	13.4	7.5
	2002～04	77.0	72.6	67.6	58.0	48.5	39.0	29.8	21.1	13.5	7.6
	2003～05	77.5	73.0	68.1	58.4	48.9	39.5	30.2	21.5	13.9	7.9
	2004～06	77.9	73.4	68.4	58.8	49.3	39.8	30.6	21.8	14.2	8.1
	2006～08	78.2	73.8	68.8	59.1	49.6	40.1	30.9	22.1	14.3	8.1
	2007～09	78.4	74.0	69.0	59.3	49.8	40.3	31.1	22.3	14.5	8.3
	2010～12	79.34	74.83	69.86	60.13	50.58	41.02	31.74	22.96	15.00	8.46
	2012～14	79.48	74.95	70.00	60.26	50.71	41.15	31.84	23.03	15.02	8.42
	2013～15	79.73	75.21	70.25	60.48	50.90	41.34	32.03	23.24	15.21	8.60
	2014～16	79.91	75.36	70.41	60.63	51.04	41.47	32.16	23.39	15.36	8.67
女	1950～52	71.29	68.61	63.79	54.18	44.72	35.38	26.51	18.44	11.44	6.15
	1955～57	73.00	69.96	65.09	55.40	45.80	36.35	27.33	19.07	11.90	6.46
	1960～62	73.75	70.48	65.62	55.87	46.20	36.73	27.66	19.27	11.95	6.43
	1965～67	74.30	…	…	…	…	…	…	…	…	…
	1970～72	74.60	…	…	…	…	…	…	…	…	…
	1975～77	75.45	71.62	66.73	57.01	47.35	37.81	28.81	20.42	13.03	7.26
	1982	76.86	72.86	67.96	58.18	48.48	38.92	29.82	21.46	13.99	8.00
	1983	76.92	72.95	68.04	58.28	48.61	39.04	29.82	21.27	13.84	7.92
	1984	77.67	73.54	68.62	58.84	49.16	39.52	30.26	21.79	14.27	8.40
	1985	76.83	72.74	67.85	58.10	48.44	38.84	29.64	21.13	13.63	7.66
	1986～88	77.27	73.17	68.27	58.50	48.82	39.21	29.96	21.47	13.95	8.03
	1987～89	77.59	73.44	68.52	58.77	49.11	39.49	30.23	21.67	14.11	8.06
	1988～90	77.96	73.74	68.81	59.06	49.38	39.75	30.50	21.94	14.36	8.22
	1989～91	78.34	74.04	69.11	59.34	49.65	40.03	30.78	22.24	14.64	8.44
	1990～92	78.74	74.38	69.46	59.68	49.98	40.36	31.09	22.51	14.78	8.44
	1992～94	79.11	74.75	69.82	60.05	50.35	40.69	31.35	22.74	15.04	8.75
	1995～97	79.6	75.2	70.3	60.5	50.8	41.2	31.8	23.1	15.2	8.6
	1997～99	80.4	75.9	71.0	61.2	51.5	41.8	32.4	23.6	15.7	9.0
	1998～2000	80.8	76.3	71.3	61.6	51.8	42.1	32.7	23.9	16.0	9.2
	2000	80.9	76.4	71.5	61.7	51.9	42.2	32.8	23.9	16.0	9.2
	2000～02	81.1	76.6	71.7	61.9	52.1	42.4	33.0	24.1	16.0	9.2
	2001～03	81.2	76.7	71.8	62.0	52.2	42.5	33.1	24.1	16.1	9.2
	2002～04	81.3	76.8	71.9	62.1	52.3	42.6	33.2	24.3	16.1	9.3
	2003～05	81.7	77.2	72.2	62.4	52.6	43.0	33.5	24.6	16.4	9.4
	2004～06	81.9	77.4	72.4	62.6	52.8	43.1	33.7	24.7	16.5	9.5
	2006～08	82.2	77.7	72.7	62.9	53.1	43.4	33.9	24.9	16.6	9.5
	2007～09	82.4	77.9	72.9	63.1	53.3	43.6	34.1	25.1	16.8	9.6
	2010～12	83.01	78.41	73.44	63.59	53.81	44.11	34.65	25.55	17.13	9.79
	2012～14	83.19	78.60	73.64	63.79	53.98	44.25	34.76	25.66	17.17	9.83
	2013～15	83.27	78.70	73.73	63.86	54.06	44.32	34.83	25.76	17.26	9.91
	2014～16	83.40	78.81	73.84	63.96	54.16	44.42	34.93	25.87	17.33	9.92
ニウエ	（Niue）										
男	2006	67.0	…	…	…	…	…	…	…	…	…
女	2006	76.0	…	…	…	…	…	…	…	…	…
北マリアナ諸島	（Northern Mariana Islands）										
男	2000	72.5	…	…	…	…	…	…	…	…	…
	2009	74.45	…	…	…	…	…	…	…	…	…
女	2000	77.8	…	…	…	…	…	…	…	…	…
	2009	79.87	…	…	…	…	…	…	…	…	…
パラオ											
男	2000	66.6	…	…	…	…	…	…	…	…	…
	2005	66.3	…	…	…	…	…	…	…	…	…
女	2000	74.5	…	…	…	…	…	…	…	…	…
	2005	72.1	…	…	…	…	…	…	…	…	…

（単位：年）

国名（地域）・性・作成基礎期間			0歳	5	10	20	30	40	50	60	70	80
パプアニューギニア		(Papua New Guinea)										
	男女	1965〜70	46.8	…	…	…	…	…	…	…	…	…
	男	1970〜75	47.50	…	…	…	…	…	…	…	…	…
		1975〜80	50.50	…	…	…	…	…	…	…	…	…
		1980〜85	53.50	…	…	…	…	…	…	…	…	…
		1985〜90	53.20	…	…	…	…	…	…	…	…	…
		1990〜95	55.20	…	…	…	…	…	…	…	…	…
		1995〜2000	57.2	…	…	…	…	…	…	…	…	…
		2000〜05	56.8	…	…	…	…	…	…	…	…	…
		2000	53.68	54.06	50.20	41.56	33.74	25.92	18.47	11.91	6.85	3.60
	女	1970〜75	47.00	…	…	…	…	…	…	…	…	…
		1975〜80	50.00	…	…	…	…	…	…	…	…	…
		1980〜85	53.00	…	…	…	…	…	…	…	…	…
		1985〜90	54.70	…	…	…	…	…	…	…	…	…
		1990〜95	56.70	…	…	…	…	…	…	…	…	…
		1995〜2000	58.7	…	…	…	…	…	…	…	…	…
		2000〜05	58.7	…	…	…	…	…	…	…	…	…
		2000	54.84	54.74	50.80	42.08	34.12	26.18	18.63	11.97	6.83	3.56
サモア	男	(Samoa)										
		1961〜66	60.8	61.2	56.6	47.3	38.8	30.4	22.2	15.2	9.5	5.5
		1966〜71	59.59	60.75	56.27	47.35	39.13	31.25	23.56	16.23	9.88	4.43
		1976	61.00	…	…	…	…	…	…	…	…	…
		1985〜90	64.00	…	…	…	…	…	…	…	…	…
		1990〜95	65.90	…	…	…	…	…	…	…	…	…
		1995〜2000	69.3	…	…	…	…	…	…	…	…	…
		2000〜05	66.9	…	…	…	…	…	…	…	…	…
		2006	71.5	…	…	…	…	…	…	…	…	…
	女	1961〜66	65.2	64.7	60.1	50.6	41.7	33.0	24.7	17.0	10.5	6.0
		1966〜71	63.35	63.52	58.92	49.75	41.17	32.96	24.92	17.13	10.22	4.56
		1976	64.30	…	…	…	…	…	…	…	…	…
		1985〜90	67.00	…	…	…	…	…	…	…	…	…
		1990〜95	69.20	…	…	…	…	…	…	…	…	…
		1995〜2000	73.6	…	…	…	…	…	…	…	…	…
		2000〜05	73.5	…	…	…	…	…	…	…	…	…
		2006	74.2	…	…	…	…	…	…	…	…	…
ソロモン諸島	男	(Solomon Islands)										
		1980〜84	59.90	…	…	…	…	…	…	…	…	…
		1990〜95	68.40	…	…	…	…	…	…	…	…	…
		1995〜2000	69.6	…	…	…	…	…	…	…	…	…
		1999	60.6	…	…	…	…	…	…	…	…	…
		2000〜05	67.9	…	…	…	…	…	…	…	…	…
	女	1980〜84	61.40	…	…	…	…	…	…	…	…	…
		1990〜95	72.70	…	…	…	…	…	…	…	…	…
		1995〜2000	73.9	…	…	…	…	…	…	…	…	…
		1999	61.6	…	…	…	…	…	…	…	…	…
		2000〜05	70.7	…	…	…	…	…	…	…	…	…
トンガ	男	(Tonga)										
		1998	69.8	66.5	61.6	52.0	42.5	33.1	24.1	16.3	10.4	5.5
		2006	67.3	64.1	59.3	49.9	40.7	31.6	23.4	15.9	9.4	4.0
	女	1998	71.8	68.3	63.5	53.7	44.2	34.8	25.8	17.7	11.2	5.9
		2006	73.0	69.3	64.6	55.0	45.2	35.7	27.1	19.0	11.6	6.1
ツバル	男	1997〜2002	61.7	59.5	54.8	45.2	35.9	28.0	20.0	13.7	9.0	5.4
	女	1997〜2002	65.1	62.6	57.7	50.0	40.9	32.2	23.8	16.9	10.6	6.4
ヴァヌアツ	男	(Vanuatu)										
		1985〜90	61.20	…	…	…	…	…	…	…	…	…
		1990〜95	63.50	…	…	…	…	…	…	…	…	…
		1995〜2000	65.5	…	…	…	…	…	…	…	…	…
		2000〜05	67.5	…	…	…	…	…	…	…	…	…
		2003	65.6	…	…	…	…	…	…	…	…	…
	女	1985〜90	64.90	…	…	…	…	…	…	…	…	…
		1990〜95	67.30	…	…	…	…	…	…	…	…	…
		1995〜2000	69.5	…	…	…	…	…	…	…	…	…
		2000〜05	70.5	…	…	…	…	…	…	…	…	…
		2003	69.0	…	…	…	…	…	…	…	…	…
ウォリス・フツナ諸島		(Wallis and Futuna Islands)										
	男	2003	73.1	…	…	…	…	…	…	…	…	…
	女	2003	75.5	…	…	…	…	…	…	…	…	…

資料：Demographic Yearbook, 国連, 当該政府資料等。

433

付　録　Ⅳ
APPENDIX　Ⅳ

作成に用いた統計資料

Data used to prepare

the 22nd life tables

表IV－1　性・年齢・出生の月別日本人人口（平成27年）
TABLE IV−1 JAPANESE POPULATION, BY AGE, MONTH OF BIRTH AND SEX, 2015

年　齢 (age)	男 (male)		女 (female)	
	1月～9月 Jan.-Sep.	10月～12月 Oct.-Dec.	1月～9月 Jan.-Sep.	10月～12月 Oct.-Dec.
総　数 Total	46 262 456	14 760 300	48 849 960	15 446 583
0 歳 year	357 202	126 908	342 618	121 499
1	364 474	127 364	346 207	122 474
2	380 162	129 441	363 319	124 526
3	385 042	128 219	366 627	123 893
4	394 747	134 521	376 339	127 407
5	397 513	134 151	377 089	128 134
6	400 483	136 533	380 343	130 686
7	409 316	138 024	389 528	131 716
8	406 934	136 595	385 867	131 480
9	407 457	131 517	388 142	126 241
10	402 743	137 794	383 655	131 626
11	419 151	140 210	399 774	134 770
12	428 420	142 484	406 589	136 295
13	440 332	147 647	417 403	141 776
14	445 603	150 944	422 504	144 101
15	463 355	149 405	436 917	140 521
16	460 030	152 309	434 307	144 467
17	467 896	153 539	441 376	145 398
18	462 694	153 739	438 133	146 720
19	462 812	147 818	436 466	139 881
20	459 331	155 614	434 073	147 866
21	462 810	146 075	437 891	139 296
22	445 898	147 803	423 902	141 363
23	448 896	151 766	427 754	145 269
24	448 559	147 981	428 485	142 853
25	451 229	153 761	433 504	148 067
26	459 512	161 040	440 787	156 225
27	484 184	160 500	463 717	154 068
28	495 099	167 741	474 830	162 091
29	505 612	171 502	483 085	166 303
30	524 878	178 047	506 001	173 251
31	544 743	181 107	526 441	176 304
32	556 265	181 247	535 297	177 174
33	554 711	182 555	536 074	177 420
34	563 058	186 095	542 530	181 042
35	584 699	197 887	563 280	192 962
36	602 112	202 827	579 446	196 430
37	631 492	206 256	609 197	200 208
38	649 546	212 015	625 954	206 162
39	682 561	221 870	658 052	215 179
40	706 566	238 196	682 524	231 123
41	751 618	247 741	723 528	240 371
42	767 193	246 157	743 817	240 135
43	757 101	239 730	731 082	232 190
44	738 282	229 839	714 221	224 682
45	717 949	220 740	695 417	214 716
46	699 183	223 974	679 213	218 709
47	687 028	215 013	668 365	210 675
48	722 666	178 859	710 234	169 407
49	485 818	214 104	473 491	213 890
50	664 036	202 682	652 176	199 301
51	621 889	189 372	611 296	186 109
52	604 915	184 620	596 830	181 264
53	584 007	179 264	577 102	177 676
54	573 338	177 877	568 198	176 606

資料：総務省統計局　「平成27年国勢調査」を基に年齢・国籍不詳を按分した日本人人口を
　　各年齢の出生の月別に按分。
Data : 2015 Population Census of Japan.

年　　齢 (age)	男 (male)		女 (female)	
	1月～9月 Jan.-Sep.	10月～12月 Oct.-Dec.	1月～9月 Jan.-Sep.	10月～12月 Oct.-Dec.
55	577 303	176 796	577 775	174 941
56	580 389	188 099	581 292	187 360
57	575 998	169 008	581 775	168 282
58	546 461	176 733	553 465	176 394
59	575 076	183 991	584 249	184 863
60	596 900	187 197	606 524	188 974
61	597 945	183 208	608 394	189 519
62	629 617	196 643	650 538	201 849
63	663 972	206 995	690 211	213 796
64	686 550	232 370	721 125	237 207
65	728 028	252 487	762 260	269 075
66	821 864	246 320	873 618	257 369
67	808 123	242 542	865 808	255 811
68	784 906	206 300	843 248	218 483
69	486 350	122 316	533 180	132 184
70	480 399	161 121	538 959	179 318
71	586 118	185 264	666 431	208 749
72	570 434	167 126	654 952	189 721
73	564 302	181 542	656 674	210 051
74	547 975	164 454	649 184	188 874
75	491 618	141 278	593 239	164 921
76	415 268	122 083	512 529	143 408
77	412 395	142 413	519 131	178 390
78	431 714	119 482	558 007	151 023
79	400 373	130 041	533 746	168 373
80	377 736	103 557	521 541	141 593
81	328 316	102 339	476 133	142 199
82	307 950	96 117	466 390	141 498
83	290 116	77 825	454 244	120 462
84	252 755	73 109	418 414	119 741
85	218 721	61 423	379 095	109 847
86	189 278	55 928	353 591	103 936
87	166 963	45 074	330 492	88 162
88	138 260	40 976	294 388	83 424
89	117 449	31 239	265 410	75 217
90	90 207	24 244	229 554	62 319
91	66 807	17 786	187 521	52 832
92	48 732	12 346	161 415	42 027
93	34 259	9 305	126 001	34 666
94	25 249	6 805	101 670	25 842
95	19 626	5 310	84 723	22 346
96	11 668	3 190	53 029	14 373
97	8 541	2 370	42 043	11 381
98	5 985	1 568	31 634	8 295
99	4 046	1 164	23 070	6 395
100	2 561	732	14 982	4 137
101	1 753	486	10 753	2 870
102	1 047	300	7 036	1 845
103	591	144	4 318	1 066
104	293	66	2 340	531
105	156	36	1 341	286
106	88	17	713	195
107	36	11	390	86
108	23	3	218	45
109	9	－	80	18
110歳以上 110 and over	7	2	120	16

表IV－2　性・死亡月・生年及び死亡時年齢別日本人死亡数（平成27年）
TABLE IV-2 JAPANESE DEATHS BY SEX, MONTH OF OCCURRENCE AND BIRTH YEAR AND AGE OF DECEDENT, 2015

生年及び死亡時年齢 Birth year and age of decedent			男 (male)		女 (female)	
			1月～9月 Jan.-Sep.	10月～12月 Oct.-Dec.	1月～9月 Jan.-Sep.	10月～12月 Oct.-Dec.
総数	Total		496 002	170 705	463 060	160 677
平成27年生	(Born in 2015)	0 歳	531	266	464	206
26年生	(2014)	0 age	233	12	193	11
		1	49	55	73	26
25年生	(2013)	1	66	7	64	5
		2	29	24	25	18
24年生	(2012)	2	63	3	34	4
		3	23	13	20	11
23年生	(2011)	3	28	2	23	2
		4	21	14	6	11
22年生	(2010)	4	34	－	23	－
		5	10	14	15	6
21年生	(2009)	5	23	－	19	2
		6	15	12	12	18
20年生	(2008)	6	32	1	15	－
		7	15	13	16	12
19年生	(2007)	7	22	1	22	－
		8	18	13	8	4
18年生	(2006)	8	21	－	19	1
		9	13	12	6	8
17年生	(2005)	9	17	1	16	－
		10	8	9	12	6
16年生	(2004)	10	16	1	17	2
		11	10	9	14	5
15年生	(2003)	11	20	1	24	1
		12	14	11	10	3
14年生	(2002)	12	23	1	20	1
		13	14	7	9	5
13年生	(2001)	13	42	2	23	－
		14	26	8	10	10
12年生	(2000)	14	45	－	29	2
		15	27	25	10	11
11年生	(1999)	15	47	3	24	5
		16	36	24	29	12
10年生	(1998)	16	77	3	38	3
		17	48	36	26	14
9年生	(1997)	17	55	6	30	3
		18	57	38	16	13
8年生	(1996)	18	107	9	45	1
		19	70	45	21	25
7年生	(1995)	19	114	9	54	4
		20	74	52	26	20
6年生	(1994)	20	131	6	51	3
		21	84	68	33	14
5年生	(1993)	21	150	12	48	－
		22	86	70	33	27
4年生	(1992)	22	139	13	60	3
		23	87	53	33	23
3年生	(1991)	23	156	4	58	4
		24	91	74	50	35
2年生	(1990)	24	157	8	60	5
		25	90	81	39	29

資料：厚生労働省政策統括官（統計・情報政策担当）　「平成27年人口動態統計（確定数）」
Data：Final Report on the Annual Vital Statistics of Japan 2015

生年及び死亡時年齢 Birth year and age of decedent		男 (male)		女 (female)	
		1月～9月 Jan.-Sep.	10月～12月 Oct.-Dec.	1月～9月 Jan.-Sep.	10月～12月 Oct.-Dec.
平成元年生	(1989) 25	168	14	59	1
(昭和64年生)	26	100	62	34	40
63年生	(1988) 26	174	10	68	6
	27	90	83	49	39
62年生	(1987) 27	159	11	83	2
	28	98	76	56	43
61年生	(1986) 28	160	12	80	4
	29	106	89	52	42
60年生	(1985) 29	190	13	97	7
	30	115	83	64	42
59年生	(1984) 30	220	12	107	6
	31	118	83	58	52
58年生	(1983) 31	204	9	100	7
	32	128	105	57	44
57年生	(1982) 32	212	11	135	10
	33	140	101	67	46
56年生	(1981) 33	226	11	134	12
	34	147	112	69	53
55年生	(1980) 34	277	11	148	13
	35	163	116	90	68
54年生	(1979) 35	281	13	159	16
	36	167	139	92	77
53年生	(1978) 36	314	19	152	7
	37	175	144	92	75
52年生	(1977) 37	342	20	175	19
	38	190	146	125	103
51年生	(1976) 38	342	18	171	20
	39	235	196	122	114
50年生	(1975) 39	412	23	251	19
	40	263	197	148	125
49年生	(1974) 40	545	32	305	21
	41	336	215	180	152
48年生	(1973) 41	589	39	308	23
	42	334	263	204	157
47年生	(1972) 42	604	35	341	13
	43	351	263	208	157
46年生	(1971) 43	630	52	372	23
	44	400	337	212	184
45年生	(1970) 44	675	54	403	20
	45	409	328	245	184
44年生	(1969) 45	665	55	388	34
	46	467	349	263	199
43年生	(1968) 46	810	64	437	23
	47	493	420	294	223
42年生	(1967) 47	916	44	505	36
	48	557	413	330	268
41年生	(1966) 48	699	39	375	26
	49	458	344	253	206
40年生	(1965) 49	1 039	87	554	41
	50	643	517	328	266
39年生	(1964) 50	1 065	71	546	32
	51	636	483	405	296

生年及び死亡時年齢 Birth year and age of decedent		男 (male)		女 (female)	
		1月～9月 Jan.-Sep.	10月～12月 Oct.-Dec.	1月～9月 Jan.-Sep.	10月～12月 Oct.-Dec.
昭和38年生	(1963) 51	1 106	86	555	40
	52	719	564	382	315
37年生	(1962) 52	1 155	78	658	37
	53	742	627	410	332
36年生	(1961) 53	1 290	91	693	34
	54	847	628	429	374
35年生	(1960) 54	1 400	90	690	57
	55	926	704	442	390
34年生	(1959) 55	1 450	97	763	47
	56	1 023	808	528	428
33年生	(1958) 56	1 730	108	789	71
	57	1 090	925	525	418
32年生	(1957) 57	1 738	102	828	66
	58	1 158	889	550	400
31年生	(1956) 58	2 083	118	914	60
	59	1 233	1 000	571	484
30年生	(1955) 59	2 158	120	922	79
	60	1 530	1 164	739	588
29年生	(1954) 60	2 380	172	1 146	63
	61	1 649	1 331	765	578
28年生	(1953) 61	2 850	164	1 255	80
	62	2 034	1 465	936	695
27年生	(1952) 62	3 438	183	1 428	85
	63	2 298	1 722	1 041	805
26年生	(1951) 63	3 835	217	1 647	100
	64	2 655	2 029	1 176	877
25年生	(1950) 64	4 702	323	1 944	128
	65	2 996	2 354	1 298	1 063
24年生	(1949) 65	5 492	341	2 363	144
	66	3 785	2 865	1 676	1 251
23年生	(1948) 66	5 957	394	2 546	144
	67	4 266	3 206	1 837	1 354
22年生	(1947) 67	6 586	366	2 860	167
	68	4 173	3 368	1 894	1 481
21年生	(1946) 68	5 205	372	2 195	145
	69	2 683	2 491	1 254	1 089
20年生	(1945) 69	4 270	254	1 989	113
	70	3 418	2 443	1 481	1 119
19年生	(1944) 70	6 018	336	2 727	144
	71	4 257	3 291	2 098	1 521
18年生	(1943) 71	6 854	426	3 235	195
	72	4 486	3 537	2 156	1 757
17年生	(1942) 72	6 929	394	3 430	192
	73	5 074	3 846	2 454	1 844
16年生	(1941) 73	7 964	485	4 000	224
	74	5 006	4 066	2 572	2 065
15年生	(1940) 74	7 614	472	3 939	254
	75	5 039	4 050	2 715	2 132
14年生	(1939) 75	7 160	470	3 845	230
	76	4 766	3 790	2 715	2 078
13年生	(1938) 76	7 416	480	3 973	226
	77	5 599	4 130	3 194	2 454

生年及び死亡時年齢 Birth year and age of decedent		男 (male)		女 (female)	
		1月〜9月 Jan.-Sep.	10月〜12月 Oct.-Dec.	1月〜9月 Jan.-Sep.	10月〜12月 Oct.-Dec.
昭和12年生 (1937)	77	9 454	583	5 298	320
	78	6 224	4 884	3 868	3 019
11年生 (1936)	78	9 262	570	5 526	318
	79	6 636	5 149	4 377	3 181
10年生 (1935)	79	10 603	699	6 642	390
	80	7 075	5 623	4 774	3 555
9年生 (1934)	80	10 339	610	6 781	395
	81	7 024	5 320	4 984	3 897
8年生 (1933)	81	11 123	730	7 761	462
	82	7 589	5 799	5 734	4 297
7年生 (1932)	82	11 780	725	8 883	570
	83	7 964	6 245	6 281	4 943
6年生 (1931)	83	11 642	669	9 014	510
	84	7 792	6 057	6 830	5 247
5年生 (1930)	84	11 947	709	10 178	597
	85	7 638	6 045	7 077	5 535
4年生 (1929)	85	11 253	702	10 846	673
	86	7 771	5 888	7 779	5 825
3年生 (1928)	86	11 620	727	11 671	678
	87	7 548	5 793	8 185	6 607
2年生 (1927)	87	10 676	595	11 592	700
	88	7 057	5 389	8 654	6 546
元年生 (1926)	88	10 344	603	12 772	764
(大正15年生)	89	6 531	4 934	8 853	6 767
14年生 (1925)	89	9 153	543	13 089	835
	90	5 784	4 548	8 931	6 940
13年生 (1924)	90	7 850	486	12 497	756
	91	4 730	3 712	8 631	6 506
12年生 (1923)	91	6 316	412	12 320	783
	92	3 909	2 923	8 355	6 260
11年生 (1922)	92	5 170	333	11 239	638
	93	3 096	2 447	7 807	6 031
10年生 (1921)	93	4 266	254	10 921	600
	94	2 553	1 948	7 318	5 507
9年生 (1920)	94	3 679	180	9 990	548
	95	2 155	1 675	6 843	5 065
8年生 (1919)	95	2 787	196	8 087	611
	96	1 450	1 011	5 168	3 677
7年生 (1918)	96	2 048	120	6 617	395
	97	1 117	795	4 350	3 193
6年生 (1917)	97	1 588	88	6 013	350
	98	881	665	3 633	2 680
5年生 (1916)	98	1 255	65	4 723	296
	99	671	483	2 871	2 128
4年生 (1915)	99	816	48	3 850	259
	100	456	330	2 236	1 601
3年生 (1914)	100	588	37	2 932	158
	101	315	231	1 716	1 204
2年生 (1913)	101	394	26	2 129	125
	102	187	140	1 162	807
元年生 (1912)	102	228	18	1 438	89
(明治45年生)	103	105	101	726	509

生年及び死亡時年齢 Birth year and age of decedent		男 (male)		女 (female)	
		1月～9月 Jan. -Sep.	10月～12月 Oct. -Dec.	1月～9月 Jan. -Sep.	10月～12月 Oct. -Dec.
明治44年生	(1911) 103	133	11	900	55
	104	65	67	458	360
43年生	(1910) 104	91	4	569	33
	105	43	29	278	211
42年生	(1909) 105	46	1	335	16
	106	28	9	174	117
41年生	(1908) 106	19	1	210	10
	107	9	1	90	77
40年生	(1907) 107	9	1	98	7
	108	2	2	45	35
39年生	(1906) 108	5	1	40	2
	109	3	1	24	13
38年生	(1905) 109	2	–	16	1
	110	–	1	9	12
37年生	(1904) 110	1	–	12	–
	111	–	–	6	6
36年生	(1903) 111	1	–	12	1
	112	1	–	3	3
35年生	(1902) 112	–	–	4	–
	113	–	–	–	2
34年生	(1901) 113	–	–	1	–
	114	–	–	–	1
33年生	(1900) 114	–	–	–	–
	115	–	–	1	–
32年生	(1899) 115	–	–	–	–
	116	–	–	–	–
31年生	(1898) 116	–	–	–	–
	117	–	–	1	–
30年生	(1897) 117	–	–	–	–
	118	–	–	–	–
29年生	(1896) 118	–	–	–	–
	119	–	–	–	–
28年生	(1895) 119	–	–	–	–
	120	–	–	–	–
27年生	(1894) 120	–	–	–	–
不詳 (not stated)		272	87	75	21

表IV－3　性・月別出生数（平成26，27年）
TABLE IV-3 LIVE BIRTHS BY SEX AND MONTH, 2014・2015

	平成26年(2014)		平成27年(2015)	
	男 (male)	女 (female)	男 (male)	女 (female)
総　数 Total	515 533	488 006	515 452	490 225
1－6月 Jan.-June	247 087	233 267	253 093	240 013
7－9月 July-Sep.	137 613	129 944	134 106	127 682
10月 Oct.	45 091	43 501	44 094	41 731
11月 Nov.	41 579	39 414	41 262	39 397
12月 Dec.	44 163	41 880	42 897	41 402

資料：厚生労働省政策統括官（統計・情報政策担当）「平成26年人口動態統計(確定数)」、「平成27年人口動態統計(確定数)」
Data：Final Report on the Annual Vital Statistics of Japan 2014, 2015

表IV－4　性・日齢－月齢別乳児死亡数（平成27年）
TABLE IV-4 INFANT DEATHS BY AGE AND SEX, 2015

	男 (male)	女 (female)
総　数 Total	1 042	874
1週未満 less than 1 week	358	307
1－2週 1-2 weeks	56	59
2－3週 2-3 weeks	35	23
3－4週 3-4 weeks	33	31
4週－2月 4weeks-2months	111	93
2－3月 2-3 months	73	69
3－6月 3-6 months	198	141
6月－1年 6months-1year	178	151

資料：厚生労働省政策統括官（統計・情報政策担当）「平成27年人口動態統計（確定数）」
Data：Final Report on the Annual Vital Statistics of Japan 2015

定価は表紙に表示してあります。

平成29年11月21日　発行

第 22 回 生 命 表

編　　集　　厚生労働省政策統括官（統計・情報政策担当）

発　　行　　一般財団法人　厚生労働統計協会
　　　　　　郵便番号　103-0001
　　　　　　東京都中央区日本橋小伝馬町４－９
　　　　　　小伝馬町新日本橋ビルディング３Ｆ
　　　　　　電　話　03－5623－4123（代表）

印　　刷　　統 計 印 刷 工 業 株 式 会 社